Der Autor

Dr. Dieter Kartschoke, Professor für ältere deutsche Literatur und Sprache an der Freien Universität Berlin. Forschungsschwerpunkte im Bereich der frühen volkssprachlichen Schriftlichkeit, der höfischen Epik im 12. und 13. Jahrhundert und der lateinischen und deutschen Literatur im 16. Jahrhundert. Veröffentlichungen zur mittelalterlichen Bibeldichtung, zum deutschen ›Rolandslied‹ des Pfaffen Konrad, zum ›Eneasroman‹ des Heinrich von Veldeke, zum ›Willehalm‹ Wolframs von Eschenbach und zum frühneuzeitlichen Prosaroman insbesondere des Jörg Wickram.

Bumke/Cramer/Kartschoke:

Geschichte der deutschen Literatur im Mittelalter
3 Bände

Dieter Kartschoke:
Geschichte der deutschen Literatur im frühen Mittelalter
(dtv 4551)

Joachim Bumke:
Geschichte der deutschen Literatur im hohen Mittelalter
(dtv 4552)

Thomas Cramer:
Geschichte der deutschen Literatur im späten Mittelalter
(dtv 4553)

Dieter Kartschoke:
Geschichte der deutschen Literatur im frühen Mittelalter

Deutscher
Taschenbuch
Verlag

dtv

Übersichtskarten auf den Seiten 30, 61, 81, 175, 203, 213

Originalausgabe
Februar 1990

Umschlaggestaltung: Celestino Piatti
Vorlage: Kanontafel eines Evangeliars aus Fulda, 2. Viertel des 9. Jahrhunderts (Universitätsbibliothek Würzburg, Handschriftenabteilung, Ms. theol. fol. 66)
Karten: Kartographie Huber, München
Gesamtherstellung: C. H. Beck'sche Buchdruckerei, Nördlingen
Printed in Germany · ISBN 3-423-04551-5

Vorwort

Die vorliegenden drei Bände einer ›Geschichte der deutschen Literatur im Mittelalter‹ sind als Einführung gedacht. Was sie miteinander verbindet, ist die Überzeugung, daß Literatur von ihren geschichtlichen Voraussetzungen her verstanden werden muß und daß es Aufgabe des Literarhistorikers ist, den gesellschaftlichen Platz und Rang, den die Literatur zu verschiedenen Zeiten hatte, sichtbar werden zu lassen.

Die Abgrenzung der Literatur des »frühen«, »hohen« und »späten« Mittelalters ergab sich wie von selbst und ist doch im einzelnen durchaus problematisch. Es gibt keine verbindliche Periodisierung des Mittelalters. Die Historiker lassen das hohe Mittelalter bereits im 10. Jahrhundert beginnen und setzen den Übergang zum späten Mittelalter manchmal schon um 1200, spätestens jedoch um 1250 an. Die Kunsthistoriker, für die das Aufkommen des romanischen und gotischen Stils die wichtigsten Einschnitte markiert, gliedern wieder anders. Die Literarhistoriker haben sich meistens an sprachgeschichtlichen Begriffen orientiert und althochdeutsche, frühmittelhochdeutsche und mittelhochdeutsche Literatur unterschieden. Auch eine Einteilung nach den Herrscherhäusern führt nicht zu der gewünschten Klarheit. Zwar ist es sinnvoll, von der Literatur der Karolingerzeit zu sprechen, weil das literarische Leben in dieser Zeit die wichtigsten Anregungen vom karolingischen Hof empfangen hat; in der Zeit der Ottonen und Salier dagegen bieten die Kaiserdynastien für die Literaturgeschichte nur noch einen äußeren chronologischen Rahmen. Der Begriff »staufische Literatur« für die Zeit um 1200 ist mit nationaler Ideologie aufgeladen und deswegen unbrauchbar. Für die Literatur des späten Mittelalters verbietet sich eine Gliederung nach den Kaiserhäusern ohnehin.

Am unproblematischsten ist es, nur die Jahrhunderte zu zählen; dabei wird gar nicht der Anspruch erhoben, geschichtliche Perioden sinnvoll abzugrenzen. So sind wir verfahren: der erste Band behandelt die Literatur des 8. bis 12. Jahrhunderts, der zweite die des 13., der dritte die des 14. und 15. Jahrhunderts. Das geht allerdings nicht ohne Schwierigkeiten. Eine Grenze um 1200 würde wesentliche Zusammenhänge auseinanderreißen. Deswegen haben wir die Anfänge der höfischen Literatur seit etwa 1170 in den zweiten Band hineingenommen. Auch am Ende des 15. Jahrhunderts gibt es keine feste Grenze: der dritte Band greift, wo es sachlich notwendig erscheint, bis weit ins 16. Jahrhundert aus.

Das größte Manko teilt unsere Darstellung mit anderen Literaturgeschichten: Wir behandeln in der Regel nur die Literatur in deutscher Sprache. Die Literatursprache des Mittelalters aber war das Lateinische, und die Literatur des Mittelalters ist zunächst lateinische Literatur. Nur in Ausnahmefällen haben sich die literarisch Gebildeten der Volkssprache bedient. Daher entsteht ein einseitiges und unzureichendes Bild, wenn man nur das in den Blick rückt, was auf deutsch geschrieben worden ist. Die gesamte wissenschaftliche Literatur des Mittelalters und der größte Teil der religiösen und didaktischen Literatur, der Fach-, der Rechtsliteratur und der Geschichtsschreibung wird damit übergangen und auch ein großer Teil der Dichtung. Vom wissenschaftlichen Standpunkt aus ist das unvertretbar, aber aus praktischen Gründen kann man gar nicht anders verfahren. Die Einbeziehung der lateinischen Literatur würde nicht nur den Umfang der Darstellung mindestens verdoppeln; noch schwerer fällt ins Gewicht, daß die lateinische Literatur vom 13. Jahrhundert an so unüberschaubar wird, daß eine literaturgeschichtliche Zusammenfassung als nicht realisierbar erscheint.

Trotz des Verzichts auf das lateinische Schrifttum versucht unsere Darstellung sichtbar zu machen, wie die deutsche Sprache im Verlauf des Mittelalters in immer weiteren Bereichen der Literatur Verwendung fand und allmählich das Lateinische immer mehr zurückgedrängt hat – ein Prozeß, der mit der Ausbreitung der Laienbildung und damit der Lesefähigkeit breiterer Kreise zusammenhängt.

Unsere Literaturgeschichte setzt nichts anderes voraus als historisches und literarisches Interesse. In Auswahl und Darstellung haben wir uns von dem leiten lassen, was uns als grundlegende Sachinformation notwendig erschien. Dazu gehören nicht nur die größeren Zusammenhänge, sondern auch Inhalt und Absicht des einzelnen Textes, seine Überlieferung, Verbreitung und Nachwirkung. Der historische Gesichtspunkt hat unter dieser Voraussetzung stets den Vorrang vor ästhetischem Urteil und literaturkritischer Wertung.

Bei den Angaben zur Forschungsliteratur handelt es sich durchweg um Lesevorschläge und Nutzungshinweise, nicht um wie immer verkürzte Sachbibliographien. Deshalb werden allgemeine Darstellungen zur Ereignis-, Gesellschafts-, Geistes- und Kulturgeschichte relativ breit berücksichtigt, während die Angaben zu einzelnen Werken und Autoren sich meist mit Hinweisen auf die wichtigsten Editionen, Übersetzungen und Handbuchartikel begnügen.

Wir haben uns bemüht, die Darstellung bei aller Systematisierung und Schematisierung im einzelnen lesbar zu halten und die Einheit der historischen Betrachtungsweise dadurch zu wahren, daß die großen Perioden der mittelalterlichen deutschen Literaturgeschichte aus einheitlicher Sicht vorgeführt werden. Darin unterscheidet sich diese Darstellung von anderen Großprojekten, für die eine Vielzahl von Mitarbeitern herangezogen werden, von denen jeder nur einen Aspekt des Gegenstandes behandelt. Solche Sammelwerke sind unverzichtbar, wenn es darum geht, für jeden Bereich die spezifische Fachkompetenz zu Wort kommen zu lassen. In unserem Werk geht es jedoch in erster Linie darum, die Stoffmassen zu organisieren und überschaubar zu machen. Daß sich auch dafür eine zumindest großräumige Arbeitsteilung empfahl, hat andere Gründe: Das ganze Mittelalter als einzelner zu behandeln, wie es Max Wehrli noch konnte, wird sich heute so leicht niemand mehr zutrauen.

Joachim Bumke
Thomas Cramer
Dieter Kartschoke

Inhalt

I. Einleitung

1. Periodisierung

Weltreiche – Weltalter – Epochen

Das Mittelalter hatte keinen Begriff von sich selbst, der auch nur annähernd dem entsprochen hätte, was wir im traditionellen Epochenverständnis mit diesem Wort verbinden. Die eurozentrierte Dreigliederung der Weltgeschichte in Altertum – Mittelalter – Neuzeit ist verhältnismäßig jung. Sie geht auf den Humanismus zurück und stellt ihrem Ursprung nach weniger ein universalhistorisches als ein literarisch-philologisches, d.h. an der Geltung der antiken Sprachen und Literaturen orientiertes Begriffs- und Gliederungsschema dar. In der Historiographie kam die Epochenbezeichnung »Mittelalter« erst seit dem ausgehenden 17. Jahrhundert zur systematischen Anwendung und setzte sich danach schnell durch. In der älteren Zeit kannte man nur drei Systeme der Periodisierung, deren Spuren zum Teil bis ins 19. Jahrhundert hineinreichen. Der klassisch-augusteischen Historiographie entstammt das Vier-Reiche-Schema des Pompeius Trogus, das durch die vom Kirchenlehrer Hieronymus (um 350–420) hergestellte Verbindung mit der Vier-Monarchien-Lehre aus dem Buch Daniel (Dan. 2,31 ff., vgl. auch 7,2 ff.) seine biblische Weihe bekam und seine eigentliche Wirksamkeit seit dem 11. Jahrhundert entfaltete (vgl. in diesem Band ›Annolied‹ und ›Kaiserchronik‹). Die vier einander ablösenden und die Zeit der Geschichte strukturierenden Weltreiche sind das babylonische (assyrische, chaldäische), das persische, das griechische und das Römische Reich, dessen Fortdauer durch das von Karl dem Großen neu begründete Kaisertum verbürgt wird. Wichtiger für die mittelalterliche Historiographie wurde jedoch die Weltalterlehre des anderen großen Kirchenlehrers Augustinus (354–430). Die sechs Weltalter – von Adam bis zur Sintflut, von Noah bis Abraham, von Abraham bis David, von David bis zur babylonischen Gefangenschaft, von der babylonischen Gefangenschaft bis zur Geburt Christi, die Zeit seit der Geburt Christi – sind an der biblischen Geschichte des Alten Testaments orientiert und erhalten ihre höhere Wahrheit durch die typologische Beziehung auf die sechs Schöpfungstage. Wie der siebente Tag, der Sabbat, an dem Gott ruhte, das Schöpfungswerk abschloß, so strebt die Geschichte dieser Welt ihrem Ende und der ewigen Ruhe in Gott zu. Solch eschatologisches Welt- und Geschichtsverständnis hat in der anderen, ebenfalls schon von Augustinus vorgenommenen allegorischen Ausdeutung der sechs Weltalter in Parallelität zu den Lebensphasen des Einzelmenschen – *infantia, pueritia, adolescentia, iuventus, gravitas, senectus* – seinen lang nachwirkenden Ausdruck gefunden. Denn das heißt: die Welt altert. Nicht freilich im Sinne säkularer Dekadenz, sondern in der Perspektive des kommenden Heils. Und so kann derselbe Kirchenvater den Geschichtsverlauf *sub specie salutis* auch in drei große Epochen einteilen: in die Zeit *ante legem* (»vor dem Gesetz«), in die Zeit *sub lege* (»unter dem Gesetz«) von Moses bis zum Opfertod Christi und in die Zeit *sub gratia* (»in der Gnade«), eine Konzeption, die sich auf paulinische Vorstellungen und Formulierungen beruft und als rein theologisches Konzept nicht in Konflikt gerät mit den anderen Periodisierungsschemata.

Das Mittelalter verstand sich selbst in einer historischen Kontinuität, die erst der neuzeitlichen Historiographie problematisch geworden ist. Ausdruck dieses Kontinuitätsdenkens sind Konstrukte wie die mit der Weltreichelehre untrennbar verknüpfte Translationstheorie, die gleichfalls mit einem Bibelwort (Dan. 2,21) legitimierte Anschauung einer Übertragung der Herrschaft von Osten nach Westen, der sich im Hochmittelalter eine davon abgeleitete Theorie der Ost-West-Wanderung von Wissenschaft und Kultur beigesellen wird (vgl. im zweiten Band ›Moriz von Craûn‹). Der Vorstellung und dem Anspruch der ungebrochenen Fortdauer des Imperium Romanum im Heiligen Römischen Reich Deutscher Nation wie dem genealogischen Denken überhaupt entsprechen die auf Alter und weltgeschichtlich bedeutsame Herkunft pochenden Stammessagen, wonach etwa die Franken sich auf die Trojaner zurückführen und sich damit den Römern gleichstellen können (Belege dafür finden wir ab dem 7. Jahrhundert). Die Frage, wann die neue Zeit der eigenen historischen Gegenwart beginne, stellte sich nicht, solange die jeweilige Gegenwart nur durch ihre Ahnen, ihr altes Herkommen gerechtfertigt war, ansonsten aber das Neue stets nur das Schlechtere sein konnte, solange als neu und immer wieder neu ausschließlich die Inkarnation des Heils in

Christus gelten durfte. Die Frage, wann das Mittelalter beginnt, stellt sich erst mit der Herausbildung des Begriffs einer solchen Epoche, wie wenig fest und vollständig er auch definiert sein mag.

Dem Interesse an einer Geschichte der deutschen Literatur mag diese Frage gleichgültig erscheinen, da deren Beginn sich mit den ersten schriftlichen Aufzeichnungen relativ sicher auf die zweite Hälfte des 8. Jahrhunderts datieren läßt. Aber die historischen Voraussetzungen der Entstehung volkssprachlicher Literaturen und also auch der deutschen Literatur reichen weiter zurück in eine über Jahrhunderte sich erstreckende Übergangszeit, die je nach den Periodisierungskriterien, je nach der Wahl und Verbindlichkeit bestimmter Symboldaten noch Antike oder schon Mittelalter genannt wird (von methodisch begründeten Bezeichnungen wie Sklavenhaltergesellschaft und Feudalismus ganz abgesehen). Versteht man diese Übergangszeit als eine Epoche eigenen Charakters und belegt sie mit dem der Kunstgeschichte entlehnten Namen Spätantike, ist damit ebenso eine bestimmte Perspektive vorgegeben wie mit der chronologisch differenzierenden Bezeichnung Frühmittelalter. Niedergang des Alten oder Aufgang des Neuen? Zeit des Verfalls oder des Neubeginns? Oder, wie es naheliegt, beides in einem?

LITERATUR: Anneliese Grau, Der Gedanke der Herkunft in der deutschen Geschichtsschreibung des Mittelalters (Trojasage und Verwandtes). Diss. Leipzig 1938. – Roderich Schmidt, Aetates Mundi. Die Weltalter als Gliederungsprinzip der Geschichte. ZKG 67 (1956), S. 288–317. – Percy Ernst Schramm, Kaiser, Rom und Renovatio. Studien zur Geschichte des römischen Erneuerungsgedankens vom Ende des karolingischen Reiches bis zum Investiturstreit. Leipzig 1929, 4., unv. Aufl. Darmstadt 1984. – Werner Goetz, Translatio Imperii. Ein Beitrag zur Geschichte des Geschichtsdenkens und der politischen Theorien im Mittelalter und in der frühen Neuzeit. Tübingen 1958. – Walter Lammers (Hrsg.), Geschichtsdenken und Geschichtsbild im Mittelalter. Ausgewählte Aufsätze und Arbeiten aus den Jahren 1933 bis 1959. Darmstadt 1961. – Maurice Keen, Mittelalterliche Geschichtsauffassungen. In: Propyläen Geschichte der Literatur, Bd. 2: Die mittelalterliche Welt. 600–1400. Frankfurt a. M., Berlin, Wien 1982, S. 124–142. – Reinhart Herzog u. Reinhart Koselleck (Hrsg.), Epochenschwelle und Epochenbewußtsein (Poetik und Hermeneutik 12). München 1986.

Kulturbruch oder Kontinuität?

Es mangelt nicht an Symboldaten zur Grenzziehung zwischen Antike und Mittelalter. Die Historiker haben sich ihrer im Interesse des jeweiligen Epochenverständnisses und mit dem Blick auf die divergenten Erscheinungen des historischen Prozesses in unterschiedlichster Weise bedient: die Krise des Römischen Reiches im 3. Jahrhundert, das sog. Toleranzedikt von Mailand (313), durch das der christliche Kultus den anderen Religionen im Reich gleichgestellt wurde; der Hunneneinfall (375) und die durch ihn – wiederum nur ungenau – symbolisierte Völkerwanderung; oder in deren Zusammenhang die Schlacht bei Adrianopel (378); der endgültige Sieg des Christentums unter Kaiser Theodosius (379–395) und die bis heute nachwirkende Verbindung von Kirche und Staat; die Einnahme und Plünderung Roms durch die Westgoten (410); die Absetzung des letzten römischen Kaisers Romulus Augustulus (476); der Beginn der Frankenherrschaft unter Chlodwig (482) oder dessen Übertritt zum Christentum (nach 496?); der Langobardeneinfall in Italien (568); Mohammeds Flucht nach Medina und die Begründung des Islam (622); die Ablösung der Merowinger durch die Karolingerkönige (751/52); der Regierungsantritt Karls des Großen (768) oder gar erst dessen Kaiserkrönung (800).

Dies ist nur eine Auswahl der Ereignisse und Jahreszahlen, die man zur Kennzeichnung der Epochengrenze in Anspruch genommen hat. Sie und die vielen hier nicht genannten Daten lassen sich drei großen Tendenzen zuordnen: der Aufstieg des Christentums zur Weltreligion und zu der jahrhundertelang dominierenden Kulturmacht schlechthin; der »Untergang der alten Welt« oder zumindest ihre »Verwandlung«; das Auftreten der Germanen und die tiefgreifenden ethnischen Umschichtungen im Zuge ihrer friedlichen und kriegerischen Infiltration der Provinzen des Römischen Reiches. Das spirituelle Weltverständnis des Christentums, das materielle und kulturelle Erbe der Antike und das germanische Super- und Substrat werden in immer neuen, regional unterschiedlichen Konfigurationen zu jener großen Synthese zusammengeführt, in der nicht nur eine einseitig geistesgeschichtliche Betrachtungsweise die neue Epoche erkennt – ob diese nun Mittelalter oder wie immer genannt wird.

Umstritten war lange, wie man sich diesen Übergang vorzustellen habe: als katastrophischen Untergang der alten Welt und strahlenden Aufstieg des Mittelalters aus deren Trümmern; als allmählichen Niedergang und ebenso allmählichen Neuaufbau; als Umformung also und Neuformung der materiellen Lebensbedingungen wie des allgemeinen gesellschaftlichen Zusammenhangs; als bruchlosen Übergang zumal in den Bereichen der materiellen Kultur. Mit diesen knappen Worten ist eine Forschungsdiskussion angedeutet, die seit den zwanziger Jahren geführt und besonders durch die Kontinuitätsthese von Alfons Dopsch angefacht wurde, durch die nicht minder umstrittene These Henri Pirennes vom katastrophischen Einbruch des Islam in die Mittelmeerwelt und dem so verursachten Ende der alten Welt neue Nahrung erhielt und bis in die letzten Jahrzehnte immer neue Stellungnahmen provoziert hat.

Diese Kontroversen spielen heute wohl keine entscheidende Rolle mehr und haben in ihrem globalen Anspruch auch keine besondere Bedeutung für die Geschichte der deutschen Literatur. Wohl aber haben sie den Blick geschärft für die Frage nach den möglichen gesellschaftlichen und institutionellen Zusammenhängen, die das literarische Erbe der Antike mit der lateinischen und volkssprachlichen Literatur des Mittelalters verbinden. Gab es eine Kontinuität der kulturtragenden Eliten über die Jahrhunderte bis ins Mittelalter hinein, die das erstaunliche Nachleben der klassischen lateinischen Literatur erklären könnte? Oder müssen wir von ihrem zeitweiligen Verlust – in den Wirren der Völkerwanderung, unter dem rigiden Diktat der Kirche, durch den Niedergang der alten Bildungsinstitutionen – ausgehen und haben also das Recht, von Renaissancen schon in der Zeit Karls des Großen, im 10. Jahrhundert unter den Ottonen und im großen Aufbruch des 12. Jahrhunderts zu sprechen? Auch hier ist keine pauschale Antwort möglich. Die regionalen Unterschiede sind so groß, daß sie das Gesamtbild zu farbig gestalten, als daß es in derart vereinfachten Umrissen fixiert werden könnte.

Selbst die alte Lehrmeinung vom – mit wenigen Ausnahmen (Südgallien, Irland) – gänzlichen Schwinden der Kenntnis der zweiten, richtiger ersten antiken Bildungssprache, des Griechischen, gilt heute nicht mehr. Das Interesse für die drei heiligen Sprachen (Hebräisch, Griechisch, Latein) blieb in der mittelalterlichen Kirche wach, wenn auch die Kompetenz im Griechischen (vom Hebräischen ganz zu schweigen) nur sporadisch anzutreffen war. Am auffälligsten aber ist die Umgestaltung des

Lateinischen zu einer von der antiken Hochsprache verschiedenen Verkehrssprache, dem sog. Mittellatein, im Extrem zu regionalen Vulgärdialekten, Vorformen der späteren romanischen Nationalsprachen, ein Prozeß, dessen Anfänge bis in die Antike zurückreichen. Auch hier Bruch und Kontinuität in einem: Das Lateinische bleibt bis in die Neuzeit hinein die internationale Verkehrssprache schlechthin, bleibt in immer wieder nach klassischen Mustern korrigierter und gereinigter Form Gelehrten- und überwiegend auch Literatursprache. Aber es ist eben doch nicht mehr das Latein der Antike, ist vor allem nicht mehr natürlich erlernte Muttersprache, sondern schulmäßig angelerntes Väteridiom.

Eine Literatur, die überwiegend in lateinischer Sprache geschrieben wird und in andauerndem Austausch mit den literarischen Mustern der klassischen Antike und christlichen Spätantike steht, ist bei aller Originalität hinsichtlich neuer Dichtungsformen und Inhalte notwendig bestimmt durch eine starke Traditionsbindung. Dies gilt in gleicher Weise aber auch für die nur sehr allmählich sich gegen die Übermacht des Lateinischen behauptende Literatur in den Volkssprachen – »Literatur« im Wortsinn »geschriebener Texte« verstanden, denn die autochthone mündliche Dichtungspraxis wird sich wohl stärker an ihrer eigenen Überlieferung orientiert haben. ›Europäische Literatur und lateinisches Mittelalter‹ ist die literaturwissenschaftliche Programmschrift, mit der Ernst Robert Curtius das Kontinuitätsdenken der Literaturhistoriker auf das nachhaltigste beeinflußt hat.

LITERATUR: Heinrich Dannenbauer, Die Entstehung Europas. Von der Spätantike zum Mittelalter. 2 Bde, Stuttgart 1959. – Franz Georg Maier, Die Verwandlung der Mittelmeerwelt. Frankfurt a. M. 1968. – Paul Egon Hübinger (Hrsg.), Kulturbruch oder Kulturkontinuität im Übergang von der Antike zum Mittelalter. Darmstadt 1968. – Ders. (Hrsg.), Zur Frage der Periodengrenze zwischen Altertum und Mittelalter. Darmstadt 1969. – Ders. (Hrsg.), Bedeutung und Rolle des Islam beim Übergang vom Altertum zum Mittelalter. Darmstadt 1968. – Ernst Robert Curtius, Europäische Literatur und lateinisches Mittelalter. Bern 1948, 9. Aufl. Bern, München 1978.

2. Alphabetisierung

Mündlichkeit und Schriftlichkeit

Die Geschichte der deutschen Literatur setzt ein mit ebenso elementaren wie schwierigen Bemühungen um die Verschriftung und Literarisierung bis dahin nur gesprochener Volkssprachen nach dem Muster und mit den Mitteln der lateinischen Sprache, ihrem graphischen System und ihrer Grammatik. Das bedeutet nicht schon vollständige Alphabetisierung der von diesem Vorgang erfaßten germanischen Stämme, deren weitgehende Schriftlosigkeit erhalten bleibt und in der Illiterarizität der mittelalterlichen laikalen Gesellschaft ihre Fortsetzung findet. Schreib- und Lesefähigkeit – und das bezieht sich zunächst immer nur auf die Fähigkeit, Latein zu lesen und zu schreiben – ist vielmehr ständisch begrenzt, ist Aufgabe der Geistlichkeit und Privileg einer äußerst schmalen Schicht der weltlichen Elite. Der hochadlige Laie machte persönlich zwar nur wenig von diesem Vorrecht Gebrauch, aber er verfügte als Träger der Macht zunehmend über Schreibkundige, also geistlich ausgebildete Männer (lateinisch *clerici*, mittelhochdeutsch *pfaffen*), denen der ganze Bereich verwaltungsmäßiger und repräsentativer Schriftlichkeit anvertraut war. Ort ihrer Tätigkeit war die Hofkapelle (*capella regis*), sie selbst hießen in dieser Funktion *capellani.* Die Institution der Hofkapelle blieb nicht auf die Königsherrschaft beschränkt, sondern wurde übernommen auch von den geistlichen Höfen und weltlichen Landesherrschaften, die nach den Klöstern eine bedeutende Rolle bei der Entstehung und Verbreitung einer weltlichen volkssprachlichen Literatur spielen werden.

Die Kirche also mit all ihren Repräsentanten und Institutionen verwaltete die Schrift im technischen und religiösen Verständnis des Wortes. Sie war seit der Antike ebenso Ort der Bewahrung und Tradition des literarischen Erbes wie der produktiven Rezeption und Neuschöpfung. Nur hier wurde kontinuierlich gelesen und geschrieben, letztlich um des Verständnisses der einen, der Heiligen Schrift willen, der alle anderen Schriften zu dienen hatten. Die Kirche war denn auch die gesellschaftliche Kraft, die am ehesten die kulturelle Kontinuität von der Antike zum Mittelalter zu wahren imstande war – und dies trotz des scharfen ideologischen Gegensatzes, in dem sie sich zu allen paganen Traditionen in Schrift und Wort sah. Aber sie hat Techniken der Hermeneutik und Interpretation teils übernommen, teils neu entwickelt, die es erlaubten, den christlichen Kern auch im heidnischen Text, die christliche Seele auch im heidnischen Autor zu entdecken, die *anima naturaliter christiana* etwa, wie sie Tertullian dem römischen Nationalpoeten und Dichterpropheten Vergil zugeschrieben hat. Und sie hat über alle Zweifel und alle topische Behauptung der Abkehr von weltlicher Dichtung und paganer Literatur hinaus Mittel und Wege gefunden, die Beschäftigung mit ihr dennoch zu rechtfertigen, bis in eine wiederum neue Zeit hinein, in der das nicht mehr nur geistlich legitimierte Interesse an der antiken Literatur sich aufmachen konnte, Plautus im Nonnenkloster zu suchen – und ihn dort auch fand.

Geistlich Gebildete und Laien, das meint immer Schrift- und Lateinkundige einerseits und anderseits volkssprachliche Analphabeten, *litterati* und *illitterati*, meint zunächst immer nur verschiedene Bildungsnormen (Herbert Grundmann), kein Bildungsgefälle. Solange Lesen und Schreiben noch keine notwendigen Kulturtechniken sind, ist Analphabetismus kein persönliches Defizit, auch wenn die Lese- und Schreibfähigkeit gerade des illiteraten Laien als besondere Auszeichnung gerühmt wird. Das hat nichts mit dem damit erreichten Grad praktischer Kompetenz zu tun, sondern mit der Schrift als dem Gefäß höherer Wahrheit, mit der sakralen Aura des geschriebenen Wortes, mit der Heiligkeit des Buches der Bücher. Es waren besonders die dem praktischen Leben weithin entzogenen Töchter adliger Herkunft, die lesen lernten. Die adligen Frauen bildeten denn auch einen bestimmenden Anteil des höfischen Literaturpublikums. Wenn in späteren Jahrhunderten die volkssprachlichen Autoren ihre Werke nicht mehr nur dem Vortrag in der Gemeinschaft, sondern auch der privaten Rezeption durch das Auge empfehlen, denken sie wohl in erster Linie an die lesefähigen Frauen der Hofgesellschaft.

Zunächst aber war die Dichtung der *illitterati*, der Laien, ausschließlich in der Sphäre der Mündlichkeit angesiedelt. Sie wurde vorgetragen und gehört, durch das Ohr aufgenommen und nicht durch das Auge, war in Wortlaut und Umfang variable *oral poetry* und noch nicht der bis in den Buchstaben hinein mit sich selbst identische Text, wie allein die lateinische Literatur für die Gelehrten ihn kannte. Zwei Literaturbegriffe konkurrierten auf lange Zeit miteinander, verschränkten sich in dem Maße, in dem auch volkssprachliche Texte aufgezeichnet wurden, und lenkten die Erwartung wie den Umgang mit ihnen.

Synthese auch hier: die in hohem Maße auf Kommunikation über die Schrift abgestellte Stadtkultur der alten Welt verband sich mit der konstitutiven Mündlichkeit einer überwiegend agrarischen (ruralen) Gesellschaft über die christliche Schriftgläubigkeit, für die das geoffenbarte (gesprochene) und immer erneut zu verkündende (auszusprechende) Wort seiner Einmaligkeit und Unersetzlichkeit wegen der unveränderten Bewahrung durch die Schrift bedurfte. Im Prozeß der Literarisierung der Volkssprache, der sich über Jahrhunderte erstreckte, ergaben sich vielfältige Übergänge zwischen den beiden entgegengesetzten Bildungswelten:

Mündlichkeit	Schriftlichkeit
Volkssprache	Latein
weltlicher (paganer) Inhalt	geistlicher Inhalt
Laizität	Gelehrsamkeit

Jeder geschriebene volkssprachliche Text – ursprünglich ein Widerspruch in sich – gehört in medialer wie bildungsgeschichtlicher Hinsicht einer Art »Zwischenkultur« an und hat »die Aufgabe, jenen anfänglichen Abgrund zwischen den Kulturwelten der *pfaffen unde leien* zu überbrücken« (Hugo Kuhn).

LITERATUR: Herbert Grundmann, Litteratus – illitteratus. Der Wandel einer Bildungsnorm vom Altertum zum Mittelalter. AKG 40 (1958), S. 1–65. Wieder in: Ausgewählte Aufsätze, Teil 3: Bildung und Sprache. Stuttgart 1978, S. 1–66. – Hugo Kuhn, Versuch einer Theorie der deutschen Literatur im Mittelalter. In: Ders., Text und Theorie. Stuttgart 1969, S. 3–9. – Dietmar Jürgen Ponert, Deutsch und Latein in deutscher Literatur und Geschichtsschreibung des Mittelalters. Stuttgart, Berlin, Köln, Mainz 1975. – Max Wehrli, Literatur im deutschen Mittelalter. Eine poetologische Einführung. Stuttgart 1984, S. 29–67.

Vordeutsche Schriftüberlieferung

Dem widerspricht nicht, daß es schon vordeutsche, ja vormittelalterliche Formen volkssprachlicher Schriftlichkeit gegeben hat. Im ersten nachchristlichen Jahrhundert wurden die germanischen Runenzeichen wohl in Anlehnung an antike Schreibsysteme (Nachahmung eines norditalisch-etruskischen Alphabets?) entwickelt. Sie dienten aber nicht der schriftlichen Kommunikation und Aufzeichnung literarischer Texte, sondern fanden ausschließlich kultisch-magische Verwendung, sei es als Bedeutung tragende Zeichen im Loszauber, als kurze Inschriften auf Gebrauchs- und Kultgegenständen in apotropäischer oder schädigender Absicht oder als Gedenkinschriften. Das Wort »Rune« (gotisch/althochdeutsch *runa*, angelsächsisch/altnordisch *run*) bedeutet Geheimnis. Wulfila verwendet es zur Wiedergabe des griechischen Wortes *mysterion* (neuhochdeutsch *raunen* ist erst im 18. Jahrhundert wieder in Gebrauch gekommen). Da fast alle Runen, die geritzt und nicht geschrieben wurden, einen senkrechten Hauptstrich aufweisen, heißt das einzelne Zeichen auch »Stab« (altsächsisch *stab*, angelsächsisch *staef*, altnordisch *stafr*). Stäbe, die nicht auf Elfenbein, Holz, Stein oder Metall geritzt, sondern auf Pergament, in Bücher, geschrieben wurden, hießen infolge dieser alten Praxis später »Buchstaben« (altsächsisch *bokstaf*, althochdeutsch *buochstap*).

Von den vielen bekannten und immer nur sehr kurzen Runeninschriften stammen nur sehr wenige aus den endgültigen Siedlungsgebieten der deutschen Stämme. Anders als bei den Angelsachsen und im skandinavischen Norden scheinen die Runen hier schon in der Zeit vor der Übernahme der lateinischen Schrift außer Gebrauch gekommen zu sein. Nur ganz gelegentlich tauchen in der Schriftüberlieferung Runenzeichen auf, deren Kenntnis dann aber auf angelsächsische Schreiber oder Schriftvorlagen (so die Sternrune in der Aufzeichnung des ›Wessobrunner Schöpfungsgedichts‹) oder ein schon antiquarisch-grammatisches Interesse an der Form verschiedener Alphabete (›Abecedarium Normannicum‹) zurückzuführen ist.

Der über Jahrhunderte zurückreichende Umgang mit der Schrift in ausschließlich magischer und kultischer Absicht scheint seine mentalitätsgeschichtlichen Folgen bis weit in die Zeit einer zunehmend auch volkssprachlichen Schriftkultur gehabt zu haben. Gestützt durch die jüdisch-christliche Sakralisierung des geoffenbarten und in schriftlicher Aufzeichnung überlieferten Wortes, gestützt also durch die Heiligung der Schrift in Gestalt des alles überstrahlenden Buchs der Bücher und seiner liturgischen Darstellung, bleibt das Buch »bis tief ins Hochmittelalter hinein ein Gegenstand der Verehrung und des Respekts, ein Numinosum als Wort- und Zeichenträger, ganz abgesehen von der Kostbarkeit im materiellen Sinn. Ein Arkanum für den analphabetischen Laien, hat es, dank seiner Rolle in der Liturgie und seinem Gehalt, sakralen, wenn nicht gar magischen Charakter auch für den Gebildeten.« (Max Wehrli) Dieser Einstellung verdanken wir wohl die Aufzeichnung so fragwürdiger Texte wie der ›Zaubersprüche‹ und ihrer sicher nicht viel anders verstandenen christianisierten Folgeformeln. So erklärt sich aber auch, daß noch in der zweiten Hälfte des 12. Jahrhunderts der Priester Wernher in seinem Mariengedicht ›Driu liet von der maget‹ den Gebärenden empfehlen kann, sein Buch in der rechten Hand zu halten, um eine leichte Niederkunft zu haben.

Eine entwickelte Schrift besaßen schon im 4. Jahrhundert die christianisierten Westgoten dank ihrem Bischof Wulfila (etwa 311 bis 382 oder 383), dem bewunderungswürdigen Verfasser der ersten Übersetzung der Bibel in eine germanische Volkssprache. Die Pflege und schriftliche Weitergabe dieser Übersetzung noch Jahrhunderte nach seinem Tod durch die inzwischen nach Westen weitergezogenen Goten (die Überlieferung setzt erst im 6. Jahrhundert ein und weist nach Italien, vielleicht sogar nach Spanien), ihre vielfachen Berührungen mit anderen germanischen Stämmen (gotische Lehnwörter finden sich auch in der altdeutschen Kirchensprache) und die Streuüberlieferung (z. B. zwei gotische Runenalphabete, einzelne gotische Wörter und Zahlenzeichen in einer Salzburg-Wiener Alkuinhandschrift des 9. oder 10. Jahrhunderts) zeigen, daß die Erinnerung an den Gotenbischof und Bibelübersetzer bis ins 16. Jahrhundert nie ganz verlorenging. Im 6. Jahrhundert erwähnt Gregor von Tours in seiner ›Historia Francorum‹ kostbare gotische Evangelienbücher. Im 9. Jahrhundert berichtet Walahfrid Strabo in einer Schrift über den Anfang und die Entwicklung der kirchlichen Verhältnisse (›Liber de exordiis et incrementis quarundam in observationibus ecclesiasticis rerum‹, Kap. 7) von den Goten, die nicht nur die den Germanen gemeinsame Sprache (*nostrum, id est theotiscum sermonen*) gesprochen, sondern auch Übersetzungen der ›Göttlichen Bücher‹ besessen hätten, von denen noch zu seiner Zeit da und dort Reste zu finden gewesen seien. Freilich beruft sich Walahfrid ausdrücklich auf das Zeugnis der Geschichtsschreibung *(historiae)*, also scheint seine Auskunft nicht auf eigenem Augenschein zu beruhen. Und da er ausdrücklich hinzufügt, die Goten hätten als Anhänger des Arianismus nicht den richtigen Glauben gehabt (*ad fidem Christi licet non recto itinere perducti*), liefert er auch gleich die Erklärung dafür, warum man sich zu seiner Zeit um die entsprechenden Codices nicht mehr besonders gekümmert zu haben scheint. Immerhin aber lag der berühmte ›Codex argenteus‹ der gotischen Bibel im Mittelalter wohl in einem deutschen Kloster, bis er seine neuzeitliche Odyssee antrat, um schließlich in Uppsala seine endgültige Heimstatt zu finden. Die Nachrichten der Historiker – Cassiodor in der ›Historia ecclesiastica tripertita‹ und Isidor von Sevilla in seiner ›Chronica‹ – aber werden bei Gelegenheit erinnert, ob es sich um ein lateinisches Gesprächsbüchlein des 8. Jahrhunderts handelt, das auf die Frage, wer der Urheber der gotischen Schrift(literatur) gewesen sei, als Antwort *Goulphyla Gothorum episcopus* verzeichnet, oder ob um 1400 eine Verteidigung der Bibelübersetzung für Laien sich u. a. auf *Vulfilas Gothorum episcopus* beruft, der *sacras scripturas in proprium Gothorum convertit ydioma* (»Wulfila, Bischof der Goten, der die Heiligen Schriften in die gotische Sprache übersetzt hat«).

So unersetzlich diese früheste zusammenhängende Schriftüberlieferung einer germanischen Volkssprache (bzw. eines aus ihr abgeleiteten geistlichen Idioms) auch ist, so einzigartig Wulfila am Beginn der Jahrhunderte andauernden Bemühungen um eine volkssprachliche Bibel steht und so respektabel seine Übersetzungsleistung sich uns darstellt, so wenig gehört sie in den engeren Zusammenhang einer deutschen Literatur, deren Anfänge hier darzustellen sind.

Literatur: Helmut Arntz, Handbuch der Runenkunde. Halle 2. Aufl. 1944. – Konstantin Reichardt, Schrift. In: Hermann Schneider (Hrsg.), Germanische Altertumskunde. (Verb. Nachdruck der 1938 ersch. Aufl.) München 1951, S. 431–459. – Klaus Düwel, Runenkunde. 2., um einen Anhang vermehrte Aufl. Stuttgart 1982. – Max Wehrli, Literatur im deutschen Mittelalter. Eine poetologische Einführung. Stuttgart 1984, S. 52–55. – Elfriede Stutz, Gotische Literaturdenkmäler. Stuttgart 1966. – Piergiuseppe Scardigli, Gotische Literatur. In: Ludwig Erich Schmidt (Hrsg.), Kurzer Grundriß der germanischen Philologie bis 1500. Bd. 2: Literaturgeschichte. Berlin 1971, S. 48–68.

Verschriftung der gesprochenen Sprache

Die Probleme der Verschriftung einer in einzelne Stammessprachen und ihre dialektalen Varianten differenzierten germanischen Volkssprache mit Hilfe eines Zeichensystems, das von den Lese- und Schreibfähigen erlernt wurde im Umgang mit dem phonologisch sehr anders strukturierten Lateinischen, waren nicht gering. Sie bedurften der stets erneuten Anstrengung zu ihrer Lösung, solange nicht ein graphisches System verbindlich war oder doch wenigstens so allgemeine Geltung erlangt hatte, daß der individuellen Ambition und der allgemeinen Willkür Grenzen gesetzt waren. Die Entwicklung einer solchen Orthographie hat Jahrhunderte in Anspruch genommen, hat lokale und in den großen Tendenzen auch überregionale Schreibkonventionen, Kanzleisprachen und schließlich die hochdeutsche Drucksprache zur Folge gehabt (neben der bis weit in die Neuzeit eine niederdeutsche in Gebrauch blieb) und hat trotz der Duden-Regelung im ausgehenden 19. Jahrhundert bis heute zu keinem befriedigenden Ergebnis geführt. Die unerschöpfliche Diskussion über die Prinzipien und den Umfang einer längst fälligen Orthographiereform ist der noch immer aktuelle Ausdruck all jener Schwierigkeiten, vor denen die Schreiber der Frühzeit volkssprachlicher Schriftüberlieferung standen.

Einige wenige Male hören wir ausführlich von Überlegungen, zu einer geregelten Graphie zu kommen, oder beobachten das Ergebnis systematischer Bemühungen an überlieferten Texten. So soll Karl der Große nach dem Bericht seines Biographen Einhard ausdrücklich solche Bemühungen initiiert haben: *Inchoavit et grammaticam patrii sermonis* (Kap. 29). *Grammatica* ist im elementaren Wortverständnis die geregelte Schriftfähigkeit der Sprache, der *patrius sermo* aber kann in diesem Fall nur einen fränkischen Dialekt meinen, den der Herrscher selbst gesprochen hat. Möglicherweise liegt in einer althochdeutschen Übersetzung des Isidorschen Traktats ›De fide catholica contra Iudaeos‹ und ihrer zwar eigenartigen, aber doch weitgehend konsequenten Schreibungen ein Resultat dieses kaiserlichen Auftrages vor. Wie wenig aber ein solcher Vorgang Schule machen und traditionsbildend wirken konnte, selbst wenn die ungeschmälerte Macht der Zentralgewalt hinter ihm stand, zeigt die Verpflanzung dieser Musterübersetzung ins Altbairische, wo in den sog. ›Monseer Fragmenten‹ zwar die Vorbildlichkeit der Übersetzung bewahrt blieb, nicht aber das graphische System. Dazu waren die sprachlichen Unterschiede zu groß, und die Zeit einer überregionalen Schreib- und Literatursprache war noch zu fern – sosehr ein solches allgemein gültiges, in Wort und Schrift gleichermaßen brauchbares volkssprachliches Verkehrsmittel im Sinne der karlischen Einheitsbestrebungen gewesen wäre.

Als ein gutes halbes Jahrhundert später der Weißenburger Mönch Otfrid sein monumentales Evangeliengedicht zu Pergament brachte, stand er vor den nun schon alten, aber immer noch ungelösten Fragen und Problemen. Obwohl er selbst nicht unvertraut war mit den inzwischen erprobten Mitteln und Möglichkeiten volkssprachlicher Schriftlichkeit – er hat seine Ausbildung im Kloster Fulda erfahren, wo solche Bemühungen Tradition hatten –, konnte er sich nicht einer schon festen Schreibkonvention bedienen, sondern mußte sich sein eigenes graphisches System zurechtlegen. Er gibt darüber Auskunft in einem lateinischen Approbationsschreiben an den Erzbischof Liutbert von Mainz: So unkultiviert, ungebärdig und der zügelnden grammatischen Regeln ungewohnt sei diese barbarische Sprache, daß es schwerfalle, viele Wörter wegen des (im Vergleich mit dem Lateinischen) fremdartigen Klangs und der Lauthäufung zu schreiben. (Auch Otfrid spricht von der *grammaticae ars,* wo das Problem die graphische Umsetzung ist, und spricht konsequent von *dicta* und nicht von *verba,* wo er die gesprochene Sprache meint.) Zuweilen verlange die Wiedergabe einer Lautfolge drei gleiche Schriftzeichen (ein Regelverstoß nach der Lehre der lateinischen Grammatiker), also etwa drei *u*, von denen die beiden ersten konsonantische und das dritte vokalische Qualität haben solle. In anderen Fällen reiche das graphische Vokalsystem des lateinischen Alphabets nicht aus, um bestimmte Vokalqualitäten wiederzugeben, in solchen Fällen habe er den Buchstaben *y* eingeführt, wie entsprechend *k* und *z* zur Bezeichnung eigentümlicher (dem Lateinischen fremder) Zisch- und Kehllaute – und dies, obwohl doch die Grammatiker diese Buchstaben für überflüssig erklären.

Otfrid hatte nicht die Ambition, eine deutsche – besser: südrheinfränkische – Orthographie festzulegen und sie systematisch zu beschreiben, sondern wollte sich vor den Blicken der gelehrten, lateinisch schreibenden Welt rechtfertigen für seine Erweiterung des lateinischen Zeichensystems. Sehr viel souveräner war Wulfila verfahren, der für seine Bibelübersetzung eine Schrift aus dem griechischen Alphabet unter Hinzufügung lateinischer und runischer Elemente schuf und mit erstaunlicher Konsequenz anwendete. Aber auch im Westen, besonders in den angelsächsischen Schreibtraditionen, hat es nicht an Versuchen gefehlt, das Zeichensystem der lateinischen Sprache für die

Zwecke geschriebener Volkssprache zu erweitern. Angelsächsische Schreiber haben solche abweichenden Schriftzeichen im 9. Jahrhundert auch auf den Kontinent gebracht. Durchgesetzt aber hat sich im Westen die Schrift mit dem lateinischen Alphabet, um den Preis einer in den einzelnen Nationalsprachen unterschiedlichen Diskrepanz zwischen der Lautgestalt der gesprochenen Sprache und dem Lautwert der sie symbolisierenden Zeichen.

Otfrid gibt ein Beispiel dafür, wie man sich im Einzelfall und dort, wo die systematische Aufzeichnung volkssprachlicher Texte in größerem Umfang erfolgte, auch ein System zurechtzulegen versuchte. Solche Schreibsysteme schlossen sich notwendigerweise an die erlernten und geläufigen Regeln der lateinischen Sprache (»Grammatik«) und der in ihr üblichen Lautzeichen an, mußten von ihnen jedoch abweichen, wo die phonetische Gestalt der gesprochenen Sprache sich allzusehr vom Lautcharakter des schulmäßig erlernten Latein unterschied. In solchen Fällen konnte man entweder neue Zeichen einführen, die geläufigen lateinischen Schriftzeichen graphisch modifizieren (*ƀ, đ, g,* Akzentzeichen etc.) oder ihre Lautentsprechung umdefinieren (*th*). Erforderlich waren dazu die methodische Beobachtung und genaue Analyse des phonologischen Systems der jeweils gesprochenen Sprache, eine Aufgabe, die die ersten Schreibermönche im »deutschen« Sprachraum mehr schlecht als recht bewältigten. Spontaneität und Schreibgewohnheit waren stärker als methodische Konsequenz. So konnte noch im ausgehenden 10. und beginnenden 11. Jahrhundert der St. Galler Mönch Notker III. seine Bemühungen um eine angemessene deutsche Umsetzung lateinischer Gelehrsamkeit als eine »fast unerhörte« Aufgabe verstehen. Sein Schüler Ekkehard IV. von St. Gallen feierte ihn gar als den, der als erster (!) die barbarische Sprache geschrieben und bekömmlich gemacht habe (*primus barbaricam scribens faciensque saporam*). In der Tat ging es Notker auch um die elementare Voraussetzung einer deutschen Grammatik, um das graphische System. Er schloß sich nicht einfach einer beliebigen Schreibtradition an, die es inzwischen ja durchaus gab, sondern versuchte, Regeln aufzustellen (»Notkers Anlautgesetz«) und versah seine deutschen Texte mit Akzentzeichen, für die ihm die historische Linguistik noch heute dankbar ist (vgl. S. 199).

Notkers Bemühungen blieben folgenlos. Auch nach ihm erfolgte die Aufzeichnung volkssprachlicher Texte eher zufällig und in willkürlicher Graphie, nach Maßgabe des vom Schreiber gesprochenen individuellen Dialekts oder angeglichen an eine überindividuelle, aber zumeist doch lokal begrenzte Schreibtradition. Im Falle einer durch mehrere Hände gehenden, Zeiten und Räume überwindenden Weitergabe eines volkssprachlichen Textes ergeben sich so die kompliziertesten graphischen Verhältnisse, deren nachträgliche Entwirrung oft der einzige Weg zu seiner Altersbestimmung und regionalen Zuordnung darstellt. An diesem Punkt gehen Sprachgeschichte und Literaturgeschichte ineinander über.

LITERATUR: Adolf Bach, Geschichte der deutschen Sprache. 8., stark erw. Aufl. Heidelberg 1965. – Hans Sperber, Geschichte der deutschen Sprache. 5., neubearb. Aufl. von Peter von Polenz. Berlin 1966. – Stefan Sonderegger, Grundzüge deutscher Sprachgeschichte. Diachronie des Sprachsystems. Bd. 1: Einführung – Genealogie – Konstanten. Berlin, New York 1979. – Werner Besch, Oskar Reichmann u. Stefan Sonderegger (Hrsg.), Sprachgeschichte. Ein Handbuch zur Geschichte der deutschen Sprache und ihrer Erforschung. 1. Halbbd. Berlin, New York 1984. – Hartmut Günther, Probleme beim Verschriften der Muttersprache. Otfrid von Weissenburg und die *lingua theotisca.* LiLi 59 (1985), S. 36–54.

Romanisierung und Christianisierung

Der Einfluß der lateinischen Sprache auf die germanischen Dialekte war infolge der über Jahrhunderte sich erstreckenden, mehr oder minder friedlichen Beziehungen zwischen Römern und Germanen – Handel und Verkehr, Kampf und Gefangenschaft, Siedlungsnachbarschaft in den römischen Provinzen, besonders (aber nicht nur) entlang des Rheins – schon vor der Christianisierung nicht unerheblich. Er läßt sich an einer Fülle von Lehnwörtern im Deutschen nachweisen, deren hohes Alter durch ihre Lautform gesichert ist. Sie ordnen sich überwiegend bestimmten Bereichen des materiellen und gesellschaftlichen Lebens zu, wie der Landwirtschaft, dem Hausbau und der Wohnkultur, dem Handel und Kriegswesen und schließlich dem Staats- und Rechtsleben. Aber es sind nicht nur einzelne Wörter und Wortgruppen, die entlehnt wurden, entlehnt wurde etwa auch ein Wortbildungselement wie das lateinische Suffix *-arius* (althochdeutsch *-ari,* neuhochdeutsch *-er*) zur Bezeichnung einer beruflichen Spezialisierung, die den Germanen offenbar fremd war. Hier fehlten nicht in erster Linie die Wörter zur Kennzeichnung einer bislang unbekannten Tätigkeit, sondern die sprachlichen Mittel, den zu benennen, der eine bekannte Tätigkeit in einer ihn selbst bzw. seine gesellschaftliche Funktion charakterisierenden Weise ausübte (Fischer, Lehrer, Zöllner etc.).

Entscheidend aber war und blieb der sprachliche Einfluß des Lateinischen im Zuge der Christianisierung. Das Ringen um die Wiedergabe der christlichen Glaubenstatsachen, um die christliche Spiritualität im Wort und schließlich um eine wissenschaftliche Terminologie ist ein bestimmendes Moment in der Geschichte der deutschen Sprache bis weit ins späte Mittelalter hinein. Christianisierung der Volkssprache heißt nicht nur Romanisierung durch Entlehnung lateinischer Begrifflichkeit und Nachahmung logischer Strukturen der lateinischen Sprache, sondern heißt auch Umformung und Umdeutung volkssprachlicher Wörter hin auf die neuen Denkinhalte. Hinzu kommt die Übernahme einer schon entwickelten christlich-theologischen Begrifflichkeit aus der jeweiligen Muttersprache der Missionare. So hat man aus dem Vorhandensein einer ältesten Schicht griechisch-gotischer Lehnwörter im Deutschen auf einen – urkundlich freilich nicht bezeugten und deshalb zweifelhaften – Missionsschub aus dem Bereich des gotischen Arianismus geschlossen, der sich entlang der Donau und dem Rhein ausgebreitet habe. Besser dokumentiert und unvergleichlich wichtiger war die iro-schottische (seit dem 7. Jahrhundert) und besonders angelsächsische Mission (seit dem 8. Jahrhundert), in deren Gefolge die wenig später als Hauptorte gerade auch volkssprachlicher Schriftlichkeit fungierenden Klöster entstanden: St. Gallen (614), Reichenau (724), Murbach im Elsaß (727), Fulda (744), Lorsch (764) u. a. Die großen Missionarsgestalten vom Iren Columban bis zum Angelsachsen Wynfrith, der nach seiner Weihe zum Bischof den Namen Bonifatius führte, haben keine unmittelbare Bedeutung für die Geschichte der deutschen Sprache und Literatur, wohl aber hat ihr Werk, haben Missionstätigkeit, Klostergründungen und die überregionale Organisation und Reorganisation der kirchlichen Institutionen unübersehbare Folgen gerade auf dem Gebiet der geistigen Kultur und ihrer Sprache gezeitigt. Deshalb bedarf es ihrer Erwähnung im Kontext der Vorgeschichte einer deutschen Literatur, ihre ausführliche Behandlung und Darstellung aber gehört in einen größeren historischen Zusammenhang, der hier nur in Details und Andeutungen zur Sprache kommen kann.

In den Klöstern, nicht zuletzt in den genannten Neugründungen, setzt in der zweiten Hälfte des 8. Jahrhunderts die volkssprachliche Schriftüberlieferung ein in Gestalt von Glossen und Vokabularien, aus denen sowohl die Bemühung um das Verständnis der lateinischen Sprache wie auch um das damit zwangsläufig verbundene Bestreben ablesbar ist, den treffenden oder überhaupt einen volkssprachlichen Ausdruck für ein lateinisches Wort zu finden, einen in Sache und Denkform der Mentalität der Missionierten nicht selten fremdartigen Begriff zu prägen. Das älteste ›Wörterbuch‹ aus der Stiftsbibliothek von St. Gallen beginnt mit einem Wort, das dem Codex auch den (germanistischen) Namen gegeben hat: ›Abrogans‹. Die althochdeutsche Glosse dazu lautet *dheomodi*, »demütig«. Entsprechend wird das darauf folgende zweite lateinische Wort *humilis* mit althochdeutsch *sanftmoati* glossiert, zwei Wörter, denen man geradezu programmatische Bedeutung zugesprochen hat, sowohl in mentalitäts- wie sprach- und literaturgeschichtlicher Hinsicht. Die zitierten deutschen Wörter erscheinen hier nicht zum erstenmal. Sie haben offenbar schon ihre Geschichte. Und sie sind durchaus nicht fest in ihrem Gebrauch. Das geht daraus hervor, daß in der Parallelüberlieferung des gleichen Glossars dem lateinischen Wort *abrogans* als althochdeutsche Entsprechungen *aotmot* bzw. *sanftmoati* zugeordnet werden.

Es gibt sehr viele andere und noch weit instruktivere Beispiele dafür, daß sich der geistliche Wortschatz erst langsam entwikkelt und über lange Zeit, ja, über Jahrhunderte hinweg nicht festgelegt ist. Ein Beispiel ist etwa das für jede christliche Moraltheologie zentrale Wort »Gewissen«, dessen sowohl geistlicher wie säkularisierter Wortgebrauch uns so selbstverständlich ist, daß es überraschen muß, wie spät sich das deutsche Wort durchgesetzt hat. Schon das lateinische *conscientia* war Lehnübersetzung aus dem griechischen *syneidesis.* Wulfila bildet dafür die gotische Lehnübersetzung *miþwissei.* Im Deutschen erscheint eine entsprechende Lehnübersetzung zum erstenmal um das Jahr 1000 bei Notker III. von St. Gallen in der Form *geuuizzeni,* die später zugunsten des substantivierten Infinitivs *gewizzen* aufgegeben wurde. Noch lange stehen dazu eine ganze Reihe von ähnlichen Wortbildungen in Konkurrenz wie *wizzene, wizzende, gewizzende, wizzentheit, gewizzenheit.* Und nachdem die ursprüngliche semantische Qualität des Präfix *ga-* verblaßt ist, werden noch im Spätmittelalter Versuche unternommen, zu einer neuen, offenbar als exakter empfundenen Lehnübersetzung von *conscientia* zu kommen, in Wortbildungen wie *samewizze, samewizzenheit, samewizzecheit* oder *mitewizzen,* die sich allesamt freilich nicht haben durchsetzen können.

LITERATUR: Kurt D. Schmidt, Die Bekehrung der Germanen zum Christentum. Bd. 2: Die Westgermanen. Lfg. 1–2, Göttingen 1941–42. – Theodor Schieffer, Winfrid-Bonifatius und die christliche Grundlegung Europas. Freiburg i. Br. 1954, Neudr. Darmstadt 1972. – Heinrich Büttner, Mission und Kirchenorganisation des Frankenreiches bis zum Tode Karls des Großen. In: Helmut Beumann (Hrsg.), Karl der Große. Bd. 1. Düsseldorf 1965, S. 454–487. – Walter Baetke, Die Aufnahme des Christentums durch die Germanen. In: Ders., Vom Geist und Erbe Thules. Aufsätze zur nordischen und deutschen Geistes- und Glaubensgeschichte. Göttingen 1944, S. 82–117. – Theodor Frings, Antike und Christentum an der Wiege der deutschen Sprache. Berlin 1949. – Friedrich Maurer u. Heinz Rupp (Hrsg.), Deutsche Wortgeschichte. 3. Aufl. Bd. 1. Berlin, New York 1974 (Grundriß der germanischen Philologie 17,1). – Hans Eggers, Deutsche Sprachgeschichte. Bd.1: Das Althochdeutsche. Reinbek 1963. Überarb. u. erg. Neuaufl. u. d. T.: Deutsche Sprachgeschichte. Bd. 1: Das Althochdeutsche und das Mittelhochdeutsche. Reinbek 1986.

Sermo vulgaris – *Lingua theodisca* – Deutsch

Das fränkische Großreich, wie es unter Karl dem Großen schließlich zu seiner größten Ausdehnung gelangte, umfaßte viele Völker und Stämme unterschiedlicher Herkunft und Sprache. Im Geltungsbereich des späteren »Deutschland« waren das außer den Franken selbst die Alemannen, Baiern, Langobarden, Thüringer, Sachsen und die Friesen. Diese Stämme waren ihrerseits keine einheitlichen ethnischen Gebilde mit einer einheitlichen Sprache; vielmehr zerfielen die einzelnen Stammessprachen wiederum in eine Reihe von Varianten, zwischen denen wir mannigfache Übergangsformen anzunehmen haben. Die sprachlichen Unterschiede aber waren so ausgeprägt, daß das Bewußtsein der Differenz sehr viel stärker gewesen sein muß als etwa ein Gefühl der Zusammengehörigkeit.

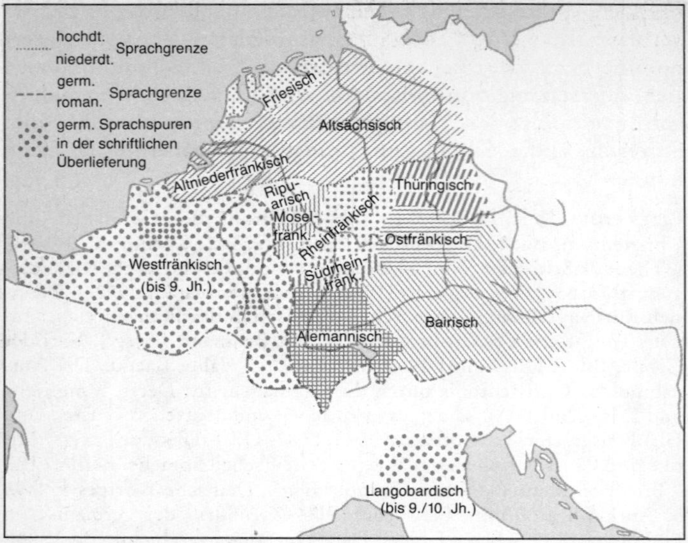

Germanisch-deutsche Dialekte 8.–10. Jahrhundert

Symptomatisch ist die Geschichte des Wortes »deutsch«, soweit wir sie überschauen und erklären können. In sprachlicher Hinsicht bereitet das Wort keine Erklärungsschwierigkeiten, obwohl schriftliche Belege für die zu erschließenden ältesten Formen fehlen: es handelt sich um ein Adjektiv *þeudiskaz*, das vom Namen *þeoda* = »Volk« abgeleitet wurde und ursprünglich die Bedeutung »zum Volk gehörig« gehabt haben muß. Über zwei Jahrhunderte lang begegnet es in den historischen Quellen nur in der latinisierten Form *theodiscus* oder *theotiscus* und bezieht sich in der stehenden Verbindung *lingua theodisca* oder als Adverb *theodisce* immer auf die Sprache derer, die weder lateinisch noch einen der vulgärlateinischen, frühromanischen Dialekte sprechen. Die Erklärung, *lingua theodisca* sei die einfache mittellateinische Übertragung der traditionellen Formulierungen *sermo vulgaris* oder *gentilis* (»Volkssprache«), reicht jedoch nicht aus. Man stellt sich die Entstehung des Begriffs vielmehr heute so vor, daß im westlichen Grenzbereich des fränkischen Siedlungsraumes das Wort *þeudisk* in Opposition zu dem alten und längst gebräuchlichen Wort *walhisk* (»romanisch, welsch«) gebildet wurde und die eigene, also ursprünglich fränkische Sonderart in Sprache und Lebensform bezeichnete. In der karolingischen Hof- und Verwaltungssprache sei dieser fränkische Ausdruck dann zu einem »Programmwort« (Hans Eggers) der auf Einheit drängenden Reichspolitik avanciert. Ein Provinzialismus sei auf diese Weise schließlich zu einem im ganzen »deutschen« Sprachgebiet gebräuchlichen Wort geworden.

Der älteste lateinische Beleg stammt aus dem Jahre 786, die ältesten deutschen Belege erst aus der Zeit um 1000: Notker III. von St. Gallen gebraucht mehrfach – aber noch immer selten genug – die Formulierung *in diutiscun* (»auf deutsch«), während in der Zeit davor ein Autor wie Otfrid von Weißenburg im lateinischen Kontext zwar das Wort *theodiscus* in der Bedeutung »die gemeinsame Sprache der im Ostreich vereinigten Stämme« (Hans Eggers) verwendet, in seinen deutschen Versen aber immer *in frenkisgon* oder *in frenkisga zungun* sagt, vielleicht weil in der zweiten Hälfte des 9. Jahrhunderts »das künstliche Wort der Kulturpolitik noch nicht in die Volkssprache eingedrungen war« (Hans Eggers). Erst im ausgehenden 11. Jahrhundert und endlich dann im 12. Jahrhundert hat sich das Wort eingebürgert, ist seine Bedeutung in Richtung auf den Nationalitätsbegriff erweitert worden. Der Dichter des deutschen ›Annoliedes‹ kennt sowohl die traditionelle sprachbezogene Formulierung *diutischin sprecchin* (v. 316), als auch Wendungen wie *diutischi liuti* (v. 474), *diutschi man* (v. 479) und *diutsche lant* (v. 274 u. ö.). Die deutsche ›Kaiserchronik‹ übernimmt diesen Sprachgebrauch direkt aus dem ›Annolied‹, bestärkt durch seine wohl inzwischen größere Verbreitung.

Für die Sprach-, Literatur- und auch Nationalgeschichte aber gilt die Wende zum 12. Jahrhundert als Epochenschwelle: »Im ›Annolied‹ wird zum ersten Male in einer deutschen Dichtung von der deutschen Sprache geredet, und das ist gewissermaßen die Geburtsurkunde unserer Sprache, das erste sichere Zeugnis, daß deutschsprechende Menschen ihre Sprache nicht mehr als fränkisch, bairisch, alemannisch oder sächsisch empfanden. Jetzt hatten sie das Gemeinsame erkannt und konnten es bezeichnen.« (Hans Eggers) Und auch dies mag bezeichnend sein: Der »Sprachname« ist zuerst da, ordnet »das Wort dem festen Kern der zum Machtgebiete Karls gehörigen germanischen Stämme zu« (Leo Weisgerber) und wird zum Namen des Landes, des Volkes, schließlich der Nation. Das ist insofern einmalig, als die Bezeichnung der Sprache in allen anderen Fällen immer vom vorausgehenden Stammes-, Volks- oder Landesnamen abgeleitet wird (England – englisch, Spanien – spanisch etc.). Man kann darin ein Symptom, wenn auch sicher nicht den Grund sehen für die Geschichte der deutschen Nation, die als Idee seit dem 9. Jahrhundert immer präsent war, als Sprachgemeinschaft und »Kulturnation« Wirklichkeit wurde, in ethnischer, territorialer und politischer Hinsicht aber bis heute eine variable Größe geblieben ist.

Wenn im folgenden von »deutscher« Schriftüberlieferung und Literatur die Rede ist, dann im Sinne eben jener sprachlich-kulturellen Einheit, die im Reich Karls des Großen noch bloßes politisches Programm und Mittel der imperialen Einigungsbestrebungen war, nach den Reichsteilungen im ostfränkischen Königreich zum erstenmal territoriale Gestalt annahm, im Bewußtsein derer aber, die »deutsch« sprachen und schrieben, erst sehr viel später Wirklichkeit wurde. Auch wenn die ersten volkssprachlichen Dichter und Schreiber fränkisch, alemannisch, bairisch etc. redeten und schrieben, können wir zu Recht die »deutsche Literatur« mit dem Einsetzen einer volkssprachlichen Schriftüberlieferung im 8. Jahrhundert beginnen lassen. Wie gerade die literarische Kommunikation, die überregionale Verbreitung der einfachsten volkssprachlichen Aufzeichnungen (Glossen) und der ältesten deutschen Schriftliteratur das Einheitsbewußtsein zumindest der litteraten Schichten förderte, zeigt die Geschichte der deutschen Literatur schon seit ihrem Beginn.

LITERATUR: Leo Weisgerber, Der Sinn des Wortes Deutsch. Göttingen 1949. – Ders., Deutsch als Volksname. Ursprung und Bedeutung. Stuttgart 1953. – Hans Eggers, Deutsche Sprachgeschichte. Bd. 1: Das Althochdeutsche. Reinbek 1963. Überarb. u. erg. Neuaufl. u.d.T.: Deutsche Sprachgeschichte. Bd. 1: Das Althochdeutsche und das Mittelhochdeutsche. Reinbek 1986, S. 40–46. – Ders. (Hrsg.), Der Volksname Deutsch. Darmstadt 1970.

3. Traditionen

Altgermanische Dichtung

Tradition und Praxis »mündlicher Dichtung« gehören nicht nur der »Vorgeschichte des deutschen Schrifttums« (Georg Baesecke) an, sondern begleiten die entstehende Schriftliteratur noch lange. Von ihrer Existenz bei den verschiedenen germanischen Stämmen hören wir seit Tacitus immer wieder durch die spätantiken und christlichen Historiker und können sie aus den Reflexen in der lateinischen Literatur (Nennung von Namen der germanischen Heldensage, geistliche Ermahnungen und Warnungen vor den heidnischen Liedern etc.) erschließen. Wir erfahren einiges über die altgermanische Dichtung auch aus dem volkssprachlichen Wortschatz und mehr noch aus ihrer Nachahmung in der frühesten geistlichen Buchdichtung, die sich bewußt in deren Tradition stellt. Wir begegnen ihr schließlich unmittelbar in den seltenen frühen Aufzeichnungen (›Hildebrandslied‹) und sehr viel vermittelter in ihrer späten Literarisierung durch lateinisch schreibende Autoren (›Waltharius‹) und die anonymen Verfasser der mittelhochdeutschen Heldendichtung seit dem ausgehenden 12. Jahrhundert. Hauptquelle aber ist die nicht viel früher aufs Pergament findende, jedoch treuer bewahrte altnordische Dichtung.

Trotz solcher Zeugenvielfalt ist es kaum möglich, das Repertoire germanischer Dichtformen verläßlich zu beschreiben. Andreas Heusler, der es als einer der letzten unternommen hat, eine systematische Darstellung der nicht überlieferten »altgermanischen Dichtung« zu geben, unterscheidet Ritualdichtung, Zauberdichtung, Spruchdichtung, Merkdichtung, Kleindichtung, Preislieder, Erzähllieder, Sagas und Königsgeschichten. Das hat manche Wahrscheinlichkeit für sich, bleibt in vieler Hinsicht umstritten und kann insgesamt nicht mehr sein als ein lehrreicher Versuch, sich den möglichen Formenreichtum dieser oralen Tradition vorzustellen. Eine derart hypothetische Rekonstruktion rechnet mit Beständen, die der philologischen Verifizierung entzogen sind; sie ist im strengen Wortsinne kein Mittel der *Literatur*geschichtsschreibung.

Wenn man sich fragt, warum in der Frühzeit der Schriftüberlieferung so wenig von dieser alten germanischen Dichtung aufgezeichnet wurde, so wird in erster Linie ihre konstitutive

Mündlichkeit dafür verantwortlich zu machen sein, die sie nicht nur formal prägte, sondern mit der sie gleichsam identisch war: »Auch der Wohlwollende spürte keinen Antrieb, diese Unterhaltungsstücke aus dem belebten Vortrag in das stumme Buch zu verbannen. Wer diese Lieder liebte, der mochte sie an*hören.*« (Andreas Heusler) Erst eine entwickelte Schriftliteratur in der Volkssprache, die höfisch bestimmte laikale Erzählliteratur des Hochmittelalters, konnte den Anstoß dazu geben, die alten heroischen Traditionen in eine dem lateinischen Buchepos nachstilisierte literarische Form zu gießen und aufzuzeichnen. Es ist deshalb sicher nicht richtig, allein das eindringende Christentum, die kirchliche Gegnerschaft gegen derlei *carmina gentilia* (Alkuin), gegen den *sonus inutilium* (Otfrid), den *laicorum cantus obscenus* (Otfrid), die Gegnerschaft also gegen all diese unnützen und anstößigen heidnischen Gesänge, für deren Untergang haftbar zu machen. Allzuviel hat in mündlicher Tradition weitergelebt und schließlich überlebt, wenn auch nicht in den ursprünglichen Formen einer germanischen Dichtung, wie sie zu Beginn der Schriftüberlieferung noch geläufig gewesen sein muß.

Auch über die Art des Umgangs mit dieser traditionellen germanischen Dichtung sind wir nur ungefähr unterrichtet. Wer waren die Dichter und vortragenden Sänger? Ein gemeingermanisches Wort für Dichter hat es nicht gegeben. Von den beiden bekannten Wörtern, die jedoch offenbar schon eine höher entwickelte Kunst des Hofsängers bezeichnen, gehört *skop* nur den westgermanischen Dialekten und *skald* ausschließlich dem Nordischen an. Man vermutet in ihnen relativ junge Neuprägungen. Das Wort *skop* hält sich auf dem Kontinent bis ins 12. Jahrhundert und nimmt dann in der programmatischen Opposition der christlichen Autoren gegen die traditionelle mündliche Dichtung negative Konnotationen an: Viele (Spielleute, Träger der *oral poetry*) verbreiteten nur Lügen mit *scophelîchen worten,* sagt der Dichter der deutschen ›Kaiserchronik‹. Für die germanische Dichtung läßt sich aus solchen Beobachtungen nur wenig ablesen. Wir müssen aber annehmen, daß sie durch mündliche Weitergabe im Gedächtnis bewahrt blieb, bis endlich Teile in sicher sehr veränderter Form im 13. Jahrhundert aufgezeichnet wurden. Über diese mündliche Tradition wissen wir nur das, was die punktuellen Zeugnisse für die fortlebende Erinnerung an die heroische Zeit der Völkerwanderung zu erkennen geben. Und das ist nicht sehr viel mehr als das Faktum ihrer Existenz. Alle Rekonstruktionsversuche einzelner Sagenlieder, genau bestimmter Vorstufen der großen mittelhochdeutschen Heldenepen wie des ›Nibelungenliedes‹, beruhen auf scharfsinniger Kombination eines äußerst dürftigen Faktenmaterials mit einer gehörigen Portion philologischer Phantasie. Sie bleiben spekulativ und haben viel von dem Kredit eingebüßt, den sie in der Vergangenheit einmal für sich in Anspruch nehmen konnten.

LITERATUR: Helmut de Boor, Dichtung. In: Hermann Schneider (Hrsg.), Germanische Altertumskunde. (Verb. Nachdruck der 1938 ersch. 1. Aufl.) München 1951, S. 306–430. – Georg Baesecke, Vorgeschichte des deutschen Schrifttums. Halle 1940. – Andreas Heusler, Die altgermanische Dichtung. 2., neubearb. u. verm. Ausg. Potsdam 1941 (Handbuch der Literaturwissenschaft). – Felix Genzmer, Vorgeschichtliche und frühgeschichtliche Zeit: 2000 v. Chr. – 770 n. Chr. In: Heinz Otto Burger (Hrsg.), Annalen der deutschen Literatur. 2. Aufl. Stuttgart 1962, S. 1–36. – H. Klingenberg, Dichter. In: RGA V, 1984, S. 376–392. – Ders., Dichtung. Ebd., S. 394–404. – Otto Gschwantler, Älteste Gattungen germanischer Dichtung. In: Klaus von See (Hrsg.), Europäisches Frühmittelalter. Wiesbaden 1985 (Neues Handbuch der Literaturwissenschaft 6), S. 91–123.

Oral poetry

Wie man sich die Entstehung eines mündlichen Gedichts, wie die mündliche Kunstübung überhaupt vorzustellen hat, lehrt die alte, kostbare Nachricht vom Laiensänger Caedmon, die Beda Venerabilis (672/3–735) in seiner ›Historia ecclesiastica gentis Anglorum‹ hinterlassen hat. Im 658 gegründeten Kloster Whitby in Nordhumbrien habe ein Laienbruder gelebt, »der besonders ausgezeichnet war durch die göttliche Gnade, denn er machte Gedichte geistlichen und erbaulichen Inhalts, und zwar so, daß er alles, was man ihm aus der Bibel vorübersetzte, binnen kurzem in poetischen Formulierungen von großer Schönheit und tiefer Andacht in seiner, nämlich der angelsächsischen Sprache wiedergab« (IV,23). Die Erzählung von der nächtlichen Berufung durch einen Engel ist in diesem Zusammenhang von geringerem Interesse als der Bericht davon, wie der auf diese Weise erweckte Sänger geistlich-christliche Gedichte ganz offenbar in der Tradition mündlicher Poesie verfertigte. Die Klosterinsassen nämlich, denen der wunderbar Begnadete zugeführt wird, »gaben ihm den Inhalt einer Schriftstelle oder Glaubenstatsache und wiesen ihn an, diesen nach seinen Fähigkeiten in dichterische Form zu bringen. Er aber entfernte sich mit dem Auftrag und kehrte am nächsten Morgen mit dem schönsten Gedicht über den angegebenen Text zurück. Wenig später belehrte ihn deshalb die Äbtissin aus Freude über die in dem Mann wirksame göttliche Gnade, den weltlichen Stand zu verlassen und das Mönchsgelübde abzulegen; und nachdem er mit allen Seinen ins Kloster aufgenommen worden war, teilte sie ihn der Gemeinschaft der Laienbrüder zu und ließ ihn in der ganzen Heiligen Schrift unterrichten. Er aber bewahrte alles, was er durch bloßes Hören auffassen konnte, im Gedächtnis, wendete es hin und her wie ein edles wiederkäuendes Tier und machte daraus ein überaus wohlklingendes Gedicht. Mit ihm machte er umgekehrt nun die zu seinen Hörern, die zuvor ihn belehrt hatten.« (IV,23)

Gleichgültig, ob es wirklich einen Mann namens Caedmon gegeben und ob die Geschichte seiner Berufung zum geistlichen Dichter sich so oder anders vollzogen hat (die Elemente einer archetypischen Dichtermythologie sind nicht zu übersehen) – wichtig ist allein die zeitgenössische Auskunft über die Vermittlung einer schriftlosen dichterischen Technik mit einer schriftgebundenen literarischen Tradition. Beda gibt eine Probe der dichterischen Leistung Caedmons, den ›Hymnus‹ von der Erschaffung der Welt, in lateinischer Übersetzung und nicht ohne den verständigen Hinweis, daß man ein Gedicht eigentlich nicht übersetzen könne. Ob Caedmons Gedichte auch sonst aufgezeichnet wurden, sagt Beda nicht. Aber schon die Nachwelt hat es sich, vielleicht unter dem Eindruck der inzwischen kodifizierten geistlichen Epik, so vorgestellt, und auch die Philologen haben die angelsächsische Buchepik lange Zeit direkt auf Caedmon zurückgeführt und nach ihm benannt.

Bedas Aufzählung der von Caedmon behandelten Stoffe scheint dafür zu sprechen, daß es sich dabei um (hymnenartige?) Stücke geringeren Umfangs gehandelt hat: »Er sang nämlich von der Erschaffung der Welt, von der Entstehung des Menschengeschlechts und der ganzen Genesis, von dem Auszug der Israeliten aus Ägypten und von der Heimkehr ins Land der Verheißung, von weiteren geschichtlichen Erzählungen der Heiligen Schrift, von der Fleischwerdung des Herrn, der Passion, Auferstehung und Himmelfahrt, von der Ausgießung des Heiligen Geistes und der Lehre der Apostel. Weiter machte er viele Gedichte über die Schrecken des künftigen Gerichts, über die furchtbare Höllenpein und die Seligkeit des ewigen Lebens und sehr viele andere über die himmlische Gnade und Rache ...« (IV, 23).

Man kann sich aber auch vorstellen, daß durch die angestrebte Vollständigkeit auch kürzere Gedichte im zusammenhängenden Vortrag epische Dimension annahmen. Gerade die von Beda genannten Erzählstoffe aus dem Kontext der geschichtlichen Bücher des Alten Testaments (aber nicht nur sie) sprechen dafür, daß die von ihm übersetzten neun stabreimenden Langzeilen sicher nicht für den durchschnittlichen Umfang der Gesänge Caedmons stehen. Daß Beda nur den Anfang eines längeren Gedichts zitiert haben könnte, machen nicht so sehr die jüngeren und schon stärker buchmäßig stilisierten altenglischen Bibelepen wahrscheinlich, als vielmehr das hier wiederum zu bedenkende Faktum der konstitutiven Mündlichkeit einer *oral poetry*, die der Aufzeichnung nicht bedurfte, ja sich ihr sogar widersetzte. Solange sie in Gebrauch und im Gedächtnis war – und davon scheint Beda noch auszugehen – genügte es, sie »anzuzitieren«, wenn man über sie schreiben wollte. Wir kennen diese Art und Weise des zitierenden Aufzeichnens mündlicher Dichtung noch aus sehr viel jüngerer Zeit, etwa aus der Überlieferungsgeschichte des sog. Volksliedes, wenn mit der Eingangsstrophe die Melodie und mit der Melodie das Lied in Erinnerung gerufen werden konnte, ohne daß der Liedtext – der seinerseits ja in regionalen und individuellen Varianten lebte – als Ganzes aufgezeichnet werden mußte. Aber auch aus der Frühzeit der deutschen Literatur ist ein Text überliefert, der den gleichen Schluß nahelegt. Das ›Wessobrunner Schöpfungsgedicht‹ stellt wie ›Caedmons Hymnus‹, dem es formal und inhaltlich nahesteht, nur den zitierten Eingang eines längeren, für uns verlorenen, weil nur in der Sphäre der Mündlichkeit lebenden Gedichts dar.

LITERATUR: Francis P. Magoun Jr., Bede's Story of Caedman. The Case-History of an Anglo-Saxon Oral Singer. Speculum 30 (1955), S. 49–63. – Ute Schwab, Caedmon. Messina 1972. – Dieter Kartschoke, Bibeldichtung. Studien zur Geschichte der epischen Bibelparaphrase von Juvencus bis Otfrid von Weißenburg. München 1975, S. 131–139 und S. 149–151. – Klaus von See, Caedmon und Muhammed. ZfdA 112 (1983), S. 225–233.

Die Komposition des mündlichen Epos

Eine literaturgeschichtlich bedeutsame und in der Forschung viel diskutierte Frage gilt der Komposition des mündlichen Epos. Wie hat man sich die ästhetische Konstitution einer Dichtung vorzustellen, deren Medium nicht das geschriebene, sondern das gesprochene (rezitierte, gesungene) Wort ist? Wie einen Wortlaut, der im Vortrag jeweils neu verfertigt wird und dessen Überlieferung nicht über die Schrift, sondern über das Gedächtnis läuft? Diese Frage läßt sich nicht pauschal beantworten. Zunächst wäre zu klären, auf welcherart stilisiertes Sprechen sie sich richtet. Memorialverse (Gnomik, sprichwörtliche Redensarten etc.) oder, auf noch niedrigerer Ebene der sprachlichen Stilisierung, die stabreimenden Formeln des gesprochenen alten Rechts waren fest und mußten es sein. Nur so konnten sie Verbindlichkeit beanspruchen und, wenn auch in gänzlich verblaßtem Gebrauch, sich teilweise bis heute halten (Kind und Kegel, Land und Leute, Haus und Hof etc.). Anders liegen die Dinge, wo es sich um frei verfügbare, nur durch ihre Struktur definierte Redeweisen, die sog. »einfachen Formen« (André Jolles) handelt, zu denen man etwa das Rätsel, den Witz, die Sage, die Legende und die Mythe etc. rechnet. Hier geht es um prosaisches Sprechen, das dennoch bestimmten Regeln folgt und bestimmte, ihm vorausliegende Formvorstellungen erfüllt. Wieder anders sieht es aus, wo es sich um versmäßig gebundenes Sprechen handelt. Ein Lied, die liedhafte Erzählung (Ballade) und andere Formen der Kleinepik (das mittelalterliche Märe) oder ein umfängliches Versepos werden, wo nicht schon Gattungsvorstellungen der geschriebenen Literatur vorliegen, die sich unter den Bedingungen der Mündlichkeit unterschiedlicher sprachlich-stilistischer Mittel bedienen, in unterschiedlich gezogenen Grenzen variabel sein oder sich einem festen Wortlaut annähern.

Die Vorstellung vom definiten Umfang eines Gedichts, die Frage, was es zum Ganzen mache und was es als Ganzes sei, präjudizieren einen Textbegriff, den die mündliche Dichtung so nicht kennt. Das »mündliche Epos«, also eine breit erzählte Versdichtung, die weder zu ihrer Verfertigung noch für ihr Weiterleben der Schrift bedarf, entsteht immer wieder neu im Augenblick ihres Vortrags. Das »mündliche Epos« ist kurz, wenn dem Sänger und seinem Publikum die Zeit lang wird, und lang, wenn die Erwartungen erfüllt werden und die Aufmerksamkeit der Hörer die Aufführung trägt. Es ist identisch mit seinem allgemeinen Inhalt, nicht mit seinem Wortlaut oder gar dem Buchstaben. »Obwohl der Sänger sein Lied vor dem Publikum improvisiert, glaubt er selber, daß er sein Lied wortgetreu wiederholt. Für ihn ist die getreue Wiedergabe des Stoffes gleichbedeutend mit der (vermeintlichen) wörtlichen Wiederholung des Liedes.« (Edward R. Haymes)

Diese traditionsgebundene Improvisationskunst wird ermöglicht durch eine Technik des Einsatzes feststehender sprachlich-stilistischer Wendungen und einer begrenzten Zahl von Inhaltsschablonen. Die besonders von Milman Parry und Albert B. Lord entwickelte »theory of oral formulaic composition« nahm ihren Ausgang bei der Homer-Philologie. Bestimmte längst bekannte, besprochene, auch nachgeahmte Stileigentümlichkeiten der homerischen Epen sollten aus ihrer Existenzweise als *oral poetry* erklärt werden. Als empirisches Vergleichsmaterial dienten die Lieder serbokroatischer Guslaren, der letzten europäischen Vertreter einer weit in das Mittelalter zurückreichenden Rezitationskunst. Ausgangspunkt solcher Überlegung war die Beobachtung und genaue Analyse der *Formel*, d.h. der Wiederholung fester Wortgruppen zum Zweck der Wiedergabe bestimmter Inhalte, denen sie stereotyp zugeordnet sind. Das bekannteste und auch der traditionellen Stilistik vertraute Mittel epischer Konvention ist das stehende Epitheton. Während der Homer-Forscher Parry noch an die gleichsam gesetzmäßige *wörtliche* Wiederholung solcher dem Sänger jederzeit zur Verfügung stehender Formeln glaubte, hat die jüngere Forschung den Formelbegriff auf rhythmische Einheiten hin erweitert, innerhalb derer die einzelnen Wörter austauschbar seien. Der Preis für die Weiterentwicklung und Differenzierung der Parry-Lord-Theorie ist die zunehmende Unschärfe des Formelbegriffs.

Welchen Wert hat die Theorie mündlicher Epenkomposition für die Analyse und Erklärung schriftlich überlieferter Dichtung, mit der wir es als Literaturhistoriker ja ausschließlich zu tun haben? Hier ist Zurückhaltung am Platz. Denn weder gilt, daß ein formulaisch stilisierter Text auf mündliche Vorstufen zurückgehen muß oder gar als das Stenogramm eines Sängervortrags erklärt werden darf, noch daß mündliche Dichtung durchweg formulaisch ist. Hier haben wir sicher mit den vielfältigsten Übergangsformen zu rechnen, die sich der strikten Festlegung weitgehend entziehen. Auch ein für die schriftliche Aufzeichnung konzipierter Text kann stark formelhaft geprägt sein, ohne je in bloß mündlichem Gebrauch gelebt zu haben. Es gibt keine quantifizierbaren Indizien (etwa Formeldichte), die es erlauben, einen geschriebenen Text eindeutig als der Tradition mündlicher Poesie zugehörig zu erklären oder gar den Bruch zwischen mündlicher und schriftlicher Kompositionsweise in der *oral poetry* zu bestimmen. Die neuere Forschung zur mittelhochdeutschen Heldendichtung und besonders zum ›Nibelungenlied‹ hat eine Fülle derartiger Überlegungen und Analysen hervorgebracht, die in keinem einzigen Falle zu zweifelsfreien Diagnosen geführt haben. Man wird deshalb aber nicht so weit gehen dürfen, einen Zusammenhang und Austausch zwischen mündlicher Dichtung und schriftlich fixierter Literatur, die ja noch weithin als Vortragsdichtung gehandhabt wurde, schlankweg zu leugnen. »Die mittleren Wiederholungswerte der meisten mittelalterlichen Epen (höher als die der eindeutig schriftlichen Dichtung und niedriger als die der serbokroatischen Guslarenlieder) machen irgendeine Form von Übergangstext wahrscheinlich. Ob man es freilich mit Redaktionen von Texten, die aus mündlichem Diktat stammen, oder mit Nachahmungen mündlicher Texte zu tun hat, bleibt vorläufig ungewiß. Auf jeden Fall scheint es, daß die meisten mittelalterlichen Epen eine Mischung mehrerer Kompositionsarten darstellen.« (Edward R. Haymes)

LITERATUR: André Jolles, Einfache Formen. Legende – Sage – Mythe – Rätsel – Spruchkasus – Memorabile – Märchen – Witz. Tübingen 1930 u.ö. – Albert B. Lord, The Singer of Tales. Cambridge, Mass. 1960, deutsch: Der Sänger erzählt. Wie ein Epos entsteht. München 1965. – Michael Curschmann, Oral Poetry in Medieval English, French, and German Literature. Some Notes on Recent Research. Speculum 42 (1967), S. 36–52. – Edward R. Haymes, Das mündliche Epos. Eine Einführung in die »Oral Poetry«-Forschung. Stuttgart 1977. – Norbert Voorwinden u. Max de Haan (Hrsg.), Oral Poetry. Das Problem der Mündlichkeit mittelalterlicher epischer Dichtung. Darmstadt 1979.

Christentum und Literatur

Die seit dem 4. Jahrhundert entstehende christlich-lateinische Kunstdichtung bedurfte – anders als die antike Dichtung und anders auch als die jüdisch-christliche Kultdichtung – der Rechtfertigung. »Dahin gehört es, daß der Schriftsteller eine

Begründung für Abfassung seines Werkes (erbaulicher Zweck) und für die Wahl der Kunstform (Poesie) glaubt bieten zu müssen.« (Ernst Robert Curtius) Der christliche Poet mußte sich rechtfertigen, weil er als Epiker eine antike Kunstform fortführte, die mythologisch durchsetzt und also heidnisch besetzt war. »Denn eben deswegen, weil die christlichen Epiker eine antike Gattung fortsetzen, konnten sie einen Zwiespalt zwischen der heidnischen Form und dem christlichen Stoff empfinden. Sie mußten sich also genötigt fühlen, sich mit der heidnischen Kunstübung auseinanderzusetzen. Hier liegt ein Ansatzpunkt für literaturtheoretische Reflexionen des Vormittelalters.« (Ernst Robert Curtius) Diese Reflexionen sind freilich weniger auf das antike Epos gerichtet als auf das eigene Tun oder – im größeren Rahmen der patristischen Diskussion über Wert oder Unwert der antiken Dichtung – auf die Legitimation des fortdauernden Umgangs mit der überkommenen Literatur.

Der höhere Zweck christlicher Dichtung ist *laus Domini,* Lob Gottes und seiner Heiligen, ist Selbstheiligung des Autors durch solch frommes Exerzitium und ist Belehrung und Erbauung des Hörers oder Lesers. Die zentrale ästhetische Kategorie christlicher Poesie ist Erbaulichkeit. Solcher Zweck gilt nicht nur als Rechtfertigung, sondern sogar als besonderes Verdienst, als gottwohlgefälliges Werk, das seinen Urheber der Gnade des ewigen Lebens versichert. In diesem Sinne kann schon der erste christliche Epiker lateinischer Zunge im 4. Jahrhundert, der spanische Presbyter Juvencus, ausdrücklich die fromme Hoffnung hegen, sein hexametrisches Evangeliengedicht werde ihn den Flammen der ewigen Verdammnis entreißen. Und viele christliche Dichter des Mittelalters haben es ihm nachgesprochen.

Wo es darüber hinaus der Rechtfertigung christlichen Dichtens bedarf, wird auf die Bibel verwiesen, auf die poetischen Bücher wie insbesondere auf den Psalter und auf dessen (vermeintlichen) Verfasser, den alle antiken Poeten übertreffenden Sänger David. Mit den Worten des Kirchenvaters Hieronymus: *David Simonides noster, Pindarus, et Alcaeus, Flaccus quoque, Catullus atque Serenus* (»David ist unser Simonides, Pindar, Alkaeus und gleichermaßen unser Horaz, Catull und Serenus«). Wo es eines Beweises gar für die Überlegenheit christlicher Dichtung bedarf, wird (etwa von Ambrosius) das angeblich höhere Alter der biblischen Schriften behauptet: *quanto antiquior Iob, quanto vetustior David* (»Um wieviel älter ist doch das

Buch Hiob, um wieviel ehrwürdiger sind die Psalmen Davids«)! Immer wieder wird dieser Altersbeweis bemüht, wo es darum geht, die in den Augen eines spätantiken Bildungspublikums bis zur Lächerlichkeit einfältigen und rohen Schriften der Christen in ästhetischer Hinsicht aufzuwerten und schließlich sogar *über* die antike Kunstdichtung zu stellen.

Christliche Literatur, die auf diese Weise entwickelt wird, ist immer durch die Bibel legitimiert, die nicht nur der erste und höchste Gegenstand der Dichtung, sondern auch ihr formales Vorbild ist. Sie bildet das unerschöpfliche Reservoir von Einsichten, Denkformen und Vorstellungsweisen, von Formulierungen, Bildern und Motiven für die christlichen Schriftsteller. Dies brachte freilich die Notwendigkeit mit sich, die hohe Stillage der antiken Rhetorik mit dem *stilus humilis* der apostolischen Schriften, mit der Sprache der Fischer-Apostel und einfachen Leute, dem deshalb so genannten *sermo piscatorius* oder *rusticus,* zu versöhnen. Das Dilemma mußten besonders die lateinisch schreibenden Schriftsteller und Dichter christlichen Glaubens empfinden und austragen. Für die Volkssprachen der Frühzeit schriftlicher Überlieferung scheint dies schon kein Problem mehr gewesen zu sein. Nun ging es darum, die vulgären Idiome überhaupt literaturfähig, nämlich der lateinischen Sprache vergleichbar zu machen. Der *sermo vulgaris* war seinem allgemeinen Gebrauch und seiner bis ins Zeitalter des Humanismus hinein unveränderten Geltung nach *rusticus* und deshalb *humilis* – auch wenn die deutsche Dichtung spätestens seit der Zeit um 1200 hohe Stillagen und den schweren Schmuck der Rede auch für sich in Anspruch genommen und entwickelt hat.

In besonders prekärer Situation waren die christlichen Epiker lateinischer Zunge. Das Epos war die vornehmste der antiken Gattungen, nicht zuletzt deswegen, weil es für seinen historischen und mythologischen Inhalt eine Wahrheit beanspruchte, die dem christlichen Wahrheitsanspruch diametral entgegenstand. Vergils ›Aeneis‹ galt denn auch gleichsam als das Buch der Bücher, die Heilige Schrift der Römer. Wenn man dennoch dieses Staatsgedicht nicht preisgeben wollte, ja den alles überragenden Stoff der christlichen Heilsgeschichte in eine Sprache und Form umgießen wollte, die von der ›Aeneis‹ und andern Epen der klassischen römischen Literatur geprägt waren, bedurfte es der Reinigung und Konsekrierung des sprachlichen Gefäßes für seinen neuen Inhalt. Auch dieser Vorgang wurde mit biblischen Exempla gerechtfertigt. Wie die Juden mit Gottes Hilfe sich der ägyptischen Gefangenschaft entzogen und als Beute Gold- und Silbergefäße mit sich führten (Ex. 3,21), wie ihnen erlaubt war, eine Ungläubige zur Frau zu nehmen, wenn diese nur den vorgeschriebenen Reinigungszeremonien unterzogen wurde (Dt. 21,12f.), so durfte auch die heidnisch-antike Literatur in den Dienst des einen und wahren Gottes gestellt werden – indem sie nicht im Wortsinn, sondern allegorisch verstanden und ausgelegt wurde. »Allegorisch« ist hier noch nicht im Sinne der systematisierten christlichen Hermeneutik zu verstehen, sondern im Sinn neuplatonischer Homerallegorese, die es erlaubte, etwa die Stationen des Aeneas als sinnbildliche Darstellung des Menschenlebens aufzufassen u.a.m.

Die christliche Nachahmung des antiken Epos hatte ihr Vorbild in der traditionellen Imitationstechnik, also im durchgehenden Anspielungscharakter des antiken Epos als einer exklusiven Bildungsliteratur für ein begrenztes Publikum von Kennern und Eingeweihten. Das schlechthin gültige Paradigma dafür hat Vergil mit seiner ständigen Bezugnahme auf die ›Odyssee‹ (Buch I–VI der ›Aeneis‹) und die ›Ilias‹ (Buch VII–XII der ›Aeneis‹) geliefert. Die antike Epostradition bildete ein Netz von Zitaten, Anspielungen und Kontrafakturen, die zu entschlüsseln den Reiz der Rezeption ausgemacht haben muß. Die klassisch-lateinische Epensprache lieferte auf diese Weise eine im Kern begrenzte Zahl von Formulierungen, Metaphern, Bildern, Gleichnissen, deren sich seit dem vierten Jahrhundert auch die christlichen Epiker bedienten, die sie notwendig aber umdeuten, mit christlichem Gehalt füllen, also gleichsam taufen mußten. Auch der christliche Dichter spricht nun wie der antike vom *summus tonans* (dem »obersten Donnerer«), meint damit aber nicht mehr Jupiter, sondern den christlichen Schöpfergott; spricht vom Tartarus als der christlich gedachten Hölle oder überträgt die Jupiter in den Mund gelegte Verheißung des ewigen Bestandes von Rom – *imperium sine fine dedi* (›Aeneis‹ I,279) – auf den römischen Bischofsstuhl und die von ihm repräsentierte Christenheit. Das sind im einzelnen sehr unterschiedliche, typenmäßig zu klassifizierende episch-rhetorische Wendungen, denen jedoch die christliche Interpretation des antiken Epos oder einzelner seiner Formulierungen gemeinsam ist. Im Falle Vergils kommt es schließlich zur christlichen Vereinnahmung des Autors insgesamt als einer *anima naturaliter christiana* (Tertullian) mit der Begründung, er habe in seiner vierten Ekloge das Kommen des Heilandes vorausgesagt. Und so kann Proba, eine vornehme römische Dichterin des 4. Jahrhunderts, das spielerische und doch sehr ernst gemeinte Kunststück unternehmen, die Heilsgeschichte in unverändert übernommenen Bruchstücken von Versen Vergils wiederzugeben. Damit sei endgültig bewiesen, daß Vergil das Erlösungswerk Christi vorhergesagt und besungen habe: *Vergilium cecinisse loquar pia munera Christi* (›Vergilcento‹ v. 23).

Seit der Karolingerzeit ist die vergilianisierende Bibelepik des 4. bis 6. Jahrhunderts in den Kanon der Schullektüre aufgenommen worden und wird so das legitimierende Vorbild und Muster auch für die volkssprachliche Buchepik christlichen Inhalts. Deren poetisches Verfahren ähnelt zumindest in den Anfängen, also in der angelsächsischen und altsächsischen Bibelepik, in ganz erstaunlichem Maße dem ihrer lateinischen Vorläufer – und dies wohl weniger, weil die der Volkssprache sich bedienenden Dichter die spätantiken Vorgänger im vollen Bewußtsein ihrer Technik unmittelbar nachahmten, sondern weil die Voraussetzungen die gleichen waren. Auch hier stand eine durch heidnisch-germanische Mythologeme besetzte traditionelle Dichtersprache zur Verfügung, deren Formelhaftigkeit sich jedoch ihrer grundsätzlichen Mündlichkeit verdankte und nicht dem Bildungsspiel ständiger imitatorischer Erneuerung. Auch hier bedurfte es der christlichen Umdeutung dieses Formelschatzes, um ihn für die Wiedergabe der christlichen Heilswahrheit gefügig zu machen. Auch hier zielte das Bestreben der Dichter nicht so sehr auf eine »Germanisierung« der Heilsbotschaft als auf die *interpretatio christiana* der heimischen Bildungs- und Vorstellungswelt. Man spricht im Sinne christlicher Missionspraxis auch von Akkommodation. Also kann der Dichter des ›Heliand‹ Christus als *cuning* (»Volkskönig«), *drohtin* (»Gefolgsherr«), als *kraftag* (»voller Kraft«), *mari endi mahtig* (»berühmt und mächtig«) auftreten und seine Jünger *degen* (»Gefolgsleute«) und *treuhafta man* (»durch Treuebindung verpflichtete Männer«) sein lassen, kann die Erde *middilgard* nennen und eine Versammlung der Jünger mit Christus *thing*. Anders als in der klassizistischen Bibeldichtung wird hier jedoch die Welt der Götter und Heroen nicht christlich interpretiert, werden ihre Namen nicht genannt und umgedeutet. Mit der Preisgabe des alten Stabreimverses, der traditionellen Formeln und Formulierungen, all dessen also, was in der lateinischen Dichtung dank der Verfügbarkeit der klassischen Muster immer wieder aufgegriffen, nachgeahmt oder auch konterkariert werden konnte, ist die Möglichkeit der *interpretatio christiana* heimischer Traditionen dahin. Seit dem ›Evangelienbuch‹ Otfrids von Weißenburg ist das Medium christlich-deutscher Dichtung der Reimpaarvers und eine Sprache, die weitgehend frei ist von allen vorchristlich-paganen Konnotationen.

Der Gegenstand christlicher Dichtung aber ist die Herrlichkeit Gottes, die christliche Lehre und die Geschichte des Heils. Christliche Dichtung preist und meditiert, belehrt und erzählt. Aber sie spricht schon immer vom Gesagten. Wiederholung ist kein Mangel (an Erfindungsgabe, Einbildungskraft o. ä.), sondern ist ihr eigentlicher Zweck. Christliche Dichtung in der Volkssprache ist bis weit ins hohe Mittelalter hinein noch nicht Medium der Weltdeutung in dem Sinn, daß eine wie immer wahrgenommene Wirklichkeit zu ihrem Gegenstand würde. Aktuelle Erfahrungsräume bleiben zunächst ganz ausgeblendet und kommen erst im 12. Jahrhundert allmählich in den Blick jener Autoren, die mit ihren Texten auf sie einwirken wollen und zu diesem Zweck sie auch benennen müssen. Diese Benennung erfolgt zuallererst ex negativo. Das Himmelreich, dem die Menschen zustreben sollen, ist für die Seligen ein Ort, an dem alle irdische Not ein Ende hat. Dort gibt es weder Hitze noch Kälte, weder Kampf noch Tod; dort braucht man weder Essen noch Trinken, keinen warmen Mantel und kein weiches Bett usw. Wer dorthin gelangen will, der muß in seinem irdischen Leben alle Laster und Sünden vermeiden. Von ihnen sprechen katalogartig die Beichtformulare, während die Bußprediger die gelebte Wirklichkeit in drastischen Bildern und Szenen vor Augen stellen. Noch wird nicht von dem erzählt, was ist, sondern nur davon, was nicht sein soll. Nicht die irdische Welt interessiert die volkssprachlichen Dichter (in der lateinischen Literatur ist das schon im 9. Jahrhundert anders), sondern der verschlungene Weg des Menschen zu seinem Heil. Welt und irdischer Heilsweg haben ihr einprägsamstes Bild im Labyrinth gefunden, also in der christlichen Interpretation des antiken Dädalus-Theseus-Ariadne-Mythos. Deshalb kommt (zunächst in Frankreich) der Brauch auf, auf dem Boden der großen Kathedralen Labyrinthe abzubilden, die – nachweislich seit der Zeit der Kreuzzüge – zum Wegweiser symbolischer Pilgerfahrten wurden. Die Wiener Handschrift des ›Evangelienbuchs‹ Otfrids von Weißenburg zeigt deshalb auf der Umschlagseite die Zeichnung eines solchen Labyrinths. Der Weg von der Heilsgeschichte und ihrer poetischen Wiederholung über Heiligengeschichten zu weltlichen Erzählungen mit nur noch akzidentieller christlicher Deutung ist weit und kommt erst in der zweiten Hälfte des 12. Jahrhunderts ans Ziel.

LITERATUR

Zur Geschichte und zu Problemen einer christlichen Poetik und Ästhetik: Ernst Robert Curtius, Europäische Literatur und lateinisches Mittelalter. Bern 1948, 9. Aufl. Bern, München 1978, S. 443–461. – Wilhelm Krause, Die Stellung der frühchristlichen Autoren zur heidnischen Literatur. Wien 1958. – Rosario Assunto, Die Theorie des Schönen im Mittelalter. Köln 1963. – Reinhart Herzog, Die Bibelepik der lateinischen Spätantike. Formgeschichte einer erbaulichen Gattung. Bd. 1. München 1975. – Paul Klopsch, Einführung in die Dichtungslehren des lateinischen Mittelalters. Darmstadt 1980. – Max Wehrli, Literatur im deutschen Mittelalter. Eine poetologische Einführung. Stuttgart 1984, S. 143–162. – Walter Haug, Literaturtheorie im deutschen Mittelalter. Von den Anfängen bis zum Ende des 13. Jahrhunderts. Eine Einführung. Darmstadt 1985, S. 7–24.

Zur antiken und mittelalterlichen Rhetorik: Erich Auerbach, Literatursprache und Publikum in der lateinischen Spätantike und im Mittelalter. Bern 1958. – Heinrich Lausberg, Handbuch der literarischen Rhetorik. Eine Grundlegung der Literaturwissenschaft. München 1960. – Franz Quadlbauer, Die antike Theorie der genera dicendi im lateinischen Mittelalter. Wien 1962 (SB Öst. AW, Phil.-hist. Klasse 241,2). – Peter Dronke, Mittelalterliche Rhetorik. In: Propyläen Geschichte der Literatur, Bd. 2. Frankfurt, Berlin, Wien 1982, S. 182–198. – Wehrli, S. 114–142.

Zur Symbolik und Darstellung des Labyrinths: Wolfgang Haubrichs, Ordo als Form. Strukturstudien zur Zahlenkomposition bei Otfried von Weißenburg und in karolingischer Literatur. Tübingen 1969, S. 285–293. – Ders., *Error inextricabilis.* Form und Funktion der Labyrinthabbildung in mittelalterlichen Handschriften. In: Christel Meier u. Uwe Ruberg (Hrsg.), Text und Bild. Aspekte des Zusammenwirkens zweier Künste in Mittelalter und früher Neuzeit. Wiesbaden 1980, S. 63–174. – Hermann Kern, Labyrinthe. Erscheinungsformen und Deutungen. 5000 Jahre Gegenwart eines Urbildes. München 1982.

Vom vierfachen Schriftsinn

Daß ein literarischer Text mehr bedeutet als die Summe seiner Einzelaussagen, ist eine alte und auch uns noch geläufige Einsicht. Um wieviel mehr muß das gelten für jenes Textcorpus, das die Christenheit als von Gott inspiriert, als die geoffenbarte

Heilswahrheit versteht und deshalb die ›Heilige Schrift‹ nennt. Seit der Väterzeit gilt das Bemühen um das Verständnis und die Auslegung der Heiligen Schrift zugleich auch der methodischen Begründung derartigen Verstehens und Auslegens. Zu den Gründervätern einer christlich-biblizistischen Hermeneutik gehört Origenes aus Alexandria (185–254), der in seiner – auf älteren Traditionen der antiken Philosophie und jüdischen Theologie aufbauenden – Schrift über die Hauptlehren (›Peri archon‹) unter anderm auch die Lehre vom mehrfachen Schriftsinn entwickelt hat, die die lateinisch schreibenden Kirchenväter rezipieren, fortentwickeln und der mittelalterlichen Theologie weiterreichen werden. Eine der frühen und traditionsbildenden Programmschriften verfaßte Augustinus (354–430) unter dem Titel ›De doctrina christiana‹ (›Christliche Glaubenslehre‹).

Die anhaltende Beschäftigung der Theologen mit dem für die Offenbarung im Wort zentralen Problem des Verstehens hat im Lauf der Jahrhunderte zu differenzierten Entwürfen einer christlichen Hermeneutik geführt. Ihnen allen gemeinsam ist die Einsicht, daß die heiligen Schriften außer ihrem historischen oder Buchstabensinn auch einen tieferen oder höheren, jedenfalls geistigen Sinn haben, den *sensus spiritualis*, den zu enthüllen und zu vermitteln die dazu berufenen Lehrer der Kirche beauftragt sind.

Einer der zentralen Grund- und Leitsätze etwa in der Formulierung von Richard von St. Victor, eines Theologen des 12. Jahrhunderts, lautet: *non solum voces, sed et res significativae sunt* (»nicht die Wörter allein, auch die Dinge sind bedeutungsvoll«). Hier also wird eine semiotische Hierarchie konstruiert, derzufolge einerseits die Wörter Zeichen der Dinge sind – das gilt für den profanen Gebrauch der Sprache wie auch für ihren Sakralcharakter in der Offenbarung –, derzufolge anderseits die Dinge Zeichen sind für eine das Ding überschreitende Bedeutung – und das gilt zunächst nur für ihre Zitation im Kontext der geoffenbarten Schrift. Die glaubensgeleitete Erkenntnis, das Verstehen der Offenbarungswahrheit, hat also fortzuschreiten von der *vox* (»Wort«) zur *res* (»Ding«) und von der *res* (»Ding«) zur durch sie vermittelten *significatio* (»Bedeutung«). Bedeutung tragen aber nicht nur die Gegenstände der physischen Natur, nicht nur die aus ihr heraustretenden menschlichen Artefakte, sondern auch die durchaus noch dinghaft begriffenen Eigenschaften dieser Gegenstände wie etwa Farben und andere sinnlich wahrnehmbare Qualitäten; bedeutungsvoll sind aber auch Vorgänge, Gebärden oder ganze geschichtliche Zeiträume, Kollektiva wie Städte oder Völker, Abstraktionen wie die Zahlbegriffe u.a.m. Wieder mit dem Wort eines Theologen des 12. Jahrhunderts, Alanus ab Insulis, gesprochen: *omnis creatura significans* (»alles Geschaffene bedeutet«).

Der spirituale Sinn ist aber nicht eindeutig, hier gilt nicht die einfache Relation wie zwischen *vox* und *res.* Vielmehr hat jedes Ding, jede Qualität, haben Vorgänge oder Zahlen so viele geistig-geistliche Bedeutungen wie Kontexte, in denen sie, Ding, Qualität, Vorgang oder Zahl, auftreten können. Daß der Löwe Christus bedeuten könne *oder* den Teufel, den in Gott Gerechten *oder* den Häretiker, ist also eine Auskunft, die zunächst so leer bleibt, wie sie widersprüchlich ist. Auch die Begründung der jeweiligen Deutungsmöglichkeit sagt noch nichts aus über ihre Anwendbarkeit im konkreten Falle der Exegese:

Der Löwe bedeute Christus, weil er mit offenen Augen schlafe, wie Christus als Mensch gestorben sei und als Gott lebe.

Der Löwe bedeute den Teufel, weil es von diesem in der Heiligen Schrift heiße, er *gehet umher wie ein brüllender Löwe und suchet, wen er verschlinge* (1. Petr. 5,8).

Der Löwe bedeute den Gerechten, von dem es in den Sprüchen Salomonis heiße, er sei *getrost wie ein junger Löwe* (Spr. 28,1).

Der Löwe bedeute den Häretiker, dem die Gotteslästerung aus dem Munde gehe wie aus des Löwen Maul der Gestank seiner Zähne.

Welche dieser Deutungen im Einzelfall aktualisiert werden darf, entscheidet allein das Verständnis des Kontexts, in dem eine solche Deutung herangezogen wird.

Christus oder der Teufel, der Gerechte oder der Gotteslästerer – damit ist die Spannbreite der Bedeutungen abgesteckt. Das gleiche Ding, der gleiche Vorgang, die gleiche Zahl kann sowohl positive wie negative Bedeutung haben, kann – wie es in der hermeneutischen Fachsprache des Mittelalters heißt – *in bonam partem* oder *malam partem* ausgelegt werden. Das Verhältnis von Ding und Bedeutung ist die Allegorie. In diesem Sinne ist Allegorese etwas durchaus anderes als das profane poetisch-rhetorische Verfahren. Die theologische Allegorese der alten Kirche will die geheime Sprache Gottes in seiner

Schöpfung entschlüsseln und bedient sich zu diesem Zweck der umfassenden Anweisung, die die Heilige Schrift als Offenbarung des göttlichen Worts enthält.

Ein Sonderfall der mittelalterlichen Allegorie ist die Typologie, das heißt der heilsgeschichtliche Zusammenhang von Altem und Neuem Testament im Sinne von Verheißung und Erfüllung. Wie die Hoffnungen und Prophezeiungen des Alten Testaments, die sich auf den kommenden Messias richten, im Neuen Testament expressis verbis aufgenommen werden, »auf daß erfüllet würde, was gesagt ist« (*ut adimpleretur quod dictum est,* Mt. 2,15 u.ö.), so scheint es gerechtfertigt, auch alle andern, nicht gekennzeichneten Vorgänge, Personen, Fakten des Neuen Testaments mit entsprechenden Fakten, Personen und Vorgängen des Alten Testaments in Verbindung zu bringen. Das Bild des Neuen Testaments hat sein Vor-Bild im Alten Testament. Typus und Antitypus bedingen einander, gehen im allgegenwärtigen Erlösungswerk ineinander über und sind im Heilswissen jeden Augenblick präsent, so daß in der frommen Anschauung das eine durch das andere repräsentiert wird. In diesem Sinne kann die Stammutter Eva (Typus) die Mutter Gottes Maria (Antitypus) *bedeuten* oder der Durchzug der Israeliten durch das Rote Meer (Typus) die Jordantaufe Jesu (Antitypus), *verweist* die Opferung Isaaks (Typus) auf den Kreuzestod des Erlösers (Antitypus) oder König David (Typus) auf Christus (Antitypus).

Die *allegorische* Bedeutung wird realisiert durch entsprechende Formulierungen der deutenden Gleichsetzung von Ding und Sinn. Das Ding *bedeutet* etwas, *steht* für ein anderes, *vergleicht* sich ihm, *bezeichnet* den tieferen oder höheren Sinn. Die *typologischen* Signale können sehr viel subtiler sein. Raum- und Zeitvorstellungen machen typologische Deutung überhaupt erst möglich. Vorher und nachher, links und rechts, unten und oben, Norden und Süden gelten in einem jeweils vorgegebenen Deutungsrahmen – sei dies ein Text, ein Bild oder ein Bauwerk – gleich mit alt und neu, schlecht und gut, Sünde und Gnade, Sündenfall und Erlösung, Verdammnis und Heil. »Immer wiegt das Neue schwerer, bietet ihm das Alte nicht ein ganzes Gleichgewicht. Beide Seiten sind Rivalen; die überlegene neue wiegt die alte auf. So schlägt Ecclesia Synagoga aus dem Feld, oft nicht streitend, sondern als Braut. Die Triumphierende und die Gebrochene bilden eine Gruppe. Aber beide Seiten – dieses ist die Bedingung – bleiben schön. Apostel und Propheten, Ecclesia und Synagoga sind wohl gleich an Form, doch nicht an Heil. Die Alten stehen unten, links, im Norden, auf dem Felde vor dem Zeitensprung in Christus. Ikonographisch, nicht ästhetisch werden Typ und Antityp geschieden« – so erläutert Friedrich Ohly die entsprechenden plastischen Darstellungen an den Domen von Bamberg und Straßburg.

Mit andern Worten: während die Allegorese ein Ding in seine Bedeutungen auflöst, hebt es die Typologie – im strapazierten mehrfachen Sinne des Wortes – auf. Eva ist das Tor, durch das die Sünde in die Welt kam, wie Maria das Tor des Heils ist. Maria als – typologisch gesprochen – andere Eva, als Antitypus zum Typus, annulliert nicht das sie präfigurierende Vor-Bild, sondern hebt es auf im Sinne des heilsgeschichtlichen Fortgangs, demzufolge Maria nicht sein könnte, wenn Eva nicht gewesen wäre, Erlösung nicht gedacht und geglaubt werden könnte, wenn es keinen Sündenfall gegeben hätte.

Die mittelalterliche theologische Hermeneutik, die sanktionierte Lehre vom Verstehen und Auslegen des Wortes Gottes in Schöpfung und Schriftoffenbarung, hat nie zu einem ein für allemal verbindlichen, festen Schema geführt, zu einer Verfahrensvorschrift, wie wann was und mit welchem gewünschten Ergebnis auszulegen sei. Wohl aber gab es dominierende Systeme, die man vereinfachend etwa so charakterisieren kann: Das Fundament jeden Verstehens ist der historische oder Buchstabensinn. Er bildet die Basis eines Gebäudes oder einer Schichtung von Sinnebenen, die man mit den entsprechenden Termini als den allegorischen, den tropologischen oder moralischen und den anagogischen Sinn kennzeichnet. Die Bedeutung eines Textes erschließt sich also je nachdem, woraufhin er befragt wird. So bedeutet der Name Jerusalem im Wortsinne die historische Stadt in Palästina. Im allegorischen Sinne kann Jerusalem die christliche Kirche bedeuten, im tropologischen oder moralischen – das heißt auf das Weltleben des Gläubigen bezogenen – Sinne seine Seele und im anagogischen – das heißt ins Reich der ewigen Seligkeit »hinaufführenden« – Sinne das himmlische Jerusalem.

Das ist für uns heute nicht mehr ganz einfach nachzuvollziehen und hat sicher auch dem angehenden Theologen im Mittelalter schon einige Schwierigkeiten bereitet. Man hat deshalb auch damals schon für den Schulgebrauch vielfach mit Merkversen gearbeitet, sei es für die allegorische Auslegung durch Beschreibung aller Eigenschaften eines Dinges, sei es als mnemotechnische Hilfe für die Abfolge der spiritualen Sinnebenen selbst. Die Eigenschaften des Meeres und damit die Fülle seiner Bedeutungsmöglichkeiten sind beispielsweise versammelt in den drei Hexametern:

Est mare diffusum, fervens, salsum atque profundum,
Absorbens, fluidum, lucidum, foetens et amarum
Atque procellosum, rugit, gignitque periclum.

(»Das Meer ist ausgedehnt, brausend, salzig, tief, gierig, flüssig, klar, stinkend, bitter und stürmisch, es brüllt und ist voller Gefahr.«)

Besonders häufig überliefert aber ist folgender Merkvers, der die vier Sinnebenen in eine einprägsame Formel faßt, die sich auch dem heutigen Gedächtnis noch empfiehlt:

Littera gesta docet, quid credas allegoria,
Moralis quid agas, quo tendas anagogia.

(»Der Buchstabe sagt, was geschehen ist, die Allegorie, was du glauben sollst, der moralische Sinn – oder die hier nicht genannte Tropologie –, wie du handeln sollst und die Anagogie, welches dein Ziel sei.«)

Die damit eröffneten Deutungsmöglichkeiten werden nicht zuletzt in der geistlichen Dichtung produktiv. Die Kenntnis der theologischen Hermeneutik gehört deshalb zu den unerläßlichen Voraussetzungen des literarischen Verständnisses, auch wenn die volkssprachliche Dichtung sehr viel zurückhaltender Gebrauch macht von der mehrsinnigen Schriftauslegung als die lateinische. Denn es gehört zu den kirchlichen Grundanschauungen, daß deren Subtilitäten ein nicht vorgebildetes Publikum nur verwirren würden und damit von der Offenbarungswahrheit abführen können. Gerade die Autoren der deutschen geistlichen Dichtung des 12. Jahrhunderts haben dieser Überzeugung immer wieder Ausdruck gegeben und sind in ihren Gedichten entsprechend verfahren. Dennoch wird man auch bei ihnen viele Einzelheiten, Bilder, Argumentationsfolgen, explizite Aussagen und implizite Strukturen nicht richtig verstehen, wenn man die jeweils dahinterstehenden exegetischen Traditionen ignoriert.

Literatur: Henri de Lubac S. J., Exégèse médiévale. Les quatre sens de l'écriture. Première partie I/II. 1959; Seconde partie I/II. 1961–1964. – Friedrich Ohly, Schriften zur mittelalterlichen Bedeutungslehre. Darmstadt 1977. – Werner Schröder, Typologie-Begriff und Typologie-Verständnis in der mediävistischen Literaturwissenschaft. In: Harald Scholler (Hrsg.), The Epik in Medieval Society. Aesthetic and Moral Values. Tübingen 1977, S. 64–85. – Henning Brinkmann, Mittelalterliche Hermeneutik. Tübingen 1980. – Hartmut Freytag, Die Theorie der allegorischen Schriftdeutung und die Allegorie in deutschen Texten besonders des 11. und 12. Jahrhunderts. Bern, München 1982. – Max Wehrli, Literatur im deutschen Mittelalter. Eine poetologische Einführung. Stuttgart 1984, S. 236–270.

4. Literaturgeschichte

Die Verschriftlichung der Volkssprache und die Entstehung einer deutschen Literatur, die mehr ist als die zufällige Ansammlung einzelner, voneinander isolierter Texte, ist ein langwieriger, verschlungener und in der Frühphase vielfach unterbrochener Prozeß. Zwar geht volkssprachliche Schriftlichkeit nach ihrem Beginn im 8. Jahrhundert (auf dem Kontinent) wohl nie mehr ganz verloren, aber eine kontinuierliche Literaturproduktion setzt überhaupt erst in der zweiten Hälfte des 11. Jahrhunderts ein. Vorher haben wir es mit zeitlich, räumlich und hinsichtlich der Texttypen durchaus vereinzelt stehenden »Literaturdenkmälern« zu tun, die sich auf keine Weise in einem bewegten Panorama von Literatur*geschichte* darstellen, sondern nur in starren Einzelbildern reihen lassen. Das lebenslange Bemühen des Hallenser Germanisten Georg Baesecke (gest. 1951), eine wirkliche »Frühgeschichte des deutschen Schrifttums« auf der Basis von Text- und Überlieferungskritik zu schreiben, ist nicht mehr zur Ausführung gekommen. Die erste Lieferung des geplanten Werks erschien 1950, die zweite wurde 1953 von Ingeborg Schröbler aus dem Nachlaß herausgegeben. Mehr ist nie erschienen. Das ganze Unternehmen aber hätte, wäre es zu Ende geführt worden, wohl die von seinem Urheber erhoffte Zustimmung nicht gefunden. Bewunderung und Kritik haben die philologisch subtil argumentierenden Arbeiten Baeseckes von Anfang an begleitet. Dabei ist der Zweifel immer lauter geworden, ob es wirklich möglich sei, ein derart dichtes Netz von Einflüssen und Abhängigkeiten schon in den elementaren Formen von Schriftlichkeit, wie es die Glossen sind, zu knüpfen, ob es je eine so intensiv miteinander kommunizierende gemeinsame Bemühung um die Verschriftung der Volkssprache und um den Aufbau einer deutschen Literatur gegeben habe, wie Baesecke dies annahm. Zwar standen die klösterlichen Schreiborte nachweislich in vielfältigem Austausch miteinander. Lehrende und Lernende wechselten den Ort ihrer Tätigkeit und trugen Wissen, Erfahrungen und Erwartungen weiter; Handschriften wurden ausgeliehen, verschenkt und abgeschrieben. Ob dies alles in gleicher Intensität auch für die einfache Glossierung lateinischer Texte, der umfänglichsten und in der Frühzeit einzig kontinuierlichen Form von Schriftüberlieferung, gilt und ob solche Glossierungen sich – bis auf die wenigen gesicherten Ausnahmen – so oft, wie Baesecke dies wollte, an bekannte historische Persönlichkeiten, Gelehrte, Mönche und Äbte, binden lassen, ist mehr als zweifelhaft.

Das Bild, das die reine Textüberlieferung bietet, sieht anders aus. Sie setzt im ausgehenden 8. Jahrhundert mit katechetischen Stücken (Beichtformel, Credo, Paternoster), einer Interlinearversion der Benediktinerregel und der Musterübersetzung eines Isidorschen Traktats ein, führt zu den Höhepunkten der monumentalen Bibelepik im 9. Jahrhundert und bricht kurz nach 900 abrupt ab. Für etwa ein Jahrhundert scheint die noch junge deutsche Literatur zu schweigen. Zumindest aber schweigt die Überlieferung, bis im letzten Viertel des 10. Jahrhunderts der St. Galler Mönch Notker III. sein großes und gelehrtes Werk der Übersetzung und teilweise deutschen Kommentierung biblischer und theologischer Schriften und in erstaunlich breitem Umfang auch antiker Poesie in Angriff nimmt. Ein Werk, das für die Schule seines Klosters bestimmt war und – mit Ausnahme der berühmten Psalmenübersetzung – auch kaum über sie hinausgewirkt hat. Erst seit etwa 1060 beginnt schließlich, in sehr weit voneinander entfernten Regionen des deutschen Sprachraums und fast gleichzeitig, eine volkssprachliche Literatur ans Licht zu treten, die bei aller andauernden Bindung an Heilslehre, Kirche und Frömmigkeitsleben einen durch Form, Stil und Konzeption verbürgten Eigenwert für sich beansprucht. Dieser dritte Neueinsatz (nach der karolingischen Phase und der isolierten St. Galler Schulschriftstellerei Notkers) wird durch so unterschiedliche Werke repräsentiert wie das ›Ezzolied‹, einen heilsgeschichtlichen Hymnus aus Bamberg, durch das um einen Abriß der Weltgeschichte erweiterte Legendenlied auf den heiligen Bischof Anno von Köln aus dem nahen

Kloster Siegburg und durch das erste große Bibelgedicht nach Otfrid, die nach ihrem Aufbewahrungsort so genannte ›Wiener Genesis‹ aus Kärnten. Danach reißt der Strom (zunächst immer noch geistlicher) deutscher Literatur nicht mehr ab.

Diese und andere hier noch nicht genannte Texte wirken nun auch traditionsbildend, stiften Kontinuität nicht nur durch den immer enger werdenden zeitlichen Zusammenhang ihrer Entstehung, sondern auch durch die Art ihrer produktiven Rezeption. Das kommt sichtbar darin zum Ausdruck, daß das ›Ezzolied‹ eine erweiternde Bearbeitung im 12. Jahrhundert erfährt, daß Teile des ›Annoliedes‹ in die um die Mitte des 12. Jahrhunderts entstehende deutsche ›Kaiserchronik‹ eingehen und daß selbst die umfängliche ›Wiener Genesis‹ einer Modernisierung für wert erachtet wird. Wir können also mit Fug und Recht von drei Anläufen zur Entwicklung des Deutschen als einer Literatursprache sprechen.

Von der Existenz mündlicher Dichtung erfahren wir nur gelegentlich etwas, freilich niemals viel mehr als die bloße Tatsache ihres Weiterlebens. So beklagt etwa der Bamberger Domscholaster Meinhard das allzu weltliche Interesse seines Bischofs Gunther (der doch immerhin im geistlichen ›Ezzolied‹ als dessen Auftraggeber genannt wird). Bischof Gunther nämlich, schreibt Meinhard in einem Brief, führe ein allzu freies Leben, lasse es an der für das regulierte geistliche Leben vorgeschriebenen *lectio* fehlen: »Nie denkt er an Augustin und Gregor, immer nur an Etzel, Amalung (= Dietrich von Bern) und dergleichen« *(Numquam ille Augustinum, numquam ille Gregorium recolit, semper ille Attalam, semper Amalungum et cetera id portare [portenta?] tractat).* In einem anderen Brief macht Meinhard seinem Bischof ganz direkt Vorwürfe. Er übersendet ihm einen Band mit Predigten des Augustinus und schreibt dazu: »Ich wage nicht zu hoffen, ja nicht einmal den Wunsch zu äußern, daß Ihr bestimmte festgesetzte Tageszeiten der Lektüre dieses (Buches) und damit Euerm Seelenheil widmen werdet; aber es sollte Euch als Bischof doch nicht zu schwer werden, wenigstens den winzigen Rest der Zeit, die Ihr auf Eure Ruhe und auf (das Anhören) höfischer (Lügen)geschichten *(fabulisque curialibus)* verwendet, dem Wort Gottes zu weihen.« Ob es sich bei den inkriminierten *fabulae curiales* ausschließlich um »deutsche Sagen und Sagenlieder« (Carl Erdmann) gehandelt hat, ist nicht ganz sicher. Immerhin aber macht diese Anekdote deutlich, daß neben der herrschenden geistlichen lateinischen

Literatur eine mündliche volkssprachliche Dichtung im Gebrauch war, und dies nicht nur an weltlichen Fürstenhöfen, sondern auch am geistlichen Hof, wenn sein adliger Vorstand sich so wenig in das geistliche Leben zu fügen wußte wie besagter Bischof Gunther.

Vielleicht hat es mehr volkssprachliche Texte, zahlreichere Aufzeichnungen einer schon literarisierten deutschen Dichtung gegeben, als uns überliefert sind. Was und wieviel durch Überlieferungsverluste für immer untergegangen ist, läßt sich jedoch nicht annähernd kalkulieren. Zu selten sind die sekundären Zeugnisse für die Existenz möglicher Aufzeichnungen, zu randständig ist die deutschsprachige Literatur in dem noch fast ausschließlich lateinischen Literaturbetrieb, als daß die Seltenheit solch sekundärer Bezeugungen ihrerseits Schlüsse etwa auf die Geringfügigkeit der Verluste zuließe. Einhard zum Beispiel, der Biograph Karls des Großen, weiß nicht nur von dem kaiserlichen Bemühen um eine *grammatica patrii sermonis* zu berichten, sondern auch davon, daß Karl die ältesten volkssprachlichen Lieder, in denen Taten und Kriege der Könige besungen worden seien, habe aufzeichnen und der Nachwelt überliefern lassen. Was immer diese *barbara et antiquissima carmina* gewesen sein mögen – Preislieder auf die Merowinger- und Karolingerkönige oder gar noch weiter in die Vergangenheit zurückreichende heroische Gedichte (die in Gestalt des einzigen ›Hildebrandsliedes‹ uns dann sogar einmal greifbar werden) –, das sog. ›Heldenliederbuch Karls des Großen‹, wenn es denn je feste Formen angenommen haben sollte, ist unter die Verluste zu buchen, die die Geschichte der deutschen Literatur noch diskontinuierlicher erscheinen läßt, als sie vielleicht wirklich verlief.

Es ist dies nur ein Beispiel dafür, wie solche Verlustanzeigen aussehen können, Beispiel aber auch dafür, wie wenig sicher die Schlüsse auf das tatsächlich Verlorene sind. Das gilt zum Beispiel auch für die ebenfalls aus der ersten Hälfte des 9. Jahrhunderts stammenden Nachrichten über die Bücherbestände des Klosters auf der Reichenau, die einen Band mit deutschen Gedichten *(De carminibus Theodiscae volumen 1)*, einen anderen mit zwölf deutschen Gedichten *(XII carmina Theodiscae linguae formata)* und einen dritten mit verschiedenen Gedichten für den Unterricht in der deutschen Sprache *(carmina diversa ad docendum Theodiscam linguam)* enthalten haben sollen. Was wir uns unter diesen deutschen Gedichten vorzustellen haben, die in einem Falle ausdrücklich dem Unterricht zugeordnet werden, ist durchaus unklar. Sind hier glossierte lateinische Texte wie die ›Murbacher Hymnen‹ gemeint, deren Entstehung tatsächlich mit dem Reichenauer Kloster in Zusammenhang gebracht werden kann? Könnten solche glossierten Texte, wenn sie denn hier gemeint sein sollten, zum Erlernen des Deutschen etwa für angelsächsische Missionare gedacht gewesen sein? Oder könnte es sich auch um geistliche Lieder in der Volkssprache gehandelt haben, die uns in einigen versprengten Resten tatsächlich überliefert sind?

Unsicherheit besteht schließlich auch hinsichtlich des literaturgeschichtlichen Verhältnisses lateinischer und volkssprachlicher Schriftüberlieferung. Es ist eine alte Streitfrage, ob man die Geschichte der deutschen Literatur, die im Mittelalter nur einen kleinen, in den hier behandelten Jahrhunderten den kleinsten Teil der gesamten Literaturproduktion ausmacht, überhaupt schreiben könne, ohne auch die lateinische Literatur darzustellen, ob nicht gerade in der Frühzeit der deutschen Schriftüberlieferung allein eine integrierte Darstellung der allgemeinen Literaturgeschichte denkbar und sinnvoll sei. Diese Frage ist seit dem Beginn einer wissenschaftlichen Literaturgeschichtsschreibung unterschiedlich beantwortet, ein Konsens darüber bis heute nicht erreicht worden. Jeder, der sich daran macht, die Geschichte der deutschen Literatur zu schreiben, muß sich entscheiden, wie er verfahren will, und muß für die Gründe seiner Entscheidung einstehen. Die vorliegende Darstellung klammert die lateinische Literatur weitgehend aus, so oft auch von einzelnen lateinsprachlichen Autoren, Texten und Texttraditionen die Rede sein muß. Zwar ist deutsche Literatur über Jahrhunderte hin nur denkbar in engster Symbiose mit der lateinischen. Sie verdankt ihre Entstehung geistlich-lateinisch gebildeten Schreibern und Autoren; verdankt ihre Ausformung dem Muster vorbildlicher lateinischer Texte, auch wo sie sich volkssprachlicher Traditionen nicht-kirchlicher Provenienz bedient (wie die stabreimende Bibeldichtung). Die Entwicklung einer deutschen Literatursprache vollzieht sich unter der ständigen Einwirkung lateinischer Begrifflichkeit und der durch sie geprägten Denkweise. Die älteste deutsche Literatur erhebt keinen Anspruch auf selbständige Geltung, ist selbst nur Medium zum Verständnis der lateinischen, der sie durch die Glossierung des einzelnen Wortes, durch den fortlaufenden Übersetzungstext, durch die versmäßige freie Paraphrase und schließlich auch selbständige

Kommentierung dient. Dennoch treten die so entstehenden Texte – sehr allmählich zwar und deutlicher sichtbar erst im 12. Jahrhundert – zu einem System literarischer Ausdrucksmöglichkeiten zusammen, deren wechselnde Ausformung, Veränderung, Weiterentwicklung schließlich auch als kontinuierlicher Prozeß zu beschreiben sind, also Literaturgeschichte im gängigen Verständnis konstituieren.

Man kommt nicht umhin, das Nebeneinander, Miteinander und auch Gegeneinander deutscher und lateinischer Literatur immer wieder zu benennen, wo der jeweilige deutsche Text aus sich heraus nicht zur Genüge verständlich gemacht werden kann. Dagegen ist es in diesem Rahmen nicht möglich, eine integrierte Geschichte deutscher und lateinischer Literatur darzustellen. Vollends problematisch aber wäre es, »Teilabschnitte des lateinisch geschriebenen deutschen Schrifttums (!) in die deutsche Literaturgeschichte einzubeziehen« (Karl Kurt Klein) oder gar »das in Deutschland entstandene lateinische Schrifttum für die deutsche Literaturgeschichte zu erobern« (Carl Erdmann). Die lateinische Literatur ist international, auch wo national gebundene, vielleicht sogar national geprägte Autoren für sie verantwortlich sind. Die Ausgrenzung derart individualisierter Autoren aus dem Kontinuum der lateinischen Literatur des Mittelalters stieße auf die größten methodischen Schwierigkeiten. Was als »lateinisch geschriebenes, deutsches Schrifttum« anzusprechen sei, ob darunter alle deutschstämmigen Autoren lateinischer Texte, alle in Deutschland entstandenen lateinischen Texte auch nichtdeutscher Autoren oder gar nur Texte verstanden werden dürfen, die »deutsch gedacht und deutsch empfunden« (Werner Schröder) sind – darüber wird sich selbst bei den einschlägig interessierten Literaturhistorikern ein begründetes Einverständnis nicht herstellen lassen.

Literatur

Zur allgemeinen Problematik: Werner Schröder, Grenzen und Möglichkeiten einer althochdeutschen Literaturgeschichte. Berlin 1959 (Verh. AW Leipzig, Phil.-hist. Klasse, 105, 2). – Heinz Rupp, Forschungen zur althochdeutschen Literatur 1945–1962. Stuttgart 1965.

Zur ältesten deutschen Schriftüberlieferung: Georg Baesecke, Vor- und Frühgeschichte des deutschen Schrifttums. Bd. 2: Frühgeschichte. 1. u. 2. Lfg. Halle 1950/53. – Karl Kurt Klein, Die Anfänge der deutschen Literatur. Vorkarlisches Schreiben im deutschen Südostraum. München 1954.

Zur lateinischen Literatur des behandelten Zeitraums: Gustav Gröber, Übersicht über die lateinische Litteratur von der Mitte des VI. Jahrhunderts bis zur Mitte des XIV. Jahrhunderts. Nachdruck aus: Grundriß der romanischen Philologie. II. Bd., 1. Abt. Straßburg 1902, München o.J. – Max Manitius, Geschichte der lateinischen Literatur des Mittelalters. Bd. 1: Von Justinian bis zur Mitte des zehnten Jahrhunderts. München 1911. Bd. 2: Von der Mitte des zehnten Jahrhunderts bis zum Ausbruch des Kampfes zwischen Kirche und Staat. München 1923. Bd. 3: Vom Ausbruch des Kirchenstreites bis zum Ende des zwölften Jahrhunderts. München 1931. – F. J. R. Raby, A History of Christian-Latin Poetry from the Beginnings to the Close of the Middle Ages. Oxford 1927. 2. Aufl. Oxford 1953. – Ders., A History of Secular Latin Poetry from the Beginnings to the Close of the Middle Ages. 2 Bde. Oxford 1934. – J. de Ghellinck S. J., L'essor de la littérature latine au XIIe siècle. Brüssel, Brügge, Paris 1954. – Franz Brunhölzl, Geschichte der lateinischen Literatur des Mittelalters. Bd. 1: Von Cassiodor bis zum Ausklang der karolingischen Erneuerung. München 1975.

Zur deutschen Literatur des behandelten Zeitraums: Gustav Ehrismann, Geschichte der deutschen Literatur bis zum Ausgang des Mittelalters. Erster Teil: Die althochdeutsche Literatur. Unveränd. Nachdruck der 1932 ersch. 2., durchgearb. Aufl. München 1959. Zweiter Teil: Die mittelhochdeutsche Literatur. I. Frühmittelhochdeutsche Zeit. Unveränd. Nachdruck der 1922 ersch. 1. Aufl. München 1959. – Julius Schwietering, Die deutsche Dichtung des Mittelalters. Unveränd. fotomech. Nachdruck der 1. Aufl. 1941 (Handbuch der Literaturwissenschaft), Darmstadt 1957. – Hermann Schneider, Heldendichtung, Geistlichendichtung, Ritterdichtung. Neugestaltete u. verm. Ausg. Heidelberg 1943. – Helmut de Boor, Die deutsche Literatur von Karl dem Großen bis zum Beginn der höfischen Dichtung 770–1170. 9. Aufl. bearb. von Herbert Kolb. München 1979. – Heinz Otto Burger (Hrsg.), Annalen der deutschen Literatur. Geschichte der deutschen Literatur von den Anfängen bis zur Gegenwart. Eine Gemeinschaftsarbeit zahlreicher Fachgelehrter. 2. Aufl. Stuttgart 1962. – Ewald Erb, Geschichte der deutschen Literatur von den Anfängen bis 1160. 1. u. 2. Halbbd. Berlin 1963 u. 1965. – Ludwig Erich Schmitt (Hrsg.), Kurzer Grundriß der germanischen Philologie bis 1500. Bd. 2: Literaturgeschichte. Berlin 1971. – Max Wehrli, Geschichte der deutschen Literatur vom frühen Mittelalter bis zum Ende des 16. Jahrhunderts. Stuttgart 1980. – Joachim Heinzle (Hrsg.), Geschichte der deutschen Literatur von den Anfängen bis zum Beginn der Neuzeit. Bd. 1: Von den Anfängen zum hohen Mittelalter. Teil 1: Die Anfänge: Versuche volkssprachiger Schriftlichkeit im frühen Mittelalter (ca. 700–1050/60). Von Wolfgang Haubrichs. Frankfurt a. M. 1988. Teil 2: Wiederbeginn volkssprachiger Schriftlichkeit im hohen Mittelalter (1050/60–1160/70). Von Gisela Vollman-Profe. Königstein 1986.

Zur deutschen Literatur des behandelten Zeitraums im europäischen Kontext: W. T. J. Jackson, Die Literaturen des Mittelalters. Eine Einführung. Heidelberg 1967. – Karl Bertau, Deutsche Literatur im europäischen Mittelalter. Bd. 1: 800–1197. München 1972. – Propyläen Geschichte der Literatur. Bd. 2: Die mittelalterliche Welt 600–1400. Berlin 1982. – Klaus von See (Hrsg.), Europäisches Frühmittelalter. In Verbindung mit Peter Foote u. a. Wiesbaden 1985.

Handbücher und Nachschlagewerke: Wolfgang Stammler (Hrsg.), Deutsche Philologie im Aufriß. 2. überarb. Aufl. 3 Bde. Berlin 1957–1962. Registerbd. 1969. – Werner Kohlschmidt u. Wolfgang Mohr (Hrsg.), Reallexikon der deutschen Literaturgeschichte. 2. Aufl. 4 Bde. Berlin 1958–1984. – Die deutsche Literatur des Mittelalters. Verfasserlexikon. Begründet von Wolfgang Stammler, fortgeführt von Karl Langosch. 2., völlig neu bearb. Aufl. Hrsg. von Kurt Ruh u. a. Bd. 1 ff. Berlin, New York 1978 ff. – Lexikon des Mittelalters. Bd. 1 ff. München, Zürich 1980 ff.

II. Die Anfänge volkssprachlicher Schriftlichkeit

1. Historische Voraussetzungen

Das Reich

Deutsche Literatur setzt – von den älteren ersten Schreibversuchen und Glossierungen abgesehen – mit Karl dem Großen ein und verstummt etwa gleichzeitig mit dem Tod des letzten Karolingers (911 stirbt Ludwig IV. das Kind). Ihr Beginn hat hier seinen guten Grund, während ihr vorläufiges Ende zufällig sein mag. Die Bedingungen der Entstehung einer deutschen Literatur liegen im hellen Licht karlischer Reichs- und Reformpolitik, die Gründe für ihre Preisgabe im 10. Jahrhundert verschwimmen im Dunkel einer Zeit des Übergangs und der Erneuerung der Kaiserherrschaft unter Otto I. (936–973), die sich der Volkssprache weder im Rahmen repräsentativer Schriftlichkeit bediente, noch ihrer als Mittel eines zu schaffenden Einheitsbewußtseins bedurfte.

Es ist hier nicht der Ort, den Gang der Ereignisgeschichte nachzuzeichnen, der von der regional eng begrenzten Frankenherrschaft im nördlichen Gallien zur Universalherrschaft Karls des Großen und schließlich zu deren Zerfall im 9. Jahrhundert führte. Nur wenige Daten seien in Erinnerung gerufen. Den Grundstein für das fränkische Reich hatte Chlodwig (482–511) gelegt, indem er die Reste der römischen Herrschaft zwischen Somme und Loire durch seinen Sieg über den Dux Syagrius beseitigte und diese Region wie einige Jahre später auch den südlich sich anschließenden Teil des Westgotenreichs seiner Herrschaft unterwarf. Siege über die Burgunder und Alemannen schlossen sich an. Nach seinem Tod wurde in einem widerspruchsvollen Prozeß von Teilungen und Eroberungen, von Gefährdung und Konsolidierung die Frankenherrschaft nach Osten hin erweitert (531 Eroberung des Thüringerreiches, 539 wird Baiern vom Frankenreich abhängig). Nach dem Tod Dagoberts I. (639) zerfiel die Herrschaft der Merowingerkönige. Erst in der zweiten Jahrhunderthälfte gingen die Karolinger mit Pippin II. (679–714) als Sieger aus den Adelsfehden hervor,

Das Reich Karls des Großen

bis schließlich der letzte Merowingerkönig Childerich III. 751 abgesetzt und Pippin III. in Soissons »von allen Franken« zum König erhoben und vom päpstlichen Legaten, Erzbischof Bonifatius, mit heiligem Öl gesalbt wurde. Damit begann nicht nur die Herrschaft der Karolinger, sondern auch eine neue Herrschaftsidee ihre Wirksamkeit zu entfalten. Der Herrschaftsauftrag wurde mit dem Willen Gottes legitimiert und durch päpstliche Zustimmung fundiert. Die enge Verbindung des karolingischen Königtums und der unter Karl dem Großen erneuerten Kaiserwürde mit dem obersten Repräsentanten der römischen Kirche nahm hier ihren Ausgang und führte schließlich zu den bekannten Konflikten, die sich im Investiturstreit des 11. und 12. Jahrhunderts entluden.

Mit Karl dem Großen (768–814) erreichte das Reich der Karolinger seine größte Ausdehnung. Der letzte Langobardenkönig wurde abgesetzt, Ober- und Mittelitalien wurden ebenso dem Reich einverleibt wie Baiern, und der Stamm der Sachsen wurde in über reichlich drei Jahrzehnte (772–804) sich hinziehenden grausamen Kriegszügen unterworfen. Die Grenzen des karolingischen Großreichs, das schließlich die gesamte nichtbyzantinische Christenheit des europäischen Kontinents vereinte, wurde im Süden gegenüber dem maurischen Spanien und im Osten gegenüber den Slawen und Ungarn durch die Errichtung von Grenzmarken geschützt. Die Kaiserkrönung Karls des Großen (Weihnachten 800) durch Papst Leo III. besiegelte den imperialen Anspruch, der durch den Vertrag von Aachen mit dem oströmischen Kaiser Michael (812) auch nach dieser Seite abgesichert wurde.

Die Frankenherrschaft Chlodwigs war noch ganz auf Integration des keltisch-römischen und germanisch-fränkischen Bevölkerungsteils abgestellt. Das Reich der Karolinger dagegen war ein Vielvölkergebilde größten Ausmaßes, das schon deshalb – und nicht nur aus Gründen des dynastischen Erbrechts und der daraus folgenden Teilungen – keinen Bestand haben konnte. Auch hier geht es nicht um die Einzelheiten, erwähnt seien nur die Dreiteilung des Reichs im Vertrag von Verdun (843), der den Bruderkrieg zwischen Ludwig dem Deutschen, Karl dem Kahlen und Lothar beendete; der Untergang des Mittelreichs Lotharingien durch Erlöschen der Lotharischen Linie und die kurze Zusammenführung des Gesamtreichs unter Karl III. und seine schließliche Auflösung unter dem Druck der Normannen- und Ungarneinfälle. Gegen sie konnte die Zentralgewalt nicht den nötigen Schutz gewähren, deshalb gewannen die Regionalgewalten an Bedeutung. In den östlichen Teilen des Reichs bildeten sich die Stammesherzogtümer, die als zentrifugale Kräfte die Geschichte Mitteleuropas bis in die Gegenwart hinein entscheidend bestimmt haben: Sachsen, Thüringen, Baiern, Schwaben, Lothringen und Franken.

Literatur

Allgemeine Darstellungen: Jan Dhondt, Das frühe Mittelalter. Frankfurt a.M. 1968. – Heinz Löwe, Deutschland im fränkischen Reich. In: Bruno Gebhardt, Handbuch der deutschen Geschichte. 9., neu bearb. Aufl. Hrsg. von Herbert Grundmann. Bd. 1: Frühzeit und Mittelalter. Stuttgart 1970. – Wilhelm Störmer, Früher Adel. Studien zur politischen Führungsschicht im fränkisch-deutschen Reich vom 8. bis 11. Jahrhundert. Teil 1 und 2. Stuttgart 1973. – Hartmut Boockmann, Einführung in die Geschichte des Mittelalters. München 1978. – Friedrich Prinz, Grundlagen und Anfänge. Deutschland bis 1056. München 1985. – Hans K. Schulze, Vom Reich der Franken zum Land der Deutschen. Merowinger und Karolinger. Berlin 1987.

Zur Welt und Herrschaft der Karolinger: Engelbert Mühlbacher, Deutsche Geschichte unter den Karolingern. Stuttgart 1896, Neudr. in 2 Bden. Essen. o.J. – Heinrich Fichtenau, Das karolingische Imperium. Soziale und geistige Problematik eines Großreiches. Zürich 1949. – Karl der Große. Lebenswerk und Nachleben. Hrsg. von Wolfgang Braunfels. Bd. 1: Persönlichkeit und Geschichte. Hrsg. von Helmut Beumann. Bd. 2: Das geistige Leben. Hrsg. von Bernhard Bischoff. Bd. 3: Karolingische Kunst. Hrsg. von Wolfgang Braunfels u. Hermann Schnitzler. Bd. 4: Das Nachleben. Hrsg. von Wolfgang Braunfels u. Percy Ernst Schramm. Bd. 5: Registerband. Hrsg. von Wolfgang Braunfels. Düsseldorf 1965–1968. – Wolfgang Braunfels, Die Welt der Karolinger und ihre Kunst. München 1968. – Pierre Riché, Die Welt der Karolinger. Stuttgart 1981.

Die Kirche

Die Reorganisation einer fränkischen Gesamtkirche hatte die Missionierung der noch nicht oder nicht vollständig zum Christentum übergetretenen rechtsrheinischen Stämme zur Voraussetzung. Sie wurde im 8. Jahrhundert – nicht ausschließlich, aber doch entscheidend – von angelsächsischen Mönchen vorangetrieben. An ihrer Spitze stand Bonifatius, dem Papst Gregor III. mit der Bischofswürde auch den Titel eines *universalis ecclesiae legatus Germanicus et servus sedis apostolicae* (»Vertreter der einen Kirche in Germanien und Diener des apostolischen Stuhls«) verliehen hatte. Zwar widersetzten sich die Friesen und Sachsen auch weiterhin dem Christentum, aber in Hessen und Thüringen wurde die Christianisierung zu einem vorläufigen Abschluß gebracht. Das Missionswerk vollzog sich im Schutz und Interesse Karl Martells, denn die Ausbreitung des Christentums ging Hand in Hand mit der Ausweitung der fränkischen Herrschaft und vermochte sie zu festigen. In dieser Absicht übertrugen nach Karl Martells Tod (741) dessen Söhne Karlmann und Pippin die weitere Reform der fränkischen Kirche dem bewährten Missionar. Bonifatius betrieb jedoch deren Bindung an den Heiligen Stuhl und diente damit nicht unbedingt dem fränkischen Herrschaftsinteresse. Anderseits stellten sich Papst und Kurie in mehreren Anläufen unter den Schutz des fränkischen Herrscherhauses. Dies war die Konsequenz aus dem im 8. Jahrhundert sich vollziehenden Bruch zwischen Rom und Byzanz und führte zur Gründung und Sicherung des eigenartigen Gebildes eines Kirchenstaates. Seiner Absicherung und der Legitimation seines Oberhauptes, des römischen Papstes, diente die in dieser Zeit entstandene Kodifizierung der berühmt-berüchtigten »Konstantinischen Schenkung«. Sie sollte bezeugen, daß der erste christliche Kaiser, Konstantin der Große (280–337), dem Papst Silvester (314–335) das *imperium* über die lateinischen Provinzen des großrömischen Reichs übertragen und damit einen gleichsam kaiserlichen Rang zugebilligt habe. Es war eine Fälschung, die erst im 15. Jahrhundert von dem italienischen Humanisten Lorenzo Valla entlarvt und im 16. Jahrhundert von Ulrich von Hutten breiteren Kreisen bekannt gemacht worden ist.

Mit der Begründung des päpstlichen Herrschaftsanspruchs und der weltlichen Theokratie waren kirchen- und machtpolitische Weichen gestellt, die über die Jahrhunderte hin zu immer neuen Konflikten führen mußten. Ein Interessenausgleich war schon durch den »päpstlich-fränkischen Bund« (Heinz Löwe) nicht zu erreichen gewesen. Idee und Praxis einer Herrschaft *Dei gratia* schloß ein, daß der König beanspruchen durfte, nicht nur Schutzherr der Kirche zu sein, sondern auch oberste Autorität in theologischen und kirchenpolitischen Fragen. Karl der Große saß den Reichssynoden vor, sicherte die Eigenkirchen, ernannte hohe kirchliche Würdenträger, sorgte für die Ausbildung der Kleriker, die Regulierung des Klosterlebens und der *vita canonica,* kümmerte sich um die Vereinheitlichung der Liturgie u.a.m. Was gemeinhin »karlische Bildungsreform« genannt wird und unter diesem Stichwort auch hier noch kurz zur Sprache kommen muß, war die Auswirkung einer theokratischen Souveränität, die der Kirche und ihrem geistlichen Autoritätsanspruch anstößig sein mußte. Ganz zu schweigen von den materiellen und machtpolitischen Interessen, die letztlich allen Auseinandersetzungen zwischen weltlicher und geistlicher Herrschaft zugrunde lagen.

Die fränkische Kirchenreform, die Karl der Große vollendete, betraf auch den monastischen Bereich. Die Regel des Benedikt von Nursia (480–543), die dieser für das von ihm gegründete Kloster Montecassino (529) verfaßt hatte, wird seit 743 im Reich verbindlich. Die ›Regula Benedicti‹ – die zu den ältesten ins Deutsche übersetzten Texten gehört – fordert von den Mönchen die Ortssässigkeit *(stabilitas loci)*, fordert Gehorsam, *(oboedientia)*, Armut und Keuschheit *(conversio morum)*, verpflichtet gleichermaßen zum Gebet und zur körperlichen Arbeit *(ora et labora)*, zur Gastfreundschaft, zur Armenpflege und zur Pflege der Wissenschaften. Die ›Institutiones Divinarum et Saecularium Litterarum‹ (›Unterrichtung in den göttlichen und weltlichen Wissenschaften‹) aus der ersten Hälfte des 6. Jahrhunderts, die Cassiodor in dem von ihm gegründeten Kloster Vivarium verfaßte, wird zu einer der Programmschriften benediktinischer Gelehrsamkeit. Die Klosterreform von 816/17 unter der Leitung des Benedikt von Aniane befestigt die ›Regula Benedicti‹ endgültig als Richtschnur monastischer Lebensführung. Nach dem Vorbild der Benediktinerregel hatte schon im 8. Jahrhundert Bischof Chrodegang von Metz für die Kanoniker seiner Domkirche eine *vita canonica* entworfen, also eine Regel für den Weltklerus, die das gemeinsame Leben, die gottesdienstlichen Pflichten, die Verbindung von Gebet und Arbeit und die Bedingungen des materiellen Lebens auf Kosten des Kirchenguts ordnete. Chrodegang, der unter anderem auch das Musterkloster Gorze gründete, stand nicht nur im Dienst der Kirche, sondern vertrat auch sehr weltliche Interessen. Er entstammte einer fränkischen Adelsfamilie, wuchs am Hofe Karl Martells auf und leitete zeitweise dessen Kanzlei. Unter Pippin stieg er an die Spitze des fränkischen Episkopats auf und bereitete u. a. die Salbung des ersten Karolingerkönigs vor.

Ohne die benediktinische Schriftkultur, ohne die klösterlichen Skriptorien und Schulen, hätte weder die antike Literatur überlebt, noch wäre der Strom der lateinischen Literatur des Mittelalters überhaupt in Gang gekommen. Ohne sie wäre weder die Verschriftung der Volkssprache noch eine christliche Kunstdichtung in der Volkssprache möglich gewesen. Von den Vertretern der exklusiven Hofkultur bis zum letzten Schreibermönch sind alle literarisch Tätigen unmittelbar oder mittelbar Nutznießer einer Klosterkultur, für die Schreiben und Lesen zunächst nur Form der Askese war, zunehmend aber Ausdruck einer Geistigkeit wurde, die nicht mehr allein im strengen Gottesdienst ihre Rechtfertigung und Erfüllung fand, sondern auch im liebenden Umgang mit dem geschriebenen Wort, also »l'amour des lettres et le désir de Dieu« (Jean Leclercq) harmonisch zusammenführte.

Benediktinische Gelehrsamkeit und die ihr eigene Sprache, das nach den Mustern der Antike immer wieder erneuerte und korrigierte Latein, sind die Basis der gesamten mittelalterlichen Literatur und Wissenschaft. In den benediktinischen Klöstern gab es Schulen und Bibliotheken, hier wurde Wissen weitergegeben und bewahrt, hier wurde der Grund gelegt zu einem Wissenschaftsbetrieb, der die Weitergabe des bewährten Alten, aber auch die Bewahrung des sichtlich Veralteten als seine eigentliche Aufgabe verstand und – bei aller lebenspraktischen Verpflichtung *(ora et labora!)* – die spontane Reflexion, das Erfahrungswissen und seine Verarbeitung ausblendete.

LITERATUR: Jean Leclercq, Wissenschaft und Gottverlangen. Zur Mönchstheologie des Mittelalters. Düsseldorf 1963. – Hubert Jedin (Hrsg.), Handbuch der Kirchengeschichte. Bd. 3,1–2: Die mittelalterliche Kirche. Freiburg i. Br. 1966/68. – Friedrich Prinz, Frühes Mönchtum im Frankenreich. Kultur und Gesellschaft in Gallien, den Rheinlanden und Bayern am Beispiel der monastischen Entwicklung (4. bis 8. Jahrhundert). München, Wien 1965. 2., durchges. und um einen Nachtrag erg. Aufl. München 1988. – Ders. (Hrsg.), Mönchtum und Gesellschaft im Frühmittelalter. Darmstadt 1976. – Arno Borst, Mönche am Bodensee 610–1525. Sigmaringen 1978.

Karlische Bildungsreform

Was wir die »Bildungsreform Karls des Großen« oder gar die »karolingische Renaissance« zu nennen gewohnt sind, war nichts als die konsequente und nun allerdings durch die persönliche Teilnahme des Herrschers geadelte Fortführung der fränkischen Kirchenreform. Reichsinteresse und Kirchenorganisation zielten auf Vereinheitlichung, geistliche Richtschnur war jene *norma rectitudinis,* die Papst Zacharias schon Bonifatius vorgegeben hatte. Das meinte: Norm der Sprache, der Lehre, des Ritus und des Kirchenrechts. Diese Norm »lag in der Hl. Schrift, den Canones und Decretalen und in der Tradition der Kirchenväter. Die *norma rectitudinis* ist der in ihnen begründete Wertmaßstab, der anzeigt, ob die Dinge in der rechten Ordnung stehen. Weil dies aber bei der Schwäche der menschlichen Natur nur allzu häufig nicht der Fall ist, ergibt sich die Notwendigkeit des *reformare,* das im allgemeinen als *emendare, restaurare, corrigere* usw. erscheint, was immer heißt: Wiederherstellung nicht eines früheren, sonderen des *rechten* Zustandes, nämlich Verwirklichung der *norma rectitudinis.«* (Josef Fleckenstein)

Der Zusammenhang der karolingischen Bildungsreform mit der fränkischen Reichs- und Kirchenreform des 8. Jahrhunderts und das zugleich Neue in ihr läßt sich schon am ersten Kapitulare Karls des Großen aus dem Jahre 771 (oder früher?) ablesen. Diese in Kapitel eingeteilten und deshalb so genannten Kapitularien waren nicht nur Befehlsschreiben, also Anweisungen zur Erfüllung gesetzlicher Bestimmungen, sondern setzten selbst Recht. Sie wurden durch die Königsboten *(missi dominici)* im Reich bekannt gemacht, nachdem der König oder Kaiser sie mündlich verkündet hatte. Das ›Capitulare primum‹ Karls des Großen »schließt sich direkt an die lange Reihe der Reformgesetze an, wiederholt zum größten Teil Bestimmungen, die bereits Karlmann im Jahre 742 erlassen hatte, ergänzt sie aber auch, indem es etwa dem Verbot des Waffentragens und der Teilnahme an Feindfahrten für Priester das allgemeinere Verbot des Blutvergießens hinzufügt, oder indem es mit der Anordnung, daß die Priester vor den Bischöfen, zu deren Sprengel sie gehören, während der Fastenzeit Rechenschaft über ihre priesterliche Amtsführung ablegen sollen, die Bestimmung für die Bischöfe verknüpft, jährlich ihre Sprengel zu bereisen *et populum confirmare et plebes docere et investigare* [...] und dehnt dann die Reformforderungen konsequent aus auf das in den früheren Kapitularien noch nicht berührte Gebiet der priesterlichen Bildung: Priester, die nicht über das Maß an Bildung verfügen, das zur Ausübung ihres Amtes erforderlich ist, sollen so lange ihres Amtes enthoben sein, bis sie sich das notwendige Wissen angeeignet haben. Verharren sie in ihrer Unwissenheit, so sollen sie ihr Amt verlieren, *quia ignorantes legem Dei eam aliis annuntiare et praedicare non possunt.«* (Josef Fleckenstein)

Es sind insbesondere zwei Zeugnisse, die in literaturgeschichtlicher Perspektive die karlische Bildungspolitik dokumentieren und illustrieren können: Der Brief ›De litteris colendis‹ (›Über die Pflege der Wissenschaften‹) von 787 und die berühmte ›Admonitio generalis‹ vom 23. März 789 mit Vorschriften zu Amt und geistlicher Lebensführung der Bischöfe und Priester, zu den religiösen Pflichten der Laien, Vorschriften, die danach immer wieder aufgenommen, wiederholt und variiert wurden. Oberste Lehraufgabe ist die Erläuterung von Glaubensbekenntnis und Vaterunser. Beide Stücke müssen von den Laien auswendig gelernt werden, denn sie stehen im Mittelpunkt von Taufe und Beichte. Daneben ist die wichtigste Aufgabe der Bischöfe und Priester, regelmäßig zu predigen und die zentralen Heilstatsachen, Trinität und Inkarnation, den Ungelehrten zu vermitteln.

Die Leitlinien des *recte loqui, recte scribere* und *recte vivere* (»richtig sprechen, schreiben und leben«) führen zu dem praktischen Programm, wie es die ›Admonitio generalis‹ formuliert: *errata corrigere, superflua abscindere, recta cohortare* (»das Fehlerhafte verbessern, das Überflüssige entfernen, das Richtige bekräftigen«). Dieses Programm wurde auf allen Ebenen des öffentlichen Lebens zur Geltung gebracht und in einigen Bereichen sogar erfüllt – wenn auch längst nicht allem, was erreicht wurde, Dauer beschieden war. Bis in die Gegenwart hinein ist die karolingische Schriftreform wirksam geblieben. Denn der uns geläufige Schrifttyp, den wir Antiqua nennen, ist Fortentwicklung und Vereinfachung der »karolingischen Minuskel«, also jener zunehmend vereinheitlichten Buchschrift, die seit etwa dem letzten Viertel des 8. Jahrhunderts aus einem ganzen Spektrum unterschiedlicher Schrifttraditionen hervorging. Die Schriftreform diente der ungehinderten Kommunikation. Sie legte den praktischen Grund für die Internationalität der neu belebten Schriftkultur und wäre nicht denkbar gewesen ohne die Vereinheitlichung des Klosterwesens und der Kirchenorganisation als jenen Institutionen, die die Schriftfähigkeit vermittelten und das geschriebene Erbe insbesondere der christlichen Spätantike verwalteten und weitergaben.

Auch die Sprache bedurfte der *correctio* und *reformatio*, denn das Latein der klassischen und christlichen Antike hatte im Laufe der Jahrhunderte tiefgreifende Veränderungen erfahren, hatte sich in Varianten gesprochener Sprache ausdifferenziert, die ihrerseits auf die Schriftsprache zurückwirkten und zum

»Niedergang«, zur »Verwilderung« – oder wie immer man diesen Vorgang von der Warte der klassischen Latinität aus genannt hat – des lateinischen Stils führten. Nun erst versuchte man den Standard der klassischen oder zumindest christlich-spätantiken Latinität wiederzugewinnen. Dazu waren die Muster der antiken Literatur unentbehrlich, und so kommt es durch Konservierung, Abschrift und Unterricht zu einer Wiederbelebung des klassischen Erbes, das schon die Zeitgenossen gelegentlich im Bild der Renaissance gefeiert haben und das zu der mißverständlichen Kennzeichnung der ganzen Epoche als »karolingischer Renaissance« geführt hat. Denn was die Bewegung von einer Renaissance im jüngeren humanistischen Sinne des Wortes unterscheidet, ist die Tatsache, daß es nicht um die Antike um ihrer selbst willen ging, nicht um die antike Literatur in ihrem Eigenwert, sondern um die Verbesserung einer der drei heiligen Sprachen, in denen die christliche Wahrheit offenbart und überliefert ist. Sie zu verstehen und richtig *(recte)* weiterzugeben, bedarf es der dazu nötigen sprachlichen Kompetenz. Texte aber werden von Menschen geschrieben und haben Teil an den menschlichen Schwächen, sie müssen also gesichert, von Fehlern und Irrtümern gereinigt, korrigiert werden *(emendatio* und *correctio).* Vom karlischen Streben nach authentischen Texten profitierte die antike lateinische Literatur ebenso wie die Heilige Schrift, die unter Alkuin und Theodulf von Orleans einer grundlegenden Revision unterzogen wurde. Ohne die karolingische Bildungspolitik wäre unser Bild von der römischen Antike sehr viel lückenhafter und ungenauer.

Die einheitliche Organisation des Kirchenwesens beruhte auf der Verbindlichkeit und Verläßlichkeit von Texten, die denn auch dem Hof Karls des Großen und seiner Bibliothek zugeführt werden mußten. So die Rechtssammlung des Dionysius Exiguus für die Festsetzung kirchenrechtlicher Bestimmungen; das römische ›Sacramentum Gregorianum‹ für die Vereinheitlichung der Liturgie und die schon mehrfach erwähnte ›Regula S. Benedicti‹ für die Reform des Klosterwesens.

Aus der intensiven Bemühung um die Sicherung des Wortes Gottes und seiner patristischen Auslegung entstand schließlich eine karolingische Theologie, die bei aller Unselbständigkeit ihr eigenes Gewicht hatte. Die theologischen Schriften im weitesten Sinne des Wortes machen den Großteil der karolingischen Literaturproduktion aus. Hinzu kommt aber auch eine künstlerisch hochstehende lateinische Poesie nicht nur geistlichen Inhalts, in der die klassischen Muster wiederbelebt und nachgeahmt werden und die ihrerseits nahelegen kann, von einer ›karolingischen Renaissance‹ zu sprechen. Die bekannte Tatsache, daß die Mitglieder der karlischen Hofschule, der sog. Akademie, sich Spielnamen nach antiken Dichtern zugelegt haben, scheint in diese Richtung zu weisen. Wir wissen davon aus einigen Gedichten Alkuins und Theodulfs. Es wird freilich nicht recht deutlich, ob die Namen im Bewußtsein der Eigenart ihrer antiken Träger und im Sinne einer wie immer begründeten Wahlverwandtschaft verteilt wurden. Warum sich Alkuin gerade nach Horaz »Flaccus« genannt hat, warum Angilbert »Homer« genannt wurde oder Modoin von Autun nach Ovid den Namen »Naso« trug, ist nicht einsichtig. Kommt hinzu, daß für einige der bedeutendsten Gelehrten des karlischen Kreises solche Pseudonyma nicht überliefert sind (so weder für Paulus Diaconus noch für Petrus von Pisa), und daß eine ganze Reihe anderer mit biblischen Namen bedacht wurde, an ihrer Spitze Karl selbst, der als *novus David* gefeiert wurde. Der Davidname signalisierte die Überlegenheit des so Ausgezeichneten über den engeren Kreis der elitären Hofgesellschaft. David galt seit der Patristik, seit dem in der Spätantike üblich werdenden apologetischen Vergleich der christlichen mit der antiken Literatur als *der* (jüdisch-)christliche Dichter schlechthin und durch den Altersbeweis als den heidnisch-antiken Poeten überlegen: *David amat vates, vatorum est gloria David* (»David liebt die Dichter, David ist der Ruhm der Dichter«), sang Angilbert in einem langen Huldigungsgedicht auf Kaiser Karl. Der Name »David« verbürgte die Vorbildlichkeit des Herrschers, seine Weisheit, seinen Glaubenseifer und seine Legitimation, den Glauben seinem Volk zu predigen. In diesem Sinne schrieb Alkuin: »Dies ist, geliebtester David, Dein Ruhm und Dein Leben im Urteil dieser Welt und in der ewigen Gemeinschaft der Heiligen, daß Du eifrig das Deiner Vorbildlichkeit von Gott anvertraute Volk zu verbessern trachtest und die langehin im Dunkel der Unwissenheit geblendeten Geister (Seelen) zum Licht des wahren Glaubens zu führen versuchst.«

Literatur: Josef Fleckenstein, Die Bildungsreform Karls des Großen als Verwirklichung der norma rectitudinis. Bigge-Ruhr 1953. – Paul Lehmann, Das Problem der karolingischen Renaissance. In: Ders., Erforschung des Mittelalters. Ausgewählte Abhandlungen und Aufsätze, Bd. 2. Stuttgart 1959, S. 109–138. – Karl der Große. Lebenswerk und Nachleben. Bd. 2: Das geistige Leben. Hrsg. von Bernhard Bischof.

Düsseldorf 1965. – Wolfgang Edelstein, eruditio und sapientia. Weltbild und Erziehung in der Karolingerzeit. Untersuchungen zu Alcuins Briefen. Freiburg i. Br. 1965.

Schulen und Bibliotheken

Das antike Schulsystem hatte in Gestalt der Rhetorenschulen weit ins frühe Mittelalter hineingewirkt, war endlich aber doch in dem Maße zum Erliegen gekommen, als die diese Schulen tragende weltliche Oberschicht, der alte senatorische und ritterliche Adel, seine Bedeutung einbüßte oder ganz verschwand. Das war ein Prozeß, der in den römischen Provinzen und selbst in einzelnen ihrer Regionen mit unterschiedlicher Schnelligkeit ablief. Im 7. Jahrhundert ist ein absoluter Tiefpunkt erreicht, der erst seit der zweiten Hälfte des 8. Jahrhunderts überwunden wird. Doch die weit in die Laienbildung hineinreichenden Erziehungs- und Bildungspläne der karlischen Reform hatten nur im begrenzteren kirchlichen Rahmen Erfolg und Dauer. Eine – und sei es noch so elementare – Laienbildung konnte sich so lange nicht durchsetzen, als sie einer Gesellschaft hätte oktroyiert werden müssen, die aus Gründen ihrer materiellen Kultur und ihrer noch im direkten Austausch mit der Natur sich vollziehenden Reproduktion der Schrift gar nicht bedurfte. Dagegen kam der ideologische Zwang durch die schriftgebundene christliche Religion nicht auf, und die Amtskirche als Verwalterin der Schrift in beiderlei Wortsinne ermutigte die Laien nur wenig, sie sich anzueignen. Erst die wissenschaftliche und ökonomische Revolution des 12. Jahrhunderts und die daraus folgenden praktischen Erfordernisse haben dazu geführt, daß in Mitteleuropa seit der zweiten Hälfte des 13. Jahrhunderts die Städte Laienschulen errichteten.

Wer in den Jahrhunderten davor lesen und schreiben lernen wollte, mußte sich an die Kirche und ihre Vertreter halten. Denn die christliche Buchreligion erforderte die Pflege des geschriebenen Wortes und den Umgang mit ihm, selbst wenn die Kompetenz dazu zeitweise auf ein äußerst niedriges Niveau herabgesunken war. Die karolingischen Reformprogramme sprechen in dieser Hinsicht eine deutliche Sprache. Die Reform mußte also dort ansetzen, wo geregelte Schriftlichkeit über die Zeit des Niedergangs möglich und üblich geblieben war: in der Klosterschule, die ihrerseits Vorbild wurde für die Bischofs-

und Kathedralschulen, an denen der Weltklerus ausgebildet wurde. Das Lehrprogramm konzentrierte sich zunächst weitgehend auf die *lectio divina,* auf die Lektüre der Heiligen Schrift und das Auswendiglernen wichtiger liturgischer Texte. Theologie oder gar profane Literatur traten daneben ganz in den Hintergrund. Ein Aufschwung der Klosterschule auf dem Kontinent erfolgte erst mit der irischen und später angelsächsischen Mission. Eigenartigerweise nahm diese Bewegung von Irland ihren Ausgang. Man erklärte das damit, daß in Irland der vulgärlateinische Einfluß fehlte und durch den ungestörten Umgang mit den Schriften der antiken Grammatiker und Dichter die Vertrautheit mit der unverbildeten Latinität erhalten blieb. So habe sich gerade in Irland eine zwar von krausen Eigenwilligkeiten nicht freie, aber verglichen mit der Literatur auf dem Kontinent doch hochstehende lateinische Literatur entwickeln können, die zunächst für die Angelsachsen musterhaft wurde und über die Angelsachsen auf den Kontinent wirkte. Die zentrale Figur der karlischen Bildungsreform neben dem Herrscher selbst war Alkuin (um 730–804), der seit 770 als Leiter der berühmten Domschule von York wirkte und 781 von Karl dem Großen zur Leitung der Hofschule in Aachen verpflichtet wurde. Alkuin selbst steht in der Reihe angelsächsischer Gelehrter wie Aldhelm (gest. 709), Beda (gest. 735) und Bonifatius (gest. 754), die im 8. Jahrhundert auf dem Kontinent ihresgleichen nicht hatte.

Die Hofschule Karls des Großen, die wegen des in ihrem inneren Kreis gepflegten gesellig-literarischen Lebens auch hochgreifend als »Hofakademie« angesprochen wird, war normgebende Instanz und Mustereinrichtung zugleich. Für relativ kurze Zeit versammelten sich an ihr die berühmtesten Gelehrten aus allen Provinzen des Reichs: neben dem Italiener Petrus von Pisa und der dominierenden Figur des Angelsachsen Alkuin waren das die Langobarden Paulinus von Aquileia und Paulus Diaconus, der Westgote Theodulf, der dann als Bischof nach Orléans ging, später aber auch Franken wie Adalhart oder Angilbert und Einhard, der Biograph Karls des Großen. Einhard erreichte als Laie und ohne je eine kirchliche Funktion auszuüben einen Bildungsgrad, der ihn neben den genannten und ungenannten Gelehrten bestehen ließ. Die unmittelbare erzieherische Wirkung dieser Hofschule über den sie bildenden Kreis hinaus wird man sicher nicht überschätzen dürfen, ihr mittelbarer Einfluß über mehr als eine Generation von Schülern und Nachfolgern aber war groß. Das schlägt sich sowohl in der lateinischen Literatur, die erst nach dem Tod Karls des Großen ihren eigentlichen Höhepunkt erreichte, wie in der von der karolingischen Bildungsreform inspirierten volkssprachlichen Dichtung nieder: Die großen Bibelgedichte in altsächsischer und althochdeutscher Sprache entstehen erst Jahrzehnte nach der Auflösung der Hofschule, der ›Heliand‹ wohl um 840, Otfrids ›Evangelienbuch‹ in der zweiten Hälfte des 9. Jahrhunderts.

Vorbild war die Hofschule noch in einer anderen Hinsicht: Die große Hofbibliothek war nicht nur für den Unterricht da, sondern auch so etwas wie ein Reichsarchiv, in dem die emendierten, in ihrem Wortlaut gereinigten und gesicherten Texte aufbewahrt wurden und für Abschriften zur Verfügung standen. Es ist ein unersetzlicher Verlust, daß diese Bibliothek verlorengegangen ist. Karl der Große verfügte selbst noch vor seinem Tod den Verkauf der Bücher, und da nicht einmal ein Bibliothekskatalog erhalten geblieben ist, sind wir auf den kombinatorischen Scharfsinn der Historiker und Philologen verwiesen, wenn wir uns ein ungefähres Bild von ihrem Bestand machen wollen.

Auch die Bibliothek ist eine Einrichtung, die das Mittelalter zumindest als Idee der Antike verdankt. Denn keine antike Bibliothek hat unbeschädigt bis ins Mittelalter überdauert. Die Zeiten waren nicht danach. Bücher sind ein empfindliches, leicht der Abnutzung und Zerstörung ausgeliefertes Gut. Wäre nicht im 4. Jahrhundert der Übergang von der antiken Schriftrolle aus Papyrus zu dem haltbareren Pergamentcodex in Buchform erfolgt, wären nicht in der Karolingerzeit viele Werke der damals noch vorhandenen und wiedergelesenen antiken Literatur auf Pergament übertragen worden, hätten wir noch weitaus größere Verluste zu beklagen.

Mit dem Vorbild der Hofbibliothek, mit der Forderung ausreichender Kloster- und Kathedralbibliotheken, die schnell auch zum Wunsch literarisch erzogener Geistlicher wurde, entwickelte sich eine klösterliche und weltlich repräsentative Buchkultur, die wir nicht nur am einzelnen erhaltenen Prachtcodex bewundern, sondern auch in ihrem jeweiligen Umfang an den erhaltenen Bibliothekskatalogen ablesen können. Wir haben solche Bücherlisten vor allem aus den großen Reichsklöstern wie Reichenau, St. Gallen, Murbach oder Lorsch, die schon für das 9. Jahrhundert jeweils mehrere hundert Bände verzeichnen. Das sind erstaunlich reichhaltige Bestände, die wir nicht für jedes kleinere Kloster werden voraussetzen dürfen.

LITERATUR: Karl Christ, Das Mittelalter. Ergänzt von Anton Kern. In: Handbuch der Bibliothekswissenschaft. 2., verm. u. verb. Aufl., hrsg. von Georg Leyh. Bd. 3,1. Wiesbaden 1955, S. 243–498. – Henri-Irénée Marrou, Geschichte der Erziehung im klassischen Altertum. Freiburg i. Br. 1957 u. ö. – Bernhard Bischof, Die Hofbibliothek Karls des Großen. In: Karl der Große. Lebenswerk und Nachleben. Bd. 2: Das geistige Leben. Düsseldorf 1965, S. 42–62. – Ladislaus Buzás, Deutsche Bibliotheksgeschichte des Mittelalters. Wiesbaden 1975. – Pierre Riché, Les écoles et l'enseignement dans l'Occident chrétien de la fin du Ve siècle au milieu du XIe siècle. Paris 1979.

Deutsch als Missions- und Kirchensprache

Im Johannesevangelium liest man (19,19), Pilatus habe eine Tafel an der Spitze des Kreuzes anbringen lassen, auf der geschrieben stand: »Jesus von Nazareth, der König der Juden«. Und weiter: »Die Inschrift war hebräisch, lateinisch und griechisch abgefaßt.« (19,20) Daraus leitete die alte Kirche seit Augustinus die Auffassung ab, daß diese »drei heiligen Sprachen« *(tres linguae sacrae)* allein geeignet und würdig seien, die geoffenbarte Wahrheit, ihren gottesdienstlichen Nachvollzug und das Nachdenken über sie aufzunehmen und auszudrücken. Der Übergang zur Volkssprache war deshalb alles andere als selbstverständlich, war vielmehr problematisch, zuzeiten gar ein Skandalon. Die Geschichte der Bibelübersetzung und die Verbreitung der volkssprachlichen Bibel bieten dafür mehr als ein Beispiel. Dennoch wurde dieser Übergang schon früh gewagt. Zuerst wiederum in Irland, dann bei den Angelsachsen. Bedas Erzählung von Caedmon, dem Sänger biblischer Geschichte, mag auch ein Stück Rechtfertigung für den Gebrauch der Volkssprache sein. Von der Insel könnte der Gedanke auf den Kontinent gebracht und propagiert worden sein von Alkuin, dem angelsächsischen Haupt der karlischen Hofschule und der ersten Instanz in Sachen Bildungspolitik.

In den Kapitularien ist von der Volkssprache erstaunlich selten die Rede, obwohl uns doch die Praxis ihrer Verwendung deutlich vor Augen steht. Im 52. Artikel der Frankfurter Synode von 794 heißt es etwa: *Ut nullus credat quod nonnisi in tribus linguis Deus orandus sit, quia in omni lingua Deus adora-*

tur et homo exauditur si iusta petierit (»Niemand möge glauben, daß Gott nur in drei Sprachen anzubeten sei; Gott wird in allen Sprachen angebetet, und der Mensch wird erhört, wenn er nur um das Rechte bittet«). Der Beschluß der Frankfurter Synode wird knapp zwanzig Jahre später von den gleichzeitig stattfindenden Synoden von Tours, Reims und Mainz erneut diskutiert und schlägt sich in entsprechenden Formulierungen nieder: Die Bischöfe mögen die Predigten der Väter in der jeweiligen Volkssprache vortragen, damit alle sie verstehen könnten *(Ut episcopi sermones et omilias sanctorum patrum, prout omnes intellegere possent, secundum proprietatem linguae praedicare studeant).* So heißt es in Reims. Und auch in Mainz spricht man, ohne Sprachnamen zu nennen, von der *proprietas linguae* und ihrer Bedeutung in der Seelsorge. In Tours dagegen wird ausdrücklich die Übersetzung der Homilien in *rusticam Romanam linguam aut Theotiscam, quo facilius cuncti possint intellegere quae dicuntur* gefordert, also die Übersetzung »in das Romanische oder Deutsche, damit alle das Gesagte besser verstehen könnten«.

Im übrigen kann man den Gebrauch der Volkssprache nur indirekt aus der wiederholten Anweisung erschließen, die Priester sollten verstehen, was sie predigen, und die Gläubigen sollten verstehen, was ihnen gepredigt werde und was sie selbst als Bekenntnis ihres Glaubens und im Gebet sprächen. So heißt es in der ›Admonitio generalis‹ von 789, daß die Priester die Gebete und Sakramente verstehen müßten *(bene intellegant),* da sie selbst sie verständlich weitergeben sollten, damit jedermann wisse, was er von Gott erflehe *(ipsi intellegant et omnibus praedicent intellegendam ut quisque sciat quid petat a Deo).*

Der Weg über die Volkssprache führt also immer wieder zurück zum Latein. Es geht m. E. niemals um die Erweiterung der *sacrae tres linguae* durch eine *lingua quarta* (Klaus von See), sondern immer nur um ihr besseres Verständnis, nicht nur darum, daß alle – also auch die Lateinunkundigen – die Heilsbotschaft überhaupt verstehen, sondern auch darum, daß diejenigen, die mehr oder weniger Latein können, sie leichter verstehen – *quo facilius cuncti possint intellegere,* wie es auf der Synode von Tours heißt.

Entsprechend ist die Bibeldichtung seit Caedmon nicht eindeutig der Laienmission zuzuordnen. Sie war wohl in erster Linie für die geistlichen Gemeinschaften gedacht, in denen die Lateinkenntnisse ja durchaus nicht so gleichmäßig und auf gleich hohem Niveau verbreitet waren, daß nicht eine dichterische Paraphrase in der Volkssprache für viele hilfreich und für alle erbaulich gewesen wäre. Schon Beda berichtet, daß Caedmon seine volkssprachlichen Gedichte zuerst den Klosterinsassen vorgetragen und so die Lateinkundigen, die ihn belehrt hatten, zu seinen Hörern gemacht habe: *suavius resonando doctores suos vicissim auditores sui faciebat.* Wenn also der unbekannte Verfasser der sog. ›Heliandvorrede‹ davon spricht, König Ludwig habe die altsächsische Bibeldichtung in Auftrag gegeben, »damit nicht nur den Gelehrten, sondern auch den Leseunkundigen der Wortlaut der göttlichen Gebote zugänglich gemacht würde« *(quatenus non solum literatis, verum etiam illiteratis, sacra divinorum praeceptorum lectio panderetur),* so muß mit den *illiterati* nicht notwendig das breite Volk gemeint sein. Das ist sogar höchst unwahrscheinlich. Vielmehr wird man auch hier – von der umstrittenen Authentizität der Praefatio einmal ganz abgesehen – in erster Linie an die geistlichen Gemeinschaften zu denken haben. Dafür spricht auch das Wort *lectio.* Die Lesung gehörte zu den Pflichten des regulierten Lebens, wie sie in der ›Regula sancti Benedicti‹ und in Chrodegangs Kanonikerregel Gesetzeskraft erlangt hatten. Es kann also gar keine Rede davon sein, daß die Bibeldichter als eigentliches Anliegen die Vertiefung des Glaubens »im Volk« im Sinn gehabt hätten oder ihre Werke gar Mittel der Breitenmission gewesen seien, wie immer wieder behauptet wird.

Ganz deutlich knüpft auch Otfrid von Weißenburg in der zweiten Hälfte des 9. Jahrhunderts an karlische Vorstellungen an, wenn er in einem der Einleitungskapitel seines ›Evangelienbuchs‹ unter der Überschrift ›Cur scriptor hunc librum theotisce dictaverit‹ (›Warum der Autor dieses Buches auf deutsch geschrieben hat‹) sein Unternehmen rechtfertigt und gegen mögliche theologische Bedenken verteidigt. Im lateinischen Brief an Liutbert hatte er eben diesen Aspekt hervorgekehrt: Wer sich vor den Schwierigkeiten der fremden Sprache fürchte, könne hier in seiner eigenen Sprache die Heilsbotschaft vernehmen, das göttliche Gesetz in seiner Sprache verstehen und sich so hüten, auch nur einen Fußbreit von ihm abzuweichen *(scripsi namque [. . .] evangeliorum partem francisce compositam [. . .] ut, qui in illis alienae linguae difficultatem horrescit, hic propria lingua cognoscat sanctissima verba, deique legem sua lingua intellegens, inde se vel parum quid deviare mente propria pertimescat).*

Im deutschen Text behauptet Otfrid den Rang der eigenen Sprache neben den *edilzungun* (I,1,53), also den heiligen Sprachen, in denen das Heil zunächst verkündet worden sei. Das Lob Gottes sollte in jeder Sprache möglich sein, wie dies ja auch schon in der ›Admonitio generalis‹ gesagt worden war:

Wanana sculun Frankon einon thaz biwaukon,
ni sie in frenkisgon biginnen, sie gotes lob singen?
(I,1,33 f.)

»Warum sollen die Franken allein davor zurückschrecken, Gottes Lob auf fränkisch zu verkünden?« Und auch hier wird der Gedanke ausgesprochen, es könnten auf diese Weise jene Gläubigen erreicht werden, denen die lateinische Sprache nicht vertraut sei:

Ist ther in iro lante iz alleswio nintstante,
in ander gizungi firneman iz ni kunni:
Hiar hor er io zi guate, waz got imo gibiete,
thaz wir imo hiar gisungun in frenkisga zungun.
(I,1,119 ff.)

»Wenn es einen in ihrem (sc. der Franken) Land gibt, der es anders nicht verstehen, es in einer anderen Sprache nicht sollte aufnehmen können, der höre nun hier zu seinem Heil, was Gott ihm gebietet (und) wir ihm hier in fränkischer Sprache gedichtet haben!«

Der vorgebliche »Nationalstolz« Otfrids ist vielmehr der Stolz des klerikalen Autors auf das fränkische Gottesvolk und dessen Frömmigkeit. Die Freude über das eigene volkssprachliche Werk ist die Freude über die Verbreitung des Gotteslobs im Sinne jener zitierten karolingischen Anschauung, daß Gott in allen Sprachen gefeiert und erhoben werden könne:

Nu frewen sih es alle, so wer so wola wolle,
joh so wer si hold in muate Frankono thiote,
Thaz wir Kriste sungun in unsera zungun,
joh wir ouh thaz gilebetun, in frenkisgon nan lobotun!
(I,1,123 ff.)

»Nun mögen sich alle, die guten Willens sind und die dem Volke der Franken wohlwollen, darüber freuen, daß wir für Christus in unserer Sprache gedichtet haben und uns vergönnt war, ihn auf fränkisch zu preisen!«

Im zweiten Kapitel des ersten Buches wird das Sprachenproblem noch einmal reflektiert, nun aber ganz eindeutig in dem Sinne, daß Gott Herr über alle Sprachen sei und also auch in allen Sprachen angerufen werden könne, die er ja selbst geschaffen habe:

Al gizungilo thaz ist – thu druhtin ein es alles bist;
weltis thu thes liutes joh alles woroltthiotes.
Mit thineru giwelti sie dati al sprechenti,
joh salida in gilungun thiu wort in iro zungun;
Thaz sie thin io gihogetin, in ewon iamer lobotin [...].
(I,2,33 ff.)

»Über alle Sprachen, die es gibt, bist du allein Herr, du herrschst über alle Menschen und Völker dieser Welt. Du hast ihnen mit deiner Macht die Sprache verliehen, und es gelangen ihnen – o Seligkeit – die Worte in ihren Sprachen, mit denen sie deiner stets gedenken und dich in alle Ewigkeit preisen sollen [...].«

Otfrid selbst erhofft sich die ewige Seligkeit als Lohn für sein Gotteslob, für das er gleichwohl die Hilfe Gottes anrufen muß:

Sar thuzar theru menïgi sceithist thin githigini:
so laz mih, druhtin min, mit druton thinen iamer sin!
Joh theih thir hiar nu ziaro in mina zungun thiono
(ouh in al gizungi, in thiu thaz ih iz kunni),
Thaz ih in himilriche thir, druhtin, iamer liche [...].
(I,2,39 ff.)

»Sobald du dein Gefolge aus der Menschheit auswählst, laß mich, mein Herr (und Gott), immer bei denen sein, die dir lieb sind. Mache auch, daß ich dir schon hier schön in meiner eigenen Sprache diene und in allen andern, soweit ich sie beherrsche, damit ich dir, Herr, im Himmelreich ewig wohlgefällig sei [...].«

Nie also geht es um die Überlegenheit einer *quarta lingua*, sondern immer nur um die – allerdings mit Nachdruck behauptete – Möglichkeit, Gott in allen Sprachen zu loben und durch solches Gotteslob die ewige Seligkeit zu erringen. Denn daß geistliche Dichtung geistlich verdienstvoll sei, ist ein Gemeinplatz seit Juvencus, der diesen Gedanken im Prolog zu seinem Evangeliengedicht zum erstenmal ausgedrückt hat.

LITERATUR: Leopold Lentner, Volkssprache und Sakralsprache. Geschichte einer Lebensfrage bis zum Ende des Konzils von Trient. Wien 1964. – Raphaela Gasser, Propter lamentabilem vocem hominis. Zur

Theorie der Volkssprache in althochdeutscher Zeit. Freiburger Zeitschrift für Philosophie und Theologie 17 (1970), S. 3–83. – Klaus von See, Caedmon und Muhammed. ZfdA 112 (1983), S. 225–233. – Walter Haug, Die Vulgärsprache als Problem. Otfrid von Weißenburg und die literaturtheoretischen Ansätze in althochdeutscher Zeit. In: Ders., Literaturtheorie im deutschen Mittelalter. Von den Anfängen bis zum Ende des 13. Jahrhunderts. Eine Einführung. Darmstadt 1985, S. 25–45.

2. Literaturbetrieb

Auftraggeber, Autoren und Publikum

Die Frühgeschichte der deutschen Literatur ist gebunden an die wenigen Orte geregelter Schriftlichkeit. Das sind in erster Linie die Klöster. Hinzu kommen die in Deutschland allerdings erst im 10. Jahrhundert an Zahl und Bedeutung zunehmenden Kathedralschulen und als erstes säkulares Zentrum die *capella regis,* die königliche Hofkapelle, die zugleich die Funktion einer Kanzlei hatte. Daß jedoch eines der deutschen Gedichte oder eine der großen literarischen Übersetzungen des 9. Jahrhunderts in der Hofkapelle der karolingischen Kaiser und Könige entstanden und für den Hof bestimmt gewesen sein könnte, ist nicht erkennbar. Zwar spricht die ›Heliandvorrede‹ davon, daß *Ludouuicus piissimus* (Ludwig der Fromme oder Ludwig der Deutsche) das altsächsische Heilandsleben in Auftrag gegeben habe. Aber das ist eine zweifelhafte Nachricht (vgl. S. 142), ganz abgesehen davon, daß der Versteil mit seiner Übertragung der Caedmon-Legende auf den ›Heliand‹-Dichter ins Allgemeine und Archetypische ausweicht. Auch Otfrids Widmung eines Exemplars seines ›Evangelienbuchs‹ an König Ludwig den Deutschen stellt den Zusammenhang mit dem Herrscherhaus erst nachträglich her. Daß die Übersetzung des Isidorschen Traktats in unmittelbarer Umgebung Karls des Großen entstanden sein könnte, ist letztlich nicht zu beweisen; und daß das ›Muspilli‹ in einen Codex aus dem Besitz König Ludwigs des Deutschen eingetragen wurde, will bei der ungelösten Datierungsproblematik wenig besagen. Ließe sich in diesem Fall eine

Verbindung mit dem weltlichen Oberhaupt zweifelsfrei herstellen, wäre daraus eher auf ein Interesse nichtkirchlicher Kreise an der traditionellen mündlichen Poesie und ihrer christlichen Kontrafaktur zu schließen als auf einen nennenswerten weltlichen »Literaturbetrieb« in der Volkssprache. Dies gilt nicht nur für die Zentralgewalt, sondern für den Adel insgesamt, der seinerseits über das jeweilige Hauskloster zwar Zugang zu kontinuierlicher Schriftüberlieferung findet, ihn in Deutschland wohl aber nicht vor dem 11. Jahrhundert sucht. Erst im späteren 12. Jahrhundert entwickelt sich ein vom Kloster unabhängiger Literaturbetrieb, der dann auch zu einer profanen deutschen Literatur führt.

Volkssprachliche Literatur konnte nur von lateinkundigen und üblicherweise der lateinischen Sprache sich bedienenden Geistlichen niedergeschrieben werden, und sie ist bis in die zweite Hälfte des 12. Jahrhunderts in den meisten Fällen auch von Geistlichen verfaßt worden. Das gilt in karolingischer Zeit für die gesamte kirchliche Gebrauchsliteratur von den Glossen bis zu den großen Musterübersetzungen wie dem ›Althochdeutschen Tatian‹. Problematischer ist es, dies mit gleicher Sicherheit auch für die Dichtung zu behaupten. Wo eine *oral poetry* weltlichen Inhalts gepflegt wurde, lag auch ihre geistliche Kontrafaktur gleichsam in der Luft. Ihre Existenz auf dem Kontinent wird bezeugt durch die geistliche Stabreimpoesie, insbesondere durch die Bruchstücke des ›Wessobrunner Schöpfungsgedichts‹ und des ›Muspilli‹, deren erschließbarer geringer Umfang dafür spricht, daß es sich hierbei um die mehr oder minder zufällige Aufzeichnung von ihrem Wesen nach mündlichen Gedichten handelt. Es gibt keine direkten Hinweise darauf, daß solche Gedichte im nichtkirchlichen Raum Verbreitung gefunden haben; die Wahrscheinlichkeit spricht jedoch dafür. Daß sie im Kloster Verwendung fanden, bezeugt ihre Aufzeichnung durch die Hand schreibkundiger Mönche. Otfrid von Weißenburg, der in seiner endreimenden Evangeliendichtung gelegentlich in die alte Diktion des Stabreims verfällt, scheint einmal sogar das ›Muspilli‹ zu zitieren: *Thar ist lib ana tod, lioht ana finstri* (›Evangelienbuch‹ I, 18,9 = ›Muspilli‹ v. 14). Es ist jedoch genauso möglich, daß dem Weißenburger Mönch die Formeln geistlicher Stabreimpoesie im Ohr waren, als er sein ›Evangelienbuch‹ verfaßte. Der zitierte Vers »Dort ist Leben ohne Tod, Licht ohne Finsternis« könnte eine solche weit verbreitete Formel gewesen sein. Ob übrigens Otfrid den

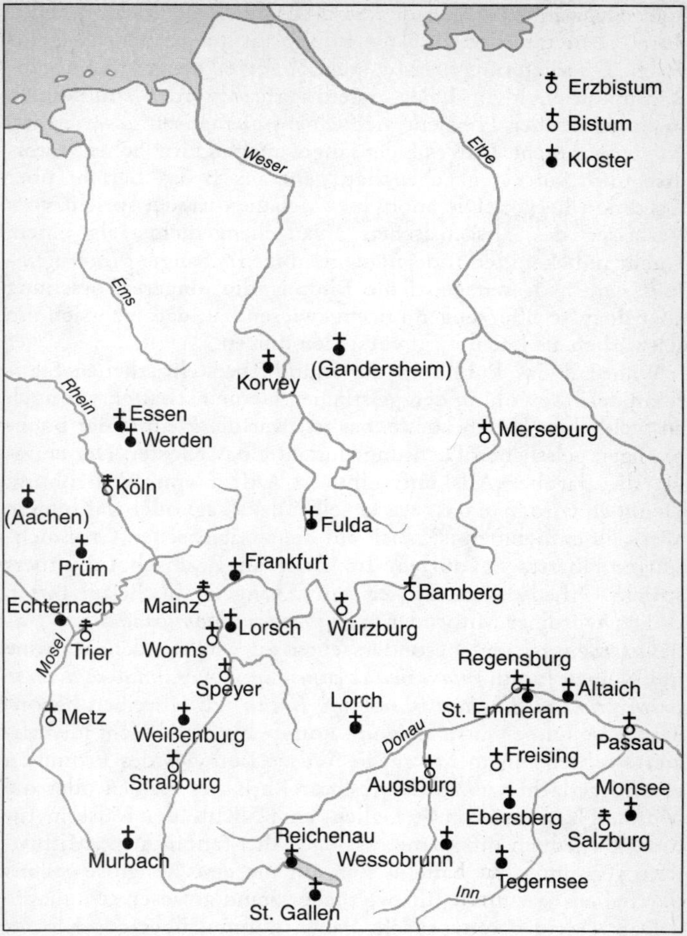

Hauptorte früher deutscher Schriftüberlieferung

Endreim wählte, weil er den Stabreim für bedenklich, nämlich durch seine traditionelle Anwendung auf die germanisch-heidnische Überlieferung belastet hielt, oder weil die geistliche Stabreimpoesie auch von Laiensängern verfaßt worden und deshalb in dogmatischer Hinsicht vielfach problematisch gewesen ist, wissen wir nicht. Daß es Laiensänger auch in kirchlichem Interesse und Auftrag gegeben hat, geht aus Bedas Bericht über Caedmon hervor. Die anonyme ›Heliandvorrede‹ spricht vom Verfasser des altsächsischen Evangeliengedichts als einem »nicht unbekannten (oder: einem adligen?) Sänger« *(non ignobilis vates),* dessen geistliche Bildung die jüngere Forschung aber doch so überzeugend nachgewiesen hat, daß man sich ihn schwerlich als Laien wird vorstellen dürfen.

Während das Publikum der mündlichen christlichen Stabreimpoesie sowohl in den geistlichen Gemeinschaften wie auch an weltlichen Höfen vorstellbar ist, war die Heimat der buchmäßigen geistlichen Dichtung eindeutig das Kloster. Der einzige, der darüber Auskunft gibt, ist Otfrid von Weißenburg. Dennoch wird man das, was er selbst dazu sagt oder was seinem Werk zu entnehmen ist, auch auf die altsächsischen Großdichtungen übertragen dürfen. Im Brief an Erzbischof Liutbert spricht Otfrid davon, daß er sein ›Evangelienbuch‹ auf Bitten einiger würdiger Mitbrüder *(a quibusdam memoriae dignis fratribus rogatus)* und besonders einer zu verehrenden Matrone mit Namen Judith *(maximeque cujusdam venerandae matronae verbis nimium flagitantis, nomine Judith)* zu schreiben begonnen habe. Diese *matrona Judith* konnte bis heute nicht identifiziert werden – man hat an die Witwe Ludwigs des Frommen ebenso gedacht wie an die Tochter Karls des Kahlen oder die Mutter Hartmuts von St. Gallen, eine Nichte der Kaiserin Judith. Da jedoch ihr Name erst *nach* den (anonymen) Mitbrüdern genannt wird, kann es sich nur um eine Religiose gehandelt haben, was immer ihr weltlicher Stand gewesen sein mag.

Daß Otfrid daran gedacht haben könnte, über das Kloster hinauszuwirken, schließt man aus der Zielsetzung: den *laicorum cantus* zurückzudrängen, dessen Erklingen »die Ohren vortrefflicher Männer beleidigt« habe. Ob die hier genannten *viri probatissimi* identisch sind mit den Klosterbrüdern, mit den Widmungsträgern oder mit einem Kreis »hochgestellter Adliger im Umkreis der königlichen Kapelle und in loserem Kontakt mit den größeren Reichsklöstern« (Wolfgang Haubrichs), muß unentschieden bleiben. Otfrids Preisgedicht auf Kaiser und

Reich der Franken ist ebenfalls kein sicheres Indiz für die Zielrichtung des ›Evangelienbuchs‹, denn die Klöster waren vor allem Institutionen des Adels, ihre Insassen zumal in den führenden Positionen entstammten den großen Familien und hatten ihre Mentalität, ihre Traditionen und ihre Interessen nicht vergessen, wenn sie nicht als *pueri oblati* schon von Kindheit an im Konvent lebten. Auch die Wahl der Volkssprache läßt sich mit dem vornehmlich monastischen Gebrauch der geistlichen Dichtung in Einklang bringen. Man kennt die seit Alkuin nicht verstummende Kritik an den allzu weltlichen Vorlieben der Klosterinsassen und geistlichen Würdenträger; auch Otfrids Formulierungen im Schreiben an Liutbert scheinen sich auf solche Mißstände zu beziehen. Ihnen Einhalt zu gebieten, dem *sonus inutilium rerum* (»Gesang unnützen Inhalts«) eine Dichtung christlichen Interesses entgegenzustellen gerade dort, wo der *cantus laicorum* zu allererst anstößig sein mußte, war die verständliche Absicht des ›Evangelienbuchs‹ wie der altsächsischen Bibeldichtungen. Der positive Zweck aber, die göttliche Botschaft auch denen ganz zugänglich zu machen, die sie im lateinischen Gewand nicht zu verstehen und aufzunehmen vermochten, trifft gerade auf die geistlichen Gemeinschaften zu, in denen die Lateinkenntnisse nicht gleichmäßig und auf dem nötigen Niveau verbreitet waren. Für sie war die Kenntnis der Heilsgeschichte bis in die Einzelheiten des evangelischen Berichts, war die Geschichte der Patriarchenzeit und vieles andere wichtiger als für die große Gemeinde der Weltleute, für die es ausreichen mochte, die Heilstatsachen in gröberen Umrissen sich anzueignen und zu glauben. »Das Publikum der ahd. Dichtung muß man in jener zahlenmäßig durchaus ins Gewicht fallenden Gruppe von Mönchen suchen, die erst im hohen Alter als *conversi* zum Kloster fanden und keiner lateinischen Schulbildung mehr fähig waren. Um die Frömmigkeit dieser Gruppe in die richtigen Bahnen zu lenken, schrieb man noch im hohen 10. Jahrhundert in Fulda Otfrids Dichtung ab, verwandte man nach 900 Partien der Dichtung in Freising zur erbaulichen Tischlesung im Refektorium.« (Wolfgang Haubrichs)

Literatur: William C. McDonald with the Collaboration of Ulrich Goebel, German Medieval Literary Patronage from Charlemagne to Maximilian I. A Critical Commentary with Special Emphasis on Imperial Promotion of Literature. Amsterdam 1973. – Dieter Kartschoke, Bibeldichtung. Studien zur Geschichte der epischen Bibelparaphrase von Juvencus bis Otfrid von Weißenburg. München 1975, S. 219–224

u. 325–327. – Wolfgang Haubrichs, Eine prosopographische Skizze zu Otfrid von Weißenburg. In: Wolfgang Kleiber (Hrsg.), Otfrid von Weißenburg. Darmstadt 1978. – Rüdiger Krohn, Literaturbetrieb im Mittelalter. In: Propyläen Geschichte der Literatur. Bd. 2: Die mittelalterliche Welt 600–1400. Berlin 1982, S. 199–220. – Rolf Sprandel, Gesellschaft und Literatur im Mittelalter. Paderborn, München, Wien, Zürich 1982.

Vortrags- oder Lesedichtung

Bleibt die Frage, in welcher Weise die geistlichen Großepen rezipiert wurden. Wurden sie als Buchdichtungen individuell gelesen oder vorgelesen und also hörend rezipiert? Für den Vortrag von Otfrids ›Evangelienbuch‹ könnten die Akzentzeichen in den Handschriften sprechen, ob man sie nun als rein sprachliche oder musikalische Notationen deutet. Noch auffälliger ist die Tatsache, daß in der Heidelberger Handschrift zwei Verse neumiert, also mit den alten Notenzeichen versehen sind (I,5,3f.). Auch einige Verse des ›Heliand‹ wurden in der Münchener Handschrift auf die gleiche Art und Weise ausgezeichnet. Wir müssen also vom gelegentlichen Gebrauch zumindest der hervorgehobenen Partien als Vortragsdichtungen ausgehen und können daraus vielleicht auch auf die Möglichkeit des Vortrags der Gedichte insgesamt schließen. Auch die gegen Schluß sich häufenden Kehrreime und Refrainstrophen lassen sich vielleicht so erklären. Solch »musikalischer« Vortrag ist zu denken als Rezitation in einem psalmodierenden Ton nach dem Muster der liturgischen Lesung, nicht etwa als Gesang im neuzeitlichen Verständnis von Musik.

Anderseits spricht gerade Otfrid an nicht wenigen Stellen des ›Evangelienbuchs‹ sein Publikum als potentielle Leser an, die in größerer Zahl nur im Umkreis der Klöster zu denken sind. Immer wieder nämlich beruft er sich auf die Heilige Schrift und fordert dazu auf, in ihr nachzulesen, was im Gedicht behandelt oder auch weggelassen worden sei: »Ich erzähle dir das, damit du es dort selbst nachliest« (III,13,43f.), »dort kannst du lesen ...« (IV,15,59 und 33,21), »du kannst in den Büchern nachlesen« (V,11,3) oder »du kannst nachlesen, wie er gehandelt hat« (IV,6,4) sind Wendungen, die nur sinnvoll sind, wenn Otfrid davon ausgehen konnte, daß seine Hörer nicht nur selber lesen konnten, sondern auch Zugang zur Bibel und so überhaupt Gelegenheit hatten, solch fürsorglichem Rat zu folgen. Daß umgekehrt diese Wendungen nicht grundsätzlich für die individuelle Lektüre des ›Evangelienbuchs‹ sprechen, zeigt eine Passage, in der die entsprechende Bibelstelle in versifizierter Form kenntlich gemacht wird: Das 28. Kapitel des IV. Buches erzählt, wie die Kriegsknechte nach der Kreuzigung die Kleider Christi unter sich verlosen. Der Evangelist fügt – typologisch! – hinzu: »Auf daß erfüllet würde die Schrift, die da saget: ›Sie haben meine Kleider unter sich geteilet und haben über meinen Rock das Los geworfen‹« (Joh. 21,19 mit dem Zitat von Ps. 21,19). Otfrid ersetzt das Psalmzitat durch den Hinweis auf die Stelle im Psalter, an der es zu finden sei: Man könne vielfach belegen, daß im Alten Testament schon darauf hingewiesen wird. Dies alles an dieser Stelle wiederzugeben, wäre zu weitläufig. Der Hörer möge also selbst nachschlagen.

Zueinzug selmo zeli thir, thaz giloubi thu mir,
oba thu es ouh so gero bist, thes salteres zi erist;
Nu duan ih thih es wisi: ther sid thanne eristo si
(nist thes thehein duala) – thar findist thu iz in wara.
(IV,28,19ff.)

»Verlaß dich auf meine Angaben: Zähle im Psalter erst zwanzig Psalmen ab, wenn du es wissen willst. Und nun sage ich es dir ganz genau: Im ersten darauf folgenden Psalm findest du ohne langes Suchen die Stelle.«

Das ist für den lesefähigen *Hörer* gesprochen. Für den *Leser* des ›Evangelienbuchs‹ aber fügt Otfrid als lateinische Marginalien zu den Versen 15 und 18 die jeweils ersten Worte des im deutschen Text weggelassenen Evangelisten- und Psalmistenwortes hinzu: *Ut scriptura impleretur* und *Diviserunt sibi vestimenta mea et reliqua.*

Otfrid rechnet also sowohl mit Hörern wie mit Lesern. Er hat ein Vortragsgedicht verfaßt, das dennoch auch gelesen werden konnte. Er rechnet mit schrift- und bibelkundigen Rezipienten. Auch dieser Befund stimmt mit dem überein, was man über das Publikum der ältesten deutschen Dichtung festgestellt hat. Wir haben in erster Linie an Klosterinsassen zu denken, an Konversen, *viri religiosi* und *feminae et viduae consecratae,* für die wohl gerade auch der zitierte ausführliche Hinweis auf den Psalter gedacht war, der am ehesten ihnen zur Hand gewesen sein wird.

LITERATUR: Ewald Jammers, Das mittelalterliche deutsche Epos und die Musik. Heidelberger Jahrbücher 1 (1957), S. 31–90. Wieder in: Ders., Schrift – Ordnung – Gestalt. Gesammelte Aufsätze zur älteren Musikgeschichte. Bern, München 1969, S. 105–177. – Dieter Kartschoke, Bibeldichtung. Studien zur Geschichte der epischen Bibelparaphrase von Juvencus bis Otfrid von Weißenburg. München 1975, S. 327–336. – Burkhard Taeger, Ein vergessener handschriftlicher Befund: Die Neumen im Münchener ›Heliand‹. ZfdA 107 (1978), S. 184–193. – Dennis H. Green, Zur primären Rezeption von Otfrids Evangelienbuch. In: Althochdeutsch. Hrsg. von Rolf Bergmann u. a. Bd. 1: Grammatik, Glossen und Texte. Heidelberg 1987, S. 737–771.

Aufzeichnung und Verbreitung

Die Randständigkeit der vulgärsprachlichen Literatur in der Karolingerzeit wird deutlich, wenn man sich außer den Proportionen der Gesamtüberlieferung auch deren besondere Erscheinungsformen klar macht. Es gibt nur wenige große Texte, die überhaupt der Aufzeichnung in eigens für sie vorgesehenen Codices für würdig befunden wurden. Dazu gehören insbesondere die alles überragenden Bibelepen, der ›Heliand‹ (und ursprünglich wohl auch die ›Altsächsische Genesis‹) und Otfrids ›Evangelienbuch‹. Die großen Prosawerke wie die Isidorübersetzung und der ›Althochdeutsche Tatian‹ sind von vornherein als Bilinguen angelegt und nehmen damit eine Sonderstellung ein. Die kleineren Texte, von der kirchlichen Gebrauchsliteratur bis zu den selbständigen poetischen Erzeugnissen, werden im besten Falle in lateinische Codices inseriert, gelegentlich einer der wenigen deutschen Handschriften hinzugefügt, so das ›Georgslied‹ der Heidelberger oder die ›Gebete des Sigihart‹ der Freisinger Otfridhandschrift, oder werden als Blattfüllsel auf leer gebliebene Seiten oder gar nur breitere Ränder lateinischer Handschriften eingetragen. Solcher im Wortsinne marginalen Existenz verdanken wir die Überlieferung etwa des kostbaren ›Hildebrandsliedes‹ oder des eschatologischen Gedichts vom ›Muspilli‹. Sammlungen deutscher Gedichte sind uns nicht überliefert. Das muß nicht heißen, daß es sie nicht gegeben hat. Das ›Heldenliederbuch Karls des Großen‹, wenn es denn existiert hat, wäre eine solche Sammlung gewesen. Auch die Eintragungen im Reichenauer Bibliothekskatalog *De carminibus Theodiscae volumen 1, XII carmina Theodisca lingua formata* und *Carmina diversa ad docendum Theodiscam linguam* könnten darauf schließen lassen, wenn es sich nicht auch hier wieder nur um deutsch glossierte lateinische Texte gehandelt hat, wie sie etwa in Gestalt der sog. ›Murbacher Hymnen‹ überliefert sind.

Die Klöster als Hauptorte auch der vulgärsprachlichen Schriftlichkeit stehen in z. T. engem Austausch miteinander. So kommt es, daß die Kenntnis des einzelnen (vielleicht auch nur peripheren) Texts nicht auf das Kloster beschränkt bleiben muß, in dessen Skriptorium er geschrieben wurde. Indizien für die Provenienz eines Textes sind in sprachgeschichtlicher Hinsicht der Dialekt, in paläographischer Hinsicht die Schreibform und in kodikologischer Hinsicht die zu erschließende Herkunft der Handschrift. Hinzu treten die seltenen Fälle, in denen Zuschreibungen und Widmungen erhalten sind, sowie die unsicheren Kriterien sprachlich-graphematisch-literarischer Einflußnahmen und Abhängigkeiten. Die eigentümliche Sprachmischung oberdeutscher und niederdeutscher Merkmale auf langobardischer Grundlage in der Aufzeichnung des ›Hildebrandsliedes‹ spricht für einen Traditionsweg aus dem norditalienischen Raum ins Ober-, Mittel- oder gar Niederdeutsche. Die Widmungsgedichte und Sendschreiben Otfrids von Weißenburg und die Überlieferung seines ›Evangelienbuchs‹ geben darüber Auskunft, daß sein Werk außer am Ort der Entstehung, im Kloster Weißenburg im Elsaß, auch im Alemannischen, auf der Reichenau und im Bistum Konstanz, bekannt gewesen sein muß, im rheinfränkischen Mainz und wohl auch im ostfränkischen Fulda vorlag, im bairischen Freising abgeschrieben wurde und jedenfalls auch in der königlichen Kapelle am – freilich mobilen – Hof Ludwigs des Deutschen vorgelegen haben muß. Dies ist ein Glücksfall in der Überlieferungsgeschichte der ältesten deutschen Literatur; im Falle des ›Heliand‹ und der ›Altsächsischen Genesis‹ dagegen tappen wir im dunkeln, was Herkunft und Verbreitung betrifft. Nur der Traditionsweg nach England ist einigermaßen gesichert durch die Inserierung von Teilen des altsächsischen Gedichts in die altenglische Genesis-Dichtung und die wohl insulare Herkunft der Handschrift C des ›Heliand‹. Der Weg von einem westfränkischen Skriptorium in den deutschsprachigen Südosten, den die Isidorübersetzung genommen hat, ist nicht weniger weit. Über die Verbreitung der wohl fuldischen Musterübersetzung des ›Althochdeutschen Tatian‹ läßt sich wegen der nachweislichen Überlieferungsverluste Genaueres nicht sagen. Immerhin zeigt die Herkunft der einzigen vollständigen Handschrift aus St. Gallen, daß auch hier mit einer weiteren Verbreitung zu rechnen ist.

Ob darüber hinaus an bestimmten Orten in größerem Umfange die Pflege der Volkssprache überhaupt und der volkssprachlichen Dichtung im besonderen beheimatet war, ist zwar immer wieder vermutet worden, läßt sich letztlich aber nicht beweisen. Das gilt für die Annahme einer besonders intensiven glossatorischen Arbeit auf der Reichenau ebenso wie für die besondere Pflege der Volkssprache in St. Gallen oder die Etablierung Fuldas als eines Hauptortes volkssprachlicher Schriftüberlieferung, an der Abt Hrabanus Maurus selbst tätigen Anteil genommen haben soll: Hier nämlich sei das ›Hildebrandslied‹ aufgezeichnet worden. Hier sei – was ebenfalls nicht unwidersprochen geblieben ist – die Übersetzung der Tatianschen Evangelienharmonie entstanden. Hier habe der unbekannte Dichter des ›Heliand‹ entscheidende Anregungen erfahren, da er doch den ›Tatian‹ zur Richtschnur für die Auswahl der von ihm paraphrasierten Evangelienabschnitte gewählt hat. Hier müsse Otfrid, der sich selbst einen Schüler Hrabans nennt, mit den Bemühungen um eine volkssprachliche Bibel bekannt gemacht worden sein und sich für sein eigenes Großunternehmen Ermutigung geholt haben.

Man kann sich dies alles so vorstellen, und doch muß es so nicht gewesen sein. Die Plausibilität derartiger Rekonstruktionsversuche darf nicht darüber hinwegtäuschen, daß die Quellenlage nicht ausreicht, um hier zu gesicherten Ergebnissen zu kommen.

AUSGABEN: Denkmäler deutscher Poesie und Prosa aus dem VIII.–XII. Jahrhundert. Hrsg. von K. Müllenhoff u. W. Scherer. Dritte Ausgabe von E. Steinmeyer. Bd. 1: Texte; Bd. 2: Anmerkungen. Berlin 1892, Nachdr. Berlin, Zürich 1964. – Elias von Steinmeyer (Hrsg.), Die kleineren althochdeutschen Sprachdenkmäler. Berlin 1916, Nachdr. Berlin, Zürich 1963. – Althochdeutsches Lesebuch. Zusammengestellt und mit Wörterbuch versehen von Wilhelm Braune. Fortgeführt von Karl Helm. 15. Aufl. bearb. von Ernst A. Ebbinghaus. Tübingen 1969. – Hanns Fischer (Hrsg.), Schrifttafeln zum althochdeutschen Lesebuch. Tübingen 1966. – LITERATUR: Friedrich Neumann, Überlieferungsgeschichte der altdeutschen Literatur. In: Geschichte der Textüberlieferung der antiken und mittelalterlichen Literatur. Bd. 2: Überlieferungsgeschichte der mittelalterlichen Literatur. Von Karl Langosch u. a. Zürich 1964, S. 641–702.

Zu einigen Klöstern

Fulda: Georg Baesecke, Fulda und die altsächsischen Bibelepen. Ndd. Mitt. 4 (1948), S. 5–43. Wieder in: Ders., Kleinere Schriften zur althochdeutschen Sprache und Literatur. Hrsg. u. mit einem Nachwort versehen von Werner Schröder. Bern, München 1966, S. 348–376. – Ingeborg Schröbler, Fulda und die althochdeutsche Literatur. Literaturwissenschaftliches Jahrbuch der Görres-Gesellschaft NF 1 (1960), S. 1–26. – Dieter Geuenich, Zur althochdeutschen Literatur aus Fulda. In: Artur Brall (Hrsg.), Von der Klosterbibliothek zur Landesbibliothek. Stuttgart 1978, S. 99–125. – Winfried Böhme (Hrsg.), Hrabanus Maurus und seine Schule. Fulda 1980. – Raymond Kottja u. Harald Zimmermann (Hrsg.), Hrabanus Maurus. Lehrer, Abt und Bischof. Wiesbaden 1982 (AWL Mainz, Abh., Geistes- und sozialwiss. Klasse, Einzelveröffentlichung 4).

Reichenau: Konrad Beyerle (Hrsg.), Die Kultur der Abtei Reichenau. 2 Bde. München 1925. – Helmut Maurer (Hrsg.), Die Abtei Reichenau. Neue Beiträge zur Geschichte und Kultur des Inselklosters. Sigmaringen 1974.

St. Gallen: Lorsch und St. Gallen in der Frühzeit. Zwei Vorträge von Heinrich Büttner und Johannes Duft. Konstanz, Stuttgart 1965. – Stefan Sonderegger, Althochdeutsch in St. Gallen. Ergebnisse und Probleme der althochdeutschen Sprachüberlieferung in St. Gallen vom 8. bis zum 12. Jahrhundert. St. Gallen, Sigmaringen 1970.

3. Literarische Technik

Das Übersetzungsproblem

Althochdeutsche Literatur ist überwiegend Übersetzungsliteratur. Sie reicht von einfachen Wort- und Wortgruppengleichungen in den Glossen über die streng dem lateinischen Wortlaut folgenden Interlinearübersetzungen bis zu sinngemäßen Prosaübertragungen oder freien Versparaphrasen. Daß damit zugleich eine christliche Literatursprache geschaffen wurde, ist die fundamentale Voraussetzung und eigentliche Leistung der frühen deutschen Literatur und ihrer Autoren. Diesen Vorgang darzustellen ist jedoch Aufgabe nicht so sehr der Literatur- als der Sprachgeschichte.

Verschriftung und Literarisierung der Volkssprache, das bedeutete die Erziehung und Durchbildung dialektaler Varianten gesprochener Sprache nach dem normgebenden Muster des Lateinischen. Übersetzen aber hieß, lateinische Texte zu verstehen und ihr Verständnis weiterzuvermitteln, nicht jedoch, sie durch deutsche Übertragungen zu ersetzen. Dies ist, auf den knappsten Nenner gebracht, der Grund dafür, daß die althochdeutsche Übersetzungsliteratur mit wenigen Ausnahmen einem – gern sklavisch genannten – *verbum e verbo*-Prinzip folgte und ein uns angemessener, also »moderner« erscheinendes *sensus ad sensum*-Verfahren (Cicero, Hieronymus) sehr viel seltener zur Anwendung kam.

Die besondere Qualität der Isidorübersetzung des ausgehenden 8. Jahrhunderts und, mit einigem Abstand, der ihr nahestehenden Stücke aus der Monsee-Wiener Handschrift (die unter anderm auch Fragmente einer Matthäusübersetzung enthalten) liegt in der Sinnrichtigkeit und fränkisch-deutschen Sprachgerechtigkeit. Das hat man seit je so gesehen und als herausragende Leistung des unbekannten Verfassers gewürdigt, an der gemessen alle jüngeren Übersetzungen eher medioker erscheinen müssen. So problematisch die Wertung ist, so berechtigt ist das Urteil in sachlicher Hinsicht. Der Übersetzer weiß typisch lateinische Konstruktionen wie den Akkusativ mit Infinitiv oder die syntaktische Verknappung durch Partizipial- und Gerundialwendungen in die angemessenen deutschen Syntagmen aufzulösen. Elliptische Sätze werden durch Hinzufügung des *verbum substantivum* ergänzt, Personalpronomina hinzugefügt, wo dies das Sinnverständnis erforderlich macht, oder es werden überhaupt einzelne theologische Aussagen durch die breitere Umschreibung präzisiert, etwa wenn lat. *a patre* wiedergegeben wird durch die ausführlichere Wendung *fona dhemu almahtigin fater.* Ein und dasselbe lateinische Wort wird nicht starr durch ein und dasselbe deutsche Wort ersetzt, sondern je nach Kontext variiert, lat. *trinitas* etwa durch *dhrioheida gotes* oder *dhrinissa,* also einmal die Dreiheit der göttlichen Personen, das andere Mal die abstrakte Dreifaltigkeit akzentuierend. Durchweg wird die deutsche Wortstellung gewählt. Ein lateinischer Satz wie Kap. 4,29 *Cuius trinitatis mysterium alias se cognouisse testatur idem propheta* wird sehr verständig und verständlich in drei deutsche Sätze aufgelöst: *Dher selbo forasago auh in andreru stedi chundida, dhazs ir dhera dhrinissa chiruni bichnadi, dhuo ir sus quhad* (»Derselbe Prophet hat auch an anderer Stelle bezeugt, daß er das Geheimnis der Dreifaltigkeit erkannt hatte, da er folgendermaßen sprach«).

Ganz anders die etwa eine Generation jüngere Übersetzung der Evangelienharmonie des Tatian. Wir haben hier die Möglichkeit, parallel laufende Stücke aus dem Matthäusevangelium mit der Matthäusübersetzung aus der Monsee-Wiener Handschrift zu vergleichen. Ich beschränke mich auf wenige Beispiele, um die Unterschiede wenigstens anzudeuten. So gibt der Übersetzer der alten Isidorgruppe den absoluten Ablativ, zum Beispiel *mane autem facto*, mit einem Nebensatz wieder: *Duo morgan uuarth*, während der Übersetzer der entsprechenden Passage im ›Althochdeutschen Tatian‹ den absoluten Dativ dafür einsetzt: *Morgane giuuortanemo*. Ganz unabhängig von der umstrittenen Frage, wie weit der absolute Dativ im ältesten Deutsch überhaupt im Gebrauch war, bleibt doch der Eindruck, daß solche Wiedergaben ohne den lateinischen Text gar nicht verständlich waren. Nur wer mit ihm vertraut war oder ihn sogar vor sich hatte, konnte *gisanten sinen herin* als Übersetzung von *missis exercitibus suis* erkennen, weshalb auch der ältere Autor, der offenbar einen verständlichen fränkischen Wortlaut anstrebte, den Nebensatz bildet: *santa siniu heri*. Das Partizipium praesentis in appositiver (also nicht rein attributiver oder in prädikativer) Stellung wird in der Matthäusübersetzung meist in einen selbständigen Satz aufgelöst. Also wird hier etwa *et uidentes eum adorauerunt* wiedergegeben durch: *enti so sie inan gasahun, hnigun za imo* (»und als sie ihn sahen, verneigten sie sich vor ihm«), während wir im ›Althochdeutschen Tatian‹ lesen: *inti gisehenti inan betotun inan* (»und die ihn Sehenden beteten ihn an«). Ähnlich verhält es sich mit der Wortstellung, wenn auch das fuldische Übersetzerteam hier nicht gleichmäßig und konsequent verfuhr. In der älteren Matthäusübersetzung wird die lateinische Spätstellung des Verbs in den meisten Fällen zugunsten der deutschen Wortstellung aufgegeben, etwa in der Wiedergabe von *et iudicium gentibus nuntiabit* durch: *Enti miin urteili chundit deotom* (»und mein Urteil verkündet den Völkern«), während der Übersetzer dieser Stelle im ›Althochdeutschen Tatian‹ nicht nur darauf verzichtet, durch Hinzufügung des Possessivpronomens die Aussage zu verdeutlichen, sondern auch die lateinische Wortstellung beibehält: *inti tuom thiotun saget*.

Gewiß ist die jeweilige Übersetzungsleistung abhängig von den individuellen Fähigkeiten des Übersetzers. Die Übersetzungstechnik aber richtete sich nach dem zu übersetzenden Text und nach der Funktion, die der Übersetzung zugedacht war, das heißt: nach ihrem Zielpublikum. Auch das läßt sich den Übersetzungen selbst entnehmen. Die Übertragungen des Paternoster im ausgehenden 8. und frühen 9. Jahrhundert bieten ein anschauliches Beispiel dafür, wie ein zu absoluter Treue verpflichtender Text und sein heilsnotwendiges Verständnis durch ein nicht lateinkundiges Publikum in Einklang gebracht werden mußten. Wieder kann die Wortfolge – hier die Stellung des adjektivischen Possessivpronomens – Indikator sein. Im Falle der ersten Bitte, der Apostrophe Gott-Vaters, hat die Unantastbarkeit des geheiligten Wortlauts bis in unsere Tage überlebt: *pater noster* – Vater unser. Selbst Luther, der die Sprachrichtigkeit zum theologisch begründeten Programm seiner deutschen Bibelübersetzung erhoben hat, läßt den Eingang des Herrengebets unangetastet. Daß diese Wortstellung aber schon im – darin grundsätzlich noch freieren – deutschen Sprachgebrauch um 800 anstößig war, zeigt ihre Korrektur in der vierten und sechsten Bitte, so wie sie die älteste Version, das ›St. Galler Paternoster‹ aus dem Anhang des ›Abrogans‹, wiedergibt; nämlich *voluntas tua* mit *din willo* und *debitoribus nostris* mit *unserem scolom.*

Daß in allen anderen Fällen die sakrosankte lateinische Vorlage den deutschen Wortlaut festlegt, beweisen die ebenfalls aus dem Lateinischen übersetzten Erläuterungen der einzelnen Bitten in der Freisinger Version und im ›Weißenburger Katechismus‹. Während die Übersetzungen der Bitten fast durchweg die lateinische Wortfolge bewahren, *Pater noster – Fater unser, nomen tuum – namo thin, regnum tuum – richi thin* usw., stellt die unmittelbar darauf folgende Auslegung die deutsche Wortfolge her: *sinan fater, sin namo, sin richi* usw. Man kann daraus nur den Schluß ziehen, daß es sich hier um geistlich unterschiedlich verpflichtende Texte handelt. Während der Sakralcharakter des Herrengebets die größtmögliche Treue seiner deutschen Wiedergabe zumindest nahelegte, bedurfte es solcher Treue nicht unbedingt in der von Menschen verantworteten Auslegung. Die Übersetzungstechnik ist also abhängig von der jeweiligen Vorlage. Da ihre Funktion aber selbst im zitierten Fall des Paternoster in einem verständlichen und sprachlich unanstößigen Gebrauchstext für Laien liegen kann, machen sich die Übersetzer da und dort auch frei von der strengen Wort-für-Wort-Wiedergabe.

Es wäre falsch, die mittelalterliche Übersetzungsliteratur unter dem Gesichtspunkt eines Fortschreitens von der wörtlichen zur sinngemäßen Übertragung zu gruppieren und zu bewerten. Das gilt gerade für die Bibelübersetzung (aber nicht nur für sie) bis weit ins späte Mittelalter hinein. Und es wäre sicher auch falsch, die mehr oder minder entwickelte Einsicht und Fähigkeit der Übersetzer allein für die unterschiedliche Qualität der Übersetzungen verantwortlich zu machen oder die Behauptung zu wagen, »ein deutsches Evangeliar oder gar ein Neues Testament oder die ganze Bibel in deutscher Sprache lagen damals noch über der Grenze des Möglichen« (Helmut de Boor). Die Matthäusübersetzung aus der Monsee-Wiener Handschrift ist der Beweis dafür, daß solche Übersetzungen durchaus möglich waren. Daß vor dem 14. Jahrhundert in Deutschland umfassendere Bibelübersetzungen nicht entstanden sind, muß einen andern Grund haben. Denn daß es über Jahrhunderte an der dazu nötigen Fertigkeit gefehlt haben sollte, ist schwer zu glauben. Vielmehr wird es wohl so gewesen sein, daß gar kein Bedürfnis bestanden hat, die gesamte Bibel in deutscher Sprache zur Verfügung zu haben. Was bis dahin aufs Pergament fand, war überwiegend Muster für die Lehrenden, nicht Lesestoff für Laien. Amt und Frömmigkeitsleben des Geistlichen waren auf die Schrift verwiesen, reguliertes Leben und *lectio divina* waren gleichsam identisch. Die Frömmigkeit der Laien dagegen erprobte sich in der Bereitschaft zu hören, aufzunehmen und nachzusprechen, im Gedächtnis zu behalten und auf diese Weise *Gehorsam* zu üben.

Eine Übersetzung, die sich an ein nicht ausreichend lateinkundiges Publikum wendete, mochten dies nun Geistliche oder ein kleiner, elitärer Kreis auch von Laien gewesen sein, mußte sich einer unmittelbar verständlichen Übersetzungssprache bedienen. Eine Übersetzung für Eingeweihte oder Einzuweihende, d.h. Lateinkundige oder zumindest -lernende, durfte sich dagegen mit dem erläuternden Hinweis auf den lateinischen Text begnügen, durfte sogar die partielle Unverständlichkeit der volkssprachlichen Wiedergabe riskieren, konnte zumindest aber ihre Künstlichkeit in Kauf nehmen, sie vielleicht sogar als höhere Weihe des Übersetzungstextes verstehen. So eben verfuhren die Autoren der alten Matthäusübersetzung auf der einen und des ›Althochdeutschen Tatian‹ auf der anderen Seite. Bibel in der Volkssprache, das hieß für Jahrhunderte nicht Bibelübersetzung, sondern Bibeldichtung.

LITERATUR: Stefan Sonderegger, Frühe Übersetzungsschichten im Althochdeutschen. In: Philologia Deutsch. FS Werner Henzen. Bern 1965, S. 101–114. – Dieter Kartschoke, Biblia versificata. Bibeldichtung als Übersetzungsliteratur betrachtet. In: Heimo Reinitzer (Hrsg.), *Was Dolmetschen für Kunst und Erbeit sey*. Beiträge zur Geschichte der deutschen Bibelübersetzung. Vestigia Bibliae 4 (1982), S. 23–41. – Klaus Kirchert, Grundsätzliches zur Bibelverdeutschung im Mittelalter. ZfdA 113 (1984), S. 61–78.

Vom Stabreim zum Endreim

Die christlich-lateinische Dichtung der Spätantike setzt im großen Maßstab erst im 4. Jahrhundert ein, und zwar in der Form hexametrischer Bibelparaphrasen. Das heißt: eine traditionelle, durch Vergil, Ovid, Lucan und andere entwickelte Epensprache wird bis zur wörtlichen Übernahme auf die neue, in Inhalt und Anspruch so völlig anders geartete jüdisch-christliche Welt- und Heilsgeschichte übertragen. Dieser Vorgang wiederholt sich in vergleichbarer Weise beim Übergang der christlichen Poesie in die Volkssprachen, also seit dem 7. Jahrhundert in England und seit dem 9. Jahrhundert auf dem Kontinent. Wieder wird eine traditionelle, hier nun freilich noch ganz der Sphäre der Mündlichkeit angehörende Dichtersprache in den Dienst der zu feiernden Heilswahrheit gestellt. Die Form dieser christlich kontrafizierten germanischen Poesie war der Stabreim. Während aber der traditionelle Stabreimvers in der englischen Literatur bis zur normannischen Eroberung im 11. Jahrhundert und – in anderer Form – in den nordischen Literaturen noch länger in Gebrauch blieb, bricht die christliche Stabreimdichtung auf dem Kontinent schon nach der Mitte des 9. Jahrhunderts unvermittelt ab. Zwar ist nicht auszuschließen, daß die erhaltenen Texte kein verläßliches Bild der Literaturverhältnisse im 9. und 10. Jahrhundert widerspiegeln; zwar muß die ungesicherte Datierung der ›Altsächsischen Genesis‹ bedacht und die hohe Wahrscheinlichkeit in Rechnung gestellt werden, daß eine *oral poetry* in traditioneller Form und christlichem Interesse weiter gepflegt wurde; dennoch bleibt das Faktum Otfrids epochaler Stellung in formgeschichtlicher Hinsicht. Mit Otfrids ›Evangelienbuch‹ kommt der Reimvers zum Durchbruch, nach ihm gibt es den Stabreimvers in der literarischen Überlieferung deutscher Sprache nicht mehr.

Es ist sehr schwer, die Gründe für diesen Wandel ausfindig zu machen. Weder war Otfrid der Erfinder des Endreims, noch hat er ihn programmatisch gegen den Stabreim ausgespielt und damit durchgesetzt. Deutlich ist nur, daß in der zweiten Hälfte des 9. Jahrhunderts in der deutschen wie übrigens auch in der französischen Literatur (›Eulaliasequenz‹) die Endreimdichtung begründet und damit ein Formprinzip zur Geltung gebracht wird, das sich bis weit über das Mittelalter hinaus als das poetische Medium schlechthin behaupten wird. Die ältere Forschung hat viel Mühe und Spürsinn darauf verwendet herauszufinden, welche direkten Vorbilder Otfrid für seine strophisch geordneten, binnengereimten Langverse gehabt haben mag. Man hat an die ambrosianische Hymnenstrophe ebenso gedacht wie an den binnengereimten, sog. leoninischen Hexameter, an die endreimenden Rhythmen wie die den Reim als Schmuckmittel bemühende spätantike Kunstprosa. Daß es in der lateinischen Tradition durchaus Vorbilder gibt, an die Otfrid hat anknüpfen können, ist unbestritten. Auf ein bestimmtes Vorbild jedoch hat man sich bis heute nicht einigen können. Vielleicht ist das auch weniger wichtig als die erst in jüngerer Zeit betonte Einsicht, daß es in der christlichen Tradition durchaus Stimmen gegeben hat, die den Endreim, das *homoioteleuton*, wie man mit den antiken Grammatikern diese Erscheinung nannte, als eine durch die Bibel legitimierte christliche Kunstform ausgaben. So hatte schon im 6. Jahrhundert Cassiodor in seinem Psalmenkommentar auf die Figur des Homoioteleuton aufmerksam gemacht und damit »der entstehenden Reimpoesie eine für die Folgezeit gültige biblizistische Sanktionierung verschafft« (Ulrich Ernst). Ihm folgte Beda in seiner Schrift ›De schematis et tropis sacrae scripturae‹ mit der Feststellung, die Figur des Homoioteleuton werde von Dichtern wie Rednern gleichermaßen benutzt; besonders Gregor der Große sei hier zu nennen. Otfrid war mit den Schriften Bedas wie Gregors gleichermaßen vertraut und gibt in seinem Schreiben an Liutbert selbst eine schulmäßige Definition des Homoioteleuton. Freilich akzentuiert er dieses Schmuckmittel nicht als das ästhetische und geistliche Programm, als das es uns heute erscheint. Nicht dem Stabreimvers setzt Otfrid seinen Endreimvers entgegen, sondern vielmehr der reimlosen metrischen Versdichtung der Antike. Mit ihr will das ›Evangelienbuch‹ konkurrieren, sie dank der in ihm aufgehobenen Heilswahrheit sogar übertreffen. Wenigstens legt das erste Kapitel ›Cur scriptor hunc librum theotisce dictaverit‹ diesen Anspruch nahe, wie er knapp zweihundert Jahre später von Ekkehard IV. von St. Gallen im Prolog des ›Liber Benedictionum‹ explizit formuliert wird: »obgleich Cicero das Homoioteleuton in häufigem Gebrauch als *vitiosus* ablehne, werde er auf Wunsch des Diakons Johannes in Versen mit Endreim dichten, wodurch seine christliche Dichtung formvollendeter würde als die gesamte antike Poesie« (Ulrich Ernst).

LITERATUR: Werner Hoffmann, Altdeutsche Metrik. Stuttgart 1967. – Klaus von See, Germanische Verskunst. Stuttgart 1967. – Ulrich Ernst, Der Liber Evangeliorum Otfrids von Weißenburg. Literarästhetik und Verstechnik im Lichte der Tradition. Köln 1975. – Rainer Patzlaff, Otfrid von Weißenburg und die mittelalterliche versus-Tradition. Untersuchungen zur formgeschichtlichen Stellung der Otfridstrophe. Tübingen 1975. – Ulrich Ernst u. Peter-Erich Neuser (Hrsg.), Die Genese der europäischen Endreimdichtung. Darmstadt 1977. – Bert Nagel, Das Reimproblem in der deutschen Dichtung. Vom Otfridvers zum freien Vers. Berlin 1985.

4. Übersetzungstätigkeit und Übersetzungsliteratur

Glossen und Vokabularien

Nicht eigentlich der Literatur und ihrer Geschichte gehören jene Übersetzungshilfen an, die man Glossen nennt. Darunter versteht man die volkssprachlichen Interpretamente, die entweder am Rand oder zwischen den Zeilen eines fremdsprachigen (lateinischen) Textes oder in ihn integriert nach dem zu erläuternden Wort erscheinen. Man unterscheidet also Marginalglossen, Interlinearglossen und Text- oder Kontextglossen. Die volkssprachlichen Interpretamente bieten entweder nur das verbale Äquivalent oder geben zugleich auch die grammatische Form (finites Verbum, flektiertes Nomen etc.) des lateinischen Wortes an. Wo ein Text Wort für Wort und Form für Form interlinear glossiert wird, verschwimmt der Übergang zur Übersetzung. Umgekehrt heißt Übersetzung in der ältesten Zeit meist nicht viel mehr als in gesonderter Aufzeichnung sich verselbständigende Interlinearversion.

Glossen machen die Masse der ältesten deutschen Schriftüberlieferung aus. Sie formieren sich zu einem überregionalen Netz »literarischer« Kommunikation und zu einer die Zeiten überdauernden, also hier schon kontinuierlichen Tradition, die in Einzelfällen bis in die Vokabularien des späten Mittelalters hineinreicht. Es war durchaus kein abwegiger Gedanke, auf dem Fundament dieser Glossographie das Gebäude einer Geschichte der deutschen Literatur zu errichten, den Georg Baesecke ausgesprochen und als Programm ein Gelehrtenleben lang verfochten und verfolgt hat. Doch die Aufgabe war zu groß und das Programm nicht einzulösen. So sieht es wenigstens die gegenwärtige Forschung. Denn das Gewirr der glossographischen Überlieferung und die gerade auf diesem Gebiet überhaupt nicht mehr kalkulierbaren Verluste machen es zu einem Ding der Unmöglichkeit, alle denkbaren Traditionswege, Entstehung und Weitergabe, Abschrift und Ergänzung, Neuordnung und Korrektur, in ein überschaubares Bild zu fassen und als historischen Prozeß darzustellen, so viel im einzelnen auch plausibel gemacht werden konnte.

Die Glossenüberlieferung setzt lange vor der karlischen Bildungsreform und vor der durch sie initiierten Arbeit an einer deutschen Schriftsprache ein. An ihrem Beginn steht ein Vokabular, das ein älteres lateinisches Synonymenverzeichnis, die Erklärung ungewöhnlicher lateinischer Wörter durch lateinische Interpretamente, glossiert – ein schier aussichtsloses Unterfangen, da die deutsche Sprache zur Wiedergabe der ihr vielfach fremden Begriffe und Vorstellungen und gar ihrer nuancierenden Variation alles andere als vorbereitet war. Kein Wunder also, daß die Glossen von Mißverständnissen und Fehlern strotzen und daß die meisten Neuschöpfungen und Neubildungen nicht in den deutschen Wortschatz eingegangen sind. Es bleibt rätselhaft, welche Funktion einer solchen Arbeit zugedacht war.

TEXT UND ÜBERLIEFERUNG: Das nach dem ersten lateinischen Wort ›Abrogans‹ genannte lateinisch-deutsche Glossar ist nur in schon redigierten Abschriften und Bearbeitungen überliefert. Die lateinische Vorlage ist wohl um die Mitte des 7. Jahrhunderts aus langobardischen Gelehrtenkreisen Oberitaliens nach Süddeutschland gelangt und im bairischen Sprachgebiet zuerst glossiert worden. Ob auf Veranlassung des Bischofs Arbeo von Freising (Georg Baesecke) oder Virgils von Salzburg (Dietrich Kralik) oder ob auch hier eher mit angelsächsischem statt langobardischem Einfluß zu rechnen ist (W. Wissmann), bleibt durchaus umstritten. Die Bearbeitungen stammen alle aus den alemannischen Klöstern Reichenau und Murbach. Es sind dies die nach ihrem Aufbewahrungsort so genannten Pariser Glossen (durch neuzeitlichen Verlust nur noch bis zum Buchstaben i erhalten) aus dem Anfang des 9. Jahrhunderts, die noch im ausgehenden 8. Jahrhundert vielleicht auf der Reichenau entstandene Hs. K (das nach einem früher angenommenen Schreibermönch Kero ehemals benannte ›Keronische Glossar‹), die heute in der berühmten Klosterbibliothek von St. Gallen aufbewahrt wird, und die Überarbeitung aus einem oberrheinischen Skriptorium.

Eine weitreichende Bearbeitung erfuhr der deutsche ›Abrogans‹ noch im 8. Jahrhundert in Regensburg unter dem Incipit *Samanunga uuorto fona deru niuuiun anti deru altun eu* (»Sammlung von Wörtern aus dem Alten und Neuen Testament«). Diese ›Samanunga‹ (früher ›Pseudohrabanisches Glossar‹ genannt) ist ihrerseits vielfältig benutzt und bearbeitet worden und hat zahlreiche Spuren in der deutschen Glossographie hinterlassen.

Sehr viel stärker der Lebenspraxis verpflichtet ist ein ebenfalls auf ein antikes, in diesem Fall lateinisch-griechisches Wörterverzeichnis zurückgehendes Sachglossar, der irreführend so genannte ›Vocabularius sancti Galli‹. Mit dem Kloster St. Gallen hat die Glossierung dieses antiken Schulbuchs nichts zu tun, vielmehr ist es wohl über angelsächsische Vermittlung nach Deutschland gelangt und hat hier um 775 in Fulda (?) eine deutsche Bearbeitung erfahren.

Solche Sachglossare sind in relativ großer Zahl überliefert, ob sie nun die Namen von Gegenständen oder Erscheinungen der Natur, von Tieren, Pflanzen oder Körperteilen enthalten, ob sie sich an den Büchern der Bibel oder christlichen Schriftstellern wie Isidor von Sevilla orientieren. Ihr praktischer Zweck liegt auf der Hand, und auch ihre Funktion im Unterricht ist einsichtiger als die des deutschen ›Abrogans‹ und seiner ausgefallenen Wortlisten.

Auffällig ist, daß sich ein überzeugender Zusammenhang zwischen der Glossenarbeit und den überlieferten Übersetzungen und geistlichen Dichtungen bis auf punktuelle Berührungen nicht herstellen läßt. So sind die althochdeutschen Glossen ein Dokument der Bildungs-, nicht der Literaturgeschichte. Denn an ihnen läßt sich ablesen, welchen antiken und christlichen Schriften und Autoren besondere Aufmerksamkeit gegolten hat. Daß die Bibel im Mittelpunkt solcher Bemühungen stand, mag selbstverständlich erscheinen. Dennoch gelten die ältesten Glossen nicht ihr, sondern den ›Canones‹ (Sammlung von Konzilsbeschlüssen) und den Schriften Gregors des Großen (Predigten und ›Cura pastoralis‹). Dies erklärt sich mühelos aus dem Kontext der fränkisch-karlischen Kirchenreform, für die das Verständnis der maßgeblichen Bestimmungen in Tradition und Lehre unabdingbar war. Hinzu treten andere kirchliche Autoren von Orosius bis Aldhelm, die hier nicht eigens aufgezählt werden müssen. Wichtiger im Kontext einer literaturgeschichtlichen Darstellung sind die glossierten antiken und christlichen Dichter. An ihrer Spitze steht Vergil, sehr viel seltener erscheinen Horaz, Terenz, Ovid, Juvenal, Lucan und – wieder häufiger – Avian. Zu den besonders oft glossierten Texten der Spätantike gehört die ›Consolatio philosophiae‹ des Boethius (gest. 524). Unter den christlichen Dichtern nimmt Prudentius (etwa 348–405) die unbestrittene Spitzenstellung ein. Weniger oft – aber auffällig genug – werden die lateinischen Bibelepen gelesen und mit volkssprachlichen Anmerkungen versehen, so die ›Evangeliorum libri quattuor‹ des Juvencus (nach 330), das ›Carmen paschale‹ des Sedulius (erste Hälfte 5. Jahrhundert), ›De spiritalis historiae gestis‹ des Alcimus Ecdicius Avitus (Anfang 6. Jahrhundert) und die ›Acta Apostolorum‹ des Arator (544).

Ausgaben: Die althochdeutschen Glossen. Gesammelt und bearbeitet von Elias von Steinmeyer u. Eduard Sievers. 5 Bde. Berlin 1879–1922. Unveränderter Nachdr. Dublin, Zürich 1968/69. – Das älteste deutsche Buch: Die ›Abrogans‹-Handschrift der Stiftsbibliothek St. Gallen. Im Facsimile hrsg. und beschrieben von Bernhard Bischoff, Johannes Duft, Stefan Sonderegger. Mit Transkription des Glossars und des althochdeutschen Anhangs von Stefan Sonderegger. St. Gallen 1977. – Althochdeutsches Lesebuch, Nr. I (Auswahl). – Literatur: Herbert Thoma in: RL 1, 1958, S. 579–589. – Rolf Bergmann, Verzeichnis der althochdeutschen und altsächsischen Glossenhandschriften. Mit Bibliographie der Glosseneditionen, der Handschriftenbeschreibungen und der Dialektbestimmungen. Berlin, New York 1973. – Zum ›Abrogans‹: Jochen Splett in: VL 1, 1978, Sp. 12–15.

Interlinearversionen

Der Übergang zwischen Interlinearglossen und einer ursprünglich ebenfalls zwischen die Zeilen geschriebenen Wort-für-Wort-Übersetzung, der sog. Interlinearversion, ist fließend. Diesen Übergangscharakter markiert aufs deutlichste der älteste Text dieses Typus, die ›Althochdeutsche Benediktinerregel‹.

Genau gesprochen handelt es sich um eine interlineare Wort-für-Wort-Wiedergabe des lateinischen Textes, die gegen Ende hin immer lückenhafter wird und sich schließlich auf die Glossierung einzelner Wörter beschränkt. Vollständig übersetzt sind nur der Prolog und die ersten vierzehn von insgesamt dreiundsiebzig Kapiteln des lateinischen Textes.

TEXT UND ÜBERLIEFERUNG: Die einzige Handschrift in der Stiftsbibliothek von St. Gallen enthält den lateinischen Text und, von mehreren Händen geschrieben, die althochdeutsche Version. Lateinischer Text und Interlinearversion sind wohl um oder nach 800 im St. Galler Skriptorium aufgezeichnet worden. Ob die Vorlage der althochdeutschen Version in Reichenau entstanden ist, wie vielfach angenommen wird, bleibt unsicher.

Neben der Ordensregel sind es insbesondere Psalmen und Hymnen, also liturgische Texte, die häufiger glossiert und im Einzelfall auch interlinear übersetzt wurden. Wenn man für die Bemühung um das rechte Verständnis der Benediktinerregel die karlische Kirchenreform verantwortlich gemacht hat, so kann man dies mit dem gleichen Recht auch für die volkssprachliche Interpretation der Psalmen und Hymnen annehmen, da der Kirchengesang zu den Reformbereichen und die genaue Textkenntnis des Psalters zu den Zielen der karlischen Bildungspolitik gehörten. Dem Geistlichen wird in den Kapitularien ausdrücklich abverlangt, *ut totum psalterium memoriter teneat* (»den gesamten Psalter auswendig zu lernen«).

Von den nur fragmentarisch überlieferten Psalmenübersetzungen sind hier insbesondere die wohl noch in der Zeit Karls des Großen entstandenen ›Alemannischen Psalmeninterlineare‹ zu erwähnen. Noch in die erste Hälfte des 9. Jahrhunderts gehören die ›Altsächsischen Psalmenbruchstücke‹, die auf eine verlorene rheinfränkische Übersetzung zurückgeführt werden müssen. Ebenso spärlich sind die überlieferten ›Altniederfränkischen Bruchstücke‹. Insgesamt wird man hier von einer besonders hohen Verlustrate ausgehen müssen.

Den Psalmen gleichgeordnet wurden in der älteren kirchlichen Tradition eine Reihe alttestamentlicher Lobgesänge. Auch diese ›Cantica‹ wurden gelegentlich mit volkssprachlicher Interlinearversion versehen. Die ›Rheinfränkischen Cantica‹ gehören aber erst dem 10., vielleicht sogar dem 11. Jahrhundert an.

Die dritte Gruppe liturgisch interessierter Verständnishilfen bilden die Hymnenübersetzungen. Die lateinische Hymnendichtung, als deren Begründer Ambrosius, Bischof von Mailand (340–397), gilt, ist die christliche Kunstdichtung schlechthin und so produktiv wie keine zweite Gattung geistlicher Poesie. Die repräsentative Sammlung der lateinischen Hymnendichtung, die ›Analecta Hymnica Medii Aevi‹ von Guido Maria Dreves und Clemens Blume, umfaßt nicht weniger als fünfundfünfzig Bände und ist bei weitem nicht vollständig. Liturgisch, d.h. für den gottesdienstlichen Gebrauch zugelassen und in Hymnaren zusammengestellt wurde nur ein Bruchteil dieser überwältigenden Produktion. In der ›Regula sancti Benedicti‹ wie im Offizium des Weltklerus seit der Karolingerzeit sind Hymnen als Bestandteil der Liturgie vorgesehen. Das erklärt auch hier wieder die Bemühung um das genaue Verständnis ihres lateinischen Wortlauts. Wohl noch dem ersten Viertel des 9. Jahrhunderts gehören die sog. ›Murbacher Hymnen‹ an, eine Interlinearversion von 26 bzw. 27 Hymnen, die wohl im Kloster Reichenau entstanden und als Abschrift in das Tochterkloster Murbach gelangt ist. Obwohl es sich auch hier um eine glossierende Wort-für-Wort-Übersetzung handelt, hat man ihr ein literarisches Eigengewicht zusprechen wollen. Doch solches Urteil beruht mehr auf philologischer Andacht als auf der Evidenz des überlieferten Wortlauts. Mag man in ihm auch Stabreim, rhythmische Gestaltung und rhetorische Figuren wiederfinden, so bleibt doch ungewiß, was davon bewußtes Gestaltungsmittel und was zufällig sich einstellende Klang- und Sprachwirkung ist.

Schließlich gehört in diesen Zusammenhang das in bairische Sprachform übersetzte Reimgebet ›Sancte sator suffragator‹, das in der deutschen Literaturgeschichte unter dem Titel ›Carmen ad deum‹ geführt wird und wohl erst der zweiten Hälfte des 9. Jahrhunderts angehört. Das sehr kunstvolle, mit seltenen, zum Teil sogar griechischen Wörtern prunkende Gedicht bot dem Übersetzer nicht geringe Schwierigkeiten, denen er sich denn auch nicht durchgehend gewachsen zeigte. Die Tegernseer Handschrift überliefert den deutschen Text Vers für Vers neben dem lateinischen, man muß also annehmen, daß es sich hier um die Abschrift einer ursprünglich interlinearen Übertragung handelt, die vielleicht ebenfalls im Kloster Reichenau entstanden ist.

Ausgaben: Ursula Daab (Hrsg.), Die Althochdeutsche Benediktinerregel des Cod. Sang. 916. Tübingen 1959 (ATB 50). – Althochdeutsches

Lesebuch, Nr. XVII: Psalmenübersetzungen und Cantica, Nr. XI: ›Murbacher Hymnen‹, Nr. XV: ›Carmen ad deum‹. – ÜBERSETZUNGEN: Althochdeutsche Literatur. Mit Proben aus dem Altniederdeutschen. Ausgewählte Texte mit Übertragungen und Anmerkungen. Hrsg., übersetzt und mit Anmerkungen versehen von Horst Dieter Schlosser. Frankfurt a. M. 1970, S. 36 f. und 294–299: Benediktinerregel, S. 38 f.: Psalmenübersetzung, S. 52–57: ›Cantica‹, S. 228–237: ›Murbacher Hymnen‹, ›Carmen ad deum‹. – LITERATUR: Zur ›Benediktinerregel‹: Kurt Ruh, Stefan Sonderegger u. Norbert Richard Wolf in: VL 1, 1978, Sp. 702–710. – Zur Psalmenübersetzung: Kurt Erich Schöndorf, Die Tradition der deutschen Psalmenübersetzung. Untersuchungen zur Verwandtschaft und Übersetzungstradition der Psalmenverdeutschung zwischen Notker und Luther. Köln, Graz 1967. – Zu den ›Murbacher Hymnen‹: Stefan Sonderegger in: VL 6, 1987, Sp. 804–810. – Zum ›Carmen ad deum‹: Fidel Rädle in: VL 1, 1978, Sp. 1174–1177.

Kirchliche Gebrauchsprosa

Unter diesem Stichwort faßt man in der Hauptsache die katechetischen Texte wie Taufgelöbnis, Vaterunser, Glaubensbekenntnis und Beichtformel zusammen, deren Übersetzungen in wechselnder Zusammenstellung überliefert werden. Sie verdanken ihre Entstehung und Aufzeichnung ganz offensichtlich jenen Bestimmungen der Kapitularien, die auf Kenntnis der zentralen Glaubenswahrheiten dringen. Im sog. ›Weißenburger Katechismus‹ (nach 800) sind Übersetzungen von fünf derartigen Stücken vereinigt: Vaterunser (mit Auslegung), Sündenregister (Beichtschema), Apostolisches Glaubensbekenntnis, Athanasianisches Glaubensbekenntnis, Gloria in excelsis und Laudamus. Man hat den ›Weißenburger Katechismus‹ unmittelbar mit der ›Admonitio generalis‹ in Zusammenhang gebracht, die die Kenntnis eben dieser Stücke (mit Ausnahme des Athanasianischen Glaubensbekenntnisses und des Laudamus) vorschreibt.

Zu den ältesten überlieferten Texten gehören zwei Taufgelöbnisse (rheinfränkisch und altsächsisch), die beide noch in der Zeit Karls des Großen entstanden sein müssen. Sie dokumentieren in eindrucksvoller Weise die unterschiedlichen historischen Entstehungs- und Anwendungsbedingungen. Die Aufnahme in die Gemeinde Christi geschah im Ritual der Taufe. Der (zunächst immer erwachsene) Täufling sollte diesen Akt bewußt nachvollziehen können, indem er die Formel des Taufgelöbnisses nicht nur verstand, sondern selbst nachsprach. Im Zuge der sich durchsetzenden Kindertaufe traten dafür die Paten ein. Das ältere ›Altsächsische Taufgelöbnis‹ gehört noch unmittelbar in den Zusammenhang der Sachsenkriege und der Sachsenmission. In lakonischer Form wird der Täufling in Frage und Antwort genötigt, dem Teufel abzuschwören: *diabolae* – Lehnwort zwar schon, wie die germanische Flexionsendung zeigt (die lateinische Dativendung müßte *diabol-o* lauten), aber Fremdwort noch der Sache nach, so daß am Schluß des ersten Teils zur Erläuterung des auszutreibenden Teufelsdienstes die Namen der germanischen Gottheiten genannt werden müssen: *ec forsacho allum diaboles uuercum and uuordum, Thunaer ende Uoden ende Saxnote ende allum them unholdum the hira genotas sint* (»ich schwöre ab allen Werken und Worten des Teufels, Donar, Wodan, Saxnot und allen Götzen mit ihnen«). Das aus dem schon sehr viel länger christianisierten Rheinland stammende Gegenstück, das ›Fränkische Taufgelöbnis‹, kann dagegen auf die Nennung germanischer Götternamen ebenso verzichten wie auf die vollständige Wiederholung jeder Frage und sich mit rituell verkürzten Antworten begnügen. Dieses Formular findet seine Anwendung nicht nur in bereits christianisierter Umgebung, sondern auch in einem Ritus der Kindertaufe, in dem der Pate die geforderten Antworten spricht. Ihm aber kann als gestandenem Christen eine dogmatische Präzisierung zugemutet werden, die sich nicht mehr nur um Abgrenzung vom heidnischen Mythos, sondern um die positive Bestimmung der christlichen Gottesvorstellung bemüht, deren größtes Geheimnis, die Trinität, in kühner sprachlicher Umschreibung benannt wird: *Gilaubistu einan got almahtigan in thrinisse inti in einisse?* (»Glaubst du an den einen allmächtigen Gott in Dreiheit und Einheit?«)

Nie wird das deutsche Paternoster gesondert aufgezeichnet. Immer steht es in größerem Verbund mit anderen katechetischen Texten. Im ›Weißenburger Katechismus‹ folgt dem deutschen Wortlaut eine Auslegung der sieben Bitten. Vergleichbar ist das jüngere, aber ebenfalls dem 9. Jahrhundert angehörende ›Freisinger Paternoster‹, dem auch der lateinische Wortlaut des Herrengebets beigefügt ist. Noch im ausgehenden 8. Jahrhundert wurden das ›St. Galler Paternoster und Credo‹ im Anhang zum lateinisch-deutschen ›Abrogans‹ aufgezeichnet. Auch der ›Althochdeutsche Tatian‹ enthält natürlich eine Übertragung des Paternoster (von den Versifizierungen im ›Heliand‹ und in Otfrids ›Evangelienbuch‹ ganz abgesehen). Die Übersetzung dieses heiligsten aller Texte erfolgte durchaus nicht einheitlich. Sie warf vielmehr besondere Probleme auf, die offenbar aus der Diskrepanz zwischen der Forderung nach absoluter Treue zum lateinischen Wortlaut und dem volkssprachlichen Gebrauch resultierten (vgl. S. 92).

Zahlreicher noch sind die Beichtformeln, die offenbar als Vorlagen für die bis ins 10. Jahrhundert allein übliche persönliche Ohrenbeichte bestimmt waren. Zu nennen sind hier die ›Ältere bairische Beichte‹, die ›Würzburger Beichte‹ und drei enger zusammengehörende Texte, die ebenfalls nach den Orten und Regionen der mutmaßlichen Niederschrift oder zufälligen Überlieferung und Aufbewahrung ›Lorscher Beichte‹, ›Vorauer Beichte‹ und ›Sächsische (d.i. niederdeutsche) Beichte‹ genannt werden. Auch die jüngeren Aufzeichnungen im 10. Jahrhundert gehen zumeist auf ältere Vorlagen zurück, so die ›Fuldaer Beichte‹, die ›Mainzer Beichte‹ und die ›Pfälzer Beichte‹. Die ›Sächsische Beichte‹ zeigt wie das ›Altsächsische Taufgelöbnis‹ Spuren der unmittelbaren Auseinandersetzung mit dem noch nicht zurückgedrängten germanischen Heidentum.

Diese kirchlichen Gebrauchstexte sind nicht nur hinsichtlich der Missions- und Frömmigkeitsgeschichte von Interesse, sondern gerade auch in literaturgeschichtlicher Hinsicht, insofern sie nämlich etwas über die Art des verstehenden Umgangs mit einem Wortlaut verraten, dessen Sakralcharakter sich gegen jede Übersetzung sträubt und der doch übersetzt werden muß, wenn er verstanden werden soll. In ihrem Zusammenhang sind auch einige – meist auf lateinische Vorbilder zurückgehende – volkssprachliche Gebetsformeln von geringerem Umfang zu erwähnen, so etwa ein ›Fränkisches Gebet‹, das auf das ›Wessobrunner Schöpfungsgedicht‹ folgende Prosagebet oder das ›St. Emmeramer Gebet‹ (im Anschluß an die ›Erste bairische Beichte‹). Jünger sind das ›Augsburger Gebet‹ und die ›Gebete des Sigihart‹, des Schreibers der Freisinger Otfrid-Handschrift, in Endreimversen nach dem Muster des ›Evangelienbuchs‹.

Ausgaben: Althochdeutsches Lesebuch, Nr. XII: ›Freisinger Paternoster‹, Nr. XIII: ›Weißenburger Katechismus‹, Nr. XIV: ›Fränkisches Gebet‹, Nr. XVI: Taufgelöbnisse, Nr. XXII: Beichten. – Übersetzungen: Schlosser 1970, S. 212–227: Taufgelöbnisse, Beichten, Gebete. – Literatur: Zum ›Weißenburger Katechismus‹: Gilbert de Smet, Zum Weißenburger Katechismus. In: Mediaevalia litteraria. FS Helmut de

Boor. München 1971, S. 39–53. – Zum ›Fränkischen Taufgelöbnis‹: Achim Masser in: VL 2, 1980, Sp. 822–824. – Zum ›St. Galler Paternoster und Credo‹: Stefan Sonderegger in: VL 2, 1980, Sp. 1044–1047. – Zum ›Freisinger Paternoster‹: Achim Masser in: VL 2, 1980, Sp. 905–907. – Zu den alten Beichtformeln allgemein: Hans Eggers in: RL 1, 1958, S. 141–144. – Zur ›Lorscher Beichte‹: Achim Masser in: VL 5, 1985, Sp. 910f. – Zur ›Pfälzer Beichte‹: Achim Masser in: VL 7, 1989, Sp. 553–555. – Zum ›Augsburger Gebet‹: Achim Masser in: VL 1, 1978, Sp. 519. – Zum ›Fränkischen Gebet‹: Achim Masser in: VL 2, 1980, Sp. 820f.

Theologie in der Volkssprache

Seit der ›Admonitio generalis‹ war die regelmäßige Predigt an Sonn- und Feiertagen klerikale Pflicht. Freilich ist das in den Kapitularien immer wieder verwendete Wort *praedicare* in weiterem Sinne zu verstehen. Es bedeutet jede Form der Verkündigung durch Verlesung und Erklärung eines Bibelworts, aber auch der grundlegenden katechetischen Stücke wie Paternoster oder Credo. Die Predigt als geistlich-literarische Großform, sei es in Gestalt der Auslegung einer Schriftstelle (Homilie), sei es als Ansprache über ein bestimmtes Thema oder einen Gegenstand der Heiligen Schrift, des Heiligenlebens o.ä. (Sermo), steht nicht im Mittelpunkt der karolingischen Literaturproduktion. Vielmehr sammelte man Predigten der Väter (besonders Augustins und Gregors des Großen) und ihrer frühen mittelalterlichen Fortsetzer (Beda, Caesarius von Arles) oder ahmte sie in enger Anlehnung an die jeweils gewählten Muster nach. Die ältesten lateinischen Predigtsammlungen der Karolingerzeit stammen von Hrabanus Maurus und Haymo von Halberstadt. Diese Musterpredigten sind also geistlich-kirchliches Lehrmaterial und nicht Zeugnis der realen Predigttätigkeit, über die wir nur sehr ungenaue Vorstellungen haben. Es ist wohl auch hier das Verhältnis von Schriftlichkeit und Mündlichkeit ausschlaggebend dafür, daß Predigtliteratur und Predigtpraxis nicht zusammengehen und originale karolingische Predigten uns so gut wie überhaupt nicht überliefert sind. Noch für Jahrhunderte gilt, daß Predigtaufzeichnungen musterhafte Texte sind, die nicht gleichgesetzt werden dürfen mit dem tatsächlich vor der Gemeinde gesprochenen Wort.

Wo wir Reste deutschsprachiger Predigten zu fassen bekommen, handelt es sich um Übersetzungen. So im Falle einer Homilie Bedas, die wohl erst ins beginnende 10. Jahrhundert gehört und deren Anfang in mittel- bzw. niederfränkischem Dialekt überliefert ist. Predigt im allgemeinsten Sinne der Gemeindeansprache ist auch die Verdeutschung einer ›Exhortatio ad plebem christianam‹.

Text und Überlieferung: Der in den ersten Jahren des 9. Jahrhunderts entstandene Text ist in zwei sehr sorgfältigen Abschriften des lateinischen und deutschen Textes in nebeneinanderstehenden Spalten bzw. auf den gegenüberliegenden Seiten überliefert. Der Schreibdialekt beider Handschriften ist bairisch. A stammt aus Fulda (jetzt Kassel), B (jetzt München) aus einem nicht näher zu bestimmenden bairischen Skriptorium.

Die ›Exhortatio‹ enthält zentrale Bestimmungen des ›Capitulare missorum‹ von 802 (?) und verbindet sie mit dem Taufritus, indem die allgemeine Ermahnung, das Glaubensbekenntnis und das Vaterunser zu lernen und im Gedächtnis zu behalten, als besondere Verpflichtung der Paten ihren in eben diesen Stücken zu belehrenden Patenkindern gegenüber akzentuiert wird. Dies sei Gebot Gottes, Bedingung des persönlichen Heils und Auftrag des (weltlichen) Herrschers: *uuanta iz ist kotes kapot ia daz ist unser heili ia unseres herrin gapot.* Man kann sich die Verwendung der ›Exhortatio‹ als »Teil einer Taufordnung« (Gustav Ehrismann) vorstellen, einen Beweis dafür gibt es jedoch nicht.

Das Bemühen um eine deutsche Sprache der Theologie, die mehr sein sollte als nur Mittel zum Verständnis der lateinischen, wird greifbar in den Bruchstücken der Übersetzung eines Traktats des Isidor von Sevilla (etwa 570–636) und einiger weiterer Übersetzungen (Predigt, Traktat, Bibel), die nach dem gegenwärtigen Stand der Forschung wohl alle auf einen Autor aus der unmittelbaren Umgebung Karls des Großen zurückgehen, noch im 8. Jahrhundert oder in einigen Teilen kurz danach entstanden sind und ursprünglich in südrheinfränkisch-lothringischem Dialekt aufgezeichnet wurden, also etwa in die Gegend von Metz zu lokalisieren sind.

Text und Überlieferung: Der Anfang der Übersetzung der apologetisch-dogmatischen Schrift ›De fide catholica ex veteri et novo testamento contra Iudaeos‹ ist enthalten in einer Bilingue, die heute in Paris aufbewahrt wird. Wegen der Textverluste am Anfang und in der Mitte der Handschrift und weil die Übersetzung noch im ersten Teil des Traktats abbricht, läßt sich nicht genau erkennen, wie umfänglich der deutsche Text ursprünglich gewesen ist und was davon dem Schreiber der Pariser Handschrift vorgelegen hat. Die Parallelüberlieferung in einer bruchstückhaft überlieferten Handschrift aus dem Kloster Monsee (heute in Wien und Hannover), die nach ihrer Herkunft und ihrem Aufbewahrungsort so genannten ›Monsee-Wiener Fragmente‹, geben kein genaueres Bild. Die Sammelhandschrift enthielt außer der Isidorübersetzung in bairischer Überarbeitung Übersetzungen des Matthäusevangeliums, eines lateinischen Traktats ›De vocatione gentium‹ (nicht identisch mit dem ebenso betitelten zweiten Buch des Isidortraktats), einer Predigt des Augustinus und eines weiteren, nicht zu identifizierenden Textes. Die Handschrift war ebenfalls zweisprachig, allerdings waren hier der lateinische Text und die deutsche Übersetzung auf jeweils gegenüberliegende Seiten verteilt. Eine Spur der Benutzung führt in das elsässische Kloster Murbach, wo einzelne Wörter und Wendungen aus den Übersetzungen des Isidortraktats, des Matthäusevangeliums und der Abhandlung ›De vocatione gentium‹ in ein Glossar übernommen wurden.

Wenn auch die einzelnen Übersetzungen gewisse Unterschiede zeigen – so hält sich die Matthäusübertragung enger an den biblischen Wortlaut, als es die andern Teile ihren lateinischen Vorlagen gegenüber tun –, überwiegen doch die Gemeinsamkeiten eines ungewöhnlichen Sprachverständnisses und der Angemessenheit des jeweils gewählten deutschen Ausdrucks. Solange man einem einfachen Entwicklungsbegriff in der Literaturgeschichte anhing, mußte das deshalb irritieren, weil erst etwa zwei Jahrhunderte später bei Notker III. von St. Gallen eine derart hochstehende Übersetzungsliteratur wieder anzutreffen war, während in der Zwischenzeit das scheinbar unbeholfene Prinzip der Wort-für-Wort-Übersetzung dominierte. Man hat diesen Widerspruch mit der Erklärung aufzulösen versucht, daß im Falle der Isidorgruppe besonders begabte Übersetzer am Werk gewesen sein müßten, die in den beiden folgenden Jahrhunderten keine Nachfolger gefunden hätten. Das ist nicht sehr wahrscheinlich. Vielmehr wird man nach der Funktion von Übersetzungen fragen müssen, die ganz offensichtlich nicht lediglich zum jeweiligen lateinischen Wortlaut hinführen, sondern ihn ersetzen, also für sich lesbar und verständlich sein sollten. Und man wird die Unterschiedlichkeit der übersetzten Texte bedenken müssen, die erklären kann, warum der sakrosankte Text der Heiligen Schrift sowohl in der Matthäusübersetzung wie in den Bibelzitaten der anderen Übersetzungen ein strengeres Verfahren erforderte als die nicht gleichermaßen verbindlichen Vorlagen der Kirchenschriftsteller. Man ist beim gegenwärtigen Stand der Forschung deshalb geneigt, von einem einzigen Verfasser auszugehen und die Unterschiede im Verfahren den »unterschiedlichen Übersetzungszielen ebenso wie dem unterschiedlichen Charakter der übersetzten lat. Texte« (Klaus Matzel) zuzuschreiben.

Wer aber war dieser Übersetzer und für wen hat er gearbeitet? Man hat seit jeher an den engeren Kreis um Karl den Großen gedacht. Dafür gibt es eine Reihe von Indizien:

1. Es handelt sich ganz offensichtlich nicht um eine klösterliche Schulübung, die ganz auf das Verständnis der lateinischen Texte hin orientiert ist, sondern um eine deutsche Musterübersetzung. Daß diese dann wieder schulmäßig rezipiert wurde (siehe die Glossenexzerpte), spricht nicht dagegen. Eine solche Musterübersetzung würde aber gut zu den karlischen Bemühungen auch um die Volkssprache passen.

2. Die Verschriftung der Volkssprache, ihre Literarisierung als ein Ziel des Reformwerks Karls des Großen bezeugt Einhard in seiner Karlsvita. Man hat denn auch schon seit langem den ›Althochdeutschen Isidor‹ mit Karls Sorge um eine *grammatica patrii sermonis* in Verbindung gebracht. Dafür spricht die eigenartig, aber konsequent geregelte Graphie. Die bairische Umsetzung in den ›Monsee-Wiener Fragmenten‹ mußte diese am rheinfränkischen Dialekt orientierte Graphie notwendig aufgeben, versuchte aber nicht, sie durch ein anderes, dem Oberdeutschen angemessenes Schreibsystem zu ersetzen.

3. Der Inhalt der übersetzten Schriften, soweit er noch zu erkennen oder aufgrund der lateinischen Vorlagen zu rekonstruieren ist, läßt sich in direkte Verbindung mit der theologischen Diskussion der Zeit um 800 bringen, wie sie im Umkreis des kaiserlichen Hofes vornehmlich von Alkuin geführt wurde. Anlaß war der sog. Adoptianerstreit, d.h. die Abwehr der besonders in Spanien vertretenen Lehre der Wesensungleichheit der göttlichen Personen in der Trinität (Christus als Menschensohn sei nur *adoptione,* nicht seinem Ursprung nach göttliche Person). Auf dem Konzil von Regensburg von 792 und auf der Frankfurter Synode von 794 wurde die adoptianische Lehre diskutiert und verworfen. Alkuin hat sich in seinen theologischen Schriften immer wieder mit dem Geheimnis der Trinität beschäftigt und im Jahr 800 in öffentlicher Disputation mit einem Hauptvertreter des Adoptianismus, dem spanischen Bischof Felix von Urgel, den athanasianischen Standpunkt der fränkischen Reichskirche vertreten und ihm zum Sieg verholfen. In diesem Zusammenhang war die Berufung auf den spani-

schen Kirchenvater Isidor gegen seine spanischen Nachfahren von höchster Aktualität. Denn Isidor hatte in seiner Schrift ›De fide catholica‹ in apologetischer Absicht *contra Iudaeos* (»gegen die Juden«) das zentrale christliche Dogma der Trinität und die Lehre der völligen Wesensgleichheit der göttlichen Personen in ständiger Berufung auf die Schriften des Alten und Neuen Testaments *(ex veteri et novo testamento)* als den orthodoxen Standpunkt formuliert, der nun durch die spanischen Irrlehren im ausgehenden 8. Jahrhundert erneut in Gefahr zu geraten schien.

4. Ein letztes Indiz dafür, daß die Gruppe von Übersetzungen, von denen hier die Rede ist, in direktem Kontakt mit dem karlischen Hof entstanden sein muß, könnte auch ihre rasche Verbreitung und der Traditionsweg sein: Man datiert die Pariser Handschrift kurz nach 800, die Monseer Bearbeitung um 810, das Murbacher Glossar auf etwa 820. In das Kloster Monsee aber wird die Vorlage aller Wahrscheinlichkeit nach durch dessen Abt Hildebold (803–813) gelangt sein, der zugleich Erzkaplan Karls des Großen war und also unmittelbaren Zugang zur Hofbibliothek hatte und als oberster Kirchenbeamter an der Verbreitung der Isidorschen Argumentationshilfe und ihrer deutschen Version besonders interessiert gewesen sein kann.

Weniger einleuchtend sind die übrigen Stücke der Monsee-Wiener Handschrift mit zeitgenössischen Konflikten und Diskussionen in Verbindung zu bringen. Am ehesten gelingt dies noch hinsichtlich des anonymen Traktats ›De vocatione gentium‹, der u. a. von der Berufung aller Völker zum Lobe Gottes in ihren Sprachen handelt und damit die Argumentation der Synoden und Kapitularien zugunsten des kirchlichen Gebrauchs der Volkssprachen untermauert, aber auch ganz allgemein den Gedanken der Mission der Heidenvölker unterstützt. Ausgehend von Psalmenformulierungen wie: »Lobet den Herren, alle Völker, preiset ihn, alle Nationen« (Ps. 116,1 *Laudate dominum omnes gentes et commendate eum omnes populi*) und »Alle Welt bete dich an und singe dein Lob, sie lobsinge deinen Namen« (Ps. 65,4 *Omnis terra adoret te et psallet tibi, psalmum dicat nomini tuo*), ausgehend auch von dem Gedanken, daß Gott die Welt, also auch alle Menschen und ihre verschiedenen Sprachen geschaffen habe und sie wie die geheimsten Gedanken der Menschen verstehe, wird dieser zentrale Gedanke der karolingischen Bildungsreform in den überlieferten Fragmenten freilich mehr angedeutet als ausformuliert.

Solche mögliche Aktualität kommt den übrigen Stücken nicht zu. Die sechsundsiebzigste Predigt Augustins behandelt Mt. 14,24 ff. und 16,13 ff. (Jesus wandelt auf dem Wasser und Petrus bekennt sich zu Jesus als dem Messias). Hier steht der Missionsgedanke im Vordergrund. Das Bruchstück einer Ansprache an die Gemeinde umfaßt nur wenige Zeilen, offenbar ihren Schluß, und läßt den ursprünglichen Inhalt nicht mehr erkennen. Ganz unklar ist schließlich die Stellung und Funktion der Matthäusübersetzung im »Programm« der Monsee-Wiener Handschrift – wenn es denn ein solches überhaupt gegeben hat.

Daß diese Übersetzungen trotz ihrer schnellen Verbreitung nicht Schule gemacht haben, hängt sicher mit ihrer nur vage faßbaren Funktion zusammen: Die Klosterschulen, denen wir die gesamte althochdeutsche Literatur verdanken, hatten offenbar kein Bedürfnis nach einer derart repräsentativen, den engeren Kreis der Lehrenden und Lernenden überschreitenden Übersetzungsliteratur. Sie verfügten über die lateinischen Texte und bemühten sich ausschließlich um deren Verständnis. Sie taten dies – besonders im Umgang mit Anfängern – auch unter Zuhilfenahme der deutschen Sprache. Ausgangspunkt und Ziel aber war immer das Lateinische. Wo der deutsche Wortlaut ins Zentrum der sprachlich-stilistischen Bemühungen rückte, entstand geistliche Dichtung – in Gestalt des Bibelepos und des Heiligenliedes etwa. Warum dann um 1000 Notker III. von St. Gallen eine Ambition erkennen läßt, die sich mit der stilistischen Meisterschaft des Isidorübersetzers unmittelbar vergleichen läßt und doch über die Schule seines Klosters kaum hinausgewirkt hat, ist schwer zu erklären. Jedenfalls ist auch dies Indiz dafür, daß in nachkarlischer Zeit volkssprachliche Schriftlichkeit und deutsche Literatur keine öffentlichen Institutionen waren. Zwar scheint es, als hätten Karl der Große und sein Kreis sie dazu machen wollen und als seien die Übersetzungen der Monsee-Wiener Sammelhandschrift ein Zeugnis dafür, aber seine Nachfolger (mit Ausnahme vielleicht Ludwigs des Deutschen) sind diesen Weg nicht weitergegangen. Die Rückführung der karlischen Musterübersetzungen in die Klosterschule ist folgenlos geblieben. Dort brauchte man nicht die schöne Übertragung, sondern die Verständnishilfe für den allein geltenden lateinischen Text, und so war das vokabularische Exzerpt aus der einzigen althochdeutschen Übersetzungs*literatur*, die diesen Namen auch in einem gesteigerten Sinne verdient, die historisch allein mögliche Form der Rezeption – wenn auch ein trauriger Vorgang in der stockenden Frühgeschichte einer deutschen Literatur.

AUSGABEN: MSD 1, Nr. LXX: Bruchstück einer Homilie Bedas. – Althochdeutsches Lesebuch, Nr. X: ›Exhortatio ad plebem christianam‹. – Hans Eggers (Hrsg.), Der althochdeutsche Isidor. Nach der Pariser Handschrift und den Monseer Fragmenten neu hrsg. Tübingen 1964 (ATB 63). – George Allison Hench (Hrsg.), The Monsee Fragments. Newly collated text with introduction, notes, grammatical treatise, and exhaustive glossary and a photographic fac-simile. Straßburg 1890. – Althochdeutsches Lesebuch, Nr. VIII: ›Contra Iudaeos‹ (Auswahl), Nr. IX: ›Monsee-Wiener Fragmente‹ (in Auswahl). – ÜBERSETZUNGEN: Schlosser 1970, S. 208–211: ›Exhortatio ad plebem christianam‹; S. 58–78: ›Althochdeutscher Isidor‹ (in Auswahl); S. 132–141 und S. 192f.: ›Monsee-Wiener Fragmente‹ (in Auswahl). – LITERATUR: Zu den mittelalterlichen Beda-Übersetzungen: Volker Honemann in: VL 1, 1978, Sp. 660–663. – Zur ›Exhortatio ad plebem christianam‹: Achim Masser in: VL 1, 1978, Sp. 666f. – Zum ›Althochdeutschen Isidor‹ und zu den ›Monsee-Wiener Fragmenten‹: Klaus Matzel in: VL 1, 1978, Sp. 296–303.

Bibelübersetzung

Man sollte meinen, daß die Übersetzung der Bibel oder wenigstens einzelner Teile Kernstück einer Bemühung um Volkssprachlichkeit im Dienste der *divina lectio* gewesen sein müßte. Doch das war nicht der Fall. Zwar werden die alt- und neutestamentlichen Bücher vielfach glossiert, haben wir Interlinearversionen der alttestamentlichen Cantica, der Psalmen und seit dem 11. Jahrhundert auch des Hohenliedes, selbständige Übersetzungen aber sind äußerst selten. Das Alte Testament wird vor dem 14. Jahrhundert überhaupt nicht ins Deutsche übertragen. Wenigstens ist kein Zeugnis überliefert, das auf alttestamentliche Übersetzungen der älteren Zeit schließen ließe. Dafür tritt die Bibeldichtung ein, die seit dem 9. Jahrhundert immer auch Stoffe und Episoden aus dem Alten Testament paraphrasiert. Das gilt mit wenigen Ausnahmen ebenso für die erzählenden Bücher des Neuen Testaments, also die Evangelien, die Apostelgeschichte und die Apokalypse. Um so auffälliger und in ihrer Zielsetzung und Funktion schwerer einzuschätzen sind die beiden althochdeutschen Evangelienübersetzungen, die Matthäusübersetzung aus der Monsee-Wiener Handschrift und der sog. ›Althochdeutsche Tatian‹.

Die im Westen am weitesten verbreitete Evangelienharmonie geht auf ein syrisch-griechisches (?) Diatessaron (»Querschnitt durch die vier« Evangelien) zurück, das ein syrischer Christ des 2. Jahrhunderts zusammengestellt haben soll, eben jener Tatianos, nach dem wir auch die deutsche Übersetzung zu benennen pflegen. Das Original oder seine griechische Übersetzung sind verloren. Dagegen kennen wir Übersetzungen ins Arabische und besonders ins Lateinische. Die Überlieferung setzt ein mit einem noch heute in Fulda aufbewahrten Codex, der durch Bonifatius an seinen Aufbewahrungsort gelangt sein soll und von dort aus seine Wirkung zumindest auf die Literatur in Deutschland ausgeübt hat. Denn er ist Quelle und Vorlage jüngerer Abschriften, von denen eine ins Deutsche übertragen wurde. Auch der ›Heliand‹-Dichter hat sich von der Tatianischen Harmonie leiten lassen.

Text und Überlieferung: Dem berühmten Codex Fuldensis wird eine entscheidende, in jüngerer Zeit freilich auch wieder bestrittene Rolle in der Geschichte der abendländischen Diatessaronrezeption zugeschrieben. Er stellt seinerseits schon die Redaktion eines älteren Textes dar, die Bischof Victor von Capua im Jahre 546 abgeschlossen hat. Die im Codex Fuldensis überlieferte Praefatio gibt darüber Auskunft. Die Bearbeitung betraf einen Wortlaut, der in der von Victor von Capua aufgefundenen Handschrift des *unum ex quattuor evangelium conpositum* der altlateinischen Bibelübersetzung folgte und von ihm nach der Version des Hieronymus, der später sog. ›Vulgata‹, korrigiert wurde. Außerdem versah er sein Manuskript mit Marginalkonkordanzen, um das Auffinden der einzelnen Schriftstellen in den vier Evangelien zu erleichtern.

Der deutsche Text ist vollständig nur in einer Handschrift erhalten, einer in Fulda geschriebenen Bilingue, die heute in St. Gallen aufbewahrt wird. Er ist von sechs Schreibern aufgezeichnet und einheitlich durchkorrigiert worden. Ob man in dem Korrektor den berühmten Abt Hrabanus Maurus sehen (und in einem der Mitarbeiter seinen nicht minder berühmten Schüler Walahfrid Strabo vermuten) darf, wie die ältere Forschung wollte, ist durchaus unsicher. Jedenfalls ist diese um 830 entstandene Übersetzung in ostfränkischer Mundart der umfänglichste althochdeutsche Text der Frühzeit und sprachlich so einheitlich, daß die historische Grammatik des 19. Jahrhunderts ihn zur Grundlage ihrer Beschreibung des Althochdeutschen gemacht hat.

Von einer zweiten Handschrift ist nur die späte neuzeitliche Abschrift der Hälfte des Gesamttextes erhalten (Bodleian Library in Oxford). Einige Stücke aus ihr hatte der niederländische Gelehrte Bonaventura Vulcanius 1597 in seiner Abhandlung ›De litteris et lingua Getarum sive Gothorum‹ abgedruckt. Im 10. Jahrhundert sind einige

Sätze am Rand einer Handschrift (mit darübergeschriebenem lateinischen Text!) eingetragen, möglicherweise direkt abgeschrieben aus dem Codex Sangallensis, so daß wir nicht mit Sicherheit auf die Existenz einer dritten Handschrift schließen können. Dagegen scheinen im 16. bzw. 17. Jahrhundert noch zwei weitere, heute verlorene Handschriften existiert zu haben, wie ein Katalog der Bibliotheca Palatina in Heidelberg und eine Nachricht über den Bücherbesitz des Kapitels von Langres bezeugen. Wir müssen also annehmen, daß die Übersetzung der Evangelienharmonie des Tatian eine gewisse Verbreitung gefunden hat.

Anders als die Matthäusübersetzung aus der Monsee-Wiener Handschrift ist der ›Althochdeutsche Tatian‹ typisches Produkt der Klosterschule, Übersetzungshilfe mit all den daraus entspringenden Unverträglichkeiten für einen sprachrichtigen deutschen Wortlaut. Über weite Strecken handelt es sich um nicht viel mehr als eine Interlinearversion. Freilich fehlt die letzte Konsequenz, und so hat man das gelegentlich, wenn auch nur sehr zaghaft durchgeführte freiere Verfahren wieder den größeren Begabungen der einzelnen Übersetzer zugute halten wollen. Zu Unrecht. Grund für die Uneinheitlichkeit scheint viel eher eine gewisse Unsicherheit gewesen zu sein, für wen diese Übersetzung gedacht, zu welchem Gebrauch sie bestimmt sein sollte. Denn als umfänglichster deutscher Text vor Otfrids ›Evangelienbuch‹ steht der ›Althochdeutsche Tatian‹ sichtbar in der karlischen Tradition eigenwertiger Volkssprachlichkeit, in der Methode aber erweist er sich als elementare Schulübung, die nicht den deutschen Text, sondern das Verständnis des lateinischen zum Ziel ihrer Bemühungen macht. Das lehrt aufs anschaulichste der Vergleich der beiden Evangelienübersetzungen. Anders als die ältere Matthäusübersetzung in den ›Monsee-Wiener Fragmenten‹ bleibt der jüngere ›Althochdeutsche Tatian‹ weitgehend bei der lateinischen Wortfolge. Wo in der Matthäusübersetzung Partizipialkonstruktionen zumeist in Nebensätze aufgelöst werden, ahmten sie die Tatianübersetzer nach, ohne Rücksicht darauf, daß die deutschen Formulierungen im Extremfall unverständlich werden und ihrerseits der Erläuterung durch den lateinischen Wortlaut bedürfen. Anders als in der Matthäusübersetzung werden in der Tatianübersetzung so gut wie überhaupt keine erläuternden Zusätze angebracht.

Noch einmal: Nicht an Fähigkeit mangelte es, sondern das Bedürfnis nach einer deutschen Bibel war noch nicht vorhanden. Wie das kollektive Gedächtnis für seine poetischen und prosaischen Traditionen der Schrift nicht bedurfte, so bedurfte ihrer auch nicht die Verkündigung des Wortes Gottes, nicht Katechese und Exegese, wo sie sich an Laien wandte. Predigt und Laienunterweisung lebten im gesprochenen Wort – auch wo sie notwendig sich auf »die Schrift« beriefen. Der Ruf nach einer volkssprachlichen Bibel wird zum erstenmal im 12. Jahrhundert in häretischen Kreisen laut, dann aber gewaltsam unterdrückt von einer Amtskirche, die das faktische Schriftmonopol zum theologisch begründeten Anspruch erhob und die laikale Bibellektüre zwar nicht direkt verbot, aber doch als unnötig und gefährlich erklärte. Daß die volkssprachliche Bibelübersetzung des späten Mittelalters, wo sie die engen Klostermauern oder die elitären Kreise weltlicher Großer hinter sich ließ, mit dem Widerstand der Kirche rechnen mußte, daß die ersten Drucke volkssprachlicher Bibeln die Zensur auf den Plan riefen, daß die unbefangene, d.h. von einer tausend und mehr Jahre hindurch entwickelten kirchlichen Lehrmeinung nicht mehr gelenkte Lektüre der Bibel sozialen Sprengstoff freisetzte, war die notwendige Folge dieser restriktiven Laienunterweisung.

Ausgabe: Eduard Sievers (Hrsg.), Tatian. Lateinisch und altdeutsch mit ausführlichem Glossar. 2. neubearb. Ausg., unveränd. Nachdruck. Paderborn 1960. – Althochdeutsches Lesebuch, Nr. XX (Auswahl). – Übersetzungen: Schlosser 1970, S. 82f., 86–89, 96–99, 104f., 124f., 148f., 152–159, 162f., 180–183, 192–195, 222f. – Literatur: Johannes Rathofer, Ms. Junius 13 und die verschollene Tatian-Handschrift B. Präliminarien zur Überlieferungsgeschichte des ahd. Tatian. Beiträge 95 (1973), S. 13–125. – Ders., Die Einwirkung des fuldischen Evangelientextes auf den althochdeutschen ›Tatian‹. Abkehr von der Methode der Diatessaronforschung. In: Literatur und Sprache im europäischen Mittelalter. FS Karl Langosch. Darmstadt 1973, S. 256–308. – Jörg Lippert, Beiträge zur Technik und Syntax althochdeutscher Übersetzungen unter besonderer Berücksichtigung der Isidorgruppe und des althochdeutschen Tatian. München 1974.

Rechtsaufzeichnungen

Einhard berichtet in seiner ›Vita Caroli Magni‹ auch davon, daß Karl den Monaten feste deutsche Namen habe zuordnen wie auch die zwölf Windrichtungen genauer bezeichnen lassen wollen. Dieser Passus steht in unmittelbarem Zusammenhang mit den anderen z.T. hier schon zitierten Nachrichten, daß Karl die Volksrechte und *barbara et antiquissima carmina* aufzeichnen ließ und eine *grammatica patrii sermonis* in Auftrag gab. Die zitierten fränkischen Monats- und Windnamen (*Uuintarmanoth, Hornung, Lentzinmanoth, Ostarmanoth* etc. und *Ostroniuuint, Ostsundroni, Sundrosti* etc.) stehen in Zusammenhang mit der Bemühung sowohl um die Volkssprache wie um die rechtliche Vereinheitlichung des öffentlichen Lebens. Die Laien sollten ihre Gesetze kennen, fordert ein Kapitulare von 803. Also mußte das Recht im Reich auch bekannt gemacht werden, und zwar – wie die Lorscher Annalen zum Jahr 802 verzeichnen – in den Volkssprachen. In diesen Zusammenhang gehört natürlich auch die kirchliche Gesetzgebung, also etwa die Benediktinerregel oder kleinere Eidesformeln, die sich auf die klerikale Ordnung beziehen.

Mit Literatur haben die folgenden Texte wieder nur insofern zu tun, als sie das Bild früher volkssprachlicher Schriftlichkeit und Übersetzungspraxis in einem sachlich ganz anders gearteten Bereich des sozialen Lebens komplettieren. Die Dokumentation voralthochdeutscher Rechtswörter beginnt lange vor dem Beginn einer deutschen Schriftliteratur, etwa im ›Edictus Rothari‹, in der ›Lex Baiuvariorum‹, der ›Lex Alamannorum‹ oder der ›Lex Ribuaria‹, insbesondere aber in Gestalt der ›Malbergischen Glossen‹, interlinear dem lateinischen Text der ›Lex Salica‹ zugefügte westfränkische Wörter und Wendungen aus der Rechtssprache, die bis auf das 6. Jahrhundert zurückgehen. Aus karolingischer Zeit sind hier etwa Markbeschreibungen zu nennen, lateinische Urkunden über die Ausdehnung und die Grenzen einer Gemarkung, die aus Anlaß von Schenkungen, Rechts- oder Besitzübertragungen etc. abgefaßt wurden. Die lateinischen Texte der ›Hamelburger‹ und ›Ersten Würzburger Markbeschreibung‹ enthalten außer Namen auch eine Reihe deutscher topographischer Wendungen, die ›Zweite Würzburger Markbescheibung‹ ist sogar ganz in deutscher Sprache aufgezeichnet. Heberollen oder -register sind Verzeichnisse der Besitzungen und Einkünfte. Zu den ältesten Beispielen gehört die altsächsische ›Essener Heberolle‹. Zwei größere Übersetzungen von Rechtstexten sind nur in Bruchstücken überliefert: die Verdeutschung der ›Lex Salica‹, des Gesetzes der Salfranken, und das ›Trierer Capitulare‹ von 818.

Auch beim Ablegen von Eiden mußte man sich der Volkssprache bedienen, wo nicht garantiert werden konnte, daß die lateinische Formel von allen an der Zeremonie Beteiligten verstanden wurde. Das gilt etwa für die politisch motivierte Verschärfung des üblichen Obödienzversprechens in einem bairischen Priestereid (vielleicht noch aus dem 9. Jahrhundert), in dem der ordinierte Geistliche seinem Bischof verspricht: *Daz ich dir hold pin.*

Das größte, weil ereignisgeschichtlich fundierte Interesse finden in diesem Zusammenhang seit jeher die ›Straßburger Eide‹. Nithard, Enkel Karls des Großen und Geschichtsschreiber im Auftrag Karls des Kahlen, erzählt in seinen ›Historiarum Libri IV‹ die Geschichte des Reiches vom Tod Ludwigs des Frommen bis zum Jahr 843. In der Schlacht von Fontenoy hatten die beiden jüngeren Söhne Ludwigs des Frommen, Ludwig der Deutsche und Karl der Kahle, ihren Bruder, Kaiser Lothar, besiegt. Am 14. Februar bekräftigten Karl und Ludwig ihr Bündnis zu Straßburg durch den öffentlichen Austausch eines Treueeids, den Karl auf deutsch *(Teudisca lingua),* Ludwig aber auf romanisch *(Romana lingua)* ablegte. Die Gefolgschaften dagegen wiederholten ihre Eidesformeln jeweils in ihrer eigenen Sprache. Nithard berichtet davon natürlich in lateinischer Sprache, auch die volkssprachlichen Reden, die an die Gefolgsleute der Kontrahenten gerichtet waren, resümiert er auf lateinisch. Die Eidesformeln aber gibt er in der jeweiligen Landessprache wieder, die deutsche in rheinfränkischem Dialekt.

AUSGABEN: Althochdeutsches Lesebuch, Nr. II: Markbeschreibungen, Nr. III: ›Vita Karoli magni‹, cap. 29, Nr. XVII: ›Lex salica‹, Nr. XIX: ›Trierer Capitulare‹, Nr. XXI: Eidformeln. – ÜBERSETZUNGEN: Einhardi Vita Karoli Magni / Einhard, Leben Karls des Großen. In: Reinhold Rau (Hrsg.), Quellen zur karolingischen Reichsgeschichte. Erster Teil. Darmstadt 1961, S. 163–211. – Schlosser 1970, S. 282–303. – LITERATUR: Zu Einhard: Immo Eberl in: VL 2, 1980, Sp. 420–425. – Zu den ›Malbergischen Glossen‹: Ruth Schmidt-Wiegand in: VL 5, 1985, Sp. 1193–1198. – Zur ›Hamelburger Markbeschreibung‹: Ruth Schmidt-Wiegand in: VL 3, 1981, Sp. 427f. – Zur ›Essener Heberolle‹: Ruth Schmidt-Wiegand in: VL 2, 1980, Sp. 634f. – Zur ›Althochdeutschen Lex Salica‹: Stefan Sonderegger in: VL 1, 1978, Sp. 303–305. – Zu den ›Straßburger Eiden‹: Erwin Koller, Zur Volkssprachlichkeit der Straßburger Eide und ihrer Überlieferung. In: Althochdeutsch. In Verbindung mit Herbert Kolb, Klaus Matzel u. Karl Stackmann hrsg. von Rolf Bergmann, Heinrich Tiefenbach u. Lothar Voetz. Bd. 1: Grammatik. Glossen und Texte. Heidelberg 1987, S. 828–838.

Die ›Straßburger Eide‹ sind wie alle anderen Eidesformeln, wie Beichten und Sündenbekenntnisse, Credo oder Gebete ein Zeugnis formelhaften Sprechens. Über die wirklich gesprochene Sprache verraten sie wenig. Wohl aber haben wir einige wenige Reflexe gesprochener Sprache in Gestalt gelegentlicher und sicher sehr zufälliger Aufzeichnungen einzelner Phrasen in Handschriften, die mit ihnen nicht das geringste zu tun haben. Und wir besitzen darüber hinaus zwei sog. ›Gesprächsbüchlein‹ unterschiedlichen Umfangs und unterschiedlicher Herkunft, Sprachführer für romanische Reisende in deutschsprachigen Ländern aus dem 9. und 10. Jahrhundert. Das älteste ›Gesprächsbüchlein‹ aus der Handschrift der Kasseler Glossen und der ›Exhortatio ad plebem christianam‹ stammt aus Fulda. Es enthält in lateinischer Sprache die für einen Reisenden als notwendig erachteten Phrasen und Wörter, wie sie zum Teil schon in den Glossen selbst enthalten sind, zusammen mit ihren Übersetzungen in bairischem Dialekt: *Quis es tu? Unde uenis? De quale patria pergite?* Das heißt auf deutsch: *uuer pist du? uuanna quimis? fona uueliheru lantskeffi sindos?* Ob der so Angesprochene die Fragen verstanden habe, stellte man mit der Nachfrage: *firnimis?* fest. Worauf der überforderte Fremde im besten Falle die Antwort parat hatte: *ni ih firnimu* (»ich verstehe nicht«). Und so nahm denn der sprachkundige bairische Lehrer den Spott über seinen schwerfälligen romanischen Schüler mit in sein Glossar auf: *Stulti sunt Romani = Tole sint uualha* (»die Romanen sind dumm«), aber *Sapienti sunt Paoari = spahe sint peigira* (»die Baiern sind klug«).

Das Kasseler ›Gesprächsbüchlein‹ ist sehr kurz, wenn man nicht die Reihe der auf die Alltagspraxis bezogenen Wörter und Wendungen der Kasseler Glossen hinzunimmt, die ihm vorangehen und so wichtige Phrasen bereitstellen wie: *skir min fahs* (»schneide mir die Haare«) oder *skir minan part* (»rasiere mich«). Dagegen sind die ›Altdeutschen (oder Pariser) Gespräche‹ sehr viel ausführlicher und umfänglicher, außerdem ordnen sie das Material so, daß man absatzweise ohne viel Phantasie ganze Alltagsszenen erkennen kann: Begrüßung und Frage nach dem Woher und Wohin auch hier, Kirchgang und Sorge um die Kleidung, Essen, Trinken und Schlafen, Abschied und Reisegespräch – all das kommt vor. Selbst eine Reihe von Schimpfwörtern fehlt nicht. In der Anlage unterscheiden sich die ›Pariser Gespräche‹ von denen aus Kassel: Hier sind es die in abenteuerlicher romanischer Graphie aufgezeichneten deutschen Wendungen, die mit vulgärlateinisch-romanischen Interpretamenten versehen werden. Möglicherweise sind Text und Vorlage in westfränkischem Gebiet entstanden und gehen vielleicht noch auf das 9. Jahrhundert zurück.

Ausgaben: Althochdeutsche Glossen 3, S. 9–13: ›Kasseler Glossen‹ und V, S. 517–542: ›Pariser Gespräche‹. – Althochdeutsches Lesebuch, Nr. V (Auswahl). – Literatur: Zu den ›Altdeutschen Gesprächen‹: Stefan Sonderegger in: VL 1, 1978, Sp. 284f. – Ders., Reflexe gesprochener Sprache in der althochdeutschen Literatur. Frühmittelalterliche Studien 5 (1971), S. 176–192.

5. Aufzeichnungen mündlicher Dichtung

Was wir von der Existenz und den Erscheinungsformen mündlicher Dichtung wissen, verdanken wir sekundären Bezeugungen und gelegentlichen Aufzeichnungen eines Wortlauts, der dem aktuellen Vortrag entsprochen haben mag, aber auch schon überformt sein kann durch die Vorstellung dessen, was einen geschriebenen Text ausmache. Im besten Falle konserviert die schriftliche Fixierung eine Vortragsform, im ungünstigsten Falle liefert sie eine Literarisierung des Gedächtnismaterials. Mit letzter Sicherheit wird nie zu entscheiden sein, wie der überlieferte Text sich zum ursprünglichen Wortlaut verhält.

Zaubersprüche und Segensformeln

Die altnordische Liedersammlung ›Hávámál‹ (»Die Sprüche des Hohen«, nämlich Odins) enthält als letzten Teil achtzehn Zaubersprüche. Genauer gesagt: ein nicht genannter Sprecher berichtet über eine Reihe denkbarer Notsituationen in Krieg und Krankheit, in der Natur oder im sozialen Bereich, in denen er durch Zauberlieder Abhilfe zu schaffen wisse. Dabei handelt es sich um magische Praktiken wie das Heilen von Wunden und Lindern von Schmerzen, das Unschädlichmachen feindlicher Waffen, das Lösen von Fesseln, die Besänftigung der Gewalt des Windes, des Meeres und des Feuers, die Abwehr feindlichen Zaubers, Beschwichtigung des Hasses, Erzwingen der Gegenliebe, ja sogar die Wiederbelebung eines Gehenkten. Den Wortlaut der entsprechenden Zauberformeln jedoch erfahren wir nicht. Das ist im Falle solchen Arkanwissens auch nicht verwunderlich.

Um so erstaunlicher ist es deshalb, daß in England und auf dem Kontinent seit dem 9. Jahrhundert Zaubersprüche im Wortlaut aufgezeichnet wurden. Das mag damit zusammenhängen, daß solche Zauberformeln nicht nur im mündlichen Gebrauch waren, sondern auch als Schriftzauber Anwendung fanden. In den althochdeutschen Glossen finden wir das Wort *zaubarchiscrip* für *phylacteria vel carmina* (»Amulette oder Zauberformeln«). Das mag eine spontan gefundene Übersetzungsgleichung sein, könnte aber auch darauf hinweisen, daß nicht nur der geraunte Spruch, sondern ebenso die geschriebene Beschwörung in der magischen Praxis geläufig war – wie wir dies von der Verwendung der Runen besonders im Norden ja auch wirklich wissen.

Die Aufzeichnung von ursprünglich heidnischen und in den ältesten Beispielen noch die germanische Mythologie bemühenden Zaubersprüchen mag ihren Grund auch darin haben, daß der pagane Zauber schon bald vom christlichen Wunderglauben, vom magischen Verständnis oder Mißverständnis des christlichen Erlösungsglaubens überlagert, aufgesogen und damit implizit gerechtfertigt wurde. Offiziell warnte man in Predigten und Kapitularien immer wieder vor derartigen Praktiken, vor *incantationes* oder *invocationes demonum,* vor der *machina diabolica* oder den *artes magici.* Was in den Anthologien und Literaturgeschichten verzeichnet wird, sind denn auch zunehmend verchristlichte Formeln, deren magische Anwendung sicher weiterhin üblich war, die wir jedoch »rücksichtsvoll« (Max Wehrli) Segensformeln zu nennen gewohnt sind. Nur für die ältesten Texte – und dies in genetischer, nicht etwa überlieferungsmäßiger Hinsicht – gilt also die Zwischenüberschrift »Aufzeichnungen mündlicher Dichtung«, und auch Dichtung ist hier in einem sehr weiten Sinne zu verstehen. Denn es handelt sich um stilisiertes Sprechen, das sich ursprünglich auch genuin germanischer Dichtungsformen (Stabreim, Langzeile, mythologischer Apparat etc.) bedient. Die jüngeren christlichen Segensformeln dagegen gehen über zum christlichen Formprinzip des Endreims. Um der sachlichen Zusammengehörigkeit willen werden Zaubersprüche und (magisch verstandene) Segensformeln hier zusammengefaßt.

Im Unterschied zu den vielen Anwendungsmöglichkeiten des Wortzaubers, die das nordische Gedicht aufzählt, beschränken sich althochdeutsche und altsächsische Zauber- und Segenssprüche ganz auf den häuslichen Bereich, auf das Heilen von Krankheiten bei Mensch und Tier, auf die Segnung von Haus und Hof und nur im Ausnahmefall (›Erster Merseburger Zauberspruch‹, ›Weingartner Reisesegen‹) auch auf andere Lebensbereiche. Dieses Repertoire ist freilich Ergebnis der Selektion durch die mehr oder minder zufällige Überlieferung und nicht etwa Ausdruck eines grundlegenden Unterschiedes zwischen nord- und westgermanischen Denk- und Lebensformen.

Schwierig ist die Abgrenzung des hier einschlägigen Textrepertoires, und noch schwieriger ist die Datierung des einzelnen Textes. Tatsache ist, daß magische Sprachformeln relativ unversehrt lange Zeiträume überdauert haben, weil sie mit besonderer Sorgfalt gehütet und den jeweils neu Einzuweihenden unverändert überliefert worden sind. Deshalb billigt man einerseits den sog. ›Merseburger Zaubersprüchen‹ ein hohes Alter zu und zählt andererseits noch Aufzeichnungen des 13. Jahrhunderts zu den althochdeutschen Zaubersprüchen.

Die Arkanpraxis, der Umgang mit geheimem Wissen auch in unverständlich gewordener und vielleicht niemals wirklich verständlicher Form, erschwert das philologische Verständnis manches überlieferten Wortlauts ungemein. Jeder Erklärungsversuch – der in sich logische und unmittelbar einleuchtende zuallererst – widerspricht als Form der Rationalisierung dem konstitutiven Irrationalismus der magischen Formel, macht aus dem Zauber ein Rezept. Dies aber geschieht nicht erst im philologischen Rückblick. Schon die Überlieferung selbst spricht für solchen Übergang der raunenden Beschwörung zur merkversartigen Rezeptur – beides wurde häufig nebeneinander aufgezeichnet und fand offenbar auch gleichzeitige Anwendung. Daß auch die christliche Segensformel, der verballhornte Wortlaut lateinischer Liturgie, ja sogar das Paternoster als geheimnisvolle Macht über Mensch und Natur gebraucht werden konnten, hat seinen Grund im magischen Substrat der christlichen Religion. Das Kreuz als Apotropäum, der Brauch, das Zeichen (lat. *signum*) des Kreuzes zu schlagen zum Schutz vor den Mächten des Bösen (lat. *signare*, »segnen«), das Gebet zumal in der nur den Eingeweihten verständlichen lateinischen Sprache, der kirchlich geförderte Wunderglaube im Anschluß an die Wundertaten Christi und die *mirabilia* der ihm nachfolgenden christlichen Heiligen, die Heiligen selbst als »Nothelfer«, also gleichsam zauberkräftige Instanzen, deren Anrufung aus mancherlei irdischer Bedrängnis befreien soll – all dies macht deutlich, wie stark magisches Denken im christlichen Frömmigkeitsleben verankert geblieben ist. Selbst die zentrale liturgische Handlung konnte verstanden werden als ein tagtäglich wiederholter Zauber: die Transsubstantiation von Brot und Wein in Fleisch und Blut.

Die bekanntesten Beispiele solcher Wortmagie sind die nach ihrem Fund- und Aufbewahrungsort benannten ›Merseburger Zaubersprüche‹, deren hohes Alter durch die Form der stabreimenden Versordnung und den mythologischen Inhalt verbürgt scheint.

Text und Überlieferung: Der Codex 136 der Merseburger Domstiftsbibliothek ist ein Konvolut aus Teilen von sechs verschiedenen Handschriften. Der letzte Teil enthält Reste eines lateinischen Sakramentars aus dem 9. Jahrhundert, auf dessen leerem Vorsatzblatt – 85^{r} in der fortlaufenden Paginierung der Sammelhandschrift – im 10. Jahrhundert die beiden volkssprachlichen Texte eingetragen wurden. Eine andere Hand fügte ein lateinisches liturgisches Gebet hinzu. Auch die ursprünglich ebenfalls leere Rückseite des Blattes wurde mit dem neumierten Wortlaut des ›Gloria‹ und ›Alleluia‹ gefüllt. Die Symbiose solcher eindeutig kirchlichen Texte mit heidnischen Beschwörungsformeln ist bemerkenswert.

Der ›Erste Merseburger Zauberspruch‹ beschwört in drei stabreimenden Langzeilen eine Situation, in der Frauen *(idisi)* Fesseln anlegen und lösen und ein Heer hemmen, und mündet in der vierten endreimenden Zeile in die eigentliche Beschwörungsformel: *insprinc haptbandun, inuar uigandun* (»Löse dich aus den Fesseln, entfliehe den Feinden«). Der zweite, etwa doppelt so umfangreiche Spruch vergegenwärtigt eine mythische Szene: Wodan und Phol (ein sonst nicht nachgewiesener Göttername? Wodans Pferd?) reiten in den Wald. Das Pferd Balders verletzt sich ein Bein. Im magischen Dreischritt besprechen zwei Göttinnen, Sinthgunt, die Schwester der Sunna, und Freia, die Schwester der Volla, und schließlich Wodan das Tier: *ben zi bena, bluot zi bluoda, lid zi geliden* [...] (»Knochen zu Knochen, Blut zu Blut, Glied zu Gliedern [...]«).

Charakteristisch auch für viele Zaubersprüche jüngerer Zeit ist die Zweiteiligkeit: Evokation einer vorbildhaften Situation

(»epische Einleitung«) und Beschwörungsformel. Auch die magische Dreizahl spielt eine bestimmende Rolle: drei Gruppen zauberkräftiger Frauen im ›Ersten Merseburger Zauberspruch‹, drei Götternamen (Phol, Wodan, Balder), dreimalige Besprechung (Sinthgunt, Freia und Wodan), drei Anwendungsbereiche *(benrenki / bluotrenki / lidirenki)* und dreifache Beschwörungsformel *(ben zi bena, bluot zi bluoda, lid zi geliden)* im ›Zweiten Merseburger Zauberspruch‹. Bis in die Anzahl der Wörter scheint die Dreizahl wirksam zu sein.

Ungeklärt dagegen und letztlich wohl nicht zu klären ist der mythologische Anteil. Ob die Idisen nun von den Walküren her zu verstehen sind oder von einem germanischen Matronenkult, ob sie ursprünglich als Hexen, verehrungswürdige Frauen oder als mit magischen Kräften versehene Jungfrauen gedacht sind, ist bis zum heutigen Tag umstritten. Nicht viel anders steht es um die Götternamen und die mythische Erzählung im ›Zweiten Merseburger Zauberspruch‹. Wer oder was mit *Phol* gemeint sein könnte, wer *Sinthgunt* ist usw., läßt sich dem überlieferten Wortlaut so wenig entnehmen wie mit allen beigebrachten Belegen aus der nordischen Mythologie befriedigend erklären.

Angesichts der indoeuropäischen Parallelen nicht nur zur Beschwörungsformel des zweiten Spruchs ist auch das scheinbar genuin germanische Substrat angezweifelt worden. Möglich ist die Beeinflussung durch die spätantike Medizin oder durch christliche Segensformeln, die dann erst nachträglich ins Heidnisch-Germanische kontrafiziert worden wären. Daraus aber lassen sich keine eindeutigen Schlüsse auf die Genese und Verbreitung der Zaubersprüche ziehen. Vielmehr wird es wohl so sein, daß strukturelle und verbale Anklänge trotz anzunehmender Phylogenese sich notwendig aus den identischen Anwendungsbereichen ergaben. Erst sekundär können unter den unterschiedlichen Umständen kultureller Kontakte auch Übernahmen, Vermischungen, Beeinflussungen zustandegekommen sein, die sich in glücklichen Ausnahmefällen auch einmal nachweisen lassen. So im Falle des ›Dritten Straßburger Blutsegens‹, der einen sonst unbekannten Heiligen Tumbo zu Hilfe ruft, dessen Existenz dem Mißverständnis des lateinischen Wortspiels *stupidus/stupuit* (»dumm, steil/er strauchelte, erstarrte«) in einem Spruch des spätantiken Arztes und Schriftstellers Marcellus von Bordeaux aus dem 5. Jahrhundert zu verdanken ist. Bei ihm findet sich übrigens auch ein Spruch gegen Magenschmerzen, in dem drei umherschreitende, bindende und lösende Jungfrauen beschworen werden.

Neben den Typ des zweiteiligen Spruchs, zu dem außer den ›Merseburger Zaubersprüchen‹ und dem ›Straßburger Blutsegen‹ auch der endgereimte ›Bamberger Blutsegen‹ und die Beschwörungsformeln gegen Pferdekrankheiten ›Ad equum erręhet‹ und ›Incantacio contra equorum egritudinem, quam nos dicimus spurihalz‹ gehören, tritt schon früh der einteilige, nur als Beschwörungsformel auftretende Typ. Das älteste Beispiel ist der in ober- und niederdeutscher Version überlieferte Wurmsegen ›Pro nessia‹ bzw. ›Contra vermes‹. Ob wir es hier mit einer ursprünglichen Form oder einer Reduktion des – ehemals zweiteiligen? – Musters zu tun haben, ist unklar. Auch der Übergang zur Prosa, der sich neben dem Übergang vom Stab- zum Endreim schon früh beobachten läßt, wirft die Frage auf, ob nicht damit ein grundlegender Paradigmenwechsel stattfindet: Der magische Wortlaut wandelt sich zur Rezeptur. Den Übergang markieren die den Zaubersprüchen und magischen Segensformeln zugefügten Handlungsanweisungen, etwa dreimal das Vaterunser zu sprechen (›Pro nessia‹, ›Zweiter Bamberger Blutsegen‹ u. ö.) oder dem zu heilenden Pferd über Flanken und Huf zu streichen (›Ad equum erręhet‹).

Der hermetische Zauberspruch geht über in die christliche Segensformel oder in das rationale Rezept. Die ältesten Beispiele solcher Rezeptaufzeichnungen in der Volkssprache stammen aus einer um 800 geschriebenen lateinischen Isidorhandschrift, die heute in Basel aufbewahrt wird. Diese sog. ›Basler Rezepte‹ verzeichnen Heilmittel und Heilverfahren. Auf dem freien Raum einer Seite der Handschrift ist zunächst ein lateinisches Rezept gegen Fieber notiert. Ihm folgen eine erweiternde ostfränkische Übersetzung (mit bairischem Einschlag) und ein zweites Rezept gegen Geschwüre in einer eigentümlichen angelsächsisch-bairischen Sprachmischung. Ob hier ein angelsächsischer Schreiber am Werk war oder eine angelsächsische Vorlage kopiert wurde, ist umstritten. Die Aufzeichnung wird wohl in Fulda erfolgt sein, wie auch die im funktionsgeschichtlichen Sinn aufschlußreiche Tatsache nahelegt, daß auf den beiden folgenden, ebenfalls derart zufällig gefüllten Seiten außer dem ältesten erhaltenen Fuldaer Bibliothekskatalog auch lateinische Blutsegen eingetragen sind.

Wir haben es hier mit einem für die Frühzeit der Schriftüberlieferung eher untypischen Textgenre zu tun, das erst im 14.

und dann besonders im 15. Jahrhundert zur Entfaltung kommt. Bis dahin wird das Erfahrungswissen überwiegend mündlich tradiert. Was geschrieben wird, ist überkommenes Buchwissen (weshalb auch am wahrscheinlichsten ist, daß die ›Basler Rezepte‹ auf lateinische Quellen antiker Tradition zurückgehen). Die Verschriftlichung des Erfahrungswissens anstelle seiner persönlichen Weitergabe im Lehrer-Schüler-Kontakt bereitet die »Renaissance der Wissenschaften im 12. Jahrhundert« vor und gehört damit in den großen und komplexen Zusammenhang der allmählichen Veränderung gesellschaftlicher Kommunikation überhaupt. Der Buchdruck hat diese Vorgänge zur Voraussetzung und wird sie seinerseits in einem Maße beschleunigen, das bereits die Zeitgenossen revolutionär anmutete.

Ausgabe: Althochdeutsches Lesebuch, Nr. XXXI: Zaubersprüche und Segensformeln. – MSD, Nr. LXII: Basler Rezepte. – Übersetzungen: Schlosser 1970, S. 252–261. – Literatur: Zu den ›Merseburger Zaubersprüchen‹: Hans-Hugo Steinhoff in: VL 6, 1987, Sp. 410–418. – Zu den ›Basler Rezepten‹: Hans-Hugo Steinhoff in: VL 1, 1978, Sp. 628f. – Achim Masser, Zaubersprüche und Segen, in: RL 4, 1984, S. 957–965.

Heroische Dichtung

Germanische Heldendichtung ist in der Frühzeit der Schriftüberlieferung – in England seit dem 8. Jahrhundert, auf dem Kontinent seit dem 9. Jahrhundert – nur in wenigen Einzelfällen aufgezeichnet worden. Strenggenommen sind nur vier Texte überliefert: die altenglischen Gedichte ›Finnsburglied‹, ›Beowulf‹ und ›Waldere‹ und das langobardisch-althochdeutsch-altniederdeutsche ›Hildebrandslied‹. Die Existenz einer liedhaften germanischen Heldendichtung dagegen ist seit Tacitus vielfach bezeugt (›Annalen‹ II,8). Wenigstens gilt dies, wenn man die mutmaßlichen Wurzeln des Heldenlieds in Preislied und Totenklage berücksichtigt und Heldensage und Heldendichtung nicht auf das inhaltliche Substrat, auf Stoffe aus der Zeit der Völkerwanderung als dem *heroic age* der germanischen Stämme, beschränkt. So hören wir, um nur einige Beispiele zu nennen, im 6. Jahrhundert durch Jordanes von Heldenliedern und Totenklagen auf Attila und Theoderich; Cassiodor berichtet von Preisliedern der Goten auf ihren König; solche Preislieder sollen nach dem Zeugnis des Venantius Fortunatus auch die Alemannen und Baiern gekannt haben. Für die Franken bezeugt den gleichen Sachverhalt Fredegar (7. Jahrhundert), und für die Langobarden ist Paulus Diaconus (8. Jahrhundert) ein ebenso verläßlicher wie wortreicher Zeuge. Im 9. Jahrhundert berichtet Altfrid, Bischof von Münster, in seiner ›Vita Liudgeri‹ von dem blinden friesischen Sänger Bernlêf, der »die Taten der Alten und die Kämpfe der Könige schön vorzusingen wußte«. Von Einhard stammt die hier schon mehrfach zitierte Nachricht über das sog. ›Heldenliederbuch Karls des Großen‹, und Theganus berichtet in seiner ›Vita Hludowici imperatoris‹, der Sohn und Nachfolger Karls habe die *poetica carmina gentilia* verachtet – freilich könnte sich das auch auf die lateinische Literatur der Antike beziehen. Von heroischer Überlieferung hören wir auch in den angelsächsischen Gedichten von ›Widsith‹ und ›Deor‹. Die Quellen zur Helden*sage* (und nicht einem schon geformten Helden*lied*) sind noch weit vielfältiger.

LITERATUR: C. M. Bowra, Heroic Poetry. London 1952; deutsch: Heldendichtung. Eine vergleichende Phänomenologie der heroischen Poesie aller Völker und Zeiten. Stuttgart 1964. – Hermann Schneider u. Wolfgang Mohr, Heldendichtung, in: RL 1, 1958, S. 631–646. – Karl Hauck (Hrsg.), Zur germanisch-deutschen Heldensage. Sechzehn Aufsätze zum neuen Forschungsstand. Darmstadt 1961. – Heiko Uecker, Germanische Heldensage. Stuttgart 1972. – Klaus von See, Germanische Heldensage. Stoffe, Probleme, Methoden. Eine Einführung. 1971. 2. Aufl. Frankfurt a. M. 1981.

Von der offenbar reichen Tradition einer *oral poetry* ist im engeren Umkreis der deutschen Literatur nur das ›Hildebrandslied‹ überliefert. Das ›Hildebrandslied‹ hat, wie alle Heldendichtung, seine Wurzeln in der Geschichte, wie sie in sagenhafter Umdeutung den späteren Generationen im Gedächtnis bleibt, bewußt verändert im Interesse der jeweiligen Überlieferungsträger, märchenhaft verklärt oder mythisch überhöht, nicht aber das historische Faktum treu bewahrend. Der Vater-Sohn-Kampf zwischen Hildebrand und Hadubrand ist auf kein bestimmtes geschichtliches Ereignis zurückzuführen, die den Konflikt konstituierende Situation beruht jedoch auf faktischen historischen Konstellationen. Vorausgesetzt ist eine in den Grundzügen ausgebildete Dietrichsage, der Hildebrand als treuer Begleiter Dietrichs zugehört. In ihr sind die historischen Vorgänge bereits umgedeutet. Theoderich der Große, Führer der Ostgoten, fiel im Jahre 489 unter Billigung und mit der Unterstützung des oströmischen Kaisers Zeno in Italien ein und besiegte Odoaker, den Nachfolger des letzten weströmischen Kaisers, bei Görz und Verona (490) und – nach zweieinhalbjähriger Belagerung – vor Ravenna (493). Die darauf verabredete gemeinsame Herrschaft über Italien fand ihr schnelles Ende mit der eigenhändigen Ermordung Odoakers durch Theoderich. Das Ostgotenreich in Italien hatte über ein halbes Jahrhundert Bestand (493–553).

Verständlicherweise wird der gewalttätige Vertragsbruch schon von den kaisertreuen Historiographen umgedeutet als Racheakt und Vorbeugung gegen die zu erwartende Untreue des Ermordeten, der seinerseits zum Schuldigen gemacht wird. Die Heldendichtung hat diese Rechtfertigung aufgenommen und verbreitet. Dietrich (Theoderich) ist vor dem Tyrannen Odoaker geflohen und macht sich nach dreißigjährigem Exil am Hunnenhof auf, sein Reich zurückzuerobern; sein Sieg bei Bern (Verona) gibt ihm den Beinamen, den er noch in der mittelhochdeutschen Heldendichtung trägt, die u.a. auch die große Entscheidungsschlacht bei Raben (Ravenna) zum Thema macht.

Im ›Hildebrandslied‹ werden neben den beiden Protagonisten Hildebrand und Hadubrand *Otacher* (v. 18), *Theotrich* (v. 19, *Detrich* v. 23, *Deotrich* v. 26) und der Herr der Hunnen, *Huneo truhtin* (v. 35) genannt, in dem man Attila/Etzel erkennt. Im übrigen bleibt die Situation unklar. Zwischen zwei Heeren (dem Dietrichs und dem Odoakers?) treffen Vater und Sohn, Hildebrand und Hadubrand, als Heerführer, Vorkämpfer oder stellvertretende Einzelkämpfer (?) aufeinander. Auf die Frage des Älteren nach der Herkunft des Gegners nennt Hadubrand seinen Namen und den seines Vaters, der ohne Frau und Kind mit Dietrich vor dem Haß Odoakers nach Osten geflohen sei. Hildebrand gibt sich als Verwandter zu erkennen und bietet Hadubrand Geschenke, Goldreifen des Hunnenherrschers, zur Versöhnung. Hadubrand weist die Gabe als vermeintliche List zurück. Er wisse, daß Hildebrand tot sei. Hildebrand ruft Gott an und beklagt sein Schicksal: »›Wehe, waltender Gott‹, sprach Hildebrand, ›ein schlimmes Schicksal nimmt seinen Lauf!‹« (v. 49, *›welaga nu, waltant got‹, quad Hiltibrant, ›wewurt skihit!‹*). Dreißig Jahre habe er im Exil verbracht, immer tapfer gekämpft und solle nun den Sohn töten oder durch ihn den Tod erleiden. Aber auszuweichen wäre feige. Der Kampf entbrennt, die Splitter fliegen ... Damit bricht die Aufzeichnung ab.

Den tragischen Ausgang, die Tötung des Sohnes durch den

Vater, erschließt man aus einem ›Sterbelied Hildebrands‹, aus der altnordischen ›Asmundar Saga kappabana‹. Daneben oder als jüngere Umdeutung mag es auch den versöhnlichen Schluß gegeben haben, wie er aus der im 13. Jahrhundert kompilierten ›Thidrekssaga‹ (»Dietrichssage«) und, in burlesker Verkehrung, aus dem ›Jüngeren Hildebrandslied‹ (15. Jahrhundert) bekannt ist.

Überlieferung: Die 68 zum Teil unvollständigen stabreimenden Langzeilen wurden im vierten Jahrzehnt des 9. Jahrhunderts von zwei Schreibern nach einer schriftlichen Vorlage auf den Außenseiten eines wahrscheinlich in Fulda entstandenen lateinischen Codex mit biblischen und patristischen Texten eingetragen. Der fehlende Schluß könnte auf dem verlorenen Spiegel des hinteren Deckels gestanden haben. Der heute in der Murhardschen Bibliothek der Stadt Kassel und Landesbibliothek aufbewahrte Codex war nach 1945 aus einem kriegsbedingten Depot entwendet worden und kehrte erst 1955 nach Kassel zurück. Das abgetrennte erste Blatt mit dem Anfang des ›Hildebrandsliedes‹ befindet sich sogar erst seit 1972 wieder in Kassel.

Die Aufzeichnung erfolgte nicht in einer einheitlichen Mundart oder einer lokalisierbaren Schreibsprache, sondern in einer Art Mischdialekt, in dem sich auf eigentümliche Weise langobardische Elemente (etwa in den Namenformen) mit hoch- und niederdeutschen Sprach- und Lautformen verbinden. Eindeutig oberdeutsch sind die anlautenden Tenues in *prut* (»Braut, Ehefrau«) oder *pist* (»bist«) oder die anlautenden Affrikaten in *chind* (»Kind«) etc. Niederdeutsch ist das durchweg unverschobene *t* in *to* (»zu«), *uuêt* (»weiß«), *luttila* (»lützel, klein«) oder der Nasalschwund vor Dentalen z.B. in *ûsere* (»unsere«) oder *ôdre* (»andere«). Der Beweis dafür, daß eine oberdeutsche Vorlage niederdeutsch eingefärbt wurde, liegt in den hyperkorrekten Formen vor wie *urhettun* – althochdeutsch *urheizzo* (»Herausforderer«) oder *huitte* – althochdeutsch *hwizze* (»weiße«). Hier nämlich entsprechen die geschriebenen Doppelkonsonanten *tt* nicht etwa dem niederdeutschen Lautstand, sondern erklären sich als mechanische Umsetzung der korrekten oberdeutschen Geminaten *zz*, denen im Niederdeutschen einfaches *t* entspräche.

Die Korrekturen in der erhaltenen Niederschrift aber scheinen dafür zu sprechen, daß diese Dialektmischung schon der Vorlage angehört. Der Traditionsweg des ›Hildebrandsliedes‹ läßt sich also folgendermaßen beschreiben: »gotisches oder langobardisches Original – altbayrische Eindeutschung – fuldische Übernahme – altsächsische Einfärbung – letzte Eintragung« (Helmut de Boor).

Über die Gründe der offensichtlich mehrfachen Aufzeichnung des ›Hildebrandsliedes‹ kann man nur spekulieren. Es ist denkbar, daß sie im Zusammenhang mit der Sammlung der *barbara et antiquissima carmina* Karls des Großen stand, freilich wäre dann die niederdeutsche Einfärbung unverständlich. Diese wiederum könnte im Zusammenhang mit der Bekehrungsgeschichte der Sachsen stehen, deren heidnisch-heroischen Liedern ein zumindest äußerlich verchristlichtes Gedicht entgegengestellt worden wäre. Das politische Interesse Karls des Großen an Theoderich hat im Jahre 801 dazu geführt, daß dessen Standbild aus Ravenna nach Aachen überführt und dort aufgestellt wurde. Einem seiner unehelichen Söhne gab Karl den Namen Theoderich. Walahfrid Strabo wählte den inzwischen negativ interpretierten Arianer Theoderich und sein Aachener Standbild zum Ausgang eines Panegyricus auf Ludwig den Frommen (829), als düstere Folie gleichsam zu dem strahlend Verherrlichten (›Versus de imagine Tetrici‹). Auch das negativ akzentuierte Dietrichbild konnte Grund sein für ein Interesse an der sagenhaften Überlieferung, wie das negative Exempel des ›Hildebrandsliedes‹ als klerikale Warnung vor dem Verwandtenmord zu dienen vermochte. Daß die konkreten politischen Vorgänge in den Auseinandersetzungen Ludwigs des Frommen mit seinen Söhnen das Interesse am ›Hildebrandslied‹ und seine Aufzeichnung stimuliert haben, ist ein wohl doch allzu moderner Gedanke, der sich nicht beweiskräftig untermauern läßt.

Eine schlüssige Interpretation des Textes scheitert an dessen Provenienz aus der *oral poetry* und an den Mängeln des überlieferten Wortlauts, in dem korrekt stabende Langverse mit kürzeren (unvollständigen?) Versen wechseln. Auch die redundanten Redeeinführungen verdanken sich wohl eher dem Prozeß der Verschriftung, als daß sie einen tatsächlich vorgetragenen Wortlaut wiedergeben. Alle philologischen Besserungsvorschläge, die auf Erzähllogik, auf den geregelten Stabreim und den korrekten Langvers abzielen, stehen auf unsicheren Füßen. Eine Dichtung, die wesentlich in der mündlichen Tradition lebte und nur jeweils neu konstituierte Aufführungsformen gekannt hat, ist auf kein Original im Sinne schriftlich fixierter Textidentität zurückzuführen.

Das vielbeschworene heroische Ethos des ›Hildebrandsliedes‹ – Selbstbehauptung in unbedingter Kampfes- und Todesbereitschaft, trotziges Bestehen eines tragischen Konflikts und der Glaube an die Unausweichlichkeit des Verhängnisses – scheint bestätigt zu werden durch die archaische Form des Gedichts. Der Sänger setzt ein mit der altepischen Formel *Ik gihorta dat seggen* (»Ich hörte berichten«), tritt aber nach Art des Rhapsoden ganz hinter dem erzählten Vorgang zurück, urteilt nicht und kennt auch keine Anteilnahme. Die direkte Rede der Kontrahenten überwiegt den epischen Bericht. Der Konflikt zwischen Sippenbindung und Kriegerehre ist unauflöslich. Das Verhängnis spielt mit den Menschen. Eine aristokratische Kriegermoral fordert das strukturell in ihr angelegte Opfer, und das Opfer findet seinen Lohn wiederum im Gedächtnis der Lebenden, im Nachruhm des Heroen, im Heldenlied.

Wenn man freilich genauer liest, ergibt sich aus dem überlieferten Wortlaut kein ganz so eindeutiges Bild. Von Hildebrand heißt es, *imo was eo fehta ti leop* (v. 27). Heißt das, Hildebrand war stets allzu bereit, zu den Waffen zu greifen? Hadubrands Mißtrauen ist wohlbegründet. Aber ist es auch die leichtfertige Verdächtigung des Älteren als eines hinterlistigen und deshalb feigen alten Hunnen? Unmäßig sind sie beide, Vater und Sohn, mit Waffen und Worten. Das ist heroisch. Aber liegt in der Betonung solcher Verhaltensweisen vielleicht schon ein Moment der Kritik? Diese Fragen stellen sich zumal angesichts der beiden zentralen Anrufungen des einen und also christlichen Gottes durch Hildebrand. Der *irmingot ... obana ab heuane* (v. 30) ist nur zu verstehen als der allumfassende christliche Gott, *deus universalis in coelis,* und das gilt ebenso für den *waltant got* (v. 49), der neben das Schicksal, *wewurt,* tritt. Damit aber ist *wewurt* nicht mehr selbständig handelnde Schicksalsmacht, sondern das Geschick des einzelnen Menschen. Die Frage, ob dies alles schon der letzten Stufe mündlicher Überlieferung angehörte oder erst Ergebnis der Niederschrift durch einen geistlichen Schreiber ist, läßt sich so wenig beantworten wie eine noch »rein germanische« Version aus dem überlieferten Wortlaut zurückzugewinnen ist.

Ungeklärt ist schließlich auch die Frage, ob das Motiv des Vater-Sohn-Kampfes, das sich in vielen indogermanischen Literaturen findet, auf einen archetypischen Mythos zurückzuführen ist und unabhängig jeweils neu entwickelt wurde oder ob es sich um eine Wanderfabel handelt, die im mündlichen Kontakt weitergegeben wurde. Wir kennen irische, keltische, griechische, russische und persische Ausformungen der Grundfabel, in der das Motiv des Vater-Sohn-Kampfes freilich immer verknüpft ist mit dem Motiv der Vatersuche. Das ›Hildebrandslied‹, in dem der Vater heimkehrt und auf einen Sohn trifft, der glaubt, daß er gestorben sei, nimmt in der allgemeinen Stoffgeschichte eine Sonderstellung ein, die nicht unbedingt für ein hohes Alter spricht. Wann es entstanden ist, läßt sich weder aus stoffgeschichtlichen Erwägungen noch aus sprachlichen Indizien genauer bestimmen. Daß es zumindest ins 8. Jahrhundert zurückführt, ist mehr als wahrscheinlich. Daß es auf die Ereignisse im letzten Jahrzehnt des 5. Jahrhunderts zurückgeht, ist sicher. Was dazwischen gewesen ist, bleibt im dunkeln.

AUSGABEN: Althochdeutsches Lesebuch, Nr. XXVIII. – Georg Baesecke (Hrsg.), Das Hildebrandlied. Eine geschichtliche Einleitung für Laien, mit Lichtbildern der Handschrift, alt- und neuhochdeutschen Texten. Halle 1945. – Das Hildebrandslied. Faksimile der Kasseler Handschrift mit einer Einführung v. Hartmut Broszinski. Kassel 1984. – ÜBERSETZUNGEN: Baesecke, S. 11 ff. u. 37 ff. – Schlosser 1970, S. 264–267. – LITERATUR: H. van der Kolk, Das Hildebrandslied. Eine forschungsgeschichtliche Darstellung. Amsterdam 1967. – Klaus Düwel in: VL 3, 1981, Sp. 1240–1256.

Wie ganz anders germanische Heldensage auch literarisiert werden konnte, zeigt das lateinische Hexameterepos über Walther von Aquitanien, dessen geschichtlicher Hintergrund nicht mehr zu erkennen ist, das sich aber über die Namen Gibicho, Hagen, Gunther (die hier freilich als Franken identifiziert werden) mit der Burgundensage verbindet. Nur der lateinische ›Waltharius‹ bietet eine vollständige Version der Sage. Das altenglische Gedicht von ›Waldere‹ ist lediglich in zwei Bruchstücken geringen Umfangs und unsicheren Alters überliefert; auch von dem mittelhochdeutschen Heldengedicht ›Walther und Hildegunde‹ sind nur wenige Fragmente erhalten. Die Anspielungen im ›Nibelungenlied‹ und bei Walther von der Vogelweide können trotz geringfügiger Abweichungen auch auf die Kenntnis der lateinischen Tradition zurückgeführt werden, während das Gedicht von ›Biterolf und Dietleib‹ wohl das mittelhochdeutsche Gedicht von ›Walther und Hildegunde‹ voraussetzt. Eine ganz andere Version erzählt die nordische ›Thidrekssaga‹. Wir haben also keinen Maßstab für den Grad der literarischen Veränderungen und Uminterpretationen, die der Verfasser des ›Waltharius‹ vorgenommen hat. Was er erzählt, läßt sich kurz etwa so zusammenfassen: Nach Attilas Heerzug gegen die Reiche des Westens leben Walther von Aquitanien, Hagen, der Gefolgsmann des fränkischen Königs Gibicho, und die burgundische Prinzessin Hiltgunt als hochgeehrte Geiseln am Hof des Hunnenkönigs (vv. 1–115). Nach dem Tod Gibichos kündigt sein Nachfolger Gunther den Vertrag mit den Hunnen auf und weigert sich, die vereinbarten Abgaben weiter zu entrichten. Darauf flieht Hagen und kehrt an den Rhein zurück. Auch Walther und die ihm versprochene Hiltgunt bereiten die Flucht vor und bewerkstelligen sie, nicht ohne sich vorher des Hunnenschatzes durch eine List zu bemächtigen (vv. 116–427). Nach vierzig Tagen gelangen sie an den Rhein, wo Gunther in Worms seinen Herrschaftssitz hat. Gegen den Rat Hagens fordert Gunther vergeblich von Walther den Schatz (vv. 428–488). Im Wasgenwald verteidigt sich Walther in elf Einzelkämpfen erfolgreich (vv. 489–1061). Den zwölften muß er mit Gunther ausfechten, dem Hagen zu Hilfe eilt (vv. 1062–1284). Die einander ebenbürtigen Helden verletzen sich gegenseitig – Walther verliert die rechte Hand, Gunther ein Bein und Hagen ein Auge und einige Zähne – und schließen Frieden. Walther und Hagen erneuern ihre Freundschaft. Walther und Hiltgunt ziehen nach Aquitanien weiter, feiern Hochzeit, und Walther übernimmt die Herrschaft in seinem Reich (vv. 1285–1456).

Die bis heute ungeklärten Fragen nach dem Verfasser (Ekkehard I. von St. Gallen, der im Prolog genannte Geraldus oder ein Anonymus) und der Datierung (9. oder 10. Jahrhundert) und alle damit zusammenhängenden philologischen Probleme können hier nicht erörtert werden. Daß die Einkleidung eines heroischen Sagenstoffes in das klassizistische Hexametergewand vielfach ironische Brechungen bewirkt (ohne daß man deshalb annehmen müßte, es handle sich um ein von vornherein parodistisch angelegtes Werk), versteht sich dabei von selbst. Von Interesse ist hier nur die Beobachtung, daß der lateinkundige, also geistliche Verfasser das heroische Pathos abmilderte und aus dem unbedingt handelnden Heros einen nachdenklichen christlichen Helden machte. Was im ›Hildebrandslied‹ sich ankündigt, ist im ›Waltharius‹ Programm. Wo Hildebrand den einen Gott im Himmel zum Zeugen anruft, da handelt Walther *volente deo* (v. 570), »wie Gott will«. Wo das ›Hildebrandslied‹ den Übermut der Protagonisten wenigstens anzudeuten scheint, da bittet Walther Gott um Vergebung für sein *verbum superbum* (vv. 561ff.), »seine übermütige Rede«. Das gilt ebenso für das vor den Kämpfen wiederholt ausgesprochene Gottvertrauen des aquitanischen Helden, für sein Dankgebet am Abend nach den elf Einzelkämpfen und vor dem großen Schlußkampf (vv. 1157ff.), der in der Konfrontation mit Hagen beinahe in einen Freundeskampf und symbolischen Brudermord sich auszuweiten droht. So schließlich sind auch die Fürbitten Walthers für die getöteten Gegner (vv. 1165ff.) zu verstehen.

Der ›Waltharius‹ steht als klassizistische Umformung eines Stoffes der germanischen Heldensage in der lateinischen Literaturgeschichte völlig isoliert. Die Frage, welche Rolle er in der deutschen Literaturgeschichte spielt, welche Bedeutung ihm für die Literarisierung der mittelalterlichen Heldendichtung zukommt, ist umstritten. War der ›Waltharius‹ Vorbild einer lateinischen ›Nibelungias‹, die als Vorstufe zum deutschen ›Nibelungenlied‹ gedient hätte? Oder gab der im 12. Jahrhundert nachweislich verbreitete und gelesene ›Waltharius‹ durch seine bloße Existenz Anlaß zur – dann freilich volkssprachlichen – Literarisierung der mündlichen heroischen Tradition?

AUSGABE: Karl Strecker (Hrsg.), Waltharius. Weimar 1951 (MGH Poetae 6), S. 1–85. – ÜBERSETZUNGEN: Waltharius. Hrsg. von Karl Stecker. Deutsche Übersetzung von Peter Vossen. Berlin 1947. – Karl Langosch, Waltharius, Ruodlieb, Märchenepen. Lateinische Epik des Mittelalters mit deutschen Versen. Darmstadt 1960, S. 5–83. – LITERATUR: Emil Ernst Ploss (Hrsg.), Waltharius und Walthersage. Eine Dokumentation der Forschung. Hildesheim 1969. – Karl Langosch, ›Waltharius‹. Die Dichtung und die Forschung. Darmstadt 1973.

Christliche Stabreimdichtung

Beda berichtet in seiner Kirchengeschichte von dem ersten vulgärsprachlichen christlichen Gedicht, das der Laiensänger Caedmon auf göttliches Geheiß verfertigt habe. Er gibt sogar seinen Inhalt mit der ausdrücklichen Versicherung wieder, daß dies nur der Sinn, nicht der genaue Wortlaut sei, da man ein Gedicht schlechterdings nicht ohne Substanzverlust von einer in die andere Sprache übertragen könne: »Laßt uns loben den Herrn des Himmels, die Macht des Schöpfers und seinen Rat, die Taten des Herrn der Herrlichkeit; wie der Ewige alle Wunder schuf, zuerst den Himmel schuf als Dach für die Menschenkinder und dann die Erde, der allmächtige Hüter des Menschengeschlechts« *(Nunc laudare debemus auctorem regni caelestis, potentiam Creatoris et consilium illius, facta Patris gloriae. Quomodo ille, cum sit aeternus deus, omnium miraculorum auctor extitit, qui primo filiis hominum caelum pro culmine tecti, dehinc terram custos humani generis omnipotens creavit).* Dieser ›Hymnus‹ ist uns auch in altenglischen Versionen überliefert, die die Verläßlichkeit der Auskünfte Bedas bestätigen – wenn es sich nicht um nachträgliche Rückübersetzungen aus dem Lateinischen handelt.

In der deutschen Literatur entspricht dem ›Hymnus Caedmons‹ das älteste Stück christlicher Stabreimpoesie, das heute nach der Herkunft der Handschrift ›Wessobrunner Schöpfungsgedicht‹ genannt wird.

Text und Überlieferung: Der kurze Text besteht aus neun lückenhaften, mitten im Satz abbrechenden Stabreimversen und aus einem (vielleicht ebenfalls rhythmisierten) Prosagebet. Er wurde in eine aus dem Kloster Wessobrunn stammende, heute in der Bayerischen Staatsbibliothek München aufbewahrte Sammelhandschrift eingetragen und steht im Kontext lateinischer Artesliteratur. Solche nicht nur marginale Aufzeichnung vulgärsprachlicher Texte in überwiegend lateinischen Handschriften kennen wir zu dieser Zeit nur aus irischer Tradition. Die Aufzeichnung erfolgte vor 814, dem Jahr der Fertigstellung der Handschrift. Der Schreibdialekt weist überwiegend bairische Merkmale auf, enthält aber auch niederdeutsche Elemente, so besonders den aus angelsächsischer und altsächsischer Stabreimdichtung bekannten epischen Eingang *Dat gafregin ik*. Dies und die aus angelsächsischer Tradition stammenden Abkürzungen (Sternrune, tironische Zeichen für lateinisch *et* / althochdeutsch *unde*) sprechen für einen Zusammenhang mit der angelsächsisch-altsächsischen geistlichen Dichtung oder zumindest mit der Technik ihrer Verschriftlichung.

Der Inhalt des Versteils ist eine Art negativer Kosmogonie: Als es noch nichts gab, nicht Erde oder Himmel, Baum oder Berg, als die Sonne noch nicht schien und weder der Mond leuchtete noch der See glänzte, da war doch schon der allmächtige und gnadenreiche Gott. Bei ihm waren viele gute Geister (die Engel) und der heilige Gott ... Wir kennen solche Negativformeln auch aus der altnordischen Literatur (›Völuspá‹), und es ist nicht auszuschließen, daß der christliche Sänger des deutschen Gedichts auf traditionelle Formeln und Vorstellungen zurückgegriffen hat. Unmittelbarer Anknüpfungspunkt für die Darstellung der Präexistenz Gottes konnten aber auch Formulierungen im Psalter gewesen sein: »Ehe die Berge geboren wurden, die Erde entstand und das Weltall, bist du, o Gott, von Ewigkeit zu Ewigkeit« (Ps. 90,2). Am christlichen Gehalt und an der christlichen Funktion des ›Wessobrunner Schöpfungsgedichts‹ ist nicht zu zweifeln.

Merkwürdig bleibt die unbestimmte Überschrift *De poeta*. Sie bereitet den Interpreten die größten Erklärungsschwierigkeiten. Ich verstehe *de poeta* im Sinne von *Versus de poeta*, also *de* im partitiven Sinne und *poeta* als metonymische Ersetzung des Werks durch seinen Autor: »Verse aus einem Gedicht«. Es würde damit durch den Titel schon angedeutet, daß es sich hier nur um den Ausschnitt aus einem längeren Lied handelt. Dazu paßt, daß im Anschluß an die deutschen Verse ein ebenfalls deutschsprachiges Gebet aufgezeichnet wurde, das die gedachte Rezitation des ›Schöpfungsgedichts‹ nach liturgischem Vorbild abschließt. Die Formulierungen dieses Gebets sind durchaus konventionell und aus anderen kirchlichen Texten (z.B. den Taufgelöbnissen) bekannt. Sein Inhalt aber steht im Einklang mit dem Programm christlicher Dichtung, wie es seit der Spätantike bekannt ist und sich etwa auch in Bedas Bericht über die Gedichte Caedmons findet: *contemptus mundi* (»Verachtung der Welt«) und *appetitus vitae caelestis* (»Verlangen nach dem ewigen Leben«). In den von der lateinischen Rhetorik und Buchliteratur wenig beeinflußten geistlichen Stabreimgedichten scheinen solche Gebetsschlüsse noch nicht in den Verstext integriert worden zu sein, wie das später in der geistlichen Dichtung der Fall ist. Sie kennen weder Prolog noch Epilog. Das erklärt die gesonderte Hinzufügung des gebetsmäßigen Vortragsschlusses in der Aufzeichnung.

Ausgabe: Althochdeutsches Lesebuch, Nr. XXIX. – Übersetzung: Schlosser 1970, S. 28f. – Literatur: Ute Schwab, Die Sternrune im Wessobrunner Gebet. Beobachtungen zur Lokalisierung des clm 22053, zur Hs. BM Arundel 393 und zu Rune Poem V. 86–89. Amsterdam 1973. – Norbert Voorwinden, Das Wessobrunner Gebet. Bemerkungen zu Entstehung und Form. Neophilologus 59 (1975), S. 390–404.

Bedas Aufzählung der von Caedmon behandelten biblischen Stoffe schließt ausdrücklich auch »viele Gedichte über die Schrecken des künftigen Gerichts, über die furchtbare Höllenpein und die Seligkeiten des ewigen Lebens« ein. Die Aussicht auf Lohn und Strafe für Gläubige und Ungläubige, Gerechte und Sünder vor Gott, gehört zu den zentralen und wirkungsvollsten Argumenten der frühen Glaubenspropaganda. Auch die christliche Dichtung nimmt sich dieses dankbaren Themas immer wieder an. Aus hochdeutschem Sprachgebiet ist ein Bruchstück überliefert, das nach dem im Mittelpunkt stehenden (poetischen?) Wort für Weltuntergang ›Muspilli‹ genannt wird. Überlieferung, Sprachstand, Lokalisierung, Datierung und theologischer Gehalt sind umstritten.

TEXT UND ÜBERLIEFERUNG: Anfang und Schluß fehlen, da die Eintragung durch eine des Schreibens offenbar ungeübte Hand auf den Anfangs- und Schlußseiten eines lateinischen Codex erfolgte, dessen Umschlagseiten durch spätere Umbindung verlorengingen. Auf ihnen waren offensichtlich die fehlenden Partien aufgezeichnet. Einige der erhaltenen 103 stabreimenden Langzeilen sind aber auch auf dem unteren breiten Rand der Seiten 119^{v} und 120^{r} geschrieben. Die Eintragung des deutschen Gedichts in eine Handschrift des pseudoaugustinischen Sermo ›De symbolo contra Iudaeos‹ (Bayerische Staatsbibliothek München) ist bemerkenswert, weil der Codex nach Auskunft der Widmungsverse des Bischofs Adalram von Salzburg (821–836) aus dem Besitz König Ludwigs des Deutschen stammt. Daß Ludwig selbst der Schreiber des deutschen Textes gewesen sei, wird heute nicht mehr behauptet. Die Mischung fränkischer und bairischer Dialektmerkmale wie älterer und jüngerer Sprachformen ist unterschiedlich gedeutet worden. Eine einhellige Meinung über Herkunft und Datierung der Aufzeichnung hat sich bis heute nicht herausgebildet. Sicher ist nur, daß das ›Muspilli‹ im 9. Jahrhundert entstanden ist, überregionale Verbreitung gefunden hat und wohl erst nach der Mitte des Jahrhunderts in der erhaltenen Form aufs Pergament fand. Gemessen am Ideal eines regelhaft gebauten Stabreimverses ist die Form des ›Muspilli‹ durch äußerste Zerrüttung gekennzeichnet. Verstöße hinsichtlich der Stabverteilung, fehlender Stabreim, unvollständige und endreimende Verse wechseln miteinander. Man kann dies alles als Zeichen des Verfalls werten oder auch die Spuren eines Neuanfangs darin erblicken, »auf dem Wege vom Stabreim- zum Endreimverse« (Georg Baesecke).

Der Inhalt erscheint seltsam disparat, so daß man lange Zeit davon ausging, es müsse sich um die nachträgliche Kompilation ursprünglich selbständiger Teile handeln, und also versucht hat, diese Teile voneinander zu sondern. Der erhaltene Text setzt ein mit dem Tod des Menschen, spricht vom Streit der Engel und Teufel um seine Seele, von Himmel oder Hölle als dem Schicksal der Einzelseele und malt besonders die Freuden des Himmels aus (vv. 1–17). Es folgt eine predigtartige Erweiterung, die inhaltlich und formal derart aus dem Rahmen fällt, daß sie wiederholt von Herausgebern und Interpreten als späterer Einschub erklärt worden ist (vv. 18–24). Danach werden die Qualen der Hölle geschildert (vv. 25–30). Mit der Vorladung zum Jüngsten Gericht wird der Faden der Erzählung wieder aufgenommen (vv. 31–36). Vers 37 setzt neu ein mit der bekannten epischen Formel *Daz hortih rahhon* (»Das hörte ich sprechen«) und leitet über zur Darstellung des Kampfes zwischen dem Propheten Elias und dem Antichrist. Dieser Kampf findet nach traditioneller theologischer Spekulation entweder ein gutes oder ein böses Ende. Im ›Muspilli‹ besiegt Elias den Antichrist, wird aber selbst verwundet; sein auf die Erde tropfendes Blut löst den Weltenbrand aus (vv. 44–54). Wieder folgt ein predigtartiger Einschub mit der eindringlichen Erinnerung an das unausweichliche eschatologische Schicksal (vv. 63–72). Danach ist alles nur noch Erzählung: Die Posaune des Jüngsten Gerichts ertönt, der Weltenrichter eilt zum Richtplatz, die Toten stehen aus ihren Gräbern auf, um sich zu rechtfertigen, und der Gerichtsgang nimmt seinen Lauf. Mit der Anschauung des Crucifixus bricht der Text ab (vv. 73–103).

Man hat die verschiedensten Gliederungsvorschläge gemacht, um sich der Einheitlichkeit oder Disparität des Gedichts zu versichern. So wenig diese Bemühungen heute noch Beifall finden, so sehr leuchten doch bestimmte Überlegungen und Argumente ein, mit denen die z. T. schwerwiegenden Eingriffe gerechtfertigt wurden. Der Rahmenteil nämlich läßt sich relativ einfach auf geläufige theologische Vorstellungen und Quellen zurückführen, die sich den neutestamentlichen eschatologischen Aussagen anschließen wie der Erzählung von Abrahams Schoß (Lk. 16,22) und der Verheißung des Himmelreichs für den reuigen Schächer am Kreuz (Lk. 23,42). Der Antichristkampf des Mittelteils dagegen kombiniert legendarische und biblische Motive, ausgehend von Vorstellungen der Johanneischen Apokalypse (11,3ff. und 12,7ff.), wo vom Kampf des Erzengels Michael mit dem Drachen die Rede ist. Die dort nicht mit Namen genannten »Zeugen Gottes«, die durch die Hand des Antichrist fallen, sind nach apokrypher und legendarischer Überlieferung die Propheten Elias und Enoch. Von ihnen ist nämlich im Alten Testament gesagt, sie seien direkt in den Himmel entrückt worden und nicht dem fleischlichen Tode anheimgefallen. Deshalb können sie den Kampf gegen den Antichrist bestreiten, der ja *vor* der Aufweckung der Toten stattfindet. Die Verbindung von Elias mit dem Weltenbrand lag nahe durch die wieder dem Alten Testament entnommene Vorstellung eines Feuerwagens und feuriger Rosse, mit deren Hilfe er in den Himmel aufgefahren sei. Daß aus seinem auf die Erde tropfenden Blut der Weltenbrand entstehe, ist – wie die jüngste Forschung gezeigt hat – eine nicht nur in slawischer Legendentradition, sondern auch in westlicher Theologie vertretene Ansicht.

Die eigentliche Faszination geht von dem zentralen Begriff *muspilli* aus, einem Wort ungeklärter Herkunft, unsicherer Etymologie und nur vage bestimmbarer Bedeutung. Es erscheint nicht nur in dem nach ihm genannten Gedicht, sondern taucht auch zweimal im altsächsischen ›Heliand‹ und mehrfach in altnordischen Texten auf, merkwürdigerweise aber nicht in der relativ breit überlieferten angelsächsischen Stabreimpoesie. Im Altnordischen heißen die als Feuerdämonen gedachten Götterfeinde Muspellssöhne *(Muspellz synir)* oder Muspellsleute *(Muspellz lýþir)*. Sie hausen in Muspellsheim. Im ›Heliand‹ bezeichnet *mûdspelli* (v. 2591) und *mûtspelli* (v. 4358) das Ende der Welt. Deutlicher werden uns die dahinter aufleuchtenden Vorstellungen nicht. Wir können nur so viel mit einiger Sicherheit sagen, daß im ›Heliand‹ wie im ›Muspilli‹ das Wort die äußerste Steigerung des zu benennenden Schreckens signalisiert.

Auch die Wortbildung bleibt unklar. Einig ist man sich darüber, daß es sich um ein Kompositum handelt, zusammengesetzt aus zwei jeweils sehr unterschiedlich gedeuteten Bestandteilen. Zwei Erklärungsmöglichkeiten konkurrieren miteinander:

1. Das Wort ist altgermanisch-heidnischen Ursprungs.
   Erster Bestandteil *mu-* oder *mud-* ist dunkel.
   Zweiter Bestandteil *spell* (*spillan*, *spildan* etc.) = »Bruch«, »Schaden«.
   Also: *muspilli* = »Vernichtung« (von?, durch?).
2. Das Wort ist christlichen Ursprungs, im Altsächsischen (Angelsächsischen?) entstanden und als Lehnwort nach Norden und Süden gewandert:
   a) Erster Bestandteil lateinisch *mundus* = »Welt«.
   Zweiter Bestandteil *spell* = »Rede«.
   Also: *muspilli* = »Verkündigung des Weltendes«.
   b) Erster Bestandteil gotisch *munþs*, altsächsisch *mûd*, hochdeutsch »Mund«.
   Zweiter Bestandteil *spell* = »Rede«.
   Also: *muspilli* = »Mundwort« qua »Richtspruch, Schicksal«.
   c) Erster Bestandteil ... »Mund«.
   Zweiter Bestandteil ... »Verderben« (vgl. 1.).
   Also: *muspilli* = »Mundverderben« oder »Mundverderber«.
   d) Erster Bestandteil ... »Mund«.
   Zweiter Bestandteil *bill* = »Schwert«.
   Also: *muspilli* = »Mundschwert, Urteil beim Jüngsten Gericht« (cf. Offb. 19,21).

Von hohem Interesse sind die Reflexe der historischen Gegenwart, die sich im ›Muspilli‹ finden. Dies gilt insbesondere für die prononcierte Darstellung des Rechtsganges im Zusammenhang des Jüngsten Gerichts. Zugrunde liegt offensichtlich die zeitgenössische Vorstellung eines Königsgerichts. Rechtsvorstellungen und Rechtstermini finden sich etwa im Aufruf zum Gericht (vv. 31ff.); im Delikt des Verwandtenkampfes (v. 60); im Delikt des Totschlags (v. 93); im Hinweis auf die Bestechlichkeit der Richter (vv. 63ff.); im Waffenschutz für den Richter (vv. 73ff.); in der Absteckung der Gerichtsstatt (v. 77); in der Art, wie die Angeklagten vor Gericht gewiesen werden (v. 80) und wie der Umstand gebildet wird (vv. 87f.); im Geständniszwang (vv. 90ff.).

Die Warnung vor der Bestechlichkeit der Richter könnte aus konkretem Anlaß erfolgt sein. Im Jahre 802 erließ Karl der Große ein ›Capitulare missorum generale‹, das eben diese Mißstände abstellen sollte. Aber auch danach finden wir die gleichen Klagen immer wieder, so daß eine engere Verbindung des Gedichts mit ganz bestimmten zeitgenössischen Vorgängen nicht eindeutig herzustellen ist. Auch die in jüngster Zeit erneut behauptete direkte Beziehung zu Ludwig dem Deutschen, dem Widmungsträger des lateinischen Codex, bleibt eine schöne Hypothese.

AUSGABE: Althochdeutsches Lesebuch, Nr. XXX. – ÜBERSETZUNG: de Boor, S. 114f. (Ausschnitt). – LITERATUR: Cola Minis, Handschrift, Form und Sprache des Muspilli. Berlin 1966. – Hans Hugo Steinhoff in: VL 6, 1987, Sp. 821–828.

6. Christliche Buchdichtung

Christliche Kunstdichtung setzt ein mit Bibelparaphrasen. Die Versifizierung des Alten und Neuen Testaments oder einzelner biblischer Bücher steht in der Tradition einer antiken Schulübung. Ihr literarischer und theologischer Anspruch aber reicht weit darüber hinaus, wenn auch ihre ästhetischen Möglichkeiten durchaus begrenzt sind. Die Paraphrase konnte episch, hymnisch oder kommentierend den vorgegebenen Text erweitern. Oder sie konnte, nach wiederum vorgegebenen Regeln der

Rhetorik, raffen und kürzen. So entwickelt die spätantike metrische Bibelparaphrase oder Bibeldichtung in den engen Grenzen ihrer Bindung an einen vorgegebenen Inhalt eine gewisse Vielfalt, bleibt aber ohne eine verbindliche Formvorstellung, die über den Hexameter und die klassizistische Stilgebung hinausginge.

Die lateinische Bibeldichtung setzt ein mit der hexametrischen Evangelienharmonie des spanischen Presbyters Juvencus in der ersten Hälfte des 4. Jahrhunderts und endet im 6. Jahrhundert mit Arator, der eine Paraphrase der Apostelgeschichte geliefert hat, die im Jahre 544 in Rom bekannt gemacht wurde. Zu den größeren, jeweils mehrere tausend Verse umfassenden Werken gehören eine Evangeliendichtung des Caelius Sedulius, das sog. ›Carmen paschale‹ (»Ostergedicht«), die der geistliche Dichter noch einmal in Prosa paraphrasiert und zur Unterscheidung ›Opus paschale‹ (»Osterwerk«) genannt hat. Die Genesis und eine Reihe historischer Bücher des Alten Testaments hat im Anschluß an Juvencus ein Cyprianus (Poeta) bearbeitet. Die Genesis ist auch Gegenstand der Gedichte von C. Marius Victorius und Alcimus Avitus und des ersten Buches der sog. ›Laudes Dei‹ (»Lobgesänge auf Gott«) des Nordafrikaners Blossius Aemilius Dracontius, von dem auch heidnische Poesien überliefert sind. Daneben gibt es eine ganze Reihe kleinerer Gedichte, christliche Vergilcentonen wie den einer adligen römischen Dame aus der Mitte des 4. Jahrhunderts namens Proba; Gedichte über einzelne Episoden des Sechstagewerks, den Untergang Sodoms und Gomorrhas und die wunderbare Rettung des Propheten Jona im Bauch eines Walfischs; über das Martyrium der makkabäischen Brüder; über Johannes den Täufer und über das Leben Christi, über seine Wundertaten und über seinen Erlösungstod.

Für die mittelalterliche Literatur sind die größeren lateinischen Bibelepen deshalb von besonderer Wichtigkeit, weil sie dem Kanon der klösterlichen Schullektüre zugerechnet wurden. Wir besitzen also von den meisten (besonders von Juvencus, Sedulius und Arator) eine Fülle jüngerer Handschriften und in ihnen volkssprachliche Glossen, die ihr Verständnis und ihre Verarbeitung in aufschlußreicher Weise dokumentieren. Christliche Dichtung ohne die Kenntnis dieser neuen Literaturtradition oder wenigstens des Faktums ihrer Existenz ist künftig nicht mehr denkbar. Das lateinische Vorbild hat das Entstehen epischer Großformen in den Volkssprachen ermöglicht und beeinflußt. Das gilt auch und gerade für die westgermanische

Stabreimdichtung christlichen Inhalts, obwohl wir kaum Beweise für einen direkten Einfluß haben.

LITERATUR: Max Wehrli, Sacra poesis. Bibeldichtung als europäische Tradition. In: FS Friedrich Maurer. Stuttgart 1963, S. 262–283. Wieder in: Ders., Formen mittelalterlicher Erzählung. Aufsätze. Zürich, Freiburg i.Br. 1969, S. 51–71. – Reinhart Herzog, Die Bibelepik der lateinischen Spätantike. Formgeschichte einer erbaulichen Gattung. Bd. 1. München 1975. – Dieter Kartschoke, Bibeldichtung. Studien zur Geschichte der epischen Bibelparaphrase von Juvencus bis Otfrid von Weißenburg. München 1975. – Ders., Altdeutsche Bibeldichtung. Stuttgart 1975. – J. Sidney Groseclose u. Brian O. Murdoch, Die althochdeutschen poetischen Denkmäler. Stuttgart 1976. – Achim Masser, Bibel- und Legendenepik des deutschen Mittelalters. Berlin 1976.

Stabreimende Bibeldichtung

Der Beginn einer vulgärsprachlichen Dichtung christlichen Inhalts und Interesses gehört noch ganz der Sphäre der Mündlichkeit an. Das gilt auch für die ältesten Aufzeichnungen, für Caedmons ›Hymnus‹, für das ›Wessobrunner Schöpfungsgedicht‹ und wohl auch noch für Teile des ›Muspilli‹. Zugleich aber spiegelt sich in ihnen doch auch schon die, wie immer vermittelte, Kenntnis einer insularen christlichen Literatur (Reflexe des angelsächsischen Gedichts ›Krist III‹ im ›Muspilli‹), deren Existenzform nicht mehr ausschließlich der mündliche Vortrag, sondern schriftliche Aufzeichnung und buchmäßige Verbreitung war. Wann dieser Prozeß der Verschriftlichung einsetzte, ist jedoch ebenso umstritten wie die Datierung der erhaltenen angelsächsischen Gedichte ›Genesis‹, ›Exodus‹, ›Daniel‹, ›Azarias‹, ›Judith‹, der Kompilation ›Christ und Satan‹ oder der verschiedenen ›Doomsday Poems‹, denen zumindest in der Stoffwahl das ›Muspilli‹ nahesteht. Die deutsche Stabreimdichtung christlichen Zuschnitts kann jedoch nicht als bloßer Ableger der angelsächsischen stabreimenden Buchepik gelten.

›Heliand‹ nannte der erste wissenschaftliche Herausgeber Johann Andreas Schmeller das umfangreiche altsächsische Evangeliengedicht in Stabreimversen, d.h. »Heiland«, und bezeichnete damit genau den Inhalt, nämlich das Erdenleben Christi von seiner Geburt bis zur Himmelfahrt, das erzählt wird unter Zugrundelegung der alten und bewährten Evangelienharmonie des Tatian.

Text und Überlieferung: Wir besitzen zwei fast vollständige Handschriften und drei kleine Fragmente von jeweils nur wenigen Versen. Die vollständigste Handschrift ist der im British Museum aufbewahrte und wohl erst aus dem 10. Jahrhundert stammende Codex Cottonianus (C). Die Münchener Handschrift (M) ist älter (wohl noch im 9. Jahrhundert geschrieben), aber stärker beschädigt, so daß etwa 6 Blätter des ursprünglichen Bestandes verloren sind. In beiden Handschriften fehlt der Schluß. Die Bruchstücke P (Prager Fragment; jetzt Berlin, Museum für deutsche Geschichte), V (Vatikanische Handschrift, Rom, enthält auch die Fragmente aus der altsächsischen ›Genesis‹) und S (die erst in den letzten Jahren aufgefundenen Bruchstücke aus Straubing, jetzt in der Bayerischen Staatsbibliothek, München) repräsentieren drei weitere, der zweiten Hälfte des 9. Jahrhunderts angehörende Handschriften. Man vermutet, daß die im 16. Jahrhundert gedruckte lateinische ›Heliandpraefatio‹ (s. u.) einer seither verschollenen Handschrift mit den beiden altsächsischen Bibelgedichten, ›Heliand‹ und ›Genesis‹, zugehört hat.

Das zentrale, bis heute ungelöste und letztlich wohl unlösbare Problem stellt die Heliandsprache dar. Während das Althochdeutsche uns in einer Mannigfaltigkeit chronologischer und regionaler Abstufungen präsent ist, wird das Altniederdeutsche durch die – von wenigen anderen schriftlichen Zeugnissen abgesehen – relativ einheitliche Überlieferung in den Bibelgedichten repräsentiert, deren Schriftsprache wir »Altsächsisch« nennen. Aber dieses »Altsächsische« ist kein einheitlicher Dialekt, sondern eine Kunstsprache. In dieser Hinsicht spricht man von ihrem »Mischcharakter«, von ihrer »Dualität«, »Zweischichtigkeit« oder »Zweigesichtigkeit«, und meint damit das bislang nicht befriedigend geklärte Ineinander von (überwiegend) niederdeutschen und fränkischen Elementen. Das Mischungsverhältnis ist zudem in den beiden vollständigen Handschriften C und M nicht das gleiche: C weist ungleich mehr fränkische Elemente auf als M. Die kleinen Bruchstücke stehen der frankonisierten Handschrift C nahe. Dieser Befund ist sehr unterschiedlich gedeutet worden. Allenfalls ist es möglich, den Entstehungsraum der einzelnen Handschriften genauer einzukreisen, die Frage nach der Heimat des ›Heliand‹ und seines unbekannten Dichters bleibt unbeantwortet.

Autor und Datierung: Im 16. Jahrhundert veröffentlichte der orthodoxe lutherische Theologe Matthias Flacius (Illyricus) einen ›Catalogus testium veritatis, qui ante nostrum reclamaverunt Papae‹, also eine Sammlung von Texten, durch die bewiesen werden sollte, daß schon lange vor der Reformation gegen die falsche Autorität des Papstes Widerstand geleistet worden sei. Der zweiten Auflage von 1562 fügte er zum Beweis, daß schon in der ältesten Zeit dem Volk die Bibel in seiner eigenen Sprache zugänglich gemacht worden sei, den lateinischen Brief Otfrids an Erzbischof Liutbert von Mainz und eine ›Praefatio in librum antiquum lingua Saxonica conscriptum‹ (›Vorrede zu einem alten, in sächsischer Mundart geschriebenen Buch‹) nebst ›Versus de poeta et interprete huius codicis‹ (›Verse über den Dichter und Übersetzer dieser Handschrift‹) hinzu. Schon im 17. Jahrhundert hat der Historiker Johann Georg Eckhart (oder Eccard) die beiden Texte mit dem ›Heliand‹ in Zusammenhang gebracht. Seither spricht man von der »apokryphen Heliandvorrede«, obwohl ein strikter Beweis fehlt, daß es sich wirklich um eine Vorrede zu dem altsächsischen Gedicht handelt. Schon gar nicht wissen wir, ob diese Vorrede etwa mit einer der uns bekannten Handschriften in Zusammenhang zu bringen sei oder – wohl eher – zu jener verlorengegangenen Leipziger Heliandhandschrift gehörte, die Martin Luther zeitweilig in seinem Besitz gehabt und eifrig studiert haben soll. Matthias Flacius hat über die Herkunft seiner Druckvorlage keine näheren Angaben gemacht. Die Unsicherheit wird noch vergrößert dadurch, daß Prosa- und Versteil inhaltlich nicht recht zusammenstimmen und der Prosateil (A) aus diesem Grund um eine vermittelnde Passage (B) erweitert worden ist. Daß es sich insgesamt nicht um eine – prinzipiell denkbare – humanistische Fälschung im kontroverstheologischen Interesse handelt, beweist das sonst nur aus altenglischer Überlieferung bekannte Wort »Fitte« für Abschnittsgliederung, das im 16. Jahrhundert nicht mehr geläufig war.

Die einander widersprechenden Nachrichten sind einerseits die Auskunft, Kaiser Ludwig habe einen bekannten (oder: edlen) sächsischen Dichter mit der Abfassung einer volkssprachlichen Bibelparaphrase betraut (Prosateil A), und andererseits die von Bedas Bericht von Caedmon angeregte Dichterlegende, ein aller poetischen Fähigkeiten entbehrender Landmann habe unter Einwirkung der göttlichen Gnade plötzlich zu dichten begonnen (Prosateil B und *Versus*). Dies sind die beiden einzigen Angaben zur Person des Dichters: *quidam de gente Saxonum* und *non ignobilis vates,* d.h. »einer aus dem Stamm der Sachsen« und »ein nicht unbekannter (oder: nicht unwürdiger, also adliger?) Dichter«. Man hat bis heute vergeblich versucht, der Identität dieses anonymen Dichters auf die Spur zu kommen. Zuletzt hat Wolfgang Haubrichs die Gleichsetzung des *non ignobilis vates* mit der historischen Person eines *notarius Adal-leod* plausibel zu machen versucht. Die Datierung des ›Heliand‹, soweit sie von der ›Heliandpraefatio‹ ausgeht, hängt ganz davon ab, ob *Ludouuicus piissimus* als Ludwig der Fromme zu verstehen ist, wie die ältere Forschung mit Selbstverständlichkeit annahm, oder nicht auch als Titulatur Ludwigs des Deutschen gelten kann, wie die neuere Forschung wahrscheinlich gemacht hat. Je nachdem hätten wir also von einer Entstehung des ›Heliand‹ nach 814 oder nach 840 auszugehen. Die Benutzung des Matthäuskommentars von Hrabanus Maurus, der 821 fertiggestellt wurde, ist nur für die Präzisierung der Frühdatierung von Wert, während die Spätdatierung in dem Maße entschärft wird, als es denkbar erscheint, daß Ludwig der Deutsche, wenn er der Auftraggeber gewesen sein sollte, die Entstehung des ›Heliand‹ auch schon vor seinem

Regierungsantritt, also vor 840, veranlaßt haben könnte (Wolfgang Haubrichs).

Der ›Heliand‹ ist in den vollständigen Handschriften in Abschnitte eingeteilt, die in C nach angelsächsischem Vorbild durchnumeriert wurden. Die apokryphe ›Heliandvorrede‹ spricht davon: *omne opus per vitteas distinxit* (der Dicher »hat das ganze Werk in Fitten eingeteilt«). Die folgende Inhaltsübersicht orientiert sich an dieser Einteilung.

Die erste Fitte ahmt in den einleitenden Versen offensichtlich den Eingang des Lukasevangeliums nach und schließt eine Art Prolog an, der sich von der lateinischen Kunstdichtung christlichen Inhalts durchaus unterscheidet. Nicht ist hier die Rede vom Werk und der Aufgabe des Dichters, von seiner Bedenklichkeit, Unwürdigkeit und zugleich frommen Zuversicht; nicht vom gottgefälligen Zweck der Dichtung; nicht von der Erbaulichkeit ihres Inhaltes und von der Verdienstlichkeit ihrer Präsentation und Rezeption. Und schon gar nicht nennt der Dichter seinen Namen. Solche Anonymität kann ihren Grund in der üblichen Bescheidenheit des geistlichen Verfassers haben, kann aber auch in der Tradition germanischer Heldendichtung und ihrer Rhapsoden stehen, die grundsätzlich ungenannt bleiben. Prolog bedeutet hier Einführung in das Heilandsleben derart, daß von den Aposteln die Rede ist, die allein berufen waren, das Evangelium aufzuzeichnen. Im weiteren wird der heilsgeschichtliche Horizont abgesteckt: Schöpfung – Anbruch des sechsten und letzten Weltalters – das römische Reich – sein Statthalter im Judenlande – Zacharias, Priester in Jerusalem. In dieser perspektivischen Zuspitzung des Allgemeinen zum Besonderen erfolgt die Hinwendung zum Ort des Geschehens, zu seinen Protagonisten, zum Beginn des Heilandslebens. Da wir im Falle der Bibeldichtung zunächst immer davon ausgehen können, daß alle Zutaten, Erweiterungen und exegetischen Kommentare nicht Eigentum der Dichter sind, sondern aus der gängigen theologischen Literatur stammen, ist es um so bemerkenswerter, daß für die erste Fitte des ›Heliand‹ eine Quelle oder Vorlage in der kirchlichen Literatur sich bislang nicht hat ausfindig machen lassen.

Mit der Erwähnung des Priesters Zacharias beginnt die evangelische Erzählung: Verkündigung Johannes des Täufers (Fitte 2) und seine Geburt (Fitte 3). Die vierte Fitte eröffnet das eigentliche Heilandsleben mit der Verkündigung Marias. Es folgt die Geburt Christi (Fitte 5), also die Paraphrase der Weihnachtsgeschichte. In der sich anschließenden Darstellung Jesu im Tempel (Fitte 6) läßt der Helianddichter den befremdlichen Ritus der Beschneidung weg und verbreitet sich dafür ausgiebig über die Verheißung der Taten Christi. Die nächsten Fitten erzählen von der Ankunft der Weisen aus dem Morgenlande (Fitte 7), von ihrer Anbetung (Fitte 8), vom bethlehemitischen Kindermord und von der Flucht nach Ägypten (Fitte 9), vom zwölfjährigen Jesus im Tempel (Fitte 10), von Johannes dem Täufer (Fitte 11), der Jordantaufe Jesu (Fitte 12) und von der Versuchung in der Wüste (Fitte 13).

Mit Fitte 14 beginnt der Hauptteil: Christi Gleichnisreden, Lehren und Wundertaten (Fitten 14 bis 53). Gleich nach der Berufung der Jünger wird in aller Ausführlichkeit die Bergpredigt wiedergegeben. Es ist von historischer Bedeutung und literarischem Interesse zu beobachten, wie hier das Ethos absoluter Gewaltlosigkeit einer Sprach- und Vorstellungswelt eingepaßt wird, für die Gewalt, Kampf und Tod zu den zentralen poetischen Themen und fundamentalen gesellschaftlichen Konstituenten gehören. Die Bergpredigt reicht bis Fitte 23. Dann folgen die Wundertaten, Gleichnisreden und Weissagungen Christi (Fitten 24 bis 53). Den Abschluß dieses Mittelteils (die Handschriften M und C deuten eine solche Großgliederung dadurch an, daß sie danach die Zwischenüberschrift *Passio (Domini)* einfügen bzw. als Randglosse hinzusetzen) bilden die Weissagungen von den Letzten Dingen und vom Jüngsten Gericht (Fitten 52 und 53). Die Darstellung gipfelt in der apokalyptischen Vision des Weltenbrandes. Hier ist auch das geheimnisumwitterte, offensichtlich höchsten Schrecken signalisierende Wort *mûtspelli* (v. 4358) anzutreffen.

Die Passionsgeschichte (ab Fitte 54) beginnt mit der auch sonst im ›Heliand‹ gelegentlich gebrauchten epischen Einleitungsformel *So gefragn ik* (v. 4452) und endet mitten in der Erzählung der zweiten Erscheinung des Auferstandenen vor den beiden Jüngern auf dem Wege nach Emmaus (Fitte 71). Die Münchener Handschrift (M) bringt noch 15 Verse aus dem verlorenen Schlußteil über Christi Himmelfahrt.

Dem Helianddichter geht es um die poetische Wiedergabe des biblischen Wortlauts, die wenigen Ergänzungen aus andern Quellen dienen der Vervollständigung, Präzisierung oder Veranschaulichung der Erzählung. Eine Ausnahme von solcher auf der Ebene der *historia* verharrenden Schriftbehandlung machen nur die 42. und die 44. Fitte. In Fitte 42 schließt sich an das Gleichnis von den Arbeitern im Weinberg ein längerer katechetischer Passus nach dem Evangelienkommentar des Hrabanus Maurus an, in dem das mit dem Gleichnis bezeichnete richtige Verhalten der Menschen vor Gott erläutert wird. Die Fitte 43 erzählt von der Blindenheilung vor Jericho. In der darauf folgenden Fitte 44 wird zum ersten und einzigen Mal die Ebene der *historia* und ihrer moralischen Auslegung verlassen und der mystische Sinn der Erzählung hervorgehoben und in Anlehnung an den Lukaskommentar Bedas (zu Lk. 18,35) erläutert: Der Blinde bedeute das ganze Menschengeschlecht, das erst der Heiland sehend gemacht habe. In gleicher Weise wird die Deutung des Ortsnamens Jericho zum Anlaß einer mystischen Interpretation.

Man hat schon im 19. Jahrhundert und dann gesteigert in den Jahren des Nationalsozialismus viel Aufhebens gemacht von der angeblichen »Germanisierung« der christlichen Glaubenslehre durch den Helianddichter. Der stilistische Befund ist eindeutig: Christus ist als König gedacht, als Gefolgsherr und Landesherr, er ist gewaltig, stark, berühmt und der Könige mächtigster. Er stammt aus edlem Geschlecht, wie dies schon die Evangelisten sagen (»aus dem Hause und Geschlechte Davids«). Auch seiner Mutter wird – gegen den biblischen Bericht, aber gestützt auf entsprechende exegetische Traditionen – eine hohe Abstammung zugeschrieben. Die Jünger sind Helden, treue Gefolgsleute und klug im Rat. Die Schilderung des Seesturms gehört ebenso in den mitteleuropäischen Erfahrungs- und Lebensraum wie das Detail, daß die Hirten des Nachts nicht Schafe, sondern ihre *Rosse* weiden. In der Hochzeit von Kana und dem Festmahl des Herodes hat man die Beschreibung eines deutschen Gastmahls erblicken wollen. Solcher Einfärbung der biblischen Lebenswelt ins Heimische und Vertraute sollte nun auch das Ethos des in ihr agierenden heilsgeschichtlichen Personals entsprechen. Einige Passagen wurden wegen ihres vorgeblichen Beweischarakters immer wieder zitiert; so das Bekenntnis des Jüngers Thomas, dem Herrn treu bleiben und um des Nachruhms willen für ihn den Tod erleiden zu wollen (Fitte 48), oder der berühmte Schwerthieb, mit dem Petrus dem Söldnerführer Malchus das Ohr abhaut, um die Gefangennahme Jesu zu verhindern (Fitte 58). Daß hier die Freude am kriegerischen Detail hörbar wird, daß damit die zur Untätigkeit und Gewaltlosigkeit verpflichteten Jünger exkulpiert werden sollen, ist nicht zu bestreiten. Aber der Sache, der Demut des Leidens Christi und dem für die ersten Hörer sicher befremdlichen Opfertod, wird damit kein Abbruch getan. Wenn man all das schon als »Germanisierung des Christentums« zu verstehen bereit war, um wieviel mehr mußte dies hinsichtlich vermeintlich germanisch-mythischer Wörter und Vorstellungen berechtigt erscheinen. Das Wort *mûtspelli* bot dafür ebenso zweifelhaften Anlaß wie das vorgeblich alte Schicksalswort *wurd* und seine Synonyma *(uurdigiscapu, metodugiscapu* und *regangiscapu).* Reine Spekulation aber ist die Behauptung, daß hier »germanischer Schicksalsglaube« sich ausspreche. Vielmehr lassen sich dafür eindeutig biblische Gedanken und Formulierungen zur Erklärung ins Feld führen.

Die sog. Germanisierung ist Mittel und Ergebnis sowohl eines rhetorischen wie missionstaktischen Vorgangs. Stilgeschichtlich betrachtet, handelt es sich um die notwendige Umsetzung des geistlichen Stoffes in das formale und sprachliche Repertoire einer vorgefundenen Dichtungstradition. Schon die spätantiken Bibelepiker hatten mit dem Mittel der klassischen Epensprache den christlichen Inhalt zu fassen versucht. Auch dort spricht man analog von einer »Romanisierung« der Bibel – ohne freilich in vergleichbarer ideologischer Borniertheit daraus auch auf eine Entfremdung der christlichen Heilslehre von sich selbst zu schließen. »Germanisierung« meint unter dem Aspekt der allgemeinen Missionstaktik eine Methode der Anpassung an den jeweiligen Kommunikationszusammenhang, eine Form der äußerlichen Akkommodation (wie das dafür gebräuchliche Fachwort lautet), die die Kirche seit jeher praktiziert hat.

Der Charakter des ›Heliand‹ als Buchdichtung wird deutlich an der Umprägung des alten Stabreimverses. Die Wucht der alten Langzeile, die affektive Hervorhebung der sinntragenden Wörter durch die Alliteration, die blockhafte Aneinanderreihung der einzelnen Langzeileneinheiten durch den Zusammenfall von Vers- und Satzgrenze und die entsprechend einfache Syntax (Parataxe) – all dies wird aufgegeben zugunsten einer breit fließenden, nur durch die rezitierende Lesung reproduzierbare Epensprache, deren Wortreichtum die Grenzen der Verse und ihren ursprünglichen Rhythmus auflöst. Die Senkungssilben werden bis an die Grenzen der Aufnahmefähigkeit der Langzeile vermehrt. Diese »Schwellverse« lassen sich manchmal nur noch realisieren, wenn man eine regelwidrige Vermehrung der Hebungssilben zuläßt. Die Übereinstimmung von Verseinheit und syntaktischer Einheit, der Zusammenfall von Versende und Satzende, ist weithin aufgegeben zugunsten einer übergreifenden Struktur (»Hakenstil«). Hinzu kommen stilistische Mittel wie die häufige Verwendung der indirekten Rede und die stark hypotaktische Fügung im Satzbau, die Merkmale einer auf Buch und Schrift hin konzipierten Textkonstitution sind und nicht mehr der *oral poetry* angehören.

Das auffälligste Charakteristikum der geistlichen Buchdichtung in Stabreimversen und der altsächsischen Bibeldichtung im besonderen ist die Variation. Man versteht darunter »ein *Zurücklenken* zu einem Begriff oder Gedanken, den der Hörer schon verlassen glaubte; noch eh der Dichter einen Ruhepunkt erreicht hat, *wiederholt* er das Gesagte, aber mit einem *neuen* ›variierenden‹ Ausdruck, so, daß diese Wiederholung logisch und syntaktisch rein entbehrlich, lostrennbar wäre. ›Vor Frevel scheuten nicht, vor Schaden, die Übeltäter‹; ›nicht konnte man an seinen Reden werden, an seinen Worten, gewahr, daß er solche Weisheit besaß, der Jüngling, solche Denkkraft‹« (Andreas Heusler). Die Wiederholung (der Parallelismus o.ä.) ist als Kunstmittel gehobenen Sprechens auch in anderen Literaturen und rhetorischen Traditionen bekannt. Wir finden sie in der Psalmendichtung (z.B. Ps. 2,4f. »Aber der im Himmel wohnet, lachet ihrer und der Herr spottet ihrer. Er wird einst mit ihnen reden in seinem Zorn, und mit seinem Grimm wird er sie schrecken«). In der spätantiken Bibeldichtung ist die Wiederholung ein Mittel der Periphrase. Häufigkeit und Besonderheit der westgermanischen Variation aber sind weder eindeutig auf den *parallelismus membrorum* der hebräischen Poesie noch auf die weniger dominante rhetorische *amplificatio* der nachklassischen lateinischen Epik zurückzuführen, noch sind sie Kennzeichen der germanischen Dichtung schlechthin. Denn die Technik der Variation findet qualitativ sehr unterschiedliche Anwendung. Die prozentuale Häufigkeit von variierenden Ausdrücken und Formulierungen reicht von 3,5 Prozent (›Edda‹) bis 25,4 Prozent (›Heliand‹) und 27,3 Prozent (›Altsächsische Genesis‹). Die angelsächsischen geistlichen Stabreimgedichte bleiben deutlich unter der Spitzenposition der altsächsischen Bibelgedichte (fast durchweg unter 20 Prozent). Doch auch dies sind noch immer Verhältnisse, die die Variation als besonders der christlich inspirierten volkssprachlichen Dichtung eigene Stilfigur erscheinen lassen.

Wenn der ›Heliand‹ als Buchgedicht anzusehen ist, wenn die

ästhetische Ambition des Helianddichters sich an der lateinischen Bibeldichtung messen läßt – dann ist die Frage erlaubt, ob er nicht vielleicht typisch buchmäßige Organisationsprinzipien realisiert hat, wie sie die lateinische Dichtung der Karolingerzeit prägen. Zu diesen gelehrten Organisationsformen gehören auch die Zahlenkomposition und im Extrem das Bild- und Figurengedicht, deren berühmtestes Beispiel der hrabansche Gedichtzyklus ›De laudibus sanctae crucis‹ (›Lobpreisungen des heiligen Kreuzes‹) darstellt. Der ›Heliand‹ wird sich dem Extremfall solcher Figurengedichte schon deshalb nicht vergleichen lassen, weil dazu eine relativ feste graphische Konvention, eine »Orthographie«, vonnöten ist, die derartige Figurationen überhaupt erst möglich macht. Die noch freie Graphie der volkssprachlichen Dialekte verbietet eine solche Ambition von vornherein. Anders zu bewerten ist die Behauptung einer zahlenmäßig organisierten Versordnung im ›Heliand‹. Die Zahl der Fitten und Verse, ihre relative Verteilung auf den Inhalt, seine Schwerpunkte und zentralen Formulierungen, könnten durchaus eine durchdachte Komposition, eine Art Tektonik, ein Baugesetz, erkennen lassen. Die einschlägigen Analysen (besonders von Johannes Rathofer) haben jedoch nicht auf festen Boden geführt, so eindrucksvoll auch die Interpretation des ›Heliand‹ dadurch gefördert wurde.

Breiten Raum nimmt in der Forschung die Suche nach den Quellen und die Frage nach einer eigenen Theologie des Helianddichters ein. Die Quellenfrage ist jedoch von untergeordneter Bedeutung, da die Erzählung des Heilandlebens weitgehend auf der Ebene der *historia,* des litteralen Schriftsinns, verharrt und damit vornehmlich der unmittelbaren Anschauung dient. Die wenigen epischen Zusätze stammen aus exegetischer und legendarischer Tradition. Dazu gehört beispielsweise die Erzählung, wie der Teufel durch die Frau des Pilatus den Kreuzes- und Erlösungstod Christi verhindern will. Exegetische Anregungen werden dem Dichter aus den Evangelienkommentaren von Beda, Alkuin und Hrabanus Maurus zugekommen sein. Eindeutige und durchgehende Abhängigkeit von einer Quelle oder Quellengruppe hat sich bis heute nicht nachweisen lassen.

Die Frage nach dem theologischen Gehalt oder gar einer eigenen Theologie des ›Heliand‹ ist müßig, weil selbst die kirchlich sanktionierte Theologie der Karolingerzeit eigene Positionen nicht anstrebte, vielmehr bemüht war, dem gesicherten und verbindlichen Erbe der Patristik in immer neuer Kombination und Kompilation Geltung zu verschaffen. Der eigenständige theologische Gedanke war verpönt. Wo er tatsächlich geäußert wurde, unterlag er strenger Zensur. Ein eindringliches und bedrückendes Beispiel dafür bietet das Schicksal des aus sächsischem Adel stammenden und gegen seinen Willen zum Mönchsleben gezwungenen Dichters und Theologen Godescalc oder Gottschalk (um 803 bis um 870), dessen eigenwillige Prädestinationslehre als Häresie verurteilt wurde. Dieser Godescalc war im übrigen der erste namentlich bekannte Angehörige seines Stammes, der in der Literatur eine Rolle spielt. Er wird etwa gleich alt gewesen sein wie der *non ignobilis vates,* dem wir den ›Heliand‹ verdanken.

Ausgaben: Eduard Sievers (Hrsg.), Heliand. Halle 1878. Titelauflage vermehrt um das Prager Fragment des Heliand und die Vaticanischen Fragmente von Heliand und Genesis. Halle 1935. – Althochdeutsches Lesebuch, Nr. XLIV (Auswahl). – Otto Behaghel (Hrsg.), Heliand und Genesis. 1882. 9. Aufl. bearb. v. Burkhard Taeger. Tübingen 1984 (ATB 4). – Burkhard Taeger (Hrsg.), Der Heliand. Studienausgabe in Auswahl. Tübingen 1984 (ATB 95). – Ders. (Hrsg.), Der Heliand. Ausgewählte Abbildungen zur Überlieferung. Mit einem Beitrag zur Fundgeschichte des Straubinger Fragments. Göppingen 1985. – Übersetzungen: Karl Simrock, Heliand. 1856 u. ö. – Felix Genzmer, Heliand und die Bruchstücke der Genesis. Aus dem Altsächsischen übertragen. Leipzig 1949 u. ö. – Wilhelm Stapel, Der Heliand. München 1953. – Schlosser 1970, S. 98–103, 130f., 142–147, 164–175 (Auswahl). – Literatur: Johanna Belkin u. Jürgen Meier, Bibliographie zu Otfried von Weißenburg und zur altsächsischen Bibeldichtung (Heliand und Genesis). Berlin 1975. – Roland Zanni, Heliand, Genesis und das Altenglische. Die altsächsische Stabreimdichtung im Spannungsfeld germanischer Oraltradition und altenglischer Bibelepik. Berlin, New York 1980. – Burkhard Taeger in: VL 3, 1981, Sp. 958–971. – Bernhard Sowinski, Darstellungsstil und Sprachstil im Heliand. Köln, Wien 1985.

Die ›Altsächsische Genesis‹ zählt zum Textbestand der ältesten deutschen Literatur erst seit dem Jahre 1894, als der Heidelberger Bibliotheksdirektor Karl Zangemeister in einer vatikanischen Handschrift neben einem Fragment des ›Heliand‹ auch drei Bruchstücke einer alliterierenden Bibelparaphrase über alttestamentliche Stoffe in der Heliandsprache entdeckte. Dieser Fund war in doppelter Hinsicht sensationell, weil damit ein bis dahin unbekanntes poetisches Denkmal in den Bestand der ältesten deutschen Literatur eingeführt wurde und weil über die

Existenz eines solchen Werkes schon länger spekuliert worden war. 1875 hatte Eduard Sievers aus sprachlichen und stilistischen Gründen eine Verspartie aus der ›Altenglischen Genesis‹ (vv. 235 bis 851) als interpolierte Übersetzung aus dem Altsächsischen erkannt. Mit dem vatikanischen Fund wurde seine These glänzend bestätigt. Die Entdeckung war um so beweiskräftiger, als 26 Verse des vatikanischen Bruchstücks mit 26 Versen der altenglischen Übersetzung (›Genesis B‹) parallel laufen.

Text und Überlieferung: Die ›Altsächsische Genesis‹ ist nur fragmentarisch überliefert. Die aus Mainz stammende, in der ersten Hälfte des 9. Jahrhunderts geschriebene, heute in der Bibliotheca Vaticana aufbewahrte lateinische Handschrift mit überwiegend komputistischen Texten enthält auf ursprünglich leer gebliebenen Seiten außer dem Heliandabschnitt drei Versgruppen alttestamentlichen Inhalts: die Rede Adams nach dem Sündenfall, die Geschichte der Zerstörung Sodoms, Kains Brudermord und die Geschlechterfolge bis Enoch mit einem Ausblick auf den Antichristkampf am Ende der Tage. Nach welchen Gesichtspunkten die Auswahl der Textpartien erfolgte, ist nicht ersichtlich. Die Vorlage muß eine Handschrift gewesen sein, die alt- und neutestamentliche Paraphrasen bereits vereinigt hatte, also ein Sammelcodex, wie er wohl auch dem unbekannten Verfasser der ›Heliandpraefatio‹ vorgelegen hat. Diese Vatikanischen Fragmente der ›Altsächsischen Genesis‹ umfassen insgesamt 337 Verse. Hinzuzuzählen sind 617 Verse der ›Altenglischen Genesis‹ aus dem berühmten Codex Iunius XI (der außer der ›Genesis‹ auch Gedichte über ›Exodus‹ und ›Daniel‹ und den neutestamentlichen Zyklus ›Christ und Satan‹ enthält), die als Übersetzung aus der ›Altsächsischen Genesis‹ zu gelten haben. Abzüglich der 26 parallel laufenden Verse sind also etwa 928 Verse der ältesten deutschen Genesisdichtung erhalten. Eine durchgehende Gliederung in Vortrags- oder Leseabschnitte (Fitten) ist nicht deutlich zu erkennen.

Die altenglische Genesisdichtung beginnt mit einer hymnischen Apostrophe des Schöpfers und himmlischen Königs und beschreibt die Seligkeiten des Himmels. Sie erzählt den Fall des von Gott abtrünnigen Engels Luzifer, dessen Platz in der Engelhierarchie vom Menschen eingenommen werden soll. Es folgt die Schöpfungsgeschichte bis zum dritten Schöpfungstag und – nach einer Überlieferungslücke – bis zur Erschaffung der Eva und der Einsetzung der Menschen als Herren über die Schöpfung. Dann ist vom Sabbath die Rede und vom Garten Eden. Diesen Teil nennt man zur Unterscheidung von den sich anschließenden Partien ›Genesis A‹.

Mit v. 235 setzt die angelsächsische Übertragung (›Genesis B‹) des ursprünglich altsächsischen Gedichts mit Gottes Verbot ein, vom Baum der Erkenntnis zu essen. Es folgen noch einmal Verse über die zehn Engelschöre, über Luzifers Fall und Verwandlung in den Satan (z.T. also Wiederholungen des im vorhergehenden Teil schon Gesagten). Satan liegt gebunden in der Hölle und beschließt in einem Monolog, die Menschen zu verführen und zu verderben, damit nicht sie seinen Sitz im Himmel einzunehmen vermöchten. Ein Bote des Satans rüstet sich zur Fahrt ins Paradies, um den Plan auszuführen. Er findet Adam und Eva beim Baum des Lebens und des Todes. Adam widersteht den Einflüsterungen des Widersachers, aber Eva erliegt der Versuchung und folgt dem verderbenbringenden Rat, ihrerseits Adam zu verleiten, von der verbotenen Frucht zu essen. Kaum ist dies geschehen, stimmt der Satansbote eine lange Triumphrede an. Adam und Eva aber versinken in Scham und Reue, klagen über das verlorene Paradies und bedecken ihre Blöße.

Hier endet das interpolierte Stück. Das angelsächsische Gedicht (›Genesis A‹) erzählt weiter bis zu Isaaks Opferung und Rettung, wo es unvermittelt und ohne kenntlich gemachten Abschluß endet.

Von den drei vatikanischen Bruchstücken entspricht das erste den letzten Versen von ›Genesis B‹, enthält also die Klagen von Adam und Eva und spricht von der Scham angesichts ihrer Nacktheit. Das zweite Bruchstück bringt die Geschichte von Kains Brudermord, zählt Adams Nachkommen bis Enoch auf und knüpft daran einen Ausblick auf den kommenden Antichristkampf (den nach apokrypher Auffassung Elias und/oder Enoch zu bestreiten haben werden, vgl. ›Muspilli‹). Das dritte Bruchstück enthält eine vom angelsächsischen Gedicht abweichende Erzählung vom Untergang Sodoms, die mit der Verwandlung von Lots Frau in eine Salzsäule abbricht.

Schon die gedrängte Inhaltsübersicht signalisiert die Freiheit des poetisch-paraphrastischen Verfahrens. Diese Freiheit wurde begünstigt durch den dogmatisch weniger belasteten Stoff der Genesis. Auch die spätantiken lateinischen Gedichte haben sich mit bemerkenswerter poetischer Souveränität des Schöpfungsmythos angenommen – durch die Ungezwungenheit ihres Umgangs mit der biblischen Vorlage aber auch verschuldet, daß sie nicht im entferntesten so breit und gleichmäßig rezipiert wurden wie die dogmatisch verläßlicheren neutestamentlichen Paraphrasen. Seit Eduard Sievers hat man vermutet (und ebenso regelmäßig bestritten), es könne das Gedicht des Avitus entweder unmittelbar Vorlage oder zumindest Sekundärquelle der altenglischen und altsächsischen Genesisdichtungen gewesen sein. Dafür spricht die vom biblischen Genesisbericht abweichende Abfolge der einzelnen Stationen: Erschaffung des Menschen – Erschaffung der Engel – Empörung des obersten Engels und Trotzrede gegen Gott – Sturz der Engel – Neid des gefallenen Engels – Racheplan und Haßrede gegen den Menschen. Dagegen spricht allerdings, daß auch die geläufigen theologischen Schriftkommentare diese Reihenfolge kennen und ihr folgen. Doch die Übereinstimmungen im Detail sind auffällig genug und legen nahe, an einen Zusammenhang zu denken. In beiden Gedichten bricht zum Beispiel Eva nicht selbst den Apfel, sondern erhält ihn vom Verführer gereicht (wovon das erste Buch Mosis nichts weiß). Beide Gedichte fügen nach dem Sündenfall eine längere Triumphrede des Satans ein, die freilich jeweils sehr unterschiedlich konzipiert ist. Schließlich fällt in beiden Gedichten der merkwürdige Buß- und Todeswille Adams nach der Verführung auf. Wenn wirklich ein direktes Abhängigkeitsverhältnis anzunehmen ist, dann wird hier ein Traditionszusammenhang sichtbar, der von der spätantiken lateinischen Bibelepik zur mittelalterlichen volkssprachlichen Bibeldichtung führt. Ein Traditionszusammenhang, auf den sich dann der gelehrte Mönch Otfrid von Weißenburg expressis verbis berufen wird.

Zum poetischen Verfahren ist wenig mehr zu sagen, als was schon zum ›Heliand‹ bemerkt wurde. Die Technik des Stabreimverses wird bis zu einem nicht mehr zu überschreitenden Endpunkt manierierter Überspannung geführt. Die Variation erscheint völlig sinnentleert als bloß noch rhetorisch funktionierendes Stilmittel. Der »Germanisierung« bot sich der Stoff der Genesis weniger an als die Geschichte des Heilands und Erlösers, des edelsten aller Edlen, Herrn des Himmels und der Erde, des tapfer Leidenden und zu ewiger Herrschaft Bestimmten. In der ›Altsächsischen Genesis‹ kam dafür nur die Figur und das Schicksal Satans in Frage, der nun aber nicht so sehr als heroischer Einzelkämpfer, als Herr über die Scharen der abtrünnigen Engel und Gefolgsmann des Schöpfergottes stilisiert wird, sondern sich messen lassen muß an den jüngeren Vorstellungen des Vasallitätsprinzips. Seine Überhebung, sein Fall und seine Rachepläne haben schon ganz die Gestalt eines feudalen Rechtskonflikts. Solche nicht mehr einer weiterwirkenden poetischen Tradition, sondern aktueller Erfahrung zuzuschreibende Vorstellungen finden sich auch sonst in der ›Altsächsischen Genesis‹.

Die christlichen Stabreimgedichte auf dem Kontinent stehen in Zusammenhang mit der offenbar älteren Tradition christlich-volkssprachlicher Dichtung angelsächsischer Provenienz. Freilich nicht so, daß die altsächsischen Dichter nur die Nehmenden gewesen wären. Einem Großepos wie dem ›Heliand‹ hat die überlieferte angelsächsische Dichtung nichts Gleichrangiges an die Seite zu stellen. Die ›Altsächsische Genesis‹ wie der ›Heliand‹ sind auf die Insel transferiert und dort nicht nur rezipiert, sondern auch adaptiert worden. Die Ausstrahlung der angelsächsisch-altsächsischen Stabreimdichtung christlichen Inhalts nach Süden, in die mittel- und oberdeutschen Dialekträume, reichte dagegen wohl nicht allzu weit. Die angelsächsischen Elemente im ›Wessobrunner Schöpfungsgedicht‹ und im ›Muspilli‹ sprechen zwar deutlich für ihre musterhafte Wirkung – aber eine länger anhaltende poetische Tradition ist damit nicht begründet worden. Nach dem 9. Jahrhundert sind auf dem Kontinent keine Spuren einer christlichen Stabreimdichtung mehr zu entdecken. Vielleicht gab es sie aber noch in der mündlichen Dichtungspraxis.

Ausgaben: Karl Zangemeister u. Wilhelm Braune, Bruchstücke der altsächsischen Bibeldichtung aus der Bibliotheca Palatina. Heidelberg 1894. – Weitere Titel vgl. ›Heliand‹. – Übersetzungen: Andreas Heusler, Der Heliand in Simrocks Übertragung und die Bruchstücke der altsächsischen Genesis. 1921 u. ö. – Felix Genzmer, Heliand und die Bruchstücke der Genesis. Aus dem Altsächsischen übertragen. Leipzig 1949 u. ö. – Schlosser 1970, S. 30–35 (Auswahl). – Literatur: Johanna Belkin u. Jürgen Meier, Bibliographie zu Otfried von Weißenburg und zur altsächsischen Bibeldichtung (Heliand und Genesis). Berlin 1975. – Ute Schwab, Ansätze zu einer Interpretation der altsächsischen Genesisdichtung. Annali 17 (1974), S. 111–186; 18 (1975), S. 7–88; 19 (1976), S. 7–52; 20 (1977), S. 7–79. – Burkhard Taeger in: VL 1, 1978, Sp. 313–317.

Endreimende Bibeldichtung

Der Weißenburger Mönch Otfrid ist der erste uns namentlich bekannte Dichter deutscher Zunge. Sein Hauptwerk, der von ihm selbst so genannte ›Liber evangeliorum‹ (›Evangelienbuch‹), ist das am besten überlieferte Stück althochdeutscher Literatur. Und es ist mit seinen 7106 binnengereimten Langzeilen (denen die 312 Verse der drei poetischen Widmungsepisteln noch hinzugerechnet werden können) nicht nur das umfänglichste Bibelgedicht seit Beginn dieser Kunstübung im 4. Jahrhundert, nicht nur der umfänglichste althochdeutsche Text, sondern das umfangreichste Dichtwerk der Karolingerzeit überhaupt. Schon darin drückt sich der von Otfrid formulierte stolze Anspruch aus, die fränkisch-deutsche Volkssprache im Sinne der nachwirkenden karlischen Bildungspolitik als Medium des Gotteslobs gleichberechtigt neben die drei heiligen Sprachen treten zu lassen und als Literatursprache zu etablieren. Ein Anspruch, der nach Otfrid wieder aufgegeben und erst in der zweiten Hälfte des 11. Jahrhunderts, allerdings ohne direkten Rückgriff auf den ehrwürdigen Begründer der deutschen Endreimdichtung, wieder aufgenommen wird.

Text und Überlieferung: Der ›Liber evangeliorum‹ ist in fünf Bücher von 28, 24, 24, 37 bzw. 25 Kapiteln eingeteilt. Die einzelnen Bücher sind mit lateinischen Überschriften versehen, desgleichen die Kapitel. Jedem Buch steht eine gesonderte Kapitelübersicht voran. Hinzu kommen in der einzigen vollständigen Handschrift V ein lateinisches Approbationsschreiben an den Mainzer Erzbischof Liutbert, zu dessen Diözese Otfrids Kloster Weißenburg gehörte, und drei Widmungsgedichte in deutschen Versen an König Ludwig (den Deutschen), an Bischof Salomo I. von Konstanz und an die St. Galler Mönche Hartmut und Werinbert. Daß jedes dieser Dedikationsschreiben tatsächlich einem eigenen Exemplar des ›Evangelienbuches‹ hinzugefügt und derart verteilt wurde, ist wahrscheinlich, läßt sich aus dem Überlieferungsbestand aber nicht mehr eindeutig ablesen. Die fünf Bücher werden umrahmt von einer Praefatio (I,1) und einer Invocatio (I,2) zu Beginn des ersten Buches und einem Schlußgebet (V,24) und einem Epilog (V,25) am Ende des fünften. Auch die Bücher III und IV werden durch versmäßige Praefationen eingeleitet. Eine solche ganz und gar buchmäßige, für das lesende Auge mehr als für das hörende Ohr konzipierte Einrichtung des Gedichts ist literarisches Programm. Das volkssprachliche Werk wird der lateinischen Leseliteratur angeglichen und ihr damit gleichgestellt. Es will gelesen und nicht mehr in erster Linie gehört werden. Dafür spricht auch die visuelle Auszeichnung der drei versmäßigen Widmungen durch Akrosticha und Telesticha: die ersten und letzten Buchstaben je eines Langzeilenpaars ergeben von oben nach unten gelesen den lateinischen (!) Gruß an den oder die Adressaten.

Dieses hochgelehrte Verswerk ist bemerkenswert gut überliefert. Noch aus dem 9. Jahrhundert stammen die beiden Handschriften, die heute in Wien (V) und Heidelberg (P) aufbewahrt werden. V gilt als die älteste, verläßlichste und angesichts der sorgfältigen Korrektur von einer Hand, die man auch in anderen lateinischen Codices der Weißenburger Bibliothek glaubt wiedererkennen zu können, als vom Dichter selbst autorisierte Handschrift. Sie enthält vier Illustrationen, die Zeichnung eines Labyrinths (vgl. S. 45) auf der Vorderseite (1^r) des ersten Blattes sowie die Darstellungen des Einzugs in Jerusalem (112^r), des Abendmahls (112^v) und der Kreuzigung (153^v), und ist damit auch das erste illustrierte deutsche Buch. Auch P ist im Weißenburger Skriptorium entstanden, gleicht in der äußeren Einrichtung weitgehend V und zeichnet sich ebenfalls durch ein hohes Maß an Zuverlässigkeit aus (im 19. Jahrhundert hatte Paul Piper P seinen Editionen als Leithandschrift zugrundegelegt). P war ursprünglich vollständig. Die in jüngerer Zeit eingetretenen Verluste werden durch V wettgemacht. Für die Textherstellung von geringer Bedeutung, aber für die Rezeptionsgeschichte von hohem Interesse sind die beiden anderen Handschriften: Bruchstücke eines Codex discissus (D) aus Wolfenbüttel, Bonn und Berlin (verschollen) und der heute in München aufbewahrte Codex Frisingensis (F), der nach Auskunft der Subscriptio auf Veranlassung des Erzbischofs Waldo von Freising (884–906) angefertigt wurde. Der erst im späteren 10. Jahrhundert angefertigte Codex discissus ist ein wichtiges Zeugnis für die andauernde Rezeption des ›Evangelienbuches‹ bis in das für die deutsche Literaturgeschichte stumme Jahrhundert hinein.

Otfrid spricht von seinem anspruchsvollen Unternehmen in den Widmungsschreiben und -gedichten und besonders im Kapitel I,1 ›Cur scriptor hunc librum theotisce dictaverit‹ (»Warum der Autor dieses Werk auf deutsch verfaßt hat«). So vage und mehrdeutig manche Formulierungen auch sind, sie reichen doch aus, um wenigstens in groben Umrissen sowohl die Biographie Otfrids wie seine ästhetischen Anschauungen und sein dichterisches Programm zu rekonstruieren.

Autor und Datierung: Der Autor nennt sich selbst im Brief an Liutbert (863–889 Erzbischof von Mainz) und in den Akro- und Telesticha in latinisierter Form *Otfridus* und bezeichnet sich als *monachus presbyterque* (»Mönch und Priester«) bzw. als *uuizanburgensis monachus* (»Weißenburger Mönch«). Er nennt Hrabanus (Maurus), den berühmten Abt des Klosters Fulda (822–847) und Vorgänger Liutberts auf dem Mainzer Bischofsstuhl, seinen Lehrer und muß in nähere Verbindung mit Bischof Salomo I. von Konstanz (839–871) und den St. Galler Mönchen Hartmut und Werinbert getreten sein, denen er wie König Ludwig dem Deutschen (843–876) wohl noch zu Lebzeiten jeweils ein Exemplar des Evangelienbuches gewidmet hat. Daraus ergibt sich, grob gerechnet, daß das Gedicht zwischen 863, dem Jahr des Amtsantritts des Erzbischofs Liutbert, und 871, dem Jahr, in dem Salomo von Konstanz gestorben ist, entstanden sein muß.

Während das ›Evangelienbuch‹ in außerliterarischen Zeugnissen keine Erwähnung findet, ist der Name Otfrid mehrfach in Urkunden, Mönchslisten, Verbrüderungsbüchern und in einem jüngeren lateinischen Gedicht bezeugt. Besonders die Nachforschungen von Wolfgang Haubrichs haben unsere Kenntnis des historischen Materials ganz erheblich erweitert. Danach können wir von folgenden Daten ausgehen: um 800 geboren, um 830 Priesterweihe, in den dreißiger Jahren Studienaufenthalt in Fulda, davor vielleicht sogar Tätigkeit in der *capella regis* Ludwigs des Deutschen als einer der beiden Schreiber, die Abt Grimald als neuer Kanzler Ludwigs aus Weißenburg mitgebracht hatte. Hier könnte Otfrid auch dem späteren Bischof von Konstanz, dem mit Grimald verwandten Salomo, begegnet sein. Seine Mitwirkung im Weißenburger Skriptorium und beim Aufbau der Klosterbibliothek ist besonders von Wolfgang Kleiber und Ernst Hellgardt erschlossen worden. Gestorben ist Otfrid nach Auskunft einiger Nekrologien entweder im Jahr 863 oder 867. Freilich fügt sich dies alles nicht zu einem Persönlichkeitsbild, das gar noch seinen Widerschein in der Evangeliendichtung fände. Von derart individualistischer Konstitution ist die alte Dichtung noch weit entfernt. Wichtiger sind die daraus ablesbaren allgemeinen Strukturen: die Verbindung zur ferngerückten karlischen Bildungswelt über das Kloster Fulda; die Anregung zur volkssprachlichen Großdichtung aus einem Kreis von Klostergelehrten, dem wir wohl auch den ›Althochdeutschen Tatian‹ und den altsächsischen ›Heliand‹ verdanken; die Nähe zur Königsherrschaft; die südwestdeutsche Klosterkultur und die in ihr wirksam werdenden Reformbestrebungen, die ihren Niederschlag in der Frömmigkeitshaltung der erbaulichen Verserzählung gefunden und die Weitergabe an die Brüder in St. Gallen und den Bischof von Konstanz motiviert haben. Dahinter verschwindet ein Mönchsleben in seiner individuellen Besonderheit.

Das Sendschreiben an Liutbert und das Eingangskapitel des ersten Buches ›Cur scriptor hunc librum theotisce dictaverit‹ (I,1) sprechen mit zum Teil den gleichen Argumenten, wenn auch mit unterschiedlicher Akzentuierung von dem kühnen Unternehmen einer volkssprachlichen Evangeliendichtung: demütig und durchweg apologetisch im Brief an den geistlichen Vorgesetzten, voller Stolz auf das – zur Zeit der Abfassung offensichtlich vollendete – Werk in der Praefatio (I,1).

Seit dem Beginn einer christlichen Dichtung im 4. Jahrhundert war es nötig und üblich geworden, das offensichtlich als heikel empfundene fromme Spiel mit überkommenen Bildungsinhalten und literarischen Formen zu rechtfertigen. Otfrid tut dies ausführlich im lateinischen Sendschreiben an den Erzbischof von Mainz. Er habe nur auf Drängen einiger würdiger Mitbrüder und der – bis heute nicht identifizierten – *veneranda matrona* Judith gewagt, ein derartiges Vorhaben anzugehen, das seinen Beweggrund und seine Rechtfertigung nur darin finde, die weltlichen (oder gar heidnischen) Formen der Unterhaltung mit eitlen und nichtigen Gesängen, den *ludus saecularium vocum* und *sonum inutilium rerum,* zurückzudrängen. Allzu bekannt seien die heidnisch-antiken Dichter wie Vergilius, Lucanus oder Ovidius, wo doch die altchristlichen Poeten – genannt werden Juvencus, Arator und Prudentius – längst das nachahmenswerte Beispiel christlicher Dichtung gegeben hätten. Die Wahl der Volkssprache aber rechtfertige sich – noch ganz im Sinne der karlischen Bildungspolitik – dadurch, daß auch diejenigen, denen der Umgang mit dem Lateinischen allzu schwer falle, der Heilswahrheit und Richtschnur gottwohlgefälligen Lebens teilhaftig werden sollten.

Dann spricht Otfrid vom Inhalt, Aufbau und poetischen Verfahren seines Werks. Eine Evangelienharmonie habe er verfassen wollen; dazu mußte er aus den einzelnen Evangelien auswählen und manches besonders von den Lehren und Wundern Christi in der Mitte seines Werks auslassen. Er habe bisweilen geistliche Auslegungen *(spiritalia moraliaque verba)* hinzugefügt und den Stoff der *vier* Evangelien auf *fünf* Bücher verteilt, um damit auch in symbolischer Hinsicht die Unterlegenheit seines Werks gegenüber der Heiligen Schrift auszudrücken: Der vollkommenen Vier entspreche die unvollkommene Fünfzahl, wie denn das durch die fünf Sinne sich vollziehende sündhafte Menschenleben der ständigen Reinigung durch die auch sinnenhaft aufzunehmende Heilsbotschaft – *Christi dulcedo, gotes gibotes suazi* (»die Süße Christi«, »die Süße der Gebote Gottes«) – bedürfe. Inhalt der fünf Bücher seines ›Evangelienbuches‹ seien also Christi Geburt und Jugend bis zur Taufe im Jordan (I), Berufung der Jünger und Lehrtätigkeit (II), weitere Lehren und Wundertaten (III), Passion und Kreuzestod (IV), Auferstehung, Himmelfahrt und Ausblick auf den Tag des Gerichts (V).

Schließlich kommt Otfrid auf die technische Seite seines literarischen Großunternehmens zu sprechen, auf die Schwierigkeiten der Verschriftung der Volkssprache, des Fränkischen, mit den Mitteln der lateinischen Sprache, ihren Buchstabenzeichen und ihrer Grammatik, und auf die besondere Form des Endreims. Auch hier überwiegt der apologetische Ton. Der gelehrte – und das heißt immer: lateinkundige, auf die lateinische Sprache und Grammatiktradition sich beziehende – Dichter rechtfertigt sich für unvermeidliche Verstöße gegen die Schulgrammatik. Die bislang nur gesprochene und nicht geschriebene Sprache sei noch ganz unkultiviert und ungeregelt *(Hujus enim linguae barbaries ut est inculta et indisciplinabilis atque insueta capi regulari freno grammaticae artis).*

Ganz anders das einleitende deutsche Kapitel unter der lateinischen Überschrift: ›Cur scriptor hunc librum theotisce dictaverit‹. Hier herrscht ein Ton jubelnden Stolzes darauf, daß es gelungen sei, Christi Lob auch in der fränkischen Sprache zu singen (I,1, 125f.). Viele Völker hätten ihren Namen verherrlicht und ihre Weisheit und Kunstfertigkeit an den Tag gelegt, indem sie ihre Taten in Büchern aufgezeichnet haben. Besonders die Griechen und Römer hätten sich so hervorgetan und in wohlgeordneten Versen schließlich sogar die *buah frono,* die Heiligen Schriften, in Verse gegossen. Warum sollten die Franken davor zurückschrecken, es ihnen gleichzutun und ihrerseits Gottes Lob zu singen? Mag auch ihre Sprache dazu noch ungeeignet scheinen, so genügt es doch, der Regel des göttlichen Wortes zu folgen, um ein geregeltes und deshalb in doppelter Hinsicht schönes Gedicht entstehen zu lassen (I,1 47f.). Warum sollten die Franken dazu nicht fähig sein? Sie sind so kühn, klug und reich wie die Griechen und Römer, sie beherrschen alle Völker und haben im großen Alexander ihren Ahnherrn. Sie lassen keine andere Herrschaft über sich zu als die ihrer Frankenkönige. Und sie sind – das ist das Wichtigste von allem – ein von Gott auserwähltes Volk, das sich an seine Gebote hält und sich um das Verständnis des Buchs der Bücher bemüht.

Otfrids ›Evangelienbuch‹ ist nicht bloße Nacherzählung des Heilandlebens wie der ›Heliand‹, sondern ist Erzählung *und* Auslegung nach dem Muster der Predigt, ist Gebet und Hymnus. Alle Ausdrucksmöglichkeiten christlicher Frömmigkeit und Dichtung sind hier vereint: meditierende Wiederholung und Paraphrase des biblischen Wortlauts, Auslegung nach dem mehrfachen Schriftsinn, Preis des göttlichen Schöpfungs- und Erlösungswerks im lyrischen Aufschwung, dessen formale Kennzeichen die Refrainstrophen sind (vgl. etwa den Hymnus auf den Logos II,1, den Kreuzhymnus V,1–3 oder den überbordenden Preis der ewigen Seligkeit V,23), und persönliche Gebetsformeln und Selbstaussagen des Autors (besonders in I,2, II,24, III,1, IV,1, V,24 und 25).

Anders als der Helianddichter versucht Otfrid nicht, die evangelische Geschichte in heimische Vorstellungen zu kleiden.

Die Preisgabe der traditionellen Dichtersprache machte ihn frei für eine theologisch sehr viel angemessenere und verläßlichere Wiedergabe der Heilsbotschaft. Freilich verzichtete auch er nicht auf mancherlei Vereinfachung und Abwandlung, etwa durch die Verringerung der fremdartig klingenden Namen. Anderseits ist schon die epische Paraphrase angereichert durch Zusätze, Erläuterungen und Ergänzungen aus der exegetischen Literatur, und die Wahl des Endreims zwingt nicht selten zu leerem Wortreichtum. Auch das Verfahren der Auslegung folgt keinem streng durchgehaltenen Schema. Längere exegetische Abschnitte setzen erst in der Mitte des ersten Buches (I,17 und 18) ein. Die Auslegungsmethode folgt der traditionellen Lehre vom mehrfachen Schriftsinn. Die unterschiedlichen Zwischentitel *mystice, moraliter, spiritaliter* kennzeichnen verschiedene Sinnebenen, die in der jeweiligen Auslegung jedoch nicht immer erreicht werden. Die Fülle der beigezogenen Deutungen nimmt enzyklopädische Dimensionen an (ihre handbuchartige Aufarbeitung durch Reinhildis Hartmann füllt viele hundert Seiten). Die Quellen, die Otfrid dafür zur Verfügung standen, sind in mühevoller Kleinarbeit eruiert und bis in die jüngste Vergangenheit durch neue Nachweise ergänzt worden. Es scheint, als habe Otfrid selbst fleißig kompiliert, wenngleich man zu berücksichtigen hat, daß die theologischen Kommentare und Predigtsammlungen, die als Hauptquellen in Frage kommen, ihrerseits schon Kompilationen darstellen, so daß etwa ein Väterzitat nicht auf direktem Weg in das ›Evangelienbuch‹ gekommen sein muß, sondern auch aus zweiter und dritter Hand stammen kann. Es lag deshalb nahe, nach einem derartigen Sammelkommentar zu suchen, der all dies Material enthält und als Hauptquelle gelten könnte. Dieser Nachweis ist jedoch nicht gelungen.

Skepsis ist allen Deutungen gegenüber angebracht, die – wie im Falle des ›Heliand‹ – von einer besonderen theologischen Position Otfrids glauben sprechen zu können. Auch hier gilt, daß dies nicht Aufgabe und Ziel der karolingischen Theologie war und schon gar keinen Platz hatte in einer volkssprachlichen Dichtung. Otfrid hätte sagen können, was später Williram von Ebersberg in der Vorrede zu seiner ›Paraphrase des Hohen Liedes‹ mit Nachdruck betonen wird: *De meo nihil, sed omnia de sanctorum patrum diuersis expositionibus eruta in unum compegi* (»Ich habe nichts Eigenes hinzugefügt, sondern alles aus den verschiedenen Erklärungen der Heiligen Väter gezogen und neu zusammengefügt«). Otfrid brauchte diesen Standpunkt nicht explizit zu formulieren, weil er sich für ihn, den noch ganz karolingisch geprägten Theologen, von selbst verstand.

Skepsis scheint auch angebracht gegenüber den Versuchen, die artistische Qualität des ›Evangelienbuches‹ in seiner zahlensymbolischen Komposition zu entdecken. Doch fällt der Widerspruch hier weniger leicht als im Falle des ›Heliand‹. Otfrid hat in seinem Schreiben an den Erzbischof Liutbert von Mainz selbst einen Fingerzeig gegeben mit seiner allegorischen Deutung der gewählten Fünfzahl der Bücher. Bedeutsame Zahlenverhältnisse lassen sich auf Schritt und Tritt aufdecken. Es ist, um nur ein Beispiel zu nennen, sicher kein Zufall, daß der genannte Hymnus auf den Schöpfer-Logos (II,1) aus 50 Lang- oder 100 Kurzversen besteht. Die »Rundzahl« 100 ist in der lateinischen Dichtung des 9. Jahrhunderts keine Seltenheit. Sollte also nicht auch im großen und ganzen gelten, was im Detail nachweisbar ist? Ist es nur Zufall, daß das erste und das dritte Buch zusammen ebensoviele Verse umfassen wie das zweite und das vierte, nämlich 4288 binnengereimte Langzeilen? Die authentisch überlieferte Gestalt des ›Evangelienbuches‹ – abgesetzte Verse, durchgehende Gliederung in jeweils durch Initialen gekennzeichnete Langzeilenpaare, Strophenbildung durch Refrainverse, auf Berechnung von Verszahlen gegründete Schmuckmittel, Akrosticha und Telesticha – bildet eine sehr viel verläßlichere Grundlage für derartige Überlegungen und Analysen, als der ›Heliand‹ sie bietet. Dennoch bleibt unentschieden, wo die Grenze überschritten wird von historisch abgesicherter Interpretation des Textes zu seiner produktiven Rezeption mit den Mitteln der alten theologischen Hermeneutik.

Der Helianddichter steht am Ende einer Entwicklung, Otfrid steht am Beginn. Der großen Leistung Otfrids wird man nicht gerecht, wenn man sie gegen die sichtbare Anstrengung teils unbeholfener, teils sogar vor Leerformeln nicht zurückschrekkender Verssprache aufrechnet. Das Buchmäßige seiner Evangeliendichtung ist nicht schwerer Erdenrest, sondern siegreiche Eroberung. Das ›Evangelienbuch‹ ist in jeder Hinsicht das erste »Buch« in deutscher Sprache. Es verbindet geradezu kompendienhaft die Möglichkeiten christlicher Poesie. Weder überwiegt die epische Paraphrase den Litteralsinn, noch nimmt die erklärende Interpretation des Schriftsinns überhand. Erzählung, Erklärung und hymnischer Aufschwung stehen in ausgewogenem Steigerungsverhältnis zueinander und konstituieren einen christlichen Text, dessen ästhetischer Anspruch in der Totalität der integrierten Formen und Inhalte sich verwirklicht.

AUSGABEN: Oskar Erdmann (Hrsg.), Otfrids Evangelienbuch. Hrsg. u. erklärt. Halle 1882. – Althochdeutsches Lesebuch, Nr. XXXII (Auswahl). – Oskar Erdmann (Hrsg.), Otfrids Evangelienbuch. Textabdruck mit Quellenangaben und Wörterbuch. Halle 1882. 6. Aufl. besorgt v. Ludwig Wolff. Tübingen 1973 (ATB 49). – Otfrid von Weißenburg. Evangelienharmonie. Vollständige Faksimile-Ausgabe des Codex Vindobonensis 2687 der Österreichischen Nationalbibliothek. Einführung Heinz Butzmann. Graz 1972. – ÜBERSETZUNGEN: Johann Kelle, Christi Leben und Lehre besungen von Otfrid. Aus dem Althochdeutschen übersetzt. Neudruck der Ausg. 1870, Osnabrück 1966. – de Boor, S. 88–91, 280–287, 443, 922–929 (Auswahl). – Schlosser 1970, S. 16–29, 82–85, 88–95, 106–121, 124–129, 148–151, 158–161, 176–179, 182–187, 268–273 (Auswahl). – Gisela Vollmann-Profe, Kommentar zu Otfrids Evangelienbuch. Teil 1: Widmungen. Buch I,1–11. Bonn 1976. – Dies., Otfrid von Weißenburg, Evangelienbuch. Auswahl. Althochdeutsch/neuhochdeutsch. Stuttgart 1987. – LITERATUR: Johanna Belkin u. Jürgen Meier, Bibliographie zu Otfrid von Weißenburg und zur altsächsischen Bibeldichtung (Heliand und Genesis). Berlin 1975. – Wolfgang Kleiber (Hrsg.), Otfrid von Weißenburg. Darmstadt 1978. – Werner Schröder in: VL 7, 1989, Sp. 172–193.

Die kleineren althochdeutschen Endreimdichtungen stehen in formgeschichtlicher Hinsicht alle in der Nachfolge Otfrids, das heißt, sie verwenden die binnengereimte Langzeile. Für die Otfridphilologie von besonderem Interesse ist die kleine Paraphrase von Joh. 4,6 ff., die in der Literaturgeschichte den Titel ›Christus und die Samariterin‹ führt.

TEXT UND ÜBERLIEFERUNG: Die 31 überlieferten Langverse sind im 10. Jahrhundert auf die leere Seite einer Handschrift der Lorscher Annalen eingetragen worden und brechen so unvermittelt ab, daß man annehmen muß, auch hier handele es sich wieder nur um das Fragment eines ursprünglich längeren oder länger geplanten Gedichts. Die Eintragung erfolgte mit einigen für die Schreibgewohnheiten des Reichenauer Skriptoriums charakteristischen fränkischen Eigenheiten in alemannischer Mundart.

Die zugrundeliegende Schriftstelle erzählt von der Unterredung Jesu mit der samaritanischen Frau, aus deren Wasserkrug er sich erfrischen läßt, obwohl doch die Juden sonst keinen Umgang mit den Samaritern haben. Zum Dank belehrt er sie über das Wasser des Lebens. Ebendiese Symbolik – das frische, lebendige Wasser und das Wasser des Lebens – wird den Anlaß zur Paraphrase gegeben haben. Otfrid behandelt die gleiche

Schriftstelle im Kapitel II,14 ›Iesus fatigatus ex itinere‹. Wir haben hier also die einzigartige Möglichkeit, zwei etwa gleichzeitig entstandene und mit den gleichen literarischen Mitteln und Formen arbeitende Bibelparaphrasen miteinander zu vergleichen. Während Otfrid in dem *historice*-Kapitel den Vorgang breit ausmalt, stellt der alemannische Anonymus seine Wiedergabe ganz auf den knapp und prägnant gefaßten Dialog ab – weniger wohl in Anlehnung an das traditionelle Heldenlied, wie man gemeint hat, als an die zeitgenössische Rhythmendichtung sich anschließend, die solchen Balladenstil durchaus kennt und pflegt.

Ausgabe: Althochdeutsches Lesebuch, Nr. XXXIV. – Übersetzung: Schlosser 1970, S. 120–123. – Literatur: David R. McLintock in: VL 1, 1978, Sp. 1238–1241.

Die alttestamentlichen Psalmen sind ihrer Anlage und ihrem Inhalt nach höchst unterschiedliche, auf die Geschichte der Welt, des jüdischen Volkes und seiner Heilserwartung bezogene Gesänge, die David in den Mund gelegt werden. Sie fanden und finden im jüdischen Ritus ebenso ihren Platz wie im christlichen Gottesdienst. Der Psalter ist das Gebetbuch schlechthin bei Juden wie Christen, das Buch, das im Mittelalter am ehesten auch in den Händen von Laien war, die an ihm lesen und schreiben lernten. Die Psalmen gehören deshalb nicht nur zu den am häufigsten übersetzten biblischen Texten, sondern haben auch die christliche Dichtung inspiriert und tiefgreifend beeinflußt. Sie sind das große, christliche Poesie überhaupt legitimierende Vorbild der lateinischen Hymnendichtung. David, ihr vermeintlicher Verfasser, ist das seit der Väterzeit oft berufene Ur- und Vorbild des christlichen Dichters. Es ist deshalb sehr auffällig, daß diese für die Glaubenspraxis und für das christliche Literaturverständnis so zentralen Texte nicht wie die anderen Teile des Alten und Neuen Testaments öfter auch poetisch bearbeitet wurden.

Eine Ausnahme macht der althochdeutsche ›Psalm 138‹. Er ist weder für den liturgischen Gebrauch gedacht noch als hymnenartiger Erbauungstext konzipiert, sondern als »Bericht von Davids beispielhafter Bekehrung« (Otto Ludwig) den epischen Bibelparaphrasen angenähert.

Text und Überlieferung: Die Aufzeichnung erfolgte in bairischem Dialekt auf einem nachgehefteten Blatt einer heute in Wien aufbewahrten Handschrift, die in der Hauptsache das Formelbuch des Bischofs

Salomo III. von Konstanz enthält. Die genauere Herkunft hat sich ebensowenig ermitteln lassen wie die Entstehungszeit. Die Aufzeichnung wird um 930 datiert. Die 38 binnengereimten Langzeilen werden durch Initialen in Strophen von zwei und drei Versen gegliedert.

Der Einsatz mit der traditionellen Hymnenapostrophe an die gläubige Gemeinde *Uuellet ir gehoren* (*audite*, »hört«) verheißt nicht nur die Wiedergabe des Wortlauts, sondern auch »seine verborgene Bedeutung« *(den sinen touginon sin).* Es handelt sich also nicht um eine bloße Versübersetzung, sondern um die erklärende und meditierende Paraphrase des biblischen Psalms. Deshalb folgt der Dichter nicht streng dem Wortlaut, sondern bezieht auch Formulierungen aus dem folgenden 139. Psalm ein.

Ausgabe: Althochdeutsches Lesebuch, Nr. XXXVIII. – Übersetzung: Schlosser 1970, S. 42f. – Literatur: Willy Krogmann, Der althochdeutsche 138. Psalm. Forschungsgeschichtlicher Überblick und Urfassung. Hamburg 1973.

Heiligenlieder und Versgebete

Die im folgenden zu besprechenden Heiligenlieder gehören nicht unter die Rubrik »christliche Buchdichtung«, wenn man ihre Funktion in Rechnung stellt. Sie werden dennoch hier eingeordnet mit Rücksicht auf ihre schrift-, und das heißt: buchmäßige Literarizität. Diese Texte sind orientiert an der literarischen Hymnendichtung in lateinischer Sprache und nicht an der traditionellen *oral poetry* in der Volkssprache. Sie hatten ihren festen Wortlaut, auch wenn dieser im aktuellen Gebrauch wieder korrumpiert worden sein mag. Von den drei bekannten Beispielen dieser nicht-liturgischen, also nicht im Gottesdienst verankerten geistlichen Lieddichtung – ›Galluslied‹, ›Petruslied‹ und ›Georgslied‹ – sind nur zwei im Wortlaut erhalten.

Vom ›Galluslied‹ haben wir lediglich aus zweiter Hand Kenntnis. Ekkehard IV. von St. Gallen, der die von dem Mönch Ratpert im 9. Jahrhundert begonnene Klosterchronik fortgesetzt hat, reihte unter seine lateinischen Poesien auch ein Lied auf den hl. Gallus, den Klostergründer, ein, von dem er in einem kurzen Vorwort sagt, es sei dies die Übersetzung eines *carmen barbaricum,* also eines »volkssprachlichen Liedes« eben jenes Ratpert, dessen schöne Melodie nun auch in der lateinischen Sprache erklingen solle. Die 17 Strophen folgen dem Versmaß der ambrosianischen Hymnen und lassen die metrische und sprachliche Form des deutschen Textes nicht mehr erkennen. Wohl aber wird man davon ausgehen dürfen, daß der Inhalt etwa der gleiche geblieben ist: Auf eine hymnische Eingangsstrophe *Nunc incipiendum est mihi magnum gaudium* (»Nun beginne ich mit der großen Freudenbotschaft ...«) folgt die gelegentlich bis zur Unverständlichkeit verknappte Erzählung der Missionsreise des hl. Gallus und seiner Gefährten von Irland über Gallien an den Bodensee, die Gründung des Klosters, Wundererscheinungen und schließlich Tod und Begräbnis des Heiligen. Den Abschluß bildet eine Trost- und Preisstrophe.

AUSGABEN: MSD, Nr. XII. – Peter Osterwalder, Das ahd. Galluslied Ratperts und seine lateinischen Übersetzungen durch Ekkehardt IV. Einordnung und kritische Edition. Berlin, New York 1982. – ÜBERSETZUNG: Schlosser 1970, S. 238–243. – LITERATUR: Vgl. Osterwalder.

Eines der philologisch vertracktesten Stücke der ältesten deutschen Literatur ist das ›Georgslied‹, die liedhafte Verherrlichung des wiederholten märtyrerhaften Sterbens und der dreimaligen wunderbaren Auferstehung des heiligen Georg von Kappadokien, der im Jahre 361 als Gegenbischof und Konkurrent von Athanasius ermordet wurde. Seine Legende war seit der Merowingerzeit auch im Westen verbreitet. Der Georgskult gipfelte im 9. Jahrhundert in der Translation der Georgsreliquien auf die Reichenau (896) und in der Errichtung einer Georgsbasilika in Oberzell. Ob dies Anlaß zur Abfassung gewesen ist oder ob das ›Georgslied‹ in die fränkische Reichsabtei Prüm in der Eifel gehört, wie Wolfgang Haubrichs vermutet, ist unsicher. Einigermaßen sicher ist nur die Zeit der Entstehung im ausgehenden 9. Jahrhundert.

TEXT UND ÜBERLIEFERUNG: Das ›Georgslied‹ ist erst am Ende des 10. (oder zu Beginn des 11.) Jahrhunderts auf die leeren Schlußseiten der Heidelberger Otfridhandschrift eingetragen worden. Die überaus eigenwillige Graphie, in der sich fränkische und oberdeutsche (alemannische) Merkmale mischen, und ihr Abbrechen mit einer Nachschrift *(ihn nequeo Vuisolf)*, die bislang im Sinne von »Ich, Wisolf, kann nicht weiter« gedeutet wurde, schien darauf hinzuweisen, daß die Niederschrift aus dem Gedächtnis durch einen überforderten Schreiber, nämlich Wisolf, erfolgt sei. Wolfgang Haubrichs hat eine umfassende Analyse der Graphie vorgelegt und ihre Absonderlichkeiten als wohlüberlegtes Schreibsystem zu erweisen versucht, das sich der Graphematik des ›Althochdeutschen Isidor‹ an die Seite stellen lasse.

Der diplomatische Abdruck der handschriftlichen Überlieferung ist kaum lesbar. Was die verschiedenen Editionen bieten, sind deshalb immer schon bearbeitende Rekonstruktionsversuche. Die etwa 60 binnengereimten Langzeilenverse (die Zählung schwankt je nach Textherstellung) sind in ungleichmäßige Strophen gegliedert, die durch mehrere unterschiedliche Refrains markiert werden. Der Inhalt ist in Stichworten etwa der folgende: Georg wird vor Gericht geladen und zum Kerker verurteilt. Er vollbringt Wunderheilungen, wird gemartert und dreimal hingerichtet, nämlich enthauptet, aufs Rad geflochten und verbrannt. Jedesmal ersteht er wieder von den Toten. Dreimal wiederholt sich der Refrain: »Das weiß ich, das ist die Wahrheit: Georg erstand (von den Toten). Er erstand und predigte gewaltig. Er setzte die Heiden ins Unrecht.« Schließlich erweckt Georg auch andere Tote und gewinnt sogar die Königin für sich. Damit bricht die Aufzeichnung ab.

Die Georgslegende, die in der Ostkirche allergrößte Verbreitung fand, war auch im Westen bekannt und beliebt. Im 13. Jahrhundert verfaßte der niederbairische Reinbot von Durne eine mehr als 6000 Verse umfassende Verslegende, die jedoch auf andere Redaktionen der Heiligenvita als das althochdeutsche ›Georgslied‹ zurückgeht.

Ausgabe: Althochdeutsches Lesebuch, Nr. XXXV (diplomatischer Abdruck und Rekonstruktionen nach Friedrich Zarncke u. Rudolf Kögel). – Übersetzungen: de Boor, S. 264–267. – Schlosser 1970, S. 242–247. – Literatur: Ruth Schmidt-Wiegand in: VL 2, 1980, Sp. 1213–1216. – Wolfgang Haubrichs, Georgslied und Georgslegende im frühen Mittelalter. Text und Rekonstruktion. Königstein 1979. – Ders., Die Kultur der Abtei Prüm zur Karolingerzeit. Studien zur Heimat des althochdeutschen Georgsliedes. Bonn 1979.

Das älteste deutsche ›Kirchenlied‹ ist das kurze ›Petruslied‹. Der überlieferte Text besteht aus dem respondierenden Zwiegesang zwischen Priester und Gemeinde. Es ist denkbar, daß der deutsche Wortlaut als paraliturgisches Prozessionslied Verwendung fand.

Text und Überlieferung: Der durchgehend neumierte Text ist wohl Anfang des 10. Jahrhunderts auf der letzten Seite einer nicht viel älteren Handschrift von Hrabans Genesis-Kommentar eingetragen. Der Dialekt ist bairisch, die Herkunft des kleinen Liedes aus Freising also denkbar, aber nicht zwingend erwiesen.

Die drei aus jeweils zwei Langzeilen bestehenden Strophen werden durch den liturgischen Refrain *Kyrie eleyson, Criste eleyson* abgeschlossen. Das Lied ist ein Bittgesang an den Apostel und Himmelspförtner um gnädige Aufnahme ins Reich der ewigen Seligkeit. Der Text wäre literarisch überhaupt nicht bemerkenswert, wenn er nicht in deutscher Sprache und in regelmäßig alternierenden Otfridversen abgefaßt wäre, deren einer *daz er uns firtanen giuuerdo ginaden* (3,2) wörtlich im ›Evangelienbuch‹ (I,7,28) wiederkehrt. Es erhebt sich also die Frage, ob Otfrid diesen Vers aus dem ihm bekannten Prozessionslied übernommen hat, oder ob der Dichter des ›Petrusliedes‹ den Vers Otfrids im Ohr hatte und in das Lied einbaute. Für die eine Möglichkeit spricht, daß Otfrids ›Evangelienbuch‹ in Freising bekannt war und um 900 abgeschrieben wurde; für die andere Möglichkeit, daß der im ›Petruslied‹ rein reimende Vers *(firtanen/ginaden)* bei Otfrid unrein erscheint *(firtanen/ginadon)* – bei der noch wenig entwickelten Reimtechnik freilich ein nicht sehr sicheres Indiz.

Ausgabe: Althochdeutsches Lesebuch, Nr. XXXIII. – Übersetzungen: de Boor, S. 593. – Schlosser 1970, S. 246f. – Literatur: Helmut Lomitzer in: VL 7, 1989, Sp. 521–525. – Allgemein: Johannes Janota, Studien zu Funktion und Typus des deutschen geistlichen Liedes im Mittelalter. München 1968.

Schließlich müssen in diesem Zusammenhang noch zwei kleinere Reimgebete Erwähnung finden, deren mehr oder minder zufällige Überlieferung ebenfalls über die Nachwirkung des Otfridverses Auskunft gibt, ob nun das ›Evangelienbuch‹ unmittelbar Vorbild gewesen oder der Traditionszusammenhang weiter zu denken ist. Die beiden aus je zwei Langzeilen bestehenden Gebete am Ende der Freisinger Otfridhandschrift haben vermutlich deren Schreiber Sigihart zum Verfasser, während das sog. ›Augsburger Gebet‹ im Westfränkischen entstanden sein muß und in einen schon früh nach Augsburg gelangten ›Liber poenitentialis‹ (›Bußbuch‹) eingetragen wurde. Die vier Langverse sind die Übersetzung eines bekannten lateinischen Gebets, dessen Wortlaut dem deutschen Text vorangeht. Entstanden ist es wohl ebenfalls um 900.

Ausgabe: Althochdeutsches Lesebuch, Nr. XXXVII. – Übersetzung: Schlosser 1970, S. 226f. – Literatur: Zum ›Augsburger Gebet‹: Achim Masser in: VL 1, 1978, Sp. 519.

Solange die Kirche allein über die Schrift verfügt, solange jeder Text nur in ihrer Verantwortung und durch die Hand eines Klerikers aufgezeichnet werden kann, solange jeder wissenschaftliche und literarische Diskurs durch den mehr oder minder theologisch gebildeten Kopf geht, ehe er aufs Pergament findet, solange kann es keine weltliche Literatur geben, es sei denn, sie liege im Interesse auch dieser Geistlichkeit. Weltliche Dichtung in der Volkssprache ist zudem mündlich, wird nur ausnahmsweise einmal schriftlich festgehalten und dann geistlich eingefärbt. Der im ›Hildebrandslied‹ angerufene *waltant got* ist ein eindrucksvolles Beispiel dafür. Umgekehrt wird die Sphäre mündlicher Poesie zunehmend geistlich besetzt, wenn auch wegen der sporadischen Aufzeichnung nur Spuren solcher Vereinnahmung sichtbar werden. Caedmons ›Hymnus‹ und das ›Wessobrunner Schöpfungsgedicht‹ sind verläßliche Zeugen für diesen Vorgang. Weltlich kann hier also nur eine Dichtung heißen, die nicht unmittelbar kirchlich bestimmten Zwecken, theologisch fundierter Belehrung oder fromm repetierender Erbaulichkeit, dient.

In der lateinischen Literatur der Karolingerzeit und besonders in der (Episode bleibenden) karlischen Hofdichtung gibt es durchaus schon Dichtungen auch weltlichen Interesses wie etwa Preisgedichte auf hohe Persönlichkeiten, Gedenkgedichte und Grabinschriften zur Würdigung eines Verstorbenen, aber auch Hirtengedichte nach dem Muster der antiken Ekloge, Zeitgedichte etwa aus Anlaß der Schlacht von Fontenoy (841), der Spaltung des Reichs nach dem Tod Ludwigs des Frommen, der Normannenkämpfe oder sonstiger Ereignisse vom Klosterbrand bis zur Thronbesteigung eines Herrschers. Es gibt Lehrgedichte, Epigramme, Merkverse und Rätsel. Und es gibt eine weltliche Erzähldichtung wie das anonyme ›Paderborner Epos‹ über Papst Leo III. und Karl den Großen und die Ereignisse des Jahres 799, die auf Einhard zurückgehenden ›Gesta Caroli Magni‹ des Poeta Saxo oder die ›Gesta Berengarii‹, ein Gedicht über Taten und Krönung Berengars von Friaul im Jahre 915. In diesen Kontext gehört vielleicht auch die Literarisierung und Romanisierung der germanischen Heldensage im Hexameterepos von ›Waltharius‹. Schließlich gibt es auch Schwankerzählungen und Tierfabeln, darunter die äsopische Erzählung von der

Krankheit des Löwen und seiner Heilung durch das Fell das Bären, das diesem auf den Rat des Fuchses hin über die Ohren gezogen wird (›Fabula de aegro leone‹), ein Stoff, dem in den mittelalterlichen Fuchsepen ein langes Nachleben beschert sein wird. Und nicht zuletzt gibt es eine Freundschaftsdichtung, die den Keim künftiger Liebespoesie in sich birgt, die allerdings erst im 12. Jahrhundert zur Entfaltung gebracht wird. All das kann hier nicht behandelt, muß aber doch wenigstens genannt werden, wenn von den spärlichen deutschsprachigen Beispielen für eine stärker weltlich orientierte Dichtung die Rede sein soll.

LITERATUR: Josef Szövérffy, Weltliche Dichtungen des lateinischen Mittelalters. Ein Handbuch. Bd. 1: Von den Anfängen bis zum Ende der Karolingerzeit. Berlin 1970. – Alfred Ebenbauer, *Carmen historicum.* Untersuchungen zur historischen Dichtung im karolingischen Europa. Bd. 1, Teil A: Historische Dichtung unter Karl dem Großen. Teil B: Historische Epen im karolingischen Europa. Wien 1978.

Fürstenpreis und Zeitlied

Den ältesten Fürstenpreis in deutschen Versen hat Otfrid von Weißenburg im Widmungsgedicht an König Ludwig den Deutschen geliefert. Otfrid steht damit in der antiken und zeitgenössischen Tradition der Herrscherpanegyrik. Das erklärt auch, warum nur die lateinische *salutatio* in der Überschrift und in Akro- und Telestichon sich direkt *an* König Ludwig wendet, in den deutschen Versen jedoch preisend *über* Ludwig gesprochen wird. Die rhetorische Tradition sah dafür u. a. die Rühmung der körperlichen Schönheit und der geistigen Tugenden des Herrschers vor, die Rühmung also seiner *pulchritudo* (»Schönheit«), *magnitudo* (»Größe«), *celeritas* (»Schnelligkeit«) und *fortitudo* (»Tapferkeit«) wie seiner *iustitia* (»Gerechtigkeit«), *moderatio* (»Mäßigung«), *sapientia* (»Weisheit«) und *strenuitas* (»Tatkraft«). Otfrid folgt diesem Schema nicht pedantisch. Er stellt besonders *fortitudo* und *sapientia* heraus. Mit diesen Tugenden eröffnet er seinen Herrscherpreis: *Ludouuig ther snello, thes uuisduames follo* ... (v. 1). Ludwig herrsche vorbildlich über das Land der Franken. Ihm werde Heil und Segen zuteil (vv. 1–8). Sein Lob übersteige die Fähigkeiten des Dichters (vv. 9–18). Gott möge bei ihm sein in jeder Gefahr (vv. 19–28). Nun herrsche Frieden – Ludwig als *rex pacificus* –, auch deshalb solle man für ihn beten (vv. 28–36). All das erinnere an König David

(vv. 37–68). Solange Ludwig herrsche, könnten alle getrost sein; deshalb verdiene er hier alles Glück und dort die ewige Seligkeit (vv. 69–82). Dieser Segenswunsch gelte auch seinen Kindern und seiner Gemahlin (vv. 83–86). Ihm gehöre dieses Gedicht, das die Heilslehre dem Frankenvolk vernehmlich mache (vv. 87–96).

Was diesen Fürstenpreis von einem denkbaren selbständigen Fürstenpreislied unterscheidet, ist die Funktionsbindung als Widmungsgedicht. Er hat keinen aktuellen politischen Anlaß, spielt nicht auf konkrete historische Begebenheiten an oder macht sie gar zum Thema, sondern gipfelt in der Fürbitte für den gefeierten Herrscher. Freilich hat der ausführliche Davidvergleich durchaus politische Dimension: in ihm erscheint unausgesprochen Karl der Große als *alter David* (»anderer David«). Höchste Legitimation also des *ostarrichi* (v. 2), dessen Stabilität über die der andern *kuningrichi* gestellt wird (vv. 69f.). Die Fürbitte gilt dem vorbildlichen Herrscher, nicht dem Auftraggeber oder Förderer des ›Evangelienbuches‹. Wenn Ludwig dies gewesen wäre, hätte Otfrid wohl nicht versäumt, den Topos der Verdienstlichkeit geistlicher Dichtung auf den zu übertragen, der sie ermöglicht hat, wie es z.B. noch der Pfaffe Konrad im Epilog zu seinem deutschen ›Rolandslied‹ tun wird.

Ganz anders verhält es sich beim ›Ludwigslied‹, das aus konkretem Anlaß und zu einem genau bestimmbaren Zeitpunkt entstanden ist. Am 1. (oder 3.) August 881 besiegten die Westfranken unter ihrem König Ludwig III. ein Heer der Normannen bei Saucourt im heutigen Nordfrankreich. Das Gedicht spricht vom siegreichen König als Lebendem. Die Aufzeichnung aber kann erst nach 882, dem Todesjahr Ludwigs III., erfolgt sein, denn die lateinische Überschrift gedenkt seiner als Verstorbenem: ›Rithmus teutonicus de piae memoriae Hluduico rege filio Hluduici aeque regis‹ (›Deutsches Gedicht auf König Ludwig frommen Angedenkens, den Sohn König Ludwigs‹).

Text und Überlieferung: Die Aufzeichnung führt nicht nur in die zeitliche, sondern auch örtliche und persönliche Nähe des gefeierten Siegers über die Normannen. Auf den letzten, ursprünglich freigebliebenen Seiten einer Handschrift mit lateinischen Übersetzungen von Schriften des Gregor von Nazianz und einigen kleinen liturgischen Texten in lateinischen Versen sind das älteste französische Gedicht, die sog. ›Eulalia-Sequenz‹, und, ihr folgend, das deutsche ›Ludwigslied‹

eingetragen. Die aus Flandern stammende Handschrift wird heute in Valenciennes aufbewahrt. Die Mundart weist sowohl rheinfränkische wie auch mittel- und niederfränkische Merkmale auf. Die mangelnde Schriftüberlieferung aus diesem Raum läßt kaum verbindliche Aussagen darüber zu, ob man von einer westfränkischen *lingua theodisca* (Schützeichel) oder gar einer westfränkischen Hofsprache (Müllenhoff, Matzel) sprechen kann. Zumindest aber zeigt der Entstehungsraum, der Ort der Aufzeichnung und die Symbiose mit dem altfranzösischen Gedicht, wie wenig fest die Sprachgrenzen noch waren. In der fränkischen Führungsschicht jener Zeit ist wohl grundsätzlich mit Mehrsprachigkeit zu rechnen. Der Schriftduktus spricht dafür, daß beide volkssprachlichen Texte vom gleichen (ebenfalls mehrsprachigen) Schreiber aufgezeichnet worden sind.

Die 59 binnengereimten Langverse folgen weitgehend dem Otfridschen Versgebrauch. Wieder fragt es sich, ob das wenige Jahre zuvor abgeschlossene ›Evangelienbuch‹ das unmittelbar wirksam gewordene Vorbild gewesen sein kann oder ob nicht doch ältere Formtraditionen beiden Gedichten vorangehen. Die Einleitung entspricht altepischer Konvention: *Einan kuning ueiz ih, Heizsit her Hluduig* (»Ich kenne einen König, Ludwig heißt er...«). Aber hier tritt kein Rhapsode auf, als Garant der Tradition im Wort, wie im ›Hildebrandslied‹ *(Ik gihorta đat seggen)* oder auch in den christlichen Stabreimgedichten wie dem ›Wessobrunner Schöpfungsgedicht‹ *(Dat gafregin ih)*, dem ›Muspilli‹ *(Daz hortih rahhon)* und dem ›Heliand‹ *(Sô gefragn ic)*. Hier beruft sich niemand auf Gewährsleute, von denen er gehört habe, was sich zugetragen hat, sondern ein unmittelbar Beteiligter spricht als Augen- und Ohrenzeuge. Das ›Ludwigslied‹ ist aktueller Fürstenpreis, nicht Verklärung einer heroischen Vergangenheit, ist politische Propaganda, nicht Vorzeitkunde. Und es steht von Anfang an unter christlichem Vorzeichen: *Ther gerno gode thionot: Ih ueiz her imos lonot* (»Er dient Gott mit ganzer Kraft. Ich weiß, daß Gott es ihm lohnen wird«). Die folgenden Verse geben einen knappen, biographischen Bericht über die Vorgeschichte des Ereignisses: Kindheit, Erziehung und Regierungsantritt des jugendlichen Herrschers. Das sind zuverlässige Auskünfte. Die Söhne und Enkel der ersten westfränkischen Könige, Karls des Kahlen (843–877) und Ludwigs des Stammlers (877–879), also Ludwig III., der Held des Liedes, und sein in v. 7 genannter Bruder Karlmann, hatten sich nach dem Tod des Vaters das westfränkische Reich geteilt. Ludwig war zum Zeitpunkt des Todes seines Vaters etwa

15 Jahre alt, so daß der Sänger zu Recht von seiner Verwaisung sprechen konnte. Die Behauptung, Gott selbst habe sich seiner an Vaters Stelle angenommen, hat ihr Vorbild wohl weniger in der altnordischen Mythologie, in der Odin und Frigg gelegentlich als Adoptiveltern auftreten (›Grimnismál‹), als im Alten Testament, wo Gott durch den Propheten Nathan zu David spricht und seine Fürsorge für den Nachfolger auf dem Stuhl des Königreichs verheißt mit den Worten: »Ich will sein Vater sein, und er soll mein Sohn sein. Wenn er eine Missetat tut, will ich ihn mit Menschenruten und mit der Menschenkinder Schlägen strafen. Aber meine Barmherzigkeit soll nicht von ihm entwandt werden ...« (2. Sam. 7,14ff.) Das paßt ganz zur Argumentation des ›Ludwigsliedes‹. Die Normanneneinfälle gelten als von Gott verhängte Prüfung des jugendlichen Herrschers, gelten ebenso aber auch den Franken insgesamt als Mahnung an ihre Sünden und Strafe für ihre Vergehen. Wer in Sünden stirbt, ist verloren; wer den Weg der Buße einschlägt, wird gerettet (vv. 11–18).

Dieser Zorn Gottes erging über die Franken, gerade als ihr König außer Landes weilte. Auch das entspricht der historischen Wahrheit, denn Ludwig unterstützte zu der Zeit seinen Bruder Karlmann gegen den Grafen Boso von Vienne, den späteren König von Niederburgund. Aber der gnädige Gott ruft *seinen* König zurück und befiehlt ihm, *seinen* (sc. Gottes) Franken zu Hilfe zu eilen (vv. 19–24). Im Legendengestus oder in ebender alttestamentlichen Weise des vertrauten herrscherlichen Umgangs mit Gott antwortet der König, bekundet seine Bereitschaft und zieht gegen die Normannen (vv. 25–28). Die Franken begrüßen ihn mit einem Dankgebet, Ludwig wiederholt vor ihnen Gottes Auftrag und ruft zur Heerfolge auf (vv. 29–41). Dann folgt in gedrängter Form die Schilderung der Schlacht und die Aristie ihres königlichen Helden (vv. 42–54).

Ein gerechter Krieg also, ein *bellum iustum*, ja, fast schon ein heiliger Krieg, wenn auch noch kein Kreuzzug, wie ihn die Literatur des 12. Jahrhunderts propagieren wird. Zwar sind die Normannen *heidine man*, aber sie stehen nicht den Repräsentanten der Christenheit, sondern den christlichen Franken gegenüber. Und diese kämpfen nicht um Gottes und ihres Glaubens willen, auch wenn der Dichter sie die *godes holdon, fideles Christi*, nennt, sondern zum Schutz des Reichs und für irdischen Lohn. Nicht das Christentum trägt den Sieg davon, sondern der strahlende König, dessen Preis nach gewonnener

Schlacht gesungen wird (vv. 55–59). Aber Fürstenpreis und Gotteslob treten zusammen und machen aus dem heldenhaften König ein Werkzeug Gottes. Vollzug des göttlichen Willens ist die Botschaft des ›Ludwigsliedes‹. Es handelt sich hier wohl nicht um die christliche Kontrafaktur eines germanischen Fürstenpreis- oder Heldenliedes, wie man lange geglaubt hat, sondern vielmehr um ein Zeitlied, wie wir es sonst nur aus der zeigenössischen lateinischen Literatur kennen. Von hier aus führt ein direkter Weg zu den altfranzösischen Geschichtsepen, den Chansons de geste, deren eine, das Fragment von ›Isembart et Gormont‹, im Kern auf die Schlacht von Saucourt zurückgeht, um den sich andere historische Reminiszenzen angelagert haben. Die Chanson von ›Isembart et Gormont‹ lebt übrigens in spätmittelalterlicher Prosaauflösung (›Loher und Maller‹) auch in Deutschland fort.

AUSGABE: Althochdeutsches Lesebuch, Nr. XXXVI. – ÜBERSETZUNGEN: de Boor, S. 930–933. – Schlosser 1970, S. 274–277. – LITERATUR: Wiebke Freytag in: VL 5, 1985, Sp. 1036–1039.

Sprichwörter, Liebesgrüße, Spott- und Schreiberverse

Die Geschichte einer Literatur, die mit wenigen Ausnahmen nur in geringen Bruchstücken auf uns gekommen ist, wäre nicht vollständig, wenn nicht auch die kleinsten und bescheidensten Reste schriftlicher Überlieferung wenigstens summarische Erwähnung fänden. Im Zusammenhang mit den poetischen Denkmälern ist deshalb hier auf eine Reihe höchst anspruchsloser Reimereien hinzuweisen, die als Federproben, Schreiberverse am Ende lateinischer Handschriften oder deutsche Einsprengsel in lateinischen Texten überliefert sind und deren Alter (wenn es sich nicht um spontane Erfindung im Augenblick der Niederschrift handelt) meist schwer zu bestimmen ist. Trotz der jüngeren Überlieferung sind deshalb schon hier die deutschen Verse zu erwähnen, die Notker III. von St. Gallen einer lateinischen Stilfibel, der sog. ›St. Galler Rhetorik‹, als Beispiele zugefügt hat. Ebenfalls aus St. Gallen stammt der Eintrag einer »Spottstrophe« in eine Handschrift mit Stücken des Alten Testaments. Die beiden binnengereimten Langverse sprechen von einem *Starzfidere,* der *Liubene* (Liubwini) nach einem Fest (?) seine Tochter zurückschickt. Ein Schreiber beklagt die Mühsal seiner Tätigkeit, wie das nach ihm und das ganze Mittelalter hindurch unzählige andere mit traditionellen Verschen oder eigenen Geistesblitzen immer wieder tun werden. In die Sphäre der Erotik führen das eineinhalb Verse umfassende Bruchstück vom Hirsch, der der Hinde etwas ins Ohr raunt, und ein – weitgehend getilgtes – Stück in den Cambridger Liedern, das in der Form eines deutsch-lateinischen Mischgedichts vom Liebesantrag und Liebesgespräch mit einer Nonne erzählt. Diese Verse wie auch der lateinisch-deutsche Liebesgruß im ›Ruodlieb‹ gehören in den Kontext lateinisch sich artikulierender Klerikererotik und sind kaum als Zeugnisse einer älteren deutschen Liebesdichtung zu werten. Auch die kleinen Gelegenheitsreimereien zeigen eines wieder mit aller Deutlichkeit: Die einzig mögliche Form poetischer Äußerung im 10. und beginnenden 11. Jahrhundert ist der Otfridvers.

Ausgaben: MSD, Nr. VI: ›Hirsch und Hinde‹, Nr. XVb: ›Vers eines Schreibers‹, Nr. XXVI: ›Aus der St. Galler Rhetorik‹, Nr. XXVII: ›Sprichwörter‹, Nr. XXVIII: Liebesgruß aus dem ›Ruodlieb‹, Nr. XXVIIIb: ›Spottvers‹. – Althochdeutsches Lesebuch, Nr. XL: ›Verse aus Notkers Rhetorik‹. – Literatur: Zu den ›St. Galler Sprichwörtern‹: Ute Schwab, *Eber, aper* und *porcus* in Notkers Deutscher Rhetorik. Aion 9 (1970), S. 109–245. – Stefan Sonderegger in: VL 2, 1980, Sp. 1053–1056. – Zum St. Galler ›Spottvers‹: Stefan Sonderegger in: VL 2, 1980, Sp. 1051–1053. – Zu ›Hirsch und Hinde‹: Stefan Sonderegger in: VL 4, 1983, Sp. 47–49. – Zum Liebesgruß aus dem ›Ruodlieb‹: H. Walther, *Quot – tot.* Mittelalterliche Liebesgrüße und Verwandtes. ZfdA 65 (1928), S. 257–289. – Zum ›St. Galler Schreibervers‹: Stefan Sonderegger in: VL 2, 1980, Sp. 1047f.

1. Historische Voraussetzungen

Reich, Kirche und Literatur

Es ist hier nicht der Ort, die Geschichte des fränkisch-deutschen Reichs zu rekapitulieren, also über die einzelnen Stadien der Auflösung des karolingischen Imperiums zu berichten und die Konsolidierung des ostfränkischen Reichsteils als den eigentlichen Beginn einer nationalen deutschen Geschichte zu würdigen. Wohl aber ist an den in der Einleitung erwähnten und schwer zu erklärenden Sachverhalt zu erinnern, daß unter den sächsischen Kaisern (919 wird Heinrich I. von den Sachsen und Franken zum König erhoben, 1024 stirbt die Dynastie mit Heinrich II. aus) und unter den ersten salischen Nachfolgern die deutsche Literatur mit wenigen Ausnahmen zu schweigen scheint.

Die Entstehung und Entwicklung volkssprachlicher Schriftlichkeit stand seit dem ausgehenden 8. Jahrhundert in unmittelbarem Zusammenhang mit den imperialen Interessen und kirchenpolitischen Aktivitäten Karls des Großen. Die großen karolingischen Gedichte in der Volkssprache lassen sich der fortwirkenden Tradition karlischer Bildungspolitik zuordnen und in direkte Verbindung mit dem Herrscherhaus bringen. Einhard berichtet davon, daß Karl der Große die *barbara et antiquissima carmina* habe sammeln und aufzeichnen lassen; der unbekannte Verfasser der ›Heliandvorrede‹ führt die Entstehung des altsächsischen Bibelgedichts auf Ludwig den Frommen (oder den Deutschen?) zurück; Otfrid widmet sein ›Evangelienbuch‹ dem hochgepriesenen Karlsenkel Ludwig dem Deutschen. Im 10. und frühen 11. Jahrhundert und noch weit darüber hinaus hören wir nichts mehr von vulgärsprachlicher Großdichtung oder gar von einem herrscherlichen Interesse an ihr. Zwar ist nicht auszuschließen, daß Überlieferungsverluste das Bild verfälschen und unser Eindruck trügt, die deutsche Literatur sei mit der einen großen Ausnahme Notkers III. von St. Gallen für etwa eineinhalb Jahrhunderte wieder verstummt;

Europa um das Jahr 1000

aber selbst wenn uns dieser oder jener kleine Text, den wir aus sekundären Zeugnissen erschließen können, erhalten geblieben wäre, würde sich im großen und ganzen an dem Befund wenig ändern. Dies war keine Zeit für vulgärsprachliche Literatur, wie es auch keine Zeit war für eine anspruchsvollere lateinische Poesie.

Es ist wenig sinnvoll, in Analogie zur karolingischen, von der Antike belebten und befruchteten Kultur und Literatur auch von einer ›Ottonischen Renaissance‹ zu sprechen. Jedenfalls kann dies nicht für die vorherrschenden literarischen Interessen und Produktionen gelten. Zwar gibt es eine zunehmend breitere Rezeption antiker Literatur in den Klosterschulen, doch entsteht keine von ihr inspirierte lateinische Dichtung des Ranges, den die karolingische Dichtung für sich beanspruchen darf. Es gibt auch keine gleichwertige wissenschaftlich-theologische Reflexion. Vorherrschaft gewinnt ein historisches Interesse, das mit der Konstitution des ersten deutschen Reiches in Verbindung gebracht werden kann, auch wo dies nicht direkt ausgesprochen wird. Hier wird eine Tradition fortgeschrieben, wird

Kontinuität darin sichtbar, daß große karolingische Geschichtswerke fortgesetzt werden wie die Weltchronik des Regino von Prüm (etwa 840–915) durch Adalbert von Magdeburg (gest. 981), daß aber auch so eigenständige Leistungen möglich werden wie die der Kaisertochter Mathilde, Äbtissin in Quedlinburg, gewidmete Sachsengeschichte (›Res gestae Saxonum‹) des Widukind von Corvey (etwa 925 – etwa 973) oder das ›Chronicon‹ des Thietmar von Merseburg (975–1018). Am Ende dieses Zeitraums stehen die literarisch ebenso verschiedenartigen wie auf ihre je eigene Weise eindrucksvollen Geschichtswerke aus St. Gallen und von der Reichenau, die anekdotenreiche Fortsetzung der St. Galler Klostergeschichte durch Ekkehard IV. (etwa 980–etwa 1060) in den ›Casus sancti Galli‹ und die sachliche, nüchterne und kritische Darstellung der christlichen Geschichte bis zum Jahr 1054 durch Hermann (Contractus, »den Lahmen«) von Reichenau (1013–1054), von der wiederum ein entscheidender Einfluß auf die jüngere Historiographie ausgehen wird.

Die bemerkenswertesten lateinischen Dichtungen des 10. Jahrhunderts in Deutschland stammen von einer Frau, der ersten uns bekannten deutschen Dichterin: von der Nonne Roswitha (*Hrotsvith*) aus dem Stift Gandersheim. Ihre genauen Lebensdaten sind so wenig bekannt wie ihre Herkunft. Ihre Freundschaft mit der Äbtissin Gerberga (940–1001) und die Datierung ihrer Werke in die Zeit zwischen der Kaiserkrönung Ottos I. (962) und dem Jahr 975 sind die einzigen einigermaßen sicheren Daten. Da sie selbst davon spricht, daß sie erst lange nach dem Tod des Herzogs Otto (912) das Licht der Welt erblickt habe und Gerberga jünger gewesen sei, wird sie wohl um 935 geboren worden sein. Ihre adlige Abkunft schließt man aus der Zugehörigkeit zu einem Stift, dessen Gründung und Geschichte eng mit dem ludolfingischen Geschlecht und späteren Kaiserhaus verbunden ist und deshalb in erster Linie den großen Familien offenstand.

Die poetischen Werke der Roswitha von Gandersheim ordnen sich in drei Gruppen: Verslegenden (in Distichen bzw. leoninischen Hexametern), zwei historische Hexameterepen über die Taten Ottos I. (›Gesta Ottonis‹) und die Anfänge des Stifts und Klosters Gandersheim (›Primordia coenobii Gandeshemensis‹) und – am merkwürdigsten, doch in Stoff und geistlicher Tendenz den Verslegenden unmittelbar vergleichbar – sechs Lesedramen in Reimprosa, die nach Auskunft der Dichterin die Lektüre des Terenz in den Klöstern zurückdrängen sollten (vergleichbar der Zweckbestimmung des ›Evangelienbuches‹ durch Otfrid von Weißenburg).

Ausgaben: Hrotsvithae opera rec. et emendavit Paulus de Winterfeld. Berlin 1902 (MGH SS), Nachdr. Berlin, Zürich 1965. – Hrotsvithae opera denuo edidit codicis Coloniensis lectionem primum adiecit Karolus Strecker. 2. Aufl. Leipzig 1930 (Bibliotheca Teubneriana). – H(elene) Homeyer (Hrsg.), Hrotsvithae opera. Mit Einleitung und Kommentar. München, Paderborn, Wien 1970. – Übersetzungen: H(elene) Homeyer, Roswitha von Gandersheim, Werke in deutscher Übertragung. Mit einem Beitrag zur frühmittelalterlichen Dichtung. München, Paderborn, Wien 1973. – Hrotsvit von Gandersheim, Sämtliche Dichtungen. Vollständige Ausgabe. Aus dem Mittellateinischen übertr. v. Otto Bannhauer (Legenden und Apokalypse des Johannes), Jacob Bendixen (Dramen) u. Theodor Gottfried Pfund (Epen). Mit einer Einführung v. Bert Nagel. München 1966. – Literatur: Fidel Rädle in: VL 4, 1983, Sp. 196–210.

Die eigentlichen künstlerischen Leistungen der Zeit liegen auf anderen Gebieten. Kleinplastik, Buchmalerei und besonders die Architektur bringen Werke höchsten Anspruchs hervor, in denen ab dem letzten Viertel des Jahrhunderts der byzantinische Einfluß immer stärker sichtbar wird, der den Westen durch die lange schon geplante Vermählung Ottos II. mit der byzantinischen Prinzessin Theophano (942–991) erreichte, die nach dem Tod ihres Gemahls im Jahre 983 im Namen des noch unmündigen Nachfolgers Otto III. für einige Jahre die Regentschaft ausübte. Gerade die größten und mächtigsten Unternehmungen sind heute allerdings kaum noch sichtbar. Die bedeutenden Kirchenbauten, an ihrer Spitze der romanische Magdeburger Dom und die Servatiuskirche in Quedlinburg, die Otto I. selbst errichten ließ, sind durch spätere Um- und Neubauten verändert oder ersetzt worden, so daß nur noch Reste, etwa die freigelegten Unterbauten und Krypten, vom ursprünglichen Zustand Kunde geben. Am besten, wenn auch nicht unverändert bewahrt blieb die vom Markgrafen Gero gegründete Stiftskirche von Gernrode, zu deren Ausstattung ein Hauptwerk ottonischer Monumentalplastik, die Darstellung des Heiligen Grabes, gehört. Auch in diesem Bau ist der byzantinische Einfluß unverkennbar und zeigt, daß der Kaiserhof zwar nicht mehr selbst produktives geistig-künstlerisches Zentrum war, wie dies die Schola Karls des Großen gewesen ist, daß sein Einfluß aber auf die seit nachkarlischer Zeit sich herausbildenden kirchlichen

Zentren ausstrahlte, zu denen neben den Klöstern mehr und mehr auch die großen Kathedralen und ihre Schulen wurden.

Die Entstehung und wachsende Bedeutung der Domschulen in der zweiten Hälfte des 10. Jahrhunderts hängen mit dem Ausbau des Reichskirchensystems zusammen. Das Kirchengut als Teil des Reichsgutes wird vermehrt, der Episkopat wird zu Abgaben und Heeresfolge in beträchtlichem Ausmaße verpflichtet, Reichsäbte und Reichsbischöfe sind in der ihnen zugestandenen fürstengleichen Stellung die entscheidenden Stützen und Garanten der Einheit des Regnum Francorum. Nur wenige Domschulen wie die in Trier, Augsburg, Eichstätt oder Utrecht waren bereits auf dem Niveau, auf das nun auch die von Köln, Paderborn, Hildesheim, Magdeburg, Bamberg, Würzburg und Regensburg gebracht wurden. Diese Domschulen waren Stätten mehr der Ausbildung als der produktiven wissenschaftlich-literarischen Betätigung. Kein großer Autor schmückte auch nur eine von ihnen, wohingegen die alten klösterlichen Bildungszentren weiterhin Gelehrte und Schriftsteller von Rang hervorbrachten.

Die ottonische Reichskirchenpolitik ist wohl auch der Grund dafür, daß die lateinische Sprache – im Bereich des byzantinischen Einflusses modisch aufgeputzt mit diesem und jenem griechischen Versatzstück – alleingültiges Medium theologischer, wissenschaftlicher und künstlerischer Verlautbarungen war, daß die Bemühung um die Vulgärsprache, um ihre Literarisierung und Vereinheitlichung, keine vordringliche Sorge des Kaiserhofes oder des Klerus sein konnte. Was schon die Nachfolger Karls des Großen preisgegeben hatten, was aber doch in einigen klösterlichen Zentren im 9. Jahrhundert lebendig geblieben war und seinen literarischen Niederschlag gefunden hatte, das ist jetzt endgültig dahin. Und als ein Mönch und Lehrer um die Jahrtausendwende in einem Kloster, das immerhin auf eine reiche Tradition vulgärsprachlicher Schriftlichkeit zurückblickte, sich aufmachte, die deutsche Sprache zu bändigen und aufs Pergament zu bannen, da konnte dieses Unterfangen als ebenso kühn wie neuartig gelten. Notker III. von St. Gallen, der schon von seinen Zeitgenossen Teutonicus, »der Deutsche«, genannt wurde, nannte es eine *rem pene inusitatam,* eine »so gut wie unbekannte Sache«, und warnte den Bischof Hugo II. von Sitten, dem er dies schrieb, sich vorschnell abschrecken zu lassen: *Scio tamen quia primum abhorrebitis quasi ab insuetis* (»Ich weiß freilich, daß Ihr am Anfang davor zurückschrecken werdet wie vor etwas Ungewohntem«).

LITERATUR: Allgemeine Darstellungen des Zeitraums vgl. S. 63. – Robert Holtzmann, Geschichte der sächsischen Kaiserzeit (900–1024). 1941, 4. Aufl. München 1961. – Hans Jantzen, Ottonische Kunst. München 1947, Neuausg. Hamburg 1959. – Leo Santifaller, Zur Geschichte des ottonisch-salischen Reichskirchensystems. 2. Aufl. Wien 1964 (SB Österr. AW, Phil.-hist. Klasse, 229,1). – Rudolf Schieffer, Die Entstehung von Domkapiteln in Deutschland. Bonn 1976. – Walter Berschin, Griechisch-lateinisches Mittelalter. Von Hieronymus bis Nikolaus von Kues. Bern, München 1980. – Karl Schmid (Hrsg.), Reich und Kirche vor dem Investiturstreit. In: FS Gerd Tellenbach. Sigmaringen 1985.

Schulfächer und Schulautoren

Ehe wir uns dem schriftstellerischen Werk Notkers III., dieses in seiner Zeit einzigartigen Autors, zuwenden, müssen wir uns im Rückblick auf die karolingische Epoche und im Blick auf die uns hier beschäftigenden Umstände darüber klar werden, was in jenen Jahrhunderten Schule war, was und wie in ihr gelernt wurde und welches die wichtigsten Unterrichtsmaterialien, die sog. Schulautoren, waren.

Der karlische Plan, jedermann eine wenigstens elementare Schulbildung zu vermitteln, hat sich nicht verwirklichen lassen. Wohl standen die Kloster- und Stiftsschulen auch den Laien offen, wurden von ihnen zeitweise sogar in einem Maße frequentiert, daß man sich seit dem frühen 9. Jahrhundert genötigt sah, den Unterricht auf eine äußere Schule für alle Interessenten und eine innere Schule für die dem geistlichen Beruf und dem regulierten Leben Bestimmten zu verteilen. Dennoch gab es ein starkes Bildungsgefälle. Mag es auch einzelne hochgebildete, sogar literarisch produktive Laien gegeben haben wie den mehrfach erwähnten Biographen Karls des Großen, Einhard, den karlischen Hofdichter Angilbert, der den Ehrennamen Homer trug, oder seinen Sohn Nithard, den Geschichtsschreiber der karolingischen Bruderkämpfe und Kronzeugen für die ›Straßburger Eide‹, mag es selbst vorgekommen sein, daß eine adlige Dame aus dem Laienstand zur Feder gegriffen hat wie Dhuoda, die Gemahlin des Grafen Bernhard von Septimanien, mag es einzelne Adelsbibliotheken gegeben haben – im großen und ganzen gilt, daß die Laienstände illiterat waren.

Clericus und *litteratus* sind für lange Zeit Synonyma. Aber auch in der Hierarchie der Kirchenleute gab es Abstufungen der Bildungsgrade. Grundsätzlich war der Regularkleriker dem Weltpriester wohl überlegen. Ein Leben im Dienste der *lectio divina* in der Klosterzelle und eines im Dienste der Seelsorge in der Welt stellten notwendigerweise sehr unterschiedliche Anforderungen. Der einfache Weltpriester zur Zeit der Karolinger mußte zumindest die wichtigsten katechetischen und liturgischen Stücke hersagen können, also Credo, Paternoster, das Taufritual etc., und er sollte auch in der Lage sein, sie zu erklären; er mußte den Psalter auswendig kennen und sollte die wichtigsten patristischen Auslegungen zentraler Stellen der Heiligen Schrift zumindest zu lesen verstehen, um darüber nach dem Muster der Väter auch predigen zu können. Daß die Alltagspraxis selbst hinter solchen elementaren Anforderungen oft genug zurückblieb, läßt sich leicht vorstellen.

Im Regularklerus dagegen waren alle Bildungsgrade von nur mühsam beherrschter Lesefähigkeit bis zur höchsten wissenschaftlichen Kompetenz vertreten. Während die (wenn überhaupt erfolgende) Ausbildung des Laien wohl nur wenig über die grundlegende Einführung in die Fähigkeit zu lesen und vielleicht noch in die Kunst des Schreibens hinausging, wurde für die gehobene klerikale Ausbildung in den inneren Klosterschulen ein Curriculum entwickelt, das sich an dem spätantiken Konzept der *septem artes liberales* orientierte, das hieß ursprünglich: an einem System von Kenntnissen und Wissenschaften, die auszuüben einem freien Mann zukamen, der ihrer nicht zu seinem Lebensunterhalt bedurfte – im Unterschied zu der von Sklaven geleisteten zumeist körperlichen Arbeit (wozu in den antiken Gesellschaften freilich auch das Schreiben gehörte). Die nicht ganz zutreffend auch im Deutschen sog. Sieben Freien Künste sind Grammatik, Rhetorik, Dialektik, Arithmetik, Geometrie, Musik und Astronomie. Seit dem 8. Jahrhundert pflegte man diese sieben *disciplinae* einzuteilen in das Trivium (»Dreiweg«) und Quadrivium (»Vierweg«), das heißt in die Gruppe der »trivialen« Fächer Grammatik, Rhetorik und Dialektik und in die weiterführenden Wissenschaften Arithmetik, Geometrie, Musik und Astronomie. Insgesamt sollten die *artes* nur die Vorstufe zur eigentlichen christlichen Wissenschaft, zum Studium der Offenbarung in Gestalt der Heiligen Schrift, bilden. Sie entwikkelten im Laufe der Zeit aber zunehmend ein Eigengewicht, das im 12. Jahrhundert zu einer Umstrukturierung des Lehrbetriebs führte.

Den entscheidenden Schritt zur Verchristlichung dieses ursprünglich antiken Lehrsystems hatte Augustinus getan, doch hatte er seinen Plan einer Gesamtdarstellung nie ausgeführt. Eine solche Gesamtdarstellung besaß das Mittelalter in dem Werk des Martianus Capella, eines sonst unbekannten nordafrikanischen Autors aus dem frühen 5. Jahrhundert, das den nur von der umrahmenden Allegorie her verständlichen Titel ›De nuptiis Philologiae et Mercurii‹ (›Die Vermählung der Philologie mit Merkur‹) trägt. Merkur, der Gott des Handels, steht hier in spätantiker Tradition für die Beredsamkeit (*eloquentia*). Als er heiraten will, schlägt ihm Apollo vor, die gelehrteste Jungfrau zu ehelichen, nämlich die Philologie, das ist *sapientia* oder Philosophie. Die bei Jupiter versammelten Götter stimmen der Verbindung zu. Die Braut wird unter Beteiligung der neun Musen, vier Kardinaltugenden und drei Grazien gefeiert und geleitet. Zu ihrer Vermählung erhält sie als Geschenk sieben Mägde, und das eben sind die Sieben Freien Künste. Dies ist Inhalt der ersten beiden Bücher. In den folgenden sieben Büchern wird jeweils eine *ars* behandelt. Die gesuchte Kostbarkeit der Darstellung wird auch dadurch unterstrichen, daß dem Prosatext immer wieder lyrische Einlagen in verschiedenen Versmaßen zugefügt werden.

Die Vergötterung der Philologie-Philosophie, die allegorische Handlung und die prosimetrische Form ähneln dem etwa einhundert Jahre jüngeren und noch breiter rezipierten Werk ›De consolatione philosophiae‹ (›Tröstung durch die Philosophie‹), das Boethius, der bekannte spätrömische Schriftsteller und Vertraute Theoderichs des Großen, als Vermächtnis vor seiner Hinrichtung im Jahre 524 verfaßt hat. Auch hier tritt die Philosophie als allegorische Person auf, mit der der Unglückliche einen langen Disput über Glück und Unglück, göttliche Vorsehung und blinden Zufall, Gut und Böse führt. Doch geht es hier nicht so sehr um die didaktische Vermittlung eines systematisierten Wissensstoffes, sondern um die Klärung philosophischer Fragen des angedeuteten Inhalts und die lebensgeschichtlich beglaubigte Grundlegung einer stoischen Weltauffassung, die das Mittelalter in eigentümlicher Konkurrenz zu christlich-heilsgeschichtlichen Lebens- und Weltentwürfen rezipiert hat.

Außer dem schwülstigen Traktat des Martianus Capella gab es freilich auch andere, nüchternere Quellenschriften zum Verständnis und zur lehrenden Weitergabe des Systems der Artes, so das zweite Buch der ›Institutiones‹ des Cassiodor oder die Eingangsbücher der ›Etymologien‹ Isidors von Sevilla. Erst Alkuin entwickelte in seiner ›Disputatio de vera philosophia‹ (›Abhandlung über die wahre Philosophie‹) aus diesem statischen Wissenschaftssystem eine dynamische Stufenfolge von Lehrfächern. Nicht minder wichtig und folgenreich waren die von ihm verfaßten Lehrtexte für einzelne Disziplinen.

Den Grundstock der Lehrbücher und Schullektüre bildete die antike Literatur. Doch dieser Grundstock wurde zunehmend und in unterschiedlichem Maße ergänzt durch neuere Texte. Im literaturgeschichtlichen Interesse liegen vornehmlich die Lehrmittel für das Trivium. Hier waren grundlegend die antiken Schriften des Donatus (›Ars minor‹ und ›Ars maior‹) und Priscianus (›Institutiones grammaticae‹) aus dem 4. bzw. 5. Jahrhundert für die Grammatik, Cicero (besonders ›De oratore‹), Quintilian (›Institutiones oratoriae libri XII‹) und die anonyme Schrift ›Ad Herennium‹ für die Rhetorik sowie einzelne von Boethius ins Lateinische übersetzte Schriften zur Logik des Aristoteles für die Dialektik. Dieser Grundbestand wurde erweitert durch zeitgenössische Schriften wie die Lehrdialoge zum Trivium, die Alkuin verfaßt hatte; grundlegend umgestaltet wurde er erst seit dem 12. Jahrhundert unter dem Einfluß der neuen Aristotelesrezeption.

Von größtem literaturgeschichtlichen Interesse sind die klassischen Autoren, an denen man die erlernten Kenntnisse der Sprache (Grammatik), des Stils (Rhetorik) und der Disputation und logischen Schlußfolgerung (Dialektik) zu üben pflegte. Wir haben aus den verschiedenen Schulen unterschiedliche Nachrichten über die verwendeten Schriften, aus denen sich über die lokalen und zeitlichen Besonderheiten hinweg ein gewisser gleichbleibender Grundbestand erkennen läßt, eine Kanonbildung, die zunehmend in entsprechenden Listen (›Canones‹) ihren Niederschlag findet. Zeugnisse für solche Kanonbildung sind Bibliothekskataloge, Sammelhandschriften, in denen die zentralen Texte zusammengestellt wurden, Glossierungen einschlägiger Werke, Kommentare zu den Schulautoren, ihre spätere Zusammenfassung (›Accessus ad auctores‹) und schließlich eigene, dem Thema gewidmete Schriften wie der berühmte ›Dialogus super auctores‹ des Konrad von Hirsau aus dem

12. Jahrhundert. Hinzu kommen »biographische« Nachrichten oder Berufungen auf Vorgänger und Vorläufer zumal in der Dichtung (man denke auch hier wieder an die freilich minimale Liste antiker und christlicher Autoren, die Otfrid in seinem Brief an Liutbert von Mainz aufgestellt hat).

Vergil steht an der Spitze der das ganze Mittelalter hindurch gelesenen antiken Autoren. Ovid, der im 12. Jahrhundert eine immense Verbreitung finden und einen kaum zu überschätzenden Einfluß auf die lateinische und vulgärsprachliche Literatur ausüben wird, wächst erst seit etwa der Mitte des 11. Jahrhunderts in den Kanon hinein. Zwar war er auch vorher durchaus schon bekannt, seine Geltung beruht jedoch noch nicht auf den Liebesgedichten. Walther von Speyer berichtet im ersten Buch der hexametrischen Fassung einer ›Vita et passio s. Christophori‹ (um 982/83) von seiner Schullektüre und erwähnt die gekürzte lateinische Homerbearbeitung, die im Westen vielgelesene ›Ilias latina‹ aus dem ersten nachchristlichen Jahrhundert, erwähnt Martianus Capella, Horaz, Persius, Juvenal, Boethius, Statius, Terenz, Lucan und natürlich Vergil. Hier scheint sich das Spektrum schon verschoben zu haben zugunsten der antiken Texte. In der Karolingerzeit hatten die christlichen Poeten eindeutig die Oberhand: Juvencus, Sedulius, Arator, Prosper, Avitus, Prudentius u. a. Die Liste ist nicht vollständig und soll nicht suggerieren, daß an jedem Ort die gleichen Texte mit gleicher Intensität gelesen wurden. Aber die genannten Autoren bilden den inneren Kreis des Schulkanons, der im Laufe der Jahrhunderte immer stärker erweitert wurde.

Der Unterricht begann nicht gleich mit der Lektüre dieser zum größten Teil ja gar nicht leicht zu verstehenden antiken und christlichen Dichter. Der Anfänger bedurfte einfacherer Texte, nachdem er anhand des Psalters lesen gelernt hatte. Als erste Schullektüre dienten zumeist die ›Disticha Catonis‹, eine wohl aus dem dritten nachchristlichen Jahrhundert stammende Sammlung moralisch-pädagogischer Spruchweisheiten, die bis in die Zeit des Buchdrucks das Elementarbuch schlechthin darstellten. Hinzu traten lateinische Fabelbearbeitungen, besonders die des Avianus aus dem 4. (oder 5.) Jahrhundert. Wenn man wissen will, was jeder einigermaßen gebildete, d. h. in den trivialen Künsten bewanderte Autor des Mittelalters auf jeden Fall kannte, muß man diese Texte lesen.

Literatur: Franz Anton Specht, Geschichte des Unterrichtswesens in Deutschland von den ältesten Zeiten bis zur Mitte des dreizehnten Jahrhunderts. 1885. Neudruck Wiesbaden 1967. – Ernst Robert Curtius, Europäische Literatur und lateinisches Mittelalter. Bern 1949. 9. Aufl. Bern, München 1978. – Josef Dolch, Lehrplan des Abendlandes. Zweieinhalb Jahrtausende seiner Geschichte. Ratingen 1959 u.ö. – Günter Glauche, Schullektüre im Mittelalter. Entstehung und Wandlungen des Lektürekanons bis 1200 nach den Quellen dargestellt. München 1970. – Detlef Illmer, Formen der Erziehung und Wissensvermittlung im frühen Mittelalter. Quellenstudien zur Frage der Kontinuität des abendländischen Erziehungswesens. München 1971. – Laetitia Böhm, Das mittelalterliche Erziehungs- und Bildungswesen. In: Propyläen Geschichte der Literatur, Bd. 2. Frankfurt a.M., Berlin, Wien 1982, S. 143–181. – Rolf Sprandel, Gesellschaft und Literatur im Mittelalter. Paderborn, München, Wien, Zürich 1982. – Nikolaus Henkel, Deutsche Übersetzungen lateinischer Schultexte. Ihre Verbreitung und Funktion im Mittelalter und in der frühen Neuzeit. Mit einem Verzeichnis der Texte. München, Zürich 1988.

2. Mündliche Dichtung

Daß die alte Heldendichtung in mündlicher Tradition weiterlebte, müssen wir allein schon aus der Tatsache schließen, daß sie seit dem ausgehenden 12. Jahrhundert literarisiert wurde und in der veränderten Gestalt einer mittelhochdeutschen Heldendichtung auf das Pergament fand. Sie blieb auch danach noch im mündlichen Gebrauch, wie gelegentliche Äußerungen von Berufssängern wie etwa dem Marner im 13. Jahrhundert bezeugen. Immer wieder erscheinen Namen der Heldensage in historischen und literarischen Texten, die zeigen, daß hier eine mündliche Tradition fortlebte und bewahrte, was der Überlieferung durch die Schrift lange nicht gewürdigt wurde. Nur ganz selten verdichten sich solche Hinweise einmal zu so aufschlußreichen Nachrichten, wie wir sie dem Bamberger Domscholaster Meinhard aus dem 11. Jahrhundert verdanken. Meinhard klagt darüber, daß Bischof Gunther sich mehr um König Etzel und Dietrich von Bern kümmere als um die Schriften der Kirchenväter. In welcher Form das geschehen sein könnte, läßt sich vielleicht aus einem ganz anderen Zusammenhang, nämlich aus der frühen Bezeugung einer balladenartigen Tanzlieddichtung, schließen.

Es gibt eine erstaunlich breite, den lokalen Anlaß weit hinter sich lassende legendarische Überlieferung zu einer wunderbaren Begebenheit, die sich in der Christnacht des Jahres 1021 zu Kölbigk in Altsachsen zugetragen haben soll. Zwölf Männer – so wird über Jahrhunderte hin auf dem Kontinent, in England und in nordischer Überlieferung erzählt – hätten sich in der Heiligen Nacht ohne Ehrfurcht vor Priester und Gemeinde in die Vorhalle der Kirche begeben, um die Tochter des Küsters zu rauben. Das Mädchen ließ sich verlocken und folgte den jungen Leuten. Noch in der Vorhalle begannen sie alle zu tanzen. Und so traf sie die Strafe Gottes: ein Jahr lang mußten sie ihren Tanz ohne Unterbrechung fortsetzen. Dabei hätten sie ein Lied gesungen: »Es ritt Bovo durch den belaubten (grünen) Wald. Er führte mit sich Merswind, die Schöne. ›Was stehen wir? Warum gehen wir nicht?‹«

Die Bedeutung, die diesen anspruchslosen Versen zukommt, liegt darin, daß hier eine poetische Gattung dokumentiert zu sein scheint, deren literarische Erscheinungsformen uns erst sehr viel später greifbar werden: die Ballade. Und das heißt im gattungsgeschichtlichen Sinne dieses jüngeren Terminus: »Tanzbegleitung in Gestalt des vielstrophigen epischen, kehrreimgeschmückten Liedes« (Andreas Heusler). Denn es hat sich zeigen lassen, daß das stoffliche Substrat des nur mit der einen angeführten Strophe zitierten Tanzliedes der germanischen Heldensage, genauer der Dietrichsage, zugehört. Alle Rekonstruktionen des niederdeutschen Wortlauts sprechen dafür, daß es sich formal hier um endgereimte (also nicht binnengereimte) Langzeilen handelt. Solche Balladen kennen wir erst aus späterer Zeit etwa in Gestalt der skandinavischen ›Kämpeviser‹ (»Heldenlieder«), die unter anderem auch von Dietrich von Bern handeln. In der deutschen Literatur entspricht ihnen das freilich isoliert stehende niederdeutsche balladische Lied von ›Ermenrîkes Dôt‹. Die Form solcher offensichtlich schon seit dem 11. Jahrhundert (oder noch früherer Zeit?) gesungenen Heldenlieder erscheint in der deutschen Literatur seit der zweiten Hälfte des 12. Jahrhunderts in der donauländischen Lieddichtung und dann in großepischem Gebrauch im ›Nibelungenlied‹ und in den Abwandlungen der Nibelungenstrophe im 13. Jahrhundert. Wenn die Forschung zum ›Kölbigker Tanz‹ das Richtige getroffen hat, wäre damit auch ein Zwischenschritt auf dem Weg vom Stab- zum Endreim sichtbar geworden.

LITERATUR: Ernst Erich Metzner, Zur frühesten Geschichte der europäischen Balladendichtung: Der Tanz in Kölbigk. Legendarische Nachrichten – Gesellschaftlicher Hintergrund – Historische Voraussetzungen. Frankfurt a.M. 1972.

Daß es weiterhin auch historische Zeitlieder gegeben hat nach Art des ›Ludwigsliedes‹, schließen wir aus entsprechenden lateinischen Texten und aus deren Bezeugung durch die Chronisten. Lateinische Zeitlieder, Modi (= Melodien) genannt, sind uns erhalten in Gestalt etwa eines Liedes auf den Sieg Pippins, den Sohn Karls des Großen und Königs in Italien, über den Avarenkönig (796), auf die Schlacht von Fontenoy (841), auf Otto III. und seine großen Vorgänger im ›Modus Ottinc‹. Ein Lied auf Karlmann ist zu erschließen aus der Überschrift ›Modus qui et Carelmanninc‹ (»nach der Melodie des K.«). Hinweise auf solche Lieder und ihre mutmaßlichen Inhalte finden wir bei Ekkehard IV. (Lieder auf die Fehde zwischen Erzbischof Hatto und dem Grafen Adalbert von Babenberg zu Beginn des 10. Jahrhunderts und auf die Treue des Grafen des Niederlahngaus, der den Spottnamen Kurzibold trug, zu Otto I.) und bei Widukind von Corvey (auf Herzog Eberhard von Franken und seinen Kampf gegen die Sachsen). Alles spricht dafür, daß auch der schon bald mythisch verklärte große Kaiser Karl solch ehrendes Nachleben in mündlicher – sei es in lateinischer, sei es in vulgärsprachlicher – Tradition gefunden hat. Jedenfalls deutet man so den Vers aus der deutschen ›Kaiserchronik‹, mit dem der Abschnitt über Karl den Großen abgeschlossen wird: *Karl hât ouch enderiu liet* (v. 15072), d.h. »über Karl wird auch sonst gesungen, gibt es mehr Lieder«. Und auch das weit in die Vergangenheit zurückweisende stoffliche Substrat der Adelgersage aus der ›Kaiserchronik‹ oder des ›Herzog Ernst‹ liefert Indizien dafür, daß hier mit Literarisierungen älterer mündlicher Traditionen zu rechnen ist.

Der einzige aus dieser Zeit überlieferte und zur Hälfte deutschsprachige Text ist das lateinisch-deutsche Mischgedicht ›De Heinrico‹.

TEXT UND ÜBERLIEFERUNG: ›De Heinrico‹ ist das 19. Gedicht von insgesamt 50 Stücken, die wir ›Carmina Cantabrigiensia‹ nennen. Sie bilden den Schlußteil einer umfänglichen Sammelhandschrift (University Library Cambridge) und wurden im 11. Jahrhundert in England nach einer deutschen Vorlage abgeschrieben. Die einzelnen Gedichte sind unterschiedlicher Herkunft und unterschiedlichen Inhalts. Neben den historisch-politischen Liedern sind auch moralisch-satirische und erotische Dichtungen enthalten, die bereits den Einfluß Ovids erkennen lassen und damit die im 12. Jahrhundert zur Entfaltung kommende Liebesdichtung präludieren. Die Dialektmischung läßt es kaum zu, eine halbwegs sichere lokale Festlegung der Vorlage des englischen Kopisten zu begründen. Die Vorschläge reichen von bairisch über mitteldeutsch (nordrheinfränkisch oder thüringisch) bis altsächsisch. Die unbezweifelbaren Saxonismen in ›De Heinrico‹ haben zu der Vermutung Anlaß gegeben, sie könnten zum Zweck der Charakterisierung der kaiserlichen Sprechweise (die salischen Kaiser entstammen einem sächsischen Geschlecht) eingeführt worden sein. Die fortlaufend geschriebenen, durch Initialen aber in ungleich lange Strophen gegliederten 27 binnengereimten Langzeilen (oder Kurzverspaare?) sind derart angeordnet, daß (mit zwei Ausnahmen) auf einen lateinischen Anvers jeweils ein deutscher Abvers folgt.

Im Wortlaut wie hinsichtlich seines Inhalts bietet der Text vielerlei Schwierigkeiten. Eine Gesamtdeutung auf gesicherter Grundlage ist nicht möglich. Deutlich ist nur, daß in dem historisch-panegyrischen Lied von der ehrenvollen Aufnahme eines Baiernherzogs Heinrich durch Kaiser Otto die Rede ist. In der Einleitung bittet der Dichter den Sohn der Jungfrau um Hilfe bei der Aufgabe, vom Herzog Heinrich zu berichten (das ist die längst topisch gewordene christliche Kontrafaktur des antiken Musenanrufs). Ein Bote kommt zum Kaiser Otto, meldet ihm die Ankunft Heinrichs (mit einem Heer?) und fordert ihn auf, den Gast zu begrüßen. Der Kaiser und sein Gefolge empfangen ihn ehrenvoll und heißen ihn (und einen zweiten Heinrich?) willkommen. Nach einem gemeinsamen Kirchgang führt der Kaiser den Herzog in seinen Rat und überläßt ihm all seinen Besitz außer seiner Königswürde, die Heinrich auch gar nicht begehrt hatte. Heinrich wird Ratgeber des Kaisers. Allen – so versichert der Dichter mit Berufung auf hochgestellte Gewährsleute – habe der Herzog ihr Recht zuteil werden lassen.

Welcher Herzog Heinrich hier gemeint ist und welcher Kaiser Otto, hat sich bis heute nicht klären lassen. Der Spielraum wird abgesteckt durch die Regierungszeit der drei Ottonenkaiser bis 1002 (Tod Ottos III.). Für diesen Zeitraum kommen vier verschiedene Herzöge von Baiern mit dem Namen Heinrich in Frage. Was die ehrenvolle Zusammenkunft und den harmonischen Interessenausgleich betrifft, so können eigentlich nur zwei historische Daten den Anlaß zu dem Lied gegeben haben:

Am Weihnachtsfest des Jahres 941 versöhnte sich Otto I. mit seinem Bruder Heinrich I., dem späteren Herzog von Baiern, nach dessen völliger Unterwerfung in Frankfurt; mit gleichem (oder noch größerem) Recht denkt man aber auch an die Aussöhnung Ottos III. mit Heinrich dem Zänker (Heinrich II.), dem Sohn Heinrichs I. von Bayern. Zu beiden Anlässen aber passen nicht eigentlich Inhalt und Tendenz des Gedichts, in dem von Unterwerfung und Versöhnung nicht die Rede ist, sondern nur von Ehrung, Dienst und Bindung. Man müßte also annehmen, daß eine Verklärung des historischen Vorgangs stattgefunden hat, sei es aus Gründen des zeitlichen Abstandes (Otto I. wurde erst 962 zum Kaiser gekrönt), sei es aus aktuellem politischen Interesse, in dem das Lied gedichtet wurde.

AUSGABEN: Althochdeutsches Lesebuch Nr. XXXIX.: ›De Heinrico‹. – Karl Strecker (Hrsg.), Die Cambridger Lieder. Berlin 1926 (MGH SS 40). – ÜBERSETZUNG: Schlosser 1970, S. 278f. – LITERATUR: Zu den ›Carmina Cantabrigiensia‹: Karl Langosch in: VL 1, 1978, Sp. 1186–1192. – Zu ›De Henrico‹: David R. McLintock in: VL 3, 1981, Sp. 928–931. – Markus Diebold, Das Sagelied. Die aktuelle deutsche Heldendichtung der Nachvölkerwanderungszeit. Bern, Frankfurt a. M. 1974.

3. Abschriften und Glossographie

Daß mit der volkssprachlichen Dichtung auch jede andere Form vulgärsprachlicher Schriftlichkeit im 10. Jahrhundert gänzlich zum Erliegen gekommen sein sollte, ist ganz unwahrscheinlich. Die Glossenarbeit z. B. wurde weiter betrieben. Ein prominentes, freilich erst dem 11. Jahrhundert angehörendes (nach der jüngsten Forschung vielleicht sogar noch jüngeres) Beispiel ist das ›Summarium Heinrici‹, eine lateinische Enzyklopädie, die überwiegend aus den ›Etymologien‹ des Isidor von Sevilla gezogen und mit Ergänzungen versehen wurde. Der unbekannte Verfasser (der Name *Heinricus* steht nur im metrischen Prolog, der nicht unbedingt vom Autor selbst stammen muß) hat sein ›Summarium‹ in zehn Bücher eingeteilt, denen er als elftes in alphabetischer Folge eine Reihe von Glossen hinzugefügt hat. Glossen enthalten in unregelmäßiger Verteilung auch die vorhergehenden Bücher. Im 12. Jahrhundert erfuhr das

›Summarium Heinrici‹ eine völlige Umarbeitung. Die zehn Bücher wurden auf sechs Bücher verteilt und übersichtlicher geordnet (I: Vom Menschen und seinen Verrichtungen, II: Von Kleidung, Handwerkszeug, Steinen und Pflanzen, III: Von Tieren, IV: Von Sternen und Ländern, V: Von der Welt der Menschen, VI: Von der Landwirtschaft, vom Handel und vom Kriegswesen). Das ursprünglich elfte Buch wurde als deutsch-lateinisches Glossar auch gesondert abgeschrieben und tradiert. Das ›Summarium Heinrici‹ hat lange nachgewirkt. Die handschriftliche Bezeugung reicht bis ins 15. Jahrhundert. Dabei erfuhr es offensichtlich immer wieder Umarbeitungen. Keine aber scheint so weit gegangen zu sein wie die des 12. Jahrhunderts, die trotz ihrer Vorzüge sich merkwürdigerweise nicht durchgesetzt hat.

Die Praxis volkssprachlicher Schriftlichkeit wurde fortgeführt auch in den gelegentlichen Abschriften älterer Werke bis hin zu den großen Bibelepen. Schließlich sind auch die im Kontext der karolingischen Literatur behandelten kleineren poetischen Texte hinsichtlich ihrer Entstehung und schriftlichen Fixierung kaum exakt zu datieren. Es mag also durchaus sein, daß das Bibelgedicht über ›Christus und die Samariterin‹ dem frühen 10. Jahrhundert angehört, daß einzelne Zauber- und Segenssprüche jetzt erst aufgezeichnet wurden (so die oben nicht erwähnten Beispiele eines ›Trierer Zauberspruchs‹, des ›Wiener Hundesegens‹ oder des ›Lorscher Bienensegens‹). Aus dem 10. Jahrhundert stammen einige weitere Beichtformeln (die ›Reichenauer Beichte‹ und die ›Jüngere bairische Beichte‹). Dem 10. Jahrhundert gehören schließlich auch die ›Zweite Würzburger Markbeschreibung‹ und das ›Trierer Capitulare‹ an.

Nirgendwo aber wird eine weiter ausgreifende literarische Bemühung um die Volkssprache sichtbar – bis in St. Gallen der Mönch und Lehrer Notker sich daran macht, für den Schulgebrauch eine Reihe von antiken, spätantiken und frühmittelalterlichen lateinischen Texten zu übersetzen und durch umfängliche deutsche Kommentierungen zugänglich zu machen. Diese systematische Übersetzertätigkeit erforderte die erneute und verstärkte Bemühung um ein geregeltes Schreibsystem, da die geschriebenen deutschen Texte nun nicht mehr vornehmlich für den Vortrag, sondern für die individuelle Lektüre im Kloster zur Verfügung stehen und verständlich sein sollten. Um das Jahr 1000 sieht sich Notker noch einmal vor dem gleichen Problem wie der unbekannte Isidorübersetzer vor 800 oder Otfrid von Weißenburg in der zweiten Hälfte des 9. Jahrhunderts. Es ist, als sei die Zeit stehengeblieben.

AUSGABEN: Althochdeutsche Glossen 3, S. 58–350. – Reiner Hildebrand (Hrsg.), Summarium Heinrici. Bd. 1: Textkritische Ausgabe der ersten Fassung, Buch I–X. Berlin, New York 1974. Bd. 2: Textkritische Ausgabe der zweiten Fassung, Buch I–VI sowie des Buches XI in Kurz- und Langfassung. Berlin, New York 1982. – LITERATUR: Werner Wegstein, Studien zum ›Summarium Heinrici‹. Die Darmstädter Handschrift 6. Werkentstehung, Textüberlieferung, Edition des Darmstädter Textzeugen. Tübingen 1985.

4. Notker III. von St. Gallen

Vorgänger und Zeitgenossen

Das Kloster des hl. Gallus konnte zur Zeit Notkers auf eine lange, glorreiche Vergangenheit zurückblicken. Die Literaturgeschichtsschreibung kündet vom Ruhm der »Dichterschule von St. Gallen«. Das ist insofern irreführend, als damit nicht eigentlich eine Schule im Sinne der literarischen Zusammengehörigkeit gemeint sein kann, sondern nur die allerdings auffällige Tatsache pointiert werden soll, daß das Kloster eine Reihe bedeutender Schriftsteller und Musiker hervorgebracht hat, die mit Notker III. und Ekkehard IV. in der ersten Hälfte des 11. Jahrhunderts abbricht.

Der bedeutendste unter ihnen ist der erste Notker, *Balbulus* (»der Stammler«) genannt, zu dessen Werken u. a. eine anekdotenreiche Geschichte Karls des Großen (›Gesta Karoli‹) gehört. Sein Hauptwerk aber ist der ›Liber Ymnorum‹, eine Reihe lateinischer Sequenzen, die sowohl für die Musik- wie die Literaturgeschichte äußerst folgenreich waren. Sequenzen nannte man liturgische Chorgesänge, die, von der Schlußverzierung des Alleluia ausgehend, zunächst als Gedächtnisstütze für die Tonfolge (Melismen, Jubilationen) gedacht waren und sich von da aus – und wohl nach nordfranzösischem Vorbild – zu großen, auch literarisch immer gewichtiger werdenden selbständigen Stücken auswuchsen. Notkers Sequenzen verbreiteten sich über ganz

Europa, wurden weithin in liturgischen Gebrauch genommen, gesammelt, nachgeahmt, auch verändert und erst auf dem Tridentinischen Konzil im 16. Jahrhundert wieder aus dem Gottesdienst verbannt. Auch in den Volkssprachen und selbst im Bereich der weltlichen höfischen Dichtung fanden die Sequenzen Nachahmung, in der deutschen Literatur in den sog. Leichs, poetisch-musikalischen Großformen, die sich aus ungleichversigen Strophen (»Versikeln«) in meist symmetrischer Anordnung zusammensetzten.

AUSGABEN UND ÜBERSETZUNGEN: Wolfram von den Steinen (Hrsg.), Notker der Dichter und seine geistige Welt. Editionsband. Bern 1948. – Kleine Ausgabe, vermehrt um 5 Melodien, hrsg. von Günter Birkner. Bern, München 1960. – Reinhold Rau (Hrsg.), Quellen zur karolingischen Reichsgeschichte. Dritter Teil: Jahrbücher von Fulda. Regino, Chronik. Notker, Taten Karls. Unter Benutzung der Übersetzungen von C. Rehdantz, E. Dümmler u. W. Wattenbach neu bearbeitet. Darmstadt 1960. 2. Aufl. 1982, S. 321–427. – LITERATUR: Wolfram von den Steinen, Notker der Dichter und seine geistige Welt. Darstellungsband. Bern 1948. – Josef Szövérffy, Die Annalen der lateinischen Hymnendichtung. Ein Handbuch. Bd. 1: Die lateinischen Hymnen bis zum Ende des 11. Jahrhunderts. Berlin 1964. – Hans Spanke, Studien zu Sequenz, Lai und Leich. Ausgewählt von Ursula Aarburg. Darmstadt 1977. – Hans H. Haefele in: VL 6, 1987, Sp. 1187–1210.

Ekkehard I. (um 910–973) galt lange unangezweifelt als Dichter des ›Waltharius‹, obwohl die ihm von seinem Nachfolger Ekkehard IV. zugeschriebene ›Vita Waltharii manu fortis‹ (›Leben Walthers mit der starken Hand‹) statt des berühmten Heldengedichts über Walther von Aquitanien auch die (verlorene) Lebensbeschreibung eines christlichen Heiligen gewesen sein könnte, die zum Teil in das ›Chronicon Novaliciense‹ (›Chronik von Novalese‹) eingegangen ist. Darüber besteht bis heute keine Einigkeit. Auch Ekkehard I. hat eine Reihe von Sequenzen verfaßt.

LITERATUR: Peter Stotz in: VL 2, 1980, Sp. 447–453.

Weniger produktiv scheint der – gleichwohl gelehrte – Ekkehard II. gewesen zu sein, der als kaiserlicher Domprobst und Lehrer der Herzoginwitwe Hadwig von Schwaben sich den Beinamen *Palatinus* (»Höfling«) verdient hat und in Scheffels ›Ekkehard‹ nachlebt, obwohl er mit dem lateinischen Walthergedicht ganz sicher nichts zu tun hatte.

LITERATUR: Peter Stotz in: VL 2, 1980, Sp. 453–455.

Literarisch nicht hervorgetreten ist Ekkehard III., während Ekkehard IV. (um 980 bis um 1060) in den ›Casus sancti Galli‹ Ratperts Klostergeschichte fortsetzt und auch als Dichter (›Benedictiones super lectores per circulum anni‹ und ›Benedictiones ad mensas‹) hervorgetreten ist. Ihm verdanken wir die lateinische Version des deutschen ›Gallusliedes‹.

AUSGABEN: Johannes Egli (Hrsg.), Der Liber Benedictionum Ekkehards IV. nebst den kleineren Dichtungen aus dem Codex Sangallensis 393, zum ersten Mal vollständig hrsg. u. erläutert. St. Gallen 1909. – Hans H. Haefele (Hrsg.), Ekkehard IV., Casus Sancti Galli/St. Galler Klostergeschichten. Hrsg. u. übers. Darmstadt 1980. – LITERATUR: Hans H. Haefele in: VL 2, 1980, Sp. 455–465.

Die genannten Ekkeharde gehören wie Notker III. der gleichen thurgauischen Adelsfamilie an. Ekkehard II., Ekkehard III., Ekkehard IV. und Notker III. sind Neffen Ekkehards I. Dagegen ist Notker III. nicht verwandt mit dem zu seiner Zeit berühmten Arzt und Gelehrten Notker II., der zur Unterscheidung von seinen Namensbrüdern das Cognomen *Piperis granum* (= Pfefferkorn) trug, und dies, wie Ekkehard IV. in seiner Chronik zu berichten weiß, *pro severitate disciplinarum* (»wegen der Strenge seiner Erziehungsmittel«).

LITERATUR: Johannes Duft in: VL 6, 1987, Sp. 1210–1212.

Leben und Werk

Was wir über Notker III. wissen, der wegen seiner großen Lippen Labeo, wegen seiner deutschen Schriften aber Teutonicus genannt wurde, verdanken wir ihm selbst und seinem Schüler Ekkehard IV. Von Notker ist ein lateinischer Brief an den Bischof von Sitten, Hugo II., überliefert, in dem er über seine Werke und Beweggründe zur Benutzung der deutschen Sprache und – in einem Satz – auch über deren systematische Schreibung Auskunft gibt. Ekkehard IV. aber widmete seinem Lehrer nicht nur einen poetischen Nachruf im Festgedicht auf den hl. Otmar, sondern kommt in einigen Marginalien und interlinearen Erklärungen (unter anderm zu dem von ihm selbst verfaßten Nachruf) auf seinen Lehrer zu sprechen. Am rührendsten klingt das in einer unter Notkers Aufsicht verbesserten Handschrift der Weltgeschichte des Orosius: *has duas lineas amandus dom-*

nus Notkerus scripsit, uiuat anima eius in domino (»Diese zwei Zeilen hat der liebenswerte Herr Notker selbst geschrieben, möge seine Seele in Gott das Leben haben«).

Autor und Werk: Notker ist um 950 geboren, wohl schon in jungen Jahren der klösterlichen Gemeinschaft beigetreten, war lange Jahre Leiter der Bibliothek und Lehrer der Klosterschule und führte beide zu einem Höhepunkt in der Geschichte St. Gallens, dem die folgenden Jahrhunderte nichts Vergleichbares mehr an die Seite zu stellen haben. Er starb am 29. Juni 1022 an der Pest, die das aus Italien heimkehrende Heer Heinrichs II. eingeschleppt hatte. Ihr fielen neun weitere Klosterinsassen zum Opfer, unter ihnen der Abt und drei Klosterlehrer, mit denen zusammen Notker bestattet wurde. Den *quatuor scolarum magistris eque tumulatis* (»den vier zusammen bestatteten Klosterlehrern«) widmete Ekkehard IV. ein Epitaph, in dem die besondere Gelehrsamkeit Notkers einmal mehr hervorgehoben wird.

Über sein schriftstellerisches Werk gibt Notker in dem wohl spät zu datierenden Brief an Bischof Hugo II. von Sitten (998–1017) erschöpfend Auskunft. Er habe versucht, in seiner Übersetzung »das syllogistisch oder figürlich oder dialektisch (philosophisch) Ausgedrückte« unter Zuziehung der antiken Autoren zu erklären. »Während ich dies an zwei Büchern des Boethius, der über die Tröstung der Philosophie handelt, und an einigen über die heilige Dreifaltigkeit durchführte, wurde ich gebeten, auch einige Verswerke in die gleiche Sprache zu übertragen, nämlich den Cato, die Bucolica des Vergil und die Andria des Terenz. Bald auch wünschte man, daß ich mich an der (Kunst)prosa und an den (Sieben Freien) Künsten versuchte, und so übertrug ich die Hochzeit der Philologie, die Kategorien des Aristoteles, ›Peri hermeneias‹ und die Prinzipien der Arithmetik. Dann kehrte ich zu der geistlichen Literatur zurück und vollendete den ganzen Psalter, interpretierte und erklärte ihn nach Augustinus. Auch den Hiob begann ich, habe jedoch noch kaum den dritten Teil beendigt. Außerdem habe ich auf lateinisch eine neue Rhetorik, einen neuen Computus und einige kleinere Werke verfaßt, weiß aber nicht, ob auch nur eines davon wert sei, in Eure Hände zu gelangen.« Dieses Selbstzeugnis wird ergänzt durch den poetischen Nachruf Ekkehards IV., in dem davon die Rede ist, daß Notker am Tage seines Hinscheidens die Hiobübersetzung vollendet habe.

Nicht alle der im Brief an Hugo von Sitten genannten Werke sind erhalten, und es ist auch nicht immer ganz klar, worum es sich im einzelnen gehandelt haben mag. Deutlich wird jedoch, daß die biographisch-chronologische Aufzählung Texte betrifft, die den *septem artes liberales,* poetischer Schullektüre, patristischer Theologie und der Heiligen Schrift zuzuordnen sind.

Grammatik: Eine Schrift Notkers zur lateinischen Grammatik ist nicht bezeugt. Ob unter den nur summarisch genannten *alia quaedam opuscula (latina)* sich ein hier einschlägiger Text befand, läßt sich nicht mit Sicherheit sagen. Immerhin ist aus dem engeren Umkreis Notkers und der St. Galler Klosterschule ein lateinischer Traktat ›Quomodo VII circumstantie rerum in legendo ordinande sint‹ (›Wie die sieben *circumstantiae – sc. persona, res, causa, tempus, locus, modus, materia* – beim Lesen anzuordnen sind‹) überliefert. Es handelt sich hier um eine aus der spätantiken Rhetorik in die mittelalterliche Grammatik übertragene Anweisung zur syntaktischen Analyse und zum Verständnis lateinischer Perioden, der Notker in seiner eigenen kommentierenden und übersetzenden Methode gefolgt ist. Die ansprechende Vermutung, er selbst könne ihr Verfasser gewesen sein (Herbert Backes), hat sich bis heute nicht beweisen lassen.

Auch zur vulgärsprachlichen Grammatik muß es systematische Überlegungen Notkers gegeben haben. Dafür spricht der wie aus einem größeren Zusammenhang gerissene Satz »Man muß aber wissen, daß die deutschen Wörter nicht ohne Akzent geschrieben werden dürfen, ausgenommen die Artikel: sie allein werden ohne Akzent gesprochen« im Brief an den Bischof von Sitten, und besonders sprechen dafür die konsequent befolgten Regeln für die schriftliche Aufzeichnung deutscher Texte.

Rhetorik: Hierher gehören die lateinische Schrift ›De arte rhetorica‹ mit Erläuterungen in deutscher Sprache und illustrierenden deutschen Redewendungen, Sprichwörtern und Versen und die lateinisch-deutsche Abhandlung ›De syllogismis‹ (›Die Schlußfolgerungen‹). Quellen sind die von Boethius und Victorinus kommentierten Schriften Ciceros und des Martianus Capella.

Dialektik: Wenn man nicht auch ›De syllogismis‹ hier einordnen will, gehören zur Disziplin der Dialektik jedenfalls die lateinischen Schriften ›De partibus logicae‹ mit illustrierenden deutschen Sprichwörtern und sprichwörtlichen Redensarten, das kleine Bruchstück einer Logik (›De definitione‹) und besonders die umfänglichen deutschen Bearbeitungen zweier von Boethius ins Lateinische übersetzter und kommentierter aristotelischer Schriften, ›Über die Kategorien‹ (›De categoriis‹) und die ›Hermeneutik‹ (›Peri hermeneias‹).

Quadrivium
Arithmetik: Die ›Principia arithmeticae‹ sind nicht erhalten. Es ist also unbekannt, welchem Gewährsmann Notker folgte (vielleicht wieder Boethius) und in welchem Umfang er die deutsche Sprache zur Übersetzung und Kommentierung eingesetzt hat. Die Aufzählung im Brief an Hugo von Sitten in der Reihe der Übersetzungswerke aber spricht für eine ähnliche Gestalt, wie die vorangehenden Schriften zur Dialektik sie aufweisen.

Geometrie: Eine Schrift zur Geometrie ist nicht überliefert und auch nicht bezeugt.

Musik: Die kleine Schrift ›De musica‹ ist als einzige vollständig in deutsch abgefaßt. Auch sie geht auf Boethius (›De institutione musica libri V‹) zurück und behandelt sowohl theoretische Fragen wie die Intervalle und Tonarten, als auch das praktische Erfordernis der korrekten Abmessung der Orgelpfeifen.

Astronomie: Seit der karlischen Bildungsreform gehört die Berechnung der kirchlichen Feste vom wechselnden Ostertermin aus zu den Unterrichtsfächern. Lehrmittel waren die einschlägigen Schriften Bedas (besonders ›De ratione temporum‹) und Hrabans (›De computo‹). Der ›Novus computus‹ (›Neues Handbuch der Zeitrechnung‹) ist eine ganz auf das praktische Lehrerfordernis abgestellte schmale Schrift in lateinischer Sprache.

Schulautoren
Von den Übersetzungen lateinischer Schulautoren sind zum großen Bedauern der Literaturhistoriker die Übertragungen der ›Disticha Catonis‹, der ›Bucolica‹ Vergils und der ›Andria‹ (›Das Mädchen von Andros‹) des Terenz verloren. Erhalten sind uns die Übertragung der ersten beiden Bücher ›De nuptiis philologiae et Mercurii‹ des Martianus Capella und die vollständige Übertragung der philosophischen Trostschrift des Boethius ›De consolatione philosophiae‹. Beide Schriften sind den poetischen Schulbüchern und dem allgemeinen Lesestoff im Kloster zuzuordnen, nicht einzelnen Fächern. Offenbar hat Notker den in seinen Artesschriften vielfältig ausgewerteten Martianus Capella nicht vollständig übersetzt, sondern sich auf die – nachweislich auch gesondert gelesenen und tradierten – allegorischen Eingangsbücher beschränkt, wie denn auch die ›Consolatio‹ einen anderen Stellenwert hat als die wissenschaftlichen und Aristoteles in das lateinische Schrifttum vermittelnden Werke des Boethius.

Theologie und Bibel

Die theologischen Übersetzungen sind nicht erhalten. Das gilt für die im Brief an Hugo von Sitten genannte Schrift ›De sancta trinitate‹ (wohl eine Übersetzung des Remigius-Kommentars zur entsprechenden Schrift des Boethius) und auch für den ›Hiob‹, an dem Notker bis zu seinem letzten Lebenstag gearbeitet haben soll. Darunter ist nach Ekkehard IV. nicht das biblische Buch, sondern der Kommentar Gregors des Großen (›Moralia in Iob‹) zu verstehen.

Sein Hauptwerk und die am weitesten verbreitete und als einzige eine gewisse Nachwirkung zeitigende Schrift aber ist die Übersetzung und Kommentierung des Psalters. Satz für Satz wird der Wortlaut der lateinischen Übersetzung des Hieronymus zitiert, auf deutsch wiedergegeben, paraphrasiert und gedeutet. Hauptquelle für die Erläuterungen sind Augustins ›Enarrationes in psalmos‹, hinzu treten Cassiodor und Hieronymus. Im Anhang zum deutschen Psalter stehen die Verdeutschungen alt- und neutestamentlicher Cantica und katechetischer Stücke (Paternoster, Symbolum Apostolicum und athanasianisches Glaubensbekenntnis).

Ausgaben: Paul Piper (Hrsg.), Die Schriften Notkers und seiner Schule. Bd. 1: Schriften philosophischen Inhalts. Bd. 2: Psalmen und katechetische Denkmäler nach der St. Galler Handschriftengruppe. Bd. 3: Wessobrunner Psalmen, Predigten und katechetische Denkmäler. Freiburg i. Br., Tübingen 1882–83. – E. H. Sehrt u. Taylor Starck (Hrsg.), Notkers des Deutschen Werke. Nach den Handschriften neu hrsg. 1. Bd., 1.–3. Heft: Boethius, De consolatione philosophiae. Halle 1933/34 (ATB 32–34). 2. Bd.: Martianus Capella, De nuptiis Philologiae et Mercurii. Halle 1935 (ATB 37). 3. Bd. 1.–3. Teil: Der Psalter nebst Cantica und katechetischen Stücken. Halle 1952–55 (ATB 40, 42, 43). – J. C. King u. P. W. Tax (Hrsg.), Die Werke Notkers des Deutschen. Neue Ausgabe. Bd. 1 ff. Tübingen 1972 ff. – Übersetzung: Schlosser 1970, S. 314–329 (Auswahl). – Literatur: Stefan Sonderegger in: VL 6, 1987, Sp. 1212–1236.

Leistung

Notker war in erster Linie Lehrer und dann erst Schriftsteller. Er verfaßte selbst lateinische Lehrschriften und verdeutschte lateinische Texte zu Unterrichtszwecken; beides geht in den deutschen Kommentaren zu lateinischen Schriften ineinander über. Als Schriftsteller ist Notker der gelehrte (und für unseren

Begriff unselbständige) Kompilator, wie ihn die ältere Zeit als die Regel kennt. Als Übersetzer dagegen ist er eine Ausnahmeerscheinung in der gesamten älteren Geschichte der deutschen Literatur. Allenfalls läßt sich ihm der unbekannte Verfasser der Isidorübertragung an die Seite stellen. Denn auch Notkers Übersetzungstechnik ist nicht einseitig auf das Verständnis des lateinischen Textes, sondern ebenso auf die Angemessenheit des deutschen Ausdrucks ausgerichtet. Aus Liebe zu seinen Schülern habe er mehrere lateinische Bücher auf deutsch zugänglich gemacht *(Teutonice propter caritatem discipulorum plures libros exponens)*, so erläutert Ekkehard IV. den ersten Vers seines poetischen Nachrufs. Notker selbst spricht in seinem Brief an Hugo von Sitten davon, daß in der eigenen Sprache schneller aufzufassen sei, was in der fremden kaum oder nicht gänzlich verstanden werde *(cito capiuntur per patriam linguam, que aut uix aut non integre capienda forent in lingua non propria)*. Es geht also nicht so sehr um ein neues Übersetzungsprogramm (etwa in Auseinandersetzung mit der traditionellen Glossierung oder glossierenden Übersetzung), sondern um ein didaktisches Prinzip, das nicht zuletzt dem verständnisvollen Lehrer die Liebe seiner Schüler wird eingetragen haben. Dieses Prinzip mußte zu einer anders gearteten Übersetzungstechnik führen, die also Konsequenz und nicht erster Beweggrund der Bemühungen Notkers war. Nur so ist zu verstehen, daß seine Übersetzungstexte, soweit sie – wie besonders der Psalter – über die Klosterschule von St. Gallen hinaus gewirkt haben, keine Nachfolge fanden. Der mehr oder minder interlineare Übersetzungsstil wird nicht nur grundsätzlich beibehalten, sondern findet im 12. Jahrhundert sogar wieder verstärkt Anwendung.

Notkers Verfahren und seine Leistung als Übersetzer angemessen zu würdigen, ist in der hier gebotenen Kürze nicht möglich. Sein Ziel war: die Hinführung zum Verständnis des lateinischen Textes und nicht so sehr die Abfassung eines durchgehenden und auch für sich lesbaren Übersetzungstextes. Das auffälligste Merkmal der Notkerschen Prosa ist ihr Mischcharakter, das Nebeneinander von Latein und Deutsch, freilich nicht in der Art der Barbarolexis, des regellosen Durcheinanders von lateinischen und deutschen Ausdrücken und Satzteilen in fortlaufender Rede (wie sie etwa das Zeitlied ›De Heinrico‹ zur Anwendung bringt), sondern im Sinne der ständigen Beziehung des deutschen Wortlauts auf den lateinischen in Übersetzung, Paraphrase und Kommentar. Dazu gehört auch die didaktische Zubereitung des lateinischen Textes durch Umstellung und Kolonbildung nach den Regeln, wie sie der oben genannte Traktat ›Quomodo VII circumstantie rerum in legendo ordinande sint‹ vorgibt und wie sie für die nachfolgende Umsetzung ins Deutsche hilfreich sind. Notkers Übersetzungen sind also nicht am Ergebnis des deutschen Textes orientiert, sondern am Prozeß des Verstehens und lenken deshalb immer wieder zum lateinischen Ausgangstext zurück. Das erklärt wohl auch, warum ein so sprachmächtiger und stilsicherer Autor sich nicht scheut, typisch lateinische Konstruktionen wie den Akkusativ mit Infinitiv, Satzverkürzung durch Partizipialkonstruktionen oder den absoluten Dativ als Entsprechung für den lateinischen Ablativus absolutus beizubehalten. Man hat aber auch daran gedacht, es könne dies ein bewußtes Stilmittel sein, so wie noch im 15. Jahrhundert Humanisten vom Schlage eines Niklas von Wyle eine Kunstprosa nach dem Muster der lateinischen Syntax entwickeln wollten und dafür ein für unseren Geschmack höchst undeutsches Deutsch in Kauf nahmen.

Notker schafft eine neue Wissenschaftssprache und eine mit künstlerischem Feingefühl gehandhabte deutsche Literatursprache. Was das heißt, läßt sich am einfachsten an den überaus variablen Übersetzungsgleichungen erkennen. Notkers semantische Genauigkeit hat seit je die Aufmerksamkeit der Philologen auf sich gezogen, während Fragen der Syntax erst in jüngerer Zeit stärker ins Blickfeld geraten. Ein beliebiges Beispiel soll die flexible Übersetzungstechnik illustrieren, die in der Fülle von variierten und synonymen Ausdrücken deutlich wird: Für das Wort *causa* (»Grund, Ursache«) kennt Notker nicht weniger als elf verschiedene deutsche Entsprechungen, nämlich *urhap, machunga, nôtmachunga, uuurcheda, errecheda, scundeda, stureda, chraft, ursprinc, sculd* und *houbet.* Schon die quantifizierende Auskunft hat ihren guten Sinn und bedarf sogar noch der Ergänzung. Wo *causa* die Bedeutung »geistiger Grund« hat, sagt Notker *reda* oder *meinunga;* wo *causa* im Sinne von »Streitsache vor Gericht« gebraucht wird, setzt er *ding, dingstrît* oder *strît ein.* Den präpositionalen Ausdruck *sine causa* übersetzt er mit *âne sculde, undraftes, be unrehte* oder *in gemeitun* und den Ablativ *causa* (»weshalb, aus welchem Grund«) mit *uuannan . . . chumet, eteuuannan, hinnan, fone diu* oder *des.*

Beeindruckend ist auch Notkers Entwicklung eines graphematischen Systems für das Alemannisch-Deutsche, das an Einheitlichkeit und Konsequenz weit über das hinausgeht, was der anonyme Isidorübersetzer und Otfrid von Weißenburg gewollt und erreicht haben. Es ist ein streng phonetisch ausgerichtetes System, das die Sprachwissenschaft mit den Informationen versorgt hat, ohne die eine Geschichte der deutschen Sprache sehr viel schwerer zu schreiben gewesen wäre. Im Brief an Hugo von Sitten kommt Notker mit einem Satz auf dieses System zu sprechen: Man müsse wissen, daß die deutschen Wörter nicht ohne Akzent – Akut und Zirkumflex – geschrieben werden dürfen mit Ausnahme der Artikel, die allein ohne Akzent ausgesprochen würden *(Oportet autem scire quia uerba theutonica sine accentu scribenda non sunt, preter articulos ipsi soli sine accentu pronunciantur acuto et circumflexo).* Praktisch sieht das so aus, daß jede haupttonige Silbe einen Akzent trägt, und zwar bei kurzem Vokal den Akut, bei langem Vokal den Zirkumflex. Notkers Akzentuierung gibt also sowohl die Betonung wie die Länge eines Silbenvokals an. Eine andere Regelung ist in der historischen Grammatik bis heute mit dem Namen des St. Galler Mönches verbunden, nämlich das ›Notkersche Anlautgesetz‹. Die Medien *b, d, g* (germ. *th, b, g*) stehen, wenn das vorhergehende Wort auf einen stimmhaften Laut (Vokal, Liquid oder Nasal) endigt. Die für das Oberdeutsche charakteristischen Tenues *p, t, k* werden geschrieben, wenn das vorhergehende Wort auf einen stimmlosen Laut (Tenuis oder stimmlose Spirans) endigt, und stehen immer am Satzanfang. Beispiel: *Tes prûoder,* aber *únde der brûoder.*

Auch in Sachen Interpunktion war Notker seiner Zeit voraus. Er verwendete außer dem Punkt in der Funktion der Kolongliederung, an der ihm als Lehrer im ständigen Bemühen um den verständlichen Wortlaut offenbar besonders gelegen war, das Fragezeichen und da und dort auch den Strichpunkt (in Gestalt unseres Semikolons oder Ausrufezeichens), um stärkere Einschnitte zu markieren. Erst in der zweiten Hälfte des 15. Jahrhunderts wird bei Niklas von Wyle oder Heinrich Steinhöwel die Regelung der graphischen Textgliederung analog der Gliederung der gesprochenen Rede wieder Gegenstand der Reflexion in der deutschen Literatur.

LITERATUR: Emil Luginbühl, Studien zu Notkers Übersetzungskunst. Mit einem Anhang: Die Altdeutsche Kirchensprache. Einleitung von Stefan Sonderegger. Berlin 1970. – Dieter Furrer, Modusprobleme bei Notker. Die modalen Werte in den Nebensätzen der Consolatio-Übersetzung. Berlin, New York 1971. – Ernst Bolli, Die verbale Klammer bei Notker. Untersuchungen zur Wortstellung in der Boethius-Übersetzung. Berlin, New York 1975. – Anton Näf, Die Wortstellung in Notkers Consolatio. Untersuchungen zur Syntax und Übersetzungstechnik. Berlin, New York 1979.

Nachwirkung

Eine nennenswerte Nachwirkung war dem Werk Notkers nicht beschieden. Eine Ausnahme macht nur der Psalter. Das Bild der Überlieferung seiner Schriften bestätigt diesen Befund. Nur die Psalterübertragung und -kommentierung ist offensichtlich weiter verbreitet worden.

Überlieferung: Notkers Werke sind in 14 vollständigen Handschriften überliefert. Der gut bezeugte Codex Vadianus des Psalters ging erst in der Neuzeit verloren. Von weiteren elf Handschriften sind Bruchstücke erhalten. Zentrum der Überlieferung war das St. Galler Skriptorium. Ein gesonderter Überlieferungsstrang des Psalters führt in den bairisch-österreichischen Raum. Streuüberlieferung erfolgte auch im Westen des deutschsprachigen Raumes.

Obwohl lediglich eine Handschrift des Psalters vollständig erhalten ist, lassen eine größere Zahl von Fragmenten und sekundäre Bezeugungen auf mindestens neun bis zehn weitere Handschriften schließen. Bedeutsam sind auch die Bearbeitungen. Dazu gehören der sog. ›Wiener Notker‹ (Psalm 1–50 und 101–150) aus dem Kloster Wessobrunn, eine Umarbeitung noch des 11. Jahrhunderts, die ›St. Pauler Bruchstücke‹ aus St. Blasien im Schwarzwald, die im 12. Jahrhundert geschrieben wurden, und das Einzelblatt einer etwa gleichzeitig entstandenen Handschrift aus der Stiftsbibliothek von Aschaffenburg. Erst im 14. Jahrhundert entstand eine weitere Umarbeitung in Gestalt des aus dem Kollegiatsstift St. Nicolaus bei Passau stammenden sog. ›Münchner Notker‹.

Zur Rezeptionsgeschichte des Notkerschen Psalters gehört auch die deutsche Glossierung der lateinischen Wörter und Satzteile, die man – wenn auch nicht mit letzter Sicherheit – Ekkehard IV. zuschreibt. Ihm verdanken wir auch die Nachricht, Gisela, die Gemahlin Konrads II., habe sich für Notkers Werk interessiert und Psalter und Hiobübersetzung abschreiben lassen *(Kisila imperatrix operum eius avidissima Psalterium ipsum et Job sibi exemplari sollicite fecit).* Man stellt sich vor, dies könne aus Anlaß des Besuches von Gisela und ihrem Sohn, dem späteren Kaiser Heinrich III., im St. Galler Kloster (1027) erfolgt sein. Freilich wissen wir Genaueres nicht, selbst die Verläßlichkeit von Ekkehards Notiz über diesen Vorgang ist in Zweifel gezogen worden.

Ob es eine »Übersetzerschule« in der Nachfolge Notkers gegeben hat, der man die sog. ›St. Galler Schularbeit‹ mit ihren Verdeutschungen grammatischer Termini aus dem Donat ebenso zuordnen wollte wie die nur bruchstückhaft überlieferten ›Wessobrunner Predigten‹, drei Sammlungen mit Übersetzungen patristischer Homilien, ist durchaus unsicher. Immerhin zeigt die Rezeption des Notkerschen Psalters, daß die deutsche Literaturgeschichte im 11. Jahrhundert allmählich in eine kontinuierliche Textgeschichte mit den sie konstituierenden Reihenbildungen übergeht. Das gilt in ganz besonderem Maße für den Autor, der sich mit seinem Hauptwerk, einer lateinischen und deutschen Bearbeitung des Hohen Liedes, am ehesten Notker vergleichen und in seiner Nachfolge verstehen läßt, nämlich Williram, Abt des kleinen bairischen Klosters Ebersberg. Da jedoch eine direkte Beziehung zu Notker und seinen Schriften sich nicht herstellen läßt, anderseits Willirams ›Paraphrase des Hohen Liedes‹ im 12. Jahrhundert breit rezipiert wurde, soll sie im Kontext der deutschen Literatur von 1070 bis etwa 1170 behandelt werden, auch wenn dies mit einem kleinen Verstoß gegen die Chronologie der vorliegenden Darstellung verbunden ist.

IV. Deutsche Literatur im 11. und 12. Jahrhundert

1. Historische Voraussetzungen

Aufbruch und Expansion

In der zweiten Hälfte des 11. Jahrhunderts bahnen sich Entwicklungen an, deren weitreichende strukturelle Konsequenzen die Physiognomie der beiden folgenden Jahrhunderte prägen werden. Wieder müssen wenige Stichworte genügen, um die tiefgreifenden Veränderungen der materiellen Lebensbedingungen, der Formen von Heilssicherung in Herrschaft und Glaubenspraxis, der ständischen Ausdifferenzierung und der durch sie bedingten neuen Denk- und Empfindungsweisen wenigstens anzudeuten. Der gemeinsame Nenner – soweit man die hochkomplexen Vorgänge gesellschaftlicher Veränderungen überhaupt so weit vereinfachen darf – heißt Expansion, Ausdehnung, Ausbreitung, Vermehrung und, als komplementäre Erscheinungen, Verdichtung und Differenzierung.

Der grundlegende Vorgang ist ein bis ins ausgehende 13. Jahrhundert anhaltendes Bevölkerungswachstum, das in manchen Regionen des europäischen Westens zu einer Siedlungsdichte geführt hat, die nach den katastrophischen Rückschlägen ab der Mitte des 14. Jahrhunderts im Einzelfall erst im 19. Jahrhundert wieder erreicht wurde. Diese Bevölkerungsvermehrung hatte eine Verknappung der Versorgungsgüter zur Folge und führte zu regelmäßigen Engpässen und wiederholten Hungersnöten, die jedoch einen Entwicklungsdruck ausübten, der bis zum 13. Jahrhundert anhielt und, ausgehend von einer Verbesserung der Agrartechnik, eine »erste industrielle Revolution« (Jean Gimpel) herbeiführte, die jener ebenso genannten Entwicklungsphase des 18. und 19. Jahrhunderts in manchem vergleichbar ist. Es kommt zum inneren Landesausbau durch Rodung und Urbarmachung, zur Siedlungsvermehrung und Siedlungsverdichtung. Nun erst werden Städte in größerer Zahl neu gegründet und erhalten die alten, meist noch auf die Zeit der römischen Provinzialverwaltung zurückgehenden Stadtsiedlungen vermehrten Zuzug. Freiburg im Breisgau ist eine

Das Deutsche Reich 1024–1125

Zähringergründung aus dem Beginn, Lübeck eine schauenburgisch-welfische Gründungsstadt aus der Mitte des 12. Jahrhunderts (die staufische Stadtgründungspolitik entfaltet erst jenseits des hier gesteckten zeitlichen Rahmens ihre Wirksamkeit).

Voraussetzung und Konsequenz dieser Entwicklung ist eine sich allmählich vollziehende Veränderung der Wirtschaftsformen mit zunehmender Arbeitsteilung, einer immer gewichtiger werdenden selbständigen gewerblichen Tätigkeit und einer partiellen Marktorientierung auch der Agrarwirtschaft zu Lasten der traditionellen grundherrlichen Eigenwirtschaft. Symptomatisch für diese strukturellen Veränderungen ist eine erhebliche Vermehrung der Märkte – zwischen dem 10. und dem 12. Jahrhundert verachtfacht sich die Zahl der Marktorte in den deutschsprachigen Ländern. Symptomatisch ist auch die Verbesserung der Verkehrswege – seit dem ausgehenden 11. Jahrhundert werden zahlreiche Brücken neu gebaut, darunter seit 1135 die berühmte steinerne Brücke über die Donau in Regensburg. Symptomatisch ist schließlich die verstärkte Rationalisierung des Handelsverkehrs durch das universale Tauschmittel Geld – kennzeichnend dafür ist eine Vielzahl neuer Münzstätten besonders in den nördlichen Teilen Deutschlands.

Expansion auch des Amtsbereichs der römisch-lateinischen Kirche. Expansion nach innen durch die monastischen und kurialen Reformbestrebungen, die den Einfluß der Laien im klerikalen Bereich zurückdrängen sollten, die sakrale Legitimation weltlicher Herrschaft in Frage stellten und auf eine Zentralisierung der Kirchenorganisation hinarbeiteten. Damit wurde das enge Verhältnis von Kirche und weltlicher Macht, besonders aber die politische Organisation des ottonisch-salischen Reichskirchensystems in Frage gestellt. Expansion nach außen durch Mission, Pilgerfahrt und Kreuzzug, die Hand in Hand gingen mit der Ausbreitung christlicher Herrschaft in den gewaltsam bekehrten heidnischen Gebieten. Schon vor dem ersten Kreuzzug (1096–1099) sanktionierte Papst Alexander II. den Kampf gegen die Mohammedaner in Sizilien und Spanien durch einen Ablaß. Die im 11. Jahrhundert fortschreitende Reconquista des maurischen Spanien, die Eroberung Jerusalems im Jahre 1099 und die Gründung von Kreuzfahrerstaaten in Kleinasien sind sichtbarster Ausdruck der Verquickung von religiöser und politischer Expansion. Näher als diese Unternehmungen lag dem deutschen Reich und seinen Repräsentanten die Slawenmission, die im Wendenkreuzzug Heinrichs des Löwen (1147) ihren fragwürdigen Höhepunkt erreichte. Die Bezeichnung Wenden-*kreuzzug* weist darauf hin, daß es sich hier um einen Vorgang handelte, der dem gleichzeitig unternommenen zweiten Kreuzzug (1147–1149) gleichgestellt wurde. Vorbereitung und Durchführung dieses zweiten Kreuzzuges fanden in Deutschland ungleich größeren Widerhall als der erste Kreuzzug. Daran hatte nicht zuletzt der geistliche Propagandist Bernhard von Clairvaux entscheidenden Anteil, dessen Aufrufe unter anderem im Dom zu Speyer auch vom deutschen Adel gehört und befolgt wurden. Mit dem deutschen König, Konrad III., nahmen zahlreiche Angehörige des Hochadels das Kreuz, unter ihnen Herzog Friedrich von Schwaben, der spätere Kaiser Friedrich I., und dessen Halbbruder, Bischof Otto von Freising, der hochgelehrte Geschichtsschreiber und -philosoph. Der katastrophale Ausgang des Unternehmens (ein Großteil der deutschen Kreuzfahrer wurde vernichtet, ehe Palästina erreicht war) hat weitere Kreuzzugsunternehmungen nicht verhindern können. 1189 wird Kaiser Friedrich Barbarossa zum dritten Kreuzzug aufbrechen und noch im gleichen Jahr nach dem Sieg bei Ikonium den Tod finden.

Aufbruch, Ausweitung und Neuordnung auch im gesellschaftlichen Gefüge der geistlichen und weltlichen Gruppen und Gemeinschaften. Der Vermehrung und zunehmenden Differenzierung geistlicher Lebensformen durch die Reformorden (Cluniazenser, Zisterzienser, Prämonstratenser, Augustinerchorherren, die frühen Ritterorden etc.) und ihre Öffnung für Laien im sog. Konverseninstitut entspricht die Neuordnung weltlicher Herrschaftsformen durch den Ausbau des Lehensrechts, die Gottes- und Landfriedensbewegung und die gerade für Deutschland so folgenreiche Territorialpolitik. Der *stabilitas loci* der monastischen Gemeinschaften, der Verwaltungszentren des Weltklerus, der Pfarrgemeinde steht die grundsätzliche Mobilität weltlicher Herrenhöfe in der traditionellen Form der Reiseherrschaft gegenüber. Solche Mobilität galt nicht nur in lokaler, sondern auch in hierarchischer Hinsicht. Der Adel war noch längst keine abgeschlossene Gesellschaftsschicht, sondern erfuhr gerade im 11. Jahrhundert Zuwachs. Insbesondere begann jetzt der Aufstieg einer ständischen Zwischenschicht von Dienstleuten, der Ministerialen, die in Lebensform und politischer Bedeutung sich immer stärker dem alten Adel annäherten, in Hinsicht auf ihre Unfreiheit aber noch lange nicht als ihm gleichberechtigt galten. Für den Adligen brachte das die Notwendigkeit mit sich, die eigene, ihm angeborene Stellung durch den Nachweis der Herkunft zu legitimieren. Das immer stärker sich ausprägende dynastische Denken, die Herleitung der eigenen Sippe von einem – und sei es mythischen – Spitzenahn und die strenge Durchsetzung der männlichen Erbfolge sind Konsequenzen solchen Legitimationsdruckes. Aber auch die zweifelsfreie Kennzeichnung der Sippe durch die im 11. Jahrhundert in Deutschland sich durchsetzenden Doppelnamen – Personenname und Herkunftsname, der meist der Name der Stammburg des Geschlechts ist – gehört in diesen Zusammenhang. Die Pflege der geschichtlichen Heldendichtung durch die Adelsgeschlechter mag hier ebenso ihren Grund haben wie die Entwicklung einer »haus- und sippengebundenen Literatur« (Karl Hauck) in Form von Fürstengenealogien und dynastischer Geschichtsschreibung. Verfaßt wurden solche Werke – im 12. Jahrhundert übrigens noch fast ausschließlich in lateinischer Sprache – in den Hausklöstern, deren Gründung und Unterhalt nicht zuletzt diesem Zweck dienten, die aber auch als Orte der Grablegung zur lokalen Verstetigung des einzelnen Geschlechts beitrugen und damit in den komplexen Prozeß der Territorialisierung von Herrschaft gehören.

Die zunehmende Differenzierung der Gesellschaft veränderte auch ihre Selbstdeutung. Die Trennung von Kirche und weltlicher Gewalt, wie sie im Investiturstreit zum hochpolitischen Austrag kam, die notwendige Zusammenfassung der inhomogenen weltlichen Führungsschicht, die im Zuge der Kreuzzugsbewegung erfolgende Aktualisierung des augustinischen *bellum iustum,* des durch den Glaubenskampf gerechtfertigten Kriegs, und die daraus folgende geistliche Erhöhung des gewalttätigen Kriegerstandes zur *militia Christi,* des kämpfenden Adligen oder Dienstmannes zum Gottesritter, mündete in ein besonders von der Kirche favorisiertes Gesellschaftsmodell der drei Ordnungen. An die Stelle der biblizistisch – mit der Erbsünde oder dem Fluch Noahs – begründeten Zweiteilung der Gesellschaft in Freie und Knechte, Herrschende und Beherrschte, Adlige und Nichtadlige trat eine Gliederung in die drei Ordnungen der *oratores* (»Beter«), *bellatores* (»Krieger«) und *aratores* (»Bauern«). Diese funktional bestimmte Ständeordnung war erweiterbar und wurde in den mittelalterlichen Ständelehren immer wieder detailliert und ergänzt.

Der Aufbruch in eine neue Ära der wissenschaftlichen und philosophischen Reflexion, ausgehend von einer erneuten, vertieften und verbreiterten Rezeption des antiken Erbes wie besonders der im Westen in großen Teilen noch unbekannten Schriften des Aristoteles, vollzog sich erst im 12. Jahrhundert und blieb überwiegend auf England und die romanischen Länder beschränkt. Hier kündigt sich die auch für die Geschichte der Literatur geltende Verzögerung der Entwicklung in den deutschsprachigen, insbesondere rechtsrheinischen Gebieten an, die für Jahrhunderte ein Kennzeichen der allgemeinen kulturellen Verhältnisse in Deutschland bleiben wird. Die »Renaissance des 12. Jahrhunderts« – so der programmatische Titel einer 1927 erschienenen Darstellung von Ch. H. Haskins – ist ohne die Vermittlung durch die vorangehende jüdische und arabische gelehrte Tätigkeit, die ihrerseits das griechische Erbe verarbeitet und weiterentwickelt hatte, nicht denkbar. Sie beginnt mit einer schon im ausgehenden 11. Jahrhundert einsetzenden Welle von Übersetzungen aus dem Griechischen und Arabischen, durch die die großen naturwissenschaftlichen, mathematischen, astronomischen und medizinischen Werke der Griechen und ihrer islamischen Kommentatoren im Westen bekannt gemacht wurden. Daß diese Rezeption sich besonders lebhaft in den Regionen des direkten kulturellen Austausches zwischen Christentum und Islam vollzog, also in Spanien, Südfrankreich, Süditalien und Sizilien, ist leicht einzusehen. Daß es daneben aber schon eine breite Übersetzungstätigkeit direkt aus dem Griechischen gab (besonders in Italien), hat man oft übersehen. Die berühmtesten Medizinschulen des 12. Jahrhunderts befanden sich in Salerno und Montpellier. Zu den Naturwissenschaften und zur Philosophie trat das spätantike Recht. Erst im ausgehenden 11. Jahrhundert griff man auf das Justiniansche Gesetzeswerk, das ›Corpus iuris civilis‹ aus dem 6. Jahrhundert, zurück. Bologna beherbergte die wichtigste und größte Rechtsschule. Hier wurde auch der Grund gelegt für die Neuordnung des Kirchenrechts durch die Sammlung und Sichtung kanonischer Vorschriften, die der italienische Mönch Gratian vornahm. Die um 1140 abgeschlossene ›Concordia discordantium canonum‹, das später sog. ›Decretum Gratiani‹, bildete den Grundstock des ›Corpus iuris canonici‹. Die Rechtsschule von Bologna aber wurde neben der hohen Schule von Paris zu einer der beiden ersten und ältesten Universitäten.

Schießlich beginnt im 11. Jahrhundert eine neue Phase des monumentalen Kirchenbaus. Der ältere Typ der Hallenkirche wird abgelöst durch die kreuzförmige, durch Überschneidung eines Lang- und Querhauses formierte romanische Basilika. Um 1030 beginnt die Bautätigkeit am Dom von Speyer, 1050 wird der Dom von Goslar geweiht. Die zunächst zur schlichten altchristlichen Basilika zurückführende cluniazensische Baugesinnung ändert sich in der zweiten Hälfte des 11. Jahrhunderts zugunsten einer Monumentalarchitektur, die in der Hirsauer Bauschule eine eigene Ausprägung erfährt.

Es scheint kein Zufall zu sein, sondern ganz in der Konsequenz dieser Vorgänge und Veränderungen zu liegen, daß im bewegten 11. und 12. Jahrhundert auch die volkssprachliche Literatur zu einem neuen Anfang findet. Um so auffälliger ist dann aber, daß die deutsche Literatur dieser Zeit so wenig von den allgemeinen Wandlungen, von den aktuellen Konflikten und mentalen Veränderungen und Differenzierungen spiegelt und erst in der zweiten Hälfte des 11. Jahrhunderts zu so großen und repräsentativen Werken geführt hat, wie es die karolingischen Bibelepen in ihrer Zeit waren. Bis dahin handelt es sich immer wieder nur um die schon bekannten Genera kirchlicher und – in geringerem Maße – weltlicher Gebrauchsprosa und um eine ausschließlich geistlich interessierte Versdichtung, in der überwiegend die Erzählstoffe der Bibel und Legende, das Dogma und die christliche Lebenslehre zur Darstellung kommen. Es lag nahe, diese Phase der Literaturgeschichte in Zusammenhang zu bringen mit den kirchlichen Reformbestrebungen der Zeit, zumal mit der von Cluny ausgehenden monastischen Reform, die seit der zweiten Hälfte des 11. Jahrhunderts auch in Deutschland wirksam wird. So gelesen, erschien die deutsche Literatur einzig als Ausdruck der Askese und Weltflucht, der religiösen Erneuerung und Heilsversicherung, als »cluniazensisch« in einem sehr einseitigen Verständnis des namengebenden Reformordens, der doch sehr massiv in die Welt hineinwirkte und seinen Anspruch in den jedes bekannte Maß überschreitenden repräsentativen Kirchenbauten sichtbar zum Ausdruck brachte. Man darf nicht vergessen, daß die Kirche in all ihren Gliederungen und – mit wenigen, allerdings seit der zweiten Hälfte des 12. Jahrhunderts immer gewichtiger werdenden Ausnahmen – aristokratisch bestimmt und geprägt blieb. Der politische Kampf um den geistlichen oder weltlichen Primat war immer auch Ausdruck des virulenten innerfeudalen Konfliktpotentials. Der Widerstand gegen den Reformpapst Gregor VII. rechtfertigte sich nicht zuletzt auch mit dem Hinweis auf dessen niedere Abkunft. Die deutsche Literatur dieser Zeit ist bei all ihrer thematischen Konformität geprägt von einer immer stärker in Erscheinung tretenden Aristokratisierung, die dazu führt, daß gegen die Mitte des 12. Jahrhunderts und über den Zwischenschritt noch immer geistlich interpretierter geschichtlicher Stoffe (›Alexanderlied‹, ›Kaiserchronik‹, ›Rolandslied‹) sich zunehmend auch weltliche Themen und Interessen durchsetzen – freilich nicht aus eigener Kraft und nicht getragen von einer immanenten Dynamik der literarischen Entwicklung, sondern unter dem Einfluß der progressiven lateinischen, anglonormannischen und altfranzösischen (teilweise auch provenzalischen) Dichtung.

So wenig also die deutsche Dichtung des ausgehenden 11. und der ersten Hälfte des 12. Jahrhunderts einem bestimmten monastischen Reformprogramm zugeschlagen werden darf, so sicher ordnet sie sich doch einem allgemeinen historischen Prozeß ein, in dem die Bildung neuer geistlicher Gemeinschaften, die beträchtliche Vermehrung der Konvente, die erhebliche Vergrößerung des Anteils der Frauen an der *vita religiosa* und die Einbeziehung von Laien durch das aktualisierte und erweiterte Konverseninstitut bedeutende Faktoren waren. Denn Klöster und Kanonikerstifte waren noch immer die Heimat auch der volkssprachlichen Schriftliteratur. Es empfiehlt sich also gerade auch im literaturgeschichtlichen Interesse, einen Blick auf die sich hier vollziehenden Veränderungen zu werfen.

Literatur

Allgemeine Darstellungen: Jacques Le Goff, Das Hochmittelalter, Frankfurt a.M. 1965 u.ö. – Karl Bosl, Europa im Aufbruch. München 1980. – Alfred Haverkamp, Aufbruch und Gestaltung. Deutschland 1056–1273. München 1984.

Zur Sozial- und Wirtschaftsgeschichte: Walter Stein, Handels- und Verkehrsgeschichte der deutschen Kaiserzeit. Berlin 1922. Unveränderter Nachdruck Darmstadt 1967. – Arthur Suhle, Deutsche Münz- und Geldgeschichte von den Anfängen bis zum 15. Jahrhundert. Berlin 1964 u.ö. – Hermann Aubin u. Wolfgang Zorn (Hrsg.), Handbuch der deutschen Wirtschafts- und Sozialgeschichte. Bd. 1: Von der Frühzeit bis zum Ende des 18. Jahrhunderts. Stuttgart 1971. – Georges Duby, Krieger und Bauern. Die Entwicklung von Wirtschaft und Gesellschaft im frühen Mittelalter. Frankfurt a.M. 1977 u.ö. – Edith Ennen u. Walther Janssen, Agrargeschichte Deutschlands bis zum Beginn der industriellen Revolution. Wiesbaden 1978. – Ernst Pitz, Wirtschafts- und Sozialgeschichte Deutschlands im Mittelalter. Wiesbaden 1979. – Jean Gimpel, Die industrielle Revolution des Mittelalters. Zürich, München 1980. – Georges Duby, Die drei Ordnungen. Das Weltbild des Mittelalters. Frankfurt a. M. 1981.

Zur Geschichte der europäischen und deutschen Stadt: Lutz Rörig, Die europäische Stadt im Mittelalter. Bd. 1. Göttingen 1955 u. ö. – Carl Haase (Hrsg.), Die Stadt des Mittelalters. Begriff, Entstehung und Ausbreitung. Darmstadt 1969. Bd. 2: Recht und Verfassung. Darmstadt 1972. Bd. 3: Wirtschaft und Gesellschaft. Darmstadt 1973. – Edith Ennen, Die europäische Stadt des Mittelalters. Göttingen 1972 u. ö. – Heinz Stoob (Hrsg.), Altständisches Bürgertum. Bd. 1: Herrschaft und Gemeinverfassung. Bd. 2: Erwerbsleben und Sozialgefüge. Darmstadt 1978.

Zur Land- und Gottesfriedensbewegung und Kreuzzugsgeschichte: Carl Erdmann, Die Entstehung des Kreuzzugsgedankens. 1935. Unveränderter Nachdruck Stuttgart 1955. – Joachim Gernhuber, Die Landfriedensbewegung in Deutschland bis zum Mainzer Reichslandfrieden von 1235. Bonn 1952. – Steven Runciman, Geschichte der Kreuzzüge. 3 Bde. München 1957–60. – Helmut Beumann (Hrsg.), Heidenmission und Kreuzzugsgedanke in der deutschen Ostpolitik des Mittelalters. Darmstadt 1963. – Hartmut Hoffmann, Gottesfriede und Treuga Dei. Stuttgart 1964. – Hans Eberhard Mayer, Geschichte der Kreuzzüge. Stuttgart 1965 u. ö.

Zur Kunstgeschichte: Hermann Fillitz (Hrsg.), Das Mittelalter I. Mit Beiträgen von Anton von Euw u. a. Berlin 1969. – Otto von Simson (Hrsg.), Das Mittelalter II. Das hohe Mittelalter. Mit Beiträgen von Thomas S. R. Boase u. a. Berlin 1972. – Georges Duby, Die Zeit der Kathedralen. Kunst und Gesellschaft 980–1420. Frankfurt a. M. 1980. Illustrierte Ausgabe unter den Titeln: Das Europa der Mönche und Ritter 980–1140. Stuttgart 1984; Das Europa der Kathedralen 1140–1280. Stuttgart 1985.

Zur Kultur- und Geistesgeschichte: Jacques Le Goff, Kultur des europäischen Mittelalters. München, Zürich 1970. – Arno Borst, Lebensformen im Mittelalter. Frankfurt a. M., Berlin 1973 u. ö. – Aaron J. Gurjewitsch, Das Weltbild des mittelalterlichen Menschen. München 1980. – Peter Weimar (Hrsg.), Die Renaissance der Wissenschaften im 12. Jahrhundert. Zürich 1981. – Kurt Flasch, Das philosophische Denken im Mittelalter. Von Augustin bis Machiavelli. Stuttgart 1987.

Kloster- und Kirchenreform

Seit es eine christliche Kirche gibt, gibt es auch den Willen und die Notwendigkeit zur Reform einzelner ihrer Institutionen oder des Gesamtorganismus. Der Verweltlichung wird eine strengere Nachfolge Christi, den geschichtlich gewachsenen Dogmen die unverfälschte Wahrheit der biblischen Offenbarung entgegengehalten. Die Mediatisierung des gläubigen Laien rief immer wieder das Verlangen nach einem unmittelbaren Gotteserlebnis wach und führte über die Jahrhunderte zu religiösen Massenbewegungen, die als Häresien gebrandmarkt, als mystische Glaubenspraktiken geduldet oder als organisierter evangelischer Protestantismus durchgesetzt wurden. Freilich ist jede Form religiöser Rückbesinnung, wo sie das isolierte Gottesverhältnis des einzelnen überschreitet und zur gesellschaftlichen Bewegung wird, niemals reinlich von profanen – materiellen oder politischen – Interessen zu trennen. Das gilt in ganz besonderem Maße für eine Zeit, in der die Organisation des Glaubenslebens weitgehend noch in der Hand der weltlichen Führungsschicht lag, in der die Trennung weltlich – geistlich noch nicht mit der Konsequenz vollzogen war, wie sie sich in den Reformbewegungen des 11. und 12. Jahrhunderts anbahnte.

Ihren Ausgang nehmen diese Reformbestrebungen im monastischen Bereich. Im 10. Jahrhundert breitete sich eine erste Reformwelle aus. Im Jahre 933 wurde das vom Metzer Bischof Chrodegang gegründete lothringische Kloster Gorze restituiert und einer strengeren Observanz der Regel des hl. Benedikt unterworfen. Gorze wurde in der Folgezeit Muster und Vorbild für viele Reichsklöster, deren Insassen oft nur murrend der neuen Rigidität Folge leisteten. Auch hier wieder ist Ekkehard IV. von St. Gallen ein verläßlicher Zeuge. Er berichtet in den ›Casus sancti Galli‹ über die mißmutige Stimmung der traditionell eingestellten Mönche seines Klosters, die sich um ihre gewohnten Lebensformen und gelehrten Tätigkeiten gebracht sahen. Freilich beschränkte sich die Gorzer Reform ganz auf Liturgie und *consuetudines* und berührte nicht die traditionelle Stellung der benediktinischen Klöster im System der Reichskirche.

Das änderte sich in der Folgezeit durch die neuen Reformorden, die sich unabhängig machten von jeder weltlichen und regionalen geistlichen Oberhoheit, sich direkt dem Papst unterstellten und streng zentralistisch organisiert waren. Das heißt, die einzelnen Kongregationen unterstanden nur dem Mutterkloster und dessen selbstgewähltem Abt. Damit aber stellten sie sich in Opposition zur überkommenen Form des Eigenkirchenrechts, der Unterordnung der Konvente unter die weltlichen Gewalten, und begründeten einen Gegensatz zwischen Kirche und Welt, der weitreichende innerkirchliche und politische

Konsequenzen haben sollte. Diese neuartige Bewegung ging von dem burgundischen Kloster Cluny aus, das zwar vor der Wiedererrichtung von Gorze gegründet worden war, aber erst im Laufe des 10. Jahrhunderts dank der ihm verliehenen Privilegien und päpstlichen Reformlizenzen in seine Rolle als Reformkloster hineinwuchs. In der zweiten Hälfte des 11. Jahrhunderts erreichte der von Cluny ausgehende Reformimpuls auch das Reich, und zwar in der besonderen Ausprägung, die das Cluniazensertum im Kloster Hirsau im Schwarzwald erfuhr. Von hier aus wurde die Reform in Gestalt einer verschärften Benediktinerregel und einer eigenen Liturgie auf andere Klöster übertragen, von hier aus wurden nicht wenige neue Reformklöster gegründet. Über ihre Zahl herrscht keine Einigkeit, doch mögen im 12. Jahrhundert weit über hundert deutsche Klöster die hirsauische Regel übernommen haben. Ihnen gesellten sich die Reformklöster im Gefolge von Siegburg und St. Blasien zu, die sich auf den cluniazensischen Konvent von Fruttuaria beriefen. Man schätzt, daß um die Mitte des 12. Jahrhunderts etwa 200 Klöster im deutschen Reichsgebiet dem Reformgedanken anhingen.

Die Gründung des Cluniazenserordens blieb keine vereinzelte Erscheinung. Aus der Eremitengemeinschaft des Bruno von Köln im Tal der Grande Chartreuse (Dauphiné) entwickelte sich um 1100 der Kartäuserorden, der in Deutschland jedoch erst im 14. Jahrhundert in größerem Ausmaß Fuß fassen konnte. Anders dagegen der Zisterzienserorden, der auf das 1098 in Burgund gegründete Kloster Cîteaux (Cistercium) zurückgeht und seit der Gründung des Tochterklosters Clairvaux im Jahre 1115 unter dem Abt Bernhard rasche Verbreitung erfuhr und politische Bedeutung erlangte. Während für die Cluniazenser die geistige Arbeit im Mittelpunkt des regulierten Lebens stand, betonten die Zisterzienser mit Berufung auf die Benediktinerregel das Ideal der Armut und forderten die Askese durch körperliche Arbeit. Ihre Konvente siedelten zumeist auf Rodungsland, verzichteten auf alle grundherrlichen Rechte, die die Versorgung des Klosters durch die abhängigen Bauern garantiert hätten, und betrieben eine auf Selbstversorgung ausgerichtete Eigenwirtschaft.

Die Kritik an der Amtskirche, die Propagierung des Armutsideals, der *paupertas ecclesiae,* war jedoch nicht nur eine innerkirchliche Reformbewegung, sie wurde auch von Laien vorgetragen und von selbsternannten Wanderpredigern verbreitet, die immer in Gefahr standen, als Ketzer verfolgt und verurteilt zu werden, die im Einzelfall aber auch zu Ordensgründern avancieren konnten. Das zeigt die Geschichte des niederrheinischen Adligen und kaiserlichen Hofkaplans Norbert von Gennep (oder Xanten), der 1120 im Tal Prémontré in der Diözese von Laon eine Gemeinschaft asketisch lebender Kleriker installierte, die ihr geistliches Leben nach einer dem Kirchenvater Augustinus zugeschriebenen Regel ordneten. Der daraus hervorgegangene Prämonstratenserorden fand außer in Frankreich zunächst besonders im nördlichen und östlichen Deutschland Verbreitung. Dafür hat nicht zuletzt der Ordensgründer selbst gesorgt, der 1126 zum Erzbischof von Magdeburg aufgestiegen war. Auch Kanoniker schlossen sich zu strenger regulierten Gemeinschaften zusammen und nannten sich nach der von ihnen befolgten pseudoaugustinischen Regel Augustinerchorherren.

Dieses an sich schon farbige Bild einer wachsenden Vielfalt von Konventen, Kongregationen und geistlichen Gemeinschaf-

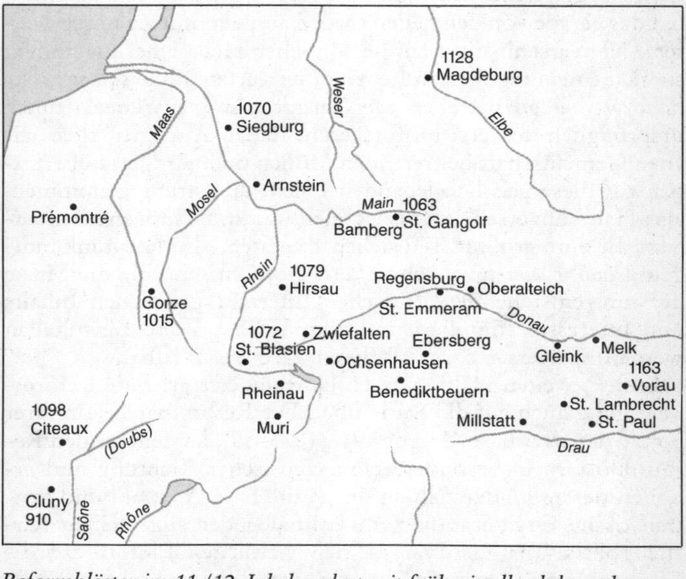

Reformklöster im 11./12. Jahrhundert mit frühmittelhochdeutscher Überlieferung

ten wird entscheidend bereichert durch die nun entstehenden Frauenklöster, die sich den neuen Orden in großem Maße anschlossen. Zwar gab es auch in älterer Zeit bereits das benediktinische Frauenstift, die Zahl der Frauenklöster stieg nun aber gewaltig an und brachte Probleme für die ihnen zugeordneten Männerkonvente mit sich, die für die weiblichen Klostergemeinschaften in Seelsorge und materieller Hinsicht verantwortlich waren und sich zeitweise sträubten, neue Gründungen zuzulassen.

Von all diesen Wandlungen und religiösen Erneuerungsbestrebungen wurde auch eine breite Bewegung aktiver Laienfrömmigkeit angeregt, die nur zum Teil in kirchliche Bahnen zu lenken war. Zwar kommt die sog. Ketzerbewegung erst seit der zweiten Hälfte des 12. Jahrhunderts zu breiterer Entfaltung. Aber schon 1143 sind die Katharer, die sich selbst *pauperes Christi* (»die Armen Christi«) nannten, in Köln bezeugt und wurden dort sowie in Bonn auf dem Scheiterhaufen verbrannt. Ganz anders verhielten sich jene zur Askese drängenden frommen Laien, die sich den approbierten geistlichen Gemeinschaften als sog. Laienbrüder und -schwestern anschlossen. Sie nutzten das gerade von den neuen Orden aufgenommene und erweiterte Konverseninstitut zur persönlichen Heilssicherung, indem sie sich einem regulierten Leben unterwarfen, ohne selbst geistliche Weihen anzustreben. Der Terminus *conversus* bezeichnete ursprünglich den erst im fortgeschrittenen Alter der klösterlichen Gemeinschaft beitretenden Mönch und wird jetzt übertragen auf diese geistlich lebenden Laien, die, streng genommen, als »Halbkonversen« zu bezeichnen wären. Es mögen nicht zuletzt die zum größten Teil sicher illiteraten, also lateinunkundigen Laienbrüder und -schwestern gewesen sein, die die Masse der nun entstehenden deutschen Literatur geistlichen Inhalts und Interesses stimuliert und rezipiert haben. In Einzelfällen werden Konversen sogar als deren Verfasser greifbar.

In der zweiten Hälfte des 11. Jahrhunderts griff die Reformbewegung auch auf die Kurie über. Die Reformpäpste, an ihrer Spitze der streitbare Gregor VII. (1073–85), kamen aus den Reformklöstern insbesondere cluniazensischer Richtung und erhoben deren Sonderstellung durch die freie Abtwahl und zentralistische Organisation zum Leitfaden der allgemeinen Kirchenpolitik. Ihr Ziel war es, den weltlichen Einfluß auf die Kirchen und Klöster zurückzudrängen. Jetzt erst wird ein Kirchenbegriff durchgesetzt, der die Trennung von Laien und

Geistlichen, also der Angehörigen der weltlichen Stände und der Angehörigen der Amtskirche und aller ihrer Institutionen und Gliederungen, zur Voraussetzung hatte. Diese Trennung sollte auf jeder Ebene der Hierarchie vollzogen werden. So geht der Reformwille weit über die monastischen Gemeinschaften hinaus, wenn etwa die strikte Einhaltung des Zölibats durch alle Kleriker gefordert wird. Zum Kampf gegen die Priesterehe, gegen die sog. Nicolaiten, von denen es im zweiten Kapitel der Johanneischen Apokalypse heißt, sie hätten die Unzucht gestattet, tritt der Kampf gegen die Simonie, also gegen die Ämterkäuflichkeit, die ihren Namen nach jenem Simon Magus erhalten hat, der dem Bericht der Apostelgeschichte zufolge die Gabe, den Heiligen Geist zu erteilen, mit Geld erkaufen wollte (Apg. 8,14ff.). Das galt schließlich auch für die Papstwahl, die seit dem Eingreifen Heinrichs III. (1046) zunehmend den bislang dafür sich zuständig fühlenden römischen Adelsgeschlechtern entzogen wurde. Der Erfolg dieser Bestrebungen manifestierte sich am eindrucksvollsten in der Wahl des nichtadligen Mönchs Hildebrand zum Papst Gregor VII. im Jahre 1073. Ganz grundsätzlich sollte die Einsetzung in geistliche Würden, also die Wahl von Äbten und Bischöfen, nur der Kirche selbst und nicht mehr den weltlichen Gewalten obliegen. Nicht zuletzt dadurch wurden die Könige (und königgleichen Großfürsten) in den Laienstand zurückgedrängt. Der traditionelle Status des Königs in der christlichen Gemeinschaft war ein anderer. Der König war nicht nur weltliches, sondern auch geistliches Oberhaupt, saß den Synoden vor und war geistlicher Gesetzgeber. Die sakrale Stellung des Königtums kam zum Ausdruck in der kirchlichen Zeremonie der Salbung und Königsweihe. Das sollte sich nun ändern.

Die angestrebte Trennung von Geistlichen und Weltlichen, von kirchlichen Amtsträgern und gläubigen Laien, wurde sichtbar gemacht unter anderm in der Teilung des Kirchenraums der großen Kathedralen durch die Einführung des Lettners zwischen Chor und Hauptschiff, der die berufenen Verwalter des Heils absonderte von der Masse der nur empfangenden Gläubigen. Auch in der Feier der Eucharistie wurde diese Trennung vollzogen, indem die laikale Gemeinde vom Kelch ferngehalten wurde. Die Konflikte, die sich aus der rigiden Trennung von Kirche und Welt, aus der Sakralisierung des geistlichen Amts und der Entsakralisierung weltlicher Herrschaft ergaben, wurden im Investiturstreit auf höchster politischer Ebene ausgetragen. Nachdem Papst Gregor VII. die Laieninvestitur im Jahre 1075 verboten hatte, brach der Streit offen aus. Seine einzelnen Phasen hier nachzuzeichnen, ist weder möglich noch nötig. Sein vorläufiges Ende fand er in den Konkordaten von 1105 (mit England), 1107 (mit Frankreich) und dem 1122 zwischen Papst Calixtus II. und Kaiser Heinrich V. und den Reichsfürsten vereinbarten Wormser Konkordat. Das Ergebnis war ein Kompromiß. Der Kaiser verzichtete auf die Investitur der geistlichen Würdenträger mit Ring und Stab, behielt aber ein Mitspracherecht bei ihrer Wahl und setzte Abt oder Bischof vor der kirchlichen Weihe durch die Verleihung des Szepters in die mit ihren Ämtern verbundenen weltlichen Herrschaftsrechte ein. Die Reihenfolge – erst Verleihung der *temporalia,* dann der *spiritualia* – galt nur für das *regnum teutonicum,* in anderen Königreichen wurde dieser nicht gering zu achtende symbolische Akt umgekehrt.

LITERATUR

Zur Ordensgeschichte: Ernst Sackur, Die Cluniazenser in ihrer kirchlichen und allgemeingeschichtlichen Wirksamkeit bis zur Mitte des 11. Jahrhunderts. 2 Bde. Halle 1892–1894. – Max Heimbucher, Die Orden und Kongregationen der katholischen Kirche. 3 Bde. 4. Aufl. Nachdruck der 3., großenteils neubearb. Aufl. von 1934. Paderborn, München, Wien 1980. – Kassius Hallinger, Gorze – Cluny. Studien zu den monastischen Lebensformen und Gegensätzen im Hochmittelalter. 2 Bde. Rom 1950/51. – Gerd Tellenbach (Hrsg.), Neue Forschungen über Cluny und die Cluniazenser. Freiburg i. Br. 1959. – Hermann Jakobs, Die Hirsauer. Ihre Ausbreitung und Rechtsstellung im Zeitalter des Investiturstreits. 4 Bde. Köln 1961. – Helmut Richter (Hrsg.), Cluny. Beiträge zu Gestalt und Wirkung der cluniazensischen Reform. Darmstadt 1975. – Kaspar Elm u. a. (Hrsg.), Die Zisterzienser. Ordensleben zwischen Ideal und Wirklichkeit. Köln 1980. Ergänzungsband Köln 1982.

Zur Armuts- und Ketzerbewegung: Herbert Grundmann, Religiöse Bewegungen im Mittelalter. Untersuchungen über die geschichtlichen Zusammenhänge zwischen der Ketzerei, den Bettelorden und der religiösen Frauenbewegung im 12. und 13. Jahrhundert und über die geschichtlichen Grundlagen der deutschen Mystik. Berlin 1935. 2., verb. u. erg. Aufl. mit einem Anhang: Neue Beiträge zur Geschichte der religiösen Bewegungen im Mittelalter. Darmstadt 1961 u. ö. – Arno Borst, Die Katharer. Stuttgart 1953. – Ernst Werner, Pauperes Christi. Studien zu sozialreligiösen Bewegungen im Zeitalter des Reformpapsttums. Leipzig 1956. – Herbert Grundmann, Ketzergeschichte des Mittelalters. Göttingen 1963. – Ernst Werner, Häresie und Gesellschaft im 11. Jahrhundert. Berlin 1975 (SB Sächs. AW, Phil.-hist. Klasse 117,5). –

Malcolm D. Lambert, Ketzerei im Mittelalter. Häresien von Bogumil bis Hus. München 1981. – Michel Mollat, Die Armen im Mittelalter. München 1984. – Ernst Werner u. Martin Erbstößer, Ketzer und Heilige. Das religiöse Leben im Hochmittelalter. Wien, Köln, Graz 1986.

Zum Konverseninstitut: Eberhard Hoffmann, Das Konverseninstitut des Cisterzienserordens in seinem Ursprung und seiner Organisation. Freiburg/Schweiz 1905. – Kaspar Elm (Hrsg.), Ordensstudien I: Beiträge zur Geschichte der Konversen im Mittelalter. Berlin 1980 (mit Auswahlbibliographie).

Zum Investiturstreit: Gerd Tellenbach, Libertas. Kirche und Weltordnung im Zeitalter des Investiturstreits. Stuttgart 1936. – Karl Jordan, Investiturstreit und frühe Stauferzeit 1056–1197. München 1973. – Josef Fleckenstein (Hrsg.), Investiturstreit und Reichsverfassung. Sigmaringen 1973.

2. Literaturbetrieb

Autoren und Publikum

Man hat seit je mehr oder minder selbstverständlich angenommen, daß die Verfasser der deutschen geistlichen Dichtung des 11. und 12. Jahrhunderts aus Gründen der von ihnen behandelten Gegenstände und Fragen und der dafür notwendigen gelehrten Grundkenntnisse Geistliche oder zumindest elementar gebildete Leute gewesen sind, die eine der kirchlichen Schulen durchlaufen haben. Doch dies ist eine viel zu allgemeine Auskunft, als daß man sich mit ihr zufrieden geben könnte. Einige Autoren geben sich selbst als Laien zu erkennen (Frau Ava, der Arme Hartmann, Heinrich von Melk), die Texte anderer scheinen in Form und Inhalt den Schluß auf den laikalen Status ihrer Verfasser nahezulegen (z.B. ›Der scoph von dem lone‹ oder die Gedichte des Wilden Mannes). Doch ganz abgesehen davon, daß Rückschlüsse von Texten auf ihre Autoren höchst unsicher bleiben, ist trotz der Reformbestrebungen die Zweiteilung in Geistliche und Laien zu undifferenziert, als daß sie auf Dauer befriedigen könnte. Denn ein Laie wurde sicher nicht zum Autor geistlicher Dichtung, ohne in engere Verbindung zu geistlichen Lebensformen getreten zu sein, war damit also nicht mehr einfacher Laie. Das gleiche gilt für das Publikum. Die Verwendung der Volkssprache und der zumeist schlichte Inhalt der deutschen geistlichen Dichtung des 11. und 12. Jahrhunderts wie auch gelegentliche Äußerungen ihrer Verfasser, sie wendeten sich an »Herren« (›Ezzolied‹, Frau Ava u.a.), »Ungelehrte« (Armer Hartmann) oder an »Laien« (Heinrich von Melk), berechtigen nicht schon zu dem Schluß, daß die meisten sich »an ein Laienpublikum« richten (Heinz Rupp). Zumindest wäre auch hier wieder zu differenzieren und zu fragen, was im einzelnen darunter zu verstehen ist.

Die Texte selbst enthalten nur sporadische Hinweise, die der Beantwortung dieser Fragen dienlich sein könnten. So werden lateinische Zitate häufig als Ausweis der Gelehrsamkeit und des geistlichen Standes des Dichters gewertet und auch als Hinweis darauf, daß ein zumindest elementar gebildetes Publikum angesprochen werden sollte. Aber diese lateinischen Zitate werden fast immer in den darauf folgenden deutschen Versen übersetzt oder paraphrasiert, konnten also auch dem lateinunkundigen Hörer gegenüber als Signal der besonderen Authentizität eingesetzt werden. Wenn ein Autor wie Heinrich von Melk, der sich selbst den Laien zurechnet, mit besonders vielen und durchweg korrekten Zitaten aus der Schrift glänzt, dann ist diese Lateinkenntnis nicht unbedingt Indiz für den geistlichen Stand des Verfassers, wie anderseits Fehlerhaftigkeit und Mißverständnisse nicht in jedem Fall als Beweismittel für laikales Unvermögen in Anspruch genommen werden dürfen.

Auch wo Autoren ihren Namen nennen und ihn durch zusätzliche Angaben versehen, ist ihre Standeszugehörigkeit nicht immer zweifelsfrei zu sichern, zumal der Wortgebrauch geistlich-kirchlicher Funktionsbeschreibungen noch nicht zureichend aufgearbeitet ist. Es ist gewiß nicht gleichgültig, ob ein Dichter sich *phaffe* oder *priester*, also Kleriker (möglicherweise ohne kirchliches Amt) oder Weltpriester, nennt. Es wäre sicher verfehlt, aus der Tatsache, daß sich kaum ein Autor als Mönch zu erkennen gibt, zu schließen, daß Klostergeistliche als Verfasser volkssprachlicher Gedichte nicht in Frage kommen. Was aber ist gemeint, wenn einzelne Dichter sich *arm* (Armer Hartmann) oder Gottes *armen chnecht* (Heinrich von Melk) nennen? Die allgemeine geistliche Qualität dieser »Bezeichnung für den sündigen, sündhaften Menschen, für den ›homo miser‹« (Heinz Rupp) ist unbestritten. Aber sagt sie nur das, oder gibt sie auch Aufschluß etwa über die freiwillig-unfreiwillige Preisgabe von Stand und weltlichem Ansehen nach einer *conversio* zum geistlichen Leben, oder steht sie sogar im Kontext der andauernden Armutsbewegung, innerhalb derer sich nicht nur die bewußten Häretiker *pauperes Christi* nannten? Jedenfalls wird man von einer zunehmenden Ausdifferenzierung der Literaturgesellschaften ausgehen müssen, die in der zweiten Hälfte des 12. Jahrhunderts rasche Fortschritte macht. Auch dies ist ein Unsicherheitsfaktor, wenn man von »der geistlichen Dichtung des 11. Jahrhunderts« spricht.

Angesichts der unüberwindbaren Schwierigkeiten bei der Lokalisierung und Datierung fast aller Texte ist es nicht möglich, verläßlich Auskunft zu geben über Grad und Ablauf zunehmender Laisierung und »Aristokratisierung« dieser Literatur. Die Orte der Schriftlichkeit sind im wesentlichen noch die gleichen: Kloster, Stiftsschule, Bischofshof und die *capella regis*. Erst ab der zweiten Jahrhunderthälfte entwickelt sich auch an den weltlichen Fürstenhöfen eine geregelte Schriftlichkeit. Das Gros der geistlichen Dichtung in der Volkssprache ist von Klosterskriptorien und Stiftsschulen ausgegangen. Nur im Ausnahmefall ist einmal von einem höhergestellten Auftraggeber die Rede: das Bamberger ›Ezzolied‹ wurde auf Veranlassung des Bischofs Gunther verfaßt. Sonst wird allenfalls einmal ein Abt als Nutznießer der Fürbitte von Autor und fingierter Hörergemeinde genannt. Auch die Verfasser sind mit Sicherheit in den unteren Rängen der geistlichen und gegebenenfalls weltlichen Hierarchie zu suchen. Dabei kann es sich um Mönche oder Weltpriester, Stiftsherren oder Scholastici handeln. Hinzu treten die Konversen, also Laien, die, in fortgeschrittenem Alter und ohne geistliche Weihen anzustreben, sich durch persönlichen Entschluß dem regulierten Leben unterworfen haben. Ein Autor wie der hochadlige Abt Williram von Ebersberg bildet hier eine Ausnahme. Noch kaum denkbar und in keinem einzigen Fall eindeutig nachzuweisen ist der weltlich lebende laikale Autor, der Ministeriale oder der freiadlige Dilettant. Eine umstrittene Figur ist auch der geistliche Spielmann, dem man in der älteren Forschung Gedichte wie den ›Scoph von dem lone‹ oder die ›Ältere Judith‹ hat zuschreiben wollen. Daß auch das Vagantentum für die deutsche Literatur eine Rolle gespielt haben könnte, ist nicht gänzlich auszuschließen.

Was die Rezipienten betrifft, Hörer und vielleicht gelegentlich auch schon Leser (mit denen dieser oder jener Autor zu rechnen scheint), so wird man auch sie in sehr unterschiedlich lokalisierten und zusammengesetzten Kreisen zu suchen haben.

Die beste Zusammenfassung des gegenwärtigen Kenntnisstandes hat Achim Masser mit dem Blick auf die Bibelepik im 11. und 12. Jahrhundert gegeben: »Man kann sich vorstellen, daß diese frühmittelhochdeutschen Werke der ministerialen (ritterlichen) Gemeinschaft kleiner Adelssitze vorgetragen wurden. An sie konnte sich ein geistlicher Dichter [...] sehr gut mit einer Dichtung wenden, die eine gewisse Aufnahmebereitschaft verlangte und in ansprechender Form religiöse Unterweisung mit ›gehobener Unterhaltung‹ zu verbinden wußte. Deshalb zu sagen, es sei ›Dichtung von Adligen für Adlige‹ (Rupp), scheint gleichwohl zu einfach, ganz abgesehen von den falschen Assoziationen, die das Wort ›adlig‹ hier wecken kann. Im übrigen war das Publikum keine einheitliche und gleichbleibende Zielgruppe, es wäre insonderheit verfehlt, wollten wir es ausschließlich in ›weltlichen‹ Kreisen, unter ›Laien‹ suchen. Im Gegenteil spricht zumindest bei einem Teil der Dichtungen viel dafür, daß sie zunächst für den ›Hausgebrauch‹ geistlicher Konvente bestimmt waren. Man hat zu berücksichtigen, daß längst nicht jeder Geistliche genügend Latein konnte, um theologische Werke zu verstehen, um sich also durch eigenes Studium geistig und geistlich weiterzubilden. Und wenn man an die klösterliche ›Familia‹ im weiteren Sinne denkt – unter Einschluß der dienenden Brüder und Konversen nicht nur, sondern auch der klösterlichen Dienstmannen –, so wird erst recht begreiflich, daß *hier* das erste Ziel pastoralen Anliegens sein mußte, dem neben direkter Katechese eben religiöse Dichtung in deutscher Sprache hervorragend zu dienen vermochte. In den führenden Männern solcher an sich mittelmäßigen Konvente haben wir die Interessenten an dieser Literatur, die Auftraggeber für ihre Beschaffung, Ausleihe, Abschrift, Bearbeitung und vor allem auch Sammlung zu erblicken.«

Diese Aussagen lassen sich wohl verallgemeinern und für die gesamte geistliche Dichtung des 11. und 12. Jahrhunderts geltend machen. Weder handelt es sich um reine »Klosterliteratur« noch um eine überwiegend von Weltgeistlichen getragene »Pastoraldichtung«, die sich an breitere laikale Kreise richtete und deshalb zunehmend auch Probleme des Weltlebens anzusprechen bemüht war. Ohne Zweifel aber beginnt hier, was die deutsche Literatur durch die Jahrhunderte des Mittelalters hindurch in unterschiedlicher Akzentuierung und Zielrichtung sein wird: »Weltbild- und Lebensorientierung geschlossener Kreise« (Hugo Kuhn).

Literatur: Heinz Rupp, Deutsche religiöse Dichtungen des 11. und 12. Jahrhunderts. Untersuchungen und Interpretationen. Freiburg i. Br. 1958. 2. Aufl. Bern, München 1971. – Gerhard Meissburger, Grundlagen zum Verständnis der deutschen Mönchsdichtung im 11. und 12. Jahrhundert. München 1970. Dazu Werner Schröder, Kontinuität oder Diskontinuität in der Frühgeschichte der deutschen Literatur? ZfdA 100 (1971), S. 195–213. – Achim Masser, Bibel und Legendenepik des deutschen Mittelalters. Berlin 1976. – Rolf Sprandel, Gesellschaft und Literatur im Mittelalter. Paderborn, München, Wien, Zürich 1982.

Aufzeichnung und Verbreitung

Die volkssprachliche geistliche Dichtung des ausgehenden 11. und frühen 12. Jahrhunderts tritt erst allmählich aus dem Schatten der übermächtigen lateinischen Literatur. Das gilt auch für die Formen der Aufzeichnung und Überlieferung. Noch immer werden kleinere Gedichte als Blattfüllsel in lateinische Codices eingetragen (›Memento mori‹, ›Ezzolied‹ S, ›Summa theologiae‹ u. a.). Mit zunehmendem Umfang und Gewicht aber werden auch deutsche Gedichte gesondert aufgezeichnet oder treten gleichberechtigt neben lateinische Texte. Eine in der Überlieferungsgeschichte der deutschen Literatur neuartige Erscheinung sind die großen und kleinen Sammelhandschriften, in denen Texte unterschiedlicher Provenienz zusammengefaßt und, wie es scheint, einer ihrerseits bedeutsamen Anordnung unterworfen werden. Das gilt insbesondere für die Wiener, Millstätter und Vorauer Handschrift. Diese drei Sammelhandschriften scheinen in ihrer chronologischen Abfolge und hinsichtlich des kontinuierlich erweiterten Programms miteinander verbunden zu sein.

Die Wiener Sammelhandschrift 2721 (W) zeigt eine solche programmatische Zusammenstellung erst in Ansätzen:

›Altdeutsche Genesis‹
›Jüngerer Physiologus‹ (Prosaversion)
›Altdeutsche Exodus‹ (unvollständig).

Da die Eintragung des ›Exodus‹-Gedichts abbricht, ist denkbar, daß die ursprüngliche Konzeption nicht vollständig verwirklicht wurde.

Die Millstätter Sammelhandschrift (M, heute im Besitz des Geschichtsvereins für Kärnten in Klagenfurt) bietet ein erweitertes Programm:

›Altdeutsche Genesis‹ (überarbeitet)
›Jüngerer Physiologus‹ (Reimversion)
›Altdeutsche Exodus‹ (vollständig)
›Vom Recht‹
›Die Hochzeit‹
›Millstätter Sündenklage‹
›Auslegung des Vaterunsers‹
›Himmlisches Jerusalem‹ (unvollständig).

Während W und M aller Wahrscheinlichkeit nach auf eine gemeinsame Vorlage zurückgehen, steht die Sammelhandschrift aus der Vorauer Stiftsbibliothek (V) abseits. Sie bietet das umfassendste und komplexeste Programm, dessen Deutung freilich umstritten ist:

›Kaiserchronik‹
›Vorauer Bücher Mosis‹ (mit den Einzelteilen Genesis, Joseph in Ägypten, Moses, Marienlob und Balaam)
›Die Wahrheit‹
›Summa Theologiae‹
›Lob Salomons‹
›Die drei Jünglinge im Feuerofen‹
›Ältere Judith‹
›Jüngere Judith‹
›Alexanderlied‹ des Pfaffen Lambrecht
Gedichte der Frau Ava (›Leben Jesu‹, ›Antichrist‹, ›Jüngstes Gericht‹)
›Vorauer Sündenklage‹
›Ezzolied‹ (überarbeitet und erweitert)
›Von der Siebenzahl‹ des Priesters Arnolt
›Himmlisches Jerusalem‹
›Gebet einer Frau‹ (unvollständig, danach Verlust einer oder mehrerer Lagen)
›Gesta Frederici‹ Ottos von Freising (lateinisch).

Ungeachtet aller subtileren Interpretationen und der kritischen Einsprüche, die sie provoziert haben, ist unmittelbar einsichtig, daß hier ein alt- und ein neutestamentlicher Teil von drei historischen Texten umrahmt werden. Die reichsgeschichtlich orientierte ›Kaiserchronik‹ steht voran, das ›Alexanderlied‹ bildet die Brücke zwischen dem alt- und neutestamentlichen Teil, und die – vielleicht erst später zugebundenen – ›Gesta Frederici‹ (»Taten Friedrichs«, gemeint ist Friedrich I. Barbarossa) beschließen die Sammlung, in der Welt- und Heilsgeschichte eine beziehungsreiche Einheit bilden.

Ob im 12. Jahrhundert noch andere Sammelhandschriften mit so ausgeprägtem Programm existiert haben, läßt sich mit Sicherheit nicht mehr feststellen. In Frage käme die in Bruchstükken erhalten gebliebene Colmarer Handschrift mit der ›Cantilena de conversione Sancti Pauli‹, dem ›Scoph von dem lone‹ und der ›Colmarer Crescentia‹. Ein inhaltlicher Zusammenhang ist hier jedoch so wenig zu erkennen wie in der 1870 verbrannten Straßburg-Molsheimer Handschrift mit der ›Rede vom Glauben‹ des Armen Hartmann, Heinrichs ›Litanei‹, dem ›Straßburger Alexander‹ und dem unvollendeten ›Pilatus‹-Gedicht. Dies scheint eine ebenso beliebige Abfolge zu sein, wie sie auf den ersten Blick auch die sehr viel jüngere, um 1300 geschriebene Sammelhandschrift Wien 2696 aufweist, die ihre Entstehung ganz anderen Interessen und Gepflogenheiten verdankt. Sie enthält eine Reihe von Gedichten des 12. und frühen 13. Jahrhunderts:

›Die Kindheit Jesu‹ des Konrad von Fußesbrunnen (vgl. Band 2)
›Die Urstende‹ des Konrad von Heimesfurt (vgl. Band 2)
›Das Jüdel‹
›Sankt Katharinen Marter‹ (vgl. Band 2)
›Oberdeutscher Servatius‹
›Die Erinnerung an den Tod‹ des Heinrich von Melk
›Das Anegenge‹
Albers ›Tnugdalus‹
›Die Warnung‹ (vgl. Band 2)
›Das Priesterleben‹ (des Heinrich von Melk?).

Ungeachtet der Tatsache, daß die Reihenfolge nachträglich gestört wurde (das ›Priesterleben‹ sollte ursprünglich wohl vor der ›Erinnerung an den Tod‹ stehen), hat man hier ein bestimmtes Ordnungsprinzip erkennen wollen. Als thematische Einheit habe »eine Art dichterisches Kompendium des christlichen Lebens« (Werner Fechter) zu gelten. Auf symbolischer Ebene entspreche dem die Zehnzahl (Dekalog) der in den Codex aufgenommenen Dichtungen (Peter-Erich Neuser). Was jedoch diese späte Sammelhandschrift von denen des 12. Jahrhunderts unterscheidet, ist die Tatsache, daß sie wirklich nur sammelt, nicht aber für ihre Zwecke redigiert wie die Millstätter Handschrift oder sogar manches neu hinzufügt wie offenbar die Vorauer Handschrift.

Die Wege der Verbreitung der geistlichen Dichtung sind die der persönlichen und institutionellen Verbindungen kirchlicher

Bildungszentren, auch wenn die Wanderung eines Textes nur selten so plausibel gemacht werden kann wie die des ›Annoliedes‹ vom Kloster Siegburg zum Bischofshof in Regensburg. Ganz dunkel bleibt der mit fortschreitender Zeit sicher zunehmende Anteil weltlicher Interessenten an diesen Vorgängen. Trotz der zunehmend überregionalen Verbreitung volkssprachlicher Dichtung dominieren bestimmte Literaturlandschaften. Dazu gehören insbesondere der südost- und südwestdeutsche Sprachraum und die Regionen beiderseits des Rheins. Das Niederfränkische und Niederdeutsche spielt in der deutschen Literaturgeschichte noch kaum eine Rolle, die großartigen Anfänge mit den altsächsischen Bibelepen sind längst vergessen. Die Literatursprache erhält überwiegend hochdeutsche Prägung. Die geistliche und profane Dichtung der weltlichen Fürstenhöfe ab der zweiten Hälfte des 12. Jahrhunderts wird die Dominanz des Hochdeutschen endgültig festigen.

AUSGABEN: Edgar Papp (Hrsg.), Codex Vindobonensis 2721. Frühmittelhochdeutsche Sammelhandschrift der Österreichischen Nationalbibliothek in Wien: ›Genesis‹ – ›Physiologus‹ – ›Exodus‹. Göppingen 1980 (Faksimile mit Einführung und Literaturangaben). – Joseph Diemer (Hrsg.), Genesis und Exodus nach der Millstätter Handschrift. Bd. 1: Einleitung und Text. Bd. 2: Anmerkungen und Wörterbuch. Wien 1862. – Alfred Kracher (Hrsg.), Vollständige Faksimileausgabe der Sammelhandschrift 6/19 des Geschichtsvereins für Kärnten im Kärntner Landesarchiv Klagenfurt. Graz 1967. – Joseph Diemer (Hrsg.), Deutsche Gedichte des XI. und XII. Jahrhunderts. Aufgefunden im regulierten Chorherrenstifte zu Vorau in der Steiermark und zum ersten Male mit einer Einleitung und Anmerkungen hrsg. Wien 1849. – Karl Konrad Polheim (Hrsg.), Die deutschen Gedichte der Vorauer Handschrift (Codex 276 – II. Teil). Faksimile-Ausgabe des Chorherrenstiftes Vorau. Graz 1958. – LITERATUR: Zur Millstätter Sammelhandschrift: Fidel Rädle in: VL 6, 1987, Sp. 531–534. – Zur Vorauer Sammelhandschrift: Pius Fank, Die Vorauer Handschrift. Ihre Entstehung und ihr Schreiber. Graz 1967. – Zur Sammelhandschrift Wien 2696: Werner Fechter, Eine Sammelhandschrift geistlicher Dichtung des 12. und 13. Jahrhunderts (Wien 2696). In: FS Friedrich Maurer. Düsseldorf 1968, S. 246–261.

3. Literarische Technik

Verstechnik

Seit dem Wiedereinsetzen einer deutschen Literatur in der zweiten Hälfte des 11. Jahrhunderts ist der Reimvers das dominierende literarische Medium und bleibt es bis weit in die Neuzeit hinein, so daß im deutschen Sprachgebrauch Dichtung identisch mit Versdichtung wird. Vor diesem Horizont hat die klassizistische Kunstphilosophie eine Dichotomie von Poesie und Prosa konstruieren und zu einem zentralen Theorem ihrer Ästhetik machen können. Die Literaturwissenschaft hat es mit sehr viel elementareren Problemen zu tun. Dazu gehört die Frage nach der Herkunft und den Erscheinungsformen der Endreimdichtung.

Die Frage nach der Genese des deutschen Reimverses stellt sich zuallererst und mit der vollen Schärfe einer vermeintlichen oder tatsächlichen *creatio ex nihilo* in der althochdeutschen Phase angesichts des scheinbar voraussetzungslosen ›Evangelienbuchs‹ Otfrids von Weißenburg. Die kleineren Denkmäler althochdeutscher Reimdichtung werden mehr oder minder im Banne des otfridischen Monumentalwerks verstanden. Mit dem Neubeginn der Versdichtung im 11. Jahrhundert verschiebt sich das Problem zur Frage, ob es einen direkten Traditionszusammenhang zwischen dem althochdeutschen und dem frühmittelhochdeutschen Reimvers gegeben habe oder ob die neuere Reimverstechnik ihrerseits einen Neubeginn darstelle, sei es, daß sie an ältere volkssprachliche Konventionen gebundenen Sprechens anknüpft, die auch Otfrids Werk schon vorausliegen könnten, sei es, daß sie das in der lateinischen Dichtung und zunehmend auch in der lateinischen Prosa verwendete Schmuckmittel des Homoioteleutons nachzuahmen trachtete.

Die gleiche Unsicherheit besteht auch hinsichtlich des Übergangs vom rhythmisch wie reimtechnisch freieren frühmittelhochdeutschen Vers zur geregelten Metrik und zum reinen Reim der höfischen Versdichtung in der zweiten Hälfte des 12. Jahrhunderts. Sicher hat sich die höfische Vers- und Reimtechnik unter dem Einfluß des französischen Achtsilblers in der deutschen Literatur durchgesetzt. Aber ist sie erst unter dem Eindruck und in Nachahmung französischer Vorbilder entwikkelt worden oder »organisch« aus der Rhythmik und Reimpraxis der frühmittelhochdeutschen geistlichen Dichtung hervorgegangen? Auf der systematischen Ebene von Deskription und Definition stellt sich die Frage nach Rhythmik (Taktzahl, Kurz- oder Langvers) und Versbindung (Reim, Strophenbildung).

Am auffälligsten ist die Flexibilität des metrischen Rahmens. Man hat im 19. Jahrhundert mit der Möglichkeit volkssprachlicher Reimprosa gerechnet (Wilhelm Wackernagel, Richard Heinzel u. a.), doch hat sich diese Einschätzung nicht durchgesetzt. Heute zweifelt niemand daran, daß es sich in der deutschen geistlichen Dichtung des 11. und 12. Jahrhunderts ausnahmslos um Verse handelt. Für das moderne Auge bedeutete das: Extrem kurze Verszeilen (im äußersten Fall nur drei Silben) wechseln mit extrem langen (fünfzehn Silben und mehr). Für das mittelalterliche Ohr bedeutete das: Dehnung einzelner betonter Silben, Kürzung und Häufung unbetonter Silben – wobei auch mit der Möglichkeit der Verschleifung und damit Verringerung der geschriebenen Silbenzahl zu rechnen ist. Von ihr hat schon Otfrid Gebrauch gemacht und sie im Brief an Bischof Liutbert erläutert. Otfrid hat den metrischen Rahmen seines (doch wohl) viertaktigen Halbverses relativ frei mit vier bis zehn Silben ausgefüllt, und noch der streng geregelte höfische Viertakter weist eine so große Variabilität auf, daß er hinsichtlich der Silbenzahl vom vorbildlichen romanischen Achtsilbler erheblich abweichen kann (die Spannbreite reicht von vier bis zwölf, gelegentlich sogar dreizehn Silben). Es stellt sich daher die berechtigte Frage, ob nicht auch der frühmittelhochdeutsche Reimvers als Viertakter mit extremer Senkungsfreiheit zu interpretieren sei. Zur Erklärung hat man auf die rhythmisch freie stabreimende Langzeile verwiesen und ist sogar so weit gegangen, hier einen genetischen Zusammenhang zu sehen. In der Tat lassen sich die meisten frühmittelhochdeutschen Verse als Viertakter lesen. Es bleiben aber auch dann noch so viele unterfüllte und überfüllte Verse übrig, daß die Möglichkeit dreitaktiger und fünf- und mehrtaktiger Verse erwogen wird. Die Diskussion darüber ist bis heute nicht abgeschlossen. Sie erhält vielmehr immer neue Nahrung durch Einzelanalysen (Ursula Hennig, Werner Schröder, Bruno Köneke), die einer künftigen Gesamtdarstellung vorarbeiten wollen.

Eine folgenschwere Forschungskontroverse hat sich an der Frage entzündet, ob der einzelne, durch Reim abgeschlossene Viertakter die kleinste rhythmische Einheit bilde oder ob das jeweilige Reimpaar als An- und Abvers zu lesen und nach dem

Muster des kontinentalen Stabreimverses und des (so interpretierten) otfridischen Reimverses als »binnengereimte Langzeile« oder »binnengereimter Langvers« zu lesen sei. Friedrich Maurer hat über Jahrzehnte mit großer Hartnäckigkeit die Langzeilentheorie verfochten, ausgebaut und in den beiden ersten Bänden seiner dreibändigen Ausgabe der ›Religiösen Dichtung des 11. und 12. Jahrhunderts‹ zur Editionsgrundlage gemacht. Er hat damit sowohl Zustimmung wie – im ganzen wohl überwiegend – Widerspruch gefunden, der besonders dezidiert von Werner Schröder vorgetragen wurde. Werner Schröder hat in der Folge dieser Auseinandersetzung der Maurerschen Edition seine Neubearbeitung der ›Kleineren deutschen Gedichte des 11. und 12. Jahrhunderts‹ programmatisch entgegengestellt, in der die Texte in der üblichen Form abgesetzter Kurzverse abgedruckt sind. Seither zählt und zitiert man die einschlägigen Gedichte entweder nach Kurz- oder nach Langversen. Das ist unbequem und gelegentlich sogar verwirrend, weil eine Reihe von Texten nur bei Maurer in neuerer und verläßlicher Wiedergabe zu finden sind. Die Nachteile werden aufgewogen dadurch, daß Maurer seine Textherstellungen mit wenigen Ausnahmen jeweils parallel zum diplomatischen Abdruck des handschriftlichen Wortlauts präsentiert. Die vorliegende Darstellung rechnet mit Kurzversen und schlägt sich damit auf die Seite der Kritiker Maurers. Das kann hier nicht ausführlich begründet werden. Dennoch müssen wenigstens die wichtigsten Argumente für und wider die Langzeilentheorie genannt werden.

Maurer geht von der Kontinuität deutscher Endreimdichtung von Otfrid von Weißenburg bis zur Mitte des 12. Jahrhunderts aus, die nach 1150 durch das Einwirken des romanischen Achtsilblers abgebrochen sei. Erst in der zweiten Jahrhunderthälfte werde in Kurzversen gesprochen und gedichtet. Der binnengereimte Langvers sei durch die von Otfrid autorisierte Gestalt des Codex Vindobonensis gesichert und werde bestätigt dadurch, daß alle anderen Otfridhandschriften an diesem Schriftbild festgehalten haben und auch der Schreiber des ›Ludwigsliedes‹ diese Versordnung kenne. Die Einheit von je durch den gleichen Reim gebundenen Halbversen werde nahegelegt durch die sprachliche Füllung, das »blockhafte« Sprechen, bei dem Satz- und Versgrenzen jeweils zusammenfallen. Das Überspielen der metrisch-reimtechnischen Zäsuren, der Neubeginn eines Satzes mitten in einem Reimpaar oder – weitergehend – das Enjambement, also das, was man auch Reimbrechung, Haken-

oder Bogenstil nennt, sei erst Sache der Kurzversdichtung und, im Umkehrschluß, Indiz für sie. Von zentraler Bedeutung sei, »daß der Formunterschied ›Langzeilenstrophe‹ – ›fortlaufende Reimpaare‹ zugleich und vor allem einen Unterschied in der *Vortragsweise* bedeutet. Die alten strophischen Dichtungen sind gesangsartig vorgetragen worden, und zwar je nach ihrer Art, entweder liedhaft gesungen (die gleichzeiligen Strophenlieder, *cantilena* betitelt, und die Leiche) oder laissenartig (mit Zeile für Zeile wiederholter gleicher Melodie) oder rezitativisch vorgetragen. Auf der anderen Seite sind die fortlaufenden Reimpaare *gesprochen*« (Friedrich Maurer).

Die Einwände gegen diese Theorie, soweit sie sich auf die genannten Punkte beziehen, sind folgendermaßen zusammenzufassen: Die Einrichtung des Schriftbildes in den opulenten Handschriften des ›Evangelienbuchs‹ ist nicht vergleichbar mit der Aufzeichnung volkssprachlicher Dichtung bis ins 12. Jahrhundert, die grundsätzlich durchlaufend erfolgt und die Versgrenzen durch Reimpunkte kenntlich macht. Auch hier wird man nicht vom Schriftbild auf die Rhythmik schließen wollen. Wenn man es aber tut, kommt man zu ganz anderen Ergebnissen als Maurer. Weiterhin ist nicht ausgemacht, daß Otfrids geschriebene Langzeilen auch rhythmisch-vortragstechnische Einheiten darstellen, ob sie also nicht auch wie Kurzreimpaare realisiert werden konnten. »Blockhaftes Sprechen« ist auch in (Kurz)verspaaren denkbar und naheliegend. Komplexere rhythmisch-syntaktische Strukturen lassen sich anderseits schon in den (allerdings stabreimenden) Langversen der altsächsischen Bibeldichtung beobachten. Es fällt nicht schwer, in Maurers Edition unter den langzeilig wiedergegebenen Texten eine Fülle von Passagen zu finden, für die die Regel »blockhaften Sprechens« nicht gilt, in denen nur die moderne Interpunktion syntaktisch abgeschlossene Einheiten suggeriert. Der Kurzvers als zumindest mögliche Sprecheinheit in der frühmittelhochdeutschen geistlichen Dichtung läßt sich durchaus in Zusammenhang bringen mit dem »liturgischen Vortrag« (Gustav Ehrismann), mit der Colongliederung kirchlicher Lektionstexte (Ursula Hennig). Auch hier müßte man genauer Bescheid wissen über die Vortragsweise volkssprachlicher Verstexte. Das bloße Postulat »gesungen« (rezitiert) versus »gesprochen« (gelesen) hat wenig Überzeugungskraft. Man wird wohl doch mit verschiedenen Möglichkeiten rechnen und das schlichte Entweder-Oder meiden müssen.

Ähnlich umstritten, aber weniger folgenreich ist Friedrich Maurers These, man habe im 11. und 12. Jahrhundert zu unterscheiden zwischen einfachen Merkdichtungen in Langzeilen oder Langzeilengruppen, gleichzeiligen Strophendichtungen liedhaften Zuschnitts, sequenzartig gebauten Strophenliedern und Dichtungen in ungleichzeiligen Strophen, die den Laissen der altfranzösischen Dichtung entsprächen. Grundlage für die Strophengliederung des einzelnen Textes seien die Initialen der Handschriften, die freilich vielfach der Ergänzung und Korrektur bedürfen, wo es darum geht, eine bestimmte Form (insbesondere der Gleichzeiligkeit) zu restituieren. Strophengliederung einzelner kürzerer Texte ist seit je angenommen worden. Strophische Gliederung aller geistlichen Gedichte des 11. und 12. Jahrhunderts, wie sie Maurer verficht, ist jedoch problematisch. Wenn die angenommenen Strophen als musikalische Einheiten und nicht bloß als neutrale Vortragseinheiten zu gelten haben, dann kann darüber nicht der Literaturhistoriker, sondern nur der Musikhistoriker entscheiden. Die Vortragsweise der nichtstrophischen höfischen Epik jedenfalls ist bis heute so ungeklärt, daß es wohl auch ihre Vorformen in der geistlichen Dichtung des 12. Jahrhunderts bleiben müssen.

Ein alter, oft behandelter Forschungsgegenstand schließlich ist der frühmittelhochdeutsche Reim, dessen Vielgestaltigkeit zwischen Endsilbenreim, Assonanz und Vollreim (reinem Reim) nicht durchweg als Regellosigkeit mißverstanden werden darf. Zwar ist nicht zu bestreiten, daß die Anzahl der reinen Reime (Gleichklang ab dem Vokal der letzten betonten Silbe) im Laufe des 12. Jahrhunderts zunimmt, doch hat man immer gesehen, daß dies keine geradlinige, einsinnige »Entwicklung« ist. Ganz sicher hat man mit regionalen wie individuellen Unterschieden zu rechnen, die es nicht erlauben, den Stand der Reimtechnik, gemessen am Ideal des reinen Reims in der höfischen Dichtung seit dem ausgehenden 12. Jahrhundert, zum verläßlichen Datierungsindiz zu erklären. Dennoch ist es das einzige verallgemeinerbare, auf alle Texte anzuwendende Kriterium, und so kommt kein Handbuch, das auch Auskunft über die Textchronologie zu geben bemüht ist, ohne den Hinweis auf den Stand der Reimtechnik aus. Dabei ist aber immer bewußt zu halten, was Karl Wesle in seinen ›Frühmittelhochdeutschen Reimstudien‹ gültig so formuliert hat: »Ein Gedicht, das man lediglich nach Reimkriterien auf 1140 schätzen möchte, kann ebensogut 1120 und 1160 entstanden sein.«

Literatur: Helmut de Boor, Über Brechung im Frühmittelhochdeutschen. In: Germanica. FS Eduard Sievers. Halle 1925, S. 478–503. Wieder in: Ders., Kleine Schriften. Bd. 2: Germanische und deutsche Heldensage – Mittelhochdeutsche Metrik. Berlin 1966, S. 246–266. – Karl Wesle, Frühmittelhochdeutsche Reimstudien. Jena 1925. – Ulrich Pretzel, Frühgeschichte des deutschen Reims. Bd. 1: Allgemeiner Teil. Besonderer Teil I: Die Entwicklung bis zur Volltonigkeit des Reims. Göttingen 1941. – Friedrich Maurer, Über Langzeilen und Langzeilenstrophen in der ältesten deutschen Dichtung. In: Beiträge zur Sprachwissenschaft und Volkskunde. FS E. Ochs. 1951, S. 31–52. Wieder in: Ders., Dichtung und Sprache des Mittelalters. Gesammelte Aufsätze. Bern, München 1963, S. 174–194. – Ders., Langzeilenstrophen und fortlaufende Reimpaare. Der Deutschunterricht 11 (1959), S. 5–24. – Werner Schröder, Zum Begriff der »binnengereimten Langzeile« in der altdeutschen Versgeschichte. FS Josef Quint. Bonn 1964, S. 194–202. – Ders., Versuch zu metrischer Beschreibung eines frühmittelhochdeutschen Gedichts mit einer forschungsgeschichtlichen Vorbemerkung. ZfdA 94 (1965), S. 196–213 u. 244–267. – Ders., Zu Friedrich Maurers Neuedition der deutschen religiösen Dichtungen des 11. und 12. Jahrhunderts. Beiträge 86 (Tübingen 1966), S. 249–284. – Ursula Hennig, Untersuchungen zur frühmittelhochdeutschen Metrik am Beispiel der ›Wiener Genesis‹. Tübingen 1968. – Walter Haug, Funktionsformen der althochdeutschen binnengereimten Langzeile. In: Werk – Typ – Situation. Studien zu poetologischen Bedingungen in der älteren deutschen Literatur. Stuttgart 1969, S. 20–44. – Werner Schröder, Noch einmal zu Friedrich Maurers Neuedition der deutschen religiösen Dichtungen des 11. und 12. Jahrhunderts. Beiträge 93 (Tübingen 1971), S. 109–138. – Bruno Köneke, Untersuchungen zum frühmittelhochdeutschen Versbau (›Erinnerung an den Tod‹, ›Priesterleben‹, ›Rolandslied‹, ›Straßburger Alexander‹). München 1976.

Texttypen und Gattungen

Bis in die zweite Hälfte des 12. Jahrhunderts hinein ist die deutsche Versdichtung fast ausschließlich geistlich interessiert, und auch danach macht die geistliche Dichtung noch lange einen Großteil der gesamten volkssprachlichen Literaturproduktion aus. Dabei werden die in der lateinischen Literatur ausgebildeten Gattungskonventionen und Gattungsmuster nicht einfach übernommen, wird nicht auf deutsch gesagt und gedichtet, was aus der lateinischen Literatur bekannt und vertraut ist. Vielmehr entwickeln die Autoren bei aller Anlehnung an lateinische Muster (Hymnen, Bibeldichtung, Verslegende etc.) ein eigenes Textrepertoire, dessen Beschreibung und literaturgeschichtliche

Ordnung nicht geringe Schwierigkeiten bereitet. Daß die Autoren einer Literatur, die gattungsmäßig noch wenig ausdifferenziert ist, ihrerseits so wenig verläßliche Auskunft über den jeweiligen Texttyp und seine zeitgenössische Klassifizierung zu geben wissen, kann nicht überraschen, da selbst mit fortschreitender Zeit und bei einer immer bewußter werdenden literarischen Produktion und Tradition in der Volkssprache die jeweils gebrauchten Werkbezeichnungen jeder Eindeutigkeit entbehren. Wo also die geistlichen Dichter des 12. Jahrhunderts von *scopf, spell, rede, liet* oder *buoch* sprechen, tun sie das sicher nicht ohne Grund (etwa mit dem Blick auf Umfang, Mündlichkeit, Schriftlichkeit etc.), doch lassen sich daraus keine brauchbaren literaturwissenschaftlichen Typenbezeichnungen gewinnen. So wenig sich also hymnisch-liedhafte Texte von episch-rezitativen Gedichten scheiden lassen, so fließend ist auch der Übergang von erzählenden zu traktathaft-erklärenden Werken. Jede pragmatische Übersicht über das Textrepertoire muß mit ständigen Querverweisen arbeiten, weil die Zuordnung des Einzeltextes in vielen Fällen problematisch ist. Man hat den wohl nicht ganz falschen Eindruck, daß die Frühgeschichte der deutschen Literatur sich auf einem großen Experimentierfeld abspielt, das durch mündliche Traditionen, die lateinische Buchliteratur und den kirchlichen Vermittlungsanspruch abgesteckt wird. Die bestimmenden Einflüsse kommen nicht aus der gelehrten Literatur und elaborierten Dichtung der lateinischen Überlieferung und nicht aus der mehr oder minder aggressiv ausgegrenzten *tradition vivante* mündlicher Dichtungsformen und -inhalte, sondern aus den »unfesten Typen lateinisch-theologischer Gebrauchsliteratur« (Hugo Kuhn). Daß sich unter ihrem Schutz zunehmend auch profane Interessen zu Wort melden, liegt im Zuge der gesellschafts- und literaturgeschichtlichen Entwicklung und ist zusammen zu sehen mit der um die Jahrhundertmitte einsetzenden Rezeption der avancierten französischen Dichtung, die in diesem Band nicht mehr zur Darstellung kommt.

Wie eine von fremden Vorbildern unabhängige fiktionale Erzähldichtung hätte aussehen können, glaubt man einem lateinischen Gedicht entnehmen zu können, das nach dem (deutschen!) Namen seines Protagonisten ›Ruodlieb‹ genannt wird. Die in 18 mehr oder minder umfangreichen Bruchstücken erhaltenen ca. 2300 Hexameter erzählen von einem adligen Helden, der am Hof des *rex maior,* des großen Königs, Aufnahme findet und sich in dessen kriegerischer Auseinandersetzung mit dem kleinen König, dem *rex minor*, verdient macht; sie erzählen von der Rückkehr in die Heimat und zu seiner Mutter, von den Weisheitslehren und Geschenken, die der gute große König ihm auf den Weg mitgibt, und den Erlebnissen auf der Heimfahrt mit der negativen Kontrastfigur des Rotschopfs *(Rufus)*. Ein sich anschließender größerer Handlungskomplex rankt sich um die Gestalt des Neffen Ruodliebs, um richtige und falsche Werbung und standesgemäße Heirat. Die Erzählung bricht ab mit dem Traum der Mutter, in dem Ruodlieb ein Königreich verheißen wird.

Hier geht es überhaupt nicht mehr um eine spezifisch christliche Thematik und Problematik, nicht um die Erlösungslehre und weltüberwindende Heilssuche, sondern um das irdische Heil in Gestalt vorbildlicher Herrschaftsgesinnung und rechten Weltverhaltens. Diesem profanen Interesse entspricht eine ungewöhnliche Lust an Detailbeschreibungen, die höfisches Zeremoniell ebenso ins Bild setzen wie alltägliche Umgangs- und Lebensformen, Beschreibungen von Waffen und Kleidern ebenso wie von Jagdkunststücken. Der ›Ruodlieb‹ steht der zeitgenössischen lateinischen Dichtung in Sprache, Form und Inhalt so fern, daß man immer wieder Überlegungen darüber angestellt hat, in welchem Verhältnis dieser höchst unkonventionelle lateinische Text zur mündlichen Dichtung in der Volkssprache zu sehen sei. Indizien für solche Nähe sind nicht nur die (in ihrem Umfang umstrittenen) Germanismen in einer nicht mehr von klassizistischen Konventionen beherrschten Verssprache, sind nicht nur die deutschen Namen (außer *Ruodlieb* besonders die Bezeichnungen einer langen Reihe von Fischarten) oder der deutsch-lateinische Liebesgruß (vgl. S. 173), sondern ist auch die Tatsache, daß im Traum der Mutter unvermittelt Motive, Gestalten und Namen der Heldensage aufscheinen.

Der Name des Verfassers ist unbekannt, die Herkunft aus dem Kloster Tegernsee nur wahrscheinlich und die Datierung auf die zweite Hälfte des 11. Jahrhunderts nicht genauer einzugrenzen. Manches spricht dafür, daß das Gedicht nie bis zu einem wirklichen Erzählabschluß gediehen ist. Der Verlust eines großen Teils des ursprünglichen Versbestandes ist unersetzlich. Noch mehr ist zu bedauern, daß der ›Ruodlieb‹ nicht Schule gemacht hat. Denn hier hat ein ganz sicher nicht sonderlich gebildeter Autor mit dem ganzen Elan produktiver Naivität ein Erzählmuster entworfen, das biblische Thematik (Weisheitslehren), Märchen- und Schwankmotive, Exempelliteratur und Legendentopoi zu einem eigenartigen Ganzen verbunden hat. Mit welchem Recht man von einem frühen »ritterlichen Roman« sprechen darf, ist fraglich. Denn es fehlen in ihm gerade die beiden Handlungsformen und -motive, die für uns heute mit diesem literaturgeschichtlichen Begriff untrennbar verbunden sind: der Kampf und die Minne. Richtig aber ist, daß hier zum erstenmal die freie Fiktion in ihr Recht gesetzt wird und daß Ruodlieb, der Held, als Adliger und Vasall, als Dienender und designierter König ritterliche Züge trägt. Insofern ist es auch wieder gerechtfertigt, von einem »Ritterroman« *avant la lettre* zu sprechen.

Daß in der deutschen geistlichen Dichtung des 11. und 12. Jahrhunderts noch keine derart frei schaffende dichterische Phantasie am Werk war, bedarf kaum der ausdrücklichen Versicherung. Dennoch handelt es sich auch nicht um eine ausschließlich zweckgebundene und deshalb in ihrem ästhetischen Anspruch gering zu schätzende Literatur. Was zu sagen war, war immer schon gesagt und bedurfte nur der neuen, als wirksam erachteten Präsentation. Das aber erforderte eine um so größere Anstrengung, als es noch keinen durchgehenden Erwartungshorizont, eine in der Volkssprache ausformulierte Literaturerwartung gab, auf die der einzelne Text hätte antworten oder der er sich hätte verweigern können. Schöpferisch sind die Autoren der frühmittelhochdeutschen Dichtung in der Kombination vertrauter Sachverhalte und geläufiger Redeformen zu neuen, bis dahin unbekannten Einheiten. Es ist deshalb leicht zu erklären, daß gerade die frühesten Texte begierige Aufnahme fanden, einerseits weitergedichtet wurden und Traditionen bildeten, anderseits aber auch zu völlig veränderten Kombinationen anregten. Die poetische Verslegende findet nicht nur zu volkssprachlichem Eigenleben, sondern wird integriert in Bibelepik (›Mittelfränkische Reimbibel‹), Geschichtsdichtung (›Kaiserchronik‹) und Gebetsliteratur (›Litanei‹, Sündenklagen). Ausgearbeitete Verstexte werden zerschlagen und neu kombiniert. Die Weiterdichtung des ›Ezzoliedes‹ kann als Ergebnis solcher parasitären Produktion verstanden werden. Das ›Annolied‹ in der ›Kaiserchronik‹, das ungeklärte Verhältnis von ›Rheinauer Paulus‹ und ›Millstätter Sündenklage‹ sind andere Beispiele dafür. Die ›Vorauer Bücher Mosis‹ verdanken solcher Rekomposition ihre neue, in der Literaturwissenschaft umstrittene Einheit.

Ihren sichtbaren Ausdruck findet diese eigentümliche Form produktiver Rezeption in den großen Sammelhandschriften, die ihrerseits gewissermaßen Werkcharakter bekommen. »Im geschlossensten, merkwürdig verklammerten Kreis der drei Sammelhandschriften in Wien, Klagenfurt und Vorau – ein Drittel der ganzen frühmhd. Literatur umfassend – werden alle heterogenen ›Gattungen‹, Werke vieler Dichter, z. T. bewußt variierend in einen heilsgeschichtlichen Gesamtplan von der Schöpfung bis zum himmlischen Jerusalem eingeordnet.« (Hugo Kuhn)

Die nach inhaltlichen Gesichtspunkten geordneten Sammelhandschriften machen auch deutlich, daß *ein* Weg der Literaturgeschichte im 12. Jahrhundert in Richtung literarische Großformen führt. Dabei sind nicht mehr allein Bibel und spätantike, vergilianisierende Bibelepik die Leitsterne wie in der karolingischen Epoche – die epischen Bibelgedichte des 11. und 12. Jahrhunderts erreichen nicht entfernt die Dimensionen von ›Heliand‹ und Otfrids ›Evangelienbuch‹ –, sondern das ästhetisch sehr viel einfachere Prinzip der Addition kleinerer Einheiten bestimmt zunehmend die literarische Produktion. Das läßt sich an quantitativ, qualitativ und inhaltlich so unterschiedlichen Werken wie der ›Mittelfränkischen Reimbibel‹ (Bibelparaphrasen und Legendenerzählungen), ›Kaiserchronik‹ (Geschichtsdarstellung, Sagenerzählungen und Legenden) oder auch Heinrichs ›Litanei‹ (Gebetsformeln, Heiligenpreis und Legendenerzählungen) beobachten. Dazu gehören aber auch Gedichtfolgen wie die der Frau Ava, wie die ›Vorauer Bücher Mosis‹, wie die Sündenklagen mit ihren eingeschalteten Legendenerzählungen oder wie die Gedichte des Wilden Mannes, deren unklarer Zusammenhang als – und sei es nachträglicher – Versuch gedeutet werden kann, über das Einzelstück hinaus zu größeren Texteinheiten zu gelangen.

Schwer zu erklären bleibt, warum die bis zur Mitte des 12. Jahrhunderts ausschließlich religiös interessierte Dichtung in deutscher Sprache fast gänzlich auf die dramatische Form verzichtet. Einen Ansatz dazu könnte man allenfalls in Willirams deutscher Paraphrase des Hohen Liedes und ihrer dialogischen Anordnung sehen. Auch das Gedicht von ›Christus und Pilatus‹ hat man in die Nähe der geistlichen Dramatik gerückt. Erst ab der Mitte des 13. Jahrhunderts wird sich das geistliche Schauspiel auch der deutschen Sprache bedienen, obwohl doch lateinische Oster- und Weihnachtsspiele, ja sogar Spiele alttestamentlichen Inhalts (so ein Vorauer ›Spiel von Isaak und Rebekka‹ aus dem späten 12. Jahrhundert) in lateinischer Sprache bezeugt und literarisch weitgehend ausgebildet sind. Möglicherweise spielt hier die noch immer starke liturgische Bindung dieser Spiele eine entscheidende Rolle. Das geistliche Drama des Mittelalters ist letztlich zurückzuführen auf die kirchliche Osterliturgie und ihre Ausschmückung durch sog. Tropen, textmäßige und musikalische Erweiterungen in Prosa oder Versen, die die Feier des heilsgeschichtlichen Vorgangs verdeutlichen und kommentieren sollten und – vielleicht über die Form des Wechselgesangs (Antiphon) – den Keim zur dramatischen Verselbständigung legten. Der erste namentlich bekannte Dichter lateinischer Tropen ist der Mönch Tuotilo von St. Gallen (gest. nach 912), über den Ekkehard IV. in seiner Klosterchronik anschaulich zu erzählen weiß. Daß sich die deutsche Literatur des 12. Jahrhunderts von dieser liturgisch gebundenen Literaturübung fernhielt, mag also damit zusammenhängen, daß der Volkssprache der Eingang in den Gottesdienst noch verwehrt war, bleibt aber dennoch merkwürdig, weil die literarische Verselbständigung des lateinischen geistlichen Spiels in der zweiten Jahrhunderthälfte schon weit fortgeschritten war – ein Beispiel dafür ist der Tegernseer ›Ludus de Antichristo‹ (vgl. S. 309) – und weil die volkssprachliche Erzähldichtung eine gewisse Nähe zum geistlichen Schauspiel und seiner Vergegenwärtigung der Heilsgeschichte gehabt zu haben scheint. Als Beispiele dafür gelten die Gedichte der Frau Ava und die ›Driu liet von der maget‹ des Priesters Wernher. Es wäre durchaus denkbar gewesen, dramatisierte Lesegedichte in der Volkssprache zu verfassen, die keine liturgische Funktion beansprucht und so ihr eigenes Recht behauptet hätten. Es ist gut möglich, daß einzelne Texte der lateinischen geistlichen Spiele ebenfalls nur als »Lesedramen« gedacht waren (wie sie in ganz anderer Tradition ja auch die Nonne Hrotsvith verfaßt hatte). So ist es durchaus unsicher, ob der nur fragmentarisch überlieferte Vorauer ›Ordo de Isaac et Rebecca‹ je für die gottesdienstliche Darstellung bestimmt war oder nicht von Anfang an nur der erbaulichen Lektüre dienen sollte.

Weniger auffällig ist es, daß auch andere Traditionen lateinischer Dichtung bis über die Mitte des 12. Jahrhunderts hinaus keinen Eingang in die deutsche Literatur gefunden haben. Das gilt insbesondere für die Tierepik, die jedoch gerade in der deutschen Literatur des Mittelalters ohnehin keine sehr große Rolle spielt und sowohl im Fall des ›Reinhart Fuchs‹ vom ausgehenden 12. Jahrhundert wie des ›Reynke de Vos‹ vom ausgehenden 15. Jahrhundert auf französische bzw. niederländische Vorlagen zurückgeht. Die lateinische Literatur des hier behandelten Zeitraums hat dagegen zwei literarisch bedeutende Ausformungen des letztlich auf ein äsopisches Fabelmotiv (Krankheit des Löwen und Hoftag) zurückzuführenden Stoffes hervorgebracht. Das schwer zu deutende Hexameterepos ›Ecbasis cuiusdam captivi per tropologiam‹ (›Flucht eines Gefangenen, allegorisch gedeutet‹) aus der Mitte des 11. Jahrhunderts hat wohl keine weite Verbreitung gefunden und auch keine nennenswerten Nachwirkungen gehabt. Ganz anders der ›Ysengrimus‹ eines Magisters Nivardus von Gent (oder Balduinus? oder Bernardus?) aus der Mitte des 12. Jahrhunderts, ein hochartifizielles Hexameterepos in klassizistischer Manier, dessen Gelehrsamkeit dem Witz der Darstellung kaum Abbruch tut. Der ›Ysengrimus‹ ist viel abgeschrieben und mehrfach bearbeitet worden und hat nachhaltig auf die volkssprachlichen, insbesondere französischen Fuchsdichtungen eingewirkt. Beide Epen stammen aus dem französisch-deutschen Grenzbereich und mögen auch mit mündlichen Traditionen beider Sprachlandschaften in Verbindung gestanden haben.

Noch gänzlich fehlt eine deutsche Fabeldichtung, obwohl Fabelsammlungen wie besonders die des Avianus als elementare Schullektüre Verwendung fanden und durchaus bekannt waren. In der deutschen Literatur des 12. Jahrhunderts wird diese Kenntnis sichtbar in der deutschen ›Kaiserchronik‹ vv. 6854 ff. (Fabel vom gegessenen Hirschherzen) und besonders bei dem Spruchdichter Herger (vgl. Band 2), der sich mehrfach bekannter Fabelmotive bedient, aber nicht Fabeln im eigentlichen Sinne des Wortes gedichtet hat.

LITERATUR: Hugo Kuhn, Gattungsprobleme der mittelhochdeutschen Literatur. München 1956 (SB Bayer. AW Phil.-hist. Klasse 1956, 4). Wieder in: Ders., Dichtung und Welt im Mittelalter. Stuttgart 1959, S. 41–61. – Klaus Düwel, Werkbezeichnungen der mhd. Erzählliteratur (1050–1250). Göttingen 1983. – AUSGABEN: Ruodlieb. Faksimile-Ausgabe des Codex Latinus Monacensis 19486 der Bayerischen Staatsbibliothek München und der Fragmente von St. Florian. Bd. I,1: Einleitung von Walter Haug. Bd. I,2: Tafeln. Wiesbaden 1974. Bd. II,1: Kritischer Text von Benedikt Konrad Vollmann. Wiesbaden 1985. – Karl Strecker (Hrsg.), Ecbasis cuiusdam captivi per tropologiam. Berlin 1935 (MGH SS rer. Germ.). – Ernst Voigt (Hrsg.), Ysengrimus. Hrsg.

u. erklärt. Halle 1884. – ÜBERSETZUNGEN: Karl Langosch, Waltarius – Ruodlieb – Märchenepen. Lateinische Epen des Mittelalters mit deutschen Versen. Darmstadt 1956 u. ö. – Fritz Peter Knapp (Hrsg.), Ruodlieb. Mittellateinisch und deutsch. Übertragung, Kommentar und Nachwort. Stuttgart 1977. – Winfrid Trillitzsch (Hrsg.), Ecbasis cuiusdam captivi per tropologiam. Die Flucht eines Gefangenen (tropologisch). Text und Übersetzung. Mit Einleitung und Erläuterungen. Historisch erklärt von Siegfried Hoyer. Leipzig o. J. – Albert Schönfelder (Hrsg.), Isengrimus. Das flämische Tierepos aus dem Lateinischen verdeutscht. Münster, Köln 1955. – LITERATUR zum Tierepos: Fritz Peter Knapp, Das lateinische Tierepos. Darmstadt 1979. – Zur ›Ecbasis‹: Udo Kindermann in: VL 2, 1980, Sp. 315–321. – Zu ›Magister Nivardus‹: Jill Mann in: VL 6, 1987, Sp. 1170–1178. – Zum geistlichen Schauspiel und zur Fabeldichtung: vgl. Band 2.

4. Kirchliche Prosaliteratur

Credo, Beichte, Gebet

Im Unterschied zur Frühphase deutschsprachiger Schriftüberlieferung seit dem ausgehenden 8. Jahrhundert ist die Zahl der erhaltenen vulgärsprachlichen katechetischen Texte und liturgischen Formeln auffällig klein. Man hat hier sicher mit einer hohen Verlustrate zu rechnen, muß aber auch bedenken, daß das 11. und 12. Jahrhundert nicht mehr der vornehmlich elementaren Unterweisung und erster Übersetzungsversuche von Paternoster, Credo, Buß- und Beichtformel bedurfte, sondern daß es nun um die Vertiefung des Heilswissens ging. Die christliche Glaubenspraxis vollzog sich in den immer gleichen Formen der lateinischen Liturgie einerseits und anderseits in volkssprachlicher Predigt und nichtliturgischer Erbauungsübung. Wo sie ihren Niederschlag in schriftlichen Aufzeichnungen fand, handelt es sich um Verfahrensanleitungen für Kleriker und um Erbauungslektüre für geistliche Gemeinschaften, denen sich gerade im 11. und 12. Jahrhundert ja auch viele Laien anschlossen.

Ein seit der ältesten Zeit bekanntes und relativ kontinuierlich überliefertes Genre sind die unterschiedlich ausgeführten Beichtformeln, die nicht selten mit dem Credo verbunden wurden. Solche Texte sind ihrer Herkunft und Entstehungszeit nach meist schwer einzuordnen, da sie in vielfältiger Abhängigkeit voneinander stehen, redigiert, verändert, dem jeweiligen Zweck und Sprachgebrauch angepaßt wurden und nur in wenigen, zufälligen Beispielen erhalten blieben. Das gilt auch für die hier zu nennenden Vertreter zweier Versionen von ›Glaube und Beichte‹ aus St. Gallen, zweier anderer Versionen aus Benediktbeuren, eines ›Bamberger Glauben und Beichte‹ und seiner Umarbeitung in der ersten Wessobrunner Version. Besonders die beiden zuletzt genannten Texte haben in der Forschung verstärkt Aufmerksamkeit erregt, und zwar aus verschiedenen Gründen.

Text und Überlieferung: ›Bamberger Glaube und Beichte‹ bilden zusammen mit einem dritten Stück über ›Himmel und Hölle‹ den im 12. Jahrhundert geschriebenen, ursprünglich selbständigen zweiten Teil einer heute in München aufbewahrten Sammelhandschrift aus dem Besitz des Dominikanerklosters in Bamberg. Ob Bamberg auch der Entstehungsort war oder ob eine anders zu lokalisierende (alemannische?) Vorstufe anzunehmen ist, bleibt ungewiß. Auffällig ist der ganz und gar ungewöhnliche Umfang.

Das Credo wird eingeleitet durch eine Abschwörungsformel *Ihc firsago demo tivuale* ... (»Ich widersage dem Teufel ...«) und eine Gebetsformel. Das eigentliche Glaubensbekenntnis ist vielfach erweitert durch die dogmatische Erörterung von Trinität und Wesensgleichheit des Sohnes mit dem Vater, durch die epische Ausmalung des Lebens, Leidens und Erlösungstodes Christi und durch die ausführliche Reflexion auf das Jüngste Gericht, die Seligkeit der Gerechten und die Verdammung der Sünder. Die mehrfache Bekundung des Glaubenswillens schließt diesen ersten Teil ab. Der große Umfang des sich anschließenden Beichtteils kommt durch eine fast enzyklopädische, jedenfalls nach Art der Sachglossare angelegte und ganz offensichtlich auf entsprechende lateinische Vorlagen zurückgehende Aufzählung der Sünden zustande, an die sich ex negativo eine Tugendreihe (Nichtbefolgung positiver Verhaltensgebote) anschließt. Das Sündenregister ist seinerseits in neun (statt üblicherweise sieben) Abschnitte unterteilt. Jeder Abschnitt steht unter dem Aspekt einer Hauptsünde, nämlich der Überhebung (*ubermuot*, lat. *superbia*), der eitlen Ruhmbegierde (*uppigiu guotlichi, ruom*, lat. *vana gloria*), des Hasses oder Neids (*nid*, lat. *invidia*), der Traurigkeit (*sunthaftiu unfroude*, lat. *tristitia*), der Trägheit (*tragheit*, lat. *acedia*), des Zorns (*zorn*, lat. *ira*), der

Habsucht *(scazgirida,* lat. *avaritia),* der Unmäßigkeit *(gitigi uberezzines,* lat. *gula)* und der Unkeuschheit *(aller slahte huor,* lat. *luxuria).* Im später verfestigten Sünden- und Lasterkatalog fallen Ruhmbegierde und Trauer weg, die unter diesen Vorzeichen begangenen Sünden werden unter die verbleibenden sieben *peccata capitalia* eingeordnet.

Die systematische Zuordnung einzelner Vergehen zu den übergeordneten Hauptsünden ist dem Verfasser der ›Bamberger Beichte‹ (oder ihrer Vorlage) nicht immer geglückt. Es ergeben sich Verdoppelungen und Überschneidungen, manchmal scheinen auch nur synonyme Ausdrücke für ein und die gleiche Verfehlung nebeneinandergestellt zu sein. Auch die Reihenfolge innerhalb der jeweiligen Aufzählung ist nicht immer einsichtig. Dies alles spricht nicht für den liturgischen oder paraliturgischen Gebrauch des Textes, sondern eher dafür, daß es sich hier um eine Art Beichtspiegel für Beichtväter handelt. Daß dabei in erster Linie an die Beichte im Konvent gedacht ist, glaubt man der Aufzählung von Verstößen gegen das regulierte Leben entnehmen zu können. Dazu gehören die Freude an weltlichen und leichtfertigen Gesängen (die Sünde *in lugispellen, in huorlieden, in allen scantsangen, in honreden manigen, in uppispilen, in wunnespilen,* was immer im einzelnen darunter gemeint sein mag), die Jagdleidenschaft *(iagides lussami)* und besonders das Ehebegehren *(girrida rehtis gihileiches).* Dies paßt in den Rahmen geistlicher Gemeinschaften ebenso wie in die Zeit der allgemeinen Kirchenreform des 11. und 12. Jahrhunderts.

Eine Bearbeitung des Textes (oder seiner Vorlage?) für den Gebrauch in einem Frauenkonvent liegt vor im ›Wessobrunner Glauben und Beichte I‹ aus der Wiener Handschrift von Notkers Psalter. Der Credoteil wurde gekürzt, und der weitgehend unverändert übernommene Beichtspiegel einer Sprecherin in den Mund gelegt. Nicht ein Mann bittet für sich – *mir sundigostemo unde meintatigistimo* – um Gnade und Barmherzigkeit, sondern eine Frau: *mir sundegistera unde mir meintatigistero.*

Die Wessobrunner Version ist nicht vollständig überliefert. Sie bricht nach der Aufzählung der Sünde der *avaritia* ab und läßt nicht erkennen, ob sie auch den dritten Teil, die Aufzählung der Freuden des Himmels und der Qualen der Hölle übernommen hat. Dieser dritte Teil führt in der Literaturgeschichte unter dem Titel ›Himmel und Hölle‹ ein Eigenleben und gilt als hervorragendes Beispiel einer sich herausbildenden Kunstprosa. Schon die Autoren der ältesten deutschen Literatur, der Helianddichter ebenso wie Otfrid von Weißenburg, kommen immer wieder auf dieses dankbare Thema zu sprechen. Knappe, einprägsame Formeln verwendet das althochdeutsche ›Muspilli‹-Gedicht zur Kennzeichnung der Hölle *(fuir enti finstri)* und des Himmels *(dar ist lip ano tod, lioht ano finstri, selida ano sorgun)*. Das frühmittelhochdeutsche Stück ›Himmel und Hölle‹ reiht solche offensichtlich traditionellen Beschreibungsformeln in lange Bilderketten: Die himmlische Gottesstadt bedarf weder des Lichts der Sonne noch des Mondscheins. Gottes Glanz erfüllt sie. Sie ist gebaut aus kostbaren Edelsteinen, nämlich dem Heer der Heiligen und Frommen. Die Straßen sind aus rotem Gold, das bedeutet, daß dort die göttliche Liebe und Weisheit herrschen. Da ist ewiger Jubel, Frieden, Wissen und Wahrheit, da ist alles Gute und die ewige Anschauung Gottes: *So ist taz himelriche einis teilis getan* (»So ist einerseits das Himmelreich beschaffen«). In der Hölle sind Tod ohne Tod, Wehklagen und Jammer, Trauer und Unglück, rauchendes Feuer, schrecklicher Schwefelgestank, verfluchte Nebeldünste, des Todes finsteres Loch, die Fluten der Trübsal, verzehrende Feuersbrunst, wallende Strudel feuriger Dünste, fürchterliche Todesbanden usw. Diese Litanei des Schreckens und Entsetzens endet entsprechend der Beschreibung des Himmels: *So ist taz helleriche einis teilis getan* (»So ist die Hölle ihrerseits beschaffen«). Die Wucht dieser alten Prosa wird keines der jüngeren Gedichte über den gleichen Gegenstand mehr erreichen. Das liegt nicht zuletzt an der lakonischen, nur durch Alliterationen und Assonanzen gebundenen Reihung von Einzelaussagen einer sinnlich gemachten Eschatologie, die auf alle homiletischen Erweiterungen verzichtet.

Ausgaben: MSD, Nr. XCI: ›Bamberger Glaube und Beichte I‹ und Nr. XC: ›Wessobrunner Glaube und Beichte I‹. – Steinmeyer, Nr. XXVIII: ›Bamberger und erster Wessobrunner Glauben und Beichte‹. – MSD, Nr. XXX: ›Himmel und Hölle‹. – Steinmeyer, Nr. XXIX: ›Himmel und Hölle‹. – Übersetzung: Hans Joachim Gernentz, Religiöse deutsche Dichtung des Mittelalters. Hrsg. u. erläutert. Berlin 1965, S. 122–135. – Literatur: David R. McLintock in: VL 1, 1978, Sp. 593–596 und 4, 1983, Sp. 21–24.

Auch in den vulgärsprachlichen Gebetsformeln wird eine Tradition fortgesetzt, die so alt ist wie christliche Literatur in deutscher Sprache überhaupt. Es kann kein Zweifel sein, daß muttersprachliche Gebetspraxis über alle Lücken der Schriftüberlieferung hinweg »literarische« Kontinuität geschaffen hat, auch wenn dies nicht immer so plausibel zu machen ist wie im Falle des althochdeutschen ›St. Emmeramer Gebets‹, dessen erster Teil auf den Wortlaut der ›Älteren bairischen Beichte‹ zurückführt und das als ganzes noch im 11. Jahrhundert erneut und in leicht redigierter Form aufgezeichnet wird.

EDITION: Althochdeutsches Lesebuch, Nr. XXII. – LITERATUR: Achim Masser in: VL 1, 1978, Sp. 275f.

Ein selbständiger, literarisch nicht unbedeutender, vor allem aber seines Verfassers wegen bemerkenswerter Text ist ›Otlohs Gebet‹.

AUTOR UND WERK: Der um 1010 geborene Baier Otloh erhielt in Tegernsee und Hersfeld seine theologische Ausbildung, trat erst 1032 in das Regensburger Kloster von St. Emmeram ein und wurde schon bald mit der Leitung der Klosterschule (später auch der Stiftsschule) betraut. Er schloß sich in seiner literarischen und politischen Tätigkeit immer stärker der Reformbewegung an, geriet darüber in Streit mit dem Bischof und seinem Abt und verließ 1062 Regensburg für fünf Jahre, die er in Fulda und Amorbach im Odenwald verbrachte. Kurz nach seiner Rückkehr in das Kloster St. Emmeram starb er (um 1070). Dies sind die groben Umrisse eines Geistlichenlebens im 11. Jahrhundert, über das wir ungewöhnlich gut unterrichtet sind. Otloh hat – und auch darin kündigt sich eine neue Zeit an – seine lateinischen Schriften zur Theologie vielfach mit autobiographischen Exkursen teilweise beträchtlichen Umfangs durchsetzt. Das gilt schon für sein in Versen geschriebenes frühes Werk ›De doctrina spirituali‹, einen Abriß der christlichen Glaubenslehre in leoninischen Hexametern, gilt dann aber besonders für den ›Liber visionum‹, eine Sammlung von Warnträumen, die Otloh aus der kirchlichen Literatur zusammengetragen und mit Beispielen aus der eigenen *vita spiritualis* angereichert hat, und mündet schließlich in der ersten »Autobiographie« des Mittelalters, ›Liber de temptatione cuisdam monachi‹ (›Das Buch von der Anfechtung eines Mönchs‹).

In den Zusammenhang seines Lebensrückblicks gehören zwei literarisch stilisierte, wenn natürlich auch traditionelle Formeln verwendende Gebete, eines in Prosa und das andere in Hexametern, die der Autor immer wieder umgearbeitet hat. Zu den vier Fassungen des lateinischen Prosagebets gesellt sich auch eine deutsche Version. Der wohl vom Verfasser selbst geschriebene Text – Otloh galt als versierter Schreiber – folgt der zugrundegelegten lateinischen Version mit geringfügigen Kürzungen treu, ohne jedoch wörtliche Übereinstimmung anzustreben. Es handelt sich hier um ein Bittgebet für die eigene Person, um die

Anrufung einer langen Reihe von Fürsprechern, der Jungfrau Maria und dem Erzengel Michael, aller Apostel und einer Vielzahl von Heiligen bis zur heiligen Margarete, und um die Fürbitte für das zerstörte Kloster, für alle Kongregationen der (nicht genannten) Stadt Regensburg, für die gesamte Gemeinde von der weltlichen Obrigkeit bis zu den einfachen Laien, für die eigenen Verwandten und für alle Verstorbenen. Die Bitte um Wiederaufrichtung des zerstörten Klosters *(Dara nah ruofi ih zi dinen gnadun umbi unser munusturi, daz zistorit ist durh unsre sunta, daz ez rihtet werde ...)* spricht für die Abfassung des lateinischen Gebets und seiner deutschen Version nach Ausbruch der Feindseligkeiten zwischen dem Konvent von St. Emmeram und dem Bischof von Regensburg und nach dem Brand des Klosters im Jahre 1062.

AUSGABEN: MSD, Nr. LXXXIII. – Steinmeyer, Nr. XXXV. – Althochdeutsches Lesebuch, Nr. XXVI. – LITERATUR: Bernhard Bischof, Literarisches und künstlerisches Leben von St. Emmeram (Regensburg) während des frühen und hohen Mittelalters. Studien und Mitteilungen OSB 51 (1933), S. 102–142. Wieder in: Ders., Mittelalterliche Studien. Bd. 2. Stuttgart 1967, S. 77–115. – H. Schauwecker, Otloh von St. Emmeram. Studien und Mitteilungen OSB 74 (1963), S. 3–240.

Die Überlieferung volkssprachlicher Gebetsformeln schwillt seit dem 13. Jahrhundert immer stärker an. Aber schon aus dem 12. Jahrhundert ist uns eine Reihe größerer und kleinerer Texte überliefert, die im Einzelfall zu Gebetsfolgen, also regelrechten »Gebetbüchern«, zusammengefaßt sind und auch Anweisungen zur Gebetshaltung, zur Bekreuzigung, zum Gebetsanlaß etc. enthalten. Es handelt sich um Sündenklagen, Buß- und Bittgebete, um Fürbitten und Anrufungen in bestimmten Notlagen, um Morgen- oder Reisesegen. Nun häufen sich auch die Anrufungen der Gottesmutter und Heiligen Jungfrau Maria im Zuge der sich verstärkenden Marienfrömmigkeit. Auch das Schmuckmittel des Reimes findet gelegentliche Anwendung, doch wird man die größeren Reimgebete, anders als die hier genannten Prosagebete, weniger der alltäglichen Gebetspraxis zurechnen dürfen, sondern eher dem weiteren, freilich nicht weniger frommen Bereich geistlicher Lese- und Vortragsdichtung zuordnen müssen.

TEXTE: Die gewichtigeren der hier einschlägigen Texte finden sich in den von Friedrich Wilhelm gesammelten ›Denkmälern deutscher Prosa des 11. und 12. Jahrhunderts‹. Es sind die sog. ›Rheinauer Gebete‹, die

›Vaticanischen Gebete‹, die ›Gebete und Benediktionen aus Muri‹ (das sog. ›Gebetbuch von Muri‹), die ›Engelberger Gebete‹, die ›St. Lambrechter Meßgebete‹, die Gebetsratschläge und -texte aus Benediktbeuren, ein ›Kölner Morgensegen‹ u. a. m.

Das pure Faktum ihrer Aufzeichnung, die Mischung deutscher und lateinischer Gebetstexte und der vielleicht sogar liturgische Verwendungszweck (Meßgebete) zeigen, daß die deutschen Texte von Geistlichen für Geistliche oder geistlich lebende Laien verfaßt bzw. aus dem Lateinischen übersetzt wurden. Interessant ist auch hier wieder die verhältnismäßig große Zahl von Frauengebeten. Doch wird man die Verdeutschung für sich nicht schon als Hinweis darauf verstehen dürfen, daß sie für Frauenkonvente vorgenommen wurde, weil »die Mönche, die ja auf der Klosterschule Lateinisch lernten, der Gebete in deutscher Sprache nicht bedurften« (Gustav Ehrismann). Wichtiger war wohl der zum Teil hohe Anteil an Laien, Konversen und Religiosen in den Konventen, der das verständliche deutsche Gebet wünschenswert erscheinen ließ.

AUSGABE: Friedrich Wilhelm (Hrsg.), Denkmäler deutscher Prosa des 11. und 12. Jahrhunderts. A: Text. B: Kommentar. München 1914 u. 1918, Repr. München 1960, Nr. XXVI–XXXIV. – LITERATUR: Achim Masser in: VL 2, 1980, Sp. 1110–1112. – Franz Xaver Haimerl, Mittelalterliche Frömmigkeit im Spiegel der Gebetbuchliteratur Süddeutschlands. München 1952.

Predigt

Eines der noch immer schwierigsten Kapitel der deutschen Literaturgeschichte ist die Frühgeschichte der volkssprachlichen Predigt. Problematisch sind alle Aussagen hinsichtlich Lokalisierung, Datierung und Funktionsbestimmung. Trotz der unsicheren Chronologie läßt sich aber doch ein typischer Wandel von der Predigtübersetzung hin zur – noch immer lateinischen Mustern folgenden – freieren deutschen Predigt erkennen. Der ältere Typus steht noch ganz in der Tradition von Übersetzungen einzelner Musterpredigten der Kirchenväter seit der Karolingerzeit. Dafür können hier die schon genannten ›Wessobrunner Predigten‹ aus der Wiener Notkerhandschrift stehen, deren zum Teil nur bruchstückhafte Überlieferung ergänzt wird durch Fragmente aus anderen Quellen. Genau besehen handelt es sich um drei verschiedene Sammlungen (A, B, C). Teil C scheint als systematische Sammlung von Predigten zum Kirchenjahr geplant worden zu sein, während für die anderen beiden Teile A und B ein spezifisches Programm nicht zu erkennen ist. Auch die frühe Datierung (noch in die erste Hälfte des 11. Jahrhunderts?) aufgrund des altertümlichen Lautstandes ist nicht unumstritten. Deutlich ist nur, daß die traditionelle Anlage – Übersetzung aus Predigten Augustins, Gregors des Großen, Bedas und aus Predigten, die Caesarius von Arles zugeschrieben wurden – und die Thematik – über den Witwenstand mit einem Lob der Ehelosigkeit (A 1) oder über die verschiedenen Stufen der Demut nach dem siebten Kapitel der Benediktinerregel (Kapitel 5) – ein nicht nur geistlich gebildetes, sondern wohl auch reguliert lebendes Publikum voraussetzen. Ob man noch weitergehen und im Einzelfall auch hier wieder an Frauenkonvente denken darf, liegt etwa im Falle der Predigt über den Witwenstand natürlich nahe, ist letztlich aber nicht zu beweisen. Wenn es sich bei den Aufzeichnungen um Lesetexte gehandelt hat, also um Vorlagen für die erbauliche Lektüre in der Gemeinschaft, wäre eine solche Zuordnung durchaus plausibel. Wenn es sich dagegen um Predigtmuster für die praktische Seelsorge handelt, war das Zielpublikum breiter gestreut. Daß in der schmalen Überlieferung des 11. Jahrhunderts mit solchen Predigtmustern für den praktischen Gebrauch (und nicht so sehr für die nachträgliche erbauliche Lektüre) zu rechnen ist, zeigen die ›Klosterneuburger Predigtentwürfe‹ in deutsch-lateinischer Mischprosa, drei unterschiedlich lange und jeweils vor dem eigentlichen Predigtschluß abbrechende Texte, deren wenig repräsentative Aufzeichnung auf den leer gebliebenen Schlußseiten eines Codex mit augustinischen Sermonen für solchen Konzeptcharakter spricht.

Praktischen Zwecken scheint auch der kurze, ›Geistliche Ratschläge‹ genannte Text seine Entstehung zu verdanken, der als memorierbares Exzerpt aus einer Homilie Gregors des Großen und aus anderen Quellen (vielleicht auch schon vermittelt über entsprechende lateinische Auszüge) die christlichen Tugenden alt- und neutestamentlichen Beispielgestalten und die sieben Gaben des Heiligen Geistes den Patriarchen zuordnet. Die siebzehn aneinandergereihten Sätze des ersten Teils folgen alle dem gleichen Muster: *Vbe du kehorsame uuellest sin, so pilide den herron Abraham* (»Wenn du gehorsam sein willst, nimm dir Abraham zum Beispiel«), während die sieben Gaben des Heiligen Geistes noch lakonischer aufgezählt werden: *In Ysaac uuas der keist dere starchi* (»In Isaak war der Geist der Stärke«). Die Ähnlichkeit dieses Textes mit den oben genannten ›Benediktbeurer Ratschlägen und Gebeten‹ ist unverkennbar. Vielleicht handelt es sich auch hier eher um Gebetsratschläge.

Im 12. Jahrhundert schwillt die Überlieferung deutscher Predigten stark an. Sie werden in großen Sammlungen vereinigt, deren wichtigste das nach einer vorbildlichen lateinischen Predigtsammlung des Honorius Augustodunensis genannte ›Speculum ecclesiae‹ ist, das aus Benediktbeuren stammt und etwa 70 Predigten unterschiedlicher Länge enthält. Von den übrigen, überwiegend nur fragmentarisch überlieferten Predigtcorpora sind, zumal des größeren Umfangs wegen, von besonderer Bedeutung die ›Leipziger Sammlung‹, die ›Oberaltaicher Sammlung‹ und das ›Predigtbuch des Priesters Konrad‹. Einen ersten Höhepunkt erreicht die deutsche Predigt im 13. Jahrhundert im Gefolge der homiletischen Aktivitäten der Bettelorden, die sich selbst als Predigerorden verstanden. An ihrer Spitze steht der Franziskaner Berthold von Regensburg. Zu hochliterarischer Bedeutung gelangt sie erst bei den Mystikern von Meister Eckhart bis Johannes Tauler.

Auch die Predigten des 12. Jahrhunderts sind bei aller sich abzeichnenden Verselbständigung und zunehmenden Literarisierung noch eng an die patristischen und nun freilich auch zeitgenössischen lateinischen Homilien und Sermone gebunden. Sie folgen ihnen in Typus (Predigten über einzelne Schriftstellen, thematische Heiligenpredigten) und Methode (sei es der allegorischen Schriftdeutung, sei es der affektiven rhetorischen Haltung). Was im Unterschied zur lateinischen Predigt noch fehlt, ist die epische Anschaulichkeit etwa durch eingeschobene Exempelerzählungen. Das mag nicht unbedingt mit der aktuellen Predigtpraxis übereinstimmen, charakterisiert jedenfalls aber die Methodik der Predigtaufzeichnung überhaupt, der das Moment von Mündlichkeit und spontaner Improvisation fremd ist. Predigtaufzeichnungen sind, wo es sich nicht um Abbreviaturen, Konzepte oder ähnliches handelt, literarische Texte, die zwar so, wie sie aufgeschrieben worden sind, sicher auch vorgelesen werden konnten, aber nur sehr bedingt als Reflexe des ursprünglich gesprochenen Predigerworts anzusehen sind. Damit ist ein Problem berührt, das besonders für die jüngere Predigtüberlieferung als Frage nach ihrer Authentizität immer dringlicher wird. Ganz abgesehen von der häufig durch Umarbeitung, Kürzung, Erweiterung und Kompilation gekennzeichneten Tradition von Predigtaufzeichnungen, kann der einzelne Text im Augenblick seiner ersten Niederschrift vom Prediger selbst diktiert oder geschrieben, von fremder Hand mitgeschrieben, aber vom Prediger redigiert oder von einem Zuhörer nach dem Gedächtnis wiedergegeben worden sein.

Außer den bekannten Übersetzungen lateinischer Predigttexte der Väter oder jüngerer Autoritäten sind auch deutschsprachige Bearbeitungen lateinischer Predigtkonzepte, lateinische Mitschriften einer in deutscher Sprache gehaltenen Predigt und deren Rückübersetzung ins Deutsche und nachträgliche Stilisierung auf eine bestimmte Erwartung hin vorstellbar. Bis ins 12. Jahrhundert sind solche Unsicherheiten noch kaum ein Problem. Bis dahin ist die deutsche Predigt nicht individueller Ausdruck literarisch schöpferischer Persönlichkeiten, sondern überindividuelles und deshalb noch stark ritualisiertes Genus. Dafür wird in den inhaltlich entsprechenden geistlichen Gedichten, die man Verspredigten nennt, auch ein Sprachgestus hörbar, der vielleicht mehr über die Predigtpraxis verrät als die Predigtaufzeichnungen selbst.

Die literarische Bedeutung der älteren deutschen Predigt liegt darin, daß wir es hier mit *dem* Medium zu tun haben, in dem sich am kontinuierlichsten die Arbeit an einer deutschen Schriftprosa nachvollziehen läßt, die zunehmend unabhängig von der Bindung an autoritative lateinische Texte Ausdrucksmittel entwickelte und weitergab, ohne die auch die volkssprachliche Dichtung, zumal in ihrer Festlegung auf geistliche Stoffe, nicht in gleicher Weise hätte entstehen können.

Ausgaben: MSD, Nr. LXXXVI: ›Wessobrunner Predigten‹. – Steinmeyer, Nr. XXX, XXXII und XXXIII. – Althochdeutsches Lesebuch, Nr. XXVII (Auswahl). – ›Klosterneuburger Predigtentwürfe‹, hrsg. von J. M. Wagner. ZfdA 15 (1872), S. 439–442. – Steinmeyer Nr. XXXI: ›Geistliche Ratschläge‹. – Wilhelm, Nr. VII: ›Geistliche Ratschläge‹. – ›Speculum Ecclesiae‹: Gert Mellbourn (Hrsg.), Speculum Ecclesiae. Eine frühmittelhochdeutsche Predigtsammlung (Cgm. 39) mit sprachlicher Einleitung neu hrsg. Lund, Kopenhagen 1944. – ›Leipziger Sammlung‹: Anton E. Schönbach (Hrsg.), Altdeutsche Predigten. Bd. 1. Graz 1886, unveränd. repr. Nachdr. Darmstadt 1964. – ›Oberaltaicher Sammlung‹: Anton E. Schönbach (Hrsg.), Altdeutsche Predigten. Bd. 2. Graz 1888, unveränd. repr. Nachdr. Darmstadt 1964. – Priester Konrad: Anton E. Schönbach (Hrsg.), Altdeutsche Predigten. Bd. 3. Graz 1891, unveränd. repr. Nachdr. Darmstadt 1964. – Literatur: Zu den ›Leipziger Predigten‹: Volker Mertens in: VL 5, 1985, Sp.

695–701. – Zur ›Oberaltaicher Predigtsammlung‹: Volker Mertens in VL 6, 1987, Sp. 1273f. – Zum Priester Konrad: Volker Mertens in VL 5, 1985, Sp. 131–134. – Allgemeine Darstellungen: Rudolf Cruel, Geschichte der deutschen Predigt im Mittelalter. Detmold 1879, unveränd. repr. Nachdr. Darmstadt 1966. – Anton Linsenmayer, Geschichte der Predigt in Deutschland von Karl dem Großen bis zum Ausgang des 14. Jahrhunderts. München 1886. Nachdr. Frankfurt a.M. 1969. – Karin Morvay u. Dagmar Grube, Bibliographie der deutschen Predigt des Mittelalters. Veröffentlichte Predigten. München 1974. – Kurt Ruh, Deutsche Predigtbücher des Mittelalters. Vestigia Bibliae 3 (1981), S. 11–30.

Bibelübersetzung

Mit der deutschen Predigt ist die Verbindung zur Bibelübersetzung insofern hergestellt, als die Homilie ja immer von einer Schriftstelle ausgeht, sie erklärt und vor einem nicht ausreichend lateinkundigen Gemeindepublikum zunächst einmal zu übersetzen hat. Das gilt natürlich genauso für jede Schriftstelle, die im weiteren für die geistliche Argumentation herangezogen und also in der gesprochenen Predigt auch verständlich gemacht werden muß. Predigtaufzeichnungen in deutscher Sprache verfahren unterschiedlich. Der Bibeltext wird so gut wie immer zunächst in lateinischer Sprache zitiert – sei es in voller Länge, sei es mit den Anfangsworten – und danach übersetzt oder paraphrasiert. Die vom Priester Konrad gesammelten Predigten enthalten z.B. sehr ausführliche deutsche Versionen des jeweiligen Schrifttextes. Wenn keine deutsche Version aufgezeichnet wurde, muß dies nicht heißen, daß sie auch in der mündlich vorgetragenen Predigt gefehlt hat. Wohl aber heißt es, daß der Zweck der Aufzeichnung es nicht erforderlich machte, auch die Bibelzitate zu übersetzen, daß also mit Benutzern gerechnet wurde, die über zumindest elementare Schrift- und Lateinkenntnisse verfügten.

Die mündliche Übersetzung der Schriftworte stand nicht im gleichen Maße unter dem zwingenden Gebot der absoluten Treue dem sakrosankten Grundtext gegenüber wie die schriftlich fixierte Bibelübersetzung. Die mündliche Wiedergabe mußte und durfte freier verfahren. Wo solche predigtmäßige Übersetzung von Schriftstellen auf das Pergament fand, stellt sich deshalb die Relation von Ausgangs- und Zielsprache, von deutscher Sprachgerechtigkeit und Nachahmung des lateinischen Wortlauts, durchweg anders dar. Hier galt das Gesetz der Verständlichkeit, also galten hier auch die Gesetze der deutschen Sprache.

Die freie Übersetzung, die Paraphrase oder selbständige Nacherzählung des Grundtextes (der Bibel oder der Legende) verbindet die Predigt mit der geistlichen Versdichtung des 11. und 12. Jahrhunderts. In beiden Fällen haben wir es mit einer Form von »nationaler Aneignung der Bibel« (Konrad Burdach) zu tun, die wiederum nur mittelbar mit der literarischen Bibelübersetzung in Zusammenhang steht. Die eigentliche, literarische Bibelübersetzung ist in diesem Zeitraum noch der Ausnahmefall. An der Spitze steht weiterhin der Psalter. Von der Rezeption der Notkerschen Psalmenübersetzung und -kommentierung war bereits die Rede. Sie beeinflußte auch die jüngeren, fast durchweg als Interlinearversionen angelegten Übersetzungen. Wenigstens zu nennen sind hier die ›Trierer‹, ›Windberger‹ und ›Millstätter Interlinearversionen zum Psalter‹, denen die schon durch die Art der Aufzeichnung gebotene strengere Form der glossatorischen Übersetzungstechnik gemeinsam ist. Dabei gibt es freilich durchaus Abstufungen. Während der deutsche Text des ›Windberger Psalters‹ der strengen Wort-für-Wort- und Form-für-Form-Methode folgt, ist der ›Millstätter Psalter‹ durch eine merkwürdige Diskrepanz zwischen der graphischen Darbietung (Interlinearversion) und der Übersetzungsmethode (freiere, sprachangemessene Wiedergabe) charakterisiert. Alle diese Interlinearversionen aber sind sichtlich als Schul- und Lehrtexte gedacht und haben nicht den Zweck, einen deutschen Psalmentext zu liefern, der für sich gelesen werden konnte und deshalb auch ohne Zuhilfenahme des lateinischen Textes verständlich sein sollte. Deutsche Psalmen, die der Stütze durch den lateinischen Wortlaut nicht mehr bedürfen, gibt es nach Notker erst wieder seit dem 14. Jahrhundert.

Ausgaben: E. G. Graff (Hrsg.), Deutsche Interlinearversion der Psalmen. Aus einer Windberger Handschrift zu München (XII. Jahrhundert) und einer Handschrift zu Trier (XIII. Jahrhundert). Quedlinburg, Leipzig 1839. – Nils Törnquist (Hrsg.), Cod. Pal. Vind. 2682. I: Eine frühmittelhochdeutsche Interlinearversion der Psalmen aus dem ehemaligen Benediktinerstifte Millstatt in Kärnten. Lund, Kopenhagen 1934. – Klaus Kirchert (Hrsg.), Der Windberger Psalter. Bd. 1: Untersuchung. Bd. 2: Textausgabe. Zürich, München 1979. – Literatur: Kurt Erich Schöndorf, Die Tradition der deutschen Psalterübersetzung. Untersuchung zur Verwandtschaft und Übersetzungstradition der Psalmenverdeutschung zwischen Notker und Luther. Köln, Graz 1967. – Klaus Kirchert in: VL 6, 1987, Sp. 534–538.

Zum Psalter gesellt sich im 11. und 12. Jahrhundert das Hohelied. Die Hoheliedexegese erlebt in dieser Zeit eine Blüte sondergleichen. Das hat vielerlei Gründe. Das ›Canticum canticorum‹ besteht aus einer sehr weltlichen Folge von Liebesliedern, die schon für die jüdischen Schriftgelehrten nur mühsam in den Kanon zu integrieren waren. Ein Weg dahin führte über die allegorische Deutung des Zwiegesangs der Liebenden als Sinnbild für die Liebe Jahwes zu seinem auserwählten Volk Israel. Die christlich-allegorische Auslegung ist von Origenes im dritten Jahrhundert maßgeblich geprägt worden. Ihm folgten die lateinischen Väter und die Theologen des lateinischen Mittelalters. Im 12. Jahrhundert wurde die traditionelle Deutung des *sponsus* (»Bräutigam«) und der *sponsa* (»Braut«) als Christus und seine Kirche durch die schon in älteren geistlichen Erklärungen angelegte Deutung als Gott und die ihn liebende Seele verdrängt. Damit trat unter mystischem Vorzeichen der erotische Gehalt des biblischen Wortlauts wieder stärker ins Bewußtsein. Daß das Hohelied ursprünglich ein Hochzeitsgedicht gewesen ist, ein *epithalamius libellus, id est nuptiale carmen*, wie Origenes sagte, scheint über seiner asketischen Auslegung nie vergessen worden zu sein und erleichterte die stärker gefühlsbezogene, den inneren Menschen ansprechende Deutung des 12. Jahrhunderts. Die theologische Hoheliedeutung, die das Frömmigkeitsleben durchziehende Marienverehrung, die profanere Rezeption der Liebesdichtung des Ovid und die literarische Ausformung des weltlich-höfischen Minneideals gingen in der Folgezeit eine schwer entwirrbare Verbindung ein.

LITERATUR: Friedrich Ohly, Geist und Formen der Hoheliedauslegung im 12. Jahrhundert. ZfdA 85 (1954), S. 181–197. – Ders., Hohelied-Studien. Grundzüge einer Geschichte der Hoheliedauslegung des Abendlandes bis um 1200. Wiesbaden 1958.

Die erste Übersetzung und volkssprachliche Deutung des Hoheliedes stammt von Williram von Ebersberg.

AUTOR: Über den Autor sind wir durch seine Selbstzeugnisse und durch sekundäre Bezeugungen ähnlich gut unterrichtet wie über Otloh. Williram entstammt dem fränkischen Adelsgeschlecht der Grafen von Worms, das im 11. Jahrhundert der Kirche hohe Würdenträger gestellt hat. Er muß in den ersten Jahren des neuen Jahrtausends geboren sein, war Mönch in Fulda und seit etwa 1040 Scholasticus in Bamberg. Aus der Bamberger Zeit stammen vermutlich seine noch im Ton des benediktinischen Humanismus abgefaßten lateinischen Gedichte, 16 meist kürzere merkversartige Texte zur Erklärung der Bibel. Man vermutet, daß er hier auch in persönlichen Kontakt zu Kaiser Heinrich III. getreten ist. Im Jahre 1048 wurde er zum Abt des kleinen und eher unbedeutenden bairischen Klosters Ebersberg berufen. Dort verfaßte er sein Hauptwerk, die ›Expositio in Cantica canticorum‹, die er mit einem lateinischen Gedicht in elf Distichen dem jungen König Heinrich IV. (1056–1106) widmete. In diesem Widmungsgedicht beklagt er sein Leben im Kloster Ebersberg als Exil und wünscht sich, in »sein Kloster« (Fulda) zurückkehren zu dürfen *(meque monasterium da repedare meum)*. Der Wunsch wurde ihm nicht erfüllt. Er starb nach Jahren vielfältigster und erfolgreicher Tätigkeit für sein Ebersberger Kloster hochbetagt am 5. Januar 1085. Auch für sein Andenken hat Williram durch die Abfassung eines Epitaphs in sieben lateinischen Distichen selbst gesorgt. Alle seine Selbstäußerungen sind von Stolz und Anspruch gekennzeichnet, was ganz sicher mit seiner hohen Abkunft und den ihr wenig angemessenen Lebensaufgaben zu tun hat.

Text und Überlieferung: Willirams ›Paraphrase des Hohenliedes‹ gehört zu den reich überlieferten und bis ins 16. Jahrhundert gelesenen Werken. Die Widmung des vollendeten Werks an Heinrich IV. in den ›Versus ad Regem‹ und die Berufung auf Lanfranc, den aus Italien stammenden berühmten Lehrer und Kirchenreformer, der seit 1070 den Erzbischofsstuhl in Canterbury innehatte, geben den ungefähren zeitlichen Rahmen ab für die Arbeit an dem gelehrten Werk und seine Fertigstellung. Da die reformkirchliche Lehrtätigkeit Lanfrancs um 1059 im normannischen Kloster Bec einsetzte und Heinrich IV. erst 1065 mündig wurde, kann man annehmen, daß Williram seine ›Paraphrase des Hohenliedes‹ nach 1065 abgeschlossen hat.

Die ursprüngliche Anlage des Textes in drei Kolumnen – in der Mitte der Wortlaut der Vulgata, links die Paraphrase und Erklärung in lateinischen Hexametern, rechts die Auflösung des Verskommentars in eine deutsch-lateinische Mischprosa – ist nicht in allen überkommenen Handschriften und Frühdrucken erhalten geblieben. Gelegentlich wurden die zugeordneten Textpartien hintereinander angeordnet und durchlaufend geschrieben, oder der deutsche Text fiel weg, wurde ins Lateinische übersetzt oder (in einem Fall) auch allein überliefert. Dies spricht für eine überaus lebendige Rezeptionsgeschichte, deren Breite durch die große Zahl überlieferter und zu erschließender Handschriften dokumentiert wird. Die letzte kritische Ausgabe von E. H. Bartelmez (1967) basiert auf 22 Handschriften und Handschriftenfragmenten. Die Zahl der erhaltenen Handschriften ist noch größer, ganz zu schweigen von der hypothetischen Größe der nur erschließbaren Überlieferungszeugen. Die ältesten Handschriften noch des 11. Jahrhunderts (B und C) scheinen direkt auf Williram zurückzugehen und unter seiner Aufsicht geschrieben worden zu sein.

In der Prosavorrede gibt Williram Auskunft über die Veranlassung seiner Hoheliedparaphrase, über ihren Zweck und die besondere Einrichtung des Manuskripts, über die Auslegungsmethode, über den Stolz des Autors angesichts des vollendeten Werks. Er schließt mit der Bitte um Verbesserungsvorschläge durch die Gelehrten *(doctores)*. Von besonderem Interesse ist Willirams Versicherung, er habe nichts Eigenes hinzugefügt, sondern alles aus den verschiedenen Auslegungen der Väter gezogen und zusammengefaßt *(De meo nihil addidi, sed omnia de sanctorum patrum diuersis expositionibus eruta in unum compegi...)* und auf den Sinn mehr geachtet als auf die lateinischen Verse und den deutschen Wortlaut. Die kompilatorische Leistung wird man freilich nicht allzu hoch einschätzen dürfen, wenn die Forschung recht hat mit der Vermutung, daß Williram einen lateinischen Sammelkommentar, nämlich den erweiterten Hoheliedkommentar des Haimo von Auxerre (nicht des Haimo von Halberstadt, wie noch bis in die jüngste Forschung hinein behauptet wird) hat benutzen können. Mit der unselbständigen Kompilation autoritativer Canticum-Kommentare steht Williram noch ganz in der Tradition karolingischer Theologie. Traditionell ist auch die Doppelung der Paraphrase in eine Vers- und eine Prosaversion. In der Geschichte der christlichen Dichtung begegnet diese Doppelung zum erstenmal bei dem altchristlichen Bibelepiker Caelius Sedulius, der seinem ›Carmen paschale‹ in Hexametern eine Prosaauflösung, das ›Opus paschale‹, hat folgen lassen. Solche Doppelversionen kennen wir auch aus späteren Zeiten. Neu ist, daß die Prosaversion in lateinisch-deutscher Sprache abgefaßt ist. Traditionell dagegen ist das zugrundegelegte jüdisch-christliche Deutungsschema, die Interpretation des Geliebten als Christus und der Braut als Kirche, in dem sich das in der Hoheliedexegese des 12. Jahrhunderts akzentuierte mystische Verhältnis von persönlichem Gott und liebender Seele des Menschen noch kaum andeutet. Neu und originell ist die literarische Darbietungsweise. Der althebräische Zwiegesang wird – vielleicht in Kenntnis der Form der Epithalamiendichtung – aktualisiert in der Verteilung des Textes auf die jeweils Sprechenden, auf Christus und Ecclesia, denen sich an einigen Stellen auch die fragende *vox synagogae* (»Stimme der Synagoge«) hinzugesellt.

Williram erklärt den biblischen Wortlaut mit Hilfe der von ihm herangezogenen Autoritäten. Die Küsse sind das Evangelium; die Brüste, die besser sind als Wein, bedeuten die Gnade im Unterschied zum alttestamentlichen Gesetz; die ausgeschüttete Salbe meint die Ausbreitung des Namens Christi durch die nach ihm sich nennende Christenheit; die liebenden jungen Mädchen sind die in der Taufe von der Erbsünde befreiten Seelen usw. Diese Deutungen werden angereichert durch eine Reihe von Schriftstellen, die im Unterschied zum Versteil hier natürlich wörtlich angeführt werden. Die Prosaversion ist also nicht bloße Auflösung der Hexameterparaphrase und damit gleichberechtigter Kommentar zum Canticum-Text, sondern ist zugleich auch Kommentierung der Versparaphrase.

Willirams ›Expositio in Cantica canticorum‹ stellt ein Bindeglied zwischen der ältesten Periode der deutschen Literatur und ihrer Neubegründung im 11. Jahrhundert dar. Die Mischung der deutschen und lateinischen Sprache im Prosateil scheint direkt auf Notker III. von St. Gallen zurückzugehen. Freilich darf man dabei die Unterschiede in der Verwendung solcher Schulsprache nicht übersehen. Während für Notker das muttersprachliche Verständnis des lateinischen Wortlauts Ziel jeder Formulierung ist, Deutsch und Latein sich auch im Falle ihrer Mischung ständig aufeinander beziehen, handelt es sich bei Williram um eine echte Mischsprache, in der die lateinisch zitierten Wörter und Wendungen im deutschen Satz unübersetzt bleiben, als Fachtermini, zentrale Begriffe oder Schriftbelege niemals die Bemühung um ihr subtileres Verständnis, um entsprechende volkssprachliche Wiedergabe provozieren, sondern als schon immer verstanden vorausgesetzt werden. Dennoch ist es nicht unmöglich, daß Williram Notkers Schriften gekannt hat. Dafür spricht besonders, daß er Notkers Akzentuierungsregeln folgt. Die Vokale der betonten Silben werden durch Akzente sichtbar gemacht, Länge oder Kürze des jeweiligen Stammsilbenvokals wird durch die Form des Akzents unterschieden.

Williram hatte eine hohe Meinung von seiner eigenen Leistung. Auch dies ist auffallend in einer Zeit, in der die affektierte Bescheidenheit gerade des geistlichen Autors verbindlich gewesen ist. Sein Stolz bezieht sich nicht auf den theologischen Gehalt, den zu verbessern er seinen gelehrteren Leser auffordert, sondern vielmehr auf die literarische Form, durch die er seinen Leser habe erfreuen wollen, wie er selbst beim Durchlesen sich an seinem eigenen Werk so erfreue, als stamme es von einem anderen berühmten Autor *(interdum mea legens sic delectabiliter afficior, quasi haec probatus aliquis composuerit auctor).* Die wiederholten Hinweise auf Leser und *doctores* als verständnisvolle Rezipienten, auf den Autor selbst als ersten Leser seines Werks – das sind deutliche Verweise auf das Zielpublikum eines Textes, dessen Anlage in drei parallel zu lesenden Kolumnen, dessen Sprache und gelehrter Inhalt nur in geistlichen Gemeinschaften angemessene Aufnahme finden konnten.

Ausgaben: Joseph Seemüller (Hrsg.), Willirams Paraphrase des Hohen Liedes. Mit Einleitung und Glossar. Straßburg, London 1878. – Erminnie Hollis Bertelmez (Hrsg.), The ›Expositio in Cantica Canticorum‹ of Williram, Abbot of Ebersberg 1048–1085. Philadelphia 1967. – Willy Sanders (Hrsg.), (Expositio) Willerammus Eberspergensis abbatis in Canticis Canticorum. Die Leidener Handschrift. Neu hrsg. München 1971. – Literatur: Marie-Luise Dittrich, Die literarische Form von Willirams Expositio in Cantica Canticorum. ZfdA 84 (1953), S. 179–197. – Willy Sanders, Der Leidener Willeram. Untersuchungen zu Handschrift, Text und Sprachform. München 1974. – Bernhard Grabmeyer, Die Mischsprache in Willirams Paraphrase des Hohen Liedes. Göppingen 1976. – Volker Schupp, Studien zu Williram von Ebersberg. Bern, München 1978.

Willirams ›Paraphrase des Hohenliedes‹ hat unmittelbar auf einen andern volkssprachlichen Text eingewirkt, der ebenfalls das Hohelied zum Gegenstand einer umfänglichen Auslegung gemacht hat: das nach der Herkunft der ältesten vollständigen Handschrift aus dem Kloster St. Trudpert im Schwarzwald so genannte ›St. Trudperter Hohe Lied‹. Der unbekannte Autor hat Willirams Übersetzung der ›Cantica canticorum‹ weitgehend wörtlich übernommen. Deshalb wird dieses »erste Buch der deutschen Mystik« (Gustav Ehrismann) hier eingeordnet, obwohl der exegetische, meditative und moralische Inhalt den Rahmen der Bibelübersetzung weit überschreitet.

Text und Überlieferung: Das ›St. Trudperter Hohe Lied‹ wird ohne letztlich beweisbaren Grund in die Zeit um 1160, neuerdings aber auch schon in das zweite Viertel des 12. Jahrhunderts (Urban Küsters) datiert. Es handelt sich um einen stark rhythmisierten Prosatext, dessen Umfang den Prosateil von Willirams Paraphrase um mehr als das Doppelte überschreitet. Die auch hier nicht ganz fehlenden kurzen lateinischen Einsprengsel treten gegenüber dem dominanten deutschen Text völlig zurück. Der in der Wiener Handschrift interlinear hinzugefügte lateinische Wortlaut der ausgelegten Schriftstellen stammt von jüngerer Hand und dokumentiert ein strengeres theologisches Rezeptionsinteresse, als es die ungewöhnlich gefühlsbetonte, auf die liebende Vereinigung mit Gott abzielende Redeweise des unbekannten Autors zu befriedigen vermochte. Offenbar war die Zeit für ein derart unmittelbares Gotteserlebnis noch nicht reif.

Die älteste vollständige, heute in der Wiener Nationalbibliothek aufbewahrte Handschrift (A) enthält von jüngerer Hand jenen Besitzereintrag, der dem Text seinen Namen gegeben hat: *Iste liber est Sancti Trudperti martyris.* Sie stammt aus der ersten Hälfte des 13. Jahrhunderts. Von einer älteren, wohl noch dem 12. Jahrhundert angehörenden Handschrift (B) sind nur Fragmente überliefert. Die Fragmente einer weiteren Handschrift (M) aus dem Anfang des 13. Jahrhunderts sind schon vor 1945 verlorengegangen. Im Jahr 1372 entstand die Klosterneuburger Handschrift (kl), erst dem 15. Jahrhundert, genauer dessen erster Hälfte, gehört die Klagenfurter Handschrift (k) an und gar erst dem frühen 16. Jahrhundert eine in noch zwei weiteren Abschriften auf uns gekommene Handschrift aus dem Franziskanerinnenkloster in München (α, β, γ). Für die Rezeptionsgeschichte von Interesse ist die Tatsache, daß eine kürzere Partie des ›St. Trudperter Hohen Liedes‹ in einen hochalemannischen allegorischen Traktat ›Von dem balmeboume‹ (›Vom Palmbaum‹) eingegangen ist (C*), der wohl im späten 13. Jahrhundert entstanden ist. Die gesamte Überlieferungs- und Rezeptionsgeschichte spielt sich also im oberdeutschen (alemannischen und bairisch-österreichischen) Raum ab. Die Dialektmischung in den ältesten Handschriften erlaubt die eindeutige Lokalisierung des ›St. Trudperter Hohen Liedes‹ nicht, doch sprechen andere Indizien (besonders die Erwähnung des heiligen Rupert) für bairische Provenienz.

Nicht nur in der äußeren Anlage, sondern auch in der Art der Textauslegung verfährt der unbekannte Verfasser völlig anders als Williram. Wo dieser das Verhältnis von *sponsus* und *sponsa* hierarchisch auf Christus und seine Kirche hin ausgelegt hatte, spricht der jüngere Text im Gefolge der monastischen Hoheliеddeutung seit Rupert von Deutz und vielleicht sogar in Kenntnis der Canticum-Homilien Bernhards von Clairvaux vom Heiligen Geist als dem himmlischen Bräutigam und der Jungfrau Maria als der alle reinen Seelen präfigurierenden Gottesbraut. Insofern fügt sich das ›St. Trudperter Hohe Lied‹ zugleich in den immer breiter werdenden Strom der volkssprachlichen Mariendichtung ein.

Ein hochrhetorischer Schwung trägt den gesamten Text, durchzieht auch die auslegenden Partien und macht selbst für den heutigen Leser die ständig wiederholten Aufrufe zur Askese und Weltflucht, zu klösterlicher Zucht und geistlich vorbildlichem Leben erträglich. Von hoher geistesgeschichtlicher Bedeutung ist das Faktum, daß zum ersten Mal in deutscher Sprache das der weltlichen Feudalgesellschaft noch so fremde Land der Innerlichkeit betreten und mit einem oft neuen Vokabular abgesteckt wird. Immer wieder ist vom *innern menniskin* (6,30 u.ö.) die Rede, von dem, was *inwartes* (72,11) der gläubigen Seele geschieht, von der *inwartigen scône* des Gebets und der Andacht (147,6f.). Das Innere des Menschen sei seine Seele oder *unser muot, dâ got gerne inne ist* (128,13). Dies jedoch ist eine durchaus spirituelle Aussage, weshalb die Frage sich erübrigt, ob *diu sêle in deme lîbe sî* (128,21f.). Viel wichtiger ist die Frage, *weder got in der sêle sî oder diu sêle in gote* (128,25f.). Wenn der Mensch in *forhte unde riuwe* weine, so nehme Gott von seiner Seele Besitz (128,26ff.). Wenn sich jedoch Körper und Seele in der Süßigkeit des Heiligen Geistes freuen, so habe die Seele Gott in sich aufgenommen und nichts könne sie von ihm mehr trennen. Den Weg zu solcher Vereinigung mit Gott aber weist die geistlich verstandene *minne,* wie sie im Hohenlied gefeiert wird. So gedeutet, ist das ›Canticum canticorum‹ ein Lehrbuch über die Erkenntnis Gottes durch die Liebe (144,12f. *iz ist ein lêre der minnichlichen gotes erkennusse*), da Gott selbst die Liebe ist. Was also wäre besser zu lieben, als die Liebe selbst (82,16 *waz ist bezzer zi minnenne den selbe diu minna*)?

Solch mystische Vereinigung in der Kontemplation, in der Abwendung von der Welt und ihrer Geschäftigkeit, unterscheidet das ›St. Trudperter Hohe Lied‹ grundlegend von der eher nüchternen Paraphrase Willirams. Doch trügt der Eindruck, der Verfasser habe die Absicht gehabt, »eine möglichst freie Phantasie über die Cantica zu geben« (Hermann Menhardt). Während Williram die Versikel des Schrifttextes auf die jeweils Sprechenden, Christus, Ekklesia und Synagoge, aufteilt, versucht der Anonymus, einen durchgehenden Lesetext dadurch herzustellen, daß er die Schriftworte in einen größeren Zusammenhang integriert. Wenn Williram den *sponsus* des ›Hohenliedes‹ als Christus deutet und die *sponsa* als christliche Kirche, werden die Heilsgeschichte und die Gestalt der Kirche zum eigentlichen Inhalt und einigenden Band der Exegese. Dagegen erfordert die Deutung auf den Heiligen Geist und seine jungfräuliche Braut als das Vorbild aller Gottesbräute im ›St. Trudperter Hohen Lied‹ ein anderes Verfahren. Grundgedanken und durchgehende Argumentationsstrukturen werden vorgegeben durch die Trinität, durch die drei göttlichen Tugenden Glaube, Hoffnung und Liebe, durch die Hypostasen der göttlichen Personen in Macht, Weisheit und Güte und durch die vom dreieinigen Gott ausgehenden menschlichen Seelenkräfte *memoria, intelligentia* und *voluntas* (»Bewußtsein«, »Einsicht« und »Wille«). Zu der Dreizahl der unterschiedlichen – augustinischen und abaelardischen – Trinitätsformeln tritt die auch sonst in der geistlichen lateinischen und volkssprachlichen Literatur vielfach umspielte Siebenzahl: die sieben Gaben des Heiligen Geistes stehen im Mittelpunkt der Argumentation, wie sie im Prolog angekündigt und im Epilog resümiert wird. Den sieben Gaben des Heiligen Geistes entsprechen die sieben Schöpfungstage, die sieben Hauptsünden oder, in einer schon von Augustinus aufgedeckten tiefsinnigen Beziehung, die sieben (statt acht) Seligpreisungen der Bergpredigt u. a. m. Eine eingehende Strukturanalyse des ›St. Trudperter Hohen Liedes‹ würde eine Fülle derartiger symbolischer Beziehungen aufdecken können, die zu dem Diktum »freie Phantasie« wenig passen.

Das ›St. Trudperter Hohe Lied‹ ist Klosterliteratur. Schon die ersten Sätze des Prologs machen das ganz deutlich: *Wir wellen kôsen uon deme oberôsten liebe, der meisten gnâde, der râwecklikesten suozi. dc ist der heilige geist. wir geistlichen menisken spreken mit rehte uon deme geiste* ... (»Wir wollen sprechen von der höchsten Liebe, der größten Gnade, der süßesten Ruhe. Das ist der Heilige Geist. Wir geistlichen Menschen sprechen zu Recht vom Geist ...«). Immer wieder ist vom geistlichen Leben, von der geistlichen Gemeinschaft *(samenunge)*, von Klosterzucht und Askese die Rede. Es sind Nonnen, die hier angesprochen, belehrt, ermahnt und im Vorbild der jungfräulichen Braut Gottes gefeiert werden. Der Epilog spricht diese Zweckbestimmung des »Buches« direkt aus: *An dieseme buoche sulin die prûte des almahtigen gotis ir spiegel haben* ... (145,14 f.). »Spiegel«, *speculum*, das ist seit Honorius Augustodunensis ein vielgebrauchter Titel didaktischer Werke, der in der deutschen Literatur hier zum ersten Mal auftaucht. ›Geistlicher Brautspiegel‹ träfe also den Inhalt besser als ›St. Trudperter Hohes Lied‹.

Um den unbekannten Verfasser haben sich im 19. Jahrhundert mancherlei Spekulationen gerankt. Könnte es nicht sein, daß eine Nonne den Text verfaßt hat, der so ganz anders ist als die meisten Werke der Zeit? Dafür spräche, daß schon im Prolog nicht von autoritativer Belehrung, von Predigt und Seelsorge die Rede ist, die auch im Frauenkonvent nur den damit beauftragten geistlichen Brüdern zukamen. Auffällig genug beginnt der Text mit den Worten: *Wir wellen kôsen* ... (»Wir wollen gemeinsam darüber sprechen ...«). Dazu paßt auch manche andere Wendung des Textes, jedoch keine so eindeutig, daß der Schluß unabweisbar wäre, hier spreche eine Frau. Deshalb gilt seit dem späten 19. Jahrhundert mehr oder minder unangefochten die Meinung, der unbekannte Verfasser habe sich nur den Bedürfnissen des (von ihm betreuten) Frauenkonvents angepaßt. Die Frage ist damit noch nicht endgültig beantwortet.

Ausgabe: Hermann Menhardt (Hrsg.), Das St. Trudperter Hohe Lied. Kritische Ausgabe. Halle 1934. – Ders., Zum St. Trudperter Hohen Lied. ZfdA 88 (1957/58), S. 266–291. – Literatur: Friedrich Ohly, Der Prolog des St. Trudperter Hohenliedes. ZfdA 84 (1953), S. 198–232. – Urban Küsters, Der verschlossene Garten. Volkssprachliche Hohelied-Auslegung und monastische Lebensform im 12. Jahrhundert. Düsseldorf 1985.

Die einzige wirkliche Bibelübersetzung des 12. Jahrhunderts ist nur in Fragmenten erhalten. Es handelt sich um die spärlichen, in jüngster Zeit durch neue Funde ergänzten Überreste einer Evangelienübertragung, die von der älteren Forschung noch ins 11. Jahrhundert datiert wurde, nach neuesten Forschungsergebnissen vielleicht ganze 100 Jahre jünger ist und erst dem ausgehenden 12. Jahrhundert angehört.

Text und Überlieferung: Die einzige bezeugte Handschrift ist in 51 kleinen und kleinsten Bruchstücken erst nach und nach ans Licht getreten. Der Schreibdialekt weist alemannische und bairische Züge auf. Eine genauere Lokalisierung ist nicht möglich. Paläographische Gründe sprechen für eine Datierung der Niederschrift um 1200. Da alle vier Evangelien vertreten sind und die Ordnung der Texte offenbar der biblischen Reihenfolge entsprach, handelt es sich hier weder um eine Evangelienharmonie noch um ein sog. Evangelistar, also die Übersetzung der nach der jeweiligen Lesung im Kirchenjahr geordneten Perikopen (»Abschnitte«), sondern um eine Evangelienübersetzung. Damit stehen die nach den Aufbewahrungsorten der beiden umfänglichsten Bruchstücke sog. ›Wien-Münchener Evangelien-Fragmente‹ völlig isoliert. Die um 800 entstandene Matthäusübersetzung in den ›Monsee-Wiener Fragmenten‹ und der ›Althochdeutsche Tatian‹ (um 830) sind die einzigen vergleichbaren älteren Bibelübersetzungen, die jedoch als Bilinguen angelegt waren.

Die Besonderheit dieser Evangelienübersetzung ist nicht nur in ihrer ganz und gar isolierten Erscheinung begründet, sondern auch in einer Übersetzungstechnik, die von der im 12. Jahrhundert wieder favorisierten strengeren Interlinearversion völlig abweicht und einen Text bietet, der durchweg verständlich und am deutschen Sprachgebrauch orientiert ist. Solche Unabhängigkeit vom sakrosankten lateinischen Wortlaut der Vulgata wirft die Frage auf, welchem Gebrauch die Übersetzung zugedacht war. Ganz offenbar handelt es sich nicht um einen Schultext, der im Unterricht hätte benützt werden können und sollen. Auch eine liturgische Verwendung kommt nicht in Frage, obwohl die Handschrift Vortragsnotationen nach dem Muster der gottesdienstlichen Schriftlesung enthält. An eine deutsche Messe war im 12. Jahrhundert noch nicht zu denken. Da die häretische Herkunft der Evangelienübersetzung wohl ausgeschlossen werden muß, bleibt nur der Schluß, daß es sich um einen – freilich durchaus ungewöhnlichen – Lesestoff für eine von Laien bestimmte religiöse Gemeinschaft handelt. Dem Bedürfnis von Konversen, von Laienbrüdern oder -schwestern, mußte die Evangelienübersetzung besonders entgegenkommen. Wie groß solches Bedürfnis war, zeigen die Versparaphrasen biblischen Inhalts, von denen im folgenden die Rede sein wird.

Die Notation des Lektionstons über dem Evangelium zum Palmsonntag (Mt. 26) ist ein hochinteressantes Indiz dafür, daß die gemeinsame Lesung auch volkssprachlicher Texte nicht unbedingt mit Sprechstimme, sondern im gehobenen Ton paraliturgischer Rezitation erfolgen konnte. Für die älteste geistliche Versdichtung ist dies durch die Neumierung einzelner Stellen des ›Heliand‹ und von Otfrids ›Evangelienbuch‹ bezeugt. Für die geistliche Versdichtung des 11. und 12. Jahrhunderts haben wir solche Indizien nicht, müssen aber einen entsprechenden Vortrag auch hier für wahrscheinlich halten.

Ausgabe: Horst Kriedte (Hrsg.), Deutsche Bibelfragmente in Prosa des XII. Jahrhunderts. Kattowitz 1930. – Literatur: Kurt Ruh in: VL 2, 1980, Sp. 653f. – Nigel F. Palmer, Zur Vortragsweise der Wien-Münchener Evangelienübersetzung. ZfdA 114 (1985), S. 95–118.

Geistliche Naturkunde und Weltdeutung

Mit dem Neueinsatz der deutschen Literatur im 11. Jahrhundert wird bei aller weiterbestehenden Bindung an die Inhalte der christlichen Offenbarung und Glaubenslehre doch auch schon die Tendenz sichtbar, das geschriebene Wort und den literarisch geformten Text nicht mehr nur der Heilsvermittlung, sondern auch der Welterkenntnis dienstbar zu machen. Die geistlich gedeutete Natur wird zunehmend zu einem Objektbereich, dem der noch ganz im Einklang mit ihr lebende Träger der Reflexion immerhin schon gegenübertritt. Der nächste Schritt ist ein kollektives Naturerleben, wie es etwa im Minnesang stereotypen Ausdruck finden wird. Und erst der letzte, weit in der Zukunft liegende Schritt führt in jenes sentimentalisierte, subjektive Naturverhältnis, wie wir es seit dem 18. Jahrhundert kennen und für selbstverständlich halten, obwohl es das historische Produkt eines sich in der mittelalterlichen Urbanisierung ankündigenden Zivilisationsprozesses ist, der den Menschen von der Natur trennt und damit ihr überhaupt erst gegenübertreten läßt. Der literarische Ausdruck dafür, die Naturdichtung, ist dem ganzen Mittelalter und der frühen Neuzeit noch völlig fremd.

Wo Natur zum Gegenstand der Reflexion und damit zum Objekt des distanzierenden Blicks wird, bleibt sie der immer schon gedeutete, weil grundsätzlich Bedeutung tragende Kosmos, dessen Einzelerscheinungen weniger als Schöpfungswunder für sich zu interessieren vermögen, als vielmehr in ihrer Verweisungsfunktion auf den gesamten Heilsplan hin gelesen werden. Dies gelingt offenbar um so eindringlicher, je unvertrauter, kurioser oder wunderbarer die in der Natur aufgedeckten Phänomene sind. Das hat nichts mit unmittelbarer Naturbeobachtung und Naturerfahrung zu tun. Vielmehr hält man sich an die großen Autoritäten des Altertums und der Väterzeit, an eine vielfach schon den Zeitgenossen als fabulös erkennbare Überlieferung, die erst seit dem 12. Jahrhundert in der eigentlich naturkundlichen Literatur stärker zurückgedrängt wird. Die zugrundeliegenden Anschauungen jedoch bleiben bis weit in die Neuzeit hinein lebendig und werden in geistlich bedeutsamen Zusammenhängen immer wieder zitiert.

Das Paradebeispiel geistlich deutender Naturkunde ist der ›Physiologus‹. Damit ist ein vielfach redigiertes, erweitertes oder gekürztes, in Prosa oder Vers verbreitetes Textcorpus gemeint, das in einer kaum entwirrbaren Traditionsfolge dem Mittelalter aus der griechischen Spätantike überkommen ist. *Physiologus* heißt »der Naturkundige«. Ihm werden die Auskünfte über eine christlich-allegorisch gedeutete Tierwelt in den Mund gelegt.

Texte und Überlieferung: Die in verschiedenen Redaktionen umlaufende lateinische Version wurde im 11. und 12. Jahrhundert mehrfach ins Deutsche übersetzt und umgearbeitet. Die älteste Fassung aus dem 11. Jahrhundert könnte in Hirsau entstanden sein. Die einzige erhaltene Handschrift kam aus den Beständen des Klosters St. Paul in

Kärnten in die Wiener Hofbibliothek. Sie wurde noch im 11. Jahrhundert geschrieben, bricht jedoch in der Mitte des 12. Stücks *(De lacerta)* ohne ersichtlichen Grund ab. Die lateinische Vorlage erscheint in der deutschen Prosa stark gekürzt. Diese Kürzung betrifft auffälligerweise nicht den naturkundlichen, sondern den auslegenden Teil.

Unabhängig von diesem ›Älteren Physiologus‹ entstand wohl um 1120 eine vollständige Prosaübersetzung der zugrundegelegten lateinischen Version (›Dicta Chrysostomi‹). Sie bildet das Mittelstück der Wiener Sammelhandschrift mit den alttestamentlichen Bibeldichtungen ›Genesis‹ und ›Exodus‹. Die gewandte Übertragung wurde nicht viel später von einem Redaktor, der auch die genannten Bibeldichtungen bearbeitete, in dürftige Reime gebracht und ist in gleicher Position – ›Genesis‹, ›Physiologus‹, ›Exodus‹ – in die Millstätter Handschrift eingegangen.

Schließlich ist ein wenige Zeilen umfassendes Bruchstück einer weiteren deutschen Version überliefert, das keine genaueren Auskünfte über die Art der Bearbeitung, des Umfangs, ja nicht einmal der Form (Assonanzen? Endreime? rhythmische Prosa?) erlaubt.

Nach dem 12. Jahrhundert verstummt die auf den süddeutschen Raum beschränkte deutschsprachige Physiologustradition. Die lateinischen Versionen bleiben auch weiter verbreitet und inspirieren immer neue symbolische Naturdeutungen. Noch in der Emblematik des 16. und 17. Jahrhunderts findet der ›Physiologus‹ ein spätes Echo.

Der Inhalt und das Deutungsverfahren des ›Physiologus‹ läßt sich am besten an einem Beispiel illustrieren. Die Reihe wird eröffnet mit dem Löwen. Über ihn heißt es in der kürzenden Fassung des ›Älteren Physiologus‹: »*Leo* bedeutet unsern Herrn, und zwar seiner Stärke wegen. Deshalb auch kommt er in der Heiligen Schrift so oft vor. Davon sprach Jakob, als er seinen Sohn Juda rief. Er sagte: ›Mein Sohn Juda ist ein junger Löwe‹ (Gen. 49,9). Der Löwe hat drei Eigenschaften, die auf unsern Herrn hindeuten. Das eine ist, daß er mit dem Schwanz seine Spur verwischt, damit sie (sc. die Jäger) ihn nicht finden. So auch tat unser Herr, als er auf Erden unter den Menschen weilte, damit der Feind nicht merke, daß er Gottes Sohn sei. Weiterhin: Wenn der Löwe schläft, so wachen seine Augen. Dadurch, daß sie offen bleiben, verweist er wiederum auf unsern Herrn, der im Hohenlied selbst gesagt hat: ›Ich schlafe, aber mein Herz wacht‹ (Cant. 5,2), also daß er ruhte in seiner menschlichen Leiblichkeit und wachte in seiner Gottheit. (Drittens:) Wenn die Löwin wirft, ist das Junge leblos. Daraufhin bewacht sie es bis an den dritten Tag, dann kommt der Vater (der Löwe) und schnaubt es an. Dadurch erst wird es zum

Leben erweckt. So aber erweckte auch der allmächtige Vater seinen eingeborenen Sohn am dritten Tag vom Tode.«

Und so geht es weiter mit dem Panther, der ebenfalls Christus bedeutet; mit dem Einhorn, mit der Schlange Hydrus, die das Krokodil tötet, wie Christus den Teufel überwindet; mit den Sirenen, mit der Hyäne, dem Wildesel, dem Affen und Elefanten, mit der Antilope, dem Sägefisch, der Natter und der Eidechse, mit dem Hirsch und dem Steinbock, der Füchsin und dem Biber, mit der Ameise, dem Igel, dem Adler, dem Pelikan, der Eule, dem Wasserhuhn, dem Rebhuhn, dem Strauß, dem Wiedehopf, dem Vogel Caradrius bis hin zum phantastischen Phönix (so die Reihenfolge im ›Jüngeren Physiologus‹). Das Verfahren ist deutlich. Die Tiere werden, wo dies möglich ist, nach dem Kontext ihrer biblischen Nennung und hinsichtlich ihrer natürlichen Eigenschaften und Verhaltensweisen, wie sie die traditionelle Naturkunde lehrte, auf die Heilsgeschichte und den menschlichen Heilsweg hin ausgelegt. Dominant ist das Muster der Typologie (drei Tage ist das Löwenjunge nach seiner Geburt leblos – drei Tage lag Christus im Grab etc.). Aber auch *moraliter*-Auslegungen sind, wenn freilich nur in geringerem Umfange, vertreten. So wird vom Biber die alte Geschichte erzählt, wie er sich den Nachstellungen der Jäger durch eine fatale Selbstverstümmelung entzieht, und der Schluß gezogen, daß die Menschen um eines gottwohlgefälligen Lebens willen sich gleicherweise von der Bosheit ihres Herzens trennen sollten. Und wie der Strauß zur rechten Zeit seine Eier in den Sand legt und von der Sonne ausbrüten läßt, ohne sie jemals wiederzufinden, so sollen auch wir die Augen unserer Herzen rechtzeitig auf Gott richten und unser sündhaftes Weltleben vergessen. Solche moralische Ausdeutung nähert sich jedoch nicht etwa der uns geläufigen und auch dem Mittelalter wohlvertrauten Fabeldichtung. Der Unterschied ist, daß die Naturdeutung nach dem Vorbild des ›Physiologus‹ nicht eine natürliche Konstellation fingiert und anthropomorphisiert, sondern daß es ihr immer um durch die Tradition verbürgte Naturerscheinungen geht, so fern von der eigenen Erfahrungswirklichkeit diese auch angesiedelt sein mögen. Es scheint vielmehr so, daß gerade die Fremdartigkeit, das aller eigenen Anschauung und Nachprüfbarkeit Entzogene, eine besondere Einprägsamkeit und Überzeugungskraft gewinnt. Eine im 12. Jahrhundert immer deutlicher sich zu Wort meldende Neugier, ein sich selbst genügendes Interesse an den physischen Erscheinungen, wird noch einmal zurückgelenkt auf die geistlich legitime, weil heilswirksame Erkenntnis der in aller Schöpfung versiegelten ewigen Wahrheit.

Ausgabe: Friedrich Maurer (Hrsg.), Der altdeutsche Physiologus. Die Millstätter Reimfassung und die Wiener Prosa (nebst dem lateinischen Text und dem althochdeutschen Physiologus). Tübingen 1967 (ATB 67). – Übersetzungen: de Boor, S. 554f. – Der Physiologus. Übertragen und erläutert von Otto Seel. Zürich, Stuttgart 1960 u.ö. – Literatur: Nikolaus Henkel, Studien zum Physiologus im Mittelalter. Tübingen 1976.

Daß solche Neugier sich schon früh in der deutschsprachigen Literatur bemerkbar macht, können wir den Fragmenten eines Gedichts entnehmen, das in der Literaturgeschichte unter dem von Philologen (Hoffmann von Fallersleben) erfundenen Titel ›Merigarto‹ (›Vom Meer umschlossenes Land‹) geführt wird. Da es sich hier um einen Verstext handelt, verlassen wir mit seiner Behandlung das Gebiet der altdeutschen Prosa. Wie fließend jedoch die Übergänge sind, hat die volkssprachliche Rezeption des ›Physiologus‹ schon gezeigt, in der die Versifizierung neben der Prosaversion steht. Die Darbietungsform ist in solchen Fällen sekundär. Deshalb gehört auch der ›Merigarto‹ aus inhaltlichen und systematischen Gründen eher in den hier besprochenen Zusammenhang als in den der geistlichen Versdichtung.

Text und Überlieferung: Das heute in Donaueschingen aufbewahrte Pergamentdoppelblatt aus dem letzten Viertel des 11. oder dem ersten Viertel des 12. Jahrhunderts enthält zwei unzusammenhängende, weil ursprünglich durch Zwischenlagen getrennte Partien eines in überwiegend bairischem Schreibdialekt aufgezeichneten Verstextes. Erhalten sind 45 und 60 Verspaare, doch muß der ursprüngliche Umfang ein Vielfaches dessen betragen haben. Wenn man annimmt, daß auch nur eine Binnenlage ausgefallen ist, wäre mit der doppelten Länge plus den nicht zu kalkulierenden Eingangs- und Schlußteilen zu rechnen. Die Datierung des ›Merigarto‹ hängt ab von der schwer zu deutenden Aussage des Verfassers, er sei infolge der Fehde zwischen zwei Bischöfen nach Utrecht geflohen und dort dem Pfaffen Reginpreht begegnet, dem er die Informationen über Island verdanke. Es gibt bis heute nur Vermutungen darüber, welches historische Ereignis hier gemeint und wer der genannte Reginpreht gewesen sein könnte. Daraus folgen die divergierenden Datierungsvorschläge um 1070, 1085 oder gegen 1100.

Das erste Fragment spricht von der Trennung von Wasser und Land bei der Schöpfung, von Quellen, Seen und schiffbaren Flüssen und von den die Länder trennenden, wolkenumhangenen hohen Bergen. Dies scheint eine allgemeine Ein- oder Überleitung gewesen zu sein, an die sich knappe Informationen über die Verschiedenheit der Meere und über die Gefahren des sagenhaften Lebermeeres anschließen. Darauf folgen die durch den oben genannten Gewährsmann ausdrücklich beglaubigten Auskünfte über Island. Dieser Reginpreht sei mehrfach dort gewesen und habe erfahren, daß man mit den Bewohnern des kargen Landes gewinnbringend Handel treiben könne. Denn es sei dort immer finster und so kalt, daß man auf dem Eis Feuer machen könne. Da es aber kein Brennmaterial gebe, könne man mit Holz viel Geld verdienen. Ein Erlenscheit werde mit einem *phenning* bezahlt (hier bricht das erste Fragment ab). Die andere Hälfte des erhaltenen Doppelblattes enthält einen etwas ausführlicheren Bericht über einen Fluß in der Toskana, an dem sich ein wieder nicht identifizierbares historisches Ereignis, die Fehde zweier großer Herren, abgespielt haben soll. Darauf folgen in merkversartiger Verkürzung Nachrichten von allerlei heilkräftigen und wundertätigen Quellen in Rom, in der Campagna, in Sizilien, Afrika und anderswo, Nachrichten, die in der Hauptsache auf die ›Etymologien‹ Isidors von Sevilla zurückgehen.

Es handelt sich also um ein Stück volkssprachlicher Artesliteratur. Ungewöhnlich ist die Mischung tradierter Buchkenntnisse mit einem – freilich auch nur aus zweiter Hand bezogenen – Erfahrungswissen. Ein allmählicher Paradigmenwechsel kündigt sich an. Selbst wenn das sich hier artikulierende Interesse geistlich motiviert und gerechtfertigt worden wäre, wie der (für einen geistlichen Verfasser freilich unabdingbare) Ausgang von der Schöpfung anzunehmen nahelegt, entfernt sich solche Topographie des Wunderbaren doch schon von der allegorisierenden Natur- und Weltdeutung, wie sie der ›Physiologus‹ praktiziert. Für wen und für welchen Gebrauch der klerikale Autor sein deutsches Lehrgedicht abgefaßt hat, bleibt ganz unklar. Daß er keine poetischen Zwecke verfolgt hat, verraten die höchst anspruchslosen Verse auf Schritt und Tritt. Ebensowenig denkbar ist jedoch eine schulmäßige Verwendung. Eher schon könnte das Interesse eines weltlichen Auftraggebers Anlaß zu seiner Abfassung gegeben haben.

AUSGABEN: Althochdeutsches Lesebuch, Nr. XLI. – Faksimile, Text und Übersetzung bei N. Th. J. Voorwinden, Merigarto. Eine philologisch-historische Monographie. Leiden 1973. – LITERATUR: Fidel Rädle in: VL 6, 1987, Sp. 403–406.

Heilmittel und Rezepte

Daß es im 11. und 12. Jahrhundert nicht nur geistliche Naturspekulation, sondern auch ein zunehmend schriftlich tradiertes »naturkundliches« Wissen in der Volkssprache gegeben hat, machen einige kleinere Texte deutlich, die selbst in den umfänglicheren literaturgeschichtlichen Darstellungen zumeist mit wenigen Worten übergangen werden. In der Tat handelt es sich hier nicht um Literatur im emphatischen Sinne des Wortes, nicht um geformte Sprache und artifiziell stilisierte Texte, sondern um durchweg anspruchslose Zweckprosa. Allerdings markiert sie den Beginn der Verschriftlichung des Alltagswissens, die die Bildungs- und Literaturgeschichte des Spätmittelalters ganz entscheidend bestimmen wird. Schon deshalb verdienen die im folgenden aufgezählten Texte einige Aufmerksamkeit.

Wieder handelt es sich ganz überwiegend um Übersetzungsliteratur. Vorlagen sind entsprechende antike oder spätantike Schriften bzw. umlaufende jüngere Exzerpte aus ihnen. Die Überlieferung geht durchaus unterschiedliche Wege. Noch immer ist die eher beiläufige Aufzeichnung eines kurzen Einzeltextes entweder im gegebenen Zusammenhang einer lateinischen Rezeptsammlung oder auch ohne jede sichtbare äußere Veranlassung möglich. Hinzu kommen seit dem 12. Jahrhundert – die Datierung ist hier noch problematischer als im Falle literarischer Texte – selbständige Aufzeichnungen, die erst nachträglich mit anderen Texten und Sammelcodices vereinigt wurden (so das ›Prüler Steinbuch‹) und nur deshalb nicht verlorengegangen sind.

In Einzelüberlieferung erhalten sind u.a. ein ›Regensburger‹ und ein ›Cambridger Augensegen‹, weitere Segensformeln gegen Blutfluß, Wunden, Fieber, Rezepte gegen Steinleiden und Lähmung, die alle noch in der Tradition der oben behandelten Zauber- und Segenssprüche stehen. Der Übergang zu »naturwissenschaftlicher« Rezeptliteratur ist fließend, denn in ihr sind neben Behandlungsanweisungen nicht selten solche Segens- und Besprechungsformeln notiert, die auch die spätantike Medizin schon kannte und aufgezeichnet hat. Noch ins 12. Jahrhundert zu datieren sind das mit anderen Teilen zu einer Sammelhandschrift vereinigte ›Prüler Steinbuch‹ und das ›Prüler

Kräuterbuch‹. Die beiden aus unterschiedlichen Quellen gezogenen und wohl in der Karthause Prüll bei Regensburg geschriebenen Texte enthalten in einem Fall die Aufzählung des Aussehens und der Heil- und Wunderkräfte von zwölf Edelsteinen, im anderen Fall die ebenso nüchterne Aufzählung einer Reihe von Heilpflanzen und ihres jeweiligen Anwendungsbereiches. Das ›Prüler Kräuterbuch‹ ist der erste deutsche Vorläufer eines Genres, das seine Blüte noch vor sich hat. Der Titel bezieht sich mehr auf diese jüngere Geschichte als auf den überlieferten Text, dessen reichlich 70 Zeilen (in der Ausgabe von Friedrich Wilhelm) die Kennzeichnung »Buch« nicht verdient. Der Wortlaut ist ein zweites Mal im sog. ›Innsbrucker Kräuterbuch‹ überliefert.

Als ›Innsbrucker Arzneibuch‹ bekannt ist eine Rezeptreihe, die auch im 14. Jahrhundert noch Verbreitung fand. Hier findet man an zwei Stellen die genannten Beschwörungsformeln. Am umfänglichsten ist das ›Zürcher Arzneibuch‹ (›Arzenîbuoch Ipocratis‹). Es enthält in nicht recht einsichtiger Folge aus der lateinischen Medizin bekannte und auch im 12. Jahrhundert weit verbreitete Rezepte gegen körperliche Beschwerden, eine Anweisung zur unterschiedlichen Zubereitung des *lutertrancs* in den zwölf Monaten des Jahres und eine Reihe von Heilsalben. Es endet mit einigen veterinärmedizinischen Rezepten und Besprechungsformeln. Ein sehr ähnliches ›Bamberger Arzneibuch‹ ist nur in Bruchstücken überliefert.

Die Beachtung der Jahreszeiten empfehlen diätetische Monatsregeln, die in ein Kalendar eingetragen sind und nach dem Aufbewahrungsort der Handschrift ›Grazer Monatsregeln‹ genannt werden. Ihnen vergleichbar ist die Übersetzung eines lateinischen Lunars. Lunaria sind seit der Antike bekannte und auch im Mittelalter verbreitete prognostische Schriften, die aus der Stellung des Mondes, also den einzelnen Mondphasen im Laufe des Jahres, allgemeine Voraussagen über Mensch und Tier machten. Die ›Tegernseer Prognostica‹ sind nur bruchstückhaft überliefert und repräsentieren (im Unterschied zur reicheren insularen Überlieferung) das einzige bekannte vulgärsprachliche Beispiel auf dem Kontinent bis ins 12. Jahrhundert. Es handelt sich hier um eine Art Horoskop, dessen Auskünfte freilich so vieldeutig sind wie alles, was in den Sternen steht: *der sieche wirt schiere gesunt oder er stirbet schiere* (»Der Kranke wird schnell gesund oder er stirbt bald«).

Nur im Ausnahmefall sind diese Übersetzungen durchgängig

in deutscher Sprache abgefaßt. Meist handelt es sich um die aus der theologischen Literatur bekannte deutsch-lateinische Mischsprache. Das verweist auf die Verwendung dieser Aufzeichnungen im Umkreis der Klöster, denen weithin ja auch die Krankenpflege oblag. Nicht immer werden die besonders heilkundigen Brüder und Schwestern auch perfekte Lateiner gewesen sein. Ihrem Erfahrungswissen auch die buchmäßig tradierte Rezeptliteratur zugänglich zu machen und »möglichst deutlich zu werden, auch für den des Medizinerlateins nicht vollkommen mächtigen Helfer« (Friedrich Wilhelm), mußte ein naheliegender Zweck solcher Gebrauchstexte sein. Gebrauchstexte werden verbraucht, und so wird man aus den wenigen Resten auf eine sehr viel breitere Literatur dieser Art schon im 12. Jahrhundert schließen dürfen. Nicht alles, was aufgezeichnet wurde, fand den Weg in einen größeren Codex, blieb vielmehr Einzelblatt oder Heft und war so dem Untergang geweiht.

AUSGABE: Wilhelm, Nr. V: ›Regensburger Augensegen‹, Nr. VI: ›Rezept gegen Lähmung‹, Nr. X: ›Das Prüler Steinbuch‹, Nr. XI: ›Das Innsbrucker Arzneibuch‹, Nr. XII: ›Kräuterbuch‹, Nr. XIII: ›Frauengeheimnisse‹, Nr. XV: ›Grazer Monatsregeln‹, Nr. XVI–XXIII: Verschiedene Segensformeln, Nr. XXIV: ›Rezept gegen Stein‹, Nr. XXV: ›Züricher Arzneibuch‹, Nr. XLIII: ›Tegernseer Prognostica‹. – Neuere Ausgaben unter den entsprechenden Stichworten im VL. – LITERATUR: Gerhard Eis, Mittelalterliche Fachliteratur der Artes. In: Aufriß 2, 1960, Sp. 1103–1206. – Ders., Mittelalterliche Fachliteratur. Stuttgart 1962. 2. Aufl. Stuttgart 1967. – Peter Assion, Altdeutsche Fachliteratur. Berlin 1973.

Rechtsprosa

Das 12. Jahrhundert bringt nach den nur bruchstückhaft überlieferten spätkarolingischen Übersetzungen des ›Trierer Capitulare‹ und der ›Lex Salica‹ auch wieder deutsche Rechtsprosa hervor. Fast alle im folgenden zu nennenden Beispiele stehen am Beginn von Entwicklungen, die erst ab dem 13. Jahrhundert zu bedeutenden Faktoren des gesellschaftlichen Lebens werden.

Zu nennen ist hier eine ›Schwäbische Trauformel‹, Verfahrensvorschrift und ritueller Text, den ein freier Mann zu sprechen und die Braut zu erwidern hatte. Solche Trauformeln sind seit dem ›Edictus Rothari‹, dem Langobardenrecht des 7. Jahrhunderts, in lateinischer Sprache überliefert. Ihr volkssprachlicher Gebrauch ist jedenfalls älter als dieser aus dem 12. Jahrhundert stammende Text.

Ritualisierte Rechtsformeln bietet auch der erste in deutscher Sprache erhaltene Judeneid. Da den Juden in Rechtsauseinandersetzungen die christliche Eidesformeln weder zustanden noch zugemutet werden konnten, sind entsprechende Texte mit Berufung nicht auf den Erlöser, sondern auf den Schöpfergott, auf das mosaische Gesetz etc. entwickelt und in Gebrauch genommen worden. Das älteste lateinische Formular stammt aus der Karolingerzeit. Der deutschsprachige ›Erfurter Judeneid‹ wurde vom zuständigen Bischof Konrad I. von Mainz ausgegeben, von einem Erfurter Kanzleibeamten geschrieben und mit Siegel versehen. Es handelt sich hier also um ein offiziöses Dokument, das wohl erst dem Ende des 12. Jahrhunderts angehört. Vermutlich noch jünger ist die Aufzeichnung eines ›Pfälzer Judeneides‹.

Dem gleichen Genre gehört das deutsch-lateinische ›Verfahren beim Gottesurteil‹ an. In die lateinische Verfahrensvorschrift ist der von den Kontrahenten zu sprechende Text in deutscher Sprache inseriert. Die Aufzeichnung ist schwer zu datieren und kann auch erst im 13. Jahrhundert erfolgt sein.

Die älteste deutsche Privaturkunde liegt vor in der jüngeren Übersetzung einer lateinischen Traditionsnotiz, die nicht erhalten ist. Ein Konrad übergibt vor einer Reihe aufgeführter Zeugen ein Stück Land der Kirche. Die Übersetzung hatte wohl den Sinn, alte Besitzansprüche erneut geltend zu machen, denn die Übergabe ist im 11. Jahrhundert erfolgt, die Übersetzung aber wurde erst sehr viel später angefertigt. Unter den Zeugen befindet sich übrigens das älteste urkundlich nachweisbare Glied der Familie von Türheim, dem der Gottfried- und Wolfram-Fortsetzer Ulrich von Türheim angehört. Solche volkssprachlichen Traditionsurkunden und -bücher scheinen im 12. Jahrhundert in größerem Umfange angelegt worden zu sein, als durch die faktische Überlieferung belegt wird. Zu beklagen ist der Verlust eines gut bezeugten deutschen Salbuchs der Familie von Falkenstein, das in der Mitte des 12. Jahrhunderts vorhanden gewesen sein soll. Es handelt sich hierbei um eine Übersetzung des lateinischen Traditionsbuches, das Sibito IV. von Falkenstein für seine unmündigen Kinder im Jahre 1166 anlegen und bis etwa 1196 weiterführen ließ. Unter den jüngeren Nachträgen finden sich auch einige deutsche Zeilen über Abgaben und eine Liste von Gegenständen des beweglichen

Besitzes. Besondere Erwähnung verdienen die 25 Federzeichnungen, darunter eine Darstellung der Familie der Falkensteiner. Ein ähnlicher Text liegt vor in den sog. ›Füssener Sprachproben‹. Hier ist der Erblasser ein Küster, genauer der Verwalter des Kirchenschatzes von St. Mang. Die Aufzeichnung erfolgte nach 1200. Älter ist die niederdeutsche ›Freckenhorster Heberolle‹, ein aus dem 11. Jahrhundert stammendes und bis zum Ausgang des 12. Jahrhunderts ergänztes Verzeichnis der Besitzungen und Einkünfte des münsterländischen Damenstifts.

Schließlich wäre hier noch ein komputistischer Text in deutscher Sprache zu erwähnen, der, strenggenommen, in den Kontext der Artesliteratur gehört und nur in einem weiteren Verständnis auch der Rechtsprosa zugeordnet werden kann. Diese ›Windberger Kalendernoten‹ aus der zweiten Hälfte des 12. Jahrhunderts finden sich im Codex der ›Windberger Psalmen‹ und wurden, wie sich mit ziemlicher Sicherheit bestimmen läßt, zwischen 1167 und 1187 aufgezeichnet. Es handelt sich um zwei kurze Abschnitte zum Monat Februar (Schaltjahrregelung) und zum Monat April (Berechnung des Osterdatums). In einer Straßburger Handschrift findet sich eine wohl gleichalte Notiz zur Berechnung des Osterdatums, die deutlich Memorialcharakter hat, wie die gereimte Schlußwendung zeigt: *Bihaltist dv die zale der nivnzehin iâre, so verirrost dv nimir ze ware* (»Behältst du die Zahl – sc. der Wochen zwischen Weihnachten und Fasten – der neunzehn Jahre, wirst du dich ganz sicher niemals irren«). Das ist ebenso wie die ›Windberger Kalendernoten‹ ein Text aus der Schule. In beiden Fällen handelt es sich um die ältesten komputistischen Texte in deutscher Sprache.

Die Aufzählung der einschlägigen Stücke hat mehrfach die hier gesteckte zeitliche Grenze überschritten. Das ist leicht zu rechtfertigen, weil all diese Aufzeichnungen sich einer Fachsprache bedienen, die schon längst im Gebrauch war und erst allmählich im Zuge der Verschriftlichung des Rechts auch auf das Pergament fand. Für den Literaturhistoriker ist die Kenntnis der Rechtssprache von allerhöchstem Interesse. Seit der Karolingerzeit ist die volkssprachliche Dichtung voll von Anspielungen und Motiven aus der Sphäre des Rechts. Das ist nicht verwunderlich, da diese Dichtung Sache der geistlichen und weltlichen Führungsschicht war, also im Namen und Interesse des für die Rechtsordnung verantwortlichen Adels abgefaßt wurde. Das alte deutsche Wort *rihtari, rihtaere* bezeichnet denn auch den Regenten in seiner Funktion als Herrscher und oberster Gerichtsherr.

AUSGABEN: J. H. Gallée (Hrsg.), Altsächsische Sprachdenkmäler. Leiden 1894, S. 169–191: ›Freckenhorster Heberolle‹. – Wilhelm, Nr. XIV: ›Schwäbische Trauformel‹, Nr. XXXV: ›Traditio Kuonradi‹, Nr. XXXVI: ›Erfurter Judeneid‹, Nr. XXXVII: ›Pfälzer Judeneid‹, Nr. XXXVIII: ›Verfahren beim Gottesurteil‹, Nr. XXXIX: ›Aus dem Kodex Valkensteinensis‹, Nr. XL: ›Füssener Sprachproben‹, Nr. XLIII: ›Windberger Kalendernoten‹. – E. Noichl (Hrsg.), Codex Falkensteinensis. Die Rechtsaufzeichnungen der Grafen von Falkenstein. München 1978. – LITERATUR: Zum ›Codex Falkensteinensis‹: Ruth Schmidt-Wiegand in: VL 1, 1978, Sp. 1292f. – Zur ›Freckenhorster Heberolle‹: Ruth Schmidt-Wiegand in: VL 2, 1980, Sp. 885–887. – Karl Kroeschell, Deutsche Rechtsgeschichte. Bd. 1 (bis 1250). Reinbek 1972.

6. Geistliche Dichtung

Seit der zweiten Hälfte des 11. Jahrhunderts wird wieder Versdichtung in deutscher Sprache überliefert. Mit ihr setzt ein literarischer Prozeß ein, der über alle Brüche und Diskontinuitäten hinweg nicht mehr aussetzen wird. Zwar steht diese neue geistliche Dichtung in deutscher Sprache auch weiterhin zwischen lateinischer Schriftliteratur und *oral poetry* in der Volkssprache, aber sie beginnt nun, sich auf sich selbst zurückzubeziehen, Textreihen zu begründen und Traditionen zu bilden, die in der Überlieferung des 12. Jahrhunderts deutlich sichtbar werden. Von den fünf z. T. nur fragmentarisch überlieferten Verstexten, die mit einiger Sicherheit noch ins 11. Jahrhundert zu datieren sind, werden drei im 12. Jahrhundert produktiv rezipiert: Das ›Ezzolied‹ erfährt eine stark erweiternde Redaktion; die ›Altdeutsche Genesis‹ wird in Teilen einer neuen Genesisdichtung, den ›Vorauer Büchern Mosis‹, eingefügt und insgesamt einer sprachlich-formalen Überarbeitung unterzogen; eine Verspartie des ›Annoliedes‹ erscheint fast wörtlich in der deutschen ›Kaiserchronik‹.

Die drei Gedichte führen Textreihen an, in die sich große Teile der geistlichen Dichtung des 12. Jahrhunderts einordnen lassen. Das ›Ezzolied‹ steht an der Spitze einer Anzahl von heilsdogmatischen Dichtungen, die ›Altdeutsche Genesis‹ eröffnet die nachkarolingische epische Bibeldichtung, und das ›Annolied‹ begründet die deutsche Legendenepik und Geschichtsdichtung. Ein weiteres, hier noch nicht genanntes Gedicht des 11. Jahrhunderts, das nicht ganz treffend ›Memento mori‹ genannt wird, kann als Vorläufer einer Reihe von versmäßigen Buß- und Sittenpredigten angesehen werden. Nur der fünfte Verstext des 11. Jahrhunderts, der sog. ›Merigarto‹, scheint keine unmittelbare Nachfolge gefunden zu haben.

Ein besonderes Problem stellt die Datierung der einzelnen Texte dar, die in den meisten Fällen nur aufgrund sprachlicher (Schriftdialekt) und formaler (Reimtechnik) Kriterien erfolgt und mit vielen Fragezeichen zu versehen ist. Es verbietet sich daher, eine mit allzu viel Hypothesen belastete Textübersicht nach chronologischen Gesichtspunkten zu geben. Vielmehr wird hier, wie in den meisten literaturgeschichtlichen Überblicksdarstellungen dieses Zeitraums, eine pragmatische Einteilung nach inhaltlichen Gesichtspunkten gewählt.

SAMMELAUSGABEN: Albert Waag (Hrsg.), Kleinere Deutsche Gedichte des XI. und XII. Jahrhunderts. Halle 1890. 2., umgearb. Aufl. Halle 1916. Neu hrsg. von Werner Schröder. 2 Bde. Tübingen 1972 (ATB 71 und 72). – Carl Kraus (Hrsg.), Deutsche Gedichte des zwölften Jahrhunderts. Halle 1894. – Peter F. Ganz, Geistliche Dichtung des 12. Jahrhunderts. Eine Textauswahl. Berlin 1960. – Erich Henschel u. Ulrich Pretzel (Hrsg.), Die kleinen Denkmäler der Vorauer Handschrift. Tübingen 1963. – Friedrich Maurer (Hrsg.), Die religiösen Dichtungen des 11. und 12. Jahrhunderts. Nach ihren Formen besprochen und herausgegeben. Bd. 1, Tübingen 1964, Bd. 2, Tübingen 1965, Bd. 3, Tübingen 1970. – ÜBERSETZUNGEN: Hans Joachim Gernentz, Religiöse deutsche Dichtung des Mittelalters. Hrsg. und erläutert. Berlin 1965 und Heidelberg o. J. – Michael Curschmann u. Ingeborg Glier (Hrsg.), Deutsche Dichtung des Mittelalters. Bd. 1: Von den Anfängen bis zum hohen Mittelalter. München, Wien 1980. – LITERATUR: Wilhelm Scherer, Geistliche Poeten der deutschen Kaiserzeit. Straßburg, London 1875. – Max Ittenbach, Deutsche Dichtungen der salischen Kaiserzeit und verwandte Denkmäler. Würzburg-Aumühle 1937. – Hugo Kuhn, Frühmittelhochdeutsche Literatur, in: RL 1, 1958, S. 494–507. – Heinz Rupp, Deutsche religiöse Dichtungen des 11. und 12. Jahrhunderts. Untersuchungen und Interpretationen. Freiburg i. Br. 1958, 2. Aufl. Bern, München 1971. – C. Soeteman, Deutsche geistliche Dichtung des 11. und 12. Jahrhunderts. Stuttgart 1963. 2., überarb. u. erg. Aufl. Stuttgart 1971. – Gerhard Meissburger, Grundlagen zum Verständnis der deutschen Mönchsdichtung im 11. und 12. Jahrhundert. München 1970.

Eine der berühmtesten Kathedralschulen des 11. Jahrhunderts in Deutschland war die des Bistums Bamberg, einer Stiftung Heinrichs II. von 1007. Sie scheint eine nicht unwesentliche Rolle für die Entwicklung einer deutschen Schriftliteratur gespielt zu haben, war Station auf dem Lebensweg Willirams von Ebersberg und des zeitweise als Reichsverweser tätigen Kölner Erzbischofs Anno, zu dessen Gedächtnis das ›Annolied‹ gedichtet wurde. Einer der hervorragendsten lateinischen Stilisten seiner Zeit war der Bamberger Domscholaster Meginhard oder Meinhard (gest. 1088), dessen Briefe sich großer Wertschätzung bei den Historikern erfreuen.

In den Jahren 1057 bis 1065 fand das Bistum seinen glänzenden höfischen Mittelpunkt in Bischof Gunther, einem Angehörigen des deutschen Hochadels, der Heinrich III. als Kanzler des Reiches in Italien gedient hatte, im Jahre 1057 das Bischofsamt übernahm und 1064/65 die erste große Kreuzfahrt von deutschem Boden aus ins Heilige Land leitete, auf der er kurz vor der Heimkehr den Tod fand. Die Chronisten rühmen seine anziehende Erscheinung und seinen Mut. Getadelt jedoch werden seine allzu weltlichen Interessen: nie habe er sich mit Augustinus und Gregorius, immer nur mit Attila und Dietrich von Bern beschäftigen wollen. Das hat Bischof Gunther jedoch nicht daran hindern können, am Domstift die strengere Regelung des Kanonikats durchzusetzen und damit im Sinne der allgemeinen Kloster- und Kirchenreformen zu wirken.

Die Jerusalemfahrt des Jahres 1065, für das wieder einmal das Ende aller Zeiten vorhergesagt war, muß einiges Aufsehen erregt haben. Es war eine repräsentative Unternehmung, an der außer Gunther die Bischöfe von Passau, Regensburg, Mainz und Utrecht teilgenommen haben. In einer um 1130 geschriebenen Lebensgeschichte des Bischofs von Passau, der ›Vita Altmanni‹ ist davon die Rede, daß unter den angeblich zwölftausend Pilgern auch der gelehrte Scholasticus Ezzo gewesen sei, der auf der Fahrt »ein prächtiges Lied von den Wundern Christi in der Volkssprache verfaßt habe« *(cantilenam de miraculis Christi patria lingua nobiliter composuit).* Den Namen Ezzo nennt auch die erste Strophe eines deutschen Gedichts, das in zwei unterschiedlichen Versionen überliefert ist. Die in der Vorauer Handschrift enthaltene stark erweiterte Fassung des ›Ezzoliedes‹ (V) beginnt mit einer Prologstrophe, einer Art

»Stiftungsnotiz« (Hugo Kuhn). Bischof Gunther habe seine schriftkundigen Geistlichen beauftragt, ein schönes Lied zu verfassen. Ezzo habe es aufgeschrieben und Wille eine Melodie dazu erfunden. Als es fertig war, haben alle Mönche werden wollen (?). Gott schenke ihren Seelen seine Gnade in alle Ewigkeit.

Es besteht kein Grund, daran zu zweifeln, daß beide Nachrichten vom selben Lied und vom selben Verfasser Ezzo (der Name ist auch in zeitgenössischen Urkunden belegt) sprechen. Unterschiedlich sind allerdings die Auskünfte über den Anlaß der Entstehung des ›Ezzoliedes‹. Das liegt nicht zuletzt an der unbestimmten deutschen Formulierung: *do ilten sie sich alle munechen.* Heißt das: »da wollten alle Mönche werden« oder »das Kreuz nehmen«? Oder: »da wollten alle wie Mönche leben«? Es muß deshalb offen bleiben, ob das ›Ezzolied‹ aus Anlaß der Verpflichtung auf die strengere Observanz der Kanonikerregel, der Einweihung des derart regulierten Kollegiatstifts, der Jerusalemfahrt oder sogar erst in ihrem Verlauf *(in eodem itinere,* wie der lateinische Chronist sagt), entstanden ist. Für den zeitlichen Ansatz bedeutet das nur wenig, da wir die Entstehung des ›Ezzoliedes‹ so präzise wie kaum einen zweiten Text des Zeitraums in die Jahre zwischen 1057 und 1065 datieren können.

Text und Überlieferung: Die ursprüngliche Gestalt des ›Ezzoliedes‹ (›Ur-Ezzo‹) ist verloren. Eine kürzere, aus dem schwäbischen Kloster Ochsenhausen stammende Version (S) ist in eine heute in Straßburg befindliche Handschrift der ›Moralia in Job‹ Gregors des Großen (zwischen dem dritten und vierten Buch) eingetragen. (An anderer Stelle derselben Handschrift steht das deutsche ›Memento mori‹-Gedicht). Dieser Überlieferungstypus entspricht noch ganz der ältesten Zeit, obwohl die Eintragung des ›Ezzoliedes‹ in die erste Hälfte des 12. Jahrhunderts datiert wird. Die Eintragung bricht nach v. 76 ab. Der durchlaufend geschriebene Text ist in zwei jeweils acht und fünf jeweils zwölf Verse umfassende Strophen gegliedert (die vorgesehenen Initialen sind nicht mehr zur Ausführung gekommen). Eine erweiterte Fassung bietet die Vorauer Handschrift. Diese längere Version (V) umfaßt 420 Verse, die durch Initialen in ungleich lange Abschnitte gegliedert sind. Die Erweiterung betrifft schon die in S überlieferten sieben Strophen, die in V auf elf Abschnitte mit 132 Versen verteilt sind. Der größere Teil des Vorauer ›Ezzoliedes‹ hat in S keine Parallelen, läßt also auch nicht erkennen, wie weit der ›Ur-Ezzo‹ gereicht hat. Noch irritierender ist, daß nur die Bearbeitung als erste Strophe die »Stiftungsnotiz« enthält, die über Auftraggeber und Autor Auskunft gibt.

Die Straßburger Fassung (S) beginnt mit einer Höreranrede. Der Dichter wendet sich an ein adliges Publikum *(iu herron)*, dem er wahren Bericht erstatten will *von dem angenge*, dem Anfang aller Dinge, dem Anfang der Menschheit und der mannigfaltigen Weisheit, wie sie in den heiligen Schriften der Bibel offenbart sei. Genannt werden nur die alttestamentlichen Bücher ›Genesis‹ und ›Liber regum‹ (I). Anschließend wird der Eingang des Johannesevangeliums paraphrasiert (II). Das eigentliche Gedicht setzt ein mit einem Lobpreis Gottes als des Anfangs aller Dinge (III). Schöpfung (IV) und Sündenfall (V) schließen sich an. Nach dem Fall Adams erleuchten nur die Sterne die Nacht des Teufels (VI), deren Licht typologisch auf die Patriarchen und Propheten gedeutet wird (VII). Danach bricht die Aufzeichnung ab.

Die Vorauer Version (V) beginnt mit der Stifternotiz (I). Die Höreranrede erfährt eine charakteristische Korrektur. Statt eines weltlichen oder geistlichen Adelspublikums (beides überschneidet sich, wenn man die adligen Kanoniker als das erste Zielpublikum sich vorstellt) wird eine ständisch nicht differenzierte Gemeinschaft Gleicher vor Gott apostrophiert: *Ich wil iu eben allen / eine vil ware rede vor tuon* ... (2,1 f.). Im übrigen geht die Tendenz der Bearbeitung in Richtung Verallgemeinerung, predigtartige Verdeutlichung und stoffliche Ergänzung. Die Zusätze betreffen einmal die irreführende Angabe des Inhalts als *di vier ewangelia* (3,2), den Einschub über die Erschaffung des Mannes und der Frau wie auch eine kurze Beschreibung des Paradieses. Der Inhalt der nur in V enthaltenen Verse ist etwa folgender: Johannes der Täufer erscheint als Vorbote Christi wie der Morgenstern, der den kommenden Tag verkündet (12). Fünf Weltalter waren vergangen und ein großer Teil des sechsten, als Christus geboren wurde. Am »Ende der Zeiten« erscheint der Gottessohn und der Tag bricht an (13) (hier geht einiges durcheinander; denn das letzte Weltalter beginnt eigentlich mit der Geburt Christi, und das Ende der Zeiten sieht seine Wiederkehr als Weltenrichter), Geburt Christi, Marienpreis (14), Himmel und Erde sind versöhnt, Lobgesang der Engel (15), Umstände der Geburt, Beschneidung und Darbietung im Tempel (16), Leben Jesu bis zur Jordantaufe (17), Wundertaten (18 und 19), Lehrtätigkeit (20), Kreuzigung (21), Tod (22) und Auferstehung (23). Die beiden folgenden Abschnitte (24 und 25) leiten zur typologischen Interpretation des Opfertodes Christi über, der im Alten Testament präfiguriert erscheint in Abel als Opferlamm, in der Geschichte von Abraham und Isaak, der ehernen Schlange des Moses (26) und der Befreiung der Israeliten aus der ägyptischen Gefangenschaft, an die sich eine ausgedehnte Lamm-Gottes-Allegorese anschließt (27–30). Es folgen ein Kreuzhymnus (31), Preis des Opfertodes und Bitte um Erlösung (32), eine Kreuz-Schiff-Allegorese (33) und die feierliche Anrufung des dreieinigen Gottes (34).

Die allgemein gehaltenen und nicht sehr präzis wirkenden theologischen Aussagen lassen sich auf viele mögliche Quellen, aber keine einheitliche Vorlage zurückführen. Die Gesamtzahl von 34 Abschnitten könnte als symbolische Analogie zu den Lebensjahren Christi gemeint sein. Ob auch die Binnengliederung nach zahlensymbolischen Prinzipien erfolgt ist, läßt sich zweifelsfrei nicht mehr nachweisen. Deutlich ist nur, daß der Preis des Schöpfer- und Erlösergottes der Straßburger Fassung in der Vorauer Version zu einem stärker an der Predigt orientierten Gang durch die Heilsgeschichte ausgeweitet ist. Der Wechsel in der Publikumsanrede signalisiert die Umwandlung eines »aristokratischen« in ein »populäres« Gedicht.

In der ursprünglichen Konzeption war das ›Ezzolied‹ Lobpreisung Gottes und Repräsentationsdichtung in einem. Das aber heißt: mit dem ›Ezzolied‹ beginnt nicht nur eine beliebige geistliche Dichtung in deutscher Sprache, sondern beginnt die deutsche Adelsliteratur des Hochmittelalters, die in der profanen höfischen Dichtung des ausgehenden 12. und 13. Jahrhunderts ihren weit in die Neuzeit ausstrahlenden Höhepunkt erreichen wird. Die doppelte Bezeugung von Autor und Anlaß des Gedichts reflektiert die Außergewöhnlichkeit und Erstaunlichkeit des Vorgangs und spricht dafür, daß hier wirklich ein Neuanfang gemacht, keine verschüttete Tradition volkssprachlichen Dichtens weitergeführt wurde.

Ausgaben: Althochdeutsches Lesebuch, Nr. XLIII. – Henschel/Pretzel, Nr. 1 und Beilage. – Waag/Schröder I, Nr. 1. – Maurer I, Nr. 1. – Übersetzungen: de Boor, S. 3–9. – Gernentz 1965, S. 136–155. – Curschmann/Glier, S. 80–91. – Literatur: Günther Schweikle in: VL 2, 1980, Sp. 670–680.

Der erweiterten Fassung des ›Ezzoliedes‹ kommt ein Gedicht nahe, das in der Vorauer Handschrift ›De sancta Trinitate‹ überschrieben ist, in der Literaturwissenschaft jedoch unter dem nicht ganz treffenden Titel ›Summa Theologiae‹ geführt wird.

Text und Überlieferung: Der bairische Schreibdialekt in der Vorauer Handschrift repräsentiert offenbar nicht die ursprüngliche Sprachform des Gedichts, die als rheinfränkisch oder auch alemannisch angesehen wird. Unsicher ist, ob es sich wie im Falle des ›Ezzoliedes‹ um eine Bearbeitung eines älteren Gedichts aus den ersten Jahrzehnten des 12. Jahrhunderts handelt. Die Eintragung der ersten sechs Verse und der Strophe 27 in zwei verschiedene lateinische Handschriften des 12. Jahrhunderts zeigt, daß die ›Summa Theologiae‹ einige Verbreitung gefunden haben muß. Die 324 Verse sind in 32 ungleichlange Strophen gegliedert. Ob das Bauprinzip dem Vorbild der Sequenzdichtung (Leich) folgt, ist eine offene Frage.

Wieder handelt es sich um einen knappen, jedoch stärker lehrhaft pointierten Gang durch die Heilsgeschichte. Ohne Einleitung setzt das Gedicht ein mit einem Preis des Schöpfers und Erhalters aller Dinge: *Got, vater ewich, ist daz angengi / allir guoten dingin* (1,1f.). Die göttliche Trinität hat ihr Ebenbild in den menschlichen Seelenkräften (2). Gott ist strenger Herrscher und gütiger Vater, dem die Menschen sich in Furcht und Liebe nähern sollen (3). Es folgen Strophen über die Erschaffung der Engel (4), den Sturz Luzifers (5f.), die Erschaffung Adams (7) und über die ganze Schöpfung, an der der Mensch teilhat in seiner Leiblichkeit und hinsichtlich seiner geistigen Existenz (8–10). Der Sündenfall kommt zur Anschauung im Bild eines Zweikampfes, in dem Adam als Stellvertreter der Menschheit unterliegt (11f.). So gewinnt der Teufel Gewalt über die Menschen (13). Christus, der andere Adam, steht mit seiner Unschuld ein für die schuldige Menschheit (14). Kreuzestod und Kreuzsymbolik bilden das Zentrum und den Höhepunkt des Gedichts (15–17). Die eingeschobenen alttestamentlichen Vorausdeutungen auf das künftige Heil sind bis zur Unkenntlichkeit verkürzt. Es folgt ein Aufruf zur Nachfolge Christi im Zeichen des Kreuzes (18) und der *gotis minni* (19), der die Nächstenliebe entspricht (20). Die Schöpfung ist gut, sie dient Gott und dem Menschen (21) wie, gegen seinen Willen, auch der Teufel (22). Danach beginnt ein neuer Argumentationsstrang unter dem Stichwort Taufe. Das Wasser reinigt uns, wie die Erde schon einmal durch das Wasser der Sintflut gereinigt wurde (23). Der Ritus der Taufe erinnert an den Tod Christi (24), die Taufe ist unwiederholbar und die Vorbedingung der Reue (25). Es folgen eine knappe Aufzählung christlicher Tugenden (26) und die Berufung auf biblische Beispiele reuiger Sünder: David, der Schächer am Kreuz, Petrus, Paulus und

Maria (Magdalena) (27). Die Seele ist Herrin über den Leib, der ihr Heil gefährdet (28). Das Gedicht endet mit einer Beschreibung des Jüngsten Gerichts (29–31) und einem Preis des Erlösers (32).

Die Stichworte können nur ungefähr den Inhalt des Gedichts andeuten, da die überaus gedrängte Darstellung sich auch anders akzentuieren ließe. In jeder Strophe klingen eine Fülle von Motiven und Beziehungen an, ohne daß auch nur einmal Heils*geschichte* episch vergegenwärtigt und ausführlicher entfaltet würde. Dennoch ist hier die selbständige theologische Spekulation so wenig gewollt wie in fast allen volkssprachlichen geistlichen Dichtungen der Zeit. Das Publikum der ›Summa Theologiae‹ aber wird über die nötige theologische Vorbildung verfügt haben müssen, um zu verstehen, was im einzelnen gemeint ist. Das läßt sich für viele andere Gedichte so nicht sagen. Volkssprachliche Bibelparaphrasen wenden sich häufig an ein theologisch gar nicht oder nur wenig vorgebildetes Publikum.

AUSGABEN: Henschel/Pretzel, Nr. 2. – Waag/Schröder I, Nr. 2. – Maurer I, Nr. 8. – LITERATUR: Hartmut Freytag, Kommentar zur frühmittelhochdeutschen Summa Theologiae. München 1970.

Das Gegenstück zur äußerst verknappten ›Summa Theologiae‹ ist ein Gedicht, das wir mit dem Schreiber der Handschrift ›Anegenge‹ nennen. *Anegenge* ist das Programmwort, mit dem auch das ›Ezzolied‹ (S) und die ›Summa Theologiae‹ einsetzen und das hier in Vers 2236 aufgenommen wird.

TEXT UND ÜBERLIEFERUNG: Das vermutlich erst im letzten Viertel des 12. Jahrhunderts entstandene Gedicht ist mit anderen deutschsprachigen geistlichen Dichtungen in der um 1300 geschriebenen Wiener Sammelhandschrift 2696 überliefert. Herkunft aus bairischem Sprachgebiet ist wahrscheinlich. Die insgesamt 3242 Verse sind in unregelmäßig große Abschnitte gegliedert, die auf keine formalästhetische oder inhaltliche Konzeption schließen lassen.

Der anonyme Verfasser leitet das umfängliche Lehrgedicht ein mit der topischen Bitte um himmlischen Beistand. Wieder geht es zentral um Schöpfung, Sündenfall und Erlösung in Form einer biblizistisch und theologisch kommentierenden Darlegung der zentralen Heilstatsachen. Dabei ist klar zwischen einem alt- und einem neutestamentlichen Teil unterschieden. Den Übergang bilden die Verse 2230ff., in denen das Titelwort *anegenge* auftaucht: *noch redete wir gerne mêre von dem anegenge* (vv. 2235f.), das sich also nur auf den größeren ersten Teil bezieht. Der alttestamentliche Teil beginnt mit einer Warnung an die Ungelehrten, den Geheimnissen Gottes nachforschen zu wollen etwa mit der Frage, wo Gott vor der Schöpfung gewesen sei (vv. 27ff.), auf die der Verfasser freilich selbst eingeht mit der allegorischen Darstellung des Schöpfungsbeschlusses (vv. 129ff.). Es folgt Luzifers Fall (vv. 231ff.), an den sich eine breite Erörterung der Trinität (vv. 277ff.) und der von allem Anfang an vorbedachten Erlösung (vv. 860ff.) anschließt. Diese theologischen Erörterungen gehen über in eine epische Paraphrase der Schöpfungsgeschichte von der Erschaffung des Menschen bis zur Vertreibung aus dem Paradies, der Geschichte von Kain und Abel und von Noah (vv. 1059ff.). Den Abschluß bilden Überlegungen zum Umgang mit dem unsichtbaren Gott (vv. 2044ff.). Der kürzere neutestamentliche Teil setzt ein mit der Allegorie des Erlösungsbeschlusses (vv. 2230ff.) und geht seinerseits über in eine stärker episch gehaltene Paraphrase der Geschichte Christi von der Verkündigung der Geburt bis zur Himmelfahrt. Typologische Verweise auf das Alte Testament stellen den Zusammenhang mit dem alttestamentlichen Teil her (vv. 2422ff.). Ein kurzer Lobpreis des Erlösers (vv. 3234ff.) beschließt das Gedicht.

Auffällig ist die argumentative Auseinandersetzung mit Einwänden oder Irrmeinungen, die sich auf Lücken oder Widersprüche in der Heiligen Schrift beziehen: Gott schuf die Welt nicht, weil er ihrer bedurft hätte, er schuf sie um des Menschen willen (vv. 106ff.). Nur ein Übelwollender werde daran Anstoß nehmen, daß Christus als Sohn Gottes Furcht empfand vor Marter und Tod; hätte er sich nicht gefürchtet, wäre er auch nicht wahrer Mensch gewesen (vv. 787ff.). Es sei nicht richtig zu sagen, daß Adam und Eva gleichzeitig erschaffen worden sind (vv. 1193ff.). Falsch sei auch die Meinung, Eva habe eigentlich gar nicht gegen Gottes Gebot verstoßen, da dieses Gebot doch nur an Adam und zu einem Zeitpunkt ergangen sei, als Eva noch gar nicht erschaffen war (vv. 1249ff.). So geht es weiter, etwa mit der Widerlegung des Einwandes, Kain könne keine Kinder gezeugt haben, da ja noch gar keine Frauen da waren (vv. 1643ff.). Oder: Wie konnte Noah in so kurzer Zeit so viele Tiere einfangen, um sie in seiner Arche vor der Sintflut zu retten (vv. 1876ff.)? Können die Engel im Himmel Gott ständig sehen (vv. 2163ff.)? War Adams Vergehen wirklich so groß (vv. 2782ff.)? Wo war Christus in den drei Tagen zwischen Tod und Auferstehung (vv. 3199ff.)? Solche Fragen, die teilweise im Dialog mit einem fingierten Widerpart erörtert werden, sind keineswegs Erfindungen und Hirngespinste des deutschen Dichters, sondern haben ihre Tradition seit der patristischen Schriftauslegung, ja seit der apokryphen Schriftüberlieferung (›Descensus ad inferos‹). Auffällig ist ihre Aufnahme in ein deutsches Gedicht, in dem offenbar nicht mehr nur die Heilstatsachen, sondern nun auch theologische Spekulationen einem größeren Publikum – den *tumben,* d.h. denen, die weder Latein können noch geistlich gebildet sind – vermittelt werden sollen.

Man hat in dieser Darstellungsweise einen Reflex der scholastischen Methode des *sic et non* sehen wollen, doch kann von ihrer systematischen Anwendung nicht die Rede sein. Es handelt sich wohl eher um die Möglichkeit der Vergegenwärtigung, um das Bestreben des Autors, die Zuhörer unmittelbar zu beteiligen. Dazu gehört auch die Personifizierung abstrakter Begriffe und Vorstellungen. Der Schöpfungsentschluß ist das Ergebnis einer Beratung der drei göttlichen Personen in Gestalt ihrer Hypostasen Macht, Weisheit und Güte. Der Erlösungsbeschluß fällt in einer Unterredung zwischen Barmherzigkeit, Wahrheit, Gerechtigkeit und Friede. Die Barmherzigkeit beruft die Versammlung ein, weil sie das Schicksal der Menschen schmerzt. Sie fordert Gottvater auf, in seiner Allmacht auf eine (Er)lösung zu sinnen. Die Wahrheit widerspricht: Gottes Wort müsse bestehen bleiben, so wie es im Paradies gesprochen worden sei. In Rede und Gegenrede, an der sich auch Macht (Gottvater) und Weisheit (Christus) beteiligen, kommt der Erlösungsbeschluß schließlich zustande. Dieses Motiv der »vier Töchter Gottes« geht auf eine Predigt Bernhards von Clairvaux zurück und wird später ungemein beliebt. Als »Prozeßgespräch« hat es seinen festen Platz im geistlichen Schauspiel.

Das ›Anegenge‹ mischt auf höchst eigentümliche Weise Didaxe mit Darstellung, Spekulation und Argumentation mit Erzählung und Veranschaulichung. Etwa ein Drittel des Gedichts besteht aus – teilweise sogar recht ausführlicher – Nacherzählung von Abschnitten der Genesis und der Evangelien. Der Umschlag von vermittelnder Lehre in unmittelbare Erbaulichkeit ist immer wieder auf Unverständnis gestoßen. Aber Bibeldichtung, die Versparaphrase alt- und neutestamentlicher Stoffe, war in ihren produktiven Möglichkeiten beschränkt. Wechselnder Umfang, Auswahl, Anordnung, Systematisierung und Kommentierung des immer schon vorgegebenen Inhalts bestimmen die jeweilige Konzeption und Organisation eines neuen Gedichts. Das ›Anegenge‹ muß verstanden werden als ein exegetisch ausgerichtetes, unter die Stichworte Schöpfung und Erlösung gestelltes Bibelgedicht. Daß sein Verfasser nicht konsequent war, daß er Paraphrase, Exegese und Predigt nicht einleuchtender zu verbinden wußte, kann nicht darüber hinwegtäuschen, daß hier ein ernstzunehmendes Konzept geistlicher Dichtung vorliegt, durch das Bibeldichtung auch weiterhin möglich wird, ohne daß sie in identischer Wiederholung des Immergleichen erstarrt. Im 13. Jahrhundert entstehen geistliche Gedichte, die sich wie die Fortentwicklung der hier angelegten Möglichkeiten ausnehmen.

AUSGABEN: Ganz 1960, S. 13–29 (vv. 1–186, 833–878, 1548–1635, 2230–2422). – Dietrich Neuschäfer (Hrsg.), Das Anegenge. Textkritische Studien. Diplomatischer Abdruck. Kritische Ausgabe. Anmerkungen zum Text. München 1966 (Medium aevum 8). – Ders. (Hrsg.), Das Anegenge. München 1969 (Altdeutsche Texte in kritischen Ausgaben 1). – LITERATUR: Peter-Erich Neuser in: VL 1, 1978, Sp. 352–356.

Es gibt andere Konzeptionen geistlicher Dichtung theologisch-dogmatischen Inhalts, die nicht der Richtschnur der biblischen Heilsgeschichte folgen. Dazu gehören versmäßige Erklärungen des Paternoster, des Credo, der Siebenzahl, des Meßritus etc. Eines der bedeutenderen ist die ›Rede vom Glauben‹ des Armen Hartmann. So nennt sich der Autor im Epilog (v. 3737 *ich arme Hartmann)* und kennzeichnet damit entweder seinen Stand (*pauper)* oder seine Haltung geistlicher Demut (*miser).* Er wendet sich an Laien (v. 22 *ze lere den tumben),* denen er sich selber zuzurechnen scheint (v. 423 *Ich unde andre tumben).* Seine Dichtung nennt er in Pro- und Epilog *di rede des geloubin* (v. 58) bzw. *von deme heiligen gelouben* (v. 3738).

TEXT UND ÜBERLIEFERUNG: Das (west)mitteldeutsche Gedicht stand in der 1870 verbrannten Straßburg-Molsheimer Sammelhandschrift. Der ursprüngliche Umfang wird bei 3800 Versen gelegen haben. Eine Lükke von etwa 400 Versen ist durch Verlust eines Blattes eingetreten. Die Entstehungszeit muß vor der Jahrhundertmitte gelegen haben, wenn die deutsche ›Kaiserchronik‹ und das ›Rolandslied‹ die ›Rede vom Glauben‹ wirklich zitieren. Die Nachweise sind jedoch umstritten. Sicherer scheint zu sein, daß der Arme Hartmann das lateinische Legendengedicht ›De sancta Maria Aegyptiaca‹ des Hildebert von Lavardin (1056–1134) gekannt und benutzt hat. Ein zweites Gedicht des Verfassers über die Letzten Dinge, auf das er in vv. 1626ff. anspielt, ist verloren.

›Rede vom Glauben‹ meint Lehrgedicht über das Glaubensbekenntnis. Damit ist auch die Großgliederung vorgegeben. Der lateinische Wortlaut des nizänischen Symbolum wird zitiert, in deutsche Verse übersetzt und knapper oder breiter kommentiert. Der Buchcharakter der Dichtung, auf die der Verfasser sich einiges zugute hält, wird durch die umfänglichen Prolog- und Epilogpartien hervorgehoben. Gliederung und Inhalt liegen im großen fest, nicht jedoch die Proportionen. Am kürzesten wird der erste Artikel *Credo in unum deum patrem omnipotentem* abgehandelt (vv. 61–178), ausführlicher der zweite *Et in unum dominum Jhesum Christum* (vv. 179–1640) und am breitesten der dritte *Et in spiritum sanctum* (vv. 1641–3630, wobei die verlorenen Verse mitgezählt sind). Der Schlußartikel *Et unam sanctam catholicam et apostolicam ecclesiam* wird nur kurz erläutert (vv. 3631–3708). Die breite Darstellung des dritten Artikels kommt durch eine Reihe exempelhafter Einschübe zustande. Dazu gehören die Legendenerzählungen vom Schächer, vom Zöllner Petrus, von Maria Magdalena, Afra und Maria Aegyptiaca und von der Rettung des Teufelsbündlers Theophilus durch die Mutter Gottes. Dazu gehören aber auch ganz auf die Gegenwart der Hörer bezogene Schilderungen gottgefälliger (Eremiten- und Klosterleben) und gottferner (ritterliches Weltleben) Lebensformen. Da ist von weltlichem Gut die Rede, von Landbesitz, kostbarem Hausrat, Kleidung und Schmuck, von Rüstung und Ritteraufzug, von Tafelfreuden und Fleischeslust, von all dem also, was das angesprochene Adelspublikum als seine *êre* versteht und um des Seelenheils willen aufgeben soll. Hier spricht der Bußprediger, hier spricht der Arme Hartmann als jemand, der selbst die Abkehr von der Welt vollzogen hat. Der eifernde Ton und der scharfe Blick für eine als verderblich erkannte Wirklichkeit hat dazu geführt, daß man die ›Rede vom Glauben‹ des Armen Hartmann einer überzeichneten Tendenz zur Weltflucht, dem *contemptus mundi*, zugeordnet und sie als großes *memento mori* verstanden hat. Doch das trifft nicht den Gesamtinhalt des Gedichts, dessen Lehrzweck mehr der gläubigen Selbstversicherung (adliger Konversen?) als der aktiven Bekehrung dient.

Ausgabe: Maurer II, Nr. 46. – Literatur: Konrad Kunze in: VL 1, 1978, Sp. 450–454.

Die im Alten wie im Neuen Testament und in der exegetischen Literatur seit der Väterzeit (z. B. Augustinus, ›De sermone domini‹ II, cap. 21) hochbedeutsame Zahl *Sieben* ist Thema und Ordnungsprinzip in einer Reihe von Gedichten sehr unterschiedlichen Gewichts.

›Von der Siebenzahl‹ oder ›De septem sigillis‹ (›Von den sieben Siegeln‹) nennt man eine knappe Aufzählung solcher Septenare in 94 strophisch gegliederten Versen. Unsicher ist die Datierung um 1150, unbekannt der Verfasser. In der einzigen (heute Innsbrucker) Handschrift geht ihm ein dem gleichen Strukturprinzip folgendes Gedicht ›Auslegung des Vaterunsers‹ voran, das man ohne zureichenden Grund gelegentlich demselben Verfasser zuschreibt. ›De septem sigillis‹ spricht in acht Strophen von den sieben Siegeln des Heiligen Geistes und den sieben Augen des Lammes in der Apokalypse, von den sieben Todsünden, den sieben Gaben des Heiligen Geistes, von den sieben Sakramenten, den sieben Wochentagen, den sieben Lebensaltern etc. Doch handelt es sich weder um bloße Memorialverse noch um den lehrhaften Vortrag theologischer Sachverhalte, sondern um die meditative Vergegenwärtigung des tiefgründigen Beziehungsreichtums der Schriften des Alten und Neuen Testaments. Deshalb mündet das kleine Gedicht in der achten Strophe in ein Gebet, das sich auf das Wort Christi beruft, man solle seinem Bruder nicht nur siebenmal, sondern siebenundsiebzigmal vergeben (Mt. 18,22). Mit einiger Mühe kann man als Bauprinzip die Nennung von jeweils sieben Septenaren in je zwei Strophen ausmachen (Volker Schupp).

Ungleich kunstvoller ist dagegen die auch in der Millstätter Sammelhandschrift enthaltene versmäßige ›Auslegung des Vaterunsers‹, das die sieben Bitten systematisch in Beziehung setzt zu den sieben Stationen des Lebens Christi (Geburt, Taufe, Passion, Grablegung, Auferstehung, Himmelfahrt, Jüngstes Gericht), zu den sieben Seligpreisungen der Bergpredigt, zu den sieben Gaben des Heiligen Geistes *(Spiritus timoris, pietatis, scientiae, fortitudinis, consilii, intellectus, sapientiae)* und zu den sieben Patriarchen (Adam, Noah, Abraham, Isaac, Jacob, Moses, David).

Die insgesamt 242 Verse sind in zwanzig (mit einer Ausnahme) zwölfzeilige Strophen gegliedert. Ihnen sind in einer der beiden Handschriften zur Orientierung, aber ohne letzte Konsequenz und Vollständigkeit, lateinische Stichworte vorangestellt, die in der Innsbrucker Handschrift im Anschluß an ›De septem sigillis‹ noch einmal als vollständiges Schema folgen. Ob diese schematische Zusammenstellung der Septenare vom Dichter selbst oder einem nachvollziehenden Leser/Schreiber stammt, muß unentschieden bleiben.

AUSGABEN: Maurer I, Nr. 10. – Waag/Schröder I, Nr. 5. – LITERATUR: Edgar Papp in: VL 1, 1978, Sp. 554–556.

Umfänglicher und stärker auf den belehrenden Predigtton abgestellt ist ein Gedicht ›Von der Siebenzahl‹ aus der Vorauer Handschrift in 955 Versen, das zur Unterscheidung des oben genannten auch ›Loblied auf den Heiligen Geist‹ genannt wird, obwohl dieser Titel, streng genommen, nur auf die hymnischen Schlußstrophen paßt. Als Autor nennt sich ein *priester Arnolt* (v. 919), dem auch die Legende von der Heiligen ›Juliana‹ zugeschrieben wird. Wenn beide Gedichte vom selben Autor stammen, ist das ›Loblied auf den Heiligen Geist‹ um die Jahrhundertmitte entstanden.

Anders als der Autor der ›Auslegung des Vaterunsers‹ folgt der Priester Arnolt einem lockeren Diskurs, der im wenig stringenten Nacheinander durch die Masse des Stoffes führt. Die bekannten biblischen Siebenerreihen werden erweitert um die Astronomie, das Wissenschaftssystem der Sieben Freien Künste, die Weltalterlehre u. a. Das Gedicht mündet in einen sechsstrophigen (!) Hymnus auf den Heiligen Geist. Insgesamt überwiegt jedoch der Predigtgestus, mit dem der Autor vor seine Hörer tritt. *Nu wil ich iu sagen ...* (v. 49 u. ö.), *Nu venemet* (v. 306 u. ö.) oder *Ich sage iu* (v. 326) sind die dafür typischen Redeeinsätze. Daneben stehen jedoch auch Pluralwendungen, die den Gemeinschaftscharakter des Vortrags betonen: *Von den puochen wirt uns anscin ...* (v. 79), *Nu scule wir vernemen ...* (v. 161), *Nu saget uns der guote Matheus* (v. 720) oder *Nu hore wir dei puoch jehen ...* (v. 754). Die Apostrophe der *tumpen leige liute* (v. 611, vgl. auch v. 937) gilt als Hinweis auf ein Laienpublikum. Die große Zahl lateinischer Wörter und Zitate setzt dennoch ein intensiveres geistliches Interesse voraus, so elementar dessen Niveau auch gewesen sein mag. Nicht ohne Grund spricht der Autor von *uns tumpen liute(n)* (v. 150), deren Pflicht es sei, *unser tumpern leren* (v. 110), »die zu belehren, die noch weniger wissen als wir«. Es ist freilich schwer, sich vorzustellen, wie ein Publikum sich zusammengesetzt haben könnte, das sich durch ein Gedicht so disparaten Inhalts hat belehrt fühlen können. Am ehesten ist auch hier wieder an geistliche Gemeinschaften zu denken. Dafür spricht die Überlieferung durch die Vorauer Handschrift, dagegen die Tatsache, daß der Verfasser sich in der ›Juliana‹ *ewart,* »Weltgeistlicher«, nennt.

Ausgaben: Ganz 1960, S. 31–45 (vv. 1–209, 306–325, 486–549, 820–955). – Maurer III, Nr. 48. – Literatur: Peter Ganz in: VL 1, 1978, Sp. 489–493.

Eine Erklärung und Ausdeutung der zehn Gebote ist mit einem zweiten alttestamentlichen Stück ›Von Esau und Jacob‹ nur fragmentarisch überliefert. Ob beide Stücke zusammengehören oder aus zwei unterschiedlichen Gedichten stammen, ist fraglich. Das ›Von den zehen Geboten‹ überschriebene Stück setzt ein mit einem Prolog, in dem der Verfasser ankündigt, *von der alten und von der niwen e* (»vom Alten und Neuen Testament«) handeln zu wollen, und zwar unter dem leitenden Aspekt der Typologie. Da die Fragmente über Esau, Jakob, Lea, Rahel und die Söhne Jakobs ebenfalls allegorisch interpretiert wurden – eine Zwischenüberschrift lautet *Misticum,* eine zweite *Significacio super Abel* –, ist es durchaus denkbar, daß sie in den Gesamtzusammenhang gehörten. Die Abfolge der zehn Gebote wird im übrigen zahlensymbolisch in eine Dreiergruppe (Pflichten des Menschen gegenüber Gott) und eine Siebenergruppe (Pflichten des Menschen gegenüber dem Nächsten) gegliedert. Die Bedeutung der Siebenzahl scheint auch hier noch ausführlicher zur Sprache gekommen zu sein. Über Herkunft (oberdeutsch, auf mitteldeutscher Grundlage?) und Datierung (Ende des 12. Jahrhunderts wegen der relativen Reinheit der Reime?) lassen sich kaum verläßliche Auskünfte geben.

Ausgabe: Maurer II, Nr. 39. – Literatur: Edgar Papp in: VL 2, 1980, Sp. 628f.

Die Symbolik der Vierzahl ist dem Gedicht eines Autors zugrundegelegt, der sich selbst der *phaffe Wernhere* (v. 690) nennt und der in der Literaturgeschichte seit Wilhelm Grimm den Beinamen vom Niederrhein trägt. Diese nur mutmaßende Herkunftsbezeichnung stützt sich auf den sprachlichen Charakter seines Gedichts ›Di vier schiven‹ (›Die vier Räder‹).

Text und Überlieferung: Das Gedicht (690 Verse) ist in einer Sammelhandschrift des 13. Jahrhunderts überliefert, die in der Hauptsache Mariendichtungen enthält. Unmittelbar voran gehen die Gedichte des Wilden Mannes, der mit Wernher in der älteren Forschung identifiziert wurde. Die Handschrift gehörte, einer entsprechenden Besitzeintragung zufolge, im 15. Jahrhundert dem Karthäuserkloster zu Köln. Geschrieben wurde sie für eine nicht näher gekennzeichnete Frau Bele, wie der Schreiber Heinrich in einer umfänglichen, gereimten Nachschrift mitteilt. Die Eintragung des mittelfränkischen Gedichts ist sehr fehlerhaft. Offenbar war schon die Vorlage nicht sehr zuverlässig.

Der in der Handschrift überlieferte Titel des Gedichts ›Di vier schiven‹ bezieht sich auf die allegorische Interpretation der vier Räder am Wagen des Amminadab, von denen es an einer schwierigen Stelle der ›Cantica Canticorum‹ in der Vulgata heißt: *nescivi, anima mea conturbavit me, propter quadrigas Aminadab* (6,11). Sie werden vom Autor nach einem Paulus-wort (Eph. 3,17–19) mit den vier Enden des Kreuzes und mit den vier Dimensionen Länge, Breite, Höhe und Tiefe verknüpft und auf die vier Liebes- und Erlösungstaten Christi – Geburt, Tod, Auferstehung und Himmelfahrt – bezogen. Die Zahlensymbolik liefert mehr oder minder nur das Ordnungsprinzip für die Darstellung des Erlösungswerkes, die den Hauptteil des Gedichts (vv. 109ff.) ausmacht.

Ausgaben: Ganz 1960, S. 59–76 (vv. 1–148, 245–314, 375–690). – Maurer III, Nr. 56. – Literatur: Maurer, S. 437.

Bibeldichtung

Das 11. und 12. Jahrhundert ist noch einmal die Zeit epischer Bibeldichtung in deutscher Sprache. Schon im 13. Jahrhundert wird sie bei zwar steigendem Umfang des einzelnen Textes zahlenmäßig wieder abnehmen und schließlich nur noch eine Rolle am Rande der volkssprachlichen Dichtung des Mittelalters spielen. Nicht so in der lateinischen Literatur, und auch die anderen Nationalliteraturen haben seit dem 13. Jahrhundert gewichtige Werke zu bieten, die in dieser ältesten Tradition einer christlichen Kunstübung stehen. Die deutschsprachige Bibelepik des 11. und 12. Jahrhunderts richtet sich, anders als die gleichzeitige lateinische, an ein Publikum, dem zuallererst die *historia* der Heiligen Schrift vermittelt werden soll. Sie ist deshalb theologisch weniger befrachtet als die bisher besprochenen Gedichte, deren Ambition es ist, dogmatische Fragen oder exegetische Positionen durchzuspielen. Sie bietet biblische Geschichte für die, denen der lateinische Wortlaut der Vulgata verschlossen blieb und denen eine volkssprachliche Bibel noch nicht zur Verfügung stand. Die breite Berücksichtigung alttestamentlicher Stoffe verrät die Defizite.

LITERATUR: Max Wehrli, Sacra Poesis. Bibelepik als europäische Tradition. In: Ders., Formen mittelalterlicher Erzählung. Aufsätze. Zürich, Freiburg i. Br. 1969, S. 51–86. – Bernd Naumann, Dichter und Publikum in deutscher und lateinischer Bibelepik des frühen 12. Jahrhunderts. Untersuchungen zu frühmittelhochdeutschen und mittellateinischen Dichtungen über die kleineren Bücher des Alten Testaments. Nürnberg 1968. – Achim Masser, Bibel- und Legendenepik des deutschen Mittelalters. Berlin 1976. – Dieter Kartschoke, Bibelepik. In: Volker Mertens u. Ulrich Müller (Hrsg.), Epische Stoffe des Mittelalters. Stuttgart 1984, S. 20–39.

Die nachkarolingische deutsche Bibelepik setzt ein mit einer umfänglichen alttestamentlichen Paraphrase, die wir zur Unterscheidung von der stabreimenden altsächsischen Genesisdichtung ›Altdeutsche‹ oder nach der Handschrift ›Wiener Genesis‹ nennen. Für die Datierung noch ins 11. Jahrhundert sprechen die altertümliche Sprache und die archaisch wirkende Reim- und Verstechnik. Darüber hinaus liefert der Text ein Datierungsindiz, das eine genauere Festlegung ermöglicht. Im Zusammenhang der Erschaffung des Menschen ist von den einzelnen Gliedmaßen und in vv. 142–145 auch davon die Rede, daß der vierte Finger die Aufgabe habe, den Ring zu tragen, sei es als Zeichen der Vermählung des Mannes mit einer Frau, sei es als Zeichen der Verleihung eines Bistums an einen Geistlichen – durch den König! Hier ist also noch die Gültigkeit der Laieninvestitur vorausgesetzt, gegen die Papst Gregor VII. auf der Synode von Rom im Jahre 1075 ein Verbot erlassen hat. Das könnte heißen, daß die ›Altdeutsche Genesis‹ vor 1075 entstanden ist. Doch kämen auch andere Daten auf dem Weg zur endgültigen Abschaffung der Laieninvestitur in Frage, deren spätestes das Wormser Konkordat von 1122 darstellt. Angesichts der Altertümlichkeit in sprachlicher und stilistischer Hinsicht hat man sich für das früheste Datum entschieden und rechnet mit einem Entstehungszeitraum zwischen 1060 und 1080.

TEXT UND ÜBERLIEFERUNG: Der durchlaufend geschriebene Text zählt 6062 Reimpaarverse, die durch Initialen in ungleich lange Abschnitte untergliedert werden. Ob diese Abschnitte sich ihrerseits zu »Reimlektionen« zusammenfassen oder anders (zahlensymbolisch?) begründete Erzählstrukturen erkennen lassen, ist eine offene Frage. Der Dialekt der Wiener Handschrift weist eindeutig oberdeutsche Merkmale auf, das vermutete fränkische Substrat bleibt umstritten. Die Überlieferung spricht für eine gewisse Verbreitung und anhaltende Rezeption der ›Altdeutschen Genesis‹ im 12. Jahrhundert. Der älteste Wortlaut ist erhalten in der Wiener Sammelhandschrift 2721, die außer dem ›Älteren Physiologus‹ die ›Altdeutsche Exodus‹ enthält. Eine jüngere Bearbeitung bietet die Millstätter Sammelhandschrift (M). Die Vorauer Handschrift (V) enthält die Verse 3445 bis Schluß (= ›Vorauer Joseph‹). W ist wie M als Bilderhandschrift angelegt, doch sind in W nur die ersten sieben Illustrationen ausgeführt. Die Millstätter Bearbeitung der ›Altdeutschen Genesis‹ stellt in stilistischer wie formaler Hinsicht eine Modernisierung dar, die man noch vor 1122 ansetzen möchte, da der Redaktor den Hinweis auf die Laieninvestitur unangetastet gelassen hat.

Der Inhalt entspricht dem 1. Buch Mosis, mit Kürzungen und Erweiterungen nach den bescheidenen Möglichkeiten epischer Bibeldichtung seit ihrem Beginn im 4. Jahrhundert. Die ›Altdeutsche Genesis‹ steht nachweislich in deren Tradition, denn zu ihren Nebenquellen gehört auch das erste Buch des spätantiken Bibelgedichts des Alcimus Avitus. Sechs große Komplexe werden behandelt:

(I) Schöpfung und Sündenfall (vv. 1–1050)
(II) Kain und Abel (vv. 1051–1366)
(III) Noah und die Sintflut (vv. 1367–1572)
(IV) Abraham und seine Nachkommen (vv. 1573–2112)
(V) Jakobsgeschichten (vv. 2113–3414)
(VI) Joseph in Ägypten (vv. 3415–6062).

Nach einem kurzen Prolog (vv. 1–8) setzt die Erzählung nicht mit dem alttestamentlichen Sechstagewerk ein, sondern mit der Erschaffung der Engel und ihrer Ordnung in zehn Chöre. Lucifer, der strahlendste unter ihnen, empört sich gegen den Schöpfer, der ihn und seine *gnozzen* (v. 62) aus dem Himmel verbannt. Das Urteil wird durch den Erzengel Michael vollstreckt. Der Engelssturz wird mit einem dreitägigen Unwetter und Regenguß verglichen (vv. 70ff.). Darauf berät sich der Schöpfergott mit den treuen Engeln (wie ein feudaler Fürst mit seinen Vasallen) und beschließt, nach seinem Bilde einen Menschen zu erschaffen, der den leeren Chor der Abtrünnigen einnehmen soll. Nun erst erfolgt das Sechstagewerk (vv. 95ff.). Charakteristisch ist die weitgehende Beschränkung auf das faktische Detail und der Verzicht auf alle in der theologischen Literatur reich zu Gebote stehenden geistlich-allegorischen Interpretationen. Bemerkenswert ist auch die Einfärbung in vertraute Vorstellungen heimischer Welterfahrung – ob nun der Schöpfer wie ein Lehnsherr in den Kreis seiner Engelsvasallen tritt oder in der Schöpfungsgeschichte auch *ros und rinder* (v. 161) nicht vergessen werden. Breiten Raum nimmt die Erschaffung des Menschen ein, die mit naiver Freude am Detail ausgemalt wird. Dem runden Kopf werden die Haare wie eine Perücke übergestreift, die sieben Löcher für die Sinnesorgane werden ausführlich besprochen. Dann folgt die Beschreibung der übrigen Teile des Körpers *a capite ad calcem*. Wiederholt wird die Nützlichkeit und Funktionstüchtigkeit der Gottesschöpfung gepriesen, die bis in den kleinen Finger reicht, der doch wenigstens dazu gut sei, im Ohr zu bohren und den Gehörgang freizulegen (vv. 291ff.). Und so geht es weiter: Brust, Herz, Leber und Galle, der Schutz der Rippen, die Hüften und was zwischen ihnen liegt, Beine, Füße und Zehen, *die habent nagele same die fingere da obene* (vv. 373f.). Ebenso ausführlich wird der Paradiesgarten ausgemalt, in dem auch die Blumen und Gewürzpflanzen der mittelalterlichen Klostergärtlein wachsen, wie sie etwa Walahfrid Strabo in seinem ›Hortulus‹ beschrieben hat. Inmitten des Paradiesgartens stehen zwei (!) Bäume, der Baum des ewigen Lebens und der Baum der Erkenntnis von Gut und Böse und des ewigen Todes (vv. 515ff.). Diese nicht-biblische Doppelung stammt aus der patristischen Genesisexegese. Es folgt nach einer kurzen Rekapitulation des Engelssturzes und der Bestimmung des Menschen, den zehnten Chor einzunehmen, die Erschaffung der Frau (vv. 583ff.). Neid und Haß auf den Menschen erfüllen Lucifer-Satan. In Gestalt einer Schlange nähert er sich Eva, dem schwächeren Teil des Menschenpaars, und verleitet sie, vom Baum der Erkenntnis zu essen (vv. 629ff.). Die anschauliche Schilderung des Zögerns und der schließlichen Überwindung Evas verrät am deutlichsten den Einfluß des zitierten spätantiken Bibelgedichts von Avitus. Entdeckung, Scham, Leugnen der Schuld und Verstoßung aus dem Paradies (vv. 745ff.) stimmen in den Grundzügen wieder ganz zum Bericht des Alten Testaments, wenn auch der deutsche Dichter sehr viel ausführlicher erzählt, veranschaulicht und ausschmückt. Gottes Fluch über die Schlange (vv. 805ff.) wird zum Anlaß einer moralischen Nutzanwendung: Fleischeslust sei ebenso auf das Wirken des Teufels zurückzuführen wie die Sünden der Superbia, der Habsucht, des Hasses und der Unbußfertigkeit. Kain und Abel, Viehwirtschaft und Ackerbau, werden aus heimischem Blickwinkel gesehen, ob es sich nun um die Rüben handelt oder um die Hirse, woraus der Brei, das Hauptnahrungsmittel der Bauern im Mittelalter, gekocht wird. Der Brudermord gibt Anlaß zu einem phantastischen Exkurs (vv. 1292ff.): Die Nachkommen Kains, die das Mittelalter auch sonst beschäftigenden Kainsleute, sind hundsköpfige Menschen oder tragen den Mund auf der Brust, andere haben so große Ohren, daß sie sich mit ihnen zudecken können, und einen so großen Fuß, daß sie mit ihm schneller laufen können als die wilden Tiere. Auch die Schwarzen werden kurzerhand den Kainsleuten zugerechnet; wie jene im Innern, so seien diese äußerlich (vv. 1315f.). Durch die Vereinigung der Töchter Kains mit den guten Söhnen und Enkeln Adams entstehen die Giganten. Diesen Mißwuchs in der göttlichen Schöpfung will ihr Urheber von der Erde vertilgen. So wird die Geschichte der Sintflut und die Rettung von Noah in der Arche motiviert (vv. 1367ff.). In diesem Zusammenhang erscheint – zum erstenmal in der deutschen Literatur – die biblizistische Rechtfertigung der ständischen Ungleichheit der Menschen. Cham hat seinen im Schlaf entblößten Vater Noah gesehen, ihn verspottet und ist dafür verflucht worden. Auf ihn gehen die Unfreien zurück, vor ihm habe es nur Freie und Adlige gegeben (vv. 1529ff.). Kurz abgehandelt wird der Turmbau zu Babel (vv. 1543ff.). Größeren Raum nimmt die Patriarchengeschichte ein, die als Menschheitsgeschichte mit aktueller Bedeutung erzählt wird. Wie die Unfreiheit mit dem Vergehen Chams erklärt wird, so gelten die Kaufleute als Nachkommen Ismaels, jenes erstgeborenen Sohnes von Abraham und seiner Magd Hagar, die nach der Geburt des legitimen Sohnes Isaak mit ihrem Kind verstoßen wurde. Die Kaufleute erscheinen aus der feudalen Perspektive des deutschen Dichters in schlechtem Licht. Sie betrügen ohne Erbarmen und lachen nur über den Schaden der Betrogenen (vv. 1829ff.). Breit erzählt wird die Geschichte Jacobs und seines Sohnes Joseph, des ägyptischen Ernährers (vv. 2113ff.). Er erscheint als vorbildlicher Diener seines Herrn und gerechter Hausmeier, der die Bauern nicht aussaugt, sondern ihnen nur das abverlangt, was abzuführen ihre Pflicht sei. Er lebt asketisch von Wasser und Brot (monastische Selbstdarstellung des Autors?) und ist folglich gefeit gegen die Verführungskünste der Potiphar. Josephs Vorratswirtschaft gilt als Vorbild und Rechtfertigung des mittelalterlichen Zinses, von dem nur die befreit seien, die in *phafheite* leben (v. 5266). Bis hierhin bleibt alles gelehrte Beiwerk beiseite, verzichtet der Dichter auf katechetische und exegetische Kommentare, auf geistliche Ermahnungen und Ausdeutungen nach der Lehre vom mehrfachen Schriftsinn. Hier wird wirklich nacherzählt, hier findet Bibelepik statt wie durchaus nicht in jedem Text, der dieser christlichen

Kunstübung subsumiert wird. Erst gegen Ende des Gedichts und zum Zweck seiner feierlichen Abrundung gewinnt die Deutung in allegorischem, typologischem und moralischem Sinn an Raum und Gewicht. Der sterbende Stammvater Jakob segnet seine zwölf Söhne und spricht geheimnisvolle Weissagungen aus, die vom Dichter auf ihre tiefere, das künftige Heil in Christus vorwegnehmende Bedeutung hin interpretiert werden.

Wenn auch das hier ausgebreitete theologische Wissen durchaus im Rahmen des Gängigen bleibt und keinerlei spezifische Gelehrsamkeit verrät, gibt sich damit doch der geistliche Autor zu erkennen, der zuvor über weite Strecken wie ein traditioneller Sänger aufgetreten war (v. 3418 *chunde wir ... scopphen*). Mehr können wir über den Verfasser nicht sagen. Auch sein Zielpublikum bleibt undeutlich. Die Anrede *mine liebe(n)* im Reim auf *tuon* (vv. 1f.) könnte schon in W auf redaktionellem Eingriff beruhen und wie im ›Ezzolied‹ ursprünglich *herron* gelautet haben. Beweisen läßt sich das nicht. Es muß also offenbleiben, ob hier ein weltliches oder geistliches Herrenpublikum oder eine ständisch nicht eindeutig definierte geistliche Gemeinschaft angesprochen war. Sicher ist wiederum nur die Rezeption im monastischen Raum, in dem die großen Sammelcodices deutscher geistlicher Dichtung im 12. Jahrhundert entstanden.

AUSGABEN: Viktor Dollmayr (Hrsg.), Die altdeutsche Genesis. Nach der Wiener Handschrift. Halle 1932. – Kathrin Smits (Hrsg.), Die frühmittelhochdeutsche Wiener Genesis. Kritische Ausgabe mit einem einleitenden Kommentar zur Überlieferung. Berlin 1972 – ÜBERSETZUNG: de Boor, S. 33–41 (Ausschnitt). – LITERATUR: Ursula Hennig in: VL 1, 1978, Sp. 279–284. – Josef Eßer, Die Schöpfungsgeschichte in der ›Altdeutschen Genesis‹ (Wiener Genesis v. 1–231). Kommentar und Interpretation. Göppingen 1987.

Das zweite Buch Mosis bis zum Auszug der Israeliten aus Ägypten ist Gegenstand einer jüngeren Fortsetzung der ›Altdeutschen Genesis‹, der ›Altdeutschen Exodus‹. Entstehungszeit (die ersten Jahrzehnte des 12. Jahrhunderts) und Herkunft (südostdeutsches oder schwäbisch-alemannisches Sprachgebiet) lassen sich nicht genauer festlegen. Die Überlieferung erfolgte im Verbund mit der ›Altdeutschen Genesis‹, allerdings ist der Text in der Wiener Sammelhandschrift (W) unvollständig (vv. 1–1480), während die Millstätter Sammelhandschrift (M) den vollständigen, nicht redigierten Wortlaut (3316 Verse) enthält.

In der Art der Behandlung des biblischen Grundtextes schließt sich die ›Altdeutsche Exodus‹ an die ›Altdeutsche Genesis‹ an.

Fast noch konsequenter verzichtet der Dichter auf theologische Deutungen; obwohl der typologische Zusammenhang zwischen dem Durchzug durch das Rote Meer und der Taufe zu den elementarsten Gemeinplätzen des geistlichen Wissens gehörte, kommt er mit keinem Wort darauf zu sprechen. Vielleicht bedurfte es gerade deshalb nicht des expliziten Hinweises, weil die Beziehung von jedem auch nur oberflächlich unterwiesenen Hörer fast automatisch hergestellt wurde.

Im zweiten Buch Mosis wird erzählt, wie die Israeliten in Ägypten unterdrückt wurden und ein Sklavenleben führen mußten. Es wird erzählt von der Geburt des Moses, seiner Jugend und seiner Berufung durch Gott, das Volk aus der Knechtschaft zu lösen und ins gelobte Land zu führen. Es wird erzählt, wie der Pharao sich weigert, die Israeliten ziehen zu lassen, wie Gott seinem Volk zu Hilfe kommt und seine Peiniger mit den zehn ägyptischen Plagen verfolgt. Und es wird schließlich erzählt, wie das auserwählte Volk unter der Führung Mosis aufbricht, wie sich ihm der Durchgang durchs Rote Meer wunderbar öffnet und wie die Verfolger von den zurückströmenden Fluten verschlungen werden. Nach ihrer Rettung singen Moses und die Israeliten ein Preis- und Danklied auf den Gott ihrer Väter, der sie aus der Gewalt der Feinde befreit habe.

Damit endet zwar nicht das zweite Buch des Alten Testaments, wohl aber die deutsche Nachdichtung, die ihrer Vorlage mit wenigen Kürzungen und einer Reihe von Erweiterungen folgt und den biblischen Bericht auf ebenso reizvolle wie irritierende Weise ins Ritterliche einfärbt. Die fliehende Sklavengemeinschaft der Israeliten hat sich in ein ebenso glänzendes Heer verwandelt, wie es aus näherliegenden Gründen die nachsetzenden Ägypter bilden. Selbst die ägyptischen Plagen, die Frösche und Heuschrecken, werden als Ritterheere vorgestellt (v. 1482 *gotes rîtere wâren si wilde*). Der Versuch, zeitgeschichtliche Einflüsse (»Kreuzzugsdichtung«) dafür verantwortlich zu machen, hat keine Zustimmung gefunden. Man wird solche Passagen als Reflexe einer mündlich-volkssprachlichen Epik lesen dürfen, deren lebendige Tradition neben der einsetzenden Schriftliteratur herläuft. Daß der Dichter sich ihrer Stilmittel bediente, spiegelt eine entsprechende Hörererwartung und ist nicht als Parodie (Helmut de Boor) mißzuverstehen. Sicher waren an weltliche Heroik gewohnte Ohren auf diese Weise leichter zu interessieren als durch eine abstrakte theologische Argumentation, die der Dichter sich mit Nebenbemerkungen wie v.

2490 *diu bizeichenunge ist tiure* (»das hat seine geheime Bedeutung«) versagt. Man hat deshalb vermutet, die ›Altdeutsche Exodus‹ könne mehr noch als die ›Altdeutsche Genesis‹ ursprünglich der »ministerialen (ritterlichen) Gemeinschaft kleiner Adelssitze« (Achim Masser) vorgetragen worden sein. Dazu würde auch passen, daß in der jüngeren Abschrift (M) die Höreranrede *mîne hêrren* (v. 2907) erhalten geblieben ist.

AUSGABEN: Edgar Papp (Hrsg.), Die altdeutsche Exodus. Untersuchungen und kritischer Text. München 1968 (Medium aevum 16). – Ders. (Hrsg.), Die altdeutsche Exodus. München 1969 (Altdeutsche Texte in kritischen Ausgaben 2). – LITERATUR: Ursula Hennig in: VL 1, 1978, Sp. 276–279.

Genesis und Exodus sind auch Inhalt eines Gedichts in der Vorauer Handschrift. Offensichtlich handelt es sich bei den ›Vorauer Büchern Mosis‹ um eine Kompilation von Texten unterschiedlicher Herkunft. Dafür spricht insbesondere der aus der ›Altdeutschen Genesis‹ stammende Josephsteil, dafür sprechen aber auch die auf den ersten Blick nicht eben harmonisch in den Erzählfluß eingegliederten Versgruppen über die Genesis mit Engelssturz, Weltschöpfung, Paradies, Sündenfall etc. bis zum Tod Rachels und die Geschichte des Moses, auf die ein Abschnitt über Josua, ein Marienlob und die Geschichte von Balaam folgen. Zumal diese letzten Teile werden in den neueren Editionen als selbständige Gedichte abgetrennt, obwohl sich Gründe für die Einheit des Ganzen und für seinen Sinn finden lassen. Das eine schließt das andere nicht aus. Die Geschichte der Bibeldichtung ist charakterisiert durch die Möglichkeit derart »parasitärer Produktion« (Reinhard Herzog), die auch hier am Werk gewesen zu sein scheint.

Daß das Gedicht sich nicht in erster Linie an weltliche Hörer gerichtet hat, macht die Fülle geistlicher Ausdeutungen besonders in der Geschichte Mosis und in den darauf folgenden Teilen wahrscheinlich. So werden etwa die ägyptischen Plagen nicht wie in der ›Altdeutschen Exodus‹ als Visionen des Schrekkens ausgemalt und vergegenwärtigt, sondern auf ihre Bedeutung hin durchgenommen. Breiten Raum nimmt die allegorische Interpretation der Bundeslade ein. Größe, Gestalt, Material, Schmuck, die einzelnen Edelsteine – alles trägt seinen tieferen Sinn in sich, den der Verfasser ausführlich darlegt. Der alttestamentliche Bericht vom Tode Mosis wird sogar ergänzt durch ein lateinisches Zitat aus legendenhafter Überlieferung

De obitu moysi(s). Hier ist an ein Laienpublikum schlechterdings nicht mehr zu denken.

AUSGABEN: Joseph Diemer, Deutsche Gedichte des XI. und XII. Jahrhunderts. Aufgefunden im regulierten Chorherrenstifte Vorau in der Steiermark und zum ersten Male mit einer Einleitung und Anmerkungen hrsg. Wien 1849, S. 1–85. – Ders. (Hrsg.), Geschichte Josephs in Ägypten nach der Vorauer Handschrift. In: SB Kaiserl. AW Wien, Phil.-hist. Klasse 47, 1864, S. 636–687 und 48, 1864, S. 339–423. Separatausgabe Wien 1865. – ÜBERSETZUNG: de Boor, S. 41–44 (Ausschnitt). – LITERATUR: D. A. Wells, The Vorau ›Moses‹ and ›Balaam‹. A Study of their Relationship to Exegetical Tradition. Cambridge 1970. – Ingeborg Schröbler, Ikonographische Bemerkungen zur Komposition der Vorauer Bücher Mosis und zu bildlichen Darstellungen der Rolandsage. 1: Zum sogenannten ›Vorauer Marienlob‹ und zum ›Balaam‹. ZfdA 100 (1971), S. 250–265.

Ein eigenartiges Konglomerat biblischen und außerbiblischen Erzählstoffs und allegorischer Deutung stellt ein in der Vorauer Handschrift überliefertes Gedicht dar, das wohl um 1150 im mitteldeutschen oder rheinfränkischen Raum entstanden ist. Es handelt sich um ein eher kurzes und offenbar für den gesangsähnlichen Vortrag gedachtes Lied (255 Verse in 24 Strophen mit einer Lücke in Strophe 15) zum Ruhme des *rex pacificus* Salomon, zum Ruhme des ebenso reichen wie weisen Königs und Vollenders des Davidschen Tempelbaus, des Bräutigams aus dem Hohenlied und Typus Christi, das in der Literaturgeschichte den Titel ›Lob Salomons‹ trägt.

Das Gedicht beginnt mit einer hymnenartigen Eingangsstrophe und erzählt danach in den Strophen 2–4 von Salomons Wahl zwischen Weisheit und Reichtum (nach 3. Reg. 3,5–13 bzw. 2. Paral. 1,7–12). In den Strophen 5–11 ist vom Tempelbau die Rede. Schon in der jüdischen Literatur (Talmud) hat die biblische Auskunft (3. Reg. 6,7), daß beim Bau Hämmer, Meißel und sonstige eiserne Werkzeuge nicht zu hören gewesen seien (weil die Steine schon im Steinbruch behauen wurden), zur Sagenbildung angeregt, die über unbekannte Vermittlungsstufen im ›Lob Salomons‹ fortlebt. Der Verfasser beruft sich auf einen *Heronimus* (v. 51) und das Buch *Archely* (v. 55), womit nur die von Josephus Flavius zitierte ›Archaeologie‹ des Hieronymus Aegyptius gemeint sein kann. Ein Drache hat alle Zisternen Jerusalems leergetrunken. Salomon betäubt ihn mit einer List, fesselt ihn und läßt ihn frei gegen die Preisgabe eines Geheimnisses: Im Libanon sei ein Tier zu finden, aus dessen

Sehnen sich eine Schnur herstellen lasse, die die härtesten Steine zu schneiden vermöge. Salomon vertreibt den Drachen, fängt das wilde Tier, verfertigt die Schnur und vollendet mit ihrer Hilfe den Tempelbau. Die Pracht des Tempels (Strophen 10 und 11) veranlaßt die Königin von Saba zu einem Besuch, in dessen Verlauf der ganze Reichtum Salomons und die Pracht seiner Hofhaltung zur Sprache kommen und seine Weisheit von der Königin von Saba gerühmt wird (Strophen 12–19). Die drei anschließenden Strophen 20–22 deuten das Exempel in typologischer Sicht: Der König bezeichne den Schöpfergott, die Königin die Kirche und die Dienstleute am Hofe Salomons meinen die Bischöfe als Lehrer und Vorbilder der Christenheit und Verwalter des Altarsakraments. Die beiden abschließenden Strophen 23 und 24 nehmen das Lob Salomons, des Friedenskönigs, wieder auf und münden in ein Gebet um Aufnahme an den Hof des in Salomon allegorisch abgebildeten himmlischen Herrschers.

Umstritten ist bis heute die Einheit des ›Lobs Salomons‹. Es gibt gute Gründe, die Drachenepisode als ursprünglich selbständiges oder einem anderen größeren Zusammenhang entstammendes Gedicht herauszulösen, aber auch Argumente für die Einheit des vorliegenden Textes. Über die nichtbiblische Erweiterung hinaus ist die freie, dem alttestamentlichen Wortlaut nicht kontinuierlich folgende Erzählweise auffällig, die es nicht erlaubt, von einer Paraphrase zu sprechen.

Ausgaben: Henschel/Pretzel, Nr. 4. – Maurer I, Nr. 9. – Waag/Schröder I, Nr. 3. – Literatur: Werner Schröder in: VL 5, 1985, Sp. 875–880.

Die Frage nach der Einheit stellt sich ebenso im Falle der beiden in der Vorauer Handschrift zusammen überlieferten Gedichte ›Die drei Jünglinge im Feuerofen‹ und ›Ältere Judith‹.

Die Geschichte von Nebukadnezar, der ein goldenes Götzenbild anfertigen ließ, seine Anbetung befahl und allen die Feuerstrafe androhte, die sich ihm widersetzen würden, die Geschichte von den drei jüdischen Männern, die sich aus Treue zu ihrem Gott dem Befehl des Tyrannen zu entziehen wagten, in den feurigen Ofen geworfen und von einem Engel gerettet wurden, wodurch die überlegene Macht ihres Gottes in Erscheinung trat, wird im dritten Kapitel des Buches Daniel erzählt und hat die christliche Literatur nicht zuletzt als Vorbild der Märtyrerlegende beschäftigt. Der Lobgesang des Azarias und der Gesang der drei Jünglinge im Feuerofen gehören zu den alttestamentlichen Cantica, die auch in der christlichen Kirche neben den Psalmen ihren liturgischen und frömmigkeitspraktischen Platz fanden. Ihre älteste volkssprachliche Umdichtung erfuhren sie in der altenglischen Literatur. Im deutschen Gedicht über die ›Drei Jünglinge im Feuerofen‹ sind nicht die beiden Lobgesänge, sondern ist die dramatische Geschichte von Bekennermut, Märtyrerbereitschaft und wunderbarer Rettung Gegenstand des Interesses. In einem knappen Erzähllied (84 Verse in 7 Strophen) ziehen die wichtigsten Stationen der Handlung in äußerster Verkürzung auf den dramatischen Gegensatz Juden – Heiden vorüber und münden in die Anerkennung der Macht des jüdischen Gottes, der auch der der Christen ist (v. 77 *unsir got*). Zwei Überleitungsverse verbinden das Gedicht mit der ›Älteren Judith‹.

Schon aus der altenglischen Literatur ist das Bruchstück eines Judithgedichts in Stabreimversen überliefert, dem seinerseits lateinische rhythmische Strophengedichte vorangegangen sein mögen, deren eines in Resten erhalten geblieben ist. Auch dieser Stoff beschäftigt die christliche Literatur über die Jahrhunderte hinweg, zumal er Erzählmotive und Erzählanlässe bietet, die ihn vielfach mit vor- und nichtchristlichen Erzählinteressen verbindet: Holofernes, der Feldhauptmann Nebukadnezars, belagert die jüdische Stadt Bethulia und wird von der Witwe Judith, die ins feindliche Lager geht und vorgibt, die Juden verraten zu wollen, nach einem Gastmahl getötet. Kampf und Heldenmut, Fest und Verrat, Gottvertrauen und Mord sind Ingredienzien einer Geschichte, die in der mittelalterlichen Literatur sehr unterschiedlich aufgenommen und poetisch umgesetzt wurde.

Die Vorauer Handschrift enthält zwei Judithgedichte, die nach den mutmaßlichen, aber nicht einzugrenzenden Entstehungsdaten ›Ältere‹ und ›Jüngere Judith‹ genannt werden. Sie markieren in gewisser Hinsicht die ganze Spannbreite der Möglichkeiten geistlicher Erzählung im 12. Jahrhundert.

Die ›Ältere Judith‹ drängt die dramatische Handlung in 136 Verse zusammen, die sich ihrerseits in 13 ungleichzeilige Strophen gruppieren. Alles ist knappe Erzählung ohne geistliche Deutung, ja ohne auch nur ein lateinisches Wort. Der geschichtliche Vorgang vollzieht sich auch hier wieder in einer dem Sänger und seinen Hörern vertrauten heimischen Welt: Holofernes stritt gegen Gott und gegen das Volk Gottes (Strophe 1 und 2). Er stellte ein großes Heer auf und belagerte Bethulia (3 und 4). Als er erfahren wollte, wer den Juden die Kraft zu so anhaltendem Widerstand gäbe (5), verwies ihn der Burggraf auf den einen und einzigen Gott und schmähte die heidnischen Götzen (6). Die Belagerten baten um eine Frist von drei Tagen (7); wenn Gott sie bis dahin nicht errette, wollten sie sich ergeben (7). Die »gute Judith« schmückte sich und ging mit ihrer Kammerfrau ins feindliche Lager (8). Holofernes begehrte sie ihrer Schönheit wegen (9). Judith willigte ein und ließ ein Hochzeitsfest ausrichten (10). Während des Gelages betrank sich Holofernes (11) und fiel in Schlaf. Judith nahm ihm die Waffen ab und betete zu Gott (12). Ein Engel befahl ihr, Holofernes zu enthaupten (13). Der Schluß scheint zu fehlen, denn die Tat wird nicht mehr berichtet.

Man hat dieses blockhafte, einzelne Situationen und direkte Reden unverbunden nebeneinander stellende Erzählen balladesk genannt und unterschiedliche literaturgeschichtliche Verbindungslinien gezogen zu volkssprachlichen Preisliedern, zur hypothetischen »Spielmannsdichtung« oder zur *tradition vivante* einer noch älteren weltlich-heroischen Poesie. Wenig Beachtung dagegen hat die Tatsache gefunden, daß die lateinische Rhythmendichtung, die sich auch des Judithstoffes angenommen hat, ganz ähnliche Gestaltungsmittel kennt.

Ausgaben: Henschel/Pretzel, Nr. 7. – Maurer I, Nr. 15. – Waag/Schröder I, Nr. 4. – Übersetzung: Curschmann/Glier 1980, S. 176–191. – Literatur: Werner Schröder in: VL 1, 1978, Sp. 288–294.

Weniger problematisch ist die ›Jüngere Judith‹. Die 1821 Kurzverse paraphrasieren umständlich das gesamte biblische Buch und nicht nur dessen dramatischen Höhepunkt. Erst in der zweiten Hälfte des Gedichts tritt Judith auf. Charakteristisch sind die erbaulichen Reden der Heldin, die Vorbereitung des Opferganges, das erste Zusammentreffen mit den Feinden, die ihr versichern, Holofernes werde *nâch ir edelen minne* (v. 1228) entflammt sein. Diese *rîter* (v. 1229) erklären, sie selbst seien bereit, ihr Leben aufs Spiel zu setzen *umbe sô wunderen schônû wîp* (v. 1232). Hier kündigt sich in Wortschatz und Ethos, in der Verbindung von Kampf und Minne, die säkulare höfische Dichtung an. Entsprechend vollzieht sich die Begegnung zwischen Judith und Holofernes in den höfisch ritualisierten Formen gedämpfter Rücksichtnahme, die nur dadurch ins Zwielicht geraten, daß Judith sich ihrer als List bedient und den durchaus nicht als blutrünstigen Tyrannen gezeichneten Feldherrn töten will. In ebenso zivilisierter und gediegener Atmosphäre findet das Festmahl statt, das mit der nur dezent angedeuteten Trunkenheit des Opfers endet. Die Befreiungstat der Judith wird in wenigen Versen abgetan (vv. 1457ff.). Danach wandern die beiden Damen, Judith und ihre Kammerfrau, mit dem säuberlich in eine Tasche verpackten Haupt des Getöteten zur Burg Bethulia zurück. Den Abschluß bilden der breit ausgemalte Triumph, die Bekehrung des Heiden Anchor, die Entdeckung der Leiche und die Flucht der Feinde. Judith, die Vielgepriesene, erbt witwengleich den Besitz des Holofernes und opfert als Vorbild der Keuschheit und Treue in Jerusalem alles zum Dank für die göttliche Hilfe. Mit einem kurzen Ausblick auf das weitere Leben und gottselige Sterben der Heldin endet das Gedicht wie eine Heiligenlegende.

Das geistliche Programm breitet der ausführliche Prolog (vv. 1–44) aus, der sich an die *lîben lûte* (v. 1) wendet, also wieder an ein ständisch nicht definiertes Publikum. Der nicht sonderlich gelehrte Autor verspricht darin eine typologische Erklärung des Judithexempels und kommt doch über eine allgemeine Erbaulichkeit nicht hinaus. Solange das hebräische Volk sich an Gottes Gebote hielt, seien seine Feinde an ihm zuschanden geworden: *mit einem blôden wîbelîn* (»durch eine schwache Frau«) habe er es zu schützen vermocht.

AUSGABEN: Hiltgunt Monecke (Hrsg.), Die jüngere Judith aus der Vorauer Handschrift. Tübingen 1964 (ATB 61). – Maurer II, Nr. 31. – LITERATUR: Werner Schröder in: VL 4, 1983, Sp. 923–926.

Zu den alttestamentlichen Vorbildern der christlichen Märtyrer gehören auch die makkabäischen Brüder. Das älteste lateinische Makkabäergedicht, ein ›Carmen de martyrio Maccabaeorum‹ (nach 2. Makk. 7), stammt aus dem 4. Jahrhundert. Der Stoff wird – wie die Juditherzählung – in der Deutschordensliteratur des 14. Jahrhunderts wieder aufgenommen werden. Das Fragment eines deutschen Gedichts aus der Mitte des 12. Jahrhunderts in der Dombibliothek von Halberstadt umfaßt 120 Verse und behandelt mit 1. Makk. 13,15–32 einen Teil der Geschichte Simeons, des Anführers der Israeliten, und den Tod seines Bruders Jonathan und der Söhne Jonathans. Über die Gesamtkonzeption des ›Halberstädter Makkabäer‹ läßt sich aus den wenigen verstümmelten Versen nichts Genaueres erschließen. Wenn man jedoch davon ausgeht, daß auch das Martyrium der Makkabäischen Brüder aus dem zweiten alttestamentlichen Makkabäerbuch zum integralen Bestand des Stoffes gehört und das christliche Erzählinteresse motiviert hat, muß es sich um ein relativ umfangreiches Gedicht gehandelt haben. Für die Erzählweise ist der Verzicht auf geistlich-christliche Ausdeutungen und die (vermutete) Nähe zur traditionellen mündlichen Dichtung charakteristisch, die auch hier wieder durch den Stoff nahegelegt wurde.

AUSGABE: Maurer III, Nr. 61. – LITERATUR: Edgar Papp in: VL 3, 1981, Sp. 412f.

Auch die Versparaphrase eines weiteren apokryphen Buches des Alten Testaments ist uns nur in Bruchstücken überliefert. Das Gedicht über ›Tobias‹ stammt vom Verfasser der ersten deutschen Alexanderdichtung, dem Pfaffen Lambrecht, und war ursprünglich wohl verhältnismäßig umfangreich, wenn man von dem proportionalen Verhältnis der überlieferten (und zum Teil stark verstümmelten) 274 Verse zum biblischen Wortlaut (Tob. 1) auf den Gesamtumfang schließen darf. Deutlich ist die erbauliche Tendenz. Der alte Tobit und sein Sohn Tobias gelten als Exempel der Frömmigkeit und Gottesfurcht, was den Schreiber des Fragments (oder seiner Vorlage?) veranlaßt hat, die Zwischenüberschrift *van den heiligen Manne Thobi* einzufügen. Ungewöhnlich ist die Gliederung des Textes durch acht z. T. lateinische Zwischenüberschriften, die wohl vom Schreiber stammen.

AUSGABE: Maurer II, Nr. 44. – LITERATUR: Werner Schröder in: VL 5, 1985, Sp. 494–497.

Judith, Makkabäer, Tobias – ihre erbaulichen Qualitäten werden noch Luther veranlassen, sie seinen lieben Deutschen und ihren Dichtern ans Herz zu legen, die solchem Rat denn auch fleißig gefolgt sind. *Denn Judith gibt eine gute / ernste / dapffere Tragedien / So gibt Tobias eine feine liebliche /gottselige Comedien. Denn gleich wie das Buch Judith anzeigt / wie es Land vnd Leuten offt elendiglich gehet / vnd wie die Tyrannen erstlich hoffertiglich toben / vnd zu letzt schendlich zu boden gehen. Also zeigt das Buch Tobias an /wie es einem fromen Bawr oder Bürger auch vbel gehet / vnd viel leidens im ehestand sey / Aber Gott jmer gnediglich helffe / vnd zu letzt das ende mit freuden beschliesse (Vorrede auffs Buch Tobie).*

Den Übergang zur Geschichte des Heils in Christus, zu seinem Leben, Leiden und Sterben, zum Anbruch des dritten Zeitalters *sub gratia* markiert die biblische Gestalt Johannes des Täufers. Schon altchristliche Dichter wie Paulinus von Nola haben ihn gefeiert. Auch die großen Bibelepen neutestamentlichen Inhalts, seit Juvencus und Sedulius in der lateinischen, seit dem ›Heliand‹ und Otfrids ›Evangelienbuch‹ in der deutschen Dichtung, widmen ihm meist längere Passagen. Aus der deutschen Literatur des 12. Jahrhunderts sind drei fragmentarische Johannesgedichte überliefert.

Aus dem kleinen oberösterreichischen Kloster Baumgartenberg stammt der ›Baumgartenberger Johannes Baptista‹. Die erhaltenen 77 Verse stellen Johannes als Propheten dar und thematisieren ausführlich (im Anschluß an Joh. 3,25 ff.?) den Streit zwischen den Vertretern des alten und des neuen Bundes: *der guote sante Johannes den sic nam* (v. 43), »Johannes behielt recht«. Die erzählenden Partien treten dagegen in den Hintergrund. Erkennbar ist nur die Begegnung zwischen Johannes und Jesus (Joh. 1,29 ff.) und dessen Prophezeiung von der Wiederkehr des Elias (Mt. 17,10 ff.). Über den Inhalt des vollständigen Gedichts läßt sich danach kaum urteilen, sein ursprünglicher Umfang dürfte aber nicht sehr groß gewesen sein. Die Handschrift weist eine alte Strophenzählung auf. Das Fragment setzt mit Strophe VII ein und endet mit Strophe XII, die strophischen Abschnitte umfassen zwischen 6 und 20 Verse, also wird der verlorene Anfang kaum 100 Verse erreicht haben. Da das Fragment auf der letzten Seite eines lateinischen Codex steht, könnten Anfang und Schluß auf den Innenseiten des ursprünglichen Einbandes gestanden haben und verlorengegangen sein, als der Codex umgebunden wurde. Vorausgesetzt, daß die ursprüngliche Eintragung vollständig gewesen ist, hätten dem verlorenen Eingang etwa sechs Strophen am Schluß entsprochen. Die Datierung um die Jahrhundertmitte setzt voraus, daß die Verse 1–4 in der deutschen ›Kaiserchronik‹ (vv. 4047–4050) zitiert sind. Andere Anhaltspunkte gibt es nicht.

Ausgabe: Maurer II, Nr. 27. – Literatur: Karl-Ernst Geith in: VL 1, 1978, Sp. 646 f.

Einige aus Maria Saal stammende und heute in der Klosterbibliothek von St. Paul in Kärnten aufbewahrte Blätter einer zerschnittenen Handschrift enthalten zwei insgesamt 267 Verse umfassende Bruchstücke eines weiteren Gedichts auf Johannes den Täufer. Entstehungszeit und -raum sind wieder durchaus unsicher. Die entwickelte Vers- und Reimtechnik läßt an die Mitte oder eher noch die zweite Hälfte des 12. Jahrhunderts (Benutzung durch den Pfaffen Konrad?) denken. Anfang und größere Partien aus dem Mittelteil des Gedichts sind verloren, dafür ist der Schluß mit der Selbstnennung des Verfassers – *ein priester hiez Adelbreht* (v. 252) – erhalten.

Das erste Fragment von ›Adelbrechts Johannes Baptista‹ setzt ein mit der über den Priester Zacharias verhängten Stummheit. Der Engel Gabriel verkündet *einer magede vil here* (v. 35) die jungfräuliche Empfängnis des Gottessohnes. Die beiden Frauen, Elisabeth und Maria, treffen sich (vv. 45 ff.); denn als Maria von der Botschaft des Engels erzählt, da *frou(te) sich daz kindelin (...) in dem ir lib(e)* (vv. 53 ff.), da »freute sich das Kind im Leib der Elisabeth«. Nach der Geburt, nach Beschneidung und Namengebung des Johannes erhält sein Vater Zacharias die Sprache zurück und führt ein gottseliges Leben bis an sein Ende, das der Verfasser schnell zu erreichen trachtet, um sein Publikum nicht zu langweilen: *ich furhte harte daz die liute belange* (vv. 132 f.). Danach setzt er in vv. 139 ff. neu ein mit der Erzählung der Johannesvita. Nach dem kurzen Resümee seines keuschen und weltabgewandten Lebens bricht mit v. 161 das erste Fragment ab. Das zweite setzt ein mit der Kerkerhaft des Täufers (vv. 162 ff.), erzählt von seiner Enthauptung (vv. 193 ff.), übergeht aber ganz Herodes, Herodias und deren Tochter Salome und fügt dafür die nichtbiblische Grablegung des Johannes durch die Jünger des Herrn an (vv. 211 ff.). Schließlich wird der Name – *Johannes chwit ›gotes gnade‹* (v. 230) – erklärt und werden das Wirken des Täufers und seine Aufrufe zu Buße und Selbstreinigung resümiert. Im Epilog (vv. 248–267) nennt sich der Priester Adelbrecht *scalch und chneht des heiligen mannes, sancti Johannes* (vv. 252 ff.). Das kann ein Hinweis auf »seine Zugehörigkeit zu einer Kirche oder einem Konvent mit entsprechendem Patrozinium« (Achim Masser) sein, läßt an das Patronatsfest als Anlaß für das Gedicht denken und ordnet jedenfalls ›Adelbrechts Johannes Baptista‹ dem Kontext der Heiligenverehrung und Legendenliteratur zu. Ob die Apostrophe des Publikums als ständisch nicht differenzierte *liute* auf eine Laiengemeinde hindeutet, bleibt unsicher.

AUSGABE: Maurer II, Nr. 37. – LITERATUR: Karl-Ernst Geith in: VL 1, 1978, Sp. 62 f.

Das einzige vollständig erhaltene Johannesgedicht (446 Verse) stammt von der ersten namentlich bekannten Dichterin deutscher Zunge, der Frau Ava. Ihr ›Johannes‹ bildet das erste Stück eines neutestamentlichen Zyklus. Ava bedient sich der gleichen schlichten, beim Wortsinn des Neuen Testaments verharrenden Erzählweise wie der Priester Adelbrecht, dessen ›Johannes Baptista‹ sogar wörtliche Anklänge an ihr Johannesgedicht enthält. Es ist möglich, daß Adelbrecht den ›Johannes‹ der Ava gekannt und benutzt hat.

Die weitgehende inhaltliche Übereinstimmung beider Gedichte erlaubt es, hier nur auf die Partien hinzuweisen, die im Gedicht des Adelbrecht nicht enthalten oder nicht überliefert sind. Dazu gehören insbesondere die Taufe Jesu (vv. 221 ff.) und die Weissagungen und Predigten des Johannes (vv. 241 ff.). Ausführlich ist bei Frau Ava auch von Herodes, Herodias und ihrer Tochter die Rede, die das königliche Saitenspiel erlernt hatte und *spranch alse ein spilwip* (v. 291), d.h. tanzte wie eine Gauklerin. Erzählt wird von der Gefangennahme des Johannes, vom Fest des Herodes und vom Tanz der Salome (vv. 367 ff.). Salome (deren Name übrigens nie genannt wird) wünscht sich auf Anraten der Mutter zum Dank das Haupt des Johannes (vv. 405 ff.). Den Schluß bilden Hinrichtung und Tod des Johannes (vv. 421 ff.). Einige Preisverse auf den *helfare* vor Gott bilden den Epilog (vv. 439 ff.).

LITERATUR: vgl. S. 305.

Der vornehmste, verpflichtendste, unerschöpflichste und seiner dogmatischen Bedeutung wegen am wenigsten antastbare Stoff eines christlichen Dichters ist das Heilandsleben. Das älteste lateinische Bibelepos aus der ersten Hälfte des 4. Jahrhunderts ist ein solches Evangeliengedicht, und auch die volkssprachliche Bibelepik setzt mit Evangeliengedichten ein. Sicher ist nicht alles erhalten geblieben, was einmal vorhanden war. Aber das Erhaltene legt eindrucksvoll Zeugnis ab von der andauernden frommen Bemühung, sich der in Christus offenbarten Wahrheit auch in poetischer Gestalt, in der Form demütig-einfacher oder hochfeierlicher Versifizierung zu versichern. Mit Ausnahme des ›Lebens Jesu‹ der Frau Ava sind uns neutestamentliche Dichtungen des 12. Jahrhunderts nur in Bruchstücken überliefert, deren Datierung durchweg problematisch ist. Die einschlägigen Überlegungen und Vermutungen werden deshalb im folgenden Überblick nicht vollständig dargelegt.

›Von Christi Geburt‹ ist ein solches Fragment, dessen Inhalt durch den literaturgeschichtlichen Titel angedeutet wird. Die erhaltenen 136 Verse setzen ein mit alttestamentlichen Episoden, die im Sinne typologischer Schriftdeutung als Hinweise auf Christus verstanden werden: die eherne Schlange Mosis, die babylonische Gefangenschaft u. a. m. Erzählt wird von der Geburt Christi, von der Ankunft der Magier, die hier wie bei Ava schon als Könige erscheinen. Ochs und Esel stehen an der Krippe, obwohl die Evangelien davon nichts wissen. Die ursprünglich wohl folgende Jugendgeschichte ist nicht mehr erhalten. Der ripuarische Dialekt läßt an eine Entstehung im Kölner Raum denken.

Ausgabe: Maurer II, Nr. 26. – Literatur: Edgar Papp in: VL 1, 1978, Sp. 1217f.

›Friedberger Christ‹ nennt man ein weiteres poetisches Leben Christi nach der Herkunft der Handschrift, die in wenigen Bruchstücken erhalten ist. Der Umfang des Gesamtgedichts wird auf 1100 bis 1200 Verse geschätzt. Rekonstruierbar ist etwa ein Drittel. Soweit die fragmentarische Überlieferung erkennen läßt, begann die Dichtung mit der Geburt des Johannes. Danach ist wohl von der Geburt Christi die Rede gewesen, vom Abendmahl, vom Verrat des Judas, von der Gefangennahme Jesu, von der Freilassung des Barabbas und der Kreuzigung, von Grablegung, Auferstehung und der Erscheinung des Auferstandenen, vom Gang nach Emmaus, vom ungläubigen Thomas und von der Himmelfahrt. Immer wieder fehlen Versteile oder ganze Versgruppen. So läßt sich auch der Schluß nicht wiedergewinnen. Einige Verse über den Antichrist sprechen aber dafür, daß noch ein Ausblick auf das Jüngste Gericht folgte. Auffällig sind die vielen Anklänge an das ›Ezzolied‹, die aber wohl nicht erlauben, von einer bewußten »Umsetzung von Ezzos strophischer Hymnik in erzählende Reimpaardichtung« (Helmut de Boor) zu sprechen.

Ausgabe: Maurer II, Nr. 25. – Literatur: Edgar Papp in: VL 2, 1980, Sp. 923f.

Ein heute verschollenes Pergamentdoppelblatt enthielt das Verhör Christi durch Pilatus. Die 64 in mitteldeutschem Dialekt geschriebenen Verse von ›Christus und Pilatus‹ lassen nichts erkennen vom ursprünglichen Inhalt und der Intention des Gedichts. Der stark dialogisch geprägte Charakter des Fragments hat die Vermutung nahegelegt, das geistliche Drama habe auf die Gestaltung des Gedichts eingewirkt (Gustav Ehrismann). Beweisen läßt sich das nicht.

AUSGABEN: Kraus, Nr. 12. – Maurer III, Nr. 55. – LITERATUR: Edgar Papp in: VL 1, 1978, Sp. 1238.

In einer Münchener Handschrift des 14. Jahrhunderts ist ein ursprünglich vielleicht noch dem 12. Jahrhundert angehörendes Gedicht überliefert, das ebenfalls ein ›Leben Christi‹ zum Inhalt gehabt zu haben scheint. Die 540 Verse behandeln die Erschaffung der Engel, den Engelssturz und den göttlichen Beschluß zur Erschaffung des Menschen, die Verführung von Adam und Eva durch die Schlange und die Verstoßung aus dem Paradies. Nach 5000 Jahren erfolgt der Erlösungsbeschluß. Das Leben Jesu wird bis zum bethlehemitischen Kindermord erzählt, dann bricht das Fragment ab. Eigentümlich sind der allegorische Einschlag (das Erlösungswerk wird als ritterlicher Kampf Gottes gegen Luzifer vorgestellt) und die vielen exegetisch-moralischen Einschübe. Eine neuere Untersuchung fehlt.

AUSGABEN: Franz Pfeiffer, Leben Christi. ZfdA 5 (1845), S. 17–32. – H. F. Maßmann, Lucifer und Jesus. Hagens Germania 9 (1850), S. 171–180. – LITERATUR: Karin Schneider in: VL 5, 1985, Sp. 631f.

Die ausführlichste neutestamentliche Bibeldichtung stammt von der bereits genannten Frau Ava. Ihr Hauptstück, dem das oben behandelte Johannesgedicht vorangeht, ist ein ›Leben Jesu‹ in 2268 Versen. Ihm folgt ein kurzes Stück über ›Die sieben Gaben des heiligen Geistes‹ (vv. 2269–2418), deren traditionelle Verknüpfung mit den sieben Seligpreisungen der Bergpredigt den Zusammenhang zum Heilandleben herstellt. ›Leben Jesu‹ und ›Die sieben Gaben des Heiligen Geistes‹ werden deshalb im allgemeinen als zusammengehöriges Gedicht angesehen, während die beiden folgenden Stücke ›Antichrist‹ und ›Das Jüngste Gericht‹ als selbständige Teile gelten, die freilich zusammen mit den vorhergehenden Stücken einen in sich abgerundeten neutestamentlichen Zyklus bilden.

AUTORIN UND TEXTÜBERLIEFERUNG: Im Epilog zum ›Jüngsten Gericht‹ nennt sich die Verfasserin der »Bücher« als *zweier chinde muoter* (v. 394), die ihr den *sin* (v. 395), also das richtige Verständnis der heiligen Schriften vermittelt hätten. Offenbar handelte es sich um zwei geistlich gebildete (und reguliert lebende?) Männer, deren einer gestorben ist. Für ihn bittet die Verfasserin in erster Linie um Fürbitte, danach aber auch für die *muoter, daz ist Ava* (v. 406). Man identifiziert diese Frau Ava bei aller verbleibenden Unsicherheit mit einer *Ava inclusa,* deren Tod im Jahre 1127 die Annalen des Klosters Melk und andere Klosterchroniken ohne ersichtlichen Grund verzeichnen. Offensichtlich handelte es sich um eine ihrer früheren weltlichen Stellung, ihres geistlichen Wirkens oder ihrer Söhne wegen des frommen Gedächtnisses würdige Person. Die Vorauer Handschrift enthält bei Verlust eines Blattes die Gedichte der Frau Ava mit Ausnahme des ›Johannes‹ vollständig. Eine spätere, geglättete Fassung bot eine heute verschollene Bilderhandschrift des 14. Jahrhunderts. In ihr fehlt der Epilog mit der Autornennung.

Das ›Leben Jesu‹ der Frau Ava folgt dem Evangelienbericht in genauer Chronologie der Ereignisse. Vielleicht lag der Verfasserin ein entsprechend geordneter Perikopentext vor (Achim Masser). Das Gedicht beginnt mit einem kurzen Hinweis auf Jesaja und andere Propheten, die die jungfräuliche Geburt vorhergesagt haben. Dann folgen Verkündigung (vv. 33 ff.), Begegnung zwischen Maria und Elisabeth (vv. 77 ff.) und Geburt Jesu (vv. 113 ff.). Die himmlischen Heerscharen singen ihr Gloria (vv. 159 ff.), und die Heiligen Drei Könige bringen ihre allegorisch interpretierten Geschenke (vv. 181 ff.). Als die Könige heimziehen, ohne Herodes Bericht erstattet zu haben, fügt Frau Ava wie Otfrid die Mahnung hinzu, auch wir mögen mit Gottes Hilfe so den Weg des Teufels meiden und den Weg in die himmlische Heimat finden (vv. 297–304). Die Apostrophe *Libe mine herren* (v. 297) ist ein deutlicher Hinweis auf ein adliges Publikum, dem die fromme Dichterin wohl selbst entstammt. Weiter geht es mit der Darbietung des Kindes im Tempel und den Prophezeiungen des alten Simeon und der Hanna (vv. 305 ff.). Nur kurz angedeutet werden die Geburt des Johannes und der bethlehemitische Kindermord (vv. 353 ff.). Auch die Flucht nach Ägypten wird eher beiläufig abgetan (vv. 373 ff.). Sehr viel breiter, mit anrührender Naivität und geradezu intimer Einfühlung, wird das Auftreten des zwölfjährigen Jesus im Tempel erzählt (vv. 387 ff.). Es folgen Jordantaufe (vv. 431 f.), Versuchung in der Wüste (vv. 463 ff.), Berufung der Jünger (vv. 527 ff.), Weinwunder (vv. 617 ff.), Verklärung (vv. 643 ff.) und Blindenheilung (vv. 685 ff.). Die Begegnung Jesu mit der samaritanischen Frau (vv. 707 ff.) leitet über zur Erzählung weiterer Wundertaten. Dagegen werden die Lehrreden und Predigten fast völlig übergangen. Die Passionsgeschichte beginnt mit dem Einzug in Jerusalem (vv. 1143 ff.), dem erste Andeutungen auf den Verrat des Judas vorangehen

(vv. 1133 ff.). Ausführlich werden die Fußwaschung (vv. 1231 ff.) und das Abendmahl mit der Kennzeichnung des Verräters erzählt (vv. 1251 ff.). Jesus betet auf dem Ölberg (vv. 1361 ff.), wird von Judas verraten (vv. 1401 ff.), gefangengenommen und von Petrus dreimal verleugnet (vv. 1463 ff.). Die Passionsstationen Geißelung (vv. 1505 ff.), Verhör durch Pilatus (vv. 1517 ff.), Verspottung (vv. 1567 ff.) und Kreuzigung (vv. 1587 ff.) schließen sich an. Die geläufige Kreuzesholztypologie *lignum mortis / lignum vitae* (»Baum des Todes / Baum des Lebens«) wird in vv. 1599 f. zitiert. Nach der Kreuzigung (vv. 1629 ff.) und Beweinung durch die beiden Marien, durch Joseph von Arimathia und Nikodemus (vv. 1693 ff.) werden Grablegung und Höllenfahrt (nach dem ›Evangelium Nicodemi‹), Sieg über den Höllenhund (vv. 1723 ff.) und Erlösung der Frommen (vv. 1761 ff.) behandelt. Schließlich ist von der Auferstehung die Rede (vv. 1791 ff.), von den drei Marien am Grab (vv. 1807 ff.) und der Erscheinung des Auferstandenen vor Maria (vv. 1881 ff.), den Jüngern und dem ungläubigen Thomas (vv. 1927 ff.) und von der Himmelfahrt (vv. 2031 ff.). Den Abschluß bildet die Ausgießung des Heiligen Geistes (vv. 2137 ff.). In einem Ausblick auf die vier Evangelien, auf die Tiersymbole der Evangelisten und auf die Missionstätigkeit der Apostel, von denen allein Petrus mit Namen genannt wird (v. 2262), endet das Gedicht.

Es ist auffällig, wie kurz Frau Ava die Lehrtätigkeit Jesu abtut. Wo der Helianddichter die schwierige und eine adlige Kriegerkaste sicher irritierende Bergpredigt mit den Seligpreisungen der Friedfertigen und Sanftmütigen ausführlich versifiziert, wo monastische Autoren wie insbesondere Otfrid von Weißenburg notwendig länger verweilen – da schweigt die deutsche Laiendichterin des 12. Jahrhunderts. Sicher nicht aus Gründen innerer Ablehnung, wohl aber geleitet vom Interesse an Vorgang und Handlung. So sehr sie mit der Bibel und den Methoden ihrer Auslegung vertraut gewesen sein mag, so wenig macht sie von solchen Kenntnissen Gebrauch. Dagegen ergänzt sie den Evangelienbericht durch apokryphes Erzählgut (›Descensus ad inferos‹ etc.). Auffällig sind die vielen schon zu ihrer Zeit offensichtlich populären und populär gebliebenen Vorstellungen: Ochs und Esel an der Krippe, die drei Magier als drei (heilige) Könige u. a. finden sich hier zum erstenmal in deutscher Dichtung. Schon deshalb verdient

Frau Ava mehr als die meisten anderen geistlichen Poeten des 12. Jahrhunderts die Beachtung nicht nur der Literarhistoriker.

AUSGABE: Maurer II, Nr. 40–43. – Ders. (Hrsg.), Die Dichtungen der Frau Ava. Tübingen 1966 (ATB 66). – Kurt Schacks (Hrsg.), Frau Ava, Die Dichtungen. Graz 1986 (Wiener Neudrucke 8). – LITERATUR: Edgar Papp in: VL 1, 1978, Sp. 560–565.

In der Überlieferung der alten Bibeldichtung macht sich immer mehr die Tendenz zur Sammlung, zur Kompilation, zur reihenden Vervollständigung bemerkbar, die im Endeffekt zur umfassenden Reimbibel hätte führen können. Es lag also nahe, den Versuch zu unternehmen, ein derart umfassendes Gedicht nicht erst durch nachträgliche Zusammenfügung ursprünglich selbständiger Texte zu produzieren, sondern neu zu konzipieren und zu schaffen. In der abgekürzten Form liedhaften Zuschnitts kennen wir solch heilsgeschichtliche Gedichte seit dem ›Ezzolied‹. In epischer Breite ist dieses Ziel nur ganz selten angestrebt und erreicht worden. Im 12. Jahrhundert kommt eine lateinische Gedichtfolge diesem Ziel nahe, die ihr Verfasser Petrus Riga ›Aurora‹ (›Morgenröte‹) genannt hat. Auch in der deutschen Literatur scheint ein solches Unternehmen in bescheideneren Dimensionen einmal gewagt worden zu sein. Bruchstükke eines ursprünglich wohl recht umfangreichen Gedichts werden aufgrund sprachlicher Kriterien und entsprechend seinem mutmaßlichen Inhalt ›Mittelfränkische Reimbibel‹ genannt. Erhalten sind (abgesehen von nicht mehr entzifferbaren Buchstabenfolgen) reichlich 1400 Verse, deren Zuordnung nicht immer zweifelsfrei gelingt. Sie gehören zu folgenden Stoffkomplexen:

Schöpfung und Sündenfall – der Himmel – Erschaffung des Menschen und Neid des Teufels – Arche Noah und Sintflut – Jakob und Esau – Jakobs Söhne – Joseph in Ägypten ...

Zacharias – Elisabeth bei Maria – Anbetung der Heiligen Drei Könige – Beschneidung – Herodes – Flucht nach Ägypten – Rückkehr – der zwölfjährige Jesus im Tempel – Johannes der Täufer – Berufung der Jünger – Verrat des Judas – Verleugnung durch Petrus – Christus und die Samariterin – Blindenheilung ...

Geschichte der Apostel nach dem Tod des Erlösers – Martyrium von Petrus und Paulus – Heiligengeschichten (Helena, Cosdras, Eraclius etc.) ...

Hölle und Paradies.

Diese Konzeption rückt die ›Mittelfränkische Reimbibel‹ in

die Nähe der deutschen ›Kaiserchronik‹, mit der sie sich sogar teilweise inhaltlich überschneidet. Der unbekannte Verfasser sieht sich aber wohl eher in der Tradition der lateinischen Bibelepik, auf die er sich im Zusammenhang der Erzählung vom Martyrium der Apostel Petrus und Paulus in Rom bezieht: *so uns Arator saget* (v. 484 in Maurers Zählung nach Langzeilen). Arators ›Apostelgedicht‹ war das letzte große Bibelepos der Spätantike und gehörte im Mittelalter zur Schullektüre. Davon zeugen nicht zuletzt die glossierten Handschriften. Die Bekanntschaft eines geistlichen Dichters des 12. Jahrhunderts mit diesem Gedicht ist also nicht verwunderlich. Bemerkenswert ist aber, daß durch solche Berufung der Traditionszusammenhang Bibelepik erneut beschworen und auf die volkssprachliche Dichtung ausgeweitet wird. Damit ist auch der literarische Anspruch definiert und allen Spekulationen der Boden entzogen, wonach es sich ursprünglich um ein Legendar (Gustav Ehrismann), also um eine Sammlung von Heiligengeschichten, oder aber um ein Homiliar (Achim Masser), also um eine Sammlung von Reimpredigten, gehandelt haben könnte.

Es gehört zu den größten Verlusten auf dem Feld der geistlichen Literatur des 12. Jahrhunderts, daß die ›Mittelfränkische Reimbibel‹ nicht vollständig erhalten geblieben ist. Sie war neben der ›Kaiserchronik‹ wohl einer der wichtigsten Marksteine auf dem Weg zur deutschsprachigen Großepik.

Ausgabe: Maurer I, Nr. 3. – Literatur: Edgar Papp in: VL 6, 1987, Sp. 616–620.

Jüngstes Gericht und Jenseitsvisionen

Der mehr oder minder ausführliche Ausblick auf die Letzten Dinge gehört seit der Spätantike zu den integralen Bestandteilen gerade auch der heilsgeschichtlichen Epen. Der ›Heliand‹ und Otfrids ›Evangelienbuch‹ beschließen damit das Heilandsleben, die ›Mittelfränkische Reimbibel‹ endete offenbar mit einem derartigen Ausblick. Frau Ava steht in dieser Tradition, mögen auch die beiden abschließenden Teile ihres Gedichtzyklus, ›Antichrist‹ und ›Jüngstes Gericht‹, den Eindruck durchaus selbständiger Gedichte machen.

Das kürzere Antichristgedicht (118 Verse) geht aus von der Rede Jesu über die Zerstörung des Tempels und das Kommen des Menschensohnes (Mt. 24). Am Ende der Tage übernimmt der Antichrist die Herrschaft. Große Not wird über die Welt kommen, Pest und Tod suchen Mensch und Tier heim. Ein allgemeiner Kampf hebt an. Die Reiche dieser Welt werden zersplittert. In Marken, Bistümern, Grafschaften und Herzogtümern werden drei oder vier Herren sein statt einem. Missetat und Mord werden herrschen, die Guten fliehen in die Einöde (vv. 1–26). Nach der Aufforderung an die Hörer, für ein gutes Ende zu beten, folgt ein Preis der Keuschheit. In der Welt werden Haß und Zwietracht herrschen zwischen Mann und Frau, Herr und Knecht, Herrin und Magd (vv. 27ff.). Dann wird der kommen, den wir Antichrist nennen. Elias und Enoch werden den Kampf gegen ihn aufnehmen und den Tod finden, und die Guten werden mit ihnen unterliegen (vv. 60ff.). Das gläubige Vertrauen auf die Mutter Gottes wird vom Antichrist unterdrückt werden, der mit dem Anspruch auftritt, selbst Gottes Sohn zu sein (vv. 81ff.). Schließlich wird seine Herrschaft enden, *übermuot (superbia)* wird ihn fällen und der Tod ihn ereilen. Dann wird eine große Umkehr stattfinden (vv. 97ff.).

Die Verse über das ›Jüngste Gericht‹ (406 Verse) schließen unmittelbar an. Nun will ich, leitet die Dichterin diesen letzten Teil ein, euch die schreckliche Geschichte des Jüngsten Gerichts erzählen und berichten von der ewigen Krone, die Gott denen zum Lohn gibt, die tapfer kämpfen am Ende der Zeiten (vv. 1–8). Fünfzehn Zeichen werden geschehen, ehe Christus erscheint. Am ersten Tag wird sich das Wasser in die Erde zurückziehen und am zweiten Tag wieder hervorbrechen mit Getöse. Am dritten Tag wird es bergauf fließen. Am vierten Tag werden alle Fische und Untiere aus dem Meer kommen und miteinander kämpfen. Am fünften Tag werden die Vögel des Himmels sich gegenseitig töten. Am sechsten Tag werden sich Sonne und Mond verfinstern. Am siebten Tag werden die Elemente miteinander kämpfen. Am achten Tag wird ein ungeheures Erdbeben alles verwüsten und am neunten Tag werden die Steine bersten. Am zehnten Tag werden Städte und Burgen fallen, am elften Tag alle Schätze dieser Welt sich in Asche auflösen. Am zwölften Tag werden die Tiere schreiend zusammenlaufen. Am dreizehnten Tag werden die Gräber sich auftun, und die Toten werden sich aufmachen zum Gericht. Ihnen folgen am vierzehnten Tag wehklagend und von Sinnen die Lebenden. Am fünfzehnten Tag wird ein ungeheures Sterben anheben und der Weltenbrand wird alles verschlingen (vv. 9–162). Dann kommen die vier Evangelisten und wecken die Toten wieder auf. Christus erscheint in seiner Glorie zum Gericht (vv. 163–198). Wenn das Gericht ergeht, kommt jede Reue zu spät. Deshalb soll man schon in diesem Leben Gott lieben, wahrhaftig sein, Almosen geben und keinen Luxus treiben, soll sich der Waisen annehmen, die Gefangenen befreien, seinen Feinden vergeben und unbestechlich Recht sprechen, soll den Armen helfen und die Landlosen aufnehmen, soll gern zur Kirche gehen, beichten und Buße tun (vv. 199–220). Dann werden Weizen und Spreu getrennt, und Gott wird seine Widersacher vernichten (vv. 221–254). Die traditionelle Kontrastierung von Hölle und Himmel schließt sich an (vv. 255–376). Und noch einmal wiederholt Frau Ava die Bedingungen der ewigen Seligkeit: ein gottwohlgefälliges Leben auf Erden in Demut, Gottesfurcht, Barmherzigkeit und Weltverachtung (vv. 377–392).

Hier liegt Bibelepik im eigentlichen Sinne nicht mehr vor, wenn man darunter die paraphrasierende Umsetzung eines kontinuierlichen Grundtextes versteht. Das stoffliche und gedankliche Substrat der beiden Gedichte ist dennoch die Heilige Schrift, deren verstreute Hinweise auf das Kommen des Antichrist, auf das Ende der Welt und das Jüngste Gericht in einen fortlaufenden Zusammenhang gebracht werden. Das ist nicht die Leistung der Frau Ava oder anderer Verfasser entsprechender Gedichte, sondern Ergebnis einer langen Tradition von Jenseitshoffnung und eschatologischer Spekulation, die zurückführt bis in die Zeit der Entstehung der apokryphen Bücher des Neuen Testaments, die im Mittelalter zum Teil weit verbreitet waren und noch nicht dem strengen Verdikt der Unechtheit unterlagen. Die altchristliche Apokalyptik basiert ihrerseits auf apokalyptischen Spekulationen im Judentum und wird fortgesetzt von den mittelalterlichen Theologen. Prägend hat die Schrift Adsos ›De ortu et tempore Antichristi‹ (›Über die Heraufkunft und Erscheinungszeit des Antichrist‹) aus dem 10. Jahrhundert gewirkt, auch wenn sein direkter Einfluß auf die Gedichte der Ava nicht nachweisbar ist. Für die volkssprachliche Dichtung seit dem 12. Jahrhundert kommen zuallererst die verbreiteten exegetischen Handbücher wie die ›Historia scholastica‹ des Petrus Comestor als Quellen in Frage. Seit dem 13. Jahrhundert treten Legendensammlungen wie insbesondere die ›Legenda aurea‹ des Jacobus de Voragine hinzu.

Die großartigste literarische Verarbeitung der Antichristthematik erfolgte in lateinischer Sprache und in einer Gattung, die im 12. Jahrhundert der deutschen Literatur noch verschlossen bleibt: im geistlichen Spiel. Der Tegernseer ›Ludus de Antichristo‹ verbindet Welt- und Heilsgeschichte, Politik und Eschatologie, Kaiser- und Antichristspiel in einer allegorischen Handlung, die ganz auf die Gegenwart und die Person des Stauferkaisers Friedrich I. bezogen wird. Das Spiel gehört denn wohl auch in den engeren Umkreis des Kaiserhofes und führt auch damit über die in diesem Band gesteckten Grenzen hinaus.

LITERATUR: Wilhelm Bousset, Der Antichrist in der Überlieferung des Judentums, des neuen Testaments und der alten Kirche. Ein Beitrag zur Auslegung der Apokalypse. Göttingen 1895. – Ernst Sackur, Sibyllinische Texte und Forschungen. Halle 1898. Nachdr. Hildesheim 1983. – Elisabeth Peters, Quellen und Charakter der Paradiesvorstellungen in der deutschen Dichtung vom 9. bis 12. Jahrhundert. Breslau 1915. – William W. Heist, The Fifteen Signs before Doomsday. Michigan 1952. – Robert Konrad, De ortu et tempore Antichristi, Antichristvorstellung und Geschichtsbild des Abtes Adso von Montier-en-Der. Kallmünz 1964. – Horst Dieter Rauh, Das Bild des Antichrist im Mittelalter. Von Tyconius zum Deutschen Symbolismus. Münster 1973. – Hans-Peter Kursawa, Antichristsage, Weltende und Jüngstes Gericht in mittelalterlicher deutscher Dichtung. Analyse der Endzeiterwartungen bei Frau Ava bis zum Parusiegedicht Heinrichs von Neustadt vor dem Horizont mittelalterlicher Apokalyptik. Diss. Köln 1976. – AUSGABEN UND ÜBERSETZUNGEN: Zum ›Ludus de Antichristo‹: Karl Langosch (Hrsg.), Geistliche Spiele. Lateinische Dramen des Mittelalters mit deutschen Versen. Darmstadt 1961, S. 179–239. – Rolf Engelsing (Hrsg.), Ludus de Antichristo / Das Spiel vom Antichrist. Lateinisch und deutsch. Übersetzung und Nachwort. Stuttgart 1968. – Allgemein: Ernst Bernheim, Mittelalterliche Zeitanschauungen in ihrem Einfluß auf Politik und Geschichtsschreibung. 1. (einziger) Teil: Die Zeitanschauungen. Die Augustinischen Ideen, Antichrist und Friedensfürst, Regnum und Sacerdotium. Neudruck der Ausgabe Tübingen 1918, Aalen 1964.

Wie die Tradition apokalyptischer Spekulationen und Phantasien immer erneut angeeignet, variiert und einem jeweils aktuellen Interesse angepaßt wird, läßt sich an der Reihe einschlägiger deutscher Gedichte des 12. Jahrhunderts erkennen.

Ein heute verschollenes Doppelblatt der Hamburger Staats- und Universitätsbibliothek enthielt 121 Verse eines in seinem Gesamtumfang schwer einzuschätzenden Gedichts, das in der Literaturgeschichtsschreibung den Titel ›Hamburger Jüngstes Gericht‹ trägt. Lokalisierung (südliches Rheinfranken?) und Datierung (vor der Jahrhundertmitte?) sind unsicher. Die erhaltenen Verse setzen ein mit dem Aufzug des Weltenrichters und seines Gefolges von Engeln zum Gericht. Der Gekreuzigte zeigt seine Wunden und zieht die Menschen zur Rechenschaft. Das Sündenregister wird aufgeschlagen und das Urteil gesprochen. In Rede und Gegenrede wird die Verzweiflung der Verdammten vergegenwärtigt. Gott und die Seligen versagen sich ihren Hilferufen. Damit bricht das Fragment ab.

Die Darstellung ist hier ungleich lebhafter und anschaulicher als im Gedicht der Frau Ava. Die direkte geistliche Mahnung tritt zurück hinter die affektive Vergegenwärtigung. Wo Frau Ava trocken moralisiert, da werden im ›Hamburger Jüngsten Gericht‹ solche Mahnungen in den Erzählzusammenhang integriert. Was, so redet der richtende Christus den Menschen an, hast du für mich getan (v. 3,6 in Maurers Zählung)? Und die Seligen weisen die Verdammten mit der entsprechend strafenden Frage zurück: Wo ist jetzt euer weltlicher Übermut (v. 10,2)? Ob dieser Tonfall im ganzen Gedicht durchgehalten worden war oder in dem erhaltenen Stück nur ein pathetischer Höhepunkt ist, läßt sich nicht entscheiden.

Ausgabe: Maurer I, Nr. 16. – Übersetzung: de Boor, S. 116–170. – Literatur: Edgar Papp in: VL 3, 1981, Sp. 426f.

Ganz anders und auf seine Weise merkwürdig ist ein vollständig überliefertes Gedicht ›Von den Letzten Dingen‹, das nach dem Aufbewahrungsort der Handschrift zumeist ›Linzer Antichrist‹ (oder ›Entecrist‹) genannt wird. Die knapp 2000 Verse (die Zahl schwankt je nach Textherstellung) weisen eine bereits fortgeschrittene Reimtechnik auf, so daß man den ›Linzer Antichrist‹ in die zweite Jahrhunderthälfte datiert. Die Sprache der Aufzeichnung in der einzigen, dem 13. Jahrhundert angehörenden Handschrift weist alemannische Züge auf. Eine alemannische Herkunft des Gedichts ist damit nicht bewiesen, wird aber vermutet.

Der Inhalt folgt dem bekannten Schema, das durch folgende, hier aus dem Lateinischen übersetzte Zwischenüberschriften noch verdeutlicht wird: ›Über den Antichrist‹ – ›Elias und Enoch‹ – ›Über die fünfzehn Zeichen vor dem Tag des Gerichts‹ – ›Über die Ankunft Christi zum Gericht‹. Nach einem Prolog (vv. 1–20) setzt der Verfasser mit der alttestamentlichen Vorausdeutung auf das Kommen des Antichrist ein, die nach alter christlicher Anschauung im prophetischen Rätselwort Jakobs über seinen Sohn Dan (1. Mos. 49,17) enthalten ist. Diese Deutung hatte auch der Dichter der ›Altdeutschen Genesis‹ (vv. 5685f.) angesprochen und eine Kurzfassung der Antichristlegende angefügt. Auf dem Totenbett segnet Jakob seine Söhne und verkündet ihnen die Zukunft. Aus dem Geschlecht Judas, des Löwen, werde Maria, die Mutter Gottes, kommen; aus dem Geschlechte Dans aber der Antichrist. Es folgt eine lange theologische Erörterung über den Antichrist, der von seiner Geburt an – seine Mutter ist *nicht* Jungfrau, er wird *nicht* in einem armseligen Stall geboren etc. – in jeder Hinsicht das Gegenbild Christi sei.

Immer wieder werden die Gewährsleute des gelehrten Dichters zitiert: die Evangelisten, Paulus, dann natürlich der Apokalyptiker Johannes, der Prophet Daniel, die Kirchenväter Hieronymus und Beda oder allgemein die *altin scribaere* (v. 515). Ihnen mag auch Adso zugerechnet werden, dessen Schrift ›De ortu et tempore Antichristi‹, über welche Vermittlung auch immer, zu den Quellen des Autors gehört zu haben scheint.

AUSGABE: Maurer III, Nr. 54. – ÜBERSETZUNG: de Boor, S. 116–133. – LITERATUR: Werner Schröder in: VL 5, 1985, Sp. 842–845.

Inhaltlich schließen sich hier die poetischen Beschreibungen des himmlischen Jerusalem und die Visionen der Hölle an, eine Reihe von Texten, die schon im 11. Jahrhundert eröffnet wird durch das ›Himmel und Hölle‹ genannte Stück im Anhang zum ›Bamberger Glauben und Beichte‹ (vgl. S. 239f.). Die deutsche Literatur steht mit diesem Interesse nicht allein. Jenseitsvorstellungen beschäftigen die Menschen seit je und haben gerade im hohen Mittelalter eine breite literarische Produktivität stimuliert. Unbestrittener Höhepunkt ist Dantes ›Divina Commedia‹. In ihr erscheint systematisiert, was als kaum entwirrbare Fülle von Bildern und Aussagen, Vorstellungen und Theorien aus Bibel und Apokryphen, antiker Literatur (Vergils ›Aeneis‹) und Patristik (Gregors des Großen ›Dialogi de vita et miraculis patrum Italicorum‹), aus kirchlicher Legendentradition und heidnischer (irischer und keltischer) Überlieferung geflossen ist. Die Topographie des Jenseits wird erst im Hochmittelalter – nach Jacques Le Goff in der zweiten Hälfte des 12. Jahrhunderts – durch den »dritten Ort«, das später sog. Fegefeuer, erweitert. In der deutschen Literatur der Zeit ist davon noch nicht die Rede.

LITERATUR: August Rüegg, Die Jenseitsvorstellungen vor Dante und die übrigen literarischen Voraussetzungen der ›Divina Commedia‹. Ein quellenkritischer Kommentar. 2 Bde. Einsiedeln, Köln 1945. – Peter Dinzelbacher, Vision und Visionsliteratur im Mittelalter. Stuttgart 1981. – Ders., Jenseitsvisionen – Jenseitsreisen. In: Volker Mertens u. Ulrich Müller (Hrsg.), Epische Stoffe des Mittelalters. Stuttgart 1984, S. 61–80. – Jacques Le Goff, Die Geburt des Fegefeuers. Stuttgart 1984.

Wohl noch in der ersten Hälfte des 12. Jahrhunderts ist im oberdeutschen Raum eine Beschreibung des ›Himmlischen Jerusalem‹ in 470 Versen entstanden, die mit den Mitteln der breiten exegetischen Tradition die Angaben über die Gestalt der Himmelsstadt in Offb. 21 allegorisch ausdeutet. Ausdehnung (die Dimensionen), die Tore, das Innere, die Edelsteine der Stadtmauer, ihr Umfang – alles erfährt hier, nicht zum erstenmal, aber erstmalig in der durchgehaltenen Systematik und in deutscher Sprache, seine allegorische Deutung.

Im Epilog wendet der Verfasser sich gegen den törichten Hörer, der nur von *werltlichen dingen unt von der degenhaite* (vv. 450f.) hören wolle. Damit sind offensichtlich Helden- oder historische Ereignislieder gemeint, über deren Existenz kein Zweifel besteht, auch wenn aus der Zeit noch nichts überliefert ist. Ähnlich hatte auch der Dichter des ›Linzer Antichrist‹ im Prolog (vv. 5ff.) das Pauluswort (2. Tim. 4,3f.) von den ›Fabeleien‹ *(fabulas)*, die in Gegensatz zur Wahrheit treten werden, wiedergegeben mit einer Formulierung, die auf die Existenz solcher deutschen mündlichen Lieder schließen läßt: *spellir unt niwe maere, sin si joch ungewaere, horint si allir gernist* (»Am liebsten hören sie *spellir* und *niwe maere*, mögen sie auch noch so erlogen sein«). Genauso setzt sich der Verfasser des Prologs zur deutschen ›Kaiserchronik‹ (vv. 29ff.) von den Lügen in *schophelichen worten* ab, von einer in mündlicher Dichtung verfälschten historischen Wahrheit, der er sein verläßliches Buchgedicht entgegenstellt. Zugrunde liegt ein alter christlicher Kontrastierungstopos – christliche (geistliche) versus heidnische (weltliche) Literatur –, der in den Prologen geistlicher Dichtung immer erneut variiert und aktualisiert wird.

Ausgabe: Maurer II, Nr. 28. – Literatur: Christel Meier in: VL 4, 1983, Sp. 36–41.

Ein seiner Form wegen hoch bemerkenswerter Text ist das wohl in der zweiten Jahrhunderthälfte im Umkreis der Windberger Interlinearversion zum Psalter entstandene Gedicht ›Vom Himmelreich‹. Hier handelt es sich eindeutig um paarweise gereimte Langzeilen. Ob deren Vorbilder in der lateinischen Literatur (Hexameter, Hymnenstrophe, Rhythmendichtung) oder im heimischen Langvers (Kürenberger, ›Nibelungenlied‹, Walthers ›Elegie‹) zu suchen sind, ist umstritten. Die Aufzeichnung erfolgte in einem lateinischen Codex der ›Moralia in Iob‹ Gregors des Großen aus Oberaltaich. Das Gedicht (356 Langzeilen) beginnt mit einem ausgedehnten Preis auf die Allmacht Gottes, der über drei Reiche, Hölle, Erde und Himmel, herrscht. Das oberste Reich ist der Himmel, der im Hauptteil (vv. 65 ff.) ausführlich beschrieben und gefeiert wird. Dabei kommt das Schulwissen des Autors zur Geltung, etwa im Exkurs über den Regenbogen (vv. 107 ff.), dessen physikalische Entstehung aus den Elementen erklärt und dessen Name etymologisch gedeutet wird (Iris – Eirene – Frieden). In diesem Zusammenhang vergißt der Verfasser nicht, auf die Quellen solcher Gelehrsamkeit hinzuweisen: v. 139 *daz mich geleret hat min magezoge* (»Das hat mir mein Erzieher beigebracht«). Dürfen wir daraus auf sein jugendliches Alter schließen? Und meint *magezoge* den Klosterlehrer oder etwa den geistlichen Erzieher eines weltlichen Autors von Stand? Oder ist es eine Anspielung auf eine schriftliche Quelle, die nach Art des lateinischen ›Elucidarium‹ des Honorius Augustodunensis oder des deutschen ›Lucidarius‹ solche Auskünfte in der Form eines Lehrer-Schüler-Gesprächs präsentiert hatte?

Die Elemente Wasser und Feuer, aus deren Zusammenwirken der Regenbogen entstehe, assoziieren die beiden Weltuntergänge durch die Sintflut und durch den Weltenbrand am Ende der Tage (vv. 167 ff.). Das Jüngste Gericht wird nur kurz abgehandelt, um gleich der Schilderung des himmlischen Jerusalem Platz zu machen. In großer Eindringlichkeit ist die Rede von den Seligkeiten seiner Bewohner, von der Fülle aller guten Dinge, durch die sich jene Welt von der Dürftigkeit der irdischen abhebt (vv. 257 ff.). Die Gewänder der Seligen sind das ewige Licht. Man braucht ihrer dort weniger, als man hier im Bad trägt. Die Seligen bedürfen keines leichten Umhangs im Sommer und keines warmen Mantels im Winter; sie bedürfen keiner Unterkleidung wie Hemd und Hose und auch keines Pelzwerks. Die Farbe der Oberkleidung ist ihnen gleichgültig; sie haben Beinkleider und Strümpfe nicht nötig, und natürlich brauchen sie auch keine Schuhe. Deshalb müssen sie nicht nähen und schustern. Sie müssen kein Brot backen und weder Fisch noch Fleisch kochen, müssen nicht aus Gerste und Hafer Bier brauen noch sonst fürs Trinken sorgen, handle es sich nun um Met, Wein oder Maulbeertrank. Eier brauchen sie nicht und auch nicht Käse, denn Gott versorgt sie mit allem. Keiner bedroht sie mehr und keiner kämpft mit ihnen. Sie ruhen sich aus ohne Federbetten, Polster und Kissen. Decken brauchen sie nicht und auch nicht Bett- und Badetücher. Denn sie haben den Leib in Geist verwandelt. Die Seele aber braucht weder Seife noch Lauge zum Bad und trägt auch keinen Schmuck, weder Ringe noch Armreifen oder Halsketten.

Und so geht es weiter mit dem immer angenehmen Klima und dem ewigen Frieden, der durch keine Fehden mehr gestört wird. Die Seligen kennen keine Mühe und Arbeit, keine Grenzen, keine unsicheren Wege und Brücken. Was Wunder, daß der Verfasser in den hier nicht referierten Schlußversen seiner frommen Hoffnung auf dieses Paradies beredten Ausdruck gibt, das in allem das süße Gegenteil der rauhen Wirklichkeit mittelalterlicher Lebensverhältnisse darstellt. Solche Beschreibung ex negativo hat zwar ihre biblischen (Offb. 21,4) und homiletischen Vorbilder, aber man wird lange warten müssen, bis in der deutschen Dichtung von so banaler Alltagsrealität wieder die Rede ist.

AUSGABE: Maurer I, Nr. 14. – LITERATUR: Wiebke Freytag in: VL 4, 1983, Sp. 18–21.

Die Offenbarung des Johannes ist nur eine der altchristlichen apokalyptischen Schriften, zu denen auch die heute als apokryph geltende Petrusapokalypse (Beginn des 2. Jahrhunderts) und eine noch jüngere Paulusapokalypse (4. Jahrhundert) gehören. Solange die Kanonbildung noch nicht abgeschlossen war, also das ganze Mittelalter hindurch, ging man mit »unechten« Schriften des Alten und Neuen Testaments sehr viel vertrauensvoller um.

Das verstümmelte Pergamentdoppelblatt einer Handschrift aus dem 13. Jahrhundert enthält zwei Bruchstücke, deren Zusammengehörigkeit umstritten ist und die deshalb in der Literaturgeschichte unter verschiedenen Titeln erscheinen. Die ›Visio Sancti Pauli‹ geht eindeutig auf die Paulusapokalypse zurück. Erhalten sind 89 Verse. Sie paraphrasieren Teile aus den Kapiteln 23 bis 25. Paulus wird von einem Engel in das himmlische Jerusalem geführt. Vor ihren Toren sitzen die der *superbia* verfallenen, aber reuevollen Menschen auf den Bäumen, da sie bis zum Jüngsten Gericht nur den Anblick der Himmelsstadt genießen, aber die Hoffnung haben dürfen, durch Christi Erlösungstat schließlich doch in die Stadt der Seligen einzutreten.

Unklar ist die Quellenlage der 90 Verse ›Von der Zukunft nach dem Tode‹. Die Seele des Sünders wird vom Teufel in der Hölle empfangen und verspottet. Dagegen wird die Seele des Gerechten von einem Engel wie eine Braut heimgeführt.

AUSGABE: Maurer II, Nr. 33. – LITERATUR: Volker Mertens, Die frühmhd. ›Visio Sancti Pauli‹. Untersuchungen zur Quellenfrage. In: Peter Kesting (Hrsg.), Würzburger Prosastudien II. Untersuchungen zur Literatur und Sprache des Mittelalters. FS Kurt Ruh. München 1975, S. 77–91.

Die Patriciuslegende enthält als zentralen Bestandteil die Erzählung, wie der Heilige als letztes Mittel der Bekehrung der Ungläubigen von Gott den Zugang zur Hölle erbittet. Er schickt die Unbelehrbaren in das Reich der Schrecken und erreicht so, daß sie ihren Widerstand aufgeben und sich bekehren lassen. Nach dem Tod des Heiligen wird der Schlüssel in einem Kloster aufbewahrt. Ein Edelmann verlangt ihn, um eine Buß- und Reinigungsfahrt in St. Patricii Fegefeuer zu unternehmen, die Anlaß zur Ausmalung der höllischen Schreckenslandschaft und ihrer Gefahren gibt.

Die erhaltenen etwa 130 Verse eines alemannischen ›Patricius‹-Gedichts lassen nur wenig von seiner ursprünglichen Anlage erkennen. Offenbar folgte es einer Fassung der lateinischen Vita. In ihr war die erst im ausgehenden 12. Jahrhundert entstandene Erzählung der Jenseitsfahrt noch nicht enthalten. Also wird sie wohl auch im deutschen Gedicht noch gefehlt haben.

AUSGABE: Kraus, Nr. 7. – LITERATUR: Wiebke Freytag in: VL 7, 1989, Sp. 358f.

Jenseitsfahrten und -visionen enthalten auch die Legendenerzählungen von dem historischen Abt Brendan aus Irland und von dem fabulösen Ritter Tnuthgal. Die lateinische Brandanlegende reicht ins 10. Jahrhundert zurück und hat vielfältige volkssprachliche Bearbeitungen erfahren. Die älteste deutsche Version, ›Brandans Meerfahrt‹ aus der Mitte des 12. Jahrhunderts, ist verloren, läßt sich aber in Umrissen aus den jüngeren Versionen rekonstruieren.

Die Tundaluslegende dagegen ist in zwei deutschen Fassungen des späten 12. Jahrhunderts erhalten, die direkt auf die in Deutschland entstandene lateinische Prosalegende ›Visio Tnugdali‹ zurückgehen. Ein sonst unbekannter irischer Mönch Marcus hat sie um die Jahrhundertmitte in Regensburg verfaßt und der Äbtissin des Benediktinerinnenklosters St. Paul, Gisela

(1140–1160), gewidmet. Die Erzählung vom dreitägigen Scheintod des Ritters Tundalus und von der Reise seiner Seele durch die Hölle und durch die Regionen des Himmels enthält eine Reihe ungewöhnlich plastischer Schilderungen des Jenseits. Sie hat weiteste Verbreitung sowohl in der seriösen lateinischen Geschichtsschreibung (Helinand von Froidmont, Vinzenz von Beauvais) wie auch in der populär-volkssprachlichen Legendendichtung erfahren.

Der ›Niederrheinische Tundalus‹ ist nur in Bruchstücken (508 Verse) erhalten, die den Prolog, die Beschreibung Irlands und Teile aus der Vision des Fegefeuers umfassen. Der Autor, der in den erhaltenen Teilen der Dichtung weder von sich noch von Gönnern oder Auftraggebern spricht, hat sich offenbar treu an die lateinische Vorlage gehalten, die er mit den Mitteln einer schon fortgeschrittenen Verstechnik (reiner Reim), aber ohne auffällige literarische Qualitäten paraphrasiert.

Vollständig überliefert ist ›Albers Tnugdalus‹, eine bairische Version, wie nicht nur die Sprachform, sondern auch der Verfasser selbst verrät. Im Prolog berichtet er sowohl von der Entstehung der lateinischen Legende wie von seiner eigenen deutschen Versübertragung. Im Epilog nennt er seinen Namen Alber (v. 2185), bezeichnet sich selbst als Priester (v. 2184) und beruft sich auf einen *bruoder Kuonrât ze Winneberge* (vv. 2150f.) als Auftraggeber oder zumindest Interessenten an seinem Werk. Das Kloster Windsberg zwischen Regensburg und Straubing, dem wir auch andere volkssprachliche Texte verdanken, war höchst wahrscheinlich der engere Entstehungsraum des ›Tnugdalus‹. Daß Alber ihm als Mönch angehört hat, liegt nahe anzunehmen, zumal sein Name wie der Name Konrad *(Chuonradus, Chunradus)* mehrfach in den Urkunden und Nekrologien des Klosters erscheinen. Eine exakte Identifikation ist jedoch nicht möglich. Sicher ist nur, daß der ›Tnugdalus‹ in den letzten Jahrzehnten des 12. Jahrhunderts entstanden ist.

Der Inhalt folgt weitgehend dem lateinischen Wortlaut, nimmt ihm freilich in der Darstellung der Schreckensvisionen manches von seiner Schärfe und fügt dafür eine Reihe von Nutzanwendungen hinzu, die sich besonders auf ritterliches (!) Verhalten beziehen, wie der Protagonist es nahelegte, und ein offenbar nun schon weltliches Publikum erforderte. Prolog (vv. 1–74). Beschreibung Irlands. Erstes Auftreten des heiligen Patricius (vv. 75–170). Das gottlose Leben des Edelmanns

Tnugdalus und sein plötzlicher Tod (vv. 171–283). Tnugdalus erwacht nach drei Tagen wieder zum Leben, beklagt seine Sünden und zieht sich aus der Welt zurück (vv. 284–336). Er berichtet von den Schicksalen seiner Seele nach dem Tod: Teufel wollen sie in die Hölle führen (vv. 337–431). Gott schickt einen Engel als Begleitung und Schutz (vv. 432–510). Beginn der Unterweltfahrt: Das feurige Tal und die darin brennenden Seelen der Verwandtenmörder (vv. 511–590). Der kalte und heiße Berg und die Qualen der Seelen von Meineidigen (vv. 591–629). Der schmale Steg, von dem die Seelen der Hoffärtigen in den Schwefelfluß stürzen (vv. 630–666). Der Höllendrachen, in dessen Schlund die Seelen derer schmachten, die der Fleischeslust und Habgier verfallen waren (vv. 667–736). Die schmale Brücke über den Ungewittersee, von der die Seelen der Diebe und Mörder in die geöffneten Rachen von Ungeheuern fallen. Wegen eines Viehdiebstahls muß auch die Seele des Tnugdalus über die Brücke gehen, wird aber durch göttliches Eingreifen vor der Höllenstrafe bewahrt (vv. 737–846). Das brennende Haus als Strafe für die Sünder im Fleisch (vv. 847–960). Der Engel belehrt die Seele darüber, daß auch die Gerechten an den Ort der Höllenstrafen geführt und die Verdammten einen Blick auf die Himmelswonnen tun dürfen, damit Lohn und Strafe ihnen deutlich vor Augen stehen (vv. 961–992). Ein weiteres Höllentier in Drachengestalt sitzt auf einem gefrorenen See, verschlingt die Seelen der verworfenen Geistlichen und gebiert sie als Ungeheuer wieder (vv. 993–1064). Im finstern Tal bearbeiten der Schmied Vulcanus und seine Hilfsteufel je einhundert Seelen von verstockten Sündern auf dem Amboß (vv. 1065–1156). Beim Anblick des tiefsten Höllenlochs beginnt die von ihrem Schutzengel verlassene Seele zu bereuen und wird aus den Klauen der Teufel gerettet (vv. 1157–1268). Sie sieht Luzifer, den Herrn der Hölle, der in Ketten gebunden auf einem Rost liegt und arme Seelen zerquetscht, um sie danach mit seinem Feueratem zu zerstäuben (vv. 1269–1444). Rückkehr und Aufstieg zum Ort der Seligen. Auf einer Mauer sitzen die Seelen der Sünder, die nicht ganz böse waren, hungrig und durstig in Regen und Wind (vv. 1445–1510). Hinter der Mauer liegt ein lieblicher Garten, in dem die Seelen derer auf die endliche Gnade warten, die nicht ganz gut waren (vv. 1511–1566). Das Beispiel der beiden reuigen Könige Conkober und Danatus (vv. 1567–1596). In einem runden Schloß aus Gold, Silber und Edelsteinen sitzt König Cormachus. Ihm huldigen die Seelen der Armen, die ihm damit seine Fürsorge im Leben danken. Drei Stunden am Tag muß selbst er noch im Feuer dafür büßen, daß er Ehebruch begangen und den Tod eines Grafen verschuldet hat (vv. 1597–1716). Hinter einer silbernen Mauer treffen die Jenseitswanderer auf die Seelen der verheirateten Gerechten (vv. 1717–1804), hinter einer goldenen Mauer auf die Seelen der Märtyrer, Keuschen und Enthaltsamen (vv. 1805–1860). In einer glanzvollen Zeltstadt erblicken sie die Seelen der frommen Klosterleute (vv. 1861–1908) und unter einem prächtigen Baum die Seelen derer, die Kirchen gebaut und verteidigt haben (vv. 1909–1956). Hinter einer letzten Mauer aus Gold und Edelsteinen aber haben die Engel, die Propheten, die Apostel, die Väter, die heiligen Märtyrer und Confessoren und die Jungfrauen die höchste Seligkeit im Anblick Gottes (vv. 1957–2032). Begegnung mit St. Brandan und St. Patricius und Rückkehr auf die Erde. Tnugdalus berichtet von den Wundern, die er gesehen hat (vv. 2033–2146). Epilog (vv. 2147–2192).

Bemerkenswert ist die sich ankündigende Systematisierung einer Jenseitswelt, in der bestimmten Sünden bestimmte Höllenstrafen und bestimmten Graden der Gerechtigkeit und Heiligkeit bestimmte Formen himmlischen Lohnes zugeordnet werden. Das geschieht hier noch nicht so einsichtig und konsequent wie bei Dante, dennoch gehört die ›Visio Tnugdali‹ zu den unmittelbaren Vorläufern der ›Divina Commedia‹. Die Übereinstimmungen liegen auf der Hand: Jenseitswanderung unter kundiger Führung – in der ›Visio Tnugdali‹ begleitet von einem Engel, in der ›Divina Commedia‹ begleitet von Vergil, in Erinnerung nämlich an die Unterweltfahrt des Aeneas unter Leitung der cumäischen Sibylle im sechsten Buch der ›Aeneis‹ –, der zielgerichtete Abstieg bis zum tiefsten Loch (untersten Kreis) der Hölle und der Aufstieg bis zur *visio Dei* sowie die in der ›Visio Tnugdali‹ erst angedeutete, in der ›Divina Commedia‹ programmatische Aktualisierung durch die historischen Namen derer, die in der Jenseitswelt angetroffen werden. Der auffälligste Unterschied liegt darin, daß in der ›Visio Tnugdali‹ das Fegefeuer noch nicht als »dritter Ort« installiert ist. Hier sind die Bereiche der Läuterung noch auf Hölle und Vorhimmel verteilt, während Dante vom *secondo rendo*, dem *Purgatorio*, singen wird, das sich in gleicher Ausdehnung zwischen *Inferno* und *Paradiso* erstreckt.

Ausgaben: Albrecht Wagner (Hrsg.), Visio Tnugdali, lateinisch und altdeutsch. Erlangen 1882. – Kraus, S. 46–62: ›Niederrheinische Tundalus‹. – Literatur: Herrad Spilling, Die Visio Tnugdali. Eigenart und Stellung in der mittelalterlichen Visionsliteratur bis zum Ende des 12. Jahrhunderts. München 1975. – Nigel F. Palmer, ›Visio Tnugdali‹. The German and Dutch Translations and their Circulation in the Later Middle Ages. München, Zürich 1982.

Mariendichtung

Die Evangelisten berichten von der Mutter Gottes ausführlich nur im Zusammenhang der Geburts- und Kindheitsgeschichte, von der Verkündigung bis zum Auftreten des zwölfjährigen Jesus im Tempel. Danach tritt Maria ganz zurück. Die wenigen Male, die sie bei den Synoptikern noch Erwähnung findet, werden bestimmt durch die distanzierenden Herrenworte (Mt. 12,46 ff., Mk. 3,31 ff., Lk. 8,19 ff. und Lk. 11,27 f.), die besonders drastisch in der Erzählung der Hochzeit von Kana (Joh. 2,1 ff.) ausfallen. Im Johannesevangelium (16,25 ff.) ist auch davon die Rede, daß Maria der Kreuzigung beiwohnte. Von ihrem späteren Schicksal erfährt der Bibelleser nichts, denn die Apostelgeschichte spricht nur ganz allgemein von der Gebetsgemeinschaft der Apostel mit Maria (1,14). Das war viel zu wenig für die fromme Neugier der Gläubigen. Aus diesem Bedürfnis heraus wurde schon im 2. Jahrhundert das Protevangelium Jacobi aufgezeichnet, das in zwei unterschiedlichen lateinischen Redaktionen (›Pseudo-Matthäus-Evangelium‹ und ›Evangelium de nativitate Mariae‹) für die spätere Marienverehrung und Mariendichtung von unabsehbarer Bedeutung wurde. Um 400 wurde es ergänzt durch den umstrittenen ›Transitus Mariae‹, den Tod Mariens und ihren Eingang ins himmlische Jerusalem. Hier fand man die Umrisse einer Lebensgeschichte, viele Details, von denen die Evangelien nichts wissen; hier trat die Gottesmutter ins Zentrum ehrfürchtigen Interesses, das die Evangelisten ihr versagt hatten.

Eine theologisch begründete Mariologie setzt in der Ostkirche im 2. Jahrhundert, im lateinischen Westen um einiges später ein. Sie wird seit der zweiten Hälfte des 4. Jahrhunderts von den großen Kirchenlehrern Ambrosius (›De institutione virginis‹), Hieronymus (›De perpetua virginitate b. Mariae‹) und Augustinus (Sermones 186 und 215; ›De natura et gratia‹) endgültig fixiert. Noch länger dauert es, bis die Gottesmutter ihren Platz im Kultus findet. Sichtbarer Ausdruck dafür sind die seit dem 6. Jahrhundert nachweisbaren Marienfeste: Mariä Geburt, Mariä Verkündigung, Mariä Reinigung und Mariä Himmelfahrt. Erst im 12. Jahrhundert kam das Fest der unbefleckten Empfängnis hinzu und setzte sich gegen den Widerstand eines so prominenten Theologen und Mariologen wie Bernhard von Clairvaux durch. Schon im 11. Jahrhundert hatte die Marienverehrung einen geradezu überwältigenden Aufschwung genommen. Das schlug sich in der Liturgie (Marianisches Offizium) ebenso nieder wie darin, daß in den Ordensneugründungen der Zisterzienser und Prämonstratenser mit Vorliebe Maria zur Schutzheiligen gewählt wurde. Unter ihren Schutz stellte man Klöster und Kirchen, ihr zu Ehren wurde gepredigt und gesungen, zu ihrer Feier entstand eine breite lateinische und seit dem 12. Jahrhundert auch volkssprachliche Mariendichtung.

Von Maria, der jungfräulichen Gottesgebärerin, zu sprechen, ist nun nicht mehr nur Sache theologischer Spekulation und Definition, sondern erbauliche Vergegenwärtigung ihres Erdenlebens, Lobpreis ihrer wunderbaren Teilhabe am Erlösungsgeschehen und mystische Vereinigung mit der himmlischen Braut. Der Stoff des Neuen Testaments, der Apokryphen und einer immer produktiver sich entfaltenden Legendenbildung wurde entscheidend erweitert durch die vielfältigen Möglichkeiten typologischer Beziehungen zwischen Altem und Neuem Testament, insbesondere aber durch die allegorische Hoheliedexegese (vgl. S. 249ff.). Die daraus entwickelte Mariensymbolik bleibt nicht abstrakt, sondern wird ungemein bildkräftig und führt zu einer eigenen, ikonologisch entzifferbaren Anschaulichkeit in Vorstellung und Darstellung. Maria als das Gegenbild Evas, als Stern Jakobs, als Reis aus der Wurzel Jesse und brennender Dornbusch, als verschlossener Garten, als Braut und Himmelskönigin – das sind nur wenige Hinweise auf die erdrückende Fülle preisender Vergleiche und Identifikationen, die auch die volkssprachliche Literatur seit dem 12. Jahrhundert ausbreiten wird.

Die deutschsprachige Mariendichtung des 12. Jahrhunderts ist charakterisiert durch eine deutlichere gattungsmäßige Ausdifferenzierung, als dies in andern Stoff- und Textbereichen der geistlichen Literatur des Zeitraums der Fall ist. Deshalb wird im folgenden zunächst von den liedhaften, danach von den didaktisch-gebetshaften und schließlich von den epischen Mariendichtungen die Rede sein.

Den volkssprachlichen Marienliedern gehen lateinische Marienhymnen und -sequenzen voraus, also gleich- und ungleichstrophige Lieder, deren Zahl erst nach der Jahrtausendwende im Zuge der neuerwachten Marienverehrung größer wird und die nun erst die allegorisierende Beredtheit entfalten, die auch die deutschen Gedichte auszeichnet. Eine der frühesten lateinischen Marienhymnen stammt von dem altchristlichen Dichter Caelius Sedulius. ›A solis ortus cardine‹ (›Vom Ausgang des Sonnenlaufs‹) ist zwar ein (später in das Römische Brevier aufgenommener) ›Hymnus de nativitate Domini ad laudem‹ (›Hymnus auf die Geburt des Herrn zu den Laudes‹), aber vor allem ist er Preis der jungfräulichen Mutter des Herrn. Auch die Verse ›Salve sancta parens‹ (›Gegrüßet seiest du, heilige Mutter‹) aus dem epischen Bibelgedicht ›Carmen paschale‹ (II, 63–69) desselben Autors sind in liturgischen Gebrauch genommen worden. Am bekanntesten wurde der jüngere, vielleicht erst aus der Karolingerzeit stammende Hymnus ›Ave maris stella‹ (›Gegrüßet seiest du, Meerstern‹). Sie alle wurden im Mittelalter auch ins Deutsche übersetzt. Mehr noch haben die jüngeren Mariensequenzen die volkssprachlichen Dichter angeregt. Man unterscheidet deshalb Marienlieder und Mariensequenzen auch in der deutschen Literatur, obwohl die formalen Unterschiede nicht immer ganz deutlich sind.

LITERATUR: Zu ›A solis ortus cardine‹ (deutsch): Walther Lipphardt in: VL 1, 1978, Sp. 1f. – Zu ›Ave maris stella‹ (deutsch): Walther Lipphardt in: VL 1, 1978, Sp. 565–568. – Allgemeine Darstellungen: Anselm Salzer, Die Sinnbilder und Beiwörter Mariens in der deutschen Literatur und lateinischen Hymnenpoesie des Mittelalters. 2 Bde. Linz 1886–1896, unveränd. Neudr. Darmstadt 1967. – Stephan Beissel, Geschichte der Verehrung Marias in Deutschland während des Mittelalters. Freiburg i. Br. 1909. – Walter Delius, Geschichte der Marienverehrung. München, Basel 1963. – Hans Fromm, Mariendichtung, in: RL 2, 1965, S. 271–291. – Peter Kesting, *Maria-frouwe.* Über den Einfluß der Marienverehrung auf den Minnesang bis Walther von der Vogelweide. München 1965.

In eine Melker Handschrift der ersten Hälfte des 12. Jahrhunderts ist das ›Melker Marienlied‹ eingetragen. Die regelmäßig gebauten, jeweils sechszeiligen Strophen werden von dem Refrain *Sancta Maria* abgeschlossen. Die Strophen 1–6 reihen alttestamentliche Präfigurationen der jungfräulichen Geburt (Aarons Gerte, der brennende Dornbusch, Gideons Lammfell, Lilie unter Dornen, Angelschnur und Reis aus der Wurzel Jesse), die Strophen 7 und 8 erinnern an die Geburtsgeschichte und die Strophen 9–14 versammeln preisende Vergleiche und Allegorien, die zu einem Teil aus der Hoheliedexegese stammen (verschlossene Pforte, triefende Wabe, Wohlgeruch, Taube ohne Galle, versiegelter Brunnen, verschlossener Garten, Zedernbaum, Rose von Jericho, schließlich die schon neutestamentliche Eva-Maria-Typologie etc.).

Der ganz unpersönliche Hymnenton ist noch weit entfernt von der verstärkt subjektiv geprägten Marienfrömmigkeit der Literatur in der zweiten Hälfte des 12. Jahrhunderts. Es fehlt die Anrufung der Gottesmutter als Helferin und Heilsmittlerin. Der unbekannte Dichter scheint keinem lateinischen Hymnentext gefolgt zu sein, sondern eher aus der Materialfülle von Marienpredigten (Honorius Augustodunensis) geschöpft zu haben. Schwer zu bestimmen ist die Funktion eines deutschsprachigen geistlichen Liedes, das zu der Zeit noch keinen festen Platz in der Liturgie hatte. Die Auskunft, das ›Melker Marienlied‹ sei »wahrscheinlich zu liturgischem Vortrag an Mariä Verkündigung (25. März ...), wohl mit Responsion der Gemeinde (Refrain), gedacht« (Konrad Kunze) gewesen, klingt ebenso plausibel, wie sie ohne jede historische Gewähr ist.

Ausgaben: Maurer I, Nr. 13. – Waag/Schröder II, Nr. 15. – Übersetzung: Max Wehrli, Deutsche Lyrik des Mittelalters. Auswahl und Übersetzung. Zürich 1955 u.ö., Nr. 2. – Literatur: Konrad Kunze in: VL 6, 1987, Sp. 374–377.

Einen persönlicheren Ton schlägt das formal immer noch archaisch wirkende ungleichstrophige Gedicht an, das nach der zweifelhaften Herkunft der (lateinischen) Handschrift ›Mariensequenz aus St. Lambrecht‹ oder ›Mariensequenz aus Seckau‹ genannt wird. Über die Entstehungszeit gehen die Meinungen auseinander (vor 1140 oder zweite Hälfte des 12. Jahrhunderts). Durch Verstümmelung der Handschrift sind nur die Verse 1–38 erhalten, die durch rote Initialen in 7 Versikel (die Gliederung ist umstritten) geordnet sind. Der Schreiber hat der ersten Zeile den Titel (?) *Sequentia* hinzugefügt. Der Verfasser ging offenbar von der bekannten lateinischen Sequenz ›Ave praeclara maris stella‹ aus, die Hermann von Reichenau (11. Jahrhundert) zugeschrieben wird und die auch der ›Mariensequenz von Muri‹ zugrundeliegt. Sie wurde in den späteren Jahrhunderten immer wieder ins Deutsche übertragen und bearbeitet, darunter von so bekannten Autoren wie dem Mönch von Salzburg und Heinrich von Laufenberg. Der unbekannte Verfasser der ›Mariensequenz von Seckau‹ löst sich von der lateinischen Vorlage, der er zunächst sogar die ersten vier (lateinischen!) Reimwörter entlehnt, und folgt seiner eigenen Konzeption, die durch das vorzeitige Abbrechen des Textes jedoch nicht mehr genau zu erkennen ist. Versikel 1–3 feiern die Gottesmutter als Meerstern, verschlossene Pforte und jungfräuliche Mutter, Jungfrau aller Jungfrauen, himmlische Königin und weltlichen Edelstein. Sie möge alle zu ihr Betenden und um ihre Gnade Flehenden erhören. Versikel 4 spricht allgemein von den alttestamentlichen Prophetien und zitiert die Typologie Aarons Gerte – Maria. Es folgt die Typologie Eva – Maria (Versikel 5). Ab Versikel 6 ist in stärker episch geprägter Paraphrase von der Verkündigung und der jungfräulichen Empfängnis die Rede. Ob die deutsche Sequenz für das Fest Mariä Verkündigung verfaßt wurde und liturgische Verwendung fand, muß offenbleiben.

AUSGABEN: Maurer I, Nr. 21. – Waag/Schröder II, Nr. 16. – LITERATUR: Konrad Kunze in: VL 6, 1987, Sp. 54–56.

Die ›Mariensequenz aus Muri‹ ist die erste regelmäßig gebaute Sequenz in deutscher Sprache und gehört wohl dem ausgehenden 12. Jahrhundert an. Ihre dreifache Überlieferung spricht für eine gewisse Verbreitung. Die 69 Verse sind in sieben Doppelversikel, eine Einleitungs- und eine Schlußstrophe gegliedert. Die Form entspricht der lateinischen Sequenz ›Ave praeclara maris stella‹, inhaltlich geht die deutsche Sequenz jedoch eigene Wege. Die Einleitung *Ave, vil liehtu maris stella* zitiert das lateinische Vorbild, dessen Melodie wohl dem deutschen Text unterlegt war (in einer Handschrift ist der deutsche Text neumiert) und mit dem Eingangszitat kenntlich gemacht wurde. Hier ist jene Innigkeit des Ausdrucks erreicht, an dem man die älteren Texte noch nicht messen darf. Die eingangs zitierten Mariensymbole in den Versikeln 1 und 2a (Meerstern, Licht, Laterne, Gehäuse Gottes, verschlossene Pforte) machen schnell der gebetsartigen Anrufung und nacherzählenden Vergegenwärtigung der Verkündigung, Empfängnis, Jungfrauengeburt und des Motivs der *Maria lactans* Platz (2b–5b), an deren Anfang nicht unpassend ein vornehmlich der Epik angehörender Exordialtopos steht: *Sende in mine sinne, / des himilis chuniginne, / ware rede suoze* ... (2b) (»Sende in meine Sinne, du des Himmels Königin, wahre, süße Rede ...«). Die Schlußversikel (6a–9) sind ganz dem Gebet und der Bitte um Fürbitte vorbehalten.

Wieder möchte man an zumindest paraliturgischen Gebrauch denken, eine Vermutung, die durch Verwendung der liturgisch sanktionierten Melodie noch näherliegt als in den bisher besprochenen Beispielen. Die Gelegenheit der festlichen Verwendung der deutschen Sequenz könnte das Fest Mariä Reinigung (Purificatio Mariae) geboten haben, das seit dem 6. Jahrhundert am 2. Februar gefeiert wurde.

AUSGABEN: Maurer I, Nr. 20. – Waag/Schröder II, Nr. 17. – ÜBERSETZUNG: Wehrli 1955, Nr. 3. – LITERATUR: Konrad Kunze in: VL 6, 1987, Sp. 50–54.

Ganz anders das ›Arnsteiner Marienlied‹ (›Arnsteiner Marienleich‹ oder ›Arnsteiner Mariengebet‹). Die Uneinheitlichkeit der Benennung spiegelt die Unsicherheit der genremäßigen Zuordnung.

TEXT UND ÜBERLIEFERUNG: Der Text ist in der Handschrift eines lateinischen Psalteriums mit angeschlossenen kleineren lateinischen Stükken (u.a. Cantica, Credo, neumierte Hymnen) überliefert und durch Rasuren am Anfang und Schluß verstümmelt. Im wesentlichen sind hier nur die roten Initialen zu erkennen. Man kann sich also eine ziemlich genaue Vorstellung vom Umfang des vollständigen Gedichts machen. Alle darüber hinausgehenden Überlegungen zu Form und Inhalt aber bleiben Spekulation. Der lesbare Text umfaßt 327 Verse, die durch Initialen in ursprünglich 53 Versikel gegliedert sind. Diese Versikel weisen nicht die klaren Korrespondenzen der ›Mariensequenz aus Muri‹ auf. Es ist deshalb durchaus umstritten, ob der deutsche Text dem Muster der Sequenzendichtung folgt oder eine freiere Nachahmung dieser artifiziellen Liedform darstellt.

Inhaltlich zerfällt das ›Arnsteiner Marienlied‹ in einen hymnischen (vv. 1–119) und einen gebetsartigen Teil (vv. 120–327). Der hymnische Teil enthält die bekannten Mariensymbole zum Preis der Jungfrauengeburt (die Sonne sendet ihr Licht aus, ohne dadurch an Licht zu verlieren; das Glas läßt das Licht hindurch, ohne Schaden zu nehmen) und alttestamentliche Präfigurationen (Reis aus der Wurzel Jesse, brennender Dornbusch, Aarons Gerte, verschlossene Pforte) in sehr viel größerer Ausführlichkeit (vv. 1–77) als die Hymnen- und Sequenzendichtung. Es wird – wenn auch auf kleinem Raum – erzählt, begründet und quellenmäßig belegt (Jesaja, Exodus, Hesekiel). Dem Preis der Gottesmutter durch die englischen Heerscharen, durch Propheten und Apostel schließt sich der Verfasser oder die Verfasserin (?) im demütigen Bewußtsein der Unsagbarkeit des Marienwunders an (vv. 78ff.). Mit v. 120 beginnt der umfänglichere Gebetsteil, der zunächst einer Sprecherin in den Mund gelegt wird: *aller heiligeste wif, vernim mig sundigez wif* (vv. 122f.). Maria wird um Fürbitte bei ihrem Sohn angefleht und um Hilfe für ein gottwohlgefälliges Leben, für das eine Reihe von Vorbildern (Sara, Hanna, Ester und Judith) aufgerufen werden (vv. 120–177). Daran schließen sich die Bitte um Hilfe in der Stunde des Todes (vv. 178–205) und ein Gebet an Christus (vv. 206–225) unter Vermittlung seiner Mutter an. Wieder spricht eine Frau: *ig armez wif* (v. 219). Maria, die Mittlerin zwischen Gott und dem sündigen Menschen, wird erneut in einer Reihe hymnisch-symbolischer Kennzeichnungen apostrophiert, in deren Abfolge das ›Salve Regina‹ anklingt (vv. 226–261). Die Bitte für alle weiblichen Stände, die Jungfrauen, Ehefrauen und Witwen, denen sich die Sprecherin zugesellt (vv. 261 und 279), leitet über zur Bitte für die eigenen Verwandten (vv. 262–291). Den Abschluß des Textes, soweit er noch lesbar ist, bildet wieder ein allgemein gehaltener Marienpreis, der neben dem ›Salve Regina‹ auch den marianischen Gruß wörtlich zitiert (vv. 292–327).

Ob das Gedicht in Arnstein selbst oder in einem benachbarten Kloster entstand, ist ungewiß. Unzweifelhaft ist der mittelrheinische Dialekt der Aufzeichnung. Die Datierung in die Jahrhundertmitte beruht auf bloßer Vermutung. Zweckbestimmung und Gattungszugehörigkeit bleiben unklar.

Ausgaben: Maurer I, Nr. 19. – Waag/Schröder II, Nr. 10 mit einem Nachtrag von Edgar Papp, S. 250–254. – Übersetzung: Eberhard Haufe, Deutsche Mariendichtung aus neun Jahrhunderten. Hrsg. und erläutert. Berlin 1961, S. 26–29 (Ausschnitt). – Literatur: Konrad Kunze in: VL 1, 1978, Sp. 498–500.

In den größeren epischen Kontext der ›Vorauer Bücher Mosis‹ integriert ist ein Stück, das – nicht unumstritten – häufig als »ursprünglich selbständiges« Gedicht abgetrennt und gesondert ediert wird und als eines der frühesten Zeugnisse volkssprachlicher Mariendichtung aus dem Beginn des 12. Jahrhunderts gilt. Dieses ›Vorauer Marienlob‹ (98 Verse) handelt von der Ankündigung des messianischen Reiches durch den Propheten Jesaja (11,1ff.), von der wunderbaren Gottesgeburt durch die jungfräuliche Mutter, vom Reis aus der Wurzel Jesse und den sieben Gaben des Heiligen Geistes. Erst in den Schlußversen folgt auf die allegorische Auslegung der hymnisch gehaltene Marienpreis, von dem der Titel abgeleitet wurde.

Ein ebenfalls in den größeren Zusammenhang geistlicher Dichtung integriertes Mariengebet enthält Heinrichs ›Litanei‹. Auch auf die ›Vorauer Sündenklage‹ ist hier zu verweisen. Beide Texte werden im Zusammenhang der Versgebete und Sündenklagen besprochen. Daneben sind kleinere Mariengebete in Prosa und Vers erhalten, die hier nicht im einzelnen aufgeführt werden.

AUSGABEN: Pretzel/Henschel, Nr. 10. – Maurer I, Nr. 12. – ÜBERSETZUNG: de Boor, S. 404–406. – LITERATUR: vgl. ›Vorauer Bücher Mosis‹.

Erzählt wird von Maria, der Jungfrau und Mutter Gottes, seit es eine christliche Dichtung literarischen Anspruchs gibt. Die lateinischen Bibelepen neutestamentlichen Inhalts der Spätantike und die volkssprachlichen Heilandgedichte des 9. und 12. Jahrhunderts kommen notwendig auch auf die Verkündigung, auf Maria und Elisabeth, auf die Geburt, die Anbetung durch die Magier (Könige), auf die Flucht nach Ägypten etc. zu sprechen. Doch was erzählt wird, hält sich im allgemeinen doch im Rahmen des evangelischen Berichts. Anders, wo Maria zum Gegenstand selbständiger Gedichte gemacht wird. Das erste bedeutendere epische Mariengedicht stammt von Hrotsvit von Gandersheim. Ihre ›Historia nativitatis laudabilisque conversationis intactae Dei genetricis quam scriptam repperi sub nomine sancti Iacobi fratris Domini‹ (›Die Geschichte von der Geburt und vom preiswürdigen Wandel der unbefleckten Mutter Gottes, wie ich sie aufgezeichnet fand unter dem Namen des heiligen Jacobus, des Bruders des Herrn‹) ist eine Versbearbeitung von Motiven aus dem Protevangelium (oder Apokryphon) Jacobi bzw. einer seiner lateinischen Bearbeitungen (Pseudo-Matthäus). Ihr zentrales Interesse gilt hier wie in ihren übrigen Werken der Feier der Jungfräulichkeit.

Hrotsvit hat auch eines der bekanntesten Marienmirakel in ihrem ›Theophilus‹-Gedicht verarbeitet. Die Geschichte des Teufelsbündlers, der durch Fürsprache der Mutter Gottes vor der ewigen Verdammnis bewahrt wird, baute auch der Arme Hartmann in seine ›Rede vom Glauben‹ (vv. 1925–2000) ein. Das erste selbständige deutsche Marienmirakel ist die Geschichte von Bischof ›Bonus‹, der während eines nächtlichen Gebets in die Kathedrale geht, eine Messe lesen läßt und von Maria dafür ein ungenähtes Meßgewand (in Analogie zum ungenähten Rock Christi, der Trierer Hauptreliquie) zum Lohn erhält. Sein Nachfolger will die gleiche Vision erzwingen, schläft aber über seinem Gebet ein und erwacht am Morgen beschämt in seinem Bett. Die 241 (durch Dreireime in größere Abschnitte untergliederten) Verse geben mit nur wenigen Zutaten des deutschen Verfassers den lateinischen ›Rhythmus de casula S. Boni‹ wieder. Die Datierung ins ausgehende 12. Jahrhundert beruht auf Rückschlüssen aus der Vers- und Reimtechnik und ist unsicher.

Der Stoff – Verleihung eines Meßgewandes an einen Bischof – findet sich auch sonst in der lateinischen und volkssprachlichen Literatur. Der dem ›Marienmirakel vom Bischof Bonus‹ am nächsten stehende deutsche Text ist die älteste Fassung einer in späteren Versionen ›Thomas von Kandelberg‹ (Thomas Becket von Canterbury) zugeordneten Erzählung. Zwölf Schüler schließen eine Wette ab und erklären den zum Sieger, der das kostbarste Geschenk von seiner Geliebten vorweisen könne. Der Ärmste unter ihnen, der seinen Sinn immer nur auf die heilige Jungfrau Maria gerichtet hat, bittet diese um Hilfe und erhält von ihr ein kostbares Meßgewand. Die Wundergabe wird bekannt, der Schüler wird zum Priester geweiht und bald danach zum Bischof ernannt. In einem Nachtrag von vier Versen wird gesagt, der arme Schüler sei *Von kandelberch Sante thomas* gewesen. Diese Übertragung ist sicher jüngeren Datums. Der ›Thomas von Kandelberg‹ ist in zwei deutschen Versfassungen überliefert, deren ältere (Fassung I, 350 Verse) schon eine Bearbeitung eines Gedichts darzustellen scheint, das noch ins 12. Jahrhundert gehören könnte.

Ein drittes Marienmirakel wird vom Schreiber der Handschrift des 14. Jahrhunderts ›Das Jüdel‹ überschrieben. Man datiert die Erzählung (458 Verse) von dem Judenknaben, der wegen seiner Teilnahme an der christlichen Eucharistiefeier von seinen Glaubensgenossen verbrannt werden soll und von Maria gerettet wird, im allgemeinen in die ersten Jahrzehnte des 13. Jahrhunderts. Sie könnte aber auch schon um 1200 entstanden sein. Der Stoff ist weit verbreitet und kehrt in jüngeren deutschen Legendensammlungen wieder, wie denn auch die große Zeit der volkssprachlichen Marienmirakel und -legenden, die schon seit dem 11. Jahrhundert in lateinischen Sammlungen zusammengefaßt und verbreitet wurden, erst im 13. Jahrhundert einsetzt.

AUSGABEN: Edward Schröder (Hrsg.), Die deutsche Marienlegende von Bischof Bonus. 1924 (Nachr. AW Göttingen, Phil.-hist. Klasse 1924, 1). – Richard Scholl (Hrsg.), Thomas von Kandelberg. Eine mittelhochdeutsche Marienlegende. Leipzig 1928. – Mittelhochdeutsche

Übungsstücke, zusammengestellt von Heinrich Meyer-Benfey. Halle 1909, S. 84–96: ›Das Jüdel‹. – LITERATUR: Karl Plenzat, Die Theophiluslegende in den Dichtungen des Mittelalters. Berlin 1926. – Zum ›Bonus‹: Konrad Kunze in: VL 1, 1978, Sp. 952f. – Zum ›Jüdel‹: Hans-Friedrich Rosenfeld in: VL 4, 1983, Sp. 891–893.

Konrad von Fußesbrunnen spricht im Prolog zu seinem Gedicht über ›Die Kindheit Jesu‹ (vgl. Band 2) von einem *meister Heinrîch* (v. 98), der vor ihm *ein liet* (v. 97) über Maria verfaßt habe. Diese offenbar noch dem 12. Jahrhundert angehörende Dichtung ist nicht erhalten. Erhalten ist ein anderes Mariengedicht, das nach entsprechenden Formulierungen des Verfassers, des Priesters (oder Pfaffen?) Wernher, ›Driu liet von der maget‹ (›Drei Gedichte von der Jungfrau‹ oder ›Gedicht von der Jungfrau in drei Abschnitten‹) genannt wird. Der ausführliche Epilog (C vv. 5799–5840 = A vv. 4809–4850) liefert – einmaliger Glücksfall für die Zeit der älteren deutschen Schriftüberlieferung – auch das genaue Entstehungsdatum: Im Jahre 1172 habe ein Priester Manegold den Autor in sein Haus eingeladen, ihn in die *materje* (wieder eine Version des lateinischen Pseudo-Matthäus-Evangeliums) eingeführt und nicht aus der Fron entlassen, bis er das Werk vollendet hatte. Man vermutet, daß es sich bei dem Gönner um den Propst und späteren Abt des Benediktinerstifts St. Ulrich und Afra in Augsburg handelt.

TEXT UND ÜBERLIEFERUNG: In der zweiten Jahrhunderthälfte entstehen die ersten reicher überlieferten Werke, die weit über ihre Entstehungszeit hinaus, zum Teil bis ins Spätmittelalter hinein tradiert werden und auf dem langen Weg ihrer andauernden Rezeption auch Umarbeitungen erfahren. Solche Modernisierung gerade der Dichtung des 11. und 12. Jahrhunderts beginnt schon sehr früh (›Ezzolied‹, ›Altdeutsche Genesis‹, ›Alexanderlied‹ etc.) und macht es zum oft genug unlösbaren Problem, die Gestalt des ursprünglichen Wortlauts zurückzugewinnen. Einen Sonderfall stellen die ›Driu liet von der maget‹ dar. Sieben Textzeugen (A bis G) sind bekannt, zwei vollständige Handschriften (D um 1200 und A aus der Mitte des 13. Jahrhunderts) und fünf Fragmente, darunter mehrere Bruchstücke eines erst im 14. Jahrhundert geschriebenen Codex discissus (C). Die beiden vollständigen Handschriften stellen verschiedene Bearbeitungen dar, eine dritte Version läßt sich aus einem Teil der fragmentarischen Überlieferung ableiten. Eine kritische Herstellung des Textes ist bis heute nicht gelungen. Die Art der Überlieferung spricht für eine ungemein lebendige Rezeption, die der Verfasser selbst angeregt hat und interessierte Kreise um den genannten Priester Manegold unterstützt haben mögen. Wernher nämlich empfiehlt den Besitz seines Büchleins allen Schwangeren als gleichsam magischen Schutz. In welchem Haus *disiu buochel (A liet) alliu driu* (C v. 3028) aufbewahrt werden, da müsse die Gebärende den Tod nicht fürchten, denn dort kämen nur gesunde Kinder zur Welt. Wenn aber das Neugeborene sterbe, werde es nicht auf ewig verdammt sein. Deshalb sollen alle Frauen das Büchlein abschreiben (lassen) und auch als Geschenk weitergeben.

Der ursprüngliche Umfang ist schwer zu schätzen. Die beiden vollständigen Handschriften haben 5137 (D, der Schluß fehlt) bzw. 4912 (A) Verse. Die frühere Berliner, heute in Krakau aufbewahrte Handschrift D ist bemerkenswert wegen ihrer Illustrationen (kolorierte Federzeichnungen), die den ältesten Bildzyklus zu einem Teil des Marienlebens darstellen, den die Kunstgeschichte überhaupt kennt. Sie reiht sich ein in die Folge illustrierter Handschriften deutscher Gedichte des 12. Jahrhunderts von der ›Altdeutschen Genesis‹ bis zu Heinrich von Veldekes ›Eneasroman‹ und steht, was den Reichtum der Ausgestaltung betrifft, etwa zwischen den nichtkolorierten Federzeichnungen der Heidelberger Handschrift des ›Rolandsliedes‹ und den ebenfalls noch als Umrißzeichnungen angelegten, aber doch schon leicht farbigen Illustrationen der Millstätter Handschrift einerseits und den raffiniert komponierten und bis ins Detail ausgeführten Bildseiten der Berliner Handschrift des ›Eneasromans‹ anderseits. Abweichend von den genannten Handschriften hat D dem geistlichen Gegenstand angemessene Goldauflagen in Rahmenteilen und Nimben.

Der Verfasser selbst gibt am Schluß des dritten Teils eine knappe Inhaltsübersicht (A vv. 4873ff. = D vv. 5127ff.). Das erste *liet* erzähle die Geschichte der Eltern Marias und ihrer Geburt, das zweite von ihrer Vermählung auf Gottes Geheiß und das dritte von der Geburt des Herrn. Das hier folgende ausführlichere Inhaltsreferat bezieht sich auf die vollständige Handschrift D, die in der synoptischen Ausgabe von Carl Wesle erst an dritter Stelle figuriert, vielleicht aber doch mehr Kredit verdient und jedenfalls einen Lesetext bietet, dem man sich im allgemeineren literarhistorischen Interesse anvertrauen kann.

Der erste Teil beginnt mit einem langen Prolog (vv. 1–222). Die Anrufung Marias, der anderen Eva, geht über in ein an sie gerichtetes persönliches Gebet des Autors und wird abgeschlossen von Angaben zur Quelle und der Abwehr falscher Kritiker. Die Geschichte Joachims (vv. 223–336), seiner Vermählung mit Anna und ihrer kinderlosen Ehe eröffnet die Erzählung (vv. 337–438). Joachim flieht der Schande wegen in die Einöde, Anna aber fleht beim Anblick nestbauender Sperlinge zu Gott, sie von der Schmach der Kinderlosigkeit zu befreien (vv. 439–588). Ein Engel verkündigt ihr die Geburt einer Tochter und bringt die gleiche Botschaft auch zu Joachim mit der Aufforderung, zu seiner Frau zurückzukehren (vv. 589–942). Wiedersehen der Ehegatten (vv. 943–982), Geburt des Kindes und seine Darstellung im Tempel (vv. 983–1140). Den Abschluß des ersten Teils bilden Überlegungen zur möglichen Erlösung der Frommen des Alten Bundes. Christus habe sie zwar aus der Hölle erlöst, ihnen gebühre zwar Verehrung, aber kein Festtag im christlichen Kultus. Auch die Eltern Marias, Joachim und Anna, machen da keine Ausnahme (vv. 1141–1230).

Der zweite Teil beginnt ebenfalls mit einem Prolog, in dem der Verfasser nun auch seinen Namen nennt, die Quellenangabe wiederholt und eine Bitte um Fürbitte bei der himmlischen Helferin anschließt (vv. 1231–1286). Das vorbildliche Leben und die himmlische Nahrung des heranwachsenden Mädchens (vv. 1287–1464). Maria weist den Bischof (Hohepriester) Abiathar zurück, der für seinen Sohn um sie wirbt. Sie will im gottwohlgefälligen Stand der Jungfrauenschaft bleiben (vv. 1465–1598). Ein Gottesgericht in Analogie zum alttestamentlichen Stabwunder Aarons (4. Mos. 17,16ff.) spricht Maria dem greisen Joseph zu (vv. 1599–2000). In der Gewißheit, unberührt zu bleiben, willigt Maria ein und wird mit Joseph vermählt (vv. 2001–2200). Joseph verläßt Maria und ihre Gefährtinnen, um in Kapernaum eine Schiffsreparatur auszuführen. Während seiner Abwesenheit erscheint der Engel Gabriel und verkündet Maria die Geburt eines Sohnes (vv. 2201–2490). Preis Marias und Verkündigung der Geburt Johannes des Täufers. Begegnung Marias mit Elisabeth (vv. 2491–2826). Abschluß des zweiten Teils mit dem Hinweis auf die heilsame Wirkung des bloßen Besitzes dieses Büchleins. Ausblick auf das Jüngste Gericht und fromme Zuversicht auf die Fürsprache der Gottesmutter (vv. 2827–2926).

Der dritte Teil rekapituliert nach wenigen Einleitungsversen die achtmonatige Abwesenheit Josephs, erzählt von seiner Heimkehr nach Nazareth, von seinem Schmerz und Zorn angesichts der Schwangerschaft Marias und seinem Zweifel an ihrer Unschuld (vv. 2927–3084). Joseph will seiner Schmach entrinnen und Maria erneut verlassen, als ein Engel ihn der Wahrheit versichert. Versöhnung der Ehegatten (vv. 3085–3198). Maria soll von den jüdischen Priestern vor Gericht gezogen und als Ehebrecherin gesteinigt werden. Joseph und sie selbst bezeugen ihre Unschuld durch ein weiteres Gottesurteil, eine Trankprobe (vv. 3199–3488). Es folgt eine Paraphrase des evangelischen Berichts vom Gebot des Kaisers Augustus und der Reise nach Bethlehem (vv. 3489–3656). Aus apokrypher Quelle stammt die eingeschobene Vision einer traurigen und einer freudigen Schar, die Maria auf ihrem Weg hat (vv. 3657–3778). Dann folgt die Erzählung weitgehend wieder den Evangelien, besonders Lukas und Matthäus: Ankunft in Bethlehem, Geburt in einer Höhle (Zutat ist die Geschichte von den zu spät kommenden Hebammen), Ochs und Esel und das Kind in der Krippe (vv. 3779–4041) und die Hirten auf dem Felde (vv. 4042–4191). Nichtbiblisch ist die Geschichte von den sieben Wundern bei Christi Geburt, deren siebentes der Stern ist, der die Heiligen Drei Könige zur Stätte der Geburt führt (vv. 4192–4436). Beschneidung, Anbetung durch die Heiligen Drei Könige und die Furcht des Herodes (vv. 4437–4692). Darstellung im Tempel und das Zeugnis des Simeon und der Hanna über Jesus (vv. 4693–4776). Der bethlehemitische Kindermord und die Flucht nach Ägypten. Unseliger Tod des Herodes und Rückkehr der Heiligen Familie (vv. 4777–5066). Ein hymnischer Gebetsaufruf beschließt den dritten Teil und das gesamte Gedicht, dessen Entstehungsdatum (im dreizehnten Jahr des päpstlichen Schismas; die oben zitierten Angaben über Auftraggeber und Verfasser finden sich nur in A und C) und dessen Inhalt noch einmal angegeben werden (vv. 5067–5137). Die letzten Verse fehlen.

Die gerade im dritten Teil stark divergierenden Handschriften lassen nicht erkennen, was im Detail dem Priester Wernher und was den Redaktoren seines Gedichts angehört. Die in A und C enthaltene summarische Übersicht über Wundertaten, Passion, Auferstehung und Himmelfahrt des Erlösers und der Ausblick aufs Jüngste Gericht scheint eher einer jüngeren Bearbeitungsstufe als der ursprünglichen Konzeption anzugehören. Die Meinungen darüber gehen jedoch auseinander.

Wernhers ›Driu liet von der maget‹ vereinigen hymnischen Marienpreis, Anrufung der Heiligen Jungfrau und Himmelskönigin als Nothelferin und Heilsmittlerin und erbauliche Erzählung bis zum selbständigen Auftreten Jesu als dem Beginn seines Heilswerks. Es handelt sich also um kein vollständiges Marienleben, wie es seit dem 13. Jahrhundert auch in deutscher Sprache erzählt wird. Auffällig ist das dichterische Verfahren: Die Paraphrase der biblischen und apokryphen Texte wird stärker hymnisch als exegetisch angereichert. Der hymnische Anteil bedient sich jedoch der traditionellen allegorischen Apostrophen Marias in ebenso zurückhaltendem Maße, wie die exegetischen Zusätze in ihrer didaktischen Ausführung sich sichtlich an ein nicht geistlich gebildetes Publikum wenden. Wernhers Mariengedicht verrätselt nicht und bedarf deshalb auch nicht in gleichem Maße des theologischen Kommentars wie manches andere geistliche Gedicht des 12. Jahrhunderts. Neben der allgemeinen Erbaulichkeit lag sein Zweck offenbar in der Propagierung einer bestimmten kirchenpolitischen Position hinsichtlich des umstrittenen Ausmaßes der liturgischen Marienverehrung. Die drei Bücher beziehen sich auf die traditionellen Kirchenfeste Mariä Geburt, Mariä Verkündigung und Weihnachten. Abgewehrt wird der Kult der heiligen Anna und das Fest Mariä Empfängnis, das denn auch erst unter dem Nachfolger des mutmaßlichen Auftraggebers seit der Mitte der achtziger Jahre von den Augsburger Benediktinern gefeiert wurde.

AUSGABE: Carl Wesle (Hrsg.), Priester Wernhers Maria. Bruchstücke und Umarbeitungen. Halle 1927 (auch als ATB 26), 2. Aufl., besorgt durch Hans Fromm. Tübingen 1969. – ÜBERSETZUNG: Des Priesters Wernher drei Lieder von der Magd. Nach der Fassung der Handschrift der Preußischen Staatsbibliothek metrisch übersetzt und mit ihren Bildern hrsg. v. Hermann Degering. Berlin o. J. In Auswahl wieder abgedruckt bei Gernentz 1965, S. 216–255. – LITERATUR: Hans Fromm, Untersuchungen zum Marienleben des Priesters Wernher. Turku 1955.

Legendenepik und Geschichtsdichtung

Der Gebrauch des Wortes *sanctus* (»heilig«) ist ebensowenig eindeutig wie die kirchliche Vorstellung davon, wer als Heiliger anzusehen und als solcher zu verehren sei. Schwierig ist auch die wissenschaftliche Definition der »Legende« als des dominierenden literarischen Ausdrucks der Heiligenverehrung.

Heilig sind die trinitarischen göttlichen Personen, heilig sind die Engel, heilig sind geistlich vorbildliche Menschen in jedem Akt ihrer Anerkennung und Verehrung. »Heiligkeit« ist im kurialen Zeremoniell die Titulatur des Papstes. Als Heilige werden in älterer Zeit nicht nur die Personen bezeichnet, die von der Kirche in einem förmlichen Verfahren heiliggesprochen worden sind. Solche Kanonisationen werden überhaupt erst seit der Jahrtausendwende üblich. Der erste bekannte Prozeß ist die Heiligsprechung des Bischofs Udalrich (Ulrich) von Augsburg (gest. 973) durch Papst Johannes XV. im Jahre 995.

Die Heiligenverehrung läßt sich bis auf die Zeit des Urchristentums und zumal der späteren Christenverfolgungen zurückführen. Sie hat ihre Wurzeln sowohl in der jüdischen Märtyrerverehrung wie im hellenistischen Heroenkult. Das ehrende Gedächtnis gilt den herausragenden Taten und dem – nicht notwendig mit dem Opfertod besiegelten – vorbildlichen Leben im Dienste einer moralischen, nationalen oder religiösen Idee. Dies verbindet etwa die Römerin Lucretia, die Jüdin Judith und die Christin Juliana: die eine gibt sich um des erzwungenen Ehebruchs willen selbst den Tod; die andere nimmt die Gefahr des Todes auf sich, um ihr Volk zu retten; und die dritte unterwirft sich aus Treue zu ihrem Glauben einem gräßlichen Martyrium. Vorbildfiguren sind sie alle drei auch für die Christen, und doch unterscheiden sie sich hinsichtlich des für die christliche Heiligenverehrung konstitutiven Moments der Heilsvermittlung. Denn der Heilige ist Nachfolger Christi, dessen Leben, Sterben und Auferstehung er auf seine Weise wiederholt und abbildet. Auch die von ihm (meist *post mortem*) bewirkten Wundertaten haben in der Vita Christi ihr legitimierendes Vorbild.

Der Kult christlicher Heiliger hat deshalb nicht allein die Form ehrenden Gedächtnisses und nicht nur die Funktion der Stärkung im Glauben, sondern mehr noch den Zweck der Heilssicherung durch die Bitte um Schutz und Fürbitte. Populär wird der fromme Umgang mit den Heiligen im sehr profanen Interesse an himmlischer Unterstützung im Diesseits. Die Vierzehn Nothelfer werden im Laufe der Jahrhunderte zu Spezialisten auf diesem Gebiet. Denn die Heiligkeit verehrter Personen erweist sich nicht zuletzt in der materiellen Gebetserfüllung, die in den *miracula* (»Wundern«) ihren sichtbaren Ausdruck findet.

Heiligenverehrung basiert auf dem frommen Gedächtnis, auf der über Jahrhunderte hin Gemeinschaft stiftenden *memoria*. Erinnert wird das Leben *(vita)* der verehrungswürdigen Person, erinnert wird gegebenenfalls die Geschichte ihres Martyriums *(passio)*, erinnert werden die bis in die jeweilige Gegenwart hineinreichenden Wundererscheinungen *(miracula)* in der Aura des Heiligen. In der Heiligenverehrung verbinden sich Geschichte und Gegenwart, kollektive Erinnerung und persönliche Existenz, verbinden sich überzeitliche Heilstatsachen und aktuelle Heilserfahrung. Der Gegenwart des Vergangenen im Zeichen des Heils versicherte man sich auf unterschiedlichste

Weise. Die Verankerung des Heiligenkults im gottesdienstlichen Ritus garantierte das regelmäßige Gedächtnis (Heiligenfeste). Die Übertragung des Heiligennamen auf eine Person oder die Unterstellung von Kirchen und Klöstern unter das *patrocinium* eines Heiligen erfolgten in der Hoffnung auf den Schutz des verehrten Namengebers. Der Wunsch, die materielle Anwesenheit des Heiligen zu garantieren, führte schließlich dazu, daß man sich durch Erhebung *(elevatio)* und Überführung *(translatio)* an den ihm geweihten Ort in den Besitz seiner Gebeine oder doch wenigstens einzelner Teile seiner sterblichen Überreste *(reliquia)* zu bringen versuchte. All dies – Translatio, Reliquienkult, Heiligenfest, Patronatsfeier – war Anlaß auch zu literarischer Produktion.

LITERATUR: Stephan Beissel, Die Verehrung der Heiligen und ihrer Reliquien in Deutschland bis zum Beginne des 13. Jahrhunderts. Freiburg i. Br. 1890. Unveränd. Nachdr. Darmstadt 1976. – Heinrich Günter, Die christliche Legende des Abendlandes. Heidelberg 1910. – Ders., Psychologie der Legende. Studien zu einer wissenschaftlichen Heiligen-Geschichte. Freiburg i. Br. 1949. – Hiltgart L. Keller, Reclams Lexikon der Heiligen und der biblischen Gestalten. Legende und Darstellung in der bildenden Kunst. Stuttgart 1968 u. ö. – Felix Karlinger, Legendenforschung. Aufgaben und Ergebnisse. Darmstadt 1986.

Die möglichen Bestandteile einer hochmittelalterlichen Legende sind die Lebensgeschichte des Heiligen *(vita)*, die Erzählung von seinem heiligmäßigen Leiden und Sterben *(passio)* und der beliebig erweiterbare Bericht über die in seinem Namen und durch seine Kraft bewirkten Wunder *(miracula)*. In der alten Kirche unterschied man dagegen zwischen den Leidensgeschichten *(passiones)* der Blutzeugen *(martyres)* und den Lebensgeschichten *(vitae)* der frommen Bekenner *(confessores)* – und nannte nur diese »das zu Lesende« *(legendum)*. Die *miracula* wurden zumeist sogar gesondert aufgezeichnet und tradiert. Erst im Spätmittelalter kündigt sich ein Wandel des Wortgebrauchs an: aus dem Plural *legenda* als der Vielfalt der entsprechenden Sammlungen wird der uns geläufige Singular Legende im Sinne des einzelnen Texts. Was wir Legende nennen, kann also sehr unterschiedliches Aussehen haben. Es kann Lebensbeschreibung sein oder nur das Martyrium zum Inhalt haben, es kann die Wundertätigkeit des Heiligen in den Mittelpunkt stellen oder einzelne Episoden zum Thema machen – oder es kann alle diese Elemente in ein und demselben Text verbinden. Eine derart umfassende Legendenerzählung ist in der Regel zweiteilig. Der erste Teil enthält die Lebensgeschichte und das heiligmäßige Sterben (wenn es sich um einen Märtyrer handelt), der zweite Teil reiht die beglaubigenden Mirakel in beliebigem Umfang und in beliebiger Folge.

In der deutschen Literatur des 11. und 12. Jahrhunderts kommen Legendenstoffe in unterschiedlichster Weise zur Sprache. Die bloße Nennung des Namens eines Heiligen setzt seine Geschichte immer schon voraus. Ihre Propagierung übernahm der Prediger. Eine zunehmende Zahl überlieferter Aufzeichnungen von Heiligenpredigten ist dafür ein sicheres Indiz. Die volkssprachliche (deutsche) Verslegende setzt im ausgehenden 11. Jahrhundert mit dem ›Annolied‹ ein. Von ihm geht ein Strom deutscher Legendentexte und -dichtungen aus, der in seiner ganzen Breite erst seit dem 13. Jahrhundert sichtbar wird. Was im 12. Jahrhundert noch ganz fehlt, sind systematische Sammlungen von Heiligenlegenden (Legendare) in der Volkssprache. Das in der älteren Literaturgeschichtsschreibung so genannte ›Mittelfränkische Legendar‹ (Gustav Ehrismann) kann dafür nicht in Anspruch genommen werden. Die Verbindung von versmäßiger Bibelparaphrase mit angefügten Legendenerzählungen wird heute richtiger ›Mittelfränkische Reimbibel‹ genannt (vgl. S. 305f.). Der Übergang von Bibelepik zu Legendendichtung ist jedoch fließend, da ja zuallererst biblische Personen wie Johannes der Täufer, Maria und die Apostel heiligmäßige Verehrung auf sich gezogen und immer wieder auch die dichterische Phantasie beflügelt haben. Die evangelische Geschichte wird von Anfang an um Fakten und Vorstellungen aus apokryphen Quellen bereichert. Selbst der Bericht der Evangelisten ist zum Teil schon Produkt legendarischer Ausgestaltung. Dazu gehört etwa die Geschichte von Christi Geburt mit der Anbetung durch die Magier aus dem Osten bis zur Flucht nach Ägypten, die denn auch über die Jahrhunderte hin zu vielfachen Ergänzungen angeregt hat.

Die Legende ist schließlich auch ein wichtiger Schritt hin zu einer stärker profan- als heilsgeschichtlich interessierten volkssprachlichen Dichtung. Das ›Annolied‹, die deutsche ›Kaiserchronik‹ und das ›Rolandslied‹ des Pfaffen Konrad sind eindrucksvolle Beispiele für die allmähliche Verselbständigung eines nicht mehr ausschließlich nur geistlichen Zwecken dienenden Erzählinteresses. Die Legendendichtung hat auch dem höfisch-ritterlichen Versroman das grundlegende strukturelle Muster geliefert: die Heilssuche. Legende und höfischer Roman teilen das Interesse an dem einzelnen vorbildlichen Protagonisten, an seinem Weg durch eine bunte Welt voller Anfechtungen und seinem leidenden bzw. kämpferischen Bestehen aller Gefahren. Der tiefgreifende Unterschied ist, daß der ritterliche Held seine Unsterblichkeit schon im Diesseits hat, während der Heilige erst im Tod seine eigentliche Erfüllung findet und durch ihn, sei es das gewaltsame Ende eines Märtyrers oder das gottselige Sterben eines Bekenners, in die Ewigkeit eingeht.

In der Legendenerzählung des 12. Jahrhunderts findet die volkssprachliche Buchepik zu sich selbst, auch wenn die meisten der im folgenden zu nennenden Texte nicht eben das Signum des Außerordentlichen an sich tragen und ihre literarischen Qualitäten meist noch auf recht niedrigem Niveau angesiedelt sind. Freilich verlangte die Legende gerade den *stilus humilis,* den einfachen, niedrigen Stil. Artifizielle Abweichungen und Abwandlungen, wie sie die in die höfische Kunstdichtung integrierten Legendenerzählungen eines Hartmann von Aue oder Konrad von Würzburg oder die großen Legendenromane des 13. Jahrhunderts auszeichnen, stehen von vornherein unter dem Verdikt, daß »das Fehlen frommen Engagements in einem auffallenden, ja geradezu peinlich berührenden Gegensatz zur gekonnten sprachlichen und formalen Gestaltung des Stoffes steht« (Achim Masser). Der Widerspruch zwischen Kunst und Glauben begleitet die literarische Gattung der Legende von ihren Anfängen an.

LITERATUR: Hellmut Rosenfeld, Legende. Stuttgart 1961 u.ö. – Max Wehrli, Roman und Legende im deutschen Hochmittelalter. In: FS Bruno Marquardt. Berlin 1961, S. 428–443. Wieder in: Ders., Formen mittelalterlicher Erzählung. Aufsätze. Zürich, Freiburg i. Br. 1969, S. 155–176. – Achim Masser, Bibel, Apokryphen und Legenden. Geburt und Kindheit Jesu in der religiösen Epik des deutschen Mittelalters. Berlin 1969. – Gerhard Strunk, Kunst und Glaube in der lateinischen Heiligenlegende. Zu ihrem Selbstverständnis in den Prologen. München 1970. – Ulrich Wyss, Theorie der mittelhochdeutschen Legendenepik. Erlangen 1973. – Ders., Legenden. In: Volker Mertens u. Ulrich Müller (Hrsg.), Epische Stoffe des Mittelalters. Stuttgart 1984, S. 40–60.

Im Jahre 1056 ernannte Heinrich III. den früheren Bamberger Domscholaster Anno, den Freund des Bischofs von Bamberg und damaligen Kaplan der kaiserlichen Kapelle in Goslar, zum Erzbischof von Köln. Mit Anno von Steußlingen war ein *homo novus* in die Hierarchie des Feudaladels aufgestiegen, hatte seine mächtigen Konkurrenten überflügelt und war als geistliches Oberhaupt zugleich weltlicher Herr der Stadt Köln und damit einer der einflußreichsten Männer des Reichs geworden. Ehrgeiz und Sendungsbewußtsein machten ihm viele Feinde. Nach dem Tod Heinrichs III. übernahm dessen Witwe und Mutter des noch unmündigen Sohnes, des späteren Heinrichs IV., die Regentschaft, gegen die sich eine Gruppe von Reichsfürsten und Landesherren erhob. Treibende Kraft war der Kölner Erzbischof Anno. Im Frühjahr 1062 wurde der zwölfjährige Heinrich mit den königlichen Insignien Kreuz und Lanze in einer dramatischen Aktion entführt und nach Köln verschleppt. Dort übernahm Anno die Vormundschaft und war damit Verweser des Reichs bis zur Volljährigkeit Heinrichs. Die strenge Erziehung ist dem königlichen Knaben offenbar nicht zum Besten ausgeschlagen, sein lockerer Lebenswandel wird noch den Verfasser der deutschen ›Kaiserchronik‹ beschäftigen. Nach seiner Krönung wandte sich Heinrich IV. von seinem Vormund und Mentor ab und bediente sich anderer Ratgeber. Anno konzentrierte sich seither auf sein landesherrliches Kölner Amt und auf seine geistlichen Aufgaben. Religiöser Eifer und Gewalttätigkeit bestimmten auch weiterhin seine politische Wirksamkeit. Er spielte eine nicht unwichtige Rolle auf der Synode zu Mantua (1064), bei der es um die Beendigung des Schismas ging. Im Jahre 1074 hatte er eine blutige Auseinandersetzung mit der Kaufmannschaft von Köln zu bestehen, in deren Verlauf er gedemütigt und aus der Stadt vertrieben wurde. Nach seiner Rückkehr nahm er grausam Rache. Sein Zorn soll mehrere hundert Opfer gekostet haben. Nicht viel später zieht sich Anno in das von ihm gegründete Reformkloster Siegburg zurück und stirbt nach qualvoller Krankheit (1076). In einem kontrovers verlaufenen Verfahren wurde er 1183 heiliggesprochen.

Die Verehrung des hl. Anno ging von seinem Kloster Siegburg aus und wurde gefördert durch die lateinische Chronistik. Bruchstücke einer älteren ›Vita Annonis‹ sind erst im Jahre 1976 bekannt geworden. In den Prozeß der Entstehung und Propagierung eines Annokults gehört auch das deutsche ›Annolied‹, das nur in Gestalt eines Teildrucks von 1597 und des vollständigen Abdrucks von 1639 durch Martin Opitz erhalten blieb. Das ›Annolied‹ ist Repräsentationsdichtung wie das ›Ezzolied‹, ist es deutlicher noch durch seinen Diesseits und Jenseits, Welt und Kirche, Heiligen- und Heilsgeschichte umfassenden Inhalt. Heils- und Profangeschichte werden aufgeboten zur Feier des zunächst nur lokal verehrten, von der Kirche aber noch nicht approbierten Heiligen. Ob die Entstehung des deutschen Legendengedichts dem Interesse des Klosters Siegburg oder des Kölner Erzbischofs zu verdanken ist, bleibt ungewiß. Sein Verfasser wird wohl unter den Insassen des Klosters Siegburg zu suchen sein. Die Verwendung der Volkssprache spricht gegen eine rein innerkirchliche Zielrichtung. Als Propagandadichtung mußte das ›Annolied‹ sich nach außen wenden und an ein Publikum richten, dem gegenüber die Anhänger Annos sich auch nach seinem Tod noch zu rechtfertigen und abzusichern hatten, also an den Adel und möglicherweise auch an das Patriziat der Stadt Köln. Dafür spricht das auffällige Interesse an der Geschichte des Reichs und am Glanz der Stadt Köln. Die ungewöhnliche Verbindung von Welt-, Reichs- und Heiligengeschichte ist an zeitgenössischen Mustern der lateinischen Historiographie des Rhein-Maas-Raumes orientiert.

Das insgesamt 878 Verse umfassende Gedicht ist in 49 ungleichzeilige Strophen gegliedert, die ihrerseits drei große Teile bilden. Der Prolog (Strophe 1) konfrontiert die traditionelle mündliche Geschichts- und Heldendichtung mit dem heilswirksamen Legendenstoff. Teil I rekapituliert auf knappstem Raum die Heilsgeschichte bis in die Gegenwart des Bischofs Anno: Schöpfung und Sündenfall, Erlösung durch den Opfertod Christi und Anbruch des sechsten Weltalters, Missionierung der Welt durch die Apostel und ihre Nachfolger, die Heiligen Kölns, zu denen auch Anno zählt (Strophen 2–7). Teil II bietet einen sehr viel umfänglicheren Überblick über die Profangeschichte, deren Linien bis zu *seint Anno* durchgezogen werden. Hier kommt die mit der Weltalterlehre (Strophe 7) konkurrierende Weltreichelehre zur Sprache. Die vier Tiere der Vision des Propheten Daniels (Dan. 7,2ff.) sind vier Reiche, die auf Erden entstehen werden. Das letzte wird als das im abendländischen Kaisertum fortlebende Römische Reich gedeutet (Strophen 8–17). Über eine merkwürdige Anknüpfung der vier deutschen Hauptstämme (Schwaben, Baiern, Sachsen und Franken) an die vier Weltreiche und die ausführliche Behandlung der Herrschaft Caesars und der Begründung des Römischen Imperiums kommt der Verfasser auf die Städtegründungen im Reich und damit schließlich auch wieder auf Köln zu sprechen (Strophen 18–30). Danach wird noch einmal der Geburt Christi unter der Regentschaft des Kaisers Augustus gedacht. Das Schicksal der Apostel lenkt den Blick auf deren Nachfolger, die

Bischöfe im fränkischen Reich, deren dreiunddreißigster der in der dreiunddreißigsten Strophe erneut genannte und mit dem Prädikat *sanctus* versehene Bischof Anno ist (Strophen 31–33). Erst Teil III enthält *vita* und *miracula,* und zwar in der Form, daß das Leben des Heiligen nicht erzählt, sondern in Preisstrophen (34–40) nur angedeutet wird: Investitur durch Heinrich III., vorbildliche Regentschaft, Frömmigkeit und Wohltätigkeit, Vormundschaft für Heinrich IV. und Krieg. Ausführlicher wird von einer Vision des Heiligen berichtet, die ihn an eine Verfehlung erinnert, über die man jedoch nichts Genaueres erfährt. Erst seine bußfertige Reaktion verrät, daß es sich um den Kölner Aufstand handelt. Der Verfasser fügt auch gleich entschuldigend hinzu: »Daß er ihr Feind war – wie sehr war das ihre Schuld gewesen« (v. 43,24). Und so steht denn der triumphalen Aufnahme des nach schwerem Leiden Verschiedenen in die ewige Seligkeit nichts mehr im Weg (Strophe 44). An seinem Grab ereignen sich Wunder und Zeichen. Abschließend wird, in größerer Ausführlichkeit als alles Vorhergehende, das aus der lateinischen ›Vita Annonis‹ bekannte Volprecht-Wunder erzählt (Strophen 46–49). Dieser Volprecht hat sich mit dem Teufel verbündet, leugnet Gott und schmäht den hl. Anno. Da wirft ihn eine unsichtbare Hand zu Boden und beide Augen laufen ihm aus. Erst die Bitte um Beistand des Heiligen verhilft ihm wieder zu seinem Augenlicht. (Diese Wundererzählung enthält in nuce die ganze Problematik des historischen Anno: Die Kritik am Bischof, der Zweifel an seiner Heiligkeit, wird *post mortem* noch einmal durch unmittelbare, körperliche Gewalt beseitigt, deren Spuren überaus drastisch sichtbar werden. Hier nun aber wird die Gewalt vom Himmel verantwortet – so wie Anno bei Lebzeiten seine Härte und Gewalttätigkeit mit der Überzeugung gerechtfertigt hat, im Dienste eines Höheren zu stehen.)

Als einziger Anhaltspunkt für die Entstehungszeit des ›Annoliedes‹ gilt der Hinweis auf Mainz als den Krönungsort der deutschen Könige (Strophe 30). Da die Königskrönungen üblicherweise in Aachen stattfanden, kann diese Bemerkung sich nur auf die Zeit nach 1077 (Krönung des Gegenkönigs Rudolf von Rheinfelden in Mainz) oder nach 1106 (Krönung Heinrichs V. in Mainz) beziehen. Man wird trotz des Einspruchs von Anselm Haverkamp wohl am frühen Entstehungsdatum nach 1077 festhalten müssen. Letzte Sicherheit beanspruchen kann die Frühdatierung jedoch nicht.

Ausgaben: Das Annolied. Hrsg. von Martin Opitz MDCXXXIX. Diplomatischer Abdruck, besorgt von Walther Bulst. Heidelberg 1946 u. ö. – Maurer II, Nr. 22. – Übersetzung: Das Annolied. Mittelhochdeutsch und neuhochdeutsch. Hrsg., übersetzt und kommentiert von Eberhard Nellmann. Stuttgart 1975. – Literatur: Eberhard Nellmann in: VL 1, 1978, Sp. 366–371. – Anselm Haverkamp, Typik und Politik im Annolied. Zum Konflikt der Interpretationen im Mittelalter. Stuttgart 1979.

Das ›Annolied‹ hat in seiner besonderen Konzeption nicht musterhaft gewirkt, so vielfältige Ausprägungen die volkssprachliche Legendendichtung im 12. Jahrhundert auch erfährt. Deren literaturgeschichtliche Würdigung wird dadurch erschwert, daß die meisten selbständigen Stücke nur fragmentarisch oder in jüngeren Umarbeitungen erhalten sind. Die Verlustrate scheint hier besonders hoch zu sein; um sie auch nur annähernd abzuschätzen, fehlen alle Anhaltspunkte. Es ist sicher symptomatisch, daß die Zahl der erhaltenen selbständigen Legendengedichte kleiner ist als die in größere Kontexte eingebetteten Stükke. Selbständige deutsche Dichtungen waren nachweislich den Heiligen Ägidius, Albanus, Alexius, Andreas, Juliana, Margareta, Servatius, Silvester, Udalrich (Ulrich), Vitus (Veit) und Veronica gewidmet. Zahlreicher sind die Legenden, die in größere Gedichte aufgenommen und dort mit mehr oder minder großer Ausführlichkeit erzählt wurden (von bloßen Nennungen der Heiligennamen oder knappen Anspielungen auf ihre Legende ganz abgesehen). Hier ist an die ›Mittelfränkische Reimbibel‹ (Apostel, Helena, Cosdras und Eraclius) und an die ›Rede vom Glauben‹ des Armen Hartmann (Theophilus, der Zöllner Petrus, Maria Magdalena, Afra und Maria Aegyptiaca) zu erinnern und auf die deutsche ›Kaiserchronik‹ (Veronica, Faustinianus, Petrus und Paulus, Johannes, Gregor der Große, Laurentius, Mauritius, Silvester, Eraclius, Crescentia, Stephanus, Astrolabius, Karl der Große) hinzuweisen.

Die Datierung der einzelnen Texte ist besonders problematisch, wo es sich nur um Bruchstücke handelt. Die meisten gehören aber wohl erst der zweiten Hälfte des 12. Jahrhunderts an. Außerdem ist zu bedenken, daß den deutschen Verslegenden längere oder kürzere Perioden der Legendenbildung und Kultpropaganda vorausgehen, die sich zunächst in der lateinischen Hagiographie literarisch niedergeschlagen haben. Im folgenden werden zunächst die Bruchstücke in alphabetischer Reihenfolge aufgelistet und danach die vollständigeren Texte besprochen.

Das Motiv des sündigen Heiligen entfaltet die in den letzten Jahrzehnten des 12. Jahrhunderts entstandene Albanuslegende, die in vielen Details der von Hartmann von Aue aus dem Französischen übertragenen Geschichte vom guten Sünder ›Gregorius‹ entspricht. Albanus geht aus der inzestuösen Verbindung eines Kaisers mit seiner Tochter hervor, wird ausgesetzt, aufgefunden, vom König von Ungarn aufgezogen und der Tochter des Kaisers, seiner Mutter, vermählt. Die Aufdeckung des Greuels veranlaßt alle drei Beteiligten zu strenger Buße. In einer für die Erzähltechnik der älteren Zeit typischen Doppelung kommt es zur erneuten Vereinigung von Vater und Tochter, die daraufhin beide von Albanus erschlagen werden. Albanus tut Buße, wird Einsiedler und findet schließlich einen gewaltsamen Tod. Wunderheilungen an seinem Grabe offenbaren seine Heiligkeit.

Ein verlorengegangenes Pergamentdoppelblatt enthielt 119 Verse eines deutschen ›Albanus‹-Gedichts. Das erste Bruchstück (vv. 1–60) handelt von der Auffindung und Erziehung des Kindes durch den König von Ungarn, das zweite (vv. 61–119) von der Aufdeckung des zweiten Inzests zwischen der Tochter des Kaisers und Albanus. Die zum Teil überlangen (aber vierhebig gedachten?) Verse sind in moselfränkischem Dialekt geschrieben.

Eine erste Reimfassung der auch in den Volkssprachen weit verbreiteten ›Alexius‹-Legende gehört wohl ebenfalls noch dem 12. Jahrhundert an. Zwei verlorengegangene Pergamentdoppelblätter des 13. Jahrhunderts enthielten 149 Verse aus dem Schluß der Legende: Totenklage der Eltern des unerkannt gestorbenen Heiligen, Tod seiner jungfräulichen Gemahlin und Vereinigung aller im Himmelreich.

Nur 113 zum Teil äußerst verstümmelte Verse einer ›Andreas‹-Legende standen auf einem verlorenen Pergamentblatt einer Handschrift des 12. Jahrhunderts und zeigen den zuvor in einem kurzen Gebet angerufenen Apostel kurz vor seiner Kreuzigung.

Eine deutsche Verslegende der heiligen ›Margareta von Antiochien‹ aus dem 12. Jahrhundert ist nicht überliefert. Daß sie in einer oder sogar mehreren Versionen existiert hat, ist wiederholt aus der großen Reihe jüngerer Überlieferungszeugen geschlossen worden.

Der eigenartigste und nur bedingt unter dem Stichwort Legende zu subsumierende Text ist ein ›Pilatus‹-Gedicht, dessen

Anfang (vv. 1–621) in der 1870 verbrannten Straßburg-Molsheimer Handschrift enthalten war. Es handelt sich hier um eine nach dem Muster der apokryphen Schriften zum Neuen Testament und mit den avancierten stilistischen Mitteln des höfisch-ritterlichen Versromans verfaßte Geschichte der biblischen Figur des Pontius Pilatus, des Präfekten der römischen Provinz Judäa in den Jahren 26 bis 36 und Mitschuldigen am Kreuztod Christi. Gegenstand der Erzählung ist also nicht das Leben und Sterben eines Heiligen, sondern vielmehr eines durchaus Unheiligen, dessen Gedächtnis jedoch im Kontext legendarischer Tradition (vgl. u. a. die Veronicalegende) fortlebt. Der unglückliche Terminus »Antilegende« trifft diesen Sachverhalt nur unzureichend. Der unbekannte Verfasser des deutschen Gedichts hat nach eigener Auskunft eine lateinische Vorlage gehabt (v. 177).

Schon der umfängliche und bis zur Manieriertheit elaborierte Prolog läßt die sehr viel einfachere geistliche Dichtung des 12. Jahrhunderts weit hinter sich: Die Klage über Schwierigkeiten im Umgang mit der deutschen Sprache leitet über zur Bitte um den *sin*, die geistliche Erkenntnis. Ein ausgedehnter Marienpreis schließt sich an. Schließlich kommt der Verfasser auf Pilatus zu sprechen, dessen Leben von der Geburt bis zum Tod er erzählen wolle (vv. 1–176). Tyrus, der sternkundige Herrscher über die Länder an Maas, Main und Rhein, erkennt während eines Jagdausflugs, daß die Sterne günstig stehen für die Zeugung eines Kindes. Da seine Ehefrau nicht bei ihm ist, bedient er sich des Mädchens Pyla, der Tochter des armen Müllers Atus (vv. 177–318). Ein Sohn wird geboren und erhält nach Mutter und Großvater den Namen Pylatus. Der heranwachsende Knabe wird verabredungsgemäß an den kaiserlichen Hof nach Mainz geschickt und mit dem ehelichen Sohn des Kaisers zusammen erzogen (vv. 319–358). Eifersucht entzweit die Stiefbrüder. Pylatus tötet den Thronfolger und wird als Geisel mit dem Sohn des Königs von Frankreich zu Iulius Caesar nach Rom geschickt (vv. 359–448). In Rom wiederholt sich der gleiche Vorgang: die Eifersucht zwischen den beiden Exilanten führt zur Ermordung des französischen Königssohnes. Pylatus wird zur Strafe in das wilde Land Pontus entsandt, das er mit harter Hand bezwingt und der römischen Oberherrschaft unterwirft (vv. 449–586). Herodes hört von dem mächtigen Mann und schickt nach ihm, um sich seiner Hilfe gegen die widerspenstigen Juden zu versichern (vv. 587–621).

Hier bricht die Niederschrift des Gedichts ab. Eine andere Hand hat das Explicit *hi ist vz pilatus* hinzugefügt. Damit kann nicht das tatsächliche Ende des ›Pilatus‹ gemeint sein, denn nach Auskunft der lateinischen Vorlage folgte die Erzählung vom Schweißtuch der Veronica. Der Kaiser von Rom ist von schwerer Krankheit befallen und bittet Pilatus, er möge ihm den Wunderheiler Jesus als Arzt schicken. Aber dieser ist inzwischen gekreuzigt worden. Veronica bringt ein Tuch mit seinem Bild zum Kaiser, der durch dessen Wunderkraft geheilt wird. Pilatus aber wird zur Rechenschaft gezogen und zum Tod verurteilt, den er sich, um der Hinrichtung zu entgehen, selbst gibt. Sein Leichnam wird nicht bestattet, sondern in den Tiber geworfen. Dadurch aber wird ein so ungeheurer Sturm ausgelöst, daß, um weiterem Unheil vorzubeugen, die Leiche aus Rom weggeschafft und schließlich in den Bergen in einen Abgrund (oder See) versenkt werden muß.

In die Zeit der Christenverfolgung führt die Legende von ›S. Veit‹ (Vitus), deren Anfang in den Fragmenten überliefert ist, die auch Teile von Adelbrechts ›Johannes Baptista‹ bewahrt haben. Das Bruchstück ist zu klein, als daß es viel über Anlage und Gesamtinhalt erkennen ließe. Auf einen Gebetsprolog (vv. 1–24) kommt die Ausbreitung des Christentums und die Verfolgung der Christen durch Diokletian und Maximian zur Sprache (vv. 25–48). Ein Heide hat einen Sohn, den er mit aller Sorgfalt erziehen läßt. Doch der wendet sich dem Christentum zu und nimmt den Namen Vitus an (vv. 49–65). Mehr ist nicht erhalten.

AUSGABEN: Maurer III, Nr. 62: ›Albanus‹. – W. Toischer, Sanct Alexius. ZfdA 28 (1884), S. 67–72. – Kraus, Nr. 13: ›Andreas‹. – K. Weinhold, Zu dem deutschen Pilatusgedicht. Text, Sprache und Heimat. ZfdPh 8 (1877), S. 253–288. – Maurer III, Nr. 63: ›St. Veit‹. – LITERATUR: Zum ›Albanus‹: Karin Morvay in: VL 1, 1978, Sp. 106–108. – Zum ›Alexius‹: Hans-Friedrich Rosenfeld in: VL 1, 1978, Sp. 230f. – Zum ›Andreas‹: Karl-Ernst Geith in: VL 1, 1978, Sp. 337. – Zur Margaretenlegende des 12. Jahrhunderts: Werner Williams-Krapp in: VL 5, 1985, Sp. 1242f.

Mehr oder minder vollständig sind deutsche Verslegenden der Heiligen Ägidius, Juliana, Servatius, Silvester, Ulrich und Veronica erhalten. Für einige von ihnen werden auch Verfassernamen überliefert: Arnolt, der Verfasser des Gedichts ›Von der Siebenzahl‹; Heinrich von Veldeke, der Gründervater der höfischen Epik in deutscher Sprache; Albert von Augsburg, ein nicht eindeutig identifizierbarer Geistlicher; und der Wilde Mann, Autor einer kleinen Reihe geistlicher Gedichte, der dem Wernher vom Niederrhein (vgl. S. 283f.) nahesteht. Die beiden anonym überlieferten Verslegenden von Ägidius und Silvester sind in jeweils zwei Versionen des 12. Jahrhunderts bezeugt.

Die Ägidiuslegende ist von besonderem Interesse wegen ihrer Verbindung mit der Legende Karls des Großen. In der deutschen ›Kaiserchronik‹ wird in den Versen 15015–15068 zum Abschluß der Geschichte Karls des Großen von einer unnennbaren Sünde des inzwischen selbst als heilig verehrten Kaisers erzählt, die ihm auf die Fürbitte des heiligen Ägidius durch einen Himmelsbrief vergeben wurde. Wohl im Zusammenhang mit dem Karlskult, der auf Betreiben Friedrichs I. im Jahre 1165 zur umstrittenen Heiligsprechung führte, breitete sich der Ägidiuskult auch in Deutschland aus. Schon seit dem 11. Jahrhundert waren Wallfahrten zu seinem Grab (St. Gilles in der Provence) üblich geworden. Im 12. Jahrhundert werden auch deutsche Klöster seinem Patrozinium unterstellt (u. a. in Braunschweig, Halberstadt, Münster und Nürnberg). Die selbständige deutsche Legendendichtung von ›Ägidius‹ geht offenbar auf eine lateinische Vita des Heiligen zurück. Sie wird in zwei Versionen greifbar. Die größeren Bruchstücke einer Trierer Handschrift des 12. Jahrhunderts (›Trierer Ägidius‹, 1752 Verse) setzen ein mit den Wundertaten des frommen Eremiten (vv. 1–146), erzählen von seinem Einsiedlerdasein und seiner wunderbaren Ernährung durch eine Hirschkuh (vv. 147–336), von seiner Entdeckung durch die Jäger des Königs Flavius (vv. 337–647), von der Klostergründung und Priesterweihe (vv. 648–1045). Es folgen u. a. die Geschichte der wunderbaren Vergebung der unnennbaren Schuld des Königs Karl auf Bitten des Heiligen (vv. 1046–1266), die Reise des Heiligen nach Rom (vv. 1267–1459), sein Tod und der Eingang seiner Seele in den Himmel (vv. 1460–1752).

Von einer Bearbeitung des ›Trierer Ägidius‹ oder einer zweiten selbständigen Ägidiusdichtung (›Höxterer Fragmente‹) sind nur 130 Verse erhalten, die einen Teil der verlorenen Vorgeschichte erkennen lassen: die Bekehrung des Ägidius und seinen Entschluß, ein geistliches Leben zu führen und sich in die Einöde zurückzuziehen.

Ausgaben: Max Roediger, Trierer Bruchstücke II. Aegidius. ZfdA 21 (1877), S. 331–412. – Karl Bartsch, Der Trierer Aegidius. Germ. 26 (1881), S. 1–57. – Literatur: Karl-Ernst Geith in: VL 1, 1978, Sp. 75f.

Zu den besonders populären Heiligen des Mittelalters gehörte Papst Silvester (314–335), dessen Geschichte eng mit dem ersten christlichen Kaiser Konstantin dem Großen und der Durchsetzung des Christentums als Staatsreligion verknüpft ist. Die älteste deutsche Silvesterdichtung bildet den Mittelpunkt der deutschen ›Kaiserchronik‹ (vv. 7806–10633). Sie hat schon bald eine Neubearbeitung als selbständiges Gedicht erfahren. Diese Bearbeitung ist unvollständig in der gleichen Handschrift überliefert, die auch den ›Trierer Ägidius‹ enthält. Der ›Trierer Silvester‹ bricht nach Vers 858 (Disputation Silvesters mit den jüdischen Gelehrten) ab. Die Inhaltsübersicht folgt dem Wortlaut der deutschen ›Kaiserchronik‹.

König Konstantin wird nach seinem Regierungsantritt von schwerer Krankheit (Aussatz?) heimgesucht, von der ihn nur das Blut unschuldiger Kinder heilen kann. Da erscheinen ihm eines Nachts unerkannt – er ist ja noch Heide – Petrus und Paulus und verweisen ihn auf den Papst Silvester als Arzt (vv. 7806–7863). Silvester kommt, erkennt in der Vision des Königs die Erscheinung der beiden Apostel und heilt ihn dadurch, daß er ihn zum Christentum bekehrt (vv. 7864–7957). In einer großangelegten Staatsaktion werden durch das harmonische Zusammenwirken von weltlichem und geistlichem Oberhaupt die Römer bekehrt und das Reich neu geordnet (vv. 7958–8199). Es folgt die Bekehrung der Mutter Konstantins, der später ebenfalls als Heilige verehrten Kaiserin Helena. Zu diesem Zweck wird eine Synode (Erinnerung an das Konzil von Nicäa im Jahre 325) einberufen, in deren Verlauf eine ausführliche Disputation zwischen zwölf jüdischen Gelehrten und Silvester darüber stattfindet, welches die wahre Religion sei (vv. 8200–10025). Silvester behält die Oberhand durch ein Wunder, die Wiedererweckung eines getöteten Stiers. Die Ungläubigen, Helena an ihrer Spitze, lassen sich taufen. Die Helenalegende klingt in dem Hinweis an, sie habe später das Kreuz wieder aufgefunden und den Rock Christi (den ›Grauen Rock‹) und andere Reliquien der Stadt Trier geschenkt, weil sie dort geboren sei (vv. 10026–10400). Konstantin gründet Konstantinopel, während Papst Silvester als Reichsverweser fungiert, die Heiden bekehrt und die Stadt Rom von der Bedrohung durch einen Drachen befreit (vv. 10401–10633).

AUSGABE: Zur ›Kaiserchronik‹ vgl. S. 366. – Carl Kraus (Hrsg.), Der Trierer Silvester. Hannover 1895 (MGH, Deutsche Chroniken I, 2),

S. 1–61. – LITERATUR: Friedrich Ohly, Sage und Legende in der Kaiserchronik. Untersuchungen über Quellen und Aufbau der Dichtung. Münster 1940. Repr. Nachdr. Darmstadt 1968, S. 165–171.

Die Veronicalegende hat ihren Platz sowohl in der ›Mittelfränkischen Reimbibel‹ wie in der ›Kaiserchronik‹ gefunden und ebenso auch eine gesonderte deutsche Bearbeitung erfahren. Die Kurzfassung der Legende in der ›Mittelfränkischen Reimbibel‹ ist unvollständig; der Anfang fehlt. Veronica *(Veronilla)* weigert sich, ihr wunderkräftiges Tuch mit dem Abdruck des Antlitzes Christi zu verkaufen, zieht mit den kaiserlichen Boten nach Rom und heilt Tiberius. In der ›Kaiserchronik‹ (vv. 671–1114) wird nach dem bekannten Legendenschema von einer unheilbaren Krankheit des Königs Tiberius erzählt. Auch zu ihm dringt die Kunde von dem Wunderheiler in Jerusalem. Ein Bote wird ausgesandt und erfährt, daß Jesus schon vor drei Jahren gekreuzigt worden ist. Er trifft auf Veronica, die Besitzerin eines Tuchs mit dem Abbild Christi, und kehrt mit ihr und dem gefangengesetzten Pilatus (vgl. die Pilatuslegende) nach Rom zurück. Der Kaiser wird durch den Anblick des heiligen Antlitzes gesund und schickt Vespasianus und dessen Sohn Titus nach Jerusalem, um Rache zu nehmen für den Tod Christi und die Stadt zu zerstören. Josephus (Flavius) wird gerettet und hat alles, was geschah, aufgeschrieben.

Mit nur geringfügigen Verschiebungen, aber im Rahmen einer ganz anderen Konzeption erzählt die gleiche Legende ein Autor, der sich selbst *wilder man* oder nur der *wilde* (›Veronica‹ vv. 1 und 587; ›Van der girheit‹ v. 161; ›Christliche Lehre‹ v. 100) nennt.

AUTOR UND ÜBERLIEFERUNG: Die Gedichte des Wilden Mannes – ›Veronica‹, ›Vespasian‹, ein moraldidaktischer Text ›Van der girheit‹ (›Von der Habsucht‹) und eine sog. ›Christliche Lehre‹, die in Analogie zu dem vorhergehenden Stück auch ›Von der Weisheit‹ überschrieben sein könnte – sind im Verbund mit den ›Vier schiven‹ des Wernher vom Niederrhein überliefert. Ob »wilder Mann« als sprechender Name (der Nicht-Gelehrte, der Fremde, der Einsiedler im Wald o. ä.) gemeint war oder als Frühform eines »bürgerlichen« Familiennamens zu deuten ist, muß unentschieden bleiben. Die relative Reinheit der Reime und die fortgeschrittene Regelhaftigkeit der Verse sprechen für die Entstehung der Gedichte des Wilden Mannes im letzten Viertel des 12. Jahrhunderts.

Die beiden ersten Stücke, die in den Editionen mit ›Veronica‹ (660 Verse) und ›Vespasianus‹ (278 Verse) überschrieben werden, gehören eng zusammen. Sie bilden vielleicht sogar ein einziges Legendengedicht, wenn man die Schlußverse des ersten, in der Handschrift *Dit ist Veronica* überschriebenen Teils (vv. 659f.) *in goddis namin ›amen‹ sprechit alli samen* (»Sprecht alle zusammen in Gottes Namen: Amen«) als Abschluß des eingeschobenen dogmatischen Passus (Friedrich Ohly) oder gar nur als »Schreiberreim« (Gustav Ehrismann) ansehen darf. Der Vespasian-Teil setzt unmittelbar mit der Erzählung ein, markiert also keine Zäsur.

Wenn man den ersten Teil als eigenständiges Gedicht liest, wird man es weniger als Verslegende denn als Bibelgedicht, als Versparaphrase des Heilandslebens, verstehen müssen, in das ein reichlich 100 Verse umfassendes Stück über die Legendenfigur der Veronica eingefügt ist. Ungewöhnlich ist die vorangestellte Verfassersignatur: *Dat di wilde man gedihtet hat* (»Das Folgende hat der Wilde Mann gedichtet«), die nicht eben Ausdruck einer sonst in jener Zeit beobachteten geistlichen Bescheidenheit ist und als Hinweis auf den Laienstand des Autors gedeutet werden kann. Die übrigen Prologtopoi (affektierte Bescheidenheit, Zweck der Dichtung, Bitte um göttliche Hilfe) sind eingelassen in eine längere Eingangspartie zum Lobe des Heiligen Geistes, seiner Wirksamkeit im Alten Testament und seiner Inkarnation im Menschensohn (vv. 1–82). In wenigen Versen wird an Jesu Wundertaten auf Erden erinnert (vv. 83–88). Daran schließt sich – zunächst durchaus passend – die Geschichte der Veronica, die hier offenbar wie in der ›Kaiserchronik‹ (vv. 731ff.) als das von Jesus geheilte »blutflüssige Weib« (Mt. 9,20ff.; Mk. 5,25ff.; Lk. 8,43ff.) gedacht ist. Veronica bringt Lukas (dem Patron der Maler!) ein Tuch mit der Bitte, er möge Jesu Antlitz darauf zeichnen *(scriven)*. Es gelingt nicht. Da greift der Heiland selbst ein, erscheint als Gast bei Veronica, wäscht sich vor Tisch und trocknet sein Gesicht in ein Tuch, das seine Züge festhält. Nach dem Tod des Heilands werde es seine Wunderkraft entfalten (vv. 89–196). Das folgende Heilandsleben wird auf wenige Stationen reduziert: Jordantaufe, die gegen den evangelischen Bericht hier also erst nach den Wunderheilungen erfolgt (vv. 197–218), Versuchung in der Wüste (vv. 219–292), Verrat durch Judas und Passion (vv. 293–329), Kreuzigung (vv. 330–398), Grablegung und Auferstehung (vv. 399–444), Erscheinungen des Auferstandenen (vv. 445–586) und Ausgießung des Heiligen Geistes (vv. 587–660). Diesen letzten Abschnitt leitet der Wilde Mann mit der erneuten Nennung seines Namens ein und schließt ihn mit einem Gebet ab.

Die eigentliche Veronica-Vespasian-Legende schließt sich unmittelbar an. Nach zweiundvierzig Jahren geschieht zu Rom ein Wunder: König Vespasianus wird von einer unheilbaren Krankheit befallen, hört von dem Wunderheiler Jesus und schickt seinen Sohn Titus nach Jerusalem. Aber Gottes Sohn ist schon lange tot (vv. 1–74). Titus holt Erkundigungen ein, hört von Veronica und überredet sie, die sich von dem wunderbaren Tuch mit dem Abdruck des Antlitzes Christi nicht trennen will, mit nach Rom zu kommen (vv. 75–152). Schiffahrt, Ankunft in Rom und Heilung Vespasians sind Angelegenheit von nur wenigen Versen (vv. 153–198). Veronica verkündet in Rom die christliche Glaubenswahrheit. Der König aber zieht nach Jerusalem, zerstört es zur Strafe für die Kreuzigung Christi und erfüllt damit die alttestamentlichen Prophezeiungen, deren Wahrheit auch die Juden – spätestens am Jüngsten Tag – einsehen müssen (vv. 199–278).

Das alles wird nicht ohne theologische Ambition erzählt, für die insbesondere einige ungewöhnlichere Typologien (die Versuchung der Eva im Paradies verweist auf die Versuchung Jesu in der Wüste; der Dornbusch, in dem sich der Widder verfängt, der für Isaak geopfert wird, verweist auf die Dornenkrone Christi) stehen können. Aber das Gedicht ist auch voller Fehler (besonders in der Abfolge der Geschehnisse in der Vita Christi). Auch deshalb möchte man sich eher einen Laien als Verfasser vorstellen, der sein Wissen durchweg aus der Predigt bezogen haben kann. Nicht ohne Grund zieht er die Bekehrung auch nur eines Mitmenschen der Buchgelehrsamkeit vor (›Veronica‹ vv. 55ff.). Ähnlich wie später Wolfram von Eschenbach sagt er von sich, der Heilige Geist habe ihm Weisheit und Können verliehen: *allein inkan er der buche nit* (›Veronica‹ v. 4), »aus eigner Kraft versteht er die Bücher nicht«.

Ausgaben: Bernard Standring (Hrsg.), Die Gedichte des Wilden Mannes. Tübingen 1963 (ATB 59). – Maurer III, Nr. 57–60. – Literatur: Ernst von Dobschütz, Christusbilder. Untersuchungen zur christlichen Legende. Leipzig 1899. – Friedrich Ohly, Sage und Legende in der Kaiserchronik. Untersuchungen über Quellen und Aufbau der Dichtung. Münster 1940. Repr. Nachdr. Darmstadt 1968, S. 53–66.

Die im folgenden zu behandelnden Legendendichtungen sind offenbar stärker einem lokal begrenzten Kult und seiner Propagierung gewidmet. Um die Jahrhundertmitte scheint die Verslegende von der heiligen ›Juliane‹ entstanden zu sein. Als Verfasser nennt sich *ein ewart ... Arnolt* (vv. 4f.), der wohl identisch ist mit dem Priester Arnolt, dem Verfasser des Gedichts ›Von der Siebenzahl‹.

TEXT UND ÜBERLIEFERUNG: Die sehr unbeholfene und fehlerhafte Niederschrift (etwa 630 Verse) erfolgte im 14. Jahrhundert in einer Handschrift des 12. Jahrhunderts, die unter anderem Heinrichs ›Litanei‹ enthält. Der Text steht zum Teil auf den Rändern, die Art und Weise der Eintragung erinnert damit an die älteste deutsche Schriftüberlieferung. Juliane ist eine in Deutschland nur wenig bekannte und verehrte Heilige. Seit 1140 war sie Patronin des oberbairischen Frauenklosters Schäftlarn, dessen *praepositus* von 1158 bis 1163 ein gewisser *Arnoldus* war. Es ist nicht unwahrscheinlich, daß das deutsche Gedicht hier entstanden ist und vielleicht sogar von dem genannten *Arnoldus* verfaßt wurde. Wenn man ihn als Autor der beiden Gedichte, insbesondere aber der ›Juliane‹ annimmt, dann muß die Legende seiner Selbsttitulierung als *ewart* wegen vor 1158 datiert werden.

Der Text verrät bei aller Einfachheit der Diktion den geistlichen Verfasser. Er setzt ein mit einem regelrechten Prolog (vv. 1–14) und folgt im weiteren einer lateinischen Vorlage. Unter König Maximian wächst Juliane als Tochter eines Christenhassers heran und wird dem Heiden Aulesius vermählt. Sie will sich ihm verweigern, wenn er nicht zum Christentum übertrete (vv. 15–44), wird vom Vater zur Rede gestellt und körperlich gezüchtigt (vv. 45–121). Nicht anders verläuft die Auseinandersetzung mit dem Ehemann (vv. 122–185). Es folgen grausame Marterungen und Gefangensetzung (vv. 186–225). Im Kerker überwindet Juliane den Satan, der ihre Standhaftigkeit erschüttern will (vv. 226–489). Als Aulesius den Kerker aufschließen läßt, tritt Juliane unversehrt heraus und führt den Teufel an einer Kette hinter sich her (vv. 490–529). Sie wird gerädert – ein Engel heilt ihre Glieder. Viele Menschen bekehren sich, werden jedoch enthauptet (vv. 530–569). Juliane überlebt mit Gottes Hilfe auch den Scheiterhaufen und das Bad in flüssigem Blei und wird schließlich enthauptet. Gott holt sie zu sich (vv. 570–612). Aulesius aber ertrinkt. Seine Gebeine werden von wilden Tieren gefressen und der Teufel holt seine Seele (vv. 613–628).

AUSGABE: Maurer III, Nr. 47. – LITERATUR: Peter Ganz in: VL 1, 1978, Sp. 489–493.

Lokalheiliger mit ungleich größerer Ausstrahlung war auch Servatius, Bischof von Tongeren im 4. Jahrhundert, dessen Kult in Maastricht gepflegt wurde. Hier wurden seine Gebeine und andere Reliquien verehrt. Seit 1300 wurden sie alle sieben Jahre ausgestellt und sind bis heute Ziel der Wallfahrer. Die *heiligdomsvaart* nach Maastricht hatte gewiß ihre weit über den Beginn ihrer geregelten Veranstaltung zurückreichende Vorgeschichte, denn schon im 12. Jahrhundert erlebte der Servatiuskult einen Höhepunkt. Das läßt sich an der Baugeschichte der Servatiuskirche ebenso ablesen wie an anderen Aktivitäten zum dauernden Gedächtnis des Heiligen. Die Verfertigung des kunstgeschichtlich hochbedeutenden Servatiusschreins gehört ebenso dazu wie die biographischen Aktivitäten.

Der früheste Bericht über Servatius findet sich bei Gregor von Tours (6. Jahrhundert). Die ältesten Viten stammen aus dem 8. und 9. Jahrhundert. Im ersten Viertel des 12. Jahrhunderts werden die maßgeblichen ›Gesta Sancti Servatii‹ zusammengestellt und wenig später für praktische Zwecke einer kürzenden Bearbeitung unterzogen. Eine dieser Vitenredaktionen diente Heinrich von Veldeke (vgl. Band 2) als Vorlage für seine poetische ›Servatiuslegende‹.

Text und Überlieferung: Das altlimburgische Original ist verloren. Bruchstücke einer Handschrift des ausgehenden 12. oder beginnenden 13. Jahrhunderts haben nur etwa 300 Verse bewahrt. Die einzige vollständige Handschrift in jüngerer limburgischer Mundart stammt aus der zweiten Hälfte des 15. Jahrhunderts. Es ist bei dieser Überlieferungslage kaum möglich, das alte Gedicht verläßlich zu rekonstruieren. Die Edition von Theodor Frings und Gabriele Schieb wagt eine Rückübersetzung ins Altlimburgische und stellt aus den überlieferten 6226 Versen einen um etwa 600 Verse verringerten und durch viele Eingriffe veränderten »kritischen« Text her. Die angekündigte synoptische Ausgabe der vollständigen Handschrift und der Fragmente mit dem kritischen Text ist nicht erschienen.

Heinrich von Veldeke folgt mit großer Treue seiner lateinischen Vorlage. Das unterscheidet ihn vom Verfasser der Silvesterlegende der ›Kaiserchronik‹ und von anderen Legendendichtern, die – sei es aus Unwissenheit oder Unbedenklichkeit – vor Eigenmächtigkeiten nicht zurückschrecken. Bedeutsam ist, daß Heinrich von Veldeke – wie der Priester Wernher im Bereich der Mariendichtung – den Weg zur epischen Großform findet, auf dem ihm im 13. Jahrhundert eine ganze Reihe von deutschen Legendendichtern nachfolgen werden. Auch formal gehört der ›Servatius‹ zu den avanciertesten Gedichten der Zeit, soweit die schlechte Überlieferung dies erkennen läßt. Anders als der wohl jüngere ›Eneasroman‹ scheint die Verslegende durchweg in altlimburgischer Mundart abgefaßt worden zu sein. Das lag nahe bei einem vornehmlich lokalen Gebrauch der Verslegende. Die Reime sind überwiegend rein und der Versrhythmus nähert sich dem geregelten Viertakter, es gibt kaum noch überlange Verse.

Der erste Teil des ›Servatius‹ enthält die Vita des Heiligen im engen Anschluß an die genannte lateinische Quelle, der zweite erzählt die Geschichte der Verehrung und wunderbaren Taten des Heiligen nach seinem Tod *(translatio* und *miracula).* Der ungewöhnlich lange Prolog (vv. 1–198) enthält die üblichen Bitten um Gottes Gnade und Erleuchtung, verbreitet sich in einer geistlichen Rede über das rechte Wachen und den Sündenschlaf und nennt schließlich den Gegenstand, *sente Servases leven* (v. 178), das der Verfasser, der sich selbst *ungeleret* (v. 85) nennt, den *ungelerden luden* (v. 180) verdeutschen wolle. Servatius stammt aus Armenien und ist mit der Heiligen Familie verwandt. Seine Jugend bis zur Priesterweihe (vv. 181–376). Ein Engel überbringt die himmlische Botschaft, er solle Bischof von Tongeren werden und sich auf den Weg machen (vv. 377–422). Servatius trifft als Pilger in Tongeren ein, wo eine Bischofsversammlung zur Wahl des Nachfolgers zusammengetreten ist. Ein Engel überreicht ihm vor aller Augen den Bischofsstab. Ein weiteres Wunder ereignet sich während der Bischofsweihe: er predigt in der Landessprache, obwohl er bis dahin nur des Griechischen mächtig gewesen war (vv. 423–730). Die Bewohner von Tongeren erheben sich gegen Bischof Servatius, der auf Befehl eines Engels nach Maastricht flieht und dort als Einsiedler lebt (vv. 731–1054). Gott offenbart ihm die drohende Zerstörung Galliens durch die Hunnen. Eine Kirchenversammlung bestimmt Servatius, zur Fürbitte zu St. Peter nach Rom zu ziehen. Zuvor wird mit seiner Hilfe der Bischof von Köln abgesetzt, weil er sich Irrlehren hat zuschulden kommen lassen (vv. 1055–1410). Reise nach Rom über Metz und Basel. Wundertaten (vv. 1411–1524). Fasten, Bußübungen und Gebete des Heiligen. In einer Vision erscheint ihm der Apostel Petrus und erklärt, die Bitte um Schonung Galliens nicht erfüllen zu können. Dafür verleiht er ihm mit einem Silberschlüssel – einer noch heute in Maastricht verehrten Reliquie – die geistliche Schlüsselgewalt (vv. 1525–1796). Auf dem Rückweg fällt Servatius in die Hände der Hunnen. Wundererscheinungen veranlassen König Attila (Etzel), sich taufen zu lassen. Später fällt er vom Christentum wieder ab (vv. 1797–2016). Rückkehr über Speyer, Worms, Köln, Trier und Metz. Wundererscheinungen (vv. 2017–2442). In Metz wird Servatius von einer Abordnung vornehmer Leute aus Tongeren angefleht, auf den Bischofssitz zurückzukehren. Festliche Einholung. Servatius berichtet von der drohenden Gefahr, mahnt zur Buße und zieht mit dem Kirchenschatz, der vor den Hunnen gerettet werden soll, nach Maastricht (vv. 2443–2918). Wunder, Ankunft und schließlich Tod des Heiligen. Wundererscheinungen an seinem Grab (vv. 2919–3224). Im Epilog (vv. 3225–3254) nennt der Verfasser seinen Namen *Heynrike* (v. 3228) und seine Gönner und Auftraggeber, die Gräfin van Loen (v. 3237) und Herrn Hessel (v. 3240), den Küster von St. Servatius in Maastricht.

Der zweite Teil beginnt mit dem Einfall der Hunnen. Martyrium der 11000 Jungfrauen in Köln, Zerstörung von Tongeren, Metz und Reims. Nur Maastricht, die Stephanskirche in Metz und die Stadt Troyes bleiben verschont (vv. 3255–3434). Sieg Karlmanns über die Hunnen. Das Land liegt verwüstet. Pilger kommen zum Grab des Bischofs Servatius. Am Jahrestag seines Todes geschehen Zeichen und Wunder. Der Bischofssitz wird von Tongeren nach Maastricht verlegt. Die Nachfolger des Servatius (vv. 3435–3806). Karl der Große erfährt die Hilfe des Heiligen bei seinen Kämpfen gegen die Heiden. Er läßt seine Gebeine erheben. Wunderzeichen begleiten den frommen Vorgang. Wunderheilungen, während Kaiser Karl in Maastricht das Osterfest feiert (vv. 3807–4260). Als Karl gestorben ist, fallen die Dänen ins Land zwischen Maas und Rhein ein. Der Heilige schützt Maastricht (vv. 4261–4304). Geschichte der Servatiusverehrung unter Ludwig dem Frommen (vv. 4262–4361). Heinrich I. und die Gründung einer Servatiusabtei in Quedlinburg (vv. 4362–4424). Otto I. läßt Servatiusreliquien nach Quedlinburg überführen, die Maastrichter holen sie heimlich zurück (vv. 4425–4806). Nach Ottos II. Tod bleibt das Reich für einige Zeit herrenlos. Schändung der Moselgüter von St. Servatius. Der wundertätige Servatiusschrein in Koblenz. Wundergeschichten von Herzog Gisebrecht und seiner Gemahlin (vv. 4807–5254). Wunderbare Bestrafung eines unbotmäßigen Dienstmannes unter Konrad I. (vv. 5255–5300). Mirakelgeschichten unter dem guten Kaiser Heinrich III.: Kirchenbau in Goslar, das schielende Kopfreliquiar u. a. (vv. 5301–5576). Abschließend werden zwei Jenseitsvisionen erzählt. Ein Ritter aus Brabant wird mitten aus seinem unchristlichen Leben gerissen. Vor seinem Begräbnis erwacht er wieder zum Leben und berichtet von der Höllenfahrt seiner Seele und dem göttlichen Gericht, vor dem ihn die Fürbitte des heiligen Servatius bewahrt habe. Ihm bleibt eine Frist von sieben Jahren für ein bußfertiges Leben (vv. 5577–5838). Eine ähnliche Geschichte trägt sich in Nivelles zu, wo der heilige Servatius mit der heiligen Gertrud, der Ortspatronin, zusammenwirkt, um auf gleiche Weise den ritterlichen Bruder der frommen Nonne Ute vor der ewigen Verdammnis zu bewahren (vv. 5839–6134). Weitere Wunder werden nur resümierend angedeutet. Schlußgebet (vv. 6135–6164). Der Epilog (vv. 6165–6226) wiederholt die aus dem Binnenepilog schon bekannten Angaben in größerer Ausführlichkeit. Vom Dichter Heinrich wird gesagt, er sei *van Veldeken* geboren (v. 6174), der Name der Gräfin von Loen ist Agnes (v. 6179), und nur über den Herrn Hessel erfahren wir wieder nicht mehr, als daß er *du der costerien plach* (v. 6196), »damals (zur Zeit der Abfassung des Gedichts) den Kirchenschatz verwaltete«.

Über die Abfassungszeit des ›Servatius‹ Heinrichs von Veldeke läßt sich daraus kaum größere Sicherheit gewinnen. Zwar ist ein *Hezelo* seit 1171 als Verwalter der Pilgerherberge des Servatiusstifts bezeugt, aber es ist ungewiß, ob es sich dabei um den im ›Servatius‹ genannten Herrn Hessel handelt. Schlecht bezeugt ist auch Agnes, die Gemahlin des Grafen Ludwig I. von Loon (gest. 1171). Den gleichen Namen trug ihre Tochter, die 1172 oder 1173 den Grafen Otto V. von Scheyern heiratete und damit zur Ahnfrau der Wittelsbacher wurde. Der ›Servatius‹ könnte also vor dem ›Eneasroman‹ entstanden sein, der dem Dichter 1174 als Torso abhanden kam, könnte aber auch in die Arbeitspause danach fallen. Man kann sich angesichts der merkwürdigen Doppelung des Epilogs schließlich auch vorstellen, daß die Vita in den frühen siebziger Jahren entstanden ist und der zweite Teil, die *miracula*, später hinzugefügt wurde. Bei der Zusammenfassung beider Teile wäre dann versäumt worden, den ersten Prolog zu streichen.

Ausgaben: Paul Piper (Hrsg.), Höfische Epik. Teil I: Die ältesten Vertreter ritterlicher Epik in Deutschland. Stuttgart o. J. (Deutsche National-Litteratur 4,1), S. 79–241. – Theodor Frings u. Gabriele Schieb (Hrsg.), Die epischen Werke des Henric van Veldeken. I: Sente Servas/Sanctus Servatius. Kritisch hrsg. Halle 1956. – Literatur: Gabriele

Schieb, Henric van Veldeken/Heinrich von Veldeke. Stuttgart 1965. – Ludwig Wolf u. Werner Schröder, in: VL 3, 1981, Sp. 899–918.

Es ist durchaus möglich, daß die jüngere Agnes von Loon die Legende des heiligen Servatius nach Baiern gebracht und seinen Kult in Süddeutschland belebt hat. Der ›Oberdeutsche Servatius‹ könnte das Produkt des gräflichen Interesses sein. Daß der Autor im »Wittelsbacher Hauskloster Indersdorf« (Friedrich Wilhelm) tätig war, läßt sich nicht beweisen. Da der Servatiuskult schon vor der Verbindung des Grafen Otto V. mit der Grafentochter aus Loon weiter verbreitet war, sind auch andere Entstehungsumstände denkbar. Nur über die Datierung ins letzte Viertel des 12. Jahrhunderts herrscht Einigkeit, die genauere Festlegung (um 1190?) bleibt jedoch ohne Gewähr.

TEXT UND ÜBERLIEFERUNG: Auch der ›Oberdeutsche Servatius‹ ist (fast) vollständig nur in einer jüngeren Handschrift erhalten, und zwar in der für die deutsche Literatur des 12. und frühen 13. Jahrhunderts wichtigen Wiener Sammelhandschrift 2696. Durch Blattverlust ist der Schluß des Servatiusgedichts abhanden gekommen. Fragmente von drei weiteren Handschriften sprechen für eine gewisse Verbreitung.

Der ›Oberdeutsche Servatius‹ erzählt knapper, obwohl er die ausführlicheren ›Gesta Servatii‹ als Quelle benutzt hat und eine vollständigere Folge von Mirakeln bietet. Dennoch betrug der Gesamtumfang sicher nicht mehr als 3800 Verse, von denen etwa 3550 Verse erhalten sind. Umstritten ist, ob der unbekannte Verfasser das Gedicht Heinrichs von Veldeke gekannt und benutzt hat. Deutlich ist nur, daß er ein anderes, moderneres Erzählinteresse verfolgt. Nicht mehr nur den Kultus hat er vor Augen, sondern zugleich ein profaner interessiertes Publikum, auf das er sich mit der ritterlich-höfischen Stilisierung mancher Partien einstellt. Man kann das als Lieblosigkeit dem Heiligen gegenüber (Achim Masser) oder als literarische Überlegenheit des oberdeutschen Dichters (Kurt Gärtner) verbuchen.

AUSGABE: Friedrich Wilhelm (Hrsg.), Sanct Servatius oder Wie das erste Reis in deutscher Zunge geimpft wurde. Ein Beitrag zur Kenntnis des religiösen und literarischen Lebens in Deutschland im elften und zwölften Jahrhundert. München 1910. – LITERATUR: Kurt Gärtner in: VL 7, 1989, Sp. 1–5.

Unsicher ist, ob die deutsche Versübersetzung der um 1020/30 entstandenen ›Vita sancti Uodalrici‹ des Bern von Reichenau noch dem 12. oder erst dem beginnenden 13. Jahrhundert angehört. Sicher ist sie im Augsburger Stift St. Ulrich und Afra entstanden. Dafür spricht die Herkunft der einzigen Handschrift, die in unmittelbare zeitliche und lokale Nähe des mutmaßlichen Verfassers führt, der sich im Akrostichon des Prologs selbst Albertus nennt. Ihn mit Adilbert von Augsburg, dem Verfasser lateinischer hagiographischer Schriften, zu identifizieren (Karl-Ernst Geith), lag nahe. Ein überzeugender Beweis für diese These hat sich aber bis heute nicht führen lassen.

Der unbedeutende deutsche Text erzählt ohne jede Abweichung von seiner Quelle die Geschichte des Confessors und heiligen Bischofs, von seiner Kindheit (vv. 53–152), seinem Aufenthalt im Galluskloster (vv. 153–227), seiner Romfahrt und Bestimmung zum Bischof von Augsburg (vv. 228–325), von seinem frommen Leben und einer Reihe wunderbarer Erscheinungen (vv. 326–657), von seiner politischen Tätigkeit (vv. 658–903), von seinem Kampf gegen die Ungarn und vom Wiederaufbau der Kirche (vv. 904–1020). Es folgen eine längere Reihe von Mirakeln (vv. 1021–1407), Krankheit und Tod des Heiligen und weitere Wundererscheinungen (vv. 1408–1543). Die verschlüsselte Verfasserangabe im Prolog (vv. 1–52) wird im Epilog (vv. 1544–1603) durch den Hinweis auf das Akrostichon aufgelöst.

Wenn Adilbert der Verfasser war, kann das deutsche Gedicht durchaus noch im 12. Jahrhundert entstanden sein. Plausibel, aber unbeweisbar ist die Vermutung, seine Abfassung könne in unmittelbarem Zusammenhang mit dem Brand von St. Afra 1183, mit dem Wiederaufbau und der Auffindung der Gebeine des heiligen Ulrich stehen (Helmut de Boor). Sicher bewirkten diese Ereignisse »eine Neubelebung des Ulrichkultes« (Karl-Ernst Geith), in deren Gefolge auch die deutsche Versübersetzung der Ulrichslegende veranstaltet wurde.

Ausgabe: Karl-Ernst Geith (Hrsg.), Albert von Augsburg, Das Leben des Heiligen Ulrich. Berlin, New York 1971. – Literatur: Karl-Ernst Geith in: VL 1, 1978, Sp. 114–116.

Das Hauptwerk der volkssprachlichen Legenden- und Geschichtsdichtung ist neben dem ›Rolandslied‹ des Pfaffen Konrad die deutsche ›Kaiserchronik‹. Das gilt sowohl in quantitativer wie qualitativer Hinsicht, das gilt für die breite Überlieferung wie für die lang anhaltende Nachwirkung.

Text und Überlieferung: Die 17283 Verse sind rhythmisch wie reimtechnisch noch sehr frei behandelt. Die einzelnen Teile scheinen nicht auf dem gleichen Stand zu sein. So macht der Crescentia-Teil gegenüber anderen Partien einen durchaus avancierten Eindruck. Der Schreibdialekt ist bairisch. Genauere Untersuchungen stehen noch aus. Die ›Kaiserchronik‹ ist von allen volkssprachlichen Werken des 12. Jahrhunderts am breitesten überliefert. Man kann drei Rezensionen des Verstextes unterscheiden. Hinzu treten Prosaauflösungen, Teilüberlieferungen und Teilübersetzungen ins Lateinische. Für die älteste Version (A) allein sind nicht weniger als 15 Textzeugen bekannt, drei mehr oder minder vollständige Handschriften (darunter wieder der Vorauer Sammelcodex mit dem kompletten und verläßlichsten Wortlaut) und 12 Fragmente. Für die beiden Bearbeitungen B und C, die auch Fortsetzungen von 800 bzw. 483 Versen bieten, lassen sich noch einmal 12 vollständige und 9 (10) fragmentarische Textzeugen nachweisen. Die Rezeptionsgeschichte reicht bis ins ausgehende 16. Jahrhundert. Die Wirkungsgeschichte läßt sich, bei allen Unsicherheiten im einzelnen, in der Benutzung durch andere Dichter und besonders durch die Verfasser volkssprachlicher und lateinischer (!) Chroniken erkennen.

Thema der ›Kaiserchronik‹ ist die Geschichte des Reichs von Caesar bis zu Konrad III., ihr eigentlicher Inhalt aber sind zumindest im ersten Teil der römischen Kaiserreihe exemplarische Erzählungen sagenhaften und legendenmäßigen Zuschnitts. Nach Karl dem Großen wird die Erzählweise knapper, selbständige epische Einschübe kommen kaum noch vor. Das folgende Schema kann die Orientierung in dem umfangreichen Text erleichtern, nicht aber einen Begriff von seinem Inhalt geben:

vv.			
1– 42	Prolog		
43– 246	Romulus und Remus		
247– 602	Caesar	–	Visio Danielis
603– 670	Augustus		
671– 1114	Tiberius	–	Veronicalegende
1115– 1218	Gaius (Caligula)	–	Jovinussage
1219– 4082	Faustinianus und Claudius	–	Faustinianuslegende
4083– 4300	Nero	–	Peter-und-Paul-legende
4301– 4834	Tarquinius	–	Lucretiasage
4835– 4846	Galba		
4847– 4860	Otho		
4861– 5098	Vitellius	–	Odnatussage
5099– 5364	Vespasianus		
5365– 5556	Titus		
5557– 5682	Domitianus	–	Johanneslegende

5683– 5838	Nerva	– Phalarissage
5839– 6096	Trajanus	– Gregorlegende
6097– 6450	Philippus und Decius	– Laurentius- und Siebenschläferlegende
6451– 6621	Diocletianus und Maximianus	– Mauritiuslegende
6622– 7135	Severus	– Adelgersage
7136– 7211	Helvius Pertinax	
7212– 7243	Hadrianus	
7244– 7425	Lucius Accomodus	– Alarichsage
7426– 7551	Achilleus	
7552– 7603	Gallienus	
7604– 7805	Constantius	– Constantinsage
7806–10633	Constantinus	– Silvesterlegende
10634–11137	Julianus	– Mercuriussage
11138–11351	Heraclius	– Kreuzlegende
11352–12812	Narcissus	– Crescentialegende
12813–13066	Justinianus	– Tharsillasage
13067–13650	Theodosius	– Astrolabius- und Siebenschläferlegende
13651–13824	Constantinus Leo	– Stephanuslegende
13825–14193	Zeno	– Dietrichsage
14194–14281	Constantius	
14282–15091	Karl der Große	– Translatio imperii, Karlslegende
15092–15235	Ludwig der Fromme	
15236–15317	Lothar I.	
15318–15399	Ludwig der Deutsche	
15400–15517	Karl der Dicke	– Die unschuldige Königin
15518–15581	Arnulf	
15582–15651	Ludwig das Kind	
15652–15759	Konrad I.	
15760–15849	Heinrich I.	
15850–15973	Otto I.	
15974–16063	Otto II.	
16064–16141	Otto III.	
16142–16253	Heinrich II.	
16254–16375	Konrad II.	
16376–16531	Heinrich III.	
16532–16847	Heinrich IV.	– Gotfrid von Bouillon
16848–16941	Heinrich V.	
16942–17181	Lothar von Supplingenburg	
17182–17283	Konrad III.	– Bernhard von Clairvaux

Das annalistische Schema hält Partien höchst unterschiedlichen Umfangs zusammen. Die Einzelstücke reichen von 12 Versen (Galba) bis zu so umfänglichen Abschnitten wie der 2863 Verse zählenden Faustianlegende und der 2827 Verse umfassenden Geschichte von Kaiser Konstantin und Papst Silvester. Allein diese beiden Teile machen zusammen fast ein Drittel des Gesamtumfangs der ›Kaiserchronik‹ aus, die doch immerhin die Zeit von der Gründung Roms bis zum Jahre 1147 in 55 Herrschergeschichten abhandelt. Das Grundmuster besteht in der Nennung des jeweiligen Namens des Herrschers, der Umstände seines Regierungsantritts und seines Todes (die guten Kaiser finden ein gutes, die bösen ein qualvolles Ende) und der nach Jahren und Monaten gezählten Regierungszeit. Der Zwischenraum wird ausgefüllt durch Erwähnungen oder ausführlichere Erzählungen von Ereignissen, die (angeblich) in die Regierungszeit eines Herrschers fielen. Das sind vor allem Kriege, Christenverfolgungen (unter Domitianus, Decius, Diocletianus, Maximianus, Gallienus und Justinianus) oder die großen christlichen Synoden (unter Konstantin und Theodosius). Alles andere ist für unser Verständnis Fabelei aus antiker und christlicher Tradition, ist Sage und Legende aus gelehrter Quelle oder sogar Reflex mündlich-volkssprachlicher Überlieferung. Das Mittelalter hat anders darüber gedacht. Um so auffälliger ist es, daß die ›Kaiserchronik‹ nach der Translatio des Imperium Romanum auf die Franken, nach der Geschichte Karls des Großen immer »historischer«, das heißt sowohl knapper wie, in unserem Sinn, präziser wird.

Es ist denkbar, daß der oder die Verfasser der ›Kaiserchronik‹ einen *Catalogus pontificum et imperatorum* (›Katalog der Päpste und Kaiser‹) benutzt haben. Solche Kataloge sind mehrfach überliefert. Am bekanntesten ist das – freilich jüngere – ›Chronicon‹ des Martin von Troppau (gest. 1278). Möglicherweise war schon in der Quelle die Zahl der historischen Herrscher reduziert und die Reihenfolge der römischen Kaiser nach Trajanus in Unordnung geraten. Wenn die Kaiserreihe nicht planmäßig gekürzt und neu geordnet worden sein sollte (Friedrich Ohly), ist solche Fehlerhaftigkeit auch aus der Anlage und Entstehungsweise der ›Kaiserchronik‹ verständlich zu machen. Man muß sich die Arbeit an diesem Riesenwerk wohl so vorstellen, daß nicht ein festes Konzept kontinuierlich in Verse umgesetzt wurde, sondern daß die einzelnen Abschnitte in relativer Selbständigkeit entstanden sind und nachträglich aneinandergereiht wurden. Die lockere Art der Verknüpfung durch stereotype Formeln wie *Daz buoch kundet uns sus, daz rîche besaz dô Tybêrîus (Gâjus, Faustinjânus, Tarquînîus* etc., mit reimbedingten Variationen) bot die Möglichkeit, ohne Texteingriff weitere Kaiserviten einzuschieben, wie anderseits bei nachträglicher Ordnung natürlich Verwechslungen vorkommen konnten. Die Möglichkeit einer solchen Arbeitsweise ist auch hinsichtlich der Tatsache zu berücksichtigen, daß die ›Kaiserchronik‹ zu keinem Abschluß gebracht wurde, sondern im Bericht über die Vorbereitungen zum zweiten Kreuzzug abbricht, ohne daß auch nur der letzte Satz zu Ende geführt worden wäre. Das hat zu Spekulationen geführt, der Verfasser dieses letzten Teils könne durch höhere Macht (Teilnahme am Kreuzzug? Tod?) gehindert worden sein, das Werk abzuschließen, und ein anderer den Torso herausgegeben haben.

Autor und Datierung: Daß die ›Kaiserchronik‹ in oder bei Regensburg entstanden ist, gilt aus sprachlichen und inhaltlichen Gründen (Lokalanspielungen) als gesichert. Ungeklärt ist, ob mehrere Autoren an ihr gearbeitet haben. Dafür sprechen reimtechnische und stilistische Divergenzen, dafür spricht insbesondere der »Nachruf« auf den, *der des liedes alre êrist began* (v. 10624). Das kann sich auf den ersten Dichter der ›Kaiserchronik‹ beziehen, kann aber auch nur den Dichter des Constantin-Silvester-Teils meinen, den diese Fürbitte beschließt. Freilich ist die Überlieferung so uneindeutig, daß die Fürbitte auch einen noch lebenden Autor meinen könnte, der an dieser Stelle für sich selbst spräche. Auch die Geschichte Lothars von Supplingenburg wird durch eine epilogartige Bitte um Fürbitte abgeschlossen (vv. 17161–17181), die wörtliche Übereinstimmungen mit dem Epilog des Constantin-Silvester-Teils aufweist: *swer daz liet vernomen habe, der sol einen pater noster singen ...* (vv. 10619f. = 17165f.). Ob hier Zäsuren anzusetzen sind, die ältere Schlüsse des Gesamtgedichts oder selbständig verfaßter Teile darstellen, ist eine offene Frage.

Für eine Überarbeitung der ältesten Version (A) der ›Kaiserchronik‹ spricht manches. Schon der Prolog ist offenbar durch einen später hinzugefügten Mittelteil (vv. 15–26) ergänzt worden. Während der mutmaßlich ältere Teil (vv. 1–14 und 27–42) in der ersten Person Plural *(wir)* vom *liet* spricht, das den Lügen einer volkssprachlichen mündlichen Tradition, den *scophelîchen worten*, entgegengestellt werden soll (Kontrastierungstopos), ist im Mittelteil (vv. 15–26) von einem deutschen *buoch* und seinem Titel *crônicâ* die Rede, in dem ein einzelner Autor *(ich)* von Päpsten und den guten und schlechten Herrschern des Römischen Reichs bis zum heutigen Tag erzählen will. Der unbekannte Autor des ›Trierer Silvester‹ hat den Prolog der ›Kaiserchronik‹ fast unverändert übernommen, den Mittelteil jedoch ausgelassen. Hat er einen älteren, nicht interpolierten Text als Vorlage benutzt?

Wenn mit einer derart komplexen Entstehungsgeschichte zu rechnen ist, verlieren die textinternen Kriterien an Eindeutigkeit. Eckdaten sind die Jahre 1126 und 1147. Im Jahre 1126 wurde der Siegburger Abt Kuno zum Bischof von Regensburg berufen (gest. 1132). Es ist sehr wahrscheinlich, daß er selbst oder ein Geistlicher aus seinem Gefolge das ›Annolied‹ nach Regensburg brachte, dessen Gestaltung der Geschichte Caesars und der ›Visio Danielis‹ zum Teil wörtlich in die ›Kaiserchronik‹ eingegangen sind. Die Arbeit an der ›Kaiserchronik‹ kann also erst nach 1126, muß aber nicht so früh schon eingesetzt haben. Der Abschluß ist in jedem Fall nach 1147 zu datieren, da der Text mit der Vorbereitung Konrads III. zum Kreuzzug abbricht. Er könnte auch um ein oder anderthalb Jahrzehnte später liegen, je nach dem Grund des abrupten Endes. Spätestens 1172 muß die ›Kaiserchronik‹ vorgelegen haben, denn das deutsche ›Rolandslied‹ steht ihr mit einer frappant großen Zahl von ähnlichen oder identischen Formulierungen so nahe, daß an einem unmittelbaren Zusammenhang zwischen beiden Texten nicht gezweifelt werden kann. Daß der Pfaffe Konrad der alleinige Verfasser der ›Kaiserchronik‹ gewesen sei, wird heute nicht mehr angenommen. Es ist jedoch denkbar, daß er an ihrer Abfassung oder Endredaktion beteiligt war, wenn mehr als ein Autor mitgewirkt haben sollten.

Ohne jeden Anhaltspunkt bleiben alle Überlegungen zu Auftraggeber und Zielpublikum. Direkte Hinweise (Gönnerlob, Publikumsadressen) fehlen. Die zentrale Reichsideologie, die Ausblendung des Investiturstreits, die prominente Rolle der Päpste in Fragen des Reichsregiments, die Nichtexistenz eines selbständigen oströmischen Reichs, das auffällige Welfenlob u.a.m. lassen jeweils andere Interessenlagen erkennen und machen jede Zuschreibung an bestimmte geistliche oder weltliche Mäzene zur bloßen Spekulation. Sicher ist nur, daß gerade Regensburg alle Voraussetzungen für ein stofflich derart komplexes und in seiner Zielrichtung vieldeutiges Werk bot, eine Stadt, »die zugleich Bischofssitz und Herzogsresidenz war und die in ihren Mauern eine oft besuchte Königspfalz und eine Reihe berühmter Klöster barg« (Joachim Bumke).

Die Fülle und Vielfalt der exemplarisch verstandenen Stoffe und die allmähliche Verselbständigung des narrativen Interesses können hier nur mit wenigen Hinweisen auf die bedeutenderen Erzähleinheiten des römischen Teils angedeutet werden. Von einigen Legendenerzählungen (Verconica, Silvester, Aegidius und Karl der Große) war bereits die Rede. Das neben der Silvesterlegende umfänglichste Stück ist Faustinianus gewidmet, dem fabulösen Bruder des Kaisers Claudius und Vater des Papstes Clemens (vv. 1219–4082).

Der ›Faustinianus‹ beginnt mit dem blinden Motiv der durch ihren Schwager unschuldig verfolgten Frau. Der Teufel gibt Claudius ein sündiges Verlangen *nâh der frowen minne* (v. 1287) ein, nämlich nach der Liebe seiner Schwägerin Mechtild, der Frau des Kaisers Faustinianus, die sich den Nachstellungen jedoch mit dem Hinweis auf ihre Schwangerschaft entziehen kann (vv. 1219–1314). Nach der Geburt des Sohnes Clemens werden dessen beide älteren Brüder nach einem unheilverkündenden Traum der Kaiserin übers Meer geschickt, um in den Wissenschaften unterrichtet zu werden. Das Schiff gerät in einen Sturm, geht unter, die Knaben werden gerettet, als Sklaven verkauft und gelangen schließlich ins Kloster des Zachäus, des Zöllners aus dem Lukasevangelium (vv. 1315–1481). Die Mutter macht sich auf, die Söhne zu suchen. Ihr Schiff gerät in einen Sturm, geht unter, die Kaiserin wird gerettet und findet Aufnahme bei einer armen, kranken Frau, der sie dreizehn Jahre lang in demütiger Selbstentäußerung dient (vv. 1482–1617). Schließlich macht auch der Kaiser sich auf, Frau und Söhne zu suchen, nachdem er den jüngsten Sohn zu seinem Nachfolger bestimmt und seinen Getreuen zur Erziehung übergeben hat. Sein Schiff gerät ebenfalls in einen Sturm, geht unter, und auch er wird als einziger gerettet. Ein Eseltreiber nimmt ihn auf, und er verdient seinen Lebensunterhalt als Tagelöhner (vv. 1618–1767). Kaufleute kommen nach Rom mit Barnabas (aus der Apostelgeschichte), der das Evangelium predigt und nach Palästina zurückkehrt. Clemens reist ihm heimlich nach, gelangt zum Apostel Petrus und wird von ihm über die Schicksale der Seelen nach dem Tod unterrichtet (vv. 1768–2057). Die noch immer unerkannten Brüder des Clemens kommen ebenfalls zu Petrus und beschuldigen den Gaukler Simon (Simon Magus aus der Apostelgeschichte). In einer längeren Disputation werden die ketzerischen Anschauungen widerlegt (vv. 2058–2598). Petrus und seine Jünger treffen auf einer Insel mit der Kaiserin zusammen, die unter ihnen ihren Sohn Clemens erkennt (vv. 2599–2874). Darauf geben sich auch die beiden älteren Brüder des Clemens zu erkennen (vv. 2875–3028). Die dritte Wiedererkennung mit dem alsbald die Szene betretenden Lastträger, der eigentlich der Kaiser Faustinianus ist, wird hinausgeschoben zugunsten einer langatmigen Disputation über das Schicksal *(wîlsaelde),* die Macht der Heidengötter und die Vorhersehung des christlichen Gottes. Erst durch die endgültige wunderbare Zusammenführung der Familie ist der Kaiser von der Macht der christlichen Glaubenswahrheit überzeugt (vv. 3029–3930). Alle lassen sich taufen und kehren heim. Der Apostel Petrus verbreitet in Rom den neuen Glauben. Faustinianus verzichtet zugunsten seines Bruders Claudius auf die Herrschaft und zieht sich mit der Kaiserin aus der Welt zurück. Nach seinem Tod erliegt Claudius dem Einfluß des Simon Magus, vertreibt den Apostel Petrus und führt ein wüstes Leben. Die Römer erheben sich gegen ihn und bringen ihn um (vv. 3931–4082). Sein Nachfolger wird Nero.

Die Legende von Faustinianus, dem fabulösen Kaiser von Rom, und seinem Sohn, dem späteren Papst Clemens, ist keine Erfindung des deutschen Dichters. Sie geht vielmehr zurück auf einen in vielen Fassungen und Bearbeitungen verbreiteten christlichen Legendenroman des 4. Jahrhunderts, die ›Pseudoclementinischen Recognitionen‹. Diese »Wiedererkennungen« folgen dem Schema des hellenistischen Liebes- und Abenteuerromans, der sehr viel später einen bestimmenden Einfluß auf die Entstehung und Ausbildung des frühneuzeitlichen Prosaromans ausüben wird. Grundmuster ist die Trennung eines Liebespaars durch äußere Einwirkungen – Schiffbruch ist das bevorzugte Motiv – und ihre nach langen und gefahrvollen Irrwegen erfolgende glückliche Wiedervereinigung. Bemerkenswert ist, daß dieses epische Konzept in den altchristlichen ›Recognitiones Clementis‹ völlig überwuchert wurde durch die apologetische Absicht, die in den theologischen Erörterungen nachwirkt. Erst in der volkssprachlichen Faustinianlegende wurde das hellenistische Erzählmuster wieder freigelegt. Solche Reepisierung war vorbereitet in einer bruchstückhaft überlieferten lateinischen Clemensvita des 9. Jahrhunderts, die durch Umgruppierung des Stoffes der ›Recognitionen‹ aus dem spätantiken Traktat zur Verteidigung der Glaubenswahrheit eine erbauliche, des Arguments nicht mehr bedürfende Heiligengeschichte gemacht hatte. Wie wir aus lateinischen Predigten des 12. Jahrhunderts wissen, blieb die Geschichte des hl. Clemens auch weiterhin populär. Aus diesem Quellenbereich hat der volkssprachliche Dichter geschöpft.

Ist schon der ›Faustinianus‹ mehr Legendenroman als Heiligenlegende, so bietet die Geschichte von Crescentia eine noch freiere Abwandlung legendarischen Erzählens, vor der alle Gattungsdefinitionen versagen. Hier wird der im ›Faustinianus‹ nur angedeutete, seit dem späteren Mittelalter aber in etwa hundert Versionen verbreitete Erzähltypus der »unschuldig durch ihren

Schwager verfolgten Frau« ins Christlich-Exemplarische gewendet.

Crescentia, eine afrikanische Königstocher, heiratet den häßlichen Dietrich, Sohn des (fabulösen) römischen Kaisers Narcissus und wird vom schönen Zwillingsbruder ihres abwesenden Ehemannes bedrängt (vv. 11398–11517). Durch eine List – Bau eines Turmes und Gefangensetzung des Verführers – entzieht sie sich dem treulosen Schwager, der sie beim heimkehrenden Bruder des Ehebruchs beschuldigt (vv. 11518–11820). Der Kaiser überantwortet seine Frau zur Bestrafung dem Verleumder, der sie in den Tiber stürzen läßt (vv. 11821–11889). Gott straft die Brüder mit dem Aussatz. Crescentia aber wird wunderbar gerettet, kommt zum Herzogshof, wo sie durch den Vitztum (Vicedominus) das gleiche Schicksal noch einmal erleidet. Sie wird fälschlich eines Kindermordes bezichtigt, verurteilt und (scheinbar) ertränkt. Durch das Eingreifen des Apostels Petrus wird sie gerettet und zudem mit der wunderbaren Kraft versehen, bußwillige Sünder auch körperlich heilen zu können. Die Übeltäter aber, der Herzog und sein Vicedominus, werden ihrerseits vom Aussatz geschlagen (vv. 11890–12410). Entsprechend vollziehen sich Rehabilitierung und Wiederaufstieg der geprüften Kaiserin in zwei Schritten. Crescentia heilt den Vitztum und den Herzog, nachdem diese ihre Schuld bekannt haben, und ebenso den Kaiser und seinen Bruder nach ihrer öffentlichen Beichte (vv. 12411–12742). Wiedererkennung und Rückzug des kaiserlichen Paares ins Kloster schließen die Erzählung ab (vv. 12743–12812).

Hier überlagern sich Keuschheitsexempel, Mirakelerzählung und Beichtlegende in einer Geschichte, die durchaus auch anders akzentuiert werden kann. Dafür stehen die vielen anderen Versionen des gleichen Erzähltyps. Die ›Crescentia‹ scheint aus einer verlorenen volkssprachlichen Vorlage in die ›Kaiserchronik‹ übernommen worden zu sein, wofür insbesondere die gegenüber anderen Partien fortgeschrittene Reimtechnik spricht. Und sie hat schon im 12. und dann im 13. Jahrhundert Neubearbeitungen erfahren. Die ›Colmarer Crescentia‹ ist nur bruchstückhaft (231 Verse), die ›Crescentia‹ des 13. Jahrhunderts vollständig in zwei Sammelhandschriften erhalten geblieben. Noch im 15. Jahrhundert wurde die Version der ›Kaiserchronik‹ auch gesondert tradiert. Nicht selten sind spätmittelalterliche Kurzfassungen der Erzählung in Vers (u.a. beim Teichner) und in Prosa.

Die unschuldig verfolgte Frau ist mehr als einmal Thema in der ›Kaiserchronik‹. Ohne jede geistliche Moralisierung wird die Geschichte der Gemahlin Karls des Dicken erzählt, die (wie Mechtild und Crescentia) eines Tages der Untreue beschuldigt wird, sich – anders als jene – durch ein Gottesurteil rechtfertigen kann und – wie diese – ihr frommes Leben im Kloster beschließt (vv. 15400–15517).

Das eigentliche Gegenstück zur ›Crescentia‹ aber ist die ›Lucretianovelle‹ (vv. 4301–4834), jenes u.a. von Livius überlieferte und besonders von Ovid in den ›Fasten‹ dem Mittelalter nahegebrachte Exempel von unerschütterlicher Gattentreue, das in der europäischen Literatur bis ins 18. Jahrhundert immer neu erzählt, auf die Bühne gebracht und mit Vorliebe auch der Oper anvertraut wurde, weil es den wünschenswertesten Anlaß zu ausgedehnten Affektdarstellungen bot.

Conlatinus, ein Fürst aus Trier und schöner Ritter – *ain rîter vil gemait* (v. 4309) – ist nach einem Streit mit seinen Landsleuten nach Rom geflohen, hat dort Ruhm erworben und sich schließlich mit der edlen Lucretia vermählt (vv. 4301–4346). Eines Tages zieht Conlatinus um ritterlicher Spiele und höfischer Frauen willen nach Viterbo und wird dort von seinen Landsleuten gefangengesetzt, entkommt und unternimmt mit den Römern eine Strafexpedition. In einer Kampfpause unterhält man sich über Reitpferde, Jagdhunde, Falken und andere ritterliche Kurzweil, und es kommt zur Wette zwischen Conlatinus und Kaiser Tarquinius: wer von ihnen die bessere Frau habe, solle der Sieger sein (vv. 4347–4470). Die Probe fällt zugunsten von Conlatinus und Lucretia aus (vv. 4471–4562). Der Kampf bei Viterbo wird fortgesetzt. In einer Kampfpause kommt es zu einer höfischen Disputation, einem *jeu parti*, über die Frage, ob ein ritterlicher Kampf oder die Liebe einer edlen Frau den Vorzug verdiene. Diese Disputation führt zur Klage der Damen über den Krieg und schließlich zum Friedensschluß (vv. 4563–4644). Jetzt erst erfährt die Königin von der Wette und fordert Rache. Lucretia soll kompromittiert werden. Tarquinius schändet sie (vv. 4645–4726). Lucretia aber enthüllt während eines Gastmahls öffentlich ihre Schmach und gibt sich den Tod. Tarquinius wird vom Senat abgesetzt, verbannt und schließlich von Conlatinus ermordet (vv. 4727–4834).

Der Selbstmord war christlicher Auffassung eigentlich nicht zumutbar und erträglich nur in einer noch im heidnischen Rom angesiedelten Geschichte. Augustinus hatte im ersten Buch ›De civitate Dei‹ autoritativ dieses Verdikt ausgesprochen und unter anderem mit dem Beispiel der Lucretia begründet. Wo Lucretia sich zur Wehr setzt und durch ihr Selbstopfer die Racheaktion auslöst, da ergeben sich denn auch die christlichen Nachfolgerinnen in der ›Kaiserchronik‹ demütig ihrem Schicksal – das freilich im schlimmsten Falle Verfolgung und Verbannung heißt, nie jedoch vollendete Vergewaltigung. Das ist ein deutlicher Hinweis darauf, daß dem feudaladligen Selbst- und Weltverständnis die Lehre des Kirchenvaters anstößig war, wonach »die Heiligkeit des Leibes auch bei seiner Vergewaltigung nicht verlorengeht, wenn die Heiligkeit des Geistes bewahrt bleibt« (›De civitate Dei‹ I,18). Anstößig, weil das *adulterium* der adligen Ehefrau, sei es erzwungen oder freiwillig, die Reinheit der Dynastie gefährdete, während der Ehebruch des adligen Mannes sehr viel leichter zu kontrollieren und dem dynastischen Interesse einzuordnen war. So kommt es zu der bekannten doppelten Moral, die in der höfischen Minnedichtung des 12. und 13. Jahrhunderts immer schon vorausgesetzt und in einem schwer zu durchschauenden Spiel in Frage gestellt oder sogar durchbrochen wird.

Die Durchsetzung profaner Interessen in der geistlichen Literatur des 12. Jahrhunderts läßt sich am Beispiel der ›Kaiserchronik‹ vielfältig belegen. Dazu gehört die Aufnahme von Sagentraditionen mündlicher Provenienz, sosehr diese auch wieder an die Interpretationen der lateinischen Historiographie zurückgebunden werden. Beispiele dafür sind die bairische ›Adelgersage‹ (vv. 6622–7135) und die ›Dietrichsage‹ (vv. 13825–14193). So entschieden der Prolog der ›Kaiserchronik‹ sich von der oralen Überlieferung absetzt, so wenig ist gerade hier ein Erzählton zu überhören, der von traditionellen Formeln und Formulierungen lebt. Das geistliche Interesse schlägt jedoch durch, wo die Lügenhaftigkeit der mündlichen Tradition mit dem Hinweis indiziert wird, daß Dietrich und Etzel niemals Zeitgenossen gewesen sein können (vv. 14175ff.), oder wo der in der Heldendichtung verklärte Dietrich von Bern wie seit je in der lateinisch-kirchlichen Historiographie zur Hölle fahren muß (vv. 14169ff.).

Die ›Kaiserchronik‹ ist ein Werk sui generis. Sie erhebt keinen universalgeschichtlichen Anspruch. Ihr Gegenstand ist das vierte Weltreich bzw. das sechste Weltalter. Sie ist also keine Weltchronik, sondern die gestenartige Geschichte des römischen und christlich-mittelalterlichen Imperiums. Der größere welt-

und universalgeschichtliche Zusammenhang wird kenntlich gemacht nur durch die eingangs zitierte ›Visio Danielis‹. Auffällig ist die enge Verbindung der Geschichte Roms mit jener der deutschen Länder, Stämme und Fürsten. Das *bellum Gallicum* findet in *Dûtiscen landen* (v. 253 u.ö.) statt. Caesars Heeresmacht rekrutiert sich hauptsächlich aus Deutschen, und er selbst – Gipfel der Selbstlegitimation – stammt angeblich aus Trier. Caesar, dessen Name zum Kaiser-Titel wurde, verdankt den Deutschen sein hohes Amt. Denn nachdem er die Schwaben, Baiern, Sachsen und Franken durch Schwert und Vertrag unterworfen hatte, besiegte er mit ihrer Hilfe Pompeius. Damit sind die Deutschen gleichsam zu Mitbegründern des römischen Kaiserreichs geworden, wie sie anderseits die Kontinuität dieses Reichs bis in die Gegenwart des 12. Jahrhunderts hinein garantieren. Die enge Verbindung der deutschen Stämme und Länder mit der römischen Herrschaft und der deutschen Könige und Kaiser mit dem Papst wird immer wieder bis in kleinste Züge hinein bewußtgehalten und bestimmt die Ideologie des Textes mehr als alle davon abzuleitenden anderen Momente (Reichsidee, Harmonie zwischen *imperium* und *sacerdotium* etc.). Ob man darüber hinaus diesem überaus uneinheitlichen und wohl kaum eine Gesamtkonzeption einlösenden Text eine programmatische Geschichtsauffassung etwa im Sinne der augustinischen Zwei-Reiche-Lehre unterstellen darf, ist sehr zweifelhaft.

Ausgaben: Joseph Diemer (Hrsg.), Die Kaiserchronik nach der ältesten Handschrift des Stiftes Vorau. Aufgefunden, mit einer Einleitung, Anmerkungen und den Lesarten der zunächst stehenden Hss. hrsg. Wien 1849. – Hans Ferdinand Maßmann (Hrsg.), Der keiser und der kunige buoch oder die sog. ›Kaiserchronik‹. 3 Bde. Quedlinburg, Leipzig 1849–1853. – Edward Schröder (Hrsg.), Kaiserchronik eines Regensburger Geistlichen. Berlin 1895 (MGH Deutsche Chroniken 1). – Walther Bulst (Hrsg.), Die Kaiserchronik. Ausgewählte Erzählungen. 1: Faustinianus. Nach dem Vorauer Text. Heidelberg 1946 u.ö. 2: Crescentia. Nach dem Vorauer Text. Heidelberg 1946 u.ö. (Editiones Heidelbergenses 5 u. 6). – Faksimile: Die ›Kaiserchronik‹ des regulierten Chorherrenstifts Vorau (Hs. 276/1). Graz 1953. – Übersetzung: Joseph Maria Mayer, Der Kaiser und der Könige Buch oder die sogenannte Kaiserchronik. Gedicht des 12. Jahrhunderts. In freier Prosa-Bearbeitung hrsg. und mit Anmerkungen versehen. München 1874. – Literatur: Zur ›Kaiserchronik‹: Eberhard Nellmann in: VL 4, 1983, Sp. 949–964. – Zum ›Faustinianus‹: Friedrich Ohly, Sage und Legende in der Kaiserchronik. Untersuchungen über Quellen und Aufbau der Dichtung. Münster 1940, Repr. Nachdruck Darmstadt 1968, S. 74–84.

– Zur ›Crescentia‹: Ohly, S. 189–198. – Karin Baasch, Die ›Crescentia‹-Legende in der deutschen Dichtung des Mittelalters. Stuttgart 1968. – Eberhard Nellmann in: VL 2, 1980, Sp. 19–23. – Zur ›Lucretia‹: Ohly, S. 88–99.

Verspredigt und geistliche Sittenlehre

Unter den Stichworten Verspredigt und Sittenlehre werden nach dem Vorgang älterer Darstellungen eine Reihe von Texten zusammengefaßt, deren unmittelbare Wirkungsabsicht sie von anderen stärker hymnisch, meditativ, exegetisch oder episch geprägten Gedichten abhebt. Sie dienen nicht nur der Aufforderung zu allgemein christlicher oder geistlich geregelter Lebensführung, sondern zunehmend auch der weltlichen Handlungsorientierung. Ihre absolute Datierung ist durchweg unsicher. Einige Denkmäler sind jedoch mit Sicherheit der ältesten Schicht der geistlichen Dichtung des ausgehenden 11. und frühen 12. Jahrhunderts zuzuordnen, andere sind erkennbar jünger. Ihre Reihung in der vorliegenden Darstellung folgt inhaltlichen Gesichtspunkten und nicht einer angenommenen relativen Chronologie.

Eindeutig der älteste Text ist eine Bußpredigt in 152 Reimpaarversen (oder 76 binnengereimten Langzeilen?), die wohl im letzten Viertel des 11. Jahrhunderts auf den Schlußseiten der Handschrift von Gregors ›Moralia in Iob‹ eingetragen wurde, der wir auch die Straßburger Version des ›Ezzoliedes‹ verdanken. Das Gedicht ist erst 1879 bekannt gemacht und von seinem Herausgeber ›Memento mori‹ genannt worden. In der Literaturwissenschaft hat es breite Aufmerksamkeit gefunden und ist als Signum einer ganzen Epoche der deutschen Literaturgeschichte verstanden worden, die man »cluniazensisch« nannte und von kompromißloser Weltabkehr bestimmt glaubte. Heute sieht man dies differenzierter und erkennt im ›Memento mori‹ wie in allen vergleichbaren Gedichten deutlicher auch das innerweltliche Interesse.

In den wissenschaftlichen Ausgaben wird der in der Handschrift durchlaufend geschriebene und durch Initialen in ungleiche Abschnitte unterteilte Text meist in 19 gleich lange Strophen gegliedert (bei Annahme einer Lücke zwischen v. 61 und v. 62 und zweier zu streichender Zusätze vv. 127f. und vv. 133–136). Die letzte Strophe endet mit einer (nachträglich hinzugefügten?) Verfasserangabe: *daz machot all ein Noker* (»das alles hat ein Noker verfaßt«). Die Identifizierung des Dichters Noker mit dem Abt Notker von Zwiefalten (Marie-Luise Dittrich) beruht auf bloßer Vermutung.

Der Prediger wendet sich, ständisch neutral, an *wib unde man* (v. 1). Die Warnung vor unrechter Macht und vergänglichem Reichtum, die Verurteilung der Käuflichkeit des Rechts und die Klage über die Ungleichheit der Menschen aber richtet sich an ein Adelspublikum, das sich an seine irdischen Pflichten erinnern lassen muß. Das eigentliche *memento mori* ist Inhalt der Strophen 1–6. Es folgt der Hinweis auf die Gleichheit aller Menschen als Kinder Adams und die Klage über die faktische Ungleichheit (Strophen 7f.). Leider scheint der Text an dieser Stelle defekt zu sein. So wird nicht deutlich, ob die Klage, die in erstaunlichem Gegensatz zur gleichzeitig auch in volkssprachlicher Dichtung propagierten biblizistischen Begründung der Ungleichheit der Menschen steht, ständisch oder moralisch gemeint ist. Die anschließende Verurteilung des Rechtskaufs und -verkaufs (Strophen 9–11) setzt jedoch die ständische Ungleichheit voraus, die offenbar kritisiert wird. Die erneute Erinnerung an den Tod mündet in die Aufforderung, schon hier alles für das künftige Heil zu tun (Strophen 12–15), und wird mit der Allegorie des Lebens als einer Reise abgeschlossen (Strophen 16f.). Die beiden letzten Strophen (18f.) wechseln in den Gebetston und enthalten die Verfasserangabe. Man hat sie deshalb – wohl zu Unrecht – als Schreiberzusatz erklärt.

Mögen die Grundgedanken des ›Memento mori‹ auch durchaus traditionell sein, so hat sich doch immer wieder die Frage nach dem Grund ihrer Aktualisierung aufgedrängt. Das hat zu den unterschiedlichsten Antworten geführt. Am weitesten ist Hugo Kuhn gegangen, der das deutsche Gedicht in unmittelbaren Zusammenhang mit den Gottesfriedensbeschlüssen (Lüttich 1082, Köln 1083, Mainz 1085) gebracht hat, da auch in ihnen das »soziale Moment«, insbesondere der »Schutz der Armen gegen die reichen Rechtsbrecher«, auffällig in den Vordergrund gerückt werde. Alle Versuche einer historischen Konkretion der Grundgedanken des ›Memento mori‹ wie die gegenteilige Behauptung ihrer pastoralen Allgemeinheit sind jedoch bis heute hypothetisch geblieben.

Ausgaben: Althochdeutsches Lesebuch, Nr. XLII. – Maurer I, Nr. 5. – Übersetzungen: Rudolf Schützeichel, Das alemannische Memento

Mori. Das Gedicht und der geistig-historische Hintergrund. Tübingen 1962, S. 127–133. – de Boor, S. 518–523. – LITERATUR: Günther Schweikle in: VL 6, 1987, Sp. 381–386.

Zu den ältesten Texten der frühmittelhochdeutschen Literatur werden auch die sog. ›Idsteiner Sprüche der Väter‹ gerechnet. Für ihr hohes Alter spricht die noch ganz unentwickelte Reimtechnik, doch kommt man über die vage Einschätzung »erste Hälfte des 12. Jahrhunderts« nicht hinaus. Die noch in jüngster Zeit durch neue Funde ergänzten Bruchstücke einer Handschrift aus Idstein im Taunus enthalten reichlich 120 Verspaare, deren Inhalt geistliche und weltliche Lebensregeln und Verhaltensvorschriften in gnomischer Verkürzung sind. Das reicht vom rechten Reden und Schweigen über die Vermeidung eitler Ruhmbegierde bis zur Mäßigkeit beim Essen und Trinken, zum richtigen Fasten und zur asketischen Lebensführung überhaupt. Quellen sind neben der Bibel die Kirchenväter, besonders Hieronymus, Gregor der Große und Isidor von Sevilla. Der deutsche Text stellt aller Wahrscheinlichkeit nach keine Originalsammlung dar, sondern hat eine der verbreiteten Sammlungen von ›Sententiae Patrum‹ als Vorlage gehabt.

Wenn man mit Friedrich Maurer den Text in einzelne Abschnitte untergliedert, die überwiegend nur ein Verspaar (bzw. eine binnengereimte Langzeile) umfassen, ergeben sich 88 einzelne Sprüche. Das ist ein ganz anderer Typus geistlicher Didaxe als die Verspredigt des ›Memento mori‹ und alle anderen einschlägigen Texte des 12. Jahrhunderts. Ob mit der Definition »Memorierverse« (Ulrich Pretzel) ihre Funktion ausreichend bestimmt ist, muß offenbleiben. Die Form didaktischer Spruchdichtung ist den mittelalterlichen Autoren nicht zuletzt aus dem verbreiteten Schulbuch der ›Disticha Catonis‹ vertraut, um deren Verdeutschung sich bereits Notker III. bemüht haben soll und die seit der Mitte des 13. Jahrhunderts auch in deutscher Nachdichtung umlaufen. Schon vorher wird Freidank seine Spruchsammlungen unter dem Titel ›Bescheidenheit‹ zusammenstellen und damit eine Tradition in der deutschen Literatur fortführen, die bis Sebastian Brant reicht.

AUSGABE: Maurer I, Nr. 2. – LITERATUR: Edgar Papp in: VL 4, 1983, Sp. 361 f.

Die im folgenden zu besprechenden Texte werden überwiegend erst in die Jahrhundertmitte oder in die zweite Hälfte des 12. Jahrhunderts datiert. Ihre Reihenfolge an dieser Stelle ist mehr oder minder beliebig.

Eine Bußpredigt in 182 Versen überliefert die Vorauer Handschrift. Der Titel ›Die Wahrheit‹ ist abgeleitet vom Vers 151 *Daz liet heizet diu warheit,* über dessen Sinn im Kontext jedoch Unsicherheit besteht. Das anspruchslose Stück wendet sich an ein ständisch nicht differenziertes, ganz offensichtlich aber laikales Publikum. Der Prolog (vv. 1–12) gibt als Thema *di chunft fraisliche,* »das schreckliche Jüngste Gericht«, an und setzt ein mit der traditionellen Entgegensetzung von Himmel und Hölle (vv. 13–26). Hoffnung auf den Erlöser und Warnung vor dem Teufel (vv. 27–58). Erinnerung an die Vergänglichkeit alles Lebens (vv. 59–78) und Aufruf zur Bekehrung (vv. 79–102). Christus als Arzt (vv. 103–122). Die ewige Seligkeit (vv. 123–134). Rechte Reue büßt jede Sünde (vv. 135–150). Gott sorgt für die Menschen (v. 151–170), die es ihm schlecht lohnen mit sündhaftem Lebenswandel und Kleiderluxus (vv. 171–183). Das abrupte Ende legt den Verdacht nahe, daß der Abschluß des Gedichts fehlt, auch wenn der Eintrag in die Vorauer Handschrift (bei Ausfall eines Verses) den Eindruck der Vollständigkeit vermittelt.

AUSGABEN: Pretzel/Henschel, Nr. 3. – Maurer I, Nr. 18. – Waag/Schröder II, Nr. 11. – LITERATUR: Brian O. Murdoch, Die sog. ›Wahrheit‹. Analyse eines frühmittelhochdeutschen Gedichts. In: Akten des V. Internationalen Germanisten-Kongresses Cambridge 1975. Bern, Frankfurt 1976 (Jahrbuch für Internationale Germanistik A,2), S. 404–413.

Thematisch und in Einzelheiten (Christus als Arzt, Verzweiflung und Trost des Sünders) vergleichbar ist das Bruchstück eines Gedichts, das den vielleicht nur die zufällig überlieferten 167 (vielfach verstümmelten) Verse treffenden Titel ›Trost in Verzweiflung‹ trägt. Anfang und Ende sind verloren. Die einsetzenden Verse (vv. 1–8) bleiben dunkel. Es folgt die Aufforderung zum asketischen Kampf gegen leibliche Genüsse und früheres Wohlleben (vv. 9–30). Abwehr der Einwände eines reichen Mannes (vv. 31–42). Nicht der Leib ist der Schuldige, sondern das verführerische Herz, das sich wie ein Narr mit seinem Kolben aufführt und die Seele ins Verderben stürzt (vv. 43–72). Danach geht der Bußprediger zur Ich-Form über und bekräftigt seine Aussagen mit dem Beispiel des eigenen Lebens. Das Herz habe auch ihn verführt und ihm vielfache Wunden durch die Feinde – offenbar die allegorisch gedachten Laster – eingetragen (vv. 73–104). Die Suche nach einem Arzt bleibt zunächst vergeblich, bis *ein richer herre* Heilung verspricht (vv. 105–130). Als er nämlich den Verführungen des Teufels und der Welt erlegen war und an seiner Rettung verzweifelte, da geschah ihm unerwartet das Glück ... (vv. 131–167).

Rhetorische Mittel, allegorische Einkleidung und die argumentative Konfrontation von *herze* und *lîp* sprechen für ein erheblich höheres literarisches Niveau. Aber nicht deshalb hat das Fragment die erhöhte Aufmerksamkeit der Literaturwissenschaftler auf sich gezogen; Grund dafür war vielmehr die Beobachtung, daß einzelne Gedanken und Formulierungen sich im Prolog zum ›Gregorius‹ und im ›Büchlein‹ Hartmanns von Aue wiederfinden. Ob hier eine direkte Beziehung besteht, bleibt jedoch umstritten. Man hat auch erwogen, die Verspredigt könnte so spät im 12. Jahrhundert entstanden sein, daß ihr unbekannter Verfasser bereits aus den Werken Hartmanns geschöpft hat. Auch die weitergehende Überlegung, die Inkriminierung des *herzen* könne eine literarische Reaktion auf den frühen Minnesang sein, bleibt Spekulation. Bei der Kürze des Fragments und der Allgemeinheit seiner Formulierungen sind solche immerhin möglichen Zusammenhänge nicht schlüssig nachzuweisen.

AUSGABE: Maurer II, Nr. 38. – LITERATUR: ebd.

Hier ist auch die geistliche Rede des Wilden Mannes einzuordnen, die seit Wilhelm Grimm mit den Worten des Autors ›Van der girheit‹ überschrieben wird. Auch dies ist eine Art Bußpredigt, in deren Mittelpunkt das Laster der Habsucht steht. Der Prolog setzt mit der Bitte um himmlischen Beistand und einer Distanzierung von weltlicher Dichtung *(bezzir dan ein leich)* und Spöttern ein. Es geht um die rechte Lebensführung und das endliche Seelenheil (vv. 1–20). Die Habgier ist unersättlich wie das Meer und führt in die Hölle (vv. 21–52). Sie kennt kein Erbarmen, will nur immer mehr und scheut keinen Wucher und keine Lüge. Gott aber verschmäht das Opfer des unrecht erworbenen Gutes als Bußleistung (vv. 53–124). Habsucht ist wie ein Dorn, der aus dem schmerzenden Fuß gezogen werden muß. Wie der Zöllner Matthäus (gemeint ist Zachäus) solle man den irdischen Reichtum hingeben und Christus nachfolgen.

Selbstanklagen des Dichters (vv. 125–174). In einem Bild und seiner allegorischen Ausdeutung wird die Lehre weiter entfaltet: Ein reicher Mann umgibt seinen Garten mit Wassergraben und Zaun, um Diebe abzuhalten. Der Graben bezeichnet den reuevollen und beichtwilligen Christenmenschen, das Wasser seine Reuetränen, die Stangen des Zauns sind Gottesdienst, Almosen und Armenfürsorge. Seine Bekrönung und Verstärkung durch einen Dornenkranz bedeutet die Bereitschaft, Unrecht wieder gutzumachen, insbesondere das durch Wucher und falsches Zeugnis erworbene Gut zurückzuerstatten (vv. 175–245). Die Menschen mögen sich hüten vor Stolz, Hochmut und Hohn (vv. 246–298), denn was hilft ihnen all ihr Reichtum angesichts des Todes, wenn die Reue zu spät kommt (vv. 299–326)? Die Vorwürfe, die der reiche Mann in der Hölle seinem Sohn macht, für den er sein Seelenheil hingegeben habe, gibt dieser ihm zurück. Sie sind beide verdammt. Also solle man von der Habsucht ablassen und Barmherzigkeit üben in Geduld und Demut (vv. 327–386). Das Schlußgebet bekräftigt noch einmal die Lehre (vv. 387–424).

Das ist bei allem »Mangel an geistiger Kraft, abstrakte Gedanken klar und logisch geordnet vorzutragen« (Hans Eggers), nicht zuletzt deshalb ein so bemerkenswerter Text, als wir hier allen Grund haben, ein städtisch geprägtes Publikum anzunehmen. Nur ihm gegenüber bekommen das Insistieren auf der Sündhaftigkeit des Wuchers und der immer mit ihm verbundenen Lüge *(wochir und luchurkunde)*, die Warnung vor der falschen Hoffnung, sich durch Stiftungen freikaufen zu können, die Aufforderung, den unrechten Gewinn an die Geschädigten zurückzuerstatten, ihren Sinn. Man kann sich vorstellen, daß der Wilde Mann sein Publikum in Köln gefunden hat. Der sprachliche Befund würde gut dazu passen.

Ausgaben und Literatur: vgl. S. 346.

Der Wilde Mann scheint Laie gewesen zu sein, der sich an Laien wandte. Das könnte auch für den Autor eines zwar heilsgeschichtlich eingekleideten, jedoch durchaus weltlich interessierten Gedichts gelten, das sich selbst *scopf* nennt. Damit ist wohl »eine mündlich-volkssprachliche Dichtung« gemeint, von der sich die gelehrteren geistlichen Dichter oft genug absetzen (vgl. den Prolog zur ›Kaiserchronik‹). In der Literaturgeschichte trägt das mit vielen Lücken überlieferte Gedicht den nicht eben glücklichen Titel ›Scoph von dem lône‹ (›Lied vom – sc. himmlischen – Lohn‹).

Text und Überlieferung: Erhalten sind etwa 350 vielfach verstümmelte Verse, die Lücken sind dadurch bedingt, daß die Blätter der Handschrift, der wir auch die Bruchstücke der ›Colmarer Crescentia‹ und die ›Cantilena de conversione Sancti Pauli‹ verdanken, oben und unten, zum Teil auch an einer Seite beschnitten sind. Der letzte Herausgeber, Friedrich Maurer, hat den rekonstruierten Text in 27 ungleiche Langzeilenstrophen geordnet. Trotz der Problematik der Textherstellung beziehen sich die folgenden Angaben auf diese jüngste Edition.

Die Menschen sollen das Böse meiden und das Gute suchen. Aber sie handeln sehr unterschiedlich, obwohl sie alle von einer Mutter abstammen (Strophe 1). Nun haben wir jedoch auch einen anderen Vorfahren aus höchstem Adel, der uns die neue Lehre gebracht hat. Diejenigen, die ihm nachfolgen, sind *edeliu kint;* die andern aber, die sich von ihm abwenden, sind *der diwe kint,* »Kinder einer unfreien Frau« (Strophe 2). Der Mensch ist wankelmütig. Lücke (Strophe 3). Die gute und die böse Frau (Strophe 4). Die Ehe zwischen einer bösen Frau und einem guten Mann (Strophe 5) und zwischen einer guten Frau und einem bösen Mann (Strophe 6). Das ideale Verhältnis zwischen einem guten Mann und einer guten Frau (Strophe 7). Lücke. Die ganze Schöpfung dient dem Menschen (Strophen 10–12). Der hl. Martin als Beispiel dafür, wie man seinen irdischen Besitz hingeben soll, um ewigen Lohn zu verdienen (Strophen 13–16). Lücke. Die Wonnen des ewigen Lebens (Strophen 18–20). In den beiden bis zur Unkenntlichkeit zerstörten Folgestrophen ist von Maria (Magdalena?) die Rede (Strophen 21 f.). Daran schließt sich die, wieder durch eine größere Lücke unterbrochene und insgesamt durch die genannten Verluste stark gestörte Geschichte vom Zöllner Zachäus (Lk. 19), der verspricht, das zu Unrecht eingeforderte Gut vierfach zurückzuerstatten. Den bekehrten Sünder nimmt Gott ins Himmelreich auf. So möge er auch den Mann aufnehmen, *der disin scopf v[on erste began]* (Strophen 23–27). Die zitierte letzte Zeile spricht dafür, daß sie den verlorenen Abschluß des Gedichts eingeleitet hat.

So allgemein diese Lehre rechten christlichen Weltlebens ist, so vertraut die Warnung vor Besitzgier, die Erinnerung an die Vergänglichkeit, die Verheißung der himmlischen Seligkeit, die Aufforderung zu williger Reue und der Trost des verzweifelten Sünders auch sein mögen, die hier in ruhiger Gewißheit ausgesprochen werden, so auffällig ist die relativ breite Behandlung des ehelichen Verhältnisses und der häuslichen Gemeinschaft. Hier liegt eine erste kleine Ehelehre in der Volkssprache vor, die mit der Entgegensetzung der guten und bösen Frau argumentiert und damit ein Thema anschlägt, das ab dem 13. Jahrhundert einen immer größeren Raum in der deutschen Literatur einnehmen wird. Was die gute Frau auszeichnet, erfahren wir wegen der lückenhaften Erhaltung des Textes nicht vollständig. Die böse Frau sitzt herum, murrt und gibt ihren Ehemann dem Gespött preis. Sie sieht andern Männern nach und beschmutzt das eigene Nest. Sie strebt nach der Herrschaft in der Ehe. Der Mann, der sich nicht dagegen zur Wehr setzt, wird schnell unterliegen. Die gute Frau ist, weil sie dem Mann untertan sein soll, einem bösen Mann hilflos ausgeliefert. Nur Gott selbst kann sie aus der Ehenot erlösen. Wo aber zwei gute Menschen sich ehelich verbinden, da ist die Fülle christlichen Lebens. Einer hält für richtig, was der andere tut, da es ja das Gute ist. Ihnen scheint buchstäblich die Sonne am Himmel. Das alles ist ganz und gar nicht mehr asketisch gedacht. Das Erdenleben hat seinen eigenen Wert. Dazu stimmt der jubelnde Preis der dem Menschen dienenden Schöpfung in der refrainartigen Wiederholung des Verses *vil ist des uns got gan* (»groß sind die Geschenke Gottes«).

Auch hier scheint ein nicht in erster Linie adliges Publikum angesprochen zu sein. Die Behauptung des geistlichen Adels der auf den Davidsproß Jesus sich zurückführenden Christen, die Bedeutung, die der Ehe als Hausgemeinschaft zugemessen wird, die Nützlichkeit der Schöpfung – das alles sind Gedanken, die einer bäuerlichen oder auch städtisch geprägten Hörerschaft besonders einleuchten mußten.

Ausgabe: Maurer II, Nr. 32. – Literatur: ebd.

Solche Ausrichtung auf zunehmend sich ausdifferenzierende Lebenswelten lassen sich zunächst in der Predigt und dann auch in der geistlichen Dichtung beobachten, sosehr sie ihrerseits auch den Anspruch auf Allgemeingültigkeit erhebt. Das gilt beispielsweise für ein Gedicht, das nach seinem Thema und dem zentralen Begriff ›Vom Recht‹ genannt wird.

Text und Überlieferung: ›Vom Recht‹ ist zusammen mit einem zweiten, sprachlich und stilistisch sehr ähnlichen Text, der im folgenden zu besprechenden ›Hochzeit‹, in der Millstätter Sammelhandschrift überliefert. Die Entstehungszeit beider Gedichte ist ganz unsicher, die Ansetzungen schwanken zwischen 1130 und 1160. Eindeutige Kriterien gibt es nicht. Der ganz überwiegend südostdeutsche Sprachstand wie auch die Überlieferung machen eine Entstehung im bairisch-österreichischen Raum (Kärnten?) wahrscheinlich. Der überlieferte Wortlaut der 548 (549) Verse scheint relativ verläßlich zu sein.

Das Gedicht setzt weder mit einem schulmäßigen Prolog noch mit einer Gebetsformel ein, sondern beginnt mit einer didaktischen Aussage, die im folgenden mehrfach wiederholt wird und den Text zäsuriert: *Nieman ist so here/so daz reht zware.* »Wahrlich, niemand steht über dem Recht«, so muß man diese einleitenden Verse paraphrasieren, deren gnomische Verkürzung charakteristisch ist für die Sprechhaltung und Redeweise des gesamten Textes. Das *reht* meint im mittelalterlichen Sinne die göttliche Weltordnung, den Ort jedes einzelnen Menschen in ihr, seine Pflichten und seine Rechte. In einer nicht ganz konsequent durchgehaltenen Folge von Triaden wird dieses Recht im Verhältnis der Menschen zu Gott und im Verhältnis der Menschen untereinander expliziert. Dreifach ist das *reht:* es umfaßt Treue, Gerechtigkeit und Wahrhaftigkeit. Wer diese drei Gebote *(reht)* auf Erden immer befolgt, wird mit dem ewigen Leben belohnt werden (vv. 1–33). Aber so leben die Menschen nun einmal nicht. Jeder verfolgt seinen eigenen Willen und Nutzen und mißt sein Recht an der Macht, die er hat (vv. 34–67). Macht und Reichtum jedoch werden vergehen, und zuletzt wird Gott über uns richten (vv. 68–95). Ein Exempel wird eingeschaltet: Ein Herr *(meister)* geht mit seinem Knecht hinaus, um ein Stück Wald zu roden. Wenn die großen Wurzelstücke im Boden bleiben, ist das gewonnene Land nicht viel wert. Das kostet viel Mühe und Schweiß. Das aber soll heißen: niemand kann einen Mächtigen zu irgend etwas zwingen, es sei denn Gott selbst. Und noch etwas anderes soll das Beispiel lehren: Wenn das gerodete Land Ertrag abzuwerfen beginnt, so soll mit dem Herrn auch der Knecht Nutzen davon haben. Beide sollen sich darein teilen, der eine soll den andern nicht übervorteilen (vv. 96–194). Nachdem so das Gebot der Gerechtigkeit erläutert worden ist, wird ex negativo das Gebot der Treue illustriert mit dem Abfall Luzifers von Gott. Daraus folge, daß der Herr den Knecht und die Frau die Magd sich nicht überheben lassen sollen. Die ständische Ungleichheit der Menschen werde aufgehoben, wenn Herr und Knecht, Frau und Magd das Recht beachten. Dann werden Knecht und Magd *ebenhere,* d. h. ihrer Herrschaft gleichgestellt sein (vv. 195–238).

In einem dritten, längeren Abschnitt wird das Gebot der Wahrhaftigkeit expliziert. Im Gottesurteil mit dem heißen Eisen komme die Wahrheit ans Licht. Wenn die Lüge im Dorf umgehe, solle man sie nicht verbreiten und fremde Schande nicht weitertragen. Der Herr soll auch darin seinem Knecht mit gutem Beispiel vorangehen (vv. 239–344). Es folgt eine kleine Ehelehre. Wo sich Mann und Frau zusammentun, da sei Gott der dritte im Bund. Der Mann sei Herr in der Ehe, die Frau ihm gehorsam. Zusammen erfüllen sie im Kind *(daz ist daz dritte reht)* Gottes Gebot (vv. 345–406). Den beiden Triaden Mann – Frau – Gott und Vater – Mutter – Kind gesellen sich als dritte Triade der verheiratete Laie, seine Ehefrau und ihrer beider geistlicher Lehrer, der Priester, hinzu. Sie gehören zusammen wie Ackersmann, Knecht und Rind (vv. 407–449). Gott sieht in die Herzen, deshalb muß der Mensch nicht fürchten, seine Folgsamkeit dem Recht gegenüber bleibe verborgen (vv. 450–497). Lehrer des Rechts aber ist der Priester. Auch er hat drei Pflichten: Er soll *guoti (bonitas), diemuoti (humilitas)* und *minne (caritas)* verkörpern. Wo der Laie in allem dem Priester nachfolge, da werden beide getrost vor Gott treten können und in ihm ihren *meister* erkennen (vv. 498–523). Die drei Ordnungen des menschlichen Lebens sind Geborenwerden, Sterben und Auferstehen. Wer das Rechte tut, wird die ewige Seligkeit finden (vv. 524–549).

Auch dies ist keine asketische Bußpredigt, die Furcht und Schrecken vor dem Jüngsten Gericht verbreiten und zur Befolgung der Gebote Gottes anleiten will unter dem Druck der drohenden Höllenstrafe. Hier wird vielmehr rechtes Weltleben gelehrt und konkretisiert im ländlich-bäuerlichen Dasein. Freilich wird man sich kein falsches Bild machen dürfen. Das scheinbare Idyll, »die ruhige Sicherheit des bäuerlichen Daseins, des ländlichen Friedens abseits der geistigen Kampfbahnen, jenseits des Meinungsstreits« (Helmut de Boor), charakterisiert den Text, nicht die Wirklichkeit, in die er hineinwirken will. Das strenge Pochen auf das göttlich sanktionierte Recht, auf die Einrichtung dieser Welt in Herren und Knechte, Herrschende und Dienende, Reiche und Arme, Starke und Schwache hat seinen guten Grund. Die Auskunft des Autors ist die gleiche, wie sie etwa hundert Jahre später Wernher der Gartenaere im ›Helmbrecht‹ geben wird, auch wenn hier noch nicht der Ausbruch aus dieser Ordnung von unten, sondern – wie in der Bußpredigt ganz allgemein – ihre Verletzung von oben Thema ist. Es liegt nahe zu vermuten, daß die lateinische Ständepredigt etwa nach dem Muster ›Ad agricolas‹ des Honorius Augustodunensis das Vorbild für das deutsche Gedicht abgegeben hat.

Ausgaben: Maurer II, Nr. 29. – Waag/Schröder II, Nr. 8. – Übersetzung: Gernentz 1965, S. 194f. (Ausschnitt). – Literatur: Ingeborg Schröbler, Das mittelhochdeutsche Gedicht vom ›Recht‹. Beiträge 80 (Tübingen 1958), S. 219–252. – Stephan Speicher, ›Vom Recht‹. Ein Kommentar im Rahmen der zeitgenössischen Literaturtradition. Göppingen 1986.

Das Gedicht, das in der Millstätter Handschrift unmittelbar auf ›Vom Recht‹ folgt und mit ihm in Sprache, Stil und Thematik verbunden ist, wird nach seinem zentralen Motiv ›Die Hochzeit‹ genannt. Die 1088 (1089) Verse sind des schlechten Erhaltungszustandes der Handschrift wegen vielfach ergänzungsbedürftig. Auch hier geht es um die christliche Lebensführung im Zeichen des *rehts,* doch tritt der kirchliche Anteil stärker in den Vordergrund. Auch die Konzeption ist eine andere. An die Stelle der logischen Figur (Triaden) tritt die Allegorie nach dem Muster der Hoheliedauslegung. ›Die Hochzeit‹ gehört dieser theologischen Tradition nicht unmittelbar an, scheint aber insofern in ihrem Bann zu stehen, als sie selbst die Geschichte der Vermählung eines mächtigen Herrn erzählt und ihr eine ausführliche geistliche Auslegung des gesamten Vorgangs wie einzelner Details folgen läßt. Der Unterschied zur theologischen Exegese besteht darin, daß hier kein vorgegebener Grundtext wie der Wortlaut der biblischen ›Cantica canticorum‹ auf den mehrfachen Schriftsinn hin ausgelegt wird, sondern daß der Prediger einen solchen Grundtext erfindet (oder einen solchen Text aus einer uns unbekannten Quelle übernimmt), ihn mit allen »Farben und Formeln heimischer Lieddichtung« (Helmut de Boor) ausstattet und damit ein Motiv aufgreift, das in der sog. Spielmannsdichtung eine zentrale Rolle spielt.

So ist auch nicht verwunderlich, daß der Verfasser gerade im Hinblick auf die Erzählung einleitend von einem *heren spelle* (v. 2), einem »erhabenen Lied«, spricht, um freilich gleich hinzuzufügen, daß es dabei auf *manich schone zeichen* ankomme, auf den *michil(n) sin,* der zu enthüllen sei. Wer die Zeichenhaftigkeit des Erzählten verstehen will, muß geschickt sein wie ein Goldschmied. Gold schmückt die Frauen in vielerlei Form. Verliert eine Frau etwas davon, so wird sie es auch im Schmutz *(mist)* suchen. Findet sie es nicht, wird sie den Kehricht mit dem

Goldschmuck vor die Tür fegen. Das aber heißt: Wer weise ist und seine Weisheit für sich behält, der gleicht dem Kehricht und seine Weisheit dem darin verlorenen Gold. Wem Gott Weisheit geschenkt hat, der soll sie dem mitteilen, der ihrer entbehrt, oder er wird das göttliche Gericht auf sich ziehen (vv. 1–64). Denn zuletzt wird diese Welt vergehen und nur Gottes Wille wird bestehenbleiben. Wer Gottes Wort verachtet, der wird zur Hölle fahren. Deshalb sollen wir das *reht* achten, wie der gute Knecht, der sich nicht überhebt, die Hoffart, *superbia,* meidet und deshalb in Abrahams Schoß aufgenommen wird (vv. 65–144). Nun folgt die Beispielerzählung. In der Welt, die zum Abgrund führt, steht ein hohes Gebirge. Dort sitzt ein Herr, zu dem keiner zu kommen vermag, der nicht zuvor unserem Feind entrissen worden ist. Vor undenklichen Zeiten hat sich der Herr mit seinem Gefolge dort niedergelassen. Einige seiner vornehmsten Knechte aber wurden abtrünnig und empörten sich wider ihn. Sie wurden in einen tiefen Kerker unter dem Gebirge geworfen, in dem scheußliches Gewürm die Gefangenen mit Feuer martert. Der Herr aber war bei seinen Getreuen und machte alles so, wie er es haben wollte (vv. 145–193). In einem lieblichen Tal wurde ein Mädchen von edlem Geschlecht geboren, das alle guten Eigenschaften auf sich vereinigte. Die erkor der Herr als Braut, weil er einen Erben haben wollte, der über Täler und Berge herrschen sollte (vv. 194–215). Er sandte einen Boten zu ihr. Freunde und Verwandte rieten, die Werbung anzunehmen. Mit einem Ring wird das Bündnis besiegelt. Bis zur endgültigen Hochzeit steht die Jungfrau unter der strengen Hut ihrer Familie (vv. 216–244). Ein zweiter Bote wird ausgesandt mit der Aufforderung, das Mädchen als Braut einzukleiden. Dann macht sich der Herr mit »ritterlichem« Gefolge wie ein König auf. Nach seiner Ankunft im Tal sendet er die Vornehmsten zum Brautvater, der daraufhin seine Tochter prächtig schmücken läßt. So tritt die strahlende Braut ihrem Bräutigam entgegen. Er reicht ihr die Hand und führt sie heim (vv. 245–300). Die Hochzeit findet statt. Das müde Gefolge stärkt sich an Speise und Trank. Es ist das beste Hochzeitsmahl, das je ausgerichtet wurde (vv. 301–324).

Es ist deutlich, daß hier die christliche Heilsgeschichte in parabolischer Verkleidung erzählt wird. In der nun folgenden Ausdeutung, die den größeren Teil des Gedichts ausmacht, wird diese auf der Hand liegende Auflösung zunächst übersprungen. Vielmehr werden die vielfältigen Auslegungsmöglichkeiten der Geschichte erprobt, so wie sie die Hoheliedexegese musterhaft, wenn auch nicht in jedem Detail für den deutschen Verfasser vorbildlich vorexerziert hat. (Die Zusammenfassung ist stark verkürzt, nur die wichtigsten Deutungen werden herausgehoben.)

Das Hochzeitsmahl steht für die Macht Gottes. Braut und Bräutigam bezeichnen den Heiligen Geist und den Menschen. Der Bote ist der Priester. Die vornehmen Abgesandten meinen das Jüngste Gericht. Die Verwandten, die der Braut raten, sind die Sakramente *(die tougen guote)* usw. (vv. 325–398). Die Aufforderung, durch ein gottesfürchtiges Leben dem ewigen Leben zuzustreben, leitet über zur Beschreibung des himmlischen Jerusalem (vv. 399–481). Es folgen Ratschläge für ein rechtes Weltleben der Reichen und Mächtigen, wozu gehöre, den Frierenden zu kleiden, den Hungrigen zu speisen, dem Kranken zu helfen usw. Nicht zuletzt solle man den Zehnten willig entrichten (vv. 482–509). Das Gleichnis von den anvertrauten Pfunden (Mt. 25,14ff., Lk. 19,11ff.) wird assoziiert und führt zu einer allegorischen Ausdeutung der Fünfzahl: Mit allen fünf Sinnen sollen die Menschen sich um ein gottwohlgefälliges Leben bemühen (vv. 510–569). Das Bad der Braut und die Verjüngung des Vogels Phönix als Bilder für die Reinigung von Sünden leiten über zu den drei Formen der Beichte (vv. 570–708). Das Kommen des Bräutigams erinnert an das künftige Gericht (vv. 709–786). Schließlich wird die Geschichte der Hochzeit des mächtigen Herrn im Gebirge mit der Jungfrau aus dem lieblichen Tal auf den Erlösungsweg Christi bis zur Kreuzigung gedeutet (vv. 787–985). Der Descensus und die Erlösung der in der Hölle schmachtenden Seelen wird als gewaltige Heerfahrt vorgestellt und wieder in Verbindung mit der Heimführung der Braut und allen Gefolges gebracht (vv. 986–1079). Den Abschluß macht ein kurzes Gebet mit der Bitte um Erlösung (vv. 1080–1089).

Selbst wenn man die Komplexität der mittelalterlichen allegorischen Schriftinterpretation in Rechnung stellt, selbst wenn man zugesteht, daß jedes Detail, jeder Vorgang, jede Person, jedes Ding für unterschiedliche Deutungen in Anspruch genommen werden kann, so springt doch die mangelnde Systematik, die schwindelerregende Lust an der Assoziation und die krause Vielfalt der Deutungsangebote ins Auge. Das zentrale Gleichnis wird ständig überlagert von anderen Beispielen und Gleichnissen, die hier nicht erschöpfend aufgezählt werden konnten. ›Die Hochzeit‹ ist denn auch nicht in erster Linie ihres theologischen Gehalts wegen von literaturgeschichtlichem Interesse, sondern wegen ihrer Blickrichtung auf eine Lebenswelt, die bislang noch kaum Eingang in die Literatur gefunden hatte. Auch sie ist kein Zeugnis asketischer Weltverneinung. Wo Noker, der Dichter des alemannischen ›Memento mori‹, wo der Arme Hartmann und andere Bußprediger dazu aufrufen, wenigstens zeitweise dieser Welt zu entsagen, um sich in die Zelle zurückzuziehen, da erscheint hier das himmlische Jerusalem als die *ewige zelle* (v. 509) oder *here zelle* (v. 1051), die den Frommen am Ende der Tage in ihren Frieden aufnehmen wird. Zuvor aber gilt es, das Weltleben zu bestehen und den Platz (das *reht)* auszufüllen, der jedem einzelnen von Gott bestimmt ist.

Der vieldiskutierten Frage, ob ›Vom Recht‹ und ›Die Hochzeit‹ vom gleichen Verfasser stammen oder ob der Verfasser des ›Rechts‹ ein älteres Gedicht von der ›Hochzeit‹ nur überarbeitet habe (Carl Kraus), wird heute kein so großes Gewicht mehr beigemessen. Ob das mehrfach zitierte *buoch* (v. 371, 786, 796, vgl. auch v. 776) eine bestimmte Vorlage gewesen ist oder für eine Vielzahl von Quellen steht, ist ungeklärt. Parabolische Darstellungen der mystischen Hochzeit finden sich im Umkreis der Hoheliedexegese mehr als einmal. Auch die Predigtliteratur bietet Vergleichbares.

AUSGABEN: Maurer II, Nr. 30. – Waag/Schröder II, Nr. 9. – LITERATUR: Peter Ganz, ›Die Hochzeit‹: fabula und significatio. In: L. P. Johnson, H.-H. Steinhoff u. R. A. Wisbey (Hrsg.), Studien zur frühmittelhochdeutschen Literatur. Berlin 1974, S. 56–73.

Die allegorische Erzählung in der ›Hochzeit‹ erinnert an das lateinische Bibelgedicht des Eupolemius (um 1100?), eines sonst unbekannten deutschen Dichters. Auch dort wird in allegorischer Verhüllung die Heilsgeschichte erzählt, freilich mit unvergleichlich größerer Ausführlichkeit (zwei Bücher zu 684 und 780 Hexametern) und Gelehrsamkeit. So tragen die handelnden Personen überwiegend allegorische Namen, die zum Teil dem Griechischen entlehnt sind: *Agatus* (Gott), *Cacus* (Satan), *Antropus* (Adam) etc. Das Gedicht des Eupolemius steht im Kontext der lateinischen Dichtung des 11. und 12. Jahrhunderts so isoliert wie ›Die Hochzeit‹ im Kontext der volkssprachlichen Dichtung. Ein direkter Zusammenhang zwischen beiden ist nicht anzunehmen, wohl aber repräsentieren sie gemeinsam einen Sondertypus allegorischen Dichtens, dessen Kühnheit im

Umgang mit dem sakrosankten Text der Bibel keine unmittelbare Nachfolge gefunden hat.

AUSGABE: Karl Manitius (Hrsg.), Eupolemius, Das Bibelgedicht. Weimar 1973 (MGH, Quellen zur Geistesgeschichte des Mittelalters IX). – LITERATUR: Karl Manitius in: VL 2, 1980, Sp. 642–645.

Als Verspredigt präsentiert sich auch ein Gedicht, das wegen seiner Thematik ›Deutung der Meßgebräuche‹ genannt wird und in manchen Aussagen und Formulierungen den Gedichten ›Vom Recht‹ und ›Die Hochzeit‹ so nahe steht, daß man an einen engeren Zusammenhang zwischen ihnen gedacht hat. Die Überlieferung im Kontext einer deutschsprachigen Predigtsammlung, dem sog. ›Speculum Ecclesiae‹, ist ein aufschlußreicher Hinweis auf die Gebrauchsfunktion des Gedichts. Ein Fragment aus einer zweiten spätmittelalterlichen Handschrift scheint diesen Befund zu bestätigen. Lokalisierung und Datierung dagegen sind unsicher.

Die 523 (524) Verse beginnen mit einer längeren Einleitung: Warnung vor dem Teufel, der mit einem Vogelsteller verglichen wird (vv. 1–22). Man solle Perlen nicht vor die Säue werfen, das heißt, die beste Lehre sei verschwendet, wenn ihr nicht Taten folgen (vv. 23–48). Thema der Rede und Bitte um göttlichen Beistand (vv. 49–78). Bedeutung der Messe, die Vorbildfunktion der Priester und ihrer Pflichten (vv. 79–134). Sündenbekenntnis des Dichters, der sich selbst als *vil arm* (var. *weniger*) *man* vorstellt (vv. 135–152). Die Priester sind Hirten ihrer Herde (vv. 153–186). Es folgt als erster Hauptteil die Beschreibung und Ausdeutung des Aussehens und der Gewänder des Priesters: Tonsur, *lappe* (Bäffchen), Kamm und Wasser bei der Vorbereitung zur Messe, das Humerale, die Albe, das Cingulum, die Stola, die Kasel und das Manipel (vv. 187–337). Der zweite Hauptteil ist dem Meßritus gewidmet: Confiteor, Kyrie, Lectio, Credo, Orate fratres, Sanctus, Nobis quoque peccatoribus als Teile des ›Canon missae‹ (vv. 338–420). Danach wird eine Erklärung des Altarschmucks – Corporale, Kelch und Patene – und des Mischens von Wasser und Wein eingeschaltet, wird das Brechen der Hostie erwähnt und die Kommunion erklärt (vv. 421–480). Paternoster, dreimaliges Schweigen des Priesters während der Messe und Schlußsegen. Die letzten Verse zählen die Pflichten eines Christenmenschen auf: Fasten, Feiertage ehren, Zehnten geben, Almosen verteilen und Beten. Wer sie befolgt, kommt ins himmlische Jerusalem (vv. 481–524).

In den Versen 475–480 ist davon die Rede, daß der Priester nach der Wandlung *daz sacrificium uf hevet.* Man interpretiert das als Hinweis darauf, daß der Verfasser nur die kleine Elevation, nicht die der Hostie kannte, die sich erst gegen Ende des Jahrhunderts auch in Deutschland verbreitet hat. Selbst wenn man den Text so verstehen darf (was angesichts der fehlerhaften Überlieferung durchaus nicht sicher ist), wäre damit für eine zeitliche Fixierung wenig gewonnen; denn daß die ›Deutung der Meßgebräuche‹ dem 12. Jahrhundert angehört, unterliegt keinem Zweifel. Datierungen auf 1150 oder 1160 beruhen auf bloßer Vermutung.

AUSGABE: Maurer II, Nr. 34. – LITERATUR: Edgar Papp in: VL 2, 1980, Sp. 74–76.

In den zuletzt genannten Texten ist nicht nur von den allgemeinen christlichen Pflichten die Rede, sondern zunehmend auch von den Pflichten der Angehörigen bestimmter Stände, von den Reichen und Mächtigen, den Kaufleuten, den Bauern. Dazu gehören auch die Priester, die Vorbild und verläßliche Hirten ihrer Herde sein, keusch leben und als unermüdliche Lehrer der göttlichen Wahrheit wirken sollen. Dies alles ist hier nicht mehr nur als innerkirchliche Selbstverständigung, sondern auch als Ausdruck laikaler Kritik am Priesterleben zu lesen. Die rabiateste Geißelung der Verweltlichung der Geistlichen und der Weltlust der Laien hat ein Autor vorgetragen, dessen Gedichte ›Erinnerung an den Tod‹ und ›Priesterleben‹ im übrigen ganz aus dem Rahmen der bisher besprochenen Texte fallen. Er selbst nennt sich im Epilog der ›Erinnerung an den Tod‹ v. 1031 *Häinrîchen, dînen* (sc. Gottes) *armen chnecht* und bittet an gleicher Stelle für den Seelenfrieden eines Abts *Erchennenfride* (v. 1033). Seit Karl Lachmann diesen Erkenfried als Abt des Benediktinerklosters Melk (gest. 1163) identifiziert hatte, galt Heinrich, der in der ›Erinnerung an den Tod‹ sich selbst unter die Laien einreiht (v. 225 *wir läien*), als Konverse, Laienbruder dieses Klosters. Zweifel an der Zuschreibung haben zu anderen Vorschlägen geführt, ohne daß bis heute eine unstrittige Identifizierung gelungen wäre. Man spricht seither vom ›sog. Heinrich von Melk‹ und hält auch nach der Kritik von Peter-Erich Neuser daran fest, der die allgemeine Unsicherheit um die These vermehrt hat, daß die beiden Gedichte von verschiedenen Autoren stammen.

Text und Überlieferung: Die Gedichte Heinrichs von Melk sind in der Wiener Sammelhandschrift cod. 2696 überliefert, die nach Neuser in die Zeit um 1300 zu datieren ist. Sie wurde in einem Skriptorium im bairisch-österreichischen Sprachraum geschrieben. Sprache und Wortschatz der beiden Gedichte weisen sie dem gleichen Sprachgebiet zu. Die bemerkenswerte Reinheit der Reime, die im ›Priesterleben‹ noch weiter fortgeschritten scheint als in der ›Erinnerung an den Tod‹, steht im Gegensatz zur rhythmischen Freiheit, die im ›Priesterleben‹ größer ist (mehr als 50 Prozent überlange Verse) als in der ›Erinnerung an den Tod‹. Ein Musterbeispiel dafür, wie wenig solche formalen Kriterien in den dichtungsgeschichtlich entscheidenden Jahrzehnten des 12. Jahrhunderts für die Festsetzung der relativen Chronologie auch nur zweier Texte taugt. Die absolute Datierung ist ganz unsicher. Im Laufe der Forschungsgeschichte unterlagen die zeitlichen Ansetzungen extremen Schwankungen zwischen dem frühen 12. und dem 14. Jahrhundert. Heute gilt einhellig die Meinung, beide Texte seien in der zweiten Hälfte des 12. Jahrhunderts entstanden, nach Preisgabe der Melk-These spricht alles für eine Entstehung gegen Ende des Jahrhunderts.

Der Erhaltungszustand ist unterschiedlich. Während die ›Erinnerung an den Tod‹ mit 1042 Versen (abzüglich der möglichen Interpolation vv. 885–926) vollständig überliefert ist, wurde das ›Priesterleben‹ durch Umbinden der Handschrift schon früh verstümmelt. Erhalten sind 746 Verse. Peter-Erich Neuser hat den verlorenen Eingangsteil aus kodikologischen Erwägungen sehr hoch geschätzt (über 1900 Verse). Wenn man wegen des nicht eindeutig markierten Schlusses zudem mit der Möglichkeit rechnet, daß auch der Epilog (oder mehr) verlorengegangen ist, müßte das Gedicht ursprünglich etwa 2700 Verse umfaßt haben. Im ›Priesterleben‹ vv. 397–402 zitiert der Verfasser ›Erinnerung‹ vv. 181–186. Dies galt bislang als das wichtigste Indiz für die Verfassereinheit und die Priorität der ›Erinnerung an den Tod‹. Beides wurde von Neuser bestritten, der ›Erinnerung‹ vv. 181–186 als nachträgliche Interpolation von ›Priesterleben‹ vv. 397–402 erklärt.

Die ›Erinnerung an den Tod‹ zerfällt in zwei vom Verfasser deutlich getrennte Teile. Der Prolog (vv. 1–34) kündigt *eine rede von des tôdes gehugde* an (vv. 2f.), die ausdrücklich *werltlîchen liuten* (v. 5) zugedacht ist und ihren Ausgang von einer allgemeinen Sündenklage nimmt. Der erste Teil (vv. 35–454) handelt *von dem gemäinen lebene* (v. 450) und paßt nicht eigentlich zum folgenden *Memento mori,* wie Heinrich (vv. 447) ausdrücklich feststellt und deshalb das eine *liet* an dieser Stelle enden und das zweite (vv. 455–1000) mit dem Neueinsatz *Nû gedench aber, mensch, dînes tôdes* (v. 455) beginnen läßt. Er verbindet damit den *Sermo generalis,* die Ansprache an alle Stände (das eben meint die Formulierung *von dem gemäinen lebene*), mit der Bußpredigt und hat für beide Teile sicher Vorbilder gehabt, auch wenn sich direkte Vorlagen nicht haben nachweisen lassen.

Die Ständepredigt setzt die Akzente ungleich. Am ausführlichsten ist von den Geistlichen die Rede. Die *phaffhäite* (v. 35 u. ö.) hält sich nicht an das Wort Gottes, wie es in den Büchern geschrieben steht (vv. 35–54). Die Bischöfe verkaufen geistliche Ämter und Pfründen (vv. 55–70), und die ihnen Unterstellten tun es ihnen nach und verschachern die Gnadenmittel (vv. 71–98). Die Priester tadeln nur die Armen für ihre Sünden, die freigebigen Reichen können tun, was sie wollen (vv. 99–141). Sie selbst leben unkeusch und entehren damit das Meßopfer – machen es aber nicht unwirksam, wie Heinrich hier und im ›Priesterleben‹ ausdrücklich hinzufügt (vv. 142–186). Statt sich von der Welt abzuwenden, führen sie ein allzu weltliches Leben (vv. 187–224). Die Laien schließen notwendig von dem einen schlechten Priester auf alle. Das gilt auch für die Mönche (vv. 225–263). Danach wendet der Prediger sich den Laienständen zu. Die weltlichen Herren (v. 267 *werltlîche richtaere*) kennen keine Treue, sondern machen wie die Wölfe aufeinander Jagd (vv. 264–288). Ritter und vornehme Damen leben in Hoffart und machen sich damit der schlimmsten aller Sünden, der *superbia*, schuldig. Aber von den Damen will der Prediger – *hie muge wir der frowen wol geswîgen* (v. 318) – nichts Böses sagen (vv. 289–318). Dafür nimmt er sich die arme Tagelöhnerin vor, die sich schminkt und mit langen, staubaufwirbelnden Kleidern durch die Gassen streicht. Mit solchem Aufzug glaubt sie, sich des *rîchen mannes tochter* (v. 331) gleichstellen zu können. In einer nur ironisch zu verstehenden Wiederholung, daß damit nichts über die vornehmen Damen gesagt sein solle, wendet der Prediger seinen Blick noch einmal auf die Ritter, die sich in *wechselsage* (v. 355) nur ihrer Erfolge bei den Frauen und ihrer Totschläge zu rühmen wissen (vv. 319–372). Die allgemeine Zeitklage in Form einer *laudatio temporis acti* kulminiert in der Feststellung, daß Rom *ir alten vaters* entbehre und in der Welt nur noch der Reiche etwas gelte (vv. 373–422). Eine Zusammenfassung, in der mit je einem Vers auch der Bauern und der Kaufleute gedacht wird, und die oben zitierten Bemerkungen des Verfassers zur Zweiteilung des Gedichts leiten über zum Memento mori (vv. 423–454).

Mit dem Zitat von Worten Hiobs und anderer Schriftstellen setzt eine große Klage über die Vergänglichkeit ein (vv. 455–

510). Als Beispiel wird der Sohn eines Königs angeführt und all das aufgezählt, was ihm im Leben zustoßen kann (vv. 511–558). Die Sinnlosigkeit einer prächtigen Leichenfeier bringt den Prediger dazu, eine Frau an das Totenbett ihres Mannes zu führen und ihr die ganze Häßlichkeit der körperlichen Auflösung vor Augen zu führen. Eine Mahnung zur rechtzeitigen Umkehr und Buße schließt sich an (vv. 559–662). Ein weiteres, noch ausladenderes Exempel (v. 913 *spell*) handelt von einem edlen Jüngling am Grab seines Vaters. Der tote Adlige hält durch den Mund des Autors eine lange Bußpredigt und beglaubigt sie durch seine eigene Erfahrung der Höllenpein (vv. 663–910). Den Abschluß bildet die Gegenüberstellung von Hölle und Himmel (vv. 911–1028). Epilog (vv. 1029–1042).

Der Torso des ›Priesterlebens‹ handelt ausschließlich vom schändlichen Weltleben der Priester. Was ihm vorangegangen sein mag, lassen die mitten im Satz beginnenden Verse – wer Gottes Wort nicht hält, wird am Jüngsten Tag zur Rechenschaft gezogen – nicht erkennen. Wenn wirklich etwa 1900 Verse verlorengegangen sein sollten, könnte es sich auch hier um einen *Sermo generalis* gehandelt haben. Mit Vers 9 setzt der Prediger neu ein. Die Geistlichen sollten Hüter und Warner der Christenheit sein, aber viele frönen ausschließlich ihrer Weltlust. In einer kleinen Szene wird dargestellt, wie sie den Obdachsuchenden fortschicken und mit ihresgleichen Gastmähler veranstalten (vv. 9–110). Breiten Raum nimmt die drastische Klage über die Verstöße gegen den Zölibat ein. Das Beispiel Salomons wird herangezogen und das Wort des Paulus diskutiert, es sei besser zu heiraten, als von Begierde verzehrt zu werden (1. Kor. 7,9). Dies gelte nur für Laien (vv. 111–218). Das *recht* der Geistlichen sei ein asketisches Leben, mit reinem Herzen und reiner Hand das Meßopfer zu vollziehen und die Gnadenmittel nicht zu verkaufen (vv. 219–366). Die Laien sollen den Lebenswandel der Priester nicht ans Licht zerren. Sie haben keinen Grund, an der Gültigkeit der von unreiner Hand gespendeten Eucharistie zu zweifeln (vv. 367–457). Wie der junge Daniel oder doch wenigstens wie Bileams Esel (4. Mos. 22,22 ff.) will der sündenbewußte Autor von den Gottesmännern gehört werden (vv. 458–486). Wenn die unkeuschen Laien verdammt sind, um wieviel mehr sind es die unkeuschen Priester? Was ist ihr Lob der Keuschheit wert, wenn sie selbst sich nicht daran halten (vv. 487–642)? Schließlich folgt eine längere Invektive gegen die Pfaffendirnen, die sich letztlich auch wieder gegen die richtet, von denen sie ausgehalten werden (vv. 643–746). Das kann der Schluß des Gedichts nicht gewesen sein.

Die Gedichte Heinrichs, des armen Knechts Gottes, sind nicht so sehr ihres Inhalts, sondern ihrer Darbietungsform wegen von hohem literaturgeschichtlichem Interesse. Die Kritik am Leben der Geistlichen, an der Vernachlässigung ihrer priesterlichen Pflichten, an simonistischen Praktiken und an Verstößen gegen den Zölibat ist im Gefolge der gregorianischen Reformbestrebungen im 12. Jahrhundert nicht neu. Wenn man am bairisch-österreichischen Entstehungsraum der deutschen Gedichte festhalten darf, wäre mit der älteren Forschung an die im gleichen Raum entstandenen Reformschriften von Honorius Augustodunensis und Gerhoch von Reichersberg zu erinnern. Unmittelbare Vorlagen waren sie nicht. Reformbestrebungen begleiten die Kirche durch die Jahrhunderte. So war es also nicht schwer, auch im 13. Jahrhundert, ja sogar im 14. Jahrhundert Anknüpfungspunkte für den deutschen Buß- und Sittenprediger zu finden und seine Tätigkeit entsprechend zu datieren. Das ist heute nur noch von wissenschaftsgeschichtlichem Interesse.

Aktuell geblieben ist das Interesse an der literarischen Qualität dieser beiden Verspredigten, die sie von allen anderen geistlichen Gedichten des 12. Jahrhunderts abhebt. Dazu gehört die wirkungsmächtige Vergegenwärtigung der angeprangerten Mißstände und der vergänglichen Welt überhaupt. Der vergeblich Einlaß heischende Gast, die Frau an der Bahre ihres Mannes, der Sohn im Gespräch mit dem im Fegefeuer schmachtenden Vater – das sind einprägsame Szenen, die zwar ihrerseits aus der Predigt des 12. Jahrhunderts abgeleitet sein mögen, deren satirische oder rhetorische Ausgestaltung aber ihresgleichen sucht. Der scharfe Blick des Bußpredigers auf die Schwächen der Menschen macht Lebenswirklichkeiten sichtbar, die anders noch keinen Eingang in die Literatur finden. Dabei kommen Dinge zur Sprache, die um so erstaunlicher wirken mußten, solange man noch an der Datierung in die Mitte des 12. Jahrhunderts festhielt. Dazu gehörte insbesondere die angeblich früheste Erwähnung deutscher ritterlicher Minnedichtung dort, wo Heinrich die ekelerregende Verkehrung des Lebens durch den Tod am Beispiel eines gestorbenen Edelmanns vor Augen führt: Wo sind da noch die *troutliet* (›Erinnerung‹ v. 612), mit denen er die Damen gefeiert hat? Doch selbst im entschieden profaner geprägten literarischen Kontext des ausgehenden

12. Jahrhunderts wird man Heinrichs Gedichte nicht als »das letzte große Rückzugsgefecht« (Helmut de Boor) verstehen dürfen, sondern vielmehr als eine jener geistlichen Reaktionen auf die Emanzipation der laikalen Adelskultur, die im 13. Jahrhundert häufiger werden. Im Abstand von vielleicht nicht mehr als einer Generation entsteht ebenfalls im österreichischen Sprachraum beispielsweise eine versmäßige Bußpredigt, die der Verfasser selbst ›Die Warnung‹ nennt. Diese Verspredigt steht in unmittelbarer Nachfolge von Heinrichs ›Erinnerung an den Tod‹ und ist in derselben Sammelhandschrift überliefert.

Ausgaben: Richard Heinzel (Hrsg.), Heinrich von Melk, Berlin 1867. Nachdr. Hildesheim, Zürich, New York 1983. – Richard Kienast (Hrsg.), Der sogenannte Heinrich von Melk. Nach R. Heinzels Ausgabe von 1867 neu hrsg. Heidelberg 1946 u. ö. – Maurer III, Nr. 52 u. 53. – Übersetzung: Curschmann/Glier 1980, S. 154–176 (Ausschnitte). – Literatur: Peter-Erich Neuser in: VL 3, 1981, Sp. 787–797.

Versgebete und Sündenklagen

Neben die prosaischen Gebetsformeln und längeren Gebetstexte treten im 12. Jahrhundert auch gereimte Gebete unterschiedlichen Literarisierungsgrades. Der Übergang ist fließend, da auch die Prosagebete sich gelegentlich des *schema homoioteleuton,* des Schmuckmittels der Assonanz oder des Vollreims, bedienen. Zu den eigentlichen Versgebeten zählen zwei kleine Anrufungen Marias und der isolierte Versuch, das Ave Maria in deutsche Verse zu übertragen. In der Vorauer Handschrift ist das ›Gebet einer Frau‹ eingeschaltet, das in Vers 108 abbricht, da die folgende Lage (?) verlorengegangen ist. Es wird deshalb nicht deutlich, aus welcher Bedrängnis heraus (v. 23 *nitlich rat,* v. 36 *viendes wille,* vv. 100f. *unde nim mich uzer der gewalt aller viende min*) das Gebet gesprochen ist. Aus der Berufung auf das Beispiel der Susanna ein ähnliches Schicksal herauszulesen, bleibt allzu spekulativ.

Weniger subjektiv geprägt ist das gereimte ›Benediktbeurer Gebet zum Meßopfer‹, 94 Verse über Worte der Opfermesse, die im Kontext der Benediktbeurer Prosagebete überliefert sind. Über den Verwendungszusammenhang ist damit wenig gesagt. Jedenfalls kann es sich nicht um einen zu der Zeit noch nicht üblichen Gemeindegesang handeln. Genauso unsicher ist, ob man es hier mit einem (für spätere Zeit bezeugten) »Volksgebete *in elevatione corporis Christi*« (Edgar Papp) zu tun hat. Ein zweites kürzeres Meßgebet in deutschen Versen gehört vielleicht erst dem 13. Jahrhundert an.

AUSGABEN: ›Gebet einer Frau‹: Henschel/Pretzel, Nr. 11. – Maurer III, Nr. 64. – ›Benediktbeurer Gebet zum Meßopfer‹: Maurer II, Nr. 35. – Waag/Schröder II, Nr. 14. – LITERATUR: Zum ›Gebet einer Frau‹: Edgar Papp in: VL 2, 1980, Sp. 1109f. – Zum ›Benediktbeurer Gebet zum Meßopfer‹: Edgar Papp in: VL 1, 1978, Sp. 688f.

Literarisch bedeutender als die genannten Texte ist die ›Litanei‹ eines Dichters Heinrich, der sich selbst Gottes *scalch* nennt und auch den Titel seines Versgebets selbst vorgegeben hat: *Dizze gibet heizzit letanie* (G v. 945), »dieses (Vers)gebet heißt Litanei«.

TEXT UND ÜBERLIEFERUNG: Das Gedicht ist in zwei Versionen überliefert. Die ältere Fassung (952 Verse) einer Grazer Handschrift (G) des ausgehenden 12. Jahrhunderts stammt vielleicht aus dem Kloster Sekkau. Sie enthält die lateinische Überschrift ›Letania‹ und lateinische Zwischentitel *de sancta Maria, de Angelis, de sancto Johanne Baptista* etc. Sie ist mit bemerkenswertem Aufwand angefertigt, was für einen volkssprachlichen Text dieser Zeit noch durchaus ungewöhnlich ist. Schon bald nach der Entstehung der ›Litanei‹ ist eine Erweiterung auf 1468 Verse vorgenommen worden, die in mitteldeutscher oder moselfränkischer Niederschrift in der verbrannten Straßburg-Molsheimer Sammelhandschrift (S) enthalten war. Diese Bearbeitung ist einem entsprechenden Einschub zufolge von einem Abt *Engelbreht* veranlaßt worden, der wechselweise mit dem *praepositus Engelbertus* des Chorherrenstifts St. Florian (bezeugt zwischen 1172 und 1203), mit dem Abt Engelbrecht des Benediktinerklosters Obernburg in der Steiermark (erwähnt zum Jahr 1173) oder mit dem Propst Engelbrecht des Nonnenklosters Pernegg bei St. Pölten (bezeugt nach der Mitte des 12. Jahrhunderts) identifiziert wurde. Jedenfalls muß die Umarbeitung noch in Österreich erfolgt sein, da den angerufenen Heiligen u. a. St. Coloman (S schreibt fälschlich *Columban*) hinzugefügt wurde, dessen Kult besonders im Bistum Passau gepflegt wurde. Umstritten ist, ob der Verfasser Heinrich selbst der Redaktor der zweiten Fassung war. Dafür sprechen Formulierungen wie (S v. 907) *Wie torst ich uwer namen hier verswige* (»Wie konnte ich es wagen, Euren – d. h. eines neu hinzugefügten Heiligen – Namen hier zu verschweigen«, vgl. auch S vv. 769ff.). Dagegen spricht, daß der Name des Autors nicht mehr genannt wird, sondern nur vom *orthabe dirre getihte* (S v. 1457 »Urheber dieser Dichtung«) die Rede ist. Wenig einleuchtend ist die Vermutung, eine Frau (Nonne) könnte an der Redaktion beteiligt gewesen sein, weil die Anrufung der heiligen Margarete in die Bitte münde, *daz wir under andren megetinen* (S v. 1033 »wir zusammen mit andern Jungfrauen«)

ihrer im Himmelreich ansichtig werden. Dieses *wir* muß wohl eher aus der wechselnden Perspektive der jeweils Betenden verstanden werden, denen der Verfasser die Worte in den Mund legt.

Die liturgische Litanei ist ein Bittgebet, das vom Priester gesprochen und von der Gemeinde mit dem Kyrie eleison beschlossen wird. Die Allerheiligenlitanei erweitert die Anrufung des dreieinigen Gottes um die Anrufung einer beliebigen Zahl von Heiligen und die wiederholte Bitte um Fürbitte mit dem Refrain *ora pro nobis.* Poetische Litaneien in lateinischer Sprache sind seit Jahrhunderten bekannt. Heinrichs Gedicht unterscheidet sich von ihnen durch die Ausweitung der einzelnen Anrufungen, deren epische (Vita des Heiligen), hymnische (Lobpreis des Heiligen) und gebetsmäßige (Sündenbekenntnis) Partien erheblichen Umfang annehmen. Aus dem liturgischen Zwiegesang ist ein erbauliches Vortragsgedicht geworden.

Die Dreiteilung entspricht dem zugrunde gelegten Gebetsmuster. Teil I (G vv. 1–130) enthält nach einem einleitenden Gebet die Anrufung der drei göttlichen Personen. Die vier Abschnitte werden genau markiert und durch die liturgischen Formeln *Kyrie eleyson* (G v. 36), *pater de celis* (G v. 66), *Christe audi nos* (G v. 92) und *miserere nobis* (G v. 130) abgeschlossen. Teil II (G vv. 131–802) umfaßt die Heiligengebete zu Maria (G vv. 131–334), zu den Erzengeln (G vv. 335–382), zu Johannes dem Täufer (G vv. 383–506), zu den Aposteln, genannt werden Petrus und Paulus (G vv. 507–556), zu den Märtyrern, genannt werden Stephanus und Laurentius (G vv. 557–586), zu den Bekennern, genannt werden Gregor, Martin und Hieronymus (G vv. 587–636), zu den heiligen Jungfrauen, genannt werden Agnes und Cäcilie (G vv. 637–704), und endlich zu allen Heiligen (G vv. 705–802). Auch diese Abschnitte werden durch zumeist lateinische Gebetsformeln abgeschlossen. Teil III (in G fehlt eine lateinische Zwischenüberschrift, die hier eigentlich zu erwarten wäre; dafür steht vor v. 869 *Communis*) wendet sich wieder an Gottvater und Christus mit der Bitte um Erbarmen und Hilfe für alle Menschen (G vv. 803–924). Den Abschluß bildet ein epilogartiges persönliches Gebet des Dichters (G vv. 925–952).

Die Erweiterungen der Straßburger Version gelten der Trinität (S vv. 173–196), dem Apostel Johannes (S vv. 618–661), dem heiligen Blasius (S vv. 746–805), dem heiligen Coloman (S vv. 806–897), den »griechischen« Heiligen Nicolaus und Aegidius

(S vv. 898–977), der heiligen Margarete (S vv. 978–1035) und der Sünderin Maria Magdalena (S vv. 1096–1242).

In formaler Hinsicht weist Heinrichs ›Litanei‹ alle Kennzeichen der Übergangszeit auf. Eine relativ fortgeschrittene Reimtechnik steht großen metrischen Freiheiten gegenüber. Zwar lassen sich die Mehrzahl der Verse als Vierheber lesen, aber es gibt eine ganze Reihe überlanger und auch überkurzer Verse, die sich einem gleichmäßigen metrischen Schema nicht fügen.

AUSGABE: Maurer III, Nr. 51. – LITERATUR: Edgar Papp in: VL 3, 1981, Sp. 662–666.

Eigene Textgruppen bilden schließlich die sog. Sündenklagen, die einer älteren lateinischen Dichtungstradition folgen und das Beichtgebet auf unterschiedliche Weise poetisch umsetzen. Auch diese Sündenklagen nehmen ihren Ausgang bei liturgischen Formeln und Formen, haben aber so wenig gottesdienstliche Funktion gehabt wie die übrige geistliche Dichtung der Zeit. Auch sie gehören in den größeren Zusammenhang einer volkssprachlichen Erbauungsliteratur, die offenbar zum Vortrag, zur gemeinschaftlichen Lesung, gedacht war.

Den liturgischen Formeln nahe bleiben die überlieferten 65 Verse einer ›Gereimten Beichte‹ aus einer Uppsalaer Handschrift, die in den älteren Editionen und Handbüchern deshalb auch ›Uppsalaer Sündenklage‹ oder schon richtiger ›Uppsalaer Beichte‹ genannt wird. Der Inhalt entspricht den prosaischen Beichten, die ihrerseits jedoch so variabel sind, daß sich die unmittelbare Vorlage der gereimten Version bis heute nicht hat feststellen lassen. Auf die einleitende Absage an den Teufel folgt das allgemeine Sündenbekenntnis mit einer Aufzählung aller denkbaren Verfehlungen (vv. 1–24). Ab Vers 25 schließt sich die Beichte einzelner Sünden an. Sie reichte offenbar über den letzten überlieferten Vers hinaus. Die Aussagen sind so knapp gehalten, daß die Vermutung, es könne sich hier um den Beginn einer größeren Sündenklage gehandelt haben, wie sie in der Millstätter und der Vorauer Handschrift vorliegen, keine Wahrscheinlichkeit für sich hat.

AUSGABEN: Maurer III, Nr. 49. – Waag/Schröder II, Nr. 13. – LITERATUR: Ebd.

Sündenklagen können auch in anders konzipierte geistliche Gedichte integriert sein. So hat der Arme Hartmann in seine ›Rede vom Glauben‹ eine förmliche Sündenklage eingefügt, die als

Wirkung des Heiligen Geistes im Menschen und stilles Gebet der Reue zitiert wird. Sie besteht aus dem Sündenbekenntnis (vv. 1767–1826), aus der Bitte um Sündenvergebung (vv. 1827–1834) und aus einer Reihe von Berufungen auf die Schächer am Kreuz, auf Theophilus, auf den Zöllner Petrus, auf Maria Magdalena, Afra und Maria Aegyptiaca. Auch Heinrichs ›Litanei‹ ähnelt über weite Strecken einer Sündenklage, da die Anrufungen der Heiligen immer wieder auf die Bitte um Fürbitte im Sinne der Sündenvergebung hinauslaufen. Es ist deshalb nicht einfach, Fragmente, deren zufälliger Inhalt eine Sündenklage ist, zu beurteilen und in eine nach Stoffen geordnete Textübersicht einzureihen.

Das gilt insbesondere für drei Bruchstücke eines inzwischen wieder verlorengegangenen Pergamentblattes aus Klagenfurt, die sog. ›Klagenfurter Gebete‹. Das erste Bruchstück (30 Verse) enthält litaneiartige Anrufungen Christi und der Apostel Johannes und Jacobus. Das zweite Bruchstück war aus Gründen des schlechten Erhaltungszustandes kaum zu rekonstruieren. Offenbar aber handelte es sich um ein Prosagebet. Nur das dritte Bruchstück (reichlich 40 zum Teil stark verstümmelte Verse) gehört dem Typus der Sündenklage an.

AUSGABE: Maurer II, Nr. 36. – LITERATUR: Edgar Papp in: VL 4, 1983, Sp. 1169f.

Hervorragendes biblisches Beispiel für Reue, Buße und Umkehr ist Saulus, der durch das visionäre Damaskuserlebnis vom wütenden Verfolger der Christusjünger zu ihrem glühenden Parteigänger wurde (Apg. 9,1ff.) und schießlich als Apostelfürst Paulus neben Petrus trat. Im 1. Brief an Timotheus 1,9–15 wird ihm eine Sündenklage in den Mund gelegt und im Brief an die Galater 5,19–21 ist ein Sündenverzeichnis enthalten, das die kirchlichen Beichtformeln maßgeblich geprägt hat. Die Kirche feierte das Fest Pauli Bekehrung (Conversio Pauli) am 25. Januar. Predigten *in conversione Sancti Pauli* sind seit Augustinus geläufig und seit dem 13. Jahrhundert auch in deutscher Sprache erhalten.

Daß in der mittelalterlichen Literatur dem Apostel Paulus Sündenklagen zugeschrieben wurden und seine Bekehrung als christliche Taufe verstanden werden konnte, hat also gute Gründe. Dies war offenbar auch der Fall in einem wieder nur als Torso erhaltenen deutschen Gedicht, das auf den leer gebliebenen Anfangs- und Schlußseiten eines lateinischen Codex mit dem ›Opus paschale‹ des altchristlichen Dichters Sedulius aufgezeichnet worden war. Nach der Herkunft der Handschrift aus dem Kloster Rheinau bei Schaffhausen wird das Gedicht ›Rheinauer Paulus‹ genannt.

Erhalten ist der Schluß (154 Verse) mit Berufungen auf die drei Jünglinge im Feuerofen, auf Lazarus, auf Daniel in der Löwengrube und auf die Ehebrecherin aus dem Neuen Testament (Joh. 8,3ff.). Erst die Schlußverse (vv. 129–154) sprechen knapp von der Bekehrung und den Missionsreisen des Paulus, ohne daß ein direkter Zusammenhang zu der vorhergehenden Sündenklage hergestellt würde. Daß sie dem Apostel in den Mund gelegt war, kann also nur vermutet werden.

Bemerkenswert ist, daß die Verse 1–128 des ›Rheinauer Paulus‹ mit geringfügigen Abweichungen im Wortlaut identisch sind mit den, allerdings anders angeordneten, Versen 770–796, 642–668 und 779–864 der ›Millstätter Sündenklage‹. Ein direktes Abhängigkeitsverhältnis zwischen beiden Texten hat sich zweifelsfrei nicht nachweisen lassen, deshalb hat man auch die Möglichkeit erwogen, daß beide Gedichte auf eine gemeinsame Vorlage zurückgehen könnten. Diese verlorene Sündenklage müßte sehr weit zurückdatiert werden, da der ›Rheinauer Paulus‹ seinerseits wohl schon in den ersten Jahrzehnten des 12. Jahrhunderts entstanden ist.

Ausgabe: Maurer II, Nr. 23. – Literatur: vgl. ›Millstätter Sündenklage‹.

Die ›Cantilena de conversione Sancti Pauli‹ ist in der Kolmarer Handschrift, die auch das Fragment einer ›Crescentia‹ und den ›Scoph von dem lone‹ enthält, ein deutsches Gedicht überschrieben, von dem 93 Verse lesbar oder zu rekonstruieren sind. Es handelt sich dabei um den Anfang eines deutlich in Strophen gegliederten Liedes, das aus Gründen seines Alters, der knappen Darbietungsform und nicht zuletzt der »Gattungsbezeichnung« Cantilena in die Nähe des ›Ezzoliedes‹ gerückt wird. Der Wortlaut ist wegen der vielen Lücken nur undeutlich zu erkennen, gar nichts läßt sich über die mutmaßliche Gesamtkonzeption sagen. Offenbar stand am Beginn eine Aufforderung zur Reue und Umkehr. Daran schlossen sich Hinweise auf das Schicksal der Seele nach dem Tod an. Mit dem Schuldbekenntnis und der Bitte um Gnade wechselte der Autor in die Ichform. Es folgten die bekannten Berufungen, von denen die auf die Ehebrecherin noch zu erkennen ist. Danach bricht der Text ab.

Von Paulus ist in den erhaltenen Versteilen nicht die Rede. Es muß also offen bleiben, in welcher Weise das Sündenbekenntnis mit dem Apostel verknüpft war.

Ausgabe: Maurer I, Nr. 6. – Literatur: Edgar Papp in: VL 1, 1978, Sp. 1172f.

Mehr oder minder vollständig erhalten, wenn auch im Detail vielfach beschädigt und verderbt sind zwei Sündenklagen in den großen Sammelhandschriften aus Millstatt und Vorau. Die ältere ›Millstätter Sündenklage‹ gehört vielleicht noch in das erste Drittel des 12. Jahrhunderts, während die ›Vorauer Sündenklage‹ wohl erst in der zweiten Jahrhunderthälfte entstanden ist. Unsicher ist die Provenienz der ›Millstätter Sündenklage‹. Die Übereinstimmungen mit dem ›Rheinauer Paulus‹ haben zu dem sehr hypothetischen Schluß geführt, daß auch sie eher dem alemannischen Raum zuzuordnen sei. Dagegen ist die ›Vorauer Sündenklage‹ mit einiger Sicherheit der südostdeutschen (österreichischen) Literatur zuzuschlagen.

Die Millstätter Handschrift enthält auf den sehr schlecht erhaltenen letzten Blättern die – neben dem ›Rheinauer Paulus‹ – älteste deutsche Sündenklage (864 Verse), die vom letzten Herausgeber Friedrich Maurer in 70 zwei- bis achtzehnzeilige Strophen gegliedert wurde. Eine Reihe von Zeilen weisen drei Reime auf. Trotz der immer wieder zu betonenden Problematik der metrischen Interpretation Maurers wird im folgenden nach dieser Edition zitiert, da sie den letzten und verläßlichsten Versuch darstellt, den vielfach äußerst verstümmelten Wortlaut zu einem Lesetext zu ergänzen, und zur Kontrolle einen diplomatischen Abdruck der Handschrift bietet. Von Friedrich Maurer stammt auch der jüngste Gliederungsvorschlag, der die älteren Strukturbestimmungen (insbesondere den von Max Roediger) jedoch nur unwesentlich modifiziert. Danach hat man analog den Beichtformeln von einer Dreiteiligkeit der Sündenklage auszugehen: Teil I (Strophen 1–33 = 136 Langzeilen) enthält eine hymnische Anrufung des dreieinigen Gottes durch den armen Sünder, der sich auf Tobias, Abraham und ausführlich auf das Gleichnis vom verlorenen Sohn beruft und seiner Furcht vor dem letzten Gericht Ausdruck gibt. Daran schließen sich kurze Hinweise auf das Endgericht mit der Scheidung der Guten und Bösen, auf die Höllenstrafen und die Wonnen des himmlischen Paradieses an. Teil II (Strophen 34–60 = 340 Langzeilen) umfaßt die eigentliche Sündenklage, die eingeleitet wird durch ein allgemeines Sündenbekenntnis und in eine Reihe von Anklagen gegen die einzelnen sündigen Körperteile übergeht: gegen die Füße, die es eiliger hatten, zu Dirnen und auf Raubzüge als in die Kirche zu gehen; gegen die Knie, die sich zu wenig vor Gott gebeugt haben; gegen die Hände und Arme, die unrechte Gewalt ausgeübt, statt Gott geopfert haben; gegen das Herz, das die Gottesliebe aus sich vertrieben und die *superbia* eingelassen hat; gegen die Zunge, die Lügen gesprochen und falsche Ratschläge erteilt hat; gegen die Ohren, die sich zum Unrecht haben verführen lassen und verschlossen waren gegenüber den Hilferufen der Armen; gegen die Augen, die alle schuldigen Glieder auf den falschen Weg geführt haben. Die einzelnen Anklagen werden jeweils durch kurze Bitten um Erbarmen abgeschlossen. Diese Bitten um Erhörung und Vergebung werden in Teil III (Strophen 61–70 = etwa 113 Langverse) zusammengefaßt in den obligaten Berufungen auf die Auferweckung des Lazarus, auf die Errettung der drei Jünglinge aus dem Feuerofen und Daniels aus der Löwengrube und auf die barmherzige Nachsicht Jesu mit der Ehebrecherin aus dem Johannesevangelium.

Das alles sind die üblichen Argumente und Motive, selbst die originell anmutende Folge der Anklagen einzelner Körperteile des sündigen Menschen ist aus der älteren Bußliteratur und aus Predigten (z.B. aus dem ›Speculum Ecclesiae‹ des Honorius Augustodunensis) bekannt. Die reimtechnischen und metrischen Charakteristika sind wegen der vielen Lücken schwer zu bestimmen, weisen aber keine Besonderheiten auf, die für die Datierung der ›Millstätter Sündenklage‹ von Bedeutung sein könnten.

AUSGABE: Maurer II, Nr. 24. – LITERATUR: Edgar Papp in: VL 6, 1987, Sp. 538–541.

Auch die ›Vorauer Sündenklage‹ ist schlecht überliefert. Daran ist jedoch nicht der Zustand der Handschrift schuld, sondern die Vorlage des Schreibers oder die Art und Weise seiner Niederschrift, die »mindestens z.T. aus dem Gedächtnis« (Friedrich Maurer) erfolgt sein muß. So könnten sich eine Reihe von reimlosen Versen und Dreireimen erklären. Je nach Textherstellung schwankt deshalb der Umfang zwischen 846 (Waag/Schröder), 854 (Henschel/Pretzel) und 858 (Maurer) Versen. Im folgenden wird die Edition von Albert Waag und Werner Schröder zugrunde gelegt.

Die ›Vorauer Sündenklage‹ setzt ein mit einer prologartigen

Anrufung Gottes und der Bitte um Hilfe (vv. 1–7). Es folgt eine umfängliche Anrufung der heiligen Jungfrau Maria, der Gottesmutter und Himmelskönigin, als Mittlerin bei Gott, in der die Heilstatsachen ebenso rekapituliert wie zentrale Vorstellungen und Formulierungen des Marienlobs versammelt werden (vv. 8–286). In Teil II wendet sich der Dichter dem Schöpfergott und Christus zu mit einem allgemeinen Sündenbekenntnis, der Bitte um Erbarmen (vv. 287–425) und einer Aufzählung aller denkbaren Vergehen (vv. 426–553). Teil III enthält die wiederholte Bitte um Vergebung und die traditionellen Berufungen auf die Schächer am Kreuz, auf Maria Aegyptiaca, auf die Jünglinge im Feuerofen, auf Susanna und auf Daniel in der Löwengrube (vv. 554–721). Den Abschluß bildet ein Gebet mit der Bitte um Hilfe im Kampf mit dem Teufel, ein Kampf, den der Christenmensch nur mit einer starken Rüstung bestehen könne, deren Teile rechter Glaube, wahre Reue, Treue, Hoffnung, christliche Liebe, Geduld und Demut seien, ein Kampf aber auch, den Christus schon siegreich am Kreuz bestanden habe und in den ihm der arme Sünder nachfolgen müsse (vv. 722–846).

Im Vergleich mit der ›Millstätter Sündenklage‹ wirkt die ›Vorauer Sündenklage‹ trotz aller traditionellen Bestandteile, die auch sie enthält, sehr viel persönlicher und weicher. Die hieratische Strenge des alten Zeilenstils ist aufgegeben zugunsten einer schon durchaus modern klingenden Verssprache, die zu großen Bögen und komplexen Satzfügungen fähig ist, wie sie auch in der jüngeren geistlichen Dichtung der zweiten Jahrhunderthälfte noch nicht selbstverständlich sind. Hinzu kommt ein ungewöhnliches Vokabular besonders in Zusammensetzungen wie v. 70 *wurmgarte* (»Schlangengarten«), v. 75 *chelgitechheit* (»Schlundgier, Gefräßigkeit«), v. 85 *chintamme* (»Säugamme«), v. 237 *wuoftal* (»Jammertal«), v. 631 *choufchneht* (»gekaufter Knecht«) u. a. m. Das sind zwar nicht durchweg Neubildungen des Verfassers, ihre Häufung verstärkt aber den Eindruck, daß der Autor über eine individuellere, insgesamt sehr viel reichere Sprache verfügt als die meisten Autoren seiner Zeit. Solche Souveränität, über die Dinge zu sprechen und sie nicht mehr nur lehrhaft zum Sprechen zu bringen, hat ihren Preis. Die klare Gliederung der ›Millstätter Sündenklage‹, in der »die einzelnen Stoffteile schärfer abgegrenzt« sind, ist hier einer freieren Darstellungsweise gewichen, die man aber nicht unbedingt als »weitschweifig« (Gustav Ehrismann) beklagen muß.

Die ›Vorauer Sündenklage‹ scheint eine gewisse Verbreitung gefunden zu haben, denn die Eingangsverse (vv. 1–13) sind in einer zweiten Handschrift aus dem niederösterreichischen Stift Zwettl überliefert. Nachweislich hat auch der Verfasser des ›Anegenge‹ das Gedicht gekannt und benutzt. Wörtlich zitiert er die Verse 1–3 in seinem Prolog, wenn nicht das zugrundeliegende Psalmenwort *Domine, labia mea aperies* (»Herr, tue meine Lippen auf«, Ps. 50,17) schon zum Eingangstopos geworden ist.

AUSGABEN: Henschel/Pretzel, Nr. 9. – Maurer III, Nr. 50. – Waag/Schröder II, Nr. 12. – LITERATUR: Ebd.

Nachwort

Der vorliegende erste Band der ›Geschichte der deutschen Literatur im Mittelalter‹ soll in die Bedingungen der Entstehung und Entwicklung einer deutschen Literatur überhaupt einführen und einen Überblick geben über den erhaltenen ältesten Textbestand eines Zeitraums von etwa vierhundert Jahren von den letzten Jahrzehnten des 8. bis in die zweite Hälfte des 12. Jahrhunderts. Wo es um die Voraussetzungen deutscher Literarizität und um die Ausbildung bestimmter literarischer Formen und Texttypen geht, wird der Blick jedoch noch weiter zurück schweifen müssen. Anderseits darf in der zweiten Hälfte des 12. Jahrhunderts der Strom der geistlichen Dichtung nicht beliebig unterbrochen werden, wo er sich im Bett der Tradition fortbewegt. Deshalb greift dieser erste Band vielfach bis zum Ende des 12. Jahrhunderts aus, während der zweite Band mit der weltlichen Literatur der Fürstenhöfe schon kurz nach der Jahrhundertmitte einsetzt. Dabei sind kleinere Überschneidungen ebensowenig zu vermeiden wie die gelegentliche Trennung des augenscheinlich Zusammengehörigen. So werden z. B. die Legendendichtungen des Pfaffen Lambrecht und Heinrichs von Veldeke im ersten Band, die Antikendichtungen derselben Autoren jedoch erst im zweiten Band behandelt.

Der Versuch, die mittelalterliche deutsche Literatur stärker, als das allgemein üblich ist, in den, wenigstens stichwortartig kenntlich gemachten, historischen Kontext einzubetten, hat zu Doppelungen der Darstellung geführt. Auf die jeweilige Einführung in die Epoche und die in ihr dominierenden literarischen Tendenzen folgt der katalogartige Überblick über den Textbestand. Dieses Verfahren hat den Nachteil, daß gelegentlich von Texten die Rede ist, die erst danach ausführlicher vorgestellt werden. Es hat andererseits den Vorteil der Übersichtlichkeit und versetzt den Benutzer in die Lage, sich in beliebiger Reihenfolge der gewünschten Information zu versichern.

Relativ breiten Raum nehmen die überlieferungsgeschichtlichen Daten ein. Sie sind in der Zeit vor dem Buchdruck integraler Bestandteil der Literaturgeschichte und geben nicht nur Auskunft über den Zustand eines Textes, sondern auch über die Verbreitung und Geltung volkssprachlicher Literatur überhaupt. Die Zielsetzung der vorliegenden Darstellung verbietet es jedoch, sie mit Spezialwissen (genaue Handschriftenbeschreibungen, Siglen, Standortbezeichnungen etc.) zu überfrachten.

Der Einführung dienen die ausführlichen Inhaltsreferate. Sie sind nicht nur sehr viel detaillierter als in den folgenden Bänden, sondern wurden durchweg auch mit Versangaben durchsetzt. Wo nicht ausdrücklich das Gegenteil vermerkt ist, handelt es sich dabei nicht um Strukturschemata, die durch einschlägige Untersuchungen und Textinterpretationen abgesichert wären, sondern um schlichte Orientierungshilfen in einem Textbereich, der sich der spontanen Lektüre weitgehend verschließt.

Auch die Auswahl der Literaturangaben erfolgte unter propädeutischen Gesichtspunkten. Verhältnismäßig zahlreich sind die Hinweise auf allgemeine Darstellungen, während Spezialliteratur nur angeführt wird, wo die Argumentation es erforderlich macht. Aus Gründen der notwendigen Umfangsbeschränkungen mußten die bibliographischen Angaben zu den einzelnen Autoren und Texten knapp gehalten werden. Sie beschränken sich auf die gängigen wissenschaftlichen Editionen und Faksimileausgaben, auf Übersetzungen (in Auswahl), Sammelbände zur Forschung, Spezialbibliographien und die Artikel im ›Verfasserlexikon‹ der zweiten Auflage. Wo der jeweilige Autor oder Text erst in den noch ausstehenden Bänden des ›Verfasserlexikons‹ behandelt wird, sind stellvertretend wichtige jüngere Publikationen angeführt worden, die in den Forschungsstand einführen können. Wo die Artikel des ›Verfasserlexikons‹ dem Forschungsstand schon nicht mehr ganz entsprechen, wurden sie durch ausgewählte bibliographische Hinweise ergänzt. Dabei wurden nur Arbeiten monographischen Charakters berücksichtigt. Vollständigkeit war auch hier nicht beabsichtigt.

Für Kritik, Verbesserungsvorschläge und Korrekturen danke ich Erika Kartschoke, Susanne Kneidl, Armin Otterbein und Cornelia Uhlenhaut, für die unermüdliche Arbeit am Manuskript Renate Zutz.

Abkürzungsverzeichnis

Abh.	Abhandlung, -en
ahd.	althochdeutsch
Althochdeutsches Lesebuch	Zusammengestellt und mit einem Wörterbuch versehen von Wilhelm Braune, fortgeführt von Karl Helm. 15. Aufl., bearb. von Ernst A. Ebbinghaus. Tübingen 1969
AKG	Archiv für Kulturgeschichte
Annali	Annali. Sezione Germanica. Istituto Universitario Orientale, Napoli
ATB	Altdeutsche Textbibliothek
Aufriß	Deutsche Philologie im Aufriß. Hrsg. von Wolfgang Stammler. 2. überarb. Aufl. 3 Bde. Berlin 1957–1962
AW	Akademie der Wissenschaften
Beiträge	Beiträge zur Geschichte der deutschen Sprache und Literatur
Cgm.	Codex germanicus Monacensis
Cod.	Codex, -ices
Curschmann/ Glier 1980	Michael Curschmann und Ingeborg Glier (Hrsg.), Deutsche Dichtung des Mittelalters. Bd. 1: Von den Anfängen bis zum hohen Mittelalter. München, Wien 1980
de Boor	Helmut de Boor, Mittelalter. Texte und Zeugnisse. Erster und zweiter Teilband. München 1965
FS	Festschrift
Ganz 1960	Peter F. Ganz (Hrsg.), Geistliche Dichtung des 12. Jahrhunderts. Eine Textauswahl. Berlin 1960
Germ.	Germania. Vierteljahresschrift für deutsche Altertumskunde
Gernentz 1965	Religiöse deutsche Dichtung des Mittelalters. Hrsg. und erläutert von Hans Joachim Gernentz. Berlin 1965
Henschel/Pretzel	Erich Henschel und Ulrich Pretzel (Hrsg.), Die kleinen Denkmäler der Vorauer Handschrift. Tübingen 1963
Kraus	Carl Kraus (Hrsg.), Deutsche Gedichte des zwölften Jahrhunderts. Halle 1894
LiLi	Zeitschrift für Literaturwissenschaft und Linguistik

Lfg.	Lieferung
Maurer I–III	Friedrich Maurer (Hrsg.), Die religiösen Dichtungen des 11. und 12. Jahrhunderts. 3 Bde, Tübingen 1964–1970
MGH	Monumenta Germaniae Historica
MSD	Denkmäler deutscher Poesie und Prosa aus dem VIII. bis XII. Jahrhundert. Hrsg. von K. Müllenhoff und W. Scherer. Dritte Ausgabe von E. Steinmeyer. Bd. 1: Texte; Bd. 2: Anmerkungen. Berlin 1892, Nachdr. Berlin, Zürich 1964
NF	Neue Folge
Ndd. Mitt.	Niederdeutsche Mitteilungen
OSB	Ordinis Sancti Benedicti
RGA	Reallexikon der Germanischen Altertumskunde. Begr. v. Johannes Hoops, hrsg. v. Herbert Jankuhn u. a. 20 Bde, 1 Registerbd. 2. neu bearb. und erw. Aufl., bisher Bde I–VI, Berlin 1973–1986
RL	Reallexikon der deutschen Literaturgeschichte. Hrsg. von Werner Kohlschmidt und Wolfgang Mohr. 2. Aufl. 4 Bde, Berlin 1954–1984
SB	Sitzungsbericht, -e
sc.	scilicet
Schlosser 1970	Althochdeutsche Literatur. Mit Proben aus dem Altniederdeutschen. Ausgewählte Texte mit Übertragungen und Anmerkungen. Hrsg., übersetzt und mit Anmerkungen versehen von Horst Dieter Schlosser. Frankfurt a. M. 1970 u. ö.
Speculum	Speculum. Journal of Medieval Studies
Steinmeyer	Die kleineren althochdeutschen Sprachdenkmäler. Hrsg. von Elias von Steinmeyer. Berlin 1916, Nachdr. Berlin, Zürich 1963
VL	Die deutsche Literatur des Mittelalters. Verfasserlexikon. Begr. von Wolfgang Stammler, fortgeführt von Karl Langosch. 2., völlig neu bearb. Aufl. Hrsg. von Kurt Ruh u. a. Bd. 1 ff. Berlin, New York 1978 ff.
Waag/Schröder	Albert Waag (Hrsg.), Kleinere deutsche Gedichte des XI. und XII. Jahrhunderts. Halle 1890. 2. umgearb. Aufl. Halle 1916. Neu hrsg. von Werner Schröder. 2 Bde, Tübingen 1972 (ATB 71 und 72)
Wehrli 1955	Max Wehrli, Deutsche Lyrik des Mittelalters. Auswahl und Übersetzung. Zürich 1955 u. ö.
Wilhelm	Denkmäler deutscher Prosa des 11. und 12. Jahrhunderts. Hrsg. von Friedrich Wilhelm. A: Text, B: Kommentar. München 1914 u. 1918, Repr. München 1960

ZfdPh	Zeitschrift für deutsche Philologie
ZfdA	Zeitschrift für deutsches Altertum und deutsche Literatur
ZKG	Zeitschrift für Kirchengeschichte

Register

Namen von Autoren und historischen Persönlichkeiten des Altertums und Mittelalters, Werktitel anonymer Verfasser, Ortsnamen und Sachbegriffe (in Auswahl), Namen der im Text erwähnten Wissenschaftler

Über die Literatur

Gisela Brinker-Gabler/ Karola Ludwig/ Angela Wöffen: Lexikon deutschsprachiger Schriftstellerinnen von 1800 bis 1945 · dtv 3282

Joachim Bumke: Höfische Kultur Literatur und Gesellschaft im hohen Mittelalter 2 Bände · dtv 4442

K. R. Eisler: Goethe Eine psychoanalytische Studie · dtv 4457

Klaus Engelhardt/ Volker Roloff: Daten der französischen Literatur (Band 1 vergriffen) Band 2: Von 1800 bis zur Gegenwart dtv 3193

Fabeln, Parabeln und Gleichnisse Beispiele didaktischer Literatur Herausgegeben von Reinhardt Dithmar dtv 4483

Herbert A. und Elisabeth Frenzel: Daten deutscher Dichtung 2 Bände · dtv 3003/3004

Geschichte der deutschen Literatur im Mittelalter 3 Bände in Kassette dtv 59005

Auch einzeln lieferbar:

Dieter Kartschoke: Geschichte der deutschen Literatur im frühen Mittelalter dtv 4551

Joachim Bumke: Geschichte der deutschen Literatur im hohen Mittelalter dtv 4552

Thomas Cramer: Geschichte der deutschen Literatur im späten Mittelalter dtv 4553

Grundzüge der Literatur- und Sprachwissenschaft Hrsg. v. H. L. Arnold und V. Sinemus Band 1: Literaturwissenschaft dtv 4226

Käte Hamburger: Die Logik der Dichtung dtv/Klett-Cotta 4458

Hansers Sozialgeschichte der deutschen Literatur Vom 16. Jahrhundert bis zur Gegenwart Hrsg. v. R. Grimminger

Deutsche Aufklärung bis zur Französischen Revolution (1680-1789) Hrsg. v. R. Grimminger 2 Bände · dtv 4345

Gert Ueding: Klassik und Romantik Deutsche Literatur im Zeitalter der Französischen Revolution 1789-1815 2 Bände · dtv 4346

Literatur in der Bundesrepublik Deutschland bis 1967 Hrsg. v. Ludwig Fischer dtv 4352

Die Literatur der DDR Herausgegeben von Hans-J. Schmitt dtv 4353

Wolfgang Karrer/ Eberhard Kreutzer: Werke der englischen und amerikanischen Literatur von 1890 bis zur Gegenwart dtv 3290

Volker Klotz: Das europäische Kunstmärchen dtv 4467

Mario Praz: Liebe, Tod und Teufel Die schwarze Romantik dtv 4375

Horst Dieter Schlosser: dtv-Atlas zur deutschen Literatur dtv 3219

Die Textüberlieferung der antiken Literatur und der Bibel Hrsg. v. H. Hunger, O. Stegmüller, H. Erbse, M. Imhof, K. Büchner, H.-G. Beck, H. Rüdiger dtv 4485

Harald Weinrich: Literatur für Leser Essays und Aufsätze zur Literaturwissenschaft dtv 4451
Wege der Sprachkultur dtv 4486

Europa im Mittelalter

Joachim Bumke:
Höfische Kultur
Literatur und
Gesellschaft im
hohen Mittelalter
2 Bände
dtv 4442

Ferdinand
Gregorovius:
Geschichte
der Stadt Rom
im Mittelalter
7 Bände, dtv 5960

Kaiser Friedrich II
Sein Leben in
zeitgenössischen
Berichten
Herausgegeben von
Klaus J. Heinisch
dtv 2901

Kaiser und Reich
Klassische Texte
zur Verfassungs-
geschichte des
Heiligen Römischen
Reiches deutscher
Nation
Herausgegeben von
Arno Buschmann
dtv 4384

Franz Irsigler/
Arnold Lassotta:
Bettler und Gaukler,
Dirnen und Henker
Außenseiter
in einer mittel-
alterlichen Stadt
Köln 1300-1600
dtv 11061

Reinhard Lebe:
Als Markus nach
Venedig kam
Venezianische
Geschichte im
Zeichen des
Markuslöwen
dtv 11060

Régine Pernoud:
Königin der
Troubadoure
Eleonore von
Aquitanien
dtv 1461

Régine Pernoud:
Christine de Pizan
Das Leben einer außer-
gewöhnlichen Frau
und Schrifstellerin
im Mittelalter
dtv 11192 (März 1990)

Der Prozeß
Jeanne d'Arc
Hrsg. von Ruth
Schirmer-Irmhoff
dtv 2909

Philippe Reliquet:
Ritter, Tod und Teufel
Gilles de Rais oder
Die Magie des Bösen
dtv 11174

Barbara Tuchmann:
Der ferne Spiegel
Das dramatische
14. Jahrhundert
dtv 10060